笔迹鉴定：事实与基础

（原书第二版）

Huber and Headrick's Handwriting Identification
Facts and Fundamentals
(Second Edition)

〔美〕H.H.哈拉尔森（Heidi H. Harralson）
〔美〕L.S.米勒（Larry S. Miller） 著

陈晓红　主译
杨　旭　主审

科学出版社
北　京

图字：01-2021-2983 号

内 容 简 介

本书是国外笔迹鉴定领域的重要专著之一。本书主要涵盖了国外笔迹检验的历史渊源、笔迹鉴定的发展历程，阐述了书写过程中的变化因素来认识笔迹的本质差异和非本质差异，介绍了笔迹鉴定的统计推断、逻辑和推理、基本思路和过程，以及笔迹鉴定的难点和局限性。本书通过介绍笔迹的发展历程、影响笔迹的因素、不同条件下书写的笔迹特征、笔迹检验工作人员能力评估等方面，帮助读者理解和把握笔迹鉴定的科学方法。同时，本书着眼于全球的笔迹书写系统，介绍了北美洲、拉丁美洲、欧洲、中东、非洲、亚洲的书写系统，帮助认识不同文字系统的笔迹及其鉴定，内容丰富。本书还提及了电子签名、笔迹鉴定的定量研究等前沿内容，有助于推动学科发展，增强笔迹鉴定的科学性。

本书主要适用对象为文书司法鉴定专业鉴定人，公安、检察以及法律相关专业的师生等，也适合法官、检察官、公安人员、律师等司法活动参与人员参考使用。

图书在版编目（CIP）数据

笔迹鉴定：事实与基础：原书第二版/（美）H.H.哈拉尔森
(Heidi H. Harralson)，（美）L.S.米勒（Larry S. Miller）著；
陈晓红主译 .—北京：科学出版社，2024.5
书名原文：Huber and Headrick's Handwriting Identification:
Facts and Fundamentals (Second Edition)
ISBN 978-7-03-074644-3

Ⅰ. ①笔… Ⅱ. ①H… ②L… ③陈… Ⅲ. ①笔迹－司法鉴定－研究 Ⅳ. ①D918.92

中国版本图书馆 CIP 数据核字（2023）第 016399 号

责任编辑：谭宏宇 / 责任校对：张亚丹
责任印制：黄晓鸣 / 封面设计：殷 靓

科学出版社 出版
北京东黄城根北街 16 号
邮政编码：100717
www.sciencep.com

上海锦佳印刷有限公司印刷
科学出版社发行 各地新华书店经销

*

2024 年 5 月第 一 版 开本：B5（720×1000）
2024 年 5 月第一次印刷 印张：27 3/4
字数：560 000
定价：280.00 元
（如有印装质量问题，我社负责调换）

Huber and Headrick's Handwriting Identification Facts and Fundamentals, Second Edition/by Heidi H. Harralson, Larry S. Miller/ISBN: 978-1-4987-5130-8

Copyright© 2017 by CRC Press.

Authorized translation from English language edition published by CRC Press, part of Taylor & Francis Group LLC; All rights reserved. 本书原版由Taylor & Francis出版集团旗下，CRC出版公司出版，并经其授权翻译出版。版权所有，侵权必究。

China Science Publishing & Media Ltd. is authorized to publish and distribute exclusively the Chinese (Simplified Characters) language edition. This edition is authorized for sale throughout Chinese mainland. No part of the publication may be reproduced or distributed by any means, or stored in a database or retrieval system, without the prior written permission of the publisher. 本书中文简体翻译版授权由中国科技出版传媒股份有限公司独家出版并限在中国大陆地区销售。未经出版者书面许可，不得以任何方式复制或发行本书的任何部分。

Copies of this book sold without a Taylor & Francis sticker on the cover are unauthorized and illegal. 本书封面贴有Taylor & Francis公司防伪标签，无标签者不得销售。

谨以此书献给恩师贾玉文先生!

主译简介

陈晓红，博士，正高级工程师，司法鉴定科学研究院文痕和微量物证鉴定研究室副主任，兼任中国合格评定认可委员会（CNAS）司法鉴定/法庭科学机构认可评审员，国家级资质认定（CMA）评审员，中国政法大学、中国刑事警察学院、华东政法大学硕士生导师，西安交通大学兼职教授，上海市司法鉴定协会文书司法鉴定专业委员会委员。2014年获国际法庭科学协会（IAFS）颁发的"青年科学家奖"，2019年获"上海市领军人才"，2023年主持课题获部级科学技术奖二等奖。

本、硕毕业于中国刑事警察学院，博士研究生毕业于瑞士洛桑大学。2005年至今就职于司法鉴定科学研究院，二十年来一直从事物证类司法鉴定的科研和实践工作，主持国家自然科学基金项目2项，主持、参与国家、省部级科研项目10余项；主、参编专著4本，发表SCI论文10余篇，核心期刊论文20余篇；发明专利、软著20余项（国际专利3项）。

译者序

文字是人类最伟大的发明之一。自从文字产生之后，笔迹在人类的生产生活中发挥着举足轻重的作用。笔迹鉴定的历史源远流长，我国最早的笔迹鉴定案例可以追溯到公元119年。这门古老的法庭科学发展至今，已经形成了完整的理论体系，积累了宝贵的实践经验。

本书是国外笔迹鉴定领域的重要专著之一，原著第一版由罗伊·A. 胡贝尔（Roy A. Huber）和阿尔弗雷德·M. 黑德里克（Alfred M. Headrick）出版于1999年，第二版由海蒂·H. 哈拉尔森（Heidi H. Harralson）和拉里·S. 米勒（Larry S. Miller）于2019年修订出版，凝结了国外几代笔迹检验工作者的经验和智慧，是了解和借鉴国外笔迹鉴定理论、方法、技术等方面的重要参考文献。

2016年，笔者进入瑞士洛桑大学攻读博士学位，在博导Christophe Champod教授的推荐下，了解到本书在国外笔迹鉴定领域中的重要性。2019年，4名优秀的华东政法大学硕士研究生与笔者一道踏上了学习国外笔迹鉴定理论与方法的旅程。他们分别是：汤昊，赵雨涵，陶怡敏和张临涛。

三年来，翻译工作遭遇了许多困难，除了精力和时间有限之外，本书涉及了许多文字学方面的知识。尽管我国笔迹鉴定学历教育中涉及了文字学的知识，如中国刑事警察学院的文件检验专业专门开设了"语言和文字"课程，但是我们对于域外书写系统所涉及的文字学知识知之甚少。为此，我们学习并参考了域外文字学文献，如《文字的历史》《文字史》《世界文字发展史》等。即便如此，由于译者的水平和经验有限，疏漏和不妥之处在所难免，敬请读者批评指正。

此外，感谢4名优秀的学生协助笔者对书稿进行统稿和校对；感谢科学出版社对本书的翻译提出宝贵意见以及在本书出版过程中提供的帮助；感谢我的家人，有你们的支持才有这本书。最后向天堂里的恩师贾玉文先生致敬！

本书由上海市领军人才计划（202079）、国家自然科学基金（1605132和U1736102）资助出版。

陈晓红
2022年12月

原著前言

1999年，汤姆·黑德里克在他的《笔迹鉴定：事实与基础》一书的前言中写道："我可以冒昧地把这一贡献描述为第一版的前言吗？随后会有许多成功的和不断改进的修订版。"这可能是任何一本学术教科书的作者的愿望，因为他们知道自己的科学领域在不断变化和发展。不幸的是，罗伊·胡贝尔和汤姆·黑德里克没有修改他们的开创性工作——近20年来，文件检验科学界一直广泛依赖这项工作。在对笔迹鉴定的全面研究和调查性评估方面，没有其他书能超越胡贝尔和黑德里克的著作。本书出版于笔迹鉴定科学发展的过渡时期，它见证了对该领域批判性的审查和评估，并导致法院裁决对笔迹鉴定的"科学性"加以限制。即使作为在职的专业文书鉴定人，胡贝尔和黑德里克仍然勇敢地努力调查和质疑笔迹鉴定原理背后的科学。

这个新版本的变化包括一些实际的修订。当我们加入新内容并修订胡贝尔和黑德里克的著作时，我们意识到我们不能保持他们的第一人称立场，因为这将不可避免地使读者怀疑"我们"指的是谁，并且可能会产生对原始作者的误导。

我们保留了胡贝尔和黑德里克撰写的大部分原始内容，并特别谨慎地确保保留了他们的许多原始参考文献。尽管许多参考文献已经过时，并且最近的研究已经发表在同行评审的期刊上，但我们认为即使是来自会议和其他不太正式的来源，保留较旧的参考文献也很重要，因为它提供了笔迹鉴定原则所依据的原始材料，而且可能更重要的是，胡贝尔和黑德里克将它们汇集到了一个参考文献合集中，这些资源稀有且难以找到，在其他书中没有现成的资源。虽然许多参考文献涉及的是会议记录和讲座，但它们仍然提供了重要的背景，展示了多年来笔迹鉴定科学的发展。我们用最近发表的笔迹科学研究补充了这些相关的资料。我们专注于发表在广为人知的同行评审出版物上的资料，例如《法医学杂志》、《国际法庭科学》和《科学与司法》。在较小程度上，我们还参考了来自专业组织的期刊或出版物的材料，例如美国可疑文件检验协会、法庭文件检验协会、美国国家文件检验协会，以及国际笔迹学会和美国法庭科学学会。在其他相关方面，尤其是在电子程序和计算机化技术方面，我们还依赖于其他技术出版物。我们强调使用高排名的同行评审期刊参考文献，以最大限度地建立笔迹鉴定的科学可信度。

对于第一版中保存的600多篇参考文献，我们已经加入了近200篇额外参考文献。新的参考文献主要用于更新自1999年该书第一版以来笔迹鉴定领域开展的广泛研究和修订的方法。

这个新版本的主要贡献之一包括添加了插图。使用这本书作为课堂教材的大学生经常评论说，看更多的插图对他们的学习很有帮助。笔迹鉴定确实是一个高度可视化的过程，因此我们在正文中补充了100多幅插图。

胡贝尔和黑德里克在他们的初版作品中表达了对笔迹鉴定的科学局限性的担忧。他们的许多问题和担忧已经得到解决，已经将笔迹鉴定作为一门可行的法庭科学。这就是我们决定将他们的部分章节标题从问题标题修改为描述性标题的原因。许多问题已经得到解答，现在向该领域的新学生教授这门学科变得更容易了。

出于几个原因，我们尽可能多地保留了胡贝尔和黑德里克编写的原始语言。尽管他们的一些方法可能看起来过时，但为笔迹鉴定提供了基本框架和历史背景。他们对笔迹的21种要素的描述，一直被该领域的开创性研究所借鉴。这并不是说不依赖其他测量方法或要素，而是尽可能地保留了这21个要素，我们认为这是本书核心，并在原始状态下进行了少量修改。

我们认为这一修订在持续进行。笔迹鉴定方法正在转型中，修订和更新胡贝尔和黑德里克的21个要素和本书的其他组成部分是下一版的任务。我们与汤姆·黑德里克一起，希望这个第二版标志着本书开始连续且不断进行改进。

H.H.哈拉尔森硕士
东田纳西州立大学

L.S.米勒博士
东田纳西州立大学

致 谢

我们谨向协助我们完成第二版的几位同事表示感谢。

如果没有ETSU（东田纳西州立大学）谢罗德图书馆（Sherrod Library）馆员的大力协助，就不可能将引文和参考资料转换为APA格式。我们要感谢帕特里夏·拉塞尔·凡·赞德（Patricia Russell Van Zandt）、西莉亚·萨雷科（Celia Szarejko）、乔安娜·安德森（Joanna Anderson）、凯西·坎贝尔（Kathy Campbell）、艾莉森·兰普利（Alison Lampley）、凯蒂·利比（Katy Libby）和詹妮弗·杨（Jennifer Young）花费大量时间转换数百条引文。我们还要感谢ETSU的学生为文字修改提供建议。

我们要感谢NeuroScript公司的汉斯·利奥·特林斯（Hans-Leo Teulings）博士、查尔斯达尔文大学的马丁·贾维斯（Martin Jarvis）教授、西娜·王（Cina Wong）、卡利·布朗（Kaleigh Brown）和约翰登尼斯·戈弗特（Johndennis Govert）在本书涉及的特定领域提供的帮助。

我们要感谢布赖恩·范德（Bryan Found）博士（维多利亚警察法庭服务部）和卡罗琳·伯德（Carolyne Bird）博士（南澳大利亚法庭科学）最近发布了《法庭笔迹方法》(2016年）的修订版，并提供给所有笔迹检验人员。该方法在第二版中被多次引用。我们感谢范德博士、罗杰斯（Rogers）博士以及他们的学生和同事多年来进行的大量研究。他们的研究（以及许多其他人的研究工作）被广泛引用，并有助于使本书的第二版变得有意义，因为他们的工作对法庭笔迹鉴定的科学进步做出了重大贡献。

最后，我们要感谢Mostly Books公司的特里西娅·克拉普（Tricia Clapp）提出的关于修订本书使第二版成为可能的想法。

第一版作者简介

从1949年到1951年,罗伊·A.胡贝尔(Roy A. Huber)在RCMP(加拿大皇家骑警)的犯罪侦查实验室接受了可疑文件鉴定的培训。他作为专家证人在加拿大的六个省和美国出庭作证。他独立撰写或与黑德里克先生合著了16篇已发表的文章和11篇未发表的文章,内容涉及可疑文件鉴定、专家证据以及应用于文书鉴定的科学。从1976年到1996年,他进行了私人执业,鉴定可疑文件,其中大部分文件都与黑德里克先生进行了分享。

他1959年毕业于卡尔顿大学,获得理学学士学位,主修化学、统计学和心理学,10年后进入可疑文件鉴定领域。他为皇家骑警服务了35年(1940-1975年),其中最后的26年在犯罪侦查实验室工作。他于1975年从加拿大皇家骑警以助理专员和担任实验室、鉴定服务部门主任的身份退休。

1958年,胡贝尔先生在加拿大皇家骑警组织并成立了中央反伪造事务局(Central Bureau for Counterfeits)。1961年,他被任命为加拿大皇家骑警在加拿大央行特别委员会的代表,重新设计加拿大货币。从1975年到1986年,胡贝尔先生担任加拿大银行票据公司(货币、股票、债券、护照、执照和流通票据)的印刷安全特别顾问。

1960年,胡贝尔先生应加拿大议会的邀请,在加拿大各大学主办的第一届莎士比亚研讨会上,在斯特拉特福德剧院就莎士比亚的笔迹发表了演讲。

胡贝尔先生于1976年至1981年担任《加拿大法庭科学学会杂志》的编辑。他曾担任加拿大法庭科学学会主席(1967-1968年)、美国法庭科学院院士、美国法庭文件检验委员会认证委员和前董事会董事(1978-1983年)。他曾任美国可疑文件检验协会主席(1996-1998年)。

阿尔弗雷德·M.黑德里克(Alfred M. Headrick)就读于阿尔伯塔省布鲁克斯的小学和中学,因学术成就获得了总督学业成就奖章。他以优异成绩获得了位于新不伦瑞克省萨克维尔的埃里森山大学的物理学学士学位(优等生)。

在1985年开始私人执业,担任可疑文件检验人员之前,他为加拿大皇家骑警服务了35年,其中32年从事文书鉴定和犯罪侦查实验室的管理工作。1984

年，他从实验室主任、助理专员的职位上退休。在1954年至1967年担任文件检验人员期间，他作为专家证人在曼尼托巴省以东所有省份和纽约州的法庭上出庭作证。

黑德里克先生曾担任加拿大法庭科学学会的审计员、编辑和主席。他曾担任加拿大警察局长协会业务委员会副主席，并且是该协会的终身会员。他也是美国可疑文件检验协会的成员。

第二版作者简介

海蒂·H.哈拉尔森（Heidi H. Harralson）自1997年以来一直从事专业的法庭文件鉴定工作。她已在美国和墨西哥获得了法庭认可，并参与了美国和国际上的案件。她曾在州和联邦法院作证，并且是Spectrum Forensic International，LLC的管理合伙人，这是一家全职的笔迹和文件检验事务所。她也是一名具有法庭资格和经委员会认证的法庭文件检验员。

她撰写了两本书：《数字时代的笔迹和签名鉴定的发展》(2013)和《运动障碍和伪造的法庭笔迹检验：研究和应用》(2008)。她是《犯罪现场调查》(2013)中有关证据文件一章的合著者。她曾在国际上就笔迹科学向专业组织和大学进行了大量的演讲，并在同行评审的期刊上发表了有关笔迹鉴定和文件检验主题的原创研究。她的研究工作集中在电子化签名、笔迹和神经运动障碍、艺术作品的笔迹、培训课程的开发以及笔迹科学的其他主题上。

哈拉尔森女士曾在国际上为律师以及公共和私人客户提供咨询。她是经过法庭文件检验委员会（BFDE）和国家文件检验协会（NADE）委员会认证的委员。她曾担任国家文件检验协会主席（2013-2017年），并曾担任国家文件检验协会副主席和认证主席等其他职务。

她拥有行为科学理学学士学位、笔迹科学和法庭文书检验文学硕士学位以及法庭犯罪现场技术员证书。1999年，她协助拉里·米勒博士在东田纳西州立大学建立司法文件检验的研究生学位课程。目前，她是东田纳西州立大学的客座教授，她在那里教授法庭文件检验的研究生课程。

拉里·S.米勒（Larry S. Miller）是一名法院认可、董事会认证的法庭文件检验人员。他是东田纳西州立大学刑事司法和犯罪学系的杰出教授和系主任。他于1974年在东田纳西州立大学获得理学学士学位，1977年获得东肯塔基大学理学硕士学位，并于1981年获得田纳西大学法医人类学和犯罪学相关的健康与安全博士学位。

他的职业生涯始于沙利文县治安部门的犯罪现场调查员和摄影师。他曾在肯塔基州警察局担任巡逻员，并成为华盛顿县警长办公室的首席行政副手。在获得硕士学位后，他被聘为莫里斯敦沃尔特斯州立社区学院田纳西州地区犯罪实验室的助理教授和主任。在犯罪实验室任职期间，他接受了法庭文件检验人员的培训。1984年，他受雇于约翰逊城的东田纳西州立大学。

米勒博士自1984年以来一直在东田纳西州立大学工作，通常教授执法、法庭科学和法庭文件检验领域的课程。他开发了研究生法庭文件检验项目，并在东田纳西州立大学创建了一个实验室，以鉴定田纳西州和地方执法机构提交的可疑文件。

米勒博士的主要研究兴趣是警察研究和法庭科学，他曾担任美国国家法庭科学学院董事会成员。他还曾在多个组织任职，包括国家文件检验协会（NADE）、法庭文件检验协会（AFDE）和法庭文件检验委员会（BFDE）。他曾是美国国家科学技术研究所（美国商务部）领导的笔迹鉴定中的人为因素小组的成员，帮助制定法庭文件检验标准。他独立撰写或合著了15部教科书，并在刑事司法出版物上发表了大量文章。

介绍：文件的世界

　　文件是我们遵守社会要求的证据，也是我们与客户、顾客和身边的人互动的条款和条件的证据。它们是过往行为和未来意图的记录，是我们文明的信息承载者，它像指纹一样具有人格化，或者像一粒沙子一样默默无闻。

　　随着我们对文件的依赖不断增加，我们对文件完整性的依赖也在增长。随着文件获得新的价值并服务于新的目的，可以理解的是，它们经常成为欺诈利用的工具、伪造的目标或隐瞒有罪真相的手段。文件的变化对法庭文件检验领域产生了影响，对技术提出了新的要求，对知识也提出了新的要求。

　　时间对笔迹产生影响，也对笔迹（书法）在学校课程中的地位以及笔迹在商业和社会交往中的作用产生了影响。电子技术已经在商业世界中取代了手写笔迹的大部分功能。对于有抱负的学生来说，书法不再是刻苦学习或获得赞誉的主要目标。旧的三大指标变成了"阅读、录音和发短信"。教授书写时，美学考虑较少，功能考虑较多。因此，它在方法上获得了更大的自由度，并在最终字迹上产生了更大的变化。因此，必须修改笔迹鉴定的方法。

　　本书从科学视角为该学科制定了课程。法庭文件检验涉及物证，物证不能说谎。只有对它的解释才会出错，只有找不到它或不愿听到它的证词才会丧失它的价值。

目 录

第一章 文件检验的历史 1

  1.1 **笔迹鉴定和司法程序** 1
      1.1.1 文书和证据规则 1
      1.1.2 1900年之前 2
      1.1.3 20世纪：前40年 3
      1.1.4 1940年至1975年 4
      1.1.5 1975年至今 5
  1.2 **文件检验的定义** 7
      1.2.1 文件检验的目的 7

第二章 笔迹的发展历程 9

  2.1 **笔迹的形成机制** 9
  2.2 **笔迹的研究** 9
  2.3 **字母表的起源** 12
      2.3.1 最早的字母表 17
      2.3.2 近代的书写系统 22
  2.4 **书写教学的历史** 23
  2.5 **数字时代的书写训练** 29

第三章 笔迹的鉴别 31

  3.1 **笔迹鉴定** 31
  3.2 **鉴定的过程** 32
      3.2.1 分析或确定鉴别要素 32
      3.2.2 比较 32

		3.2.3 评估	32
3.3	笔迹鉴定培训		36
3.4	笔迹的阶层或系统特征		39
3.5	笔迹的民族特征		42
3.6	笔迹的个体特征		42
3.7	笔迹的偶然情况		44
3.8	笔迹的根本或显著差异		45
3.9	条件变化对笔迹的影响		48
	3.9.1 样本的充分性		49
	3.9.2 意外情况		49
	3.9.3 多样的风格		49
	3.9.4 双利手		50
	3.9.5 粗心或疏忽		50
	3.9.6 书写人健康状况的变化	50
	3.9.7 书写人身体状况的变化：骨折、疲劳和虚弱	50
	3.9.8 书写人的心理状况或状态的变化	50
	3.9.9 书写活动的专注度	51
	3.9.10 伪装或刻意变化	51
	3.9.11 毒品或酒精	51
	3.9.12 药物的影响	51
	3.9.13 为了事后否认的有意变化	52
	3.9.14 神经紧张	52
	3.9.15 样本外的自然变化	52
	3.9.16 书写条件——地点或环境	52
	3.9.17 书写工具	53
	3.9.18 书写姿势——包括站姿	53
	3.9.19 书写载体表面	53
	3.9.20 压力下书写	53
3.10	排除性结论	54

第四章　笔迹鉴定的前提　　57

4.1	笔迹特征的相似点	57
4.2	相关信息	58
4.3	鉴定过程中的统计推理	59
4.4	鉴定的逻辑和推理	62
4.5	鉴定程序及其培训	64
4.6	笔迹专业的批评	64

第五章　笔迹鉴定的基础　　67

　　5.1　笔迹鉴定的基本过程　　67
　　5.2　笔迹鉴定与相关学科的区别　　72
　　5.3　笔迹鉴定的难点和局限性　　75
　　5.4　笔迹检验的公理、准则、原则和法则　　75

第六章　笔迹的鉴别与同一认定　　79

　　6.1　字母的语言　　79
　　6.2　笔迹的鉴别要素　　81
　　　　6.2.1　风格要素　　83
　　6.3　执行要素　　107
　　　　6.3.1　缩写　　107
　　　　6.3.2　对齐　　109
　　　　6.3.3　起笔和收笔　　111
　　　　6.3.4　变音符号和标点符号　　112
　　　　6.3.5　修饰　　113
　　　　6.3.6　易读性和书写质量　　114
　　　　6.3.7　笔画线条连贯性　　116
　　　　6.3.8　笔画线条质量　　118
　　　　6.3.9　笔的控制　　119
　　　　6.3.10　运笔　　128
　　6.4　所有书写习惯的属性　　129
　　　　6.4.1　一致性和自然变化　　129
　　　　6.4.2　稳定性　　132
　　6.5　书写习惯的组合　　132
　　　　6.5.1　横向扩展　　132
　　　　6.5.2　单词比例　　133
　　6.6　总结　　133
　　　　6.6.1　艺术品质　　133

第七章　笔迹鉴别和同一认定中的特殊问题　　137

　　7.1　首字母字迹的鉴定　　137
　　7.2　数字和符号的鉴定　　138
　　　　7.2.1　数字和文本符号　　139
　　　　7.2.2　修饰符号和标志性符号　　142

- 7.3 外文和非常规字迹的检验 　　145
- 7.4 匿名文字 　　150
- 7.5 笔迹的分类 　　152
- 7.6 建立书写习惯的重要性 　　160
- 7.7 区分非同期笔迹和同期笔迹 　　163

第八章　影响笔迹的外部因素　　169

- 8.1 笔迹的变量 　　169
- 8.2 影响笔迹的外部因素 　　169
  - 8.2.1 书写系统 　　169
  - 8.2.2 笔迹的生理性约束 　　183
  - 8.2.3 遗传因素 　　190
  - 8.2.4 生理（正常状态） 　　193
  - 8.2.5 身体因素（异常健康状况） 　　195
  - 8.2.6 药物 　　211
  - 8.2.7 长期虚弱 　　213
  - 8.2.8 书写人的心理状态 　　215
  - 8.2.9 损伤 　　216

第九章　影响笔迹的内部因素　　217

- 9.1 笔迹的变量 　　217
  - 9.1.1 摹仿因素 　　217
  - 9.1.2 环境因素 　　217
  - 9.1.3 暂时性状态 　　226
  - 9.1.4 教育文化水平对书写的影响 　　239

第十章　必要条件和结果　　241

- 10.1 笔迹比对所需的样本 　　241
- 10.2 所需实验样本的数量 　　242
- 10.3 寻找适合的样本 　　243
- 10.4 实验样本的准备 　　246
  - 10.4.1 听写 　　246
  - 10.4.2 重复 　　246
  - 10.4.3 隔离 　　246
- 10.5 实验样本的标准文本 　　247

10.6	书写样本的法律要求	252
10.7	笔迹检验的预期结果	252
	10.7.1 复制件及其他类似文件	252
	10.7.2 鉴定结论与意见	252
	10.7.3 有保留的意见	254
10.8	笔迹鉴定的确定性等级	256
	10.8.1 随机性	259
	10.8.2 独立性	259
	10.8.3 聚类分析	259
10.9	笔迹检验错误的原因	261

第十一章 笔迹鉴定的诊断 265

11.1	完美的摹仿	265
11.2	自动伪造	265
11.3	专业摹仿	266
11.4	辅助签名或引导签名的属性	269
11.5	伪装笔迹的特征	273
11.6	书写设备的特点	280
11.7	伪造的特征	281
11.8	真实笔迹的迹象	293
11.9	文盲指标	294
11.10	衰老或老龄笔迹特征	296
11.11	左利手的特征	299
11.12	性别指标	306
11.13	非惯用手书写的指标	310

第十二章 笔迹、文件分析和电子媒介 313

12.1	文件检验的工作范围	313
12.2	文件分析和非笔迹检验	314
12.3	数字化笔迹和非原始文件	315
12.4	数字和电子笔迹	321
	12.4.1 电子书写硬件	322
	12.4.2 电子化签名的检验	324

第十三章 文书检验人员能力评估 327

13.1	合格文件检验人员的来源	327

13.2	专业和能力	327
	13.2.1 学历	327
	13.2.2 培训	328
	13.2.3 专业机构	328
	13.2.4 出版物的数量和质量	329
	13.2.5 总结	329
13.3	文书检验能力的保持	330
13.4	专家证人资格	330
13.5	其他法庭科学学科培训的相关性	331
13.6	专业精神与职业道德	332

第十四章　科学与笔迹鉴定　　337

14.1	定义科学	337
14.2	笔迹检验和科学方法	339
14.3	笔迹与测量	340
14.4	实践标准	344
	14.4.1 笔迹检验的实践标准	345
14.5	结果的报告	347
14.6	提高笔迹鉴定科学水平	350
	14.6.1 行为可靠性	350
	14.6.2 解释的可靠性	351
	14.6.3 过程的鉴别可靠性	352
	14.6.4 前提的有效性	353
	14.6.5 过程的有效性	354
	14.6.6 分析技能	354
	14.6.7 总结	355
14.7	结论	356

第十五章　术语　　359

15.1	理解术语	359
15.2	术语表	359

Appendix A: Systems of Writing in North America　　379

参考文献　　383

第一章

文件检验的历史

1.1 笔迹鉴定和司法程序

有争议笔迹的检验很可能是法庭科学的鼻祖。当然，这是一门罕见的学科，它因司法的需求而诞生，而不是由于其他原因首先建立起来的学科，并且后来被用于解决司法相关问题。史料表明，涉及文书的伪造和相关欺诈行为几乎早在文字发展之初就逐步出现了。在罗马帝国时期，法律规定接受文书专家的证词。直到几个世纪后，这样的专家证词才被英语国家的法庭所采纳。

1.1.1 文书和证据规则

在民事和刑事诉讼中，文书的关联性极大程度上依赖于它们的书写人或者来源。有许多方法已发展到可以证明笔迹的真实性。在签名出现之前，使用蜡封来证明文件的真实性。织带穿过纸张的缝隙，蜡封粘在织带的末端，并且在蜡封上压印个人图案。后来，签名也能起到这样的作用，但除此之外，法律程序也倾向于需要签署证人的签名。

在某些情况下，未署名或匿名文件可能很重要，例如，记录了相关或有罪信息的个人笔记本。提供关于这些文件作者的证据一直是一个问题。

从历史上看，很多案件通过间接证据认定书写人。这是在书写时没有证人的情况下使用的。多年来，关于采纳什么证据，法庭一直存在争论。当然，人们倾向于寻找与该文件状况无关的证据。早在19世纪，魏格莫（Wigmore，1896）评论道，笔迹检验的概念是新颖的。

在制定一个可接受的证明标准的过程中，出现了许多相关问题。是否应该允许事实审判者（法官或陪审员）自行比较笔迹？如果可以，哪种笔迹可以作为比对样本？如果提供了某种确凿的证据，对第一个问题的答案就是肯定的。然后，通过一名辨认证人的证词来寻求证实——某个了解被指控者笔迹的人。辨认证人成为认证笔迹样本并作为证据提交的手段。对一个人笔迹的了解程度和方式没有明确的界限，所提出的证据也被证明是不可靠的。

任何观察过别人书写笔迹的人，即使是一次或几年之前，都被允许就笔迹的真实性作证。尽管这种证据存在固有的弱点，但关于笔迹样本的证据在些许政策上仍然占优势。然后又对这些样本提出了要求。它们必须与有争议的事项有一定的相关性，并且不能够简单代表一个特定的人的笔迹。

1792年的曾夫特诉伯拉罕案（*Goodtitle d. Revett v. Braham*，1792），被认为是英语法庭中第一个提供具有特殊资质证人的案件。这些证人将独立从样本与有争议的笔迹之间进行直接比较来作证，而不是辨认书写人。他们的特殊资质是从邮戳检查员的经历中获得的。他们检查邮资已付或者免付的邮件上议员和其他人签名的真实性。当时，就福克斯诉查德案（*Folkes v. Chadd*，1782）中的笔迹证词，肯杨勋爵（Lord Kenyon）采纳了两名检验人员的证词，曼斯菲尔德勋爵（Lord Mansfield）在该案中采纳了一个工程师的专家证词。

第二年，相同的证据被肯杨勋爵拒绝了。直到1835年，马萨诸塞州采纳了关于可疑文书上的笔迹与样本笔迹比较的证词（穆迪诉罗威尔案，*Moody v. Rowell*）。1854年，英格兰通过了《普通法程序法案》(Common Law Procedure Act)，这种做法才变得更加一致。

1.1.2　1900年之前

到1672年，诸如雅克·拉文诺（Jacques·Raveneau）这样的欧洲人已经撰写了关于笔迹鉴定的文章（Buquet，1981）。在19世纪，拉朗西埃案件（La Ronciere case），德雷福斯信件案（Dreyfuss letters）和拉布西埃遗嘱案（La Boussiniere will），都证实世界上的这些地区在努力解决笔迹检验能力的主要问题。

在北美，20世纪初，阿尔伯特·S.奥斯本（Albert S. Osborn，1929）被认为是推动笔迹鉴定成为一门独特学科的先驱。此外，他还将其范围扩大到包括打字、墨水和纸张检验，并将其纳入到更广泛的文件鉴定中来。与他同时期的其他人，包括哈根（Hagan，1894），弗雷泽（Frazer，1901），埃姆斯（Ames，1900），李和艾比（Lee and Abbey，1922）以出版文献的形式做出了他们的贡献。然而，奥斯本的著作（Osborn，1922，1929，1946）尽管不是特意为此目的而写，但仍然被认为是该专业的权威著作。

尽管奥斯本获得了笔迹鉴定的认可，很大程度上是通过他的著作、演讲和证词获得的，但毫无疑问，他从与美国证据法的著名权威约翰·H.魏格莫的友谊和交往中获得了很大的帮助。魏格莫等（Wigmore，1940）对法庭科学非常感兴趣，并认识到它在法庭上寻找真相方面的潜力。文件鉴定作为一门法庭科学的主张，可以追溯到魏格莫的预见（Wigmore，1896），其中一些预见，在20世纪初奥斯本的著作中被表达或引用。

在加拿大，英国1854年的《普通法程序法案》对笔迹鉴定证据做出了规定，并且在1865年的《英国刑事诉讼法》中扩大了这些规定。值得注意的是，该法案只适用于民事诉讼。早在19世纪60年代，一些法庭就表示更倾向于专家的证词，而不是非专业的证人的证词（里德诉华纳案，*Reid v. Warner*，1867）。1868年，《普通法诉讼法案》(the Common Law Procedure Act) 和《刑事诉讼法案》(the

Criminal Procedure Act）被《加拿大证据法案》(the Canada Evidence）所代替，该法案经过一些修订后，在过去的150年中，继续规定采纳关于笔迹的专家证词——但是仅仅采纳关于笔迹的证言。在判例法和普通法中，必须要求文书检验人员在他和/或她的工作领域（笔迹除外）提交的证据获得授权。

在1868年《加拿大证据法案》中，对笔迹证据给予特殊关注的原因说明笔迹专家可能是第一个为司法系统做出贡献的法庭科学专家。在没有先例的情况下，不得不对他们证词的采纳作出特别规定。当然，1868年的《加拿大证据法案》，是1867年加拿大从英国统治下独立出来后通过的许多早期法律之一，只是吸收了自1856年以来在英格兰法典中相似的法律条款。在这种情况下，笔迹证据与其他形式的法庭科学专业技术在法律上存在差别，其真正的原因必定源于英国法律的历史。

1.1.3 20世纪：前40年

尽管有立法规定法院和越来越多的司法裁决应接受专家证人的证词，但在20世纪初，并非所有法律专业人士都欣然接受专家证人的证词。旧法律文献对他们贡献的轻蔑态度表明，法庭科学的业界先锋在资格、动机或态度方面还有待改进。威尔曼（Wellman，1913）评论道："专家证人的判断变得如此扭曲……以至于，即便是出于良知，他们也不能表达坦率的意见。"（第73页）。威尔曼发现专家都是精明而狡猾的。偶尔，法律书籍中会充斥着这样的讽刺："他信誓旦旦地说专家是科学的"（Wrottesley，1910）。哈瑞斯（Harris，1911）做了一个经典的声明："你将会惊讶于详细阐述一个'科学发明'却没有任何发现的系统。"（第140页）

对于笔迹鉴定，这种怀疑，实际上是有敌意的，据称源于笔迹专家证词可采性的理论基础，这一理论经常饱受争议，毫无疑问，获得采纳的理由仅仅是，专家不会比辨认证人更糟糕（*Moody v. Rowell*，1835）。

虽然立法解决了可采性的问题，但反对者继续以权重为理由反对笔迹鉴定。互惠人寿保险公司诉布朗案中认为（*Per Mutual Benefit Life Co. v. Brown*，1878）：仅仅基于比较的笔迹专家意见，所有关于其证据能力的质疑，已经被法律清除了，但是它必须被视为证明力较低的证据。

在美国判例法中发展和记录的关于笔迹鉴定的法律历史，可以在赖辛格等人（Risinger et al., 1989）的一篇文章中找到一个相当完整的描述。虽然文章因为它的语言、目的以及一些错误和疏漏而受到批评，但是它却开始了对司法笔迹鉴定的严肃批评。这反过来又导致了通过发表研究和标准针对该领域的批评。

在大多数情况下，北美早期检验人员都是诚实的，善意的。尽管没有受到什么培训，但是他们有一个共同点：收藏奥斯本（Osborn，1929；1946）和他同时代的哈根（Hagen，1894）、夸克（Quirke，1900）、埃姆斯（Ames，1900）和弗雷泽（Frazer，1901）的著作。

检验人员来自不同的行业：银行职员、印刷工人、雕刻师、法庭书记员和警察。其中最多的是书法老师和商学院教师。显然，人们认为那些教授书法和书写记录的人更有资格区分不同人的笔迹。这是因为，在一个严格遵循抄本风格的时代，许多人的笔迹之间具有很多相似之处。此外，教师们能够理解个体在改变和修改书写习惯方面的能力。

第二个规模较小的群体，包括对文书鉴定有兴趣的银行职员、法庭书记员和警察，这可能与他们经常接触或参与刑事案件有关系。对文书检验人员的需求是明显的，而这些可用的专家数量是有限的。

起初，文书检验人员是自学的。从历史上看，他们没有科学的教育背景，并且在一年的司法案件中被传唤过几次的人也很少。当然，在北美，直到1937年联邦、州和省级警察实验室开设之前，很少有文书检验的全职工作机会。

当解决民事或刑事案件中需要它，将聘请一名以上的文书检验人员来审查证据。通常，第二个文书检验人员是阿尔伯特·S.奥斯本。1934年，布鲁诺·理查德·豪普特曼（Bruno Richard Hauptmann）因绑架并谋杀著名飞行员查尔斯·林德伯格（Charles Lindberg）的儿子而受审时，就是如此。奥斯本和其他七名鉴定人根据一些勒索便条的笔迹出庭作证，通过这样做，在公众眼里建立了笔迹鉴定的合法性。在这种情况下，检验人员要分享经验，相互学习，并提高他们的能力。对于那些实践较少的人来说，奥斯本是一名老师，是一种鞭策，也是一种鼓励。在这些杂乱无章的开端中，笔迹检验人员的职业慢慢出现了。

毫无疑问，加拿大笔迹检验职业的成长和发展与美国并没有太大的差别。在北美，警察或政府法庭科学实验室为这项工作建立了工作标准，正式制定了他们自己的培训课程，并且开展有限的科研项目来收集急需的知识。然而，这些机构的数量很少，而且所有机构的资源都非常有限。

1.1.4 1940年至1975年

手动打字机的发展，圆珠笔的出现，电子打字机的引进，以及电子时代的革命对文书检验产生了重大影响。他们深刻地改变了社会传播和记录信息的方式。书法老师的职业减少了。书法曾一度被坚持不懈地教授和勤奋地练习。然而，它已经不再被誉为一个学生的重要成就。书写在学习方法上享有更大的自由度，在最终笔迹上具有更广泛的差异。虽然过去多年里的目标是为了保证易读性，以方便他人阅读，但现在的目标似乎是提供一种方便的记录过程，易读性主要是为了书写人自己。通信和记录是机器的事情，因此，笔迹鉴定的方法必须进行重大的修改。

自1940年以来，发展起来的法庭科学服务已经在国家的大多数主要城市建立了文书检验实验室，所有这些都由政府直接或间接授权负责，由该地区执法的机构管理。在大多数情况下，这些服务免费提供给各级执法机构。

1.1.5 1975年至今

自20世纪80年代以来，计算机和数字技术的广泛推广从两个方面改变了文书和笔迹鉴定领域：(1) 对计算机化或电子化文档的分析，(2) 文书检验人员在分析过程中使用的计算机化或数字化设备。目前，涉及打字机文件分析的案件很少了，并且聚焦于打字的旧文书检验教科书和培训，看起来已经过时了。然而，在个案研究中，旧文书会受到质疑，而关于旧文书是如何制作的知识是一个是很重要的研究领域，可以做得很专业。乔治·布什（George·W. Bush）关于他在空军国民警卫队（Air National Guard）服役的信件（据称是在20世纪70年代早期打印的）就是一个通俗的例子，说明了为什么文书检验人员既需要旧的文书制作工具的培训，也需要现代的文书制作工具的培训。

在办公室和家里，打字机已逐渐被计算机、打印机和扫描仪取代。在法庭笔迹检验中，向数字技术的转变需要应用软件和技术来分析数字或数字化文件上的笔迹。文书检验人员也使用数字技术来拍摄证据，并创建文件示例。仅仅保留数字记录的趋势导致可供检验的原始文件越来越少，而对数字化文件的分析却越来越普遍。这需要文书检验人员的培训和知识，他们要了解和理解数字化如何影响笔迹，以及原始文件上的笔迹图像（如签名）如何拼接成篡改文件。简单办公设备就可以熟练地制作出篡改文件，以至于有时甚至需要科学测量仪器来检测签名是否为墨水笔直接书写或者是彩色打印机打印形成。为了与快速变化的技术与时俱进，为其成员提供认证的专业文书检验组织需要定期的继续教育。

关于培训和教育的趋势，在历史上，北美没有哪个大学为那些希望进入这个学科的人提供课程或培训。在政府部门，宣传学徒式的培训。根据美国材料与试验协会（ASTM, American Society for Testing and Materials）标准E2388，法庭文书检验人员最低培训要求标准指南，建议2年的全日制培训。广义上讲，ASTM培训标准被用作确定一个文书检验人员培训并获得资格的指南。在社会私营部门，设立了各种文书检验的学校和课程，但是缺少培训所需的标准化建设。

随着法医犯罪节目的日益流行，大学对法庭科学课程的需求渐盛，这推动北美建立了三个大学课程。俄克拉何马州立大学（Oklahoma State University）开设了研究生法庭科学课程，包括司法文书鉴定专业。2009年，东田纳西州立大学（East Tennessee State University）启动了一项文书检验的研究生证书课程。为了满足美国材料与试验协会的要求，这两所大学的课程需要至少本科生学位作为入学的先决条件。其他大学和学院在法庭科学和刑事司法中开设文书检验的本科生和研究生课程，但是它们通常是一门课程或者一个学期的课程，以此作为一个文书鉴定的入门教育。一个例外，是巴尔的摩大学（University of Baltimore）提供的司法文书分析专业证书，该大学推动了一个四门课程的本科项目。

培训、认证和方法的标准化一直是公立和私立的文书检验机构的主题。2000年，法庭专业认可委员会（FSAB，Forensic Specialties Accreditation Board）在国家司法研究所和美国法庭科学院的主持下，建立了法庭科学学科的认证。法庭专业认可委员会认可包括司法文书检验在内的法庭科学学科。目前，美国国家标准与技术研究院（NIST，National Institute of Standards and Technology）正在制定一项正式的建议，即认证机构应该获得ISO/IEC 17024的认可。ISO（International Organization for Standardization）是国际标准化组织，它于2012年发布了一项关于从事人员认证的机构所需的通用要求标准。

随着对法庭科学学科的科学基础的持续关注和认识，政府资助的机构加强了干预，以在法庭科学中建立更大的监督和问责制。2009年，美国国家科学院（NAS，National Academy of Sciences）发表了一份题为《关于加强美国法庭科学：前进之路》的报告。在对司法文书检验的评估中，委员会指出："笔迹比对的科学基础需要加强……尽管只有有限的研究来量化受训的文书检验人员使用方法的可靠性和可重复性，但是委员会赞同笔迹分析可能存在着一些价值。"（第5至30页）。2012年，哥伦比亚特区上诉法院的一项裁决，利用美国国家科学院报告中的批评对司法笔迹鉴定提出了质疑，这几乎是针对批评司法笔迹检验的回应。在佩特斯诉美国（Pettus v. US）案中，上诉人的论点是基于美国国家科学院报告中的批评，即基于模式的法庭科学学科并不科学，不符合科学可采性的要求。上诉法院同意原审法院的裁决，即笔迹鉴定的确满足可采纳性的FRYE测试。法院进一步解释说，上诉人持批评观点的陈述援引自美国国家科学院（NAS）报告中提出的"夸大了报告中经过衡量的结论和建议，将其解读为对所有模式匹配分析（包括笔迹识别）的科学基础的否定"（第27页）。相反，法院发现美国国家科学院报告并没有建议拒绝笔迹鉴定，而是提醒法院坚持法庭科学方法的可靠性。总的来说，上诉法院认为，美国国家科学院报告没有明确拒绝笔迹鉴定的理由，并指出美国国家科学院报告的笔迹鉴定审查也很简短。法院的结论是，笔迹鉴定背后的方法已在法庭科学界得到公认和接受。

美国国家标准与技术研究院（NIST，2015）已经主办了一些涉及错误分析和缓解对策的会议，其中也包括了笔迹鉴定。2013年，美国国家标准和技术研究院主办了一次会议，专门讨论与笔迹鉴定相关的司法挑战，特别是测量和定量分析。美国国家标准和技术研究院继续在制定法庭科学标准方面发挥积极作用，目前在美国国家标准和技术研究院内部有几个委员会在制定法庭科学标准。2013年，美国材料与试验协会文件和笔迹检验标准被文件检验科学工作组（Scientific Working Group for Document Examiners，SWGDOC）的标准所替代。这些标准实际上是相同的，但是在美国材料与试验协会正式发布新标准之前，这些标准的修订过程将由文书检验科学工作组来执行，而不是美国材料与试验协会，直到美国国家标准与技术研究院正式发布新的标准。

1.2 文件检验的定义

文件检验是一门运用技术或科学程序来探寻确定文书历史的学科。从其他在民事和刑事诉讼中的应用及其司法功能角度来看——法庭文件检验是对物证的研究，而物证不会说谎。只有对它的解释可能是错的，只有找不到它，或没有听到它的真实证词时，才可能剥夺物证的价值。

司法文件检验可能需要研究完整的交流工具，或其中的某些要素：书写、刻字或印刷；墨水、石墨、纸张或其表面形态。它还可能需要对其各种属性进行多维度研究。文件检验可以探寻文书的来源或后续发生事件时间顺序的证据。尽管文书中有许多要素可以证明它的历史，但是它承载的笔迹却是最常有争议的要素。

然而，可疑的笔迹和刻字可能题写在墙面、木制品，或在其他任何尺寸的物体上，可能使用涂料代替墨水，用记号笔、刷子或喷雾罐代替传统的书写工具。这些信息可能是恐吓的、攻击性的、淫秽的、诽谤的、匿名的或者有罪的，而书写人的身份可能对确定责任或罪责至关重要。可以理解的是，文件检验人员将被要求运用他或她的技能来鉴定书写人，尽管载体（如厕所的墙面或混凝土桥）不属于文书通常的定义。虽然这种情况很少出现，但应该在更广泛的背景下考虑文件检验，特别是笔迹鉴定。

美国材料与试验协会（ASTM）和文件检验科学工作组（SWGDOC）都提供了与司法文件检验相关工作范围的标准定义。这个范围倾向于处理狭义上的文件。标准描述也提到了从业者的资格，尽管除了推理之外很少提供细节。然而，它确实清楚地将司法笔迹检验与书法、写作和笔迹学区分开来。

1.2.1 文件检验的目的

进行文件检验是为了确定
- 来源 – 文件来自哪里？
- 制作来源 – 什么人或什么机具制作？
- 制作过程 – 文书是如何制作的？
- 复原 – 褪色或消失了哪些内容？
- 原始性 – 如果有，它发生了什么变化？
- 真实性 – 真实的还是虚假的？
- 合法性 – 原始文件还是复制件，如果是复制件，第几次复制？

通过技术流程寻找这些信息的原因是为了阐明在该文书到达法庭之前发生的历史事件。这将使法院能够确认其他可能而作出的假设。它还将使法院能够审查文件的技术性证词和证人的口头证词之间的一致性。

尽管可疑文件检验的范围很广泛，但是在实践中，大多数检验人员发现他们的大部分工作涉及笔迹或手写签名的研究。如果刑事工作的某些领域倾向于提供一些不同种类的任务，那么私人检验人员也一定会发现人们更经常地专注于笔迹。因为这些原因，笔迹应得到检验人员最全面的关注。

第二章

笔迹的发展历程

2.1 笔迹的形成机制

书写是一项后天习得的技能，显然是一项复杂的感知运动任务，有时也被称为神经肌肉任务。熟练的书写动作对人们来说是如此平常以至于人们会忽视其复杂性。但毫不夸张地说，书写是人类双手最高级的成就之一。

手具有极其复杂和精密的结构，包括由40多块肌肉控制的大约27块骨头。大部分肌肉位于下臂下部，并通过一组复杂的肌腱与手指相连。它们操控书写工具的能力是由一个计时系统精确协调的，该系统由神经控制手臂、手和手指的运动。运动的精确顺序和计时决定了钢笔或铅笔所记录的图案结构。

书写是一项连续、流畅的任务，而不是不关联、分离的动作。虽然在单词之间可能会有明显的中断，但在许多情况下，尽管没有表现为墨迹线条，笔的运动仍可能是连续和不间断的。熟练的书写，当然也是笔迹的一个特点，它涉及到流畅地执行一系列有序的协调动作，其中，每个动作都在相应的时间和位置发生 (Thomassen and Teulings，1983)。这些运动的特定模式构成了每个人特有的书写习惯。事实上，通过练习和技巧，书写习惯的执行会变得更加自动化，使得书写过程更少受到意识的控制。

2.2 笔迹的研究

人们对笔迹进行了大量的研究，许多学者对不同医学和神经条件与笔迹特征的相关性进行了研究。相当多的研究工作已经涉及到了书写的教学方法和补救方法，以此来改善儿童书写质量。

从历史上看，许多综述或研究都涉及笔迹与心理或行为的关系。奥尔波特等人（Allport et al.，1993）回顾并参与了关于书写表达性动作的实验研究。麦克尼尔和布鲁姆（McNeil and Blum，1952）研究了与心理学相关的笔迹方法论。弗拉基格等人（Fluckiger et al.，1961）回顾了1933年至1960年在行为和笔迹方面的实验研究。赫里克（Herrick，1960b）著述了关于笔迹研究最全面的参考目录（从1890年到1960年），列出了1 754篇论文、书籍和文章。不幸的是，在那之前，很少有研究是严谨的、实验性的，大多数都只能说是提出假设，而没有验证它们。

关于笔迹和教学，赫里克和奥卡达（Herrick and Okada，1963）提出了20世纪60年代关于书法教学研究可能的各种方向。后来，阿斯科夫等人（Askov et al.，1970）回顾了那十年的研究，评估了按照这些建议所取得的进展。他们表达了一些失望，评论说书写的教学倾向于遵循公认的惯例，而不是建立在研究和发现的基础上。十年后，匹克等人（Peck et al.，1980）回顾了过去的进展并报告发现了一些令人鼓舞的迹象。他们提到了在有学习障碍的儿童的书写实验中看到了希望。他们的评论对于今天的笔迹鉴定人具有特殊的意义，因为他们提到，即使在一个技术交流的时代，笔迹仍然是一种个人表达的方式。

胡贝尔（Huber，1983）努力激发人们对已出版笔迹文献的兴趣，并在赫里克（Herrick，1960）的综述中增加了1958年到1983年之间的200篇文献。拜尔等人（Baier et al.，1987）评述了与1873年以来文书鉴定有关的材料，编目了5 871篇专著、文章、书籍和论文，其中很大一部分与笔迹有关。

在20世纪60～70年代，一种趋向于使用更为缜密的实验进行调查研究的趋势变得明显（Herrick，1963）。1982年笔迹动作方面的国际研讨会汇集了来自实验心理学、生物工程、神经学和教育学等学科的研究科学家，在会上诞生了一个新的学科——笔迹学[1]（Graphonomics）。

随着笔迹学的出现及其科学的严谨性，人们在努力研究和理解笔迹作为一种感知-运动技能的发展。笔迹学一直并将继续探索不同阶段书写运动的结构和操作过程，以及其修改或变化所涉及的因素。托马森等人（Thomassen et al.，1983）报告说，书写是一种复杂的运动行为。书写字母最大的困难不在于特定笔画的执行，而在于不断变化的环境中完成复杂笔画的结合。熟练的书写人不会简单地按照给定的轨迹来进行所需的动作。研究表明，书写人从抽象的运动记忆中提取出必要的信息。书写涉及一个连续不断的输出过程，它本质上是和检索过程、缓冲存储和监控操作交织在一起的。因此，大脑的工作方式很像一台计算机（Teulings，1996）。

运动行为在记忆中的表现似乎并不是只存在特定肌肉上。因此，无论用手、脚或嘴书写都遵循着相似的模式。完整的运动序列是一个分层的过程。字母或单词的组合可以作为一个单元来执行。因此，运动序列的执行似乎远比以前认为的要更独立于反馈系统的监控。

正如托马森和特斯林（Thomassen and Teulings，1983）已经详细阐明的那样，至少有三种不同的理论可以解释诸如书写这样的熟练技能是如何获得的，以及反馈在其中所起的作用。开环理论由基尔（Keele，1968）提出并描述；闭环

---

[1] 根据国际笔迹学会的定义，笔迹学是有关笔迹及其相关技能的基础和应用试验研究的多学科交叉领域。https://graphonomics.net/。

理论是由亚当斯（Adams，1976）提出的；施密特（Schmidt，1975，1976）提出了一种中枢运动计划理论的形式——图式理论。普拉蒙东和马尔塞（Plamondon and Maarse，1989）评估了关于书写的生物力学运动模型的研究，发现速度控制模型最能代表自然的笔迹。

卡利朱里和穆罕默德（Caligiuri and Mohammed）总结了几十年来的运动控制研究，回顾了与书写动作最相关的模型，包括分层模型、成本最小化模型和平衡点模型。虽然这三种模型都准确地描述了与书写有关的运动控制，但成本最小化模型似乎最有效地示范了与摹仿笔迹相关的要素。成本最小化模型以运动的形式描述了运动程序，与这些模型相关的研究是基于速度曲线做出的。在成本最小化模型中，其他模型如最小抖动、等时原则和三分之二幂定律已经被发展用来解释书写中的运动。应用等时性原理的运动控制理论，卡利朱里等人（Caligiuri et al., 2012）检验了在线笔迹特征，以此来确定摹仿签名是否符合等时性运动学。结果表明，摹仿签名不符合等时性原理，这说明运动控制理论对司法笔迹鉴定的科学基础是有用的。

要想写得令人满意，就需要有能力从视觉上区分字母和其他字符的图形形式，并判断其正确性。学习书写需要有能力判断与正确或错误动作相关的感知器官反馈。调整适应或控制书写工具的运动也是必需的。

书写被描述为一种使用工具的技能。康诺利和艾略特（Connolly and Elliott, 1972）区分出了7种工具的抓握方式，其中5种为强力的抓握（如握冰锥或螺丝刀时），2种为精确的抓握（如握铅笔或钢笔时）。书写工具所使用的抓握方式可以促进或抑制某些类型的笔画。书写的发展过程是一个控制能力逐步提高的过程，特别是更精确的手指动作。这反映在字符大小的缩减和多余动作的数量和程度的减少上。

在书写的发展过程中，既有量变也有质变。在可以被更精确地测量的变量中，速度可能是衡量熟练程度最简单的整体度量。科尔莫等（Cormeau et al., 1970）阐述了书写速度随着年龄增长而增加的函数。7岁至9岁的孩子书写速度增长最快。随后增长速度逐渐减小直到13岁，到那时候几乎没有进一步的增长。

如前所述，书写是一种受文化限制的活动，不仅仅在语言和拼写体系的方面，而且在许多书写运动方面也深受文化和教育的影响，这一点有时会被忽视。书写既是拼写，也是一项感知运动任务；两个截然不同的教学问题不期而遇，亟需同时解决。书写初级阶段的教学涉及文化标准的引入，如规则性和整洁度，文化倾向性的介绍，如倾斜，逆时针旋转，从左到右书写。它还涉及各种约束的引入，如姿势、握笔和用手习惯。在不同的文化中，这些标准、倾向和约束可能会不同，对书写过程产生了不同的影响。

在书写和绘画的发展过程中，某种倾向或者规则逐步发展壮大成为大多数人共同的习惯。书写人们的指向性偏好并不总是有意识的。但这些偏好几乎无一例外地促使书写人采用从上到下的垂直方向和从左到右的水平方向进行书写。当这些规则被打破时，笔迹鉴定人会寻找理由来解释它们，比如左利手书写中的IHP（倒手姿势）。这也可以解释为什么有许多书写人倾向于省略字母的上行笔画，比如"i""t""h"或"l"，并以一个简单的从上到下的垂直笔画开始书写（Rhodes，1978）。

古德诺和莱文（Goodnow and Levine，1973）观察到，随着年龄的增长和书写能力的发展，人们越来越符合这些规则，但某个规则的强度可能会下降，而另外一个规则的强度可能会增加。

2.3 字母表的起源

令人难以置信的书写能力促使许多人把它的起源归咎于神灵。亚述人、中国人、埃及人、印度人和斯堪的纳维亚人都曾认为神灵赋予了人类书写的知识（图2.1）。钱皮恩（Champion，1750）认为字母的发明源于亚当。

图2.1　埃及写作之神透特手持芦苇笔（埃及卢克索神庙）

无论是否源于神灵，书写都被认为是人类最重要的发明之一。库尔马斯（Coulmas，1989）认为书写是地球上发明的最重要的系统，尽管文明不一定是书写的产物，但书写是塑造文明的工具。丹尼尔斯和布莱特（Daniels and Bringt，1990）表示"人类是由语言定义的；但文明是由书写来定义的。"（第1页）

书写的发展是复杂的，因为它在某种程度上是依赖于文化的，而文化因地域而异，并且不断变化。这种依赖性的证据体现在阶层、制度或民族特征上，这些特征在笔迹鉴定中具有特殊的意义。为了确定笔迹的个性化特征，鉴定人必须考虑书写系统的阶层特征。对书写历史发展的回顾，是对从文化上理解阶层特征的宽泛介绍。

新石器时代的人早在2万年前就开始了书面交流，当时他们用绘画在洞穴墙壁上以图形方式描述物体和表达思想，现在被称为壁画（Diringer，1968；Diringer and Freeman，1953）。在这之后，动作被添加到动物的图画中，出现了第一批象形文字或图像符号故事（图2.2和图2.3）。后来这些图像上又加上了人物的形象，并且所描绘的事件的复杂性也逐渐增加，就成为了所谓的表意文字或图像符号。

表意文字是比较简单的图画，比如简单的图形，但是更难解释。然后，象形符号与表意文字相结合，可以提供更多的信息。特定的组合就表达了思想，例如，月亮符号和斜线可能代表阴历月份（Diringer，1968；Ogg，1959）。第一个系统的书面交流方式的起源尚不确定，但是在史前文物中发现的证据表明，这样

图2.2 土著洞穴壁画

图2.3 石刻岩画

的系统开始于公元前3500年后的某个时候。

在任何一种文化文字发展的最初阶段，所使用的符号代表的都是物体而不是口头的语言。语言元素紧随其后。用符号来代表单词的音节可能开始于书写外来名称，这些名称除了表示身份外，没有任何其他含义。在此以后，音节的用法扩展到日常用语中。

已知最早的埃及象形文字就表现出了音节系统的元素。事实上，他们展示了从音节文字到真正的字母文字最后步骤的元素，其中符号代表语音，而不仅仅是音节（Humphreys，1855）。

早期的书写采用了几种不同的形式。苏美尔人发明的楔形文字系统可以追溯到公元前3200年，这可能是最古老的书写系统。为了不低估楔形文字的重要性和它在记录信息中的作用，库尔马斯（Coulmas，1989）指出"微芯片仅仅是对黏土片的技术改进"（第9页）。后来楔形文字经历了表意形式和音节形式的转变（Diringer，1968）。随着黏土作为书写载体的引入，符号被简化，用宽尖笔写出的直线楔形形状，取代了圆形线条。因此，"cuneiform"这个词被理解为楔形的意思。有趣的是，在今天的数字时代，我们发现手写笔在平板电脑上的回归，尽管是数码平板而不是泥土平板（图2.4）。

楔形文字被许多闪米特人部落采用，并在阿卡迪亚人、亚述人、巴比伦人、埃兰人、赫梯人和卡西人的统治下演变成不同的版本。表意文字和音标形式的结

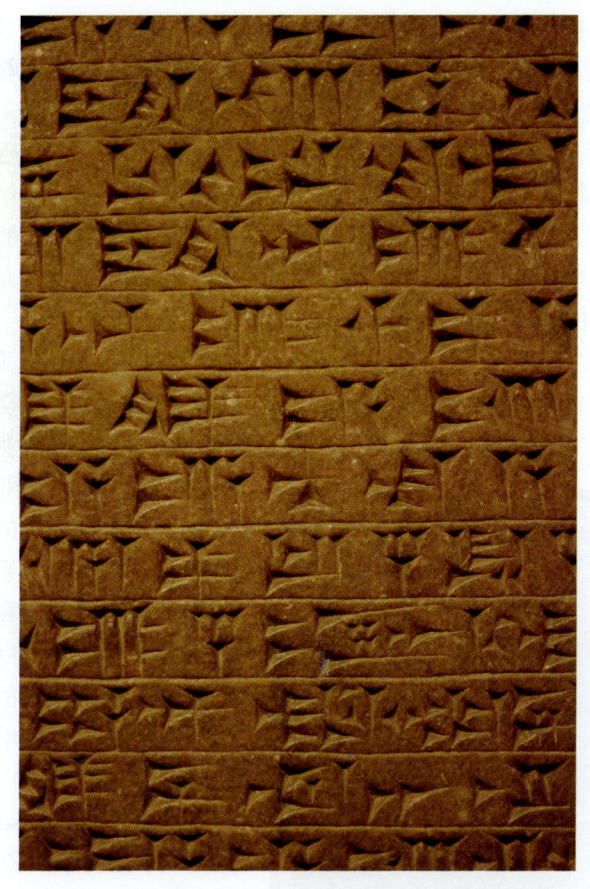

图2.4 大英博物馆的楔形泥板（作者：马特·尼尔，来自英国[CC BY 2.0 (http://creativecommons.org/licenses/by/2.0)].由维基媒体共享网站提供。)

合产生了多音字（具有多个音节值的符号）、同音异义字（具有相同音位的不同符号），并且发展出需要确定一个词是表意的还是音标的，和/或其音标形式。音标也被用来对具有多重含义的表意文字进行分类。

各种楔形文字在埃及、小亚细亚和希腊流传了两千多年。波斯人在公元前600年左右采用了它的一种模式，然后将其简化为大约40个符号，这可能是真正的字母表的起源。楔形文字大约在公元前500年开始消亡。尽管牧师和天文学家在基督教时代开始时继续使用它，但在公元75年之后就没有记录了。

埃及文字发展出了三种不同风格的符号系统——圣书体，僧侣体和世俗体[1]，

---

[1] 埃及的象形文字一般是指圣书体，主要用于比较庄重的场合，多见于神庙，纪念碑和金字塔的铭文的雕刻。僧侣体则多用于书写于纸草上，相当于汉字的行书或草书。而世俗体则是对僧侣体的简化。

每种字体都使用相同的字符组合，但采用不同的书写形式。埃及文字基本上是民族性的，只在埃及存在和消亡。埃及的象形文字相比其他系统取得了早期的进步，结合了表意文字，音节形式，甚至单个字母符号和限定词。尽管它早期形成并得到了发展，但它并没有形成字母系统。象形文字一直盛行到公元500年之后，是皇室和宗教的铭文的首选（Humphreys，1855）。

大约公元前2000年，芦苇笔和莎草纸的引入促进了僧侣体的发展，它使用更简单的形式来表达相同的图形。由于它的书写速度快且形式简单，使其成为了商业和私人文件的选择。

大约公元前700年，一种高度草书的僧侣体得到发展，被称为世俗体，但由于它使用与象形文字相同的系统（表意符号、表音符号和限定符号），因此它没有变成一个真正的字母系统。然而，世俗体符号十分草书化，书写如此简单，以至于它取代了僧侣体和圣书体的风格，只有宗教的和传统的抄写才会用到它们。世俗体符号系统广泛应用于埃及文字，达到了和象形文字或希腊文同等重要性的水平。事实上，苏美尔人和埃及人的这种体系可能是对后来的发展影响最大的。商博利翁（Champollion）对1799年发现的罗塞塔石碑（Rosetta Stone）的翻译提供了破译埃及象形文字的线索，因为石碑上出现了三种文字：埃及圣书体文字、世俗体文字和古希腊文字（图2.5）。

克里特文明、埃拉米亚文明、印度河流域文明和赫梯文明各自发展了它们独特版本的巴比伦楔形文字。这后来被更草书的或更象形的文字系统所取代。

中国的文字系统已经被连续、不间断地使用了3000多年，由于它长盛不衰，使得它在所有的文字系统中是独一无二的（Coulmas，1989）。汉字系统与西方的字母系统有显著的不同，尽管它通常被认为是表意文字或符号文字，但库尔

图2.5 罗塞塔石碑描绘了三种不同的书面语言：埃及圣书体文字、世俗体文字和古希腊文字

马斯认为对汉字更准确的描述应该是一种语素-音节的文字系统。中国最早的象形文字是在公元前1200年左右的甲骨文中发现的。然而，罗南和尼达姆（Ronan and Needham，1978）认为，文字可能更早就出现在其他更容易腐烂的物品上，比如没有留存下来的竹简。千百年来，汉字或字符超过50 000个，但只有2 000到3 000个汉字是经常使用的。在学习书写汉字时，笔画的顺序是规范和精确的，汉字的笔画数决定了其在汉语词典中的位置。传统上，中文是按列写的，从右到左读。以竹简为载体解释了为什么传统的汉字是垂直书写的。

对于日文，库尔马斯（Coulmas，1989）指出，它被认为是"一个众多人口所使用过的最复杂的系统"（第122页）。日文虽然最初起源于汉字，但日文逐渐演变成一种复杂得多的系统。与中文类似，它也由50 000多个日文汉字（日语字符）组成，其中有几千个是标准用法。日语使用音节假名，分为两种音节假名即平假名（非正式）和片假名（正式）（Robinson，1995）。在现代，由于技术使用得越来越多，有人建议改革和简化日语系统，但一直存在争议。

毛笔书法起源于中国，是一种程式化、艺术化的书写形式，专注于动态、持续的运动，而不是僵硬的书写形式。用毛笔在载体上形成字符或图像。毛笔书法被认为既是一种书写，也是一种艺术（图2.6）。

2.3.1 最早的字母表

从公元前1200年到公元前900年，地中海商人腓尼基人通过他们从巴勒斯坦到直布罗陀的旅行，传播了第一个字母体系（Ogg，1959）。迪林格（Diringer，1968）报告说，第一个真正的字母表出现在公元前1730年到公元前1580年的埃及和美索不达米亚之间，很可能是在西奈半岛（公元前1600年），那里用希伯来-埃及文字书写希伯来-闪米特语言。这种语言只需要发出基本的语言发音而不是音节（Mercer，1959）。迪林格认为迦南人（即腓尼基人）结合了埃及人和闪米特人的体系，除了基本声音之外，消除了其他一切要素。由于巴勒斯坦的文化高度发达，并且是位于埃及和美索

图2.6 毛笔书法（作者：乔·梅布尔[CC BY-SA 3.0（http://creativecommons.org/licenses/by-sa/3.0)]由维基媒体共享网站提供。）

不达米亚两大文化之间活跃的国际贸易中心，因此它很可能是字母表起源的地方。

第一个字母表主要得益于北方闪米特人的发展。北方闪米特人真正的字母表可以追溯到公元前1100年腓尼基的比布鲁斯，但可能在这之前的200年在腓尼基的迦巴勒就开始了（Irwin，1967；Mercer，1959）。虽然字母表的发音保持稳定，但其外形发生了显著变化。早期的字母有三种：

1. 腓尼基文字，塞浦路斯、撒丁和迦太基文字的变种；
2. 从迦太基文字演变而来的利比亚和伊比利亚文字；
3. 大约在公元前1000年作为一个分支而发展起来的阿拉姆文字。

由于阿拉姆人控制了大马士革地区，并将该体系保留到耶稣诞生的时候，阿拉姆风格对西方的文明起了重要的作用。另一种源自阿拉姆语的音符系统是阿拉伯语。随着伊斯兰教对阿拉伯字母的传播，最终取代了阿拉姆语。一种南方闪米特字母表也独立发展出许多衍生体系。

希腊人从腓尼基体系衍生并发展了他们自己的字母表，引入了元音以适应希腊语言。其他未在希腊语中使用的辅音被省略，从而形成了希腊字母表。这种推导的证据可以在字母名称中找到（Fairbank，1955）。腓尼基字母的名称代表了有形的物体或动物，例如，aleph（牛），beth（房子），gimel（骆驼），daleth（门），但希腊字母的名称没有其他意义，只是作为字母的名称，例如，alpha，beta，gamma，delta。公元前10世纪到公元前5世纪，书写方法发生了变化，尤其是在书写方向上。这些方法经历了几个阶段：首先从右到左，然后每行交替（有时称为犁式或牛耕式转行书写法[1]），最后从左到右。到公元前350年，希腊所有城邦的文字书写都标准化了，雅典采用了固定的希腊字母格式（Diringer，1968）。

为了方便徒手书写，爱奥尼亚的希腊字母被抄写员修改了。在莎草纸和牛皮纸上用墨水书写的大写字母带来了一种轻微的圆化效应，这就是后来人们所熟知的希腊安色尔字母[2]。

两种书写方式由此演变而来，一种是使用书本形式的书法，另一种是使用文档形式的速记。前者追求清晰、精确、规律和美观，并被用于抄写重要的文学作品。后者追求速度和效率，是工作文件的风格。书法保持了相当稳定的安色尔字体设计，也就是众所周知的草书手写体。速记允许改变草书手写体的形式来改变字母的外观。公元前250年以后，更圆的字体可以用来连接字母，书写速度也更快。这种趋势一直持续到公元7、8世纪，当时出现了一种新的希腊手写字体，叫做小写字体。在公元1000年到1400年间，一些先前的安色尔字体形式与它相结合，一个正式的小写字体就诞生了。这个系统中的字母形式与现代希腊印刷体

---

1 右行左行交互书写方式。
2 安色尔体：为了抄写经典、传播宗教，产生了手写体。公元4世纪始，为了迅速和流畅地书写，把直线改成了曲线，有的字母省掉了部分笔画，这种字母是大写体到小写体的过渡体，被称为安色尔体。

文字没有太大的区别。

希腊字母表起源于意大利北部的伊特鲁里亚人，大约在公元前800年，他们把闪米特和希腊字母结合起来，创造了他们自己的字母表。它的最终形式从公元前400年开始一直被使用，直到公元1世纪被罗马帝国的拉丁字母取代。希腊文字的另一个起源是梅萨皮亚字母表，可以追溯到公元前800年，当时梅萨皮亚人民生活在意大利。

古代和现代字母之间的最后一个联系是罗马字母。在罗马帝国达到巅峰之前，意大利由北部的伊特鲁里亚人和南部的梅萨皮亚人统治，他们都使用从希腊人那里得到来的字母。因此，大约在公元前70年到公元元年，当一种文字被选择用来适应拉丁语时，罗马人理所当然地选择了一种源自希腊的设计。最早的拉丁字母表由伊特鲁里亚字母表中的21个希腊字母组成（Humphreys，1855）。

经过600年的变化和补充，为了适应发音的差异，罗马字母表诞生了。当罗马人在公元前1世纪征服希腊时，又增加了两个希腊符号（"Y"和"Z"）。中世纪时，增加了现存的拉丁字母（"U"、"W"和"J"）并作了三次修改，使现有字母总数达到了26个字母。

罗马人还发明了新的字母形式，第一种被称为宝石大写体。罗马人引入了优雅、圆润的曲线和锥形的笔画结尾。在一些笔画的结尾刻一条叫做衬线的终点线，在1世纪的石刻中流行起来。

随着钢笔和羊皮纸使用的增加，方形大写体，或书本大写体出现了，它们比宝石大写体略微圆润一些。这些更自由的形式给予了字母更书面而不是手绘的特征。与此同时，第二种风格出现了，这种风格为了追求速度而牺牲了小细节。衬线不再是单独的一笔，而是最后的一笔，并尽可能避免提笔。于是，这样有点随意的设计，成为了众所周知的平民大写体。

用一支笔尖宽而平的笔，与书写线成锐角来书写，使字母的笔画变得粗细不同。对于方形大写体，竖笔往往比横笔更宽，但是对于平民大写体，情况正好相反。两种形式都是大写的，也就是说，整个字母可以包含在两条平行的水平线之间。这大致相当于今天单词大写字母的意思。平民大写体，直到公元600年，在文学作品中很流行，此后只出现在标题中，直到12世纪消亡。

在公元1世纪，用于商业的日常罗马书写被称为草书大写体。用锋利的尖头工具和更少的提笔，写字线的宽度和连结更加均匀。这种风格的一些字母变成了"小写"，也就是包含了字母主体上方或下方延伸的笔画（例如，"h"或"g"）。但这并不是"小写"这个词目前的含义。

坦南鲍姆（Tannenbaum，1930）报告说，尤利乌斯·恺撒使用古罗马草书体，其中有少量现存的标本。它具有重要的历史意义，有助于解释现代文字的起源。一些小写字母可以追溯到1875年在庞贝遗址的蜡板（libelli）上发现的罗马草书字体。当这种文字正式形成时，它成为意大利和法国的惯用外交文字，一直到大约9世纪。

书写风格的发展在公元2、3、4世纪有些模糊不清，尽管很明显在这期间有两种新的书面书写方式和一种新的商业书写方式开始使用。先前的罗马安色尔字体，使用宽尖笔头的笔，但在公元500年以后，笔尖变为了一个更平行于书写线的角度。大多数形式是大写字体，但少数是小写字体。较新的手写体，叫做半安色尔字体，是用平行笔尖写的。它几乎完全是草书体的起源和小写字体的形式（Thompson，1893）。

直到公元7世纪，安色尔字体的系统一直运行良好。公元800年以后，它被限制在标题中使用，并在12世纪消失。半安色尔字体在平民文学作品中使用得更加有限，大约在公元1000年消亡。

公元4世纪出现了一种叫做草书小写体的新商业字体。它使用了像草书大写体一样的尖头笔，但使用了像半安色尔字体一样的小写形式，并且连接线使用的频率很高。它们在后来的发展中的重要性不容低估。它们是8世纪加洛林（Carolingian）王朝小写体的基础，这种字体在欧洲盛行700年之久。13世纪到15世纪的哥特式草书体也在不断演变，但最终让纯粹的加洛林王朝小写体得以复兴。

书写材料的发展促进了书写系统的发展，所有这些都是为了提高速度和效率。在罗马的统治下产生了牛皮纸和羽毛笔，但在罗马衰落和失去了中央集权的影响后，一个新的影响力浮出水面——民族性。从那时到今天，民族特征成为影响书写风格的主要因素（Diringer and Freeman，1953；Humphreys，1855；Ogg，1959）。

草书小写体是许多国家商业字体的基础。安色尔字体和半安色尔字体在宗教文本中得以延续。7世纪至9世纪的意大利半草书小写体是最早的主要民族风格之一。从它衍生出了其他的民族风格，如伦巴第小写体（10世纪到11世纪），贝内文托体（8世纪到13世纪）和前加洛林时期的意大利北部的手写体。

还有许多其他的民族风格：梅洛文加字体（6世纪到8世纪，法国），西哥特字体（7世纪到9世纪，西班牙），日耳曼前加洛林字体（8世纪到9世纪，西欧中部）。这些新发展中最重要的是由教会发展出来的海岛体或盎格鲁-爱尔兰人字体，以及中世纪大多数的书写系统。这些书写系统中有两大类，爱尔兰字体和盎格鲁-撒克逊半安色尔字体。前者通常被认为是圣帕特里克和爱尔兰传教士的功劳，他们花了无数时间用拉丁文抄写圣经文本。在对美观和清晰的追求中，这些书写风格出现了新的形式。

公元7世纪到8世纪的盎格鲁-撒克逊字体，是早期爱尔兰体的一个更整齐的衍生物，直到大约公元940年才被用于拉丁语，并继续在盎格鲁-撒克逊文学中使用。在他们的时代，为"w"、"th"和"dh"的发音引入了三个新的字母，但只有"w"存活了下来（Diringer，1968）。

公元800年左右，法国查理曼大帝和他的神圣罗马帝国在罗马衰落后成为西欧主要的中心势力。他了解到在过去的几十年里，复制的圣经文本中有许多错误，并建议纠正它们。公元781年，他说服约克的阿尔昆，一位最重要的圣经学者，着手修订和改写所有的教会文献。在图尔市圣马丁修道院的一所学校里，阿尔昆为抄写员提供特殊培训。他引进了一种由盎格鲁－撒克逊字体、爱尔兰半安色尔字体和其他早期日耳曼加洛林字体结合和修改而成的小写字体。强调的是简洁和清晰。字母的连接是为了书写的速度，但不是以牺牲清晰度为代价。标题中某些标点符号和大写字母的使用是标准化的。

大约在公元850年，由阿尔昆发明的这种加洛林字体取代了欧洲大部分国家的字体，在长达300年的时间里，它实际上是西欧唯一的字体。然而，到了10世纪，加洛林字体风格经历了不同国家的变化。德国的加洛林字体变得保守了，意大利版本变成了圆形的字体，最后变成了意大利的哥特字体。英国的加洛林字体和法国北部的加洛林体好看且规整，并成为了德国哥特字体的基础（Gard, 1937；Ogg, 1959）。9世纪到12世纪的西欧商业字体几乎都是加洛林字体。虽然有国家和个人的差异，但所有字体的联系都变得越来越紧密。

在12世纪和13世纪，许多因素影响了书写风格的发展。文化水平有所提高。字母系统的使用已经确立并逐步发展。读写能力不再是教会独有的。字母的变化较少涉及基本概念，而更多涉及形式的设计。用于艺术目的的风格诞生了。由于书写材料的短缺不能满足书面书写的需要，因此，书写被压缩在更小的空间里，这也导致需要一些风格的改变。也许影响字体设计变化的最大因素是传统印刷术的进步和活字印刷的发明。

以上这些因素的影响，导致德国哥特字体在13、14世纪兴起。它的窄角字母允许压缩单词。作为一种抄录手写字体，它受到那些从教会接管了大部分抄写工作的抄写员的欢迎。这个时代的商业字体也接近这种尖锐、棱角分明的哥特式草书形式的小写字体，但要展示出宽线条的书面哥特字体需要更长的时间。在新兴的印刷业传播下，哥特字体成为了第一个被广泛使用的印刷体（Gard, 1937；Ogg, 1959）。

哥特式字体，如加洛林体，经历了各国的变化，并在公元1300年取代了大多数之前国家的加洛林风格。哥特字体，以这样或那样的形式，成为欧洲的主要字体（Diringer, 1968；Ogg, 1959）。意大利是个例外。虽然意大利大部分地区使用的是哥特式草书体，但大约到公元1350年，这种风格的难以辨认和缺乏审美情趣促使了新风格的发展。

新风格是一些人试图复兴简单形式的加洛林小写体（Tannenbaum, 1930）。第一种新风格的字体是博吉奥·布拉乔里尼（Poggio Bracciolini）的作品，他在佛罗伦萨引入了一种新的人文主义的圆形字体。到公元1500年，它开始取代哥特字体成为书籍的标准字体。

一种类似的人文主义的草书体是由梵蒂冈的官方抄写员尼可罗·尼科利（Niccolo Niccoli）发明的，他帮助推广了这种风格。这种草书体比布拉乔里尼（Bracciolini）字体线条更细，笔画连接处更显著，威尼斯的阿尔杜斯·马努蒂乌斯（Aldus Manatius）于1501年改编了这种字体。它最初被称为阿拉丁字体，很快被称为斜体，并作为一种流行的字体，成为欧洲大多数国家的书写标准（Humphreys, 1855；Ogg, 1959）。Cancellaresca是一种重要的斜体字的变体，后来成为罗多维科·阿瑞吉（Lodovico Arrighi）于1522年印刷的《歌剧》(*La Operina*) 手抄本字体。

从那时起，印刷的进步和造纸的发展迫使抄写员和他们的手写字体屈服于印刷商及其设计字体。从德国哥特字体和意大利字体中，衍生出了许多民族风格：它们有些短暂，有些持久；有些华丽，有些极其简单（Thompson, 1893）。

与此同时，商业和私人书写的角色也发生了变化。艺术开始超越它的限制发展起来。以教授书写为主要工作的书法大师们开始发展各自的书写体系和风格，以便互相竞争。上流阶级在闲暇时书写，心血来潮或跟随时尚潮流，形成了自己的个人风格。虽然，一般是哥特字体和意大利字体的变体，但对书写规则的无视通常会产生无法分类的风格。

哥特式草书小写体出现的一个更重要的变化是在1550年左右的英格兰出现的秘书字体（Dawson and Kennedy-Skipton, 1966；Tannenbaum, 1930）。这种设计的衍生物也被许多其他国家所采用。在法国和西班牙，变体"隆德"（Ronde）是以秘书字体为基础，并受到一些人文草书的影响。Kurrentschrift斜体，一种哥特式草书变体，直到二战后一直是德国日常的书写字体，是基于荷兰的秘书字体和哥特式草书体产生的（Tannenbaum, 1930）。

前文提到过的cancellaresca字体的一种更轻松、更草书的风格成为了C.A.赫科拉尼（C. A. Hercolani）在1574年手工印刷字体的基础。他使用铜版代替木版进行印刷，使得字母上行或下行的笔画具有更细致的线条。1680年至1700年间，伦敦的约翰·艾尔斯（John Ayres）上校致力于合并cancellaresca体和秘书字体。他引入了一个向右的倾斜度，并给上行或下行笔画提供了微妙的圈形。这种新的风尚形成了今天许多风格的基础。艾尔斯对之前被称为testaggiata的铜板进行了改造，铜板有两种设计：圆形字体——一种粗体的商业字体，意大利式字体——一种精致的女士字体。到19世纪初，英语字体在英国、法国、西班牙和意大利普遍使用。1809年，约瑟夫·卡斯泰尔斯（Joseph Carstairs）在英国引入了一种需要整个前臂运动的书写系统，而不仅仅是手指。当前的许多书写系统是仿照卡斯泰尔斯的系统建立的（Dougherty, 1917）。

2.3.2 近代的书写系统

在北美，早期殖民者使用的字体设计通常依赖于英国相同的斜体和秘书字体的混合体。后来，出现了德国库伦特（kurrent）字体的一种衍生体，也就是宾夕法尼亚荷兰体。1791年，约翰·詹金斯（John Jenkins）在波士顿出版了美国最早的抄本，该抄本以现代英语的圆形字体为基础（Nash，1959）。大约在1830年以后，一个斯泰尔斯系统的变体出现了，被称为斯宾塞体（Spencerian）。这是第一个美国本土的主要书写系统，后来在英国被模仿。目前的几种美国风格（札那－布鲁斯（Zaner-Bloser），帕玛（Palmer）等）以斯宾塞体的宽幅摆动风格为基础，但用粗细更均匀的线条取代了粗细对比鲜明的笔触。

1913年，很大程度上是由于伦敦教师会议上的一个错误，印刷体或者说手写印刷体被引入（Fairbank，1970）。这种字体在美国被用作儿童学习书写的入门形式。在一些学校，它成为了他们自己最终使用的字体。

在今天的北美，一些大公司和学校都在提倡一些商业字体。大多数书写系统的重点是教学速度和易读性。学生虽然会接触到其中一种抄本的字体风格，但是，由于强调清晰和高效书写，很快就默认了学生自身需求的特质或个性，只要不影响易读性即可。造成这些与抄本范例的微小偏差的需要，通常也是将字母表运用到日常形式的需要——简化书写字母时所需的物理运动的需要。

2.4 书写教学的历史

最早拥有正式书写学校的文化可能是古埃及文化。私立学校和私人教师主要教育贵族子女，因为读写能力是对他们社会地位的必要补充。工人阶级的子女如果表现得很聪明，就会被送到地区学校，由年长的教师教他们读书和写字。职业学校可以向青少年传授工作技能（Gilbert，1966）。那些在地区学校接受教育的人可能会成为抄写员办公室的学徒；经过多年的训练，他们可以从事抄写员的职业，这是一个很受推崇的职位。抄写员们摆脱了工人阶级通常受到的身体折磨。他们可以成为公证员，为文盲书写信函和合同，甚至在行政部门或富人家中获得职位。

学生被要求记住书写符号的设计名称，并被给予样本来复制。这些副本被更正并归还给学生们，他们继续练习直到他们掌握了这门艺术（Bowen，1972）。这些方法被用于埃及书面的僧侣体或世俗体的教学。象形文字的铭文，是绘画和雕刻而不是书写，也被教授，但它们的使用一般仅限于祭司或进行官方工作的皇室阶层（图2.7）。

希腊是下一个表现出可与埃及人相媲美的教育体系的主要文化。体育是斯巴达文明的重点，而雅典则注重语言和思想领域的教育。在语言与语法、数学和体育这三大学科中，首先要教学生的科目之一就是字母。雅典最早的书写教学（公元前700年至前650年）可能仅限于牧师和诗人的专业学校。这些抄写员学校仅限于富人，并在一种个人教学收费体系中运作（Beck，1964；Smith，1955）。梭伦是公元前6世纪早期的一位希腊立法者，他规定学习字母是强制性的。父母的经济程度决定了学生受教育率和教育程度。

随着希腊贸易的发展，人们对阅读和书写的需求越来越广泛，尤其是在商人

图2.7　埃及象形文字的铭文

之间的记录和账目上。其他科目的教学最终与字母教学相结合。到公元前5世纪末，通晓所有字母成为教育的最低水平。

在学校里，学生通常是7岁的男孩，他们被要求背诵每个字母的名称，学习字母的形态外观，以及如何拼写某些音节。音节越来越复杂，最终组合成单词。学生们学会了用手写笔在蜡板上写出字母，并按照学校老师准备的轮廓写出来。当学生熟悉了写出字母的必要动作时，他们就会得到一个较好的笔迹样本来摹仿，并被要求反复练习，就像今天的字帖要求的那样。书写速度和书写质量都被重视和鼓励（Bowen，1972；Cole，1950）。

当罗马人征服了希腊，并最终采纳了希腊文化的大部分时，他们也采用了许多书写的教育方法。阅读和写作在罗马变得比以往任何文化都普遍。由于阅读和书写材料的成本的可承担性和可获得性，现在普通人也能够拥有读写能力。

随着罗马的衰落和中世纪的开始，教堂成为正规教育的唯一地点（Bowen，1972）。读写能力的教学几乎是教会学校独有的特点。除了教会之外，书写学习不被重视，也没有什么用处。即使在神职人员中，读写能力也绝不是普遍的（Williams，1903）。

在公元800年之前，除了神职人员之外，书写能力是有限的，并且几乎只存在于上层阶级或他们的抄写员之中。正因如此，由于缺少抄写员，合同之类的东西也常常口头订立。神职人员不鼓励在教会教条之外进行教育；贵族的战争不需要它，大众也对此一无所知。

黑暗时代的教育的一个亮点发生在查理曼大帝统治时期。他和他在公元800

年左右招募的阿尔昆的工作挽救了世界上大部分的文学和书写艺术。然而，直到12世纪后期，在中世纪的混乱之后，秩序才得以恢复。政治稳定得到确立。对骑士精神的强调鼓励了更高的道德标准，并提高了人们的举止、礼貌和文学品位。在贵族中出现了对读写能力的渴望和使用。

市政局是在封建制度的混乱中产生的。在更安全的环境中，工业和贸易增长，带来了改进教育的需求。到了13和14世纪，许多城市的行政长官建立了学校来教授基础知识：阅读、写作和计算。尽管教学仍然用拉丁语，但教会还是向一些普通教徒开设了书写学校。

从14世纪到16世纪，教育经历了一次复兴，就像文化的其他方面一样；然而，在这么多年的发展和成长中，人们仍然用和2000年前差不多的方式教授书写技能（Cole，1950）。唯一的主要区别在于字体的选用（用国家的手写字体代替了教会字体或希腊的大写字体）和书写材料（墨水、羽毛笔、羊皮纸代替了蜡板和莎草纸）。尽管文艺复兴时期的教育工作者在艺术和科学方面取得了长足的进步，但是书写仍然是通过描摹和复制的方法来传授的。

罗多维科·阿里吉于1522年在意大利印刷了第一本名为《歌剧》的书写手册（Fairbank，1970）。虽然几乎没有提供新的教学方法，但他向潜在的书写人介绍了字母开头的两种基本笔画，然后将这些字母分成几组外形相似的字母。事实上，这是第一本正式的抄本。

16世纪末见证了现代手写体的发展和崛起，取代了之前杂乱无章的草书体。手写体的教学开始变化，但主要是字母的设计风格，而不是教学方法。因此，一个受过教育的英国人将会掌握两种字体的书写方式——英国本土的秘书体和斜体。由此产生了一些书法大师，他们每个人都有自己喜欢的字帖，或者可能或多或少有自己的独特的字帖。

1570年，约翰·德·波切斯（John de Beauchesne）和约翰·贝尔多（John Baildor）在伦敦出版了欧洲大陆最早使用的字帖之一。这项名为"一本包含不同种类的字体的书籍"的作品，包含法国的秘书体与意大利体、罗马体、大法官体、法庭体，其中插图说明了37种不同的字体风格，包括十分奢侈的秘书体——通过反向书写来用镜子阅读（Nash，1959）。在早期殖民时期，大约印刷了十几种不同的字帖。

美国最早的书写教学记录是由17世纪早期的威廉·布鲁斯特（William Brewster）记录的。他是五月花清教徒中唯一受过大学教育的人。因此，他负责教育普利茅斯的儿童。他教他们一种他在剑桥学的意大利手写体，用的是过时的摹写教学方法。马萨诸塞湾殖民地也开展了类似的教育。教师们在教授书写技能时面临的主要问题是如何弥合他们的前人的手写字体与印刷字体中使用的罗马字母之间的差距。他们的手写体表现为斜体和哥特式手写体的变体和混合体。

一种新混合潮流，被称为速写意大利体，或意大利巴斯德体的混合风格是下一个出现的主要字帖风格。詹弗朗切斯·克雷西（Gianfrancesco·Cresci）和卢卡斯·马特莱特（Lucas Materat）的字帖在爱德华·卡克（Edward Cocker）出版工作的努力帮助下，将这种风格的使用传遍了整个英国和殖民地。同样的，这份出版物发展了一种新的书写风格，但没有发展新的教学程序。

到17世纪中叶，斜体成为首选形式。秘书体几乎消失了，而哥特体的保留只是为了达到装饰的目的。书写教学是由被称为书法大师的书写专家进行的，他们在公共或私人场合授课。他们教学生如何端坐、如何放置纸张，以及如何握笔和移动笔。他们展示了字母的笔画、字母本身的设计，以及最终的单词和句子的书写。老师会在页面的顶部写一个这门课的范例，并要求学生尽可能地摹仿。

获得这项技能可以得到足够的尊重，这促进了独立的书写艺术学校的产生。到1684年，波士顿有了一所公立书法学校。到1720年，有了两所文法学校和三所书法学校。然而，材料的维护和摹本的设置，通常对书法大师的时间提出了更多的要求，特别是在公立学校，以至于它排除了任何重大的个人关注。不过，随着横格纸、钢笔、印刷字帖和由税收支持的学校的发展和传播，很快缓解了一些问题。

随着印刷的字帖的普及，新的教学思想应运而生，出现了第一本自助书写手册。美国最早出版的字帖是由富兰克林（Franklin）和霍尔（Hall）于1748年在费城印刷的。它被称为美国教学者或青少年的最佳伴侣。乔治·费雪（George Fisher）的早期版本在英国广为人知。第一本真正的美国字帖是以赛亚·托马斯（Isaiah Thomas）的《书写学者的助手》，于1785年在伍斯特出版。它主要针对那些想要能够熟练书写圆形字体的群体。1668年，在伦敦，爱德华·科克（Edward Cocker）出版了一本被称为"英国笔者"的书，这是关于系统化书写教学方法的最早尝试之一。这本书在转折或停顿处把字母分解成笔画。这些笔画先单独练习，然后组合成整个字母。1714年，约翰·克拉克（John Clark）撰写了一本书，主张另一种体系。克拉克指出，圆形的手写字体由椭圆和直线组成，"l"、"o"、"n"和"j"是最基本的字母。

然而，出现的最原始的书写教学系统是约翰·詹金斯（John·Jenkins）提出的，他强调主要笔画的概念，而不是完整的字母，而且认为在转弯和停顿之间没有笔画。在1791年出版于波士顿的《书写的艺术》一书中，詹金斯提出了一个由六笔画组成的系统，可以用不同的方向和组合结合来构建几乎所有的字母（Jenkins，1813）。这是他的体系的核心，也是其独创性的亮点。詹金斯会训练他的学生如何写出这些主要的笔画，然后再把这些笔画组合成字母的形态。在书法教学中，这种系统化标志着2000多年来第一次真正原创和重大的变化。后来出现了詹金斯系统的分支，包括亨利·迪恩（Henry·Dean）的《书法艺术分析指南》（1804年）和艾利森·韦弗福德（Allison Wrifford）的《字帖新计划》（1810年）。

书写教学的下一个重大变化发生在1809年，约瑟夫·卡斯特尔斯（Joseph Carstairs）发展了流畅的前臂方式（Dougherty，1917）。在这个系统中，书写不仅仅是手或手指的运动，而是作为整个手臂的运动。这一运动先于字母形式。这种系统的要求之一是摆脱对书写人的束缚，毫不费力地书写。在这种方法的教学中，首先把手指用胶带固定在笔的周围，然后练习基本的笔画和字母。一旦掌握了笔画和字母，手就被释放出来，以便更好地执行细节。据宣传，如果学生每天练习6到12个小时，就可以在20堂1小时的课程中学习到书写技能。

在美国，卡斯特尔斯系统（Carstairian system）的首要倡导者是本杰明·富兰克林·福斯特（Benjamin Franklin Foster）。他的著作《实用书法是卡斯特尔斯体系的发展》于1830年在纽约的奥尔巴尼出版，对美国和英国都产生了重大影响。他建议先分别指导基本动作（手臂、前臂和手），然后将它们组合到书写动作中。然而，在19世纪50年代，福斯特将他的热衷从卡斯特尔斯转向了詹金斯的一个门徒——亨利·迪恩的体系。

19世纪20年代和30年代，人们越来越重视易读性和效率。严格的商务书写越来越重要，这使得耐力和速度更可取。更强调"商业"的书写方法，有时被称为科学的、实用的、商业的手写字体。随着学校打出广告，声称只需一天就能教授商务书写，这一领域的开发开始在广告中出现（Nash, 1969）。强调商业手写字体的易读性和效率的例外是女士手写字体和装饰性的手写字体，但这些书写方式也是由字帖系统教授的。

19世纪40年代引入了新的重点和新术语：肌肉运动。这个系统强调前臂的运动。手臂靠在肘部下面的肌垫上（即肘部的远端）。它的使用一直延续到19世纪50年代，甚至影响了许多现代系统。在19世纪40年代后期，普拉特·罗杰斯·斯宾塞（Platt Rogers Spencer），一个自学的书法大师，提出了一个主要针对福斯特的系统的流畅的改变，从而引入了自1820年以来他一直在设计和发展的第一个斯宾塞系统（Nash, 1969）。在纽约州公共教育督学维克多·M. 赖斯（Victor M. Rice）的协助下，斯宾塞式教学体系获得了广泛的普及，并成为美国目前许多体系的基础。

直到大约1890年，斯宾塞一直是美国最主要的书写教学系统（图2.8）。教学课程从给学生介绍字母设计和名称开始。在他们记住名字的同时，学生们也通过用手指在大写的字母上描摹来熟悉这些图案。教授的第一个技巧是基本的笔画和笔法。除了花体的大写字母需要自由的手臂，其他字母的书写都要求手臂要放在桌子边上，用前臂运动来书写。掌握基本笔画后，要求学生们抄写字帖中的字形。为了帮助学生，练习纸上有时会印上水平的参考线（类似五线谱）和垂直的线。

大约从1890年开始，持续了大约10年，一种新的书写体系在全国兴起——垂直书写。垂直书写系统的支持者说，由于形式复杂和繁复，倾斜的书写会导致学生坐姿弯曲并伸长脖子。简单的设计和无倾斜的垂直系统风格据称缓解了倾斜系统造成的不良姿势和视力低下。经过几年的使用，这些说法被证明是完全错误的，垂直系统被抛弃的速度几乎和它被接受的速度一样快。

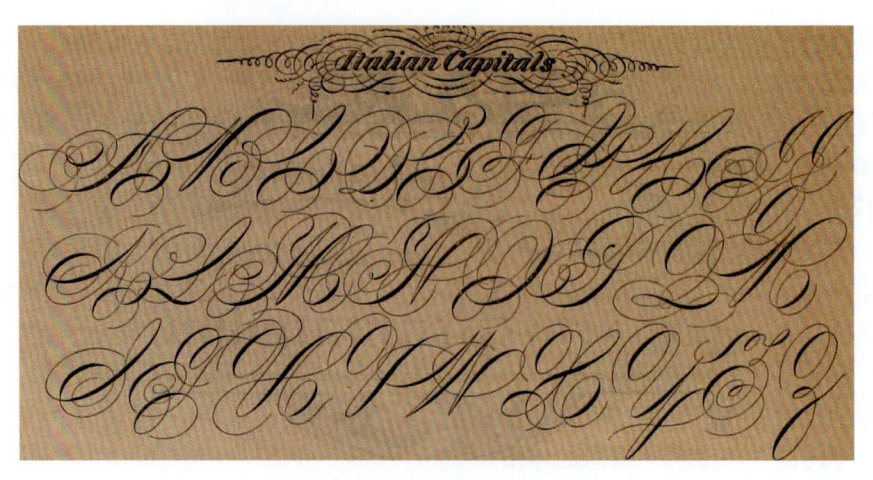

图2.8 斯宾塞式笔迹

　　1900年之后不久，大多数学校重新开始教授一种倾斜的或半倾斜式的字体，通常是斯宾塞式的，有些以垂直书写作为补充，有些没有。然而，在商业书写中对速度的持续强调，重新提出了一个古老而又熟悉的问题。斯宾塞体系优美的流动形式，虽然比以前稍微简单，但只有在绘制时才能优美地形成。在商业书写速度要求的压力下，它们往往有些失真，难以阅读和书写。这导致了20世纪草书系统的最后一次重大而深远的发展——帕尔默（Palmer）系统的形成。

　　A.N.帕尔默（A.N. Palmer）曾在G.A.盖斯凯尔商学院（G.A. Gaskell Business College）接受过书写训练，该学院教授一种斯宾塞式的书写体系。大约在1880年，在一所商学院教完书法后，他进入了商界。于是，帕尔默自己遇到了速度和可读性的问题。不满意的帕尔默带着创造一个新的更好的商业书写系统的想法回到了教学界。虽然在很大程度上是基于斯宾塞的设计，但他设计的字体，装饰和阴影相当适中。他强调肌肉运动的自由横向运动，但减少了手臂在垂直方向的过度运动。他为加长的竖直笔画和圆圈延长了手指运动。经过一段时间的测试，帕尔默商业书写方式于1905年被纽约市采用，并很快传遍全国。

　　赫里克等人（Herrick et al., 1960）对19种商业书写教学系统进行了研究，这些系统占当时美国使用的书写教学系统的95%以上。这些系统一般都反映了对方法和目标的共识。几乎都采用了系统的介绍和练习字母的教学形式，并将一些绘画经验引入到书写活动中。只在对各种字母进行系统介绍的顺序上有一些差别。

　　赫里克的研究发现，书写是作为一种交流的工具来教授的，而不是作为一种学习目的。通过将书写任务与其他科目的工作联系起来，是一种激励方法。人们通常强调易读性和速度，除了简单的易读性外，很少强调字母的书写质量。这些字母的各个部分上进行了基本的介绍和练习，以便学生可以识别字母形式的相似之处。描画和摹仿仍然是最常用的练习方法。

赫里克指出，这些系统中最大的不同之处出现在大写字母草书形式的设计上。同一个字母有多达10种设计（如"F"和"R"）；然而，在大多数情况下，差异是微小的。

自从赫里克的研究以来，美国和加拿大已经认可了许多其他的系统。1965年，比科姆（Beacom，1965）对赫里克未提及的10个系统进行了编目。陶森（Towson，1975）确定了在加拿大广泛使用的其他系统。珀特尔（Purtell，1980）描述了书写系统之间的8种新差异。然而，在学习和技能获取方面，特别是在书写技能方面，已经获得了大量的信息。正是这些新知识在20世纪的大部分时间里席卷了书写教学领域，并有望在21世纪带来教学方法的下一个重大变革。

胡贝尔（Huber）和黑德里克（Headrick）将20世纪90年代之前使用或存在的书写系统的出版商进行了编目（见附录A）。虽然在他们的调查中没有获得所有系统的样本，但可以观察到其中许多系统之间的差异很小。他们指出，可能接触或接受过任何一种系统的人数尚不清楚，也无法确定。进而，正确识别任何北美血统的个人笔迹背后的书写系统，其可能性是有问题的。

2.5 数字时代的书写训练

随着21世纪的到来，一些由胡贝尔和黑德里克确定的书写系统已经被淘汰或者被限制使用。虽然目前仍有一些书写系统在发布和积极使用，但有一些使用更广泛，例如札那－布鲁斯，帕玛，唐纳德·尼尔（Zaner-Bloser, Palmer, D'Nealian）。附录A中的书写系统汇编已更新，包括愉快学写字（Handwriting Without Tears）和新美国草书（New American Cursive）等新系统。其他的新系统则是札那－布鲁斯系统和帕玛系统的变种，主要针对私立学校或家庭学校。愉快学写字（2016）的培训系统已在数百万小学生中得到广泛应用。该系统由职业治疗师简·奥尔森（Jan Olsen）开发，宣传"易学易教"的方法。对愉快学写字系统有效性的研究有助于提高人们对书写技能在小学生大脑发育中的重要性的认识（LeBrun et al.，2012；McBride et al.，2009）。新系统推广的教学方法包括数字或键盘技能，让学生在触控板或触摸屏上写字，以弥合手写和计算机工具之间的差距。

越来越多的人使用键盘和发短信，这无疑导致了书写教学的逐步衰落，许多人认为在这个数字时代，书写是无关紧要的。事实上，媒体一直在报道它的衰落和消亡，并补充评论说，有限的书写训练和练习导致了不成熟的书写风格流行于1980年后出生的几代人（Suddath，2009）。学龄儿童接受有限的书写训练和练习是很常见的，这导致印刷体风格的增加或草书体和印刷体的结合。2010年，美国大多数州都通过了"共同核心州标准"（Common Core State Standards Initiative）倡议，但该计划中缺少书写培训，这导致了公立学校书写培训的减少。许多私立的、特许学校和家庭学校继续将书写培训纳入其课程。

尽管《共同核心州标准》没有强制规定书写训练，但研究一再报告了它对小学生的好处。两份白皮书总结了在校儿童书写培训的重要性，同时也找出了书写能力下降的原因（AHAF，2016；Saperstein Associates，2012）。这些白皮书引用了超过80项研究报告，这些研究报告了小学生书写训练的积极影响。关于书写训练和草书公共运动的积极影响的研究已经让书写产生了复兴之象，并要求恢复在公立学校的书写训练。美国的几个州已经通过了法案或修改了本州的核心标准，允许恢复书写训练。草书体的衰落不仅局限于美国，而且实际上是全球对技术交流增加作出的反应。其他国家也报告了草书的减少，并且这些国家也开展了类似的运动，要求恢复草书的公共教育。在意大利，"提高书写能力的运动"呼吁保留笔迹书写训练，书写技能是人类的遗产。

从司法鉴定的角度来看，理解笔迹的发展和书写系统的影响，其重点主要涉及对大量书写人阶层特征或共同特征的识别。查等人（Cha et al., 2006）报告说，书写抄本风格鉴定是一种过滤阶级特征的方法，书写人在具有这类特征的系统中接受过训练，能够分离出可供识别的个体特征。

斯里哈里等人（Srihari et al., 2016）对小学儿童（2～4年级）的书写个性发展进行了研究。不出所料，他们发现，随着孩子书写技能的发展，个性也会增强。与抄本的差异在3～4年级学生的笔迹中尤为明显。当然，在一个书写形象不成熟的书写人身上所观察到有用的东西是很重要的，因为文书鉴定人经常涉及威胁笔迹和学校涂鸦的案例。

了解书写形象的成熟程度对于区分儿童和成人的笔迹也很重要。在司法鉴定案件中，这种必要性主要发生在成年人摹仿孩子的笔迹（例如，字母、图画或日记）或儿童摹仿成年人的笔迹（例如，父母或老师在学校的笔迹）的情况下。在20世纪20年代，索德克（Saudek）讨论了在笔迹鉴定前评估一个书写人的书写形象成熟度水平的重要性。他说，很难区分书写形象不够成熟的笔迹与机械障碍、身体残疾、智力残疾、缺乏语言知识以及其他因素影响的笔迹。索德克（Saudek, 1978）于1978年建议"当我们和还不完全成熟的书写人打交道时，尤其是和孩子们打交道时，我们必须在评判笔迹时遵守一定的限制"（第54页）。索德克描述了书写形象成熟的四个层次，包括笔画、字母、单词和句子。第一级（笔画）是指掌握基本笔画的书写，这是字母的组成部分。第四级（句子）描述的是书写人以一种无拘无束、流畅的方式写出句子的能力，这表明书写人表现出不需要有意识地思考书写行为就能写出句子的能力。

在某种程度上，有限的抄本练习可以增加个性化特征的发展。然而，正如索德克（Saudek, 1978）和哈拉尔森（Harralson, 2013）指出的那样，不成熟的书写形象也会导致书写的可变性增加，这使得司法鉴定更加困难。作为一个变量，笔迹鉴定人不仅要考虑本书写系统的阶层特征效应，还要考虑书写人所展示的书写形象成熟度水平，这一点很重要。

第三章

笔迹的鉴别

3.1 笔迹鉴定

以下是与笔迹相关的两个基本的研究领域：
1. 笔迹从一种神经肌肉活动发展为一种技能的研究，以及各种内外因素对其的影响。
2. 笔迹鉴定作为一种判别过程的研究。

第二项研究使用了通过第一项研究获得的知识，但又完全独立于它。因此：

  笔迹鉴定是一个判别的过程。
  指纹鉴定是一个判别的过程。
  枪支鉴定是一个判别的过程。
  血型检验是一个判别的过程。
  DNA分析是一个判别的过程。

每门学科都是旨在研究人类或物质在化学、生物化学、物理或心理或行为方面的相似或不同之处。每门学科通过研究不同种类的证据来进行判别。笔迹鉴定是一个判别的过程，这源于对书写习惯的比较以及对它们相似或不同之处的价值进行评估。其通常所称的特性、笔迹特征或质量实则是书写习惯的体现。它们是笔迹鉴定的区分要素。

笔迹特征（即习惯）通常被描述为以下两种类型之一：阶层特征（源于规定的书写系统）和个体特征（个体特殊的个性）。在20世纪时，笔迹的阶层特征是主要的，当时在教育计划中大力提倡遵守规定的书写系统。但是，随着电子通信时代的来临，以及同时人们失去了对卓越书写水平的关注，意味着对当今书写人而言，阶层特征逐渐变得难以辨别或识别。因此，笔迹在很大程度上已成为个体特征的组成部分或组合。据称，与每个人都试图摹仿字帖的时代相比，如今的笔迹应该更容易相互鉴别。

希尔顿（Hilton，1982）将笔迹鉴定定义为，例如，发现"已知书写人的笔迹和可疑笔迹具有相符、独特的个体书写特征……在数量足够的情况下，可以消除意外巧合的可能性"（第161页）。这样的定义总是包含一个附加条件，即"两组笔迹之间没有基本或根本的差异"（第161页）。当然，这引发了一个问题：什么属于笔迹的本质差异或重大差异？据推测，这表明尽管有其他相似点[1]，但两组笔迹不是同一个人所写。尽管在本章后面的第8小节中将进一步讨论该主题，但实质上，笔迹鉴定是对书写行为和书写习惯的比较。

3.2 鉴定的过程

审慎和系统地使用证据，在法庭科学的许多学科中都很常见，旨在鉴定未知物。这个过程包括三个不同的步骤或阶段，尽管惯例在某些学科的实践中根深蒂固，以至于这三个步骤以及通过它们取得的进展却经常被忽略（Huber and Headrick，1987）。该过程被称为ACE法则。

3.2.1 分析或确定鉴别要素

必须通过分析、检验或研究，将未知客体和已知客体归纳总结为它们的鉴别要素。这些行为或表现的习惯（即特征或特性，在其他学科中称为属性），用于区分检材或人员，其可以通过直接观察、测量或以其他方式感知到该客体。

3.2.2 比较

未知客体通过分析、检验或研究来观察或确定的鉴别要素，必须与已知的标准物观察或记录的要素进行比较。

3.2.3 评估

鉴别要素中的相似点或不同点对于判别都具有一定的价值，这取决于其产生的原因、独立性或出现的可能性。然后，必须考虑每个要素相似或不同之处的权重或重要性，并对它们提出解释。

这一过程是任何证人（无论是技术证人、法庭科学证人还是其他证人）识别任何事物或个人的基础。尽管该行为是如此自动以至于人们很少意识到它的存在，但它的确存在于对个人财产、熟悉的物体、朋友或亲属的识别中。在确认不熟悉的物质或物品时，不同的科学学科研究不同的材料或同一材料的不同方面。因此，分析、检验或研究因学科而异，并且需要充分的学科知识才能理解分析、检验或研究所要寻求的信息。

大多数有文化的人都可能有能力对物体的要素、属性、特性、特征或质量进行比较。无论数据是数学的、化学的、物理的还是图形的，这些比较大概率是可见的。如果项目的数量较大或需要考虑的数据非常广泛，现代技术可能会有所帮助。

在笔迹鉴定中，必须将鉴别要素与类似的鉴别要素进行比较。这些元素不仅

---

[1] 在我国，通常称为符合点。

在形式或风格上很相似，而且是在类似的情况下体现出来的。在不同的书写环境和条件的影响下，笔迹可能会发生变化（请参见第八章和第九章）。此外，笔迹的任何鉴别要素都可能受特定的异形文字（字母设计）和（或）其周围字符的影响。因此，在比较书写要素时必须考虑其前后的钢笔运动（或铅笔运动）的影响，或可能造成或预期造成书写过程中的细微或重大变化的其他情况。

然而，对比较中观察到的相似或不同的价值进行评估是特定学科所特有的问题。这需要经过适当的培训和经验。这是将一门学科和另一门学科区分开来的过程。这就是为什么一个受过某一门学科训练的人未必有能力对与另一门学科相关的证据做出判断的原因。这就是笔相学[1]和笔迹鉴定不是同义词争议的本质。

在对笔迹的评估中，如果不存在以下两种属性，可能会严重妨碍评估：书写动作的流畅性和复杂性。如果缺少流畅性，则签名的属性可能表现出虚假的征象。如果签名不复杂，则签名更容易被欺骗性地复制。复杂，用在这里，指的是运笔动作或签名模式的复杂程度（Found and Rogers，1996）。笔迹的流畅性和复杂性这些特征的重要性来源于一个事实，即在签名或书写中，伪造签名漏检的风险与字迹的流畅性和复杂性成反比。运笔动作的复杂性对于过程的可靠性至关重要。当然，过分简化一个人的签名模式，使其简化变成一系列的圈或椭圆，或者仅仅是起伏的水平线。这在一些倾向于程式化书写的人中并不少见。但是，从签名的安全性的角度来看，这样的签名模式几乎没有让复制签名变得复杂。

运笔动作或签名模式的复杂性是笔迹鉴定的一个方面，在该主题的经典著作中很少提及，但具有潜在的重要意义。这就是为什么签名各种要素出现频率的简单表格不能用于概率计算的原因。必须首先根据要素对签名自御（防止被摹仿）时的贡献来对它们进行权衡，因为这是影响重要性的一个因素。文献中缺少这方面可能是由于一直以来缺乏可用来测量复杂性和复杂程度的方法。

不言而喻的是，当与样本字迹的比较表现出相似时，字迹的复杂性提供了支持检材字迹真实性的证据。当与样本字迹比较并表现出差异时，字迹的复杂性则提供了支持检材字迹虚假性的证据。但是，在这两种情况下，都必须结合字迹是否流畅来评估证据。由此可见，评估鉴别要素的重要性应随所考虑的笔迹要素的复杂性而变化。

可以通过以下五个部分以判断签名或笔迹的复杂性：
1. 字行总长度。一般来说，字行越长，设计越复杂。当然，有些风格化的签名包含无实际含义的笔画长度。
2. 运笔中发生明显方向变化的次数。当方向变化的角度在180°左右时，它们就构成了回笔。当小于90°时，它们可能是直线运动的偏离或曲线的起点。笔迹中的很多，即使不是大多数，方向变化也仅仅是由于异形文字设计引

---

1 Graphology，研究书写人的心理特性和心理状态变化的笔迹的学说。

起的，但重点应放在那些并非由于字帖设计而产生的变化上。

3. 覆盖次数。覆盖可能会误导运笔方向，这样会混淆异体字的结构。它们可以是两种类型中的一种，即回笔或叠加，为清晰定义，应在两者之间进行区分。回笔定义为一条线，该线位于另一条线上，但是是由笔沿相反方向移动产生的。叠加定义为一条线，该线位于另一条线上，并且是由笔沿同一方向运动产生的。正确书写的"i"的尾部收笔和"t"下方的回钩是回笔。一些欧洲人倾向于以圆珠笔的笔势盖住某些字母，这是一种叠加。两种类型的覆盖在书写某些签名的大写字母中都很常见，且通常书写人会随意变化，并不会追求这些覆盖的精准性。

4. 运笔动作的连续性。运笔连续性的中断可以视为提笔的动作，这通常对摹仿者来说是有利的，因为这提供了正当的暂停和考虑下一步行动的时间。但是，当书写工具离开纸张表面又再次回到纸张表面时，相应的提笔动作和落笔动作都是锥形的，而这反映运笔连续性的提笔动作，在运笔过程中没有明显的中断（也称为间断）。对于摹仿者来说，要持续注意并将笔画的元素彼此准确对齐，同时注意墨迹逐渐堆积的分布，是更为困难的。

5. 分隔恰当、复杂运笔动作的可重复性。只有在正常书写和（或）练习时，才可以轻松完成流畅而复杂的运笔动作。摹仿者的完美复制更多取决于自然度和（或）练习。具有相同设计模式的复杂笔画相互重叠，通常会掩盖伪造的痕迹，否则可以考虑借此进行评判。复杂模式签名的笔画相分离确保可从笔迹质量中判断出真伪。

随着范德和罗杰斯（Found and Rogers，1996，1998）引入复杂性理论，可以通过计算交叉点和转折点的数量来有效地定量评估签名的复杂性。这种方法提供了一种基于客观度量的方法，该度量方法使得文书鉴定人可以确定证据是否足以支持书写人的鉴定意见。自提出复杂性理论以来，其他研究人员进行了实验，并进一步完善了该理论。西塔等人（Sita et al.，2002）发现，笔迹鉴定人在评估高度复杂的签名时提供正确的意见，比评估低复杂度的签名时更多。范德和罗杰斯开发了一种数学公式，可以根据签名的交叉点和转折点的数量来定量评估签名的复杂程度。该理论提供了一个三级的评定量表，让鉴定人可以更明确地评估签名是否具有足够的复杂性从而提出意见。例如，如果一个签名由具有三个转折点和一个交叉点的单个回路组成，则根据理论并进行公式计算，此类签名的复杂度等级非常低，建议文书鉴定人出具不确定性鉴定意见（图3.1a）。这意味着鉴定人没有足够的证据来形成意见。该模型还支持计算一个中间级别，允许文件检验者提供有保留的意见，而高度复杂的签名将可出具无保留的意见或确定性意见（图3.1b）。

复杂性理论的不断研究为笔迹的评估和比较提供了科学的方法论支持。在一项实验性眼动追踪研究中，柏比等人（Pepe et al.，2012）发现，在鉴定具有

图3.1 (a) 呈现低复杂度的签名；(b) 呈现高复杂度的签名

较高复杂度的真实签名时，鉴定人的观察时间要比观察较低复杂度的签名更长。在一项关于复杂性理论的独立、定量的研究中，阿拉旺斯等（Alewijnse et al., 2011）提出使用该模型作为一种相对不主观的笔迹鉴定方法。

根据胡贝尔（Huber）所言，自1959年以来，鉴定过程（ACE法则）一直是文书鉴定人所依赖的一项原则，并在广泛使用的推荐标准（例如ASTM和SWGDOC）中进行了概述。ACE-V（分析、比较、评估和验证）方法在2009年发布的美国国家科学院（NAS）研究报告中受到了批评。虽然该方法在笔迹鉴定中没有特别受到批判，但它在法庭科学中受到了广泛批评。美国国家科学院的报告指出了对该方法的关注，包括其可复制性、有效性、可靠性、标准化和偏差。

由范德和罗杰斯（Found and Rogers, 1999）倡导的另一种笔迹鉴定程序，是由澳大利亚墨尔本的拉筹博大学开发的，目前由澳大利亚的司法文书鉴定人使用，它在笔迹鉴定中采用了模块化的方法。他们开发了一种用于笔迹鉴定的方法流程图，该流程图包含了在到达鉴定意见形成阶段之前，对关于替代命题的决策。该方法流程图提出了一种鉴定方法，以确保在出具鉴定意见之前，鉴定人仔细评估了其他的解释和限制性（例如样本的污染、检材与样本间的可比性、神经生理方面的变化、环境条件及笔迹变化和复杂性）。对该模块化方法已进行了广泛的修订和补充，其中包括报告准备方面的建议（Found and Bird, 2016）。

哈代和法格尔（Hardy and Fagel, 1995）在他们对鉴定过程的三个阶段的描述中，使用了"痕迹或物体分析"、"分析结果的比较"以及"特征相对个性的确定"这三个术语，随后被荷兰的实验室采用了。斯莱特（Slyter, 1995）根据比较要素的方法和层次分析，制定了确定意见水平的具体标准。该方法包括对比对材料局限性的仔细评级和评估。

人们质疑是否可以将笔迹鉴定改进为更具客观性的研究。书写是人类行为的一个动态方面，经历着持续但并非总是可识别的变化，受到众多影响和不同程度的自然变化。在这个瞬息万变的世界里，即使当代书写人的经验数据是可用的，可能也并不能准确地适用于未来的书写人。

对于客观性的追求，希尔顿（Hilton, 1995）描述为对笔迹研究的可靠性进行计算受到至少三个障碍的困扰：自然变化，鉴别要素之间未知的相互依存或独立性，以及某些要素的测量和分类缺乏度量，例如运笔质量、流畅程度或线条质量、笔压以及某些运笔动作。尽管在运笔动作、笔压和流畅度（在某种程度上）的定量分析方面已经有了技术上的进步，但是在检验写在纸上的静态笔迹时，仍然很难客观地检验或测量这些要素。目前，鉴定人以一种普遍的方式主观地估计动态运动。然而，使用能够捕获和测量书写运动的技术（例如NeuroScript MovAlyzeR和OASIS软件）进行可量化测量的研究，可以帮助文书鉴定人在视觉上将测量结果与从静态笔迹中观察到的结果联系起来。沿着这些思路，威尔（Will，2012）进行了一项研究，显示出文书鉴定人具有推断笔迹样本相对速度的能力。

哈里森（Harrison，1966）似乎赞同希尔顿的观点，甚至谴责"基于一般特征的测量或两极的评分系统来比较笔迹"的方法毫无价值（第343页）。在他看来，这样的计划将无法适当地考虑到差异，但当差异存在时，这对笔迹的评估是至关重要的。然而，对客观性的追求不应被认为完全是徒劳的。之所以如此，是因为在计算机问世之前，人们对这项看似艰巨的任务几乎没有进行思考和努力。

3.3 笔迹鉴定培训

有四种教学方法已被单独或结合使用来发展和培训笔迹鉴定人：自学、函授课程、学徒培养计划和大学课程。

二战前（1939年），自学是大多数从业人员学习笔迹鉴定唯一可用的方法。许多早期的鉴定人都是有造诣的书法家或是书法老师。当然，正如希尔顿（Hilton，1956）指出的那样，自学是短时间内最艰巨也是最不可靠的学习过程。

函授课程已成为一些文书鉴定人接受培训的路径。如果没有进一步的指导或实施导师制，这也是学习笔迹鉴定一个不可靠的途径，并且会陷入很多陷阱。历史上，有不同的函授课程分别提供一些入门级课程，以及其他更为全面的课程，涵盖一个学期或更长的学习时间，包括作业、测试和持续的指导。通过函授课程进行的培训还没有标准化，独立主办函授课程无法提供有效的证书，也不属于被认可的学习机构。他们提供的某些培训可以满足美国材料与试验协会（ASTM）或文件检验科学工作组（SWGDOC）培训标准中列出的建议，但在大多数情况下，函授课程的培训应被视为文书鉴定人培训的一部分。

从历史上看，学院或大学中很少开设文件检验的课程，因此培训必定来自其他来源（即自学、函授课程和学徒/导师带教）。近来，法庭科学的普及以及对法庭科学培训的标准化和规范化的要求，使得大学开设这一领域的课程成为现实需要。迄今为止，北美的州立大学有一些正式的研究生水平的文书鉴定课程，所有这些都是远程学习计划。此外，在本科和研究生阶段都开设了法庭科学或刑事司法学位课程作为该领域的入门课程。在整个北美的社区大学中，也有文件检验的非学分课程。然而，在完成专门从事文件检验的法庭科学正式学位之后，仍然需要通过学徒制积累实习经验。

学徒制是在第二次世界大战后开始实践的，例如奥德威·希尔顿（Ordway Hilton），唐纳德·杜德（Donald Doud），艾伯特·S. 奥斯本（Albert S. Osborn），保罗·奥斯本（Paul Osborn），吉姆·康威（Jim Conway）等人都是通过学徒制入门的。这也是许多执业的文书鉴定人接受培训的过程。在学徒制系统中，笔迹鉴定是通过程序来学习的，这些程序总是具有以下6个标准组成部分：

1. 阅读部分，在此过程中，学生需要阅读奥斯本、哈里森、希尔顿、康威等人的标准教材。
2. 写作部分，要求学生撰写指定主题的论文，其核心可以在课本中找到，也可以在鉴定人已发表和未发表的论文中找到，其中许多论文已在国内和国际鉴定相关会议上发表。
3. 实践部分，在此期间，学生须对实际或模拟的案例进行鉴定，作出结论并撰写报告，所有这些均是在有能力的从业人员的直接监督和定期审查下进行的。
4. 模拟庭审部分，要求学生口头陈述自己的发现，为所获得的结果辩护，并证明其表达能力可令人信服。
5. 考试或测验部分，要求学生通过考试来衡量对该学科的理解以及掌握知识的广度和深度。
6. 法庭的介绍部分，在这个部分，学生提供的证词由审查过相同材料并得出相同结论的导师或鉴定人进行证实。

就学徒计划而言，历史上的趋势是将任务、标题或主题的日程列出来，这些内容可能少到1个，也可能多到25个。也许，这也是为了确定特定的资源材料，期望学徒就被分配的特定主题从中提取和收集信息。在这个过程中，指导是有限的，学徒可能不知道是否已经从资源中提取了正确的信息，除非有考试、测试，或书面要求。

此外，导师及其实验室很可能拥有不同的资料库。因此，需要提取的信息因地而异。如果没有巩固该领域的知识，学徒和导师都不知道该学科的重要方面是否缺少或缺少了什么。

几乎无一例外，这些课程大纲都规定了应该致力于这个主题的一个时间框架，可能是数小时，数天或数周。几乎没有证据表明，时间框架是否与课程的复杂性相关，或与学生预期要学习的资源材料的范围相关。尽管在美国材料与试验协会（ASTM，2005）和文件检验科学工作组（SWGDOC，2013a）建议的培训标准中发布了详细的研究主题列表，但是该标准中没有表明建议每个主题应花费的时间，主题列表也没有提出有效地重视不同研究主题的途径。

如果没有更多的指导，这些项目在书面上进行的培训可能比函授课程好不了多少，尽管时间框架和课程内容可能由于是否有导师和图书馆资源库而有所不同。

很少有培训项目进行闭卷考试。一般认为，该主题太宽泛、太多样，或者太复杂，以至于无法期望学生将所有内容转换成记忆。也有人认为，出于实际原因，在没有书籍的情况下进行有监督的考试更为不便。这种开卷式的政策是否对毕业生的能力有影响是有争议的。当然，笔迹鉴定的事实和基本原理，应当在学习该门学科的学生头脑中根深蒂固，可针对此进行闭卷考核。此外，在提供证词过程中，律师和法官经常会提问，我们希望口头回答应清晰、易于理解、令人信服。回答这些问题时无法参考书籍。因此，他们必须在培训中打好基础。

工业培训的学徒制度似乎起源于中世纪。早在13世纪，它就成为英国公认的技术工人培训体系。随后被废弃了，直到第一次世界大战时期，对熟练劳动力的需求发展起来，才恢复使用。随着劳工组织的形成，培训标准和学徒计划也随着贸易和手工艺的发展而成熟起来。

"学徒期"一词在专业领域中并不常见，尽管某些学术机构安排的工作经验有时也被称为"学生学徒期"。学徒制与贸易和手工艺，而不是专业相联系，这些领域中讲座和学术指导的有限以及教科书的稀缺，可能意味着将笔迹鉴定转化为科学任务的种类和规模都很有限。

培训文书鉴定人的学徒制并非没有受到批评。莱森（Leson，1974）认为它有一个主要的缺点，即没有标准化的课程，就无法保证学徒得到正确或类似的教导。如果没有一些方法来认证讲师和课程，糟糕的培训方法就会长期存在。巴克斯特（Baxter，1970）认为，不仅培训时间因人而异，而且不同办公室或实验室的培训也各不相同，因为它很大程度上取决于工作人员、设备和用于培训目的的案例。

就包括的主题而言，许多人都写过关于文书鉴定人的培训和资格的文章，其中许多人详细列出了理想的课程内容（Hilton，1956；Cabanne，1965；Mathyer，1965；Caponi and Berardi，1966；Sellers，1966；Purtell，1969；Miller，1972b；Miller，1973；Greenwood，1983；Behrendt，1989；Epstein et al.，1992；Fisher，1992）。其中一些论文涵盖了学生的选择和所需的技能。这些列出主题的论文和报告都没有说明在每个领域中要向学生传授哪些特定知识。一些人试图从大学课程中选择和组合一些课程，以构成理想的背景课程。

理想情况下，现有的学生应通过大学课程学习科学方法和理论，结合学徒/导师制计划，以获得必要的实践经验。理论和实践的结合充分解决了美国国家科学院研究报告（NAS report，2009）中提出的关于培训的批评。美国国家科学院委员会（NAS Committee）将学徒模式（广泛应用于法庭科学）视为次要的培训形式。在大学中进行的培训使学生掌握科学的方法和理论，以支持实习期间文件检验的客观、方法论实践。在大学环境中，学生总是能接触到最新的研究、替代理论、科学方法，以及不同的教授、讲师和图书馆资源，而这些在学徒期是无法广泛获得的。

参加大学研究生课程的学生不仅能接触到学术研究，而且更有可能从事新的研究。虽然州立大学的司法文件检验课程是作为远程学习项目提供的，但在线方法可以使北美乃至世界各地的学生获得更广泛的学习机会。为了维持这些项目最低的学生注册要求，为了保持课程的活跃度，这样的方法是至关重要的。

在俄克拉何马州立大学（OSA）的健康科学中心，法庭科学理学硕士学位，提供司法文件检验专业。除核心的法庭科学课程外，该专业还开设了有关司法文件检验的四门课程，分别是可疑文件检验、司法笔迹鉴定、文件检验技术专题和文件检验历史专题。俄克拉何马州立大学在其网站上明确表示，完成这些课程无法获得专业认证，因为获得认证需要两年的导师计划。

东田纳西州立大学（ETSU）的刑事司法和犯罪学系提供司法文件检验的研究生毕业证书。该学位证书课程包括四门课程，相当于12个学时，通常需要两个学期才能完成。课程包括司法文书检验导论、司法笔迹鉴定、司法文书分析、司法文书实务。该项目不提供专业认证，但建议希望在该领域从事专业工作的学生参加为期两年的导师计划。这些课程可以作为参加大学刑事司法课程的学生的选修课。

3.4 笔迹的阶层或系统特征

定义： 阶层特征是指将某个人置于一群书写人中，或赋予书面交流群体身份的某些方面、要素或质量。

任何一个阶层的书写人或笔迹在规模上都可能有所不同，从少量人口到整个美洲大陆的人口。它可能具有地理、宗教、国家、学术或政治的界限，通过这些界限，其笔迹可以与一些可识别的通用内容相联系。传统上，文字中的阶层特征被认为局限于国家和/或制度特征，后者往往是前者的细分。然而，就像欧洲文字和西班牙文字一样，目前的概念更为宽泛。此外，如果可以区分的话，这些阶层所代表的书写系统（可能有几种）更难以定义和区分。

不久以前，有人说民族特征构成了那些阶层特征，用来区分在不同国家流行和特有的一系列制度。鉴于当今的边界在不断变化，最好说它是世界不同地区特有的。值得注意的是，在语言和文字相似的地方，即使不是同一个地方，也可以在笔迹的阶层特征上找到很多相似之处。

当被检验的外国笔迹数量足够时，人们会发现一个阶层中的民族特征往往赋予这些材料一种独特的形象，这是由于其共同特征所产生的集体效应造成的。它出现的确切原因有时很难确定，因为这些影响是累积形成的而不是特定的。

在传统意义上，笔迹中的阶层特征是那些书写习惯或特征，这些特征源于已出版的和/或规定的书写方法（即系统），并在学习过程中被使用。在更遥远的过去，它们分为以下两种类型：(1) 独特的特征，用于将一种方法或系统与另一种方法或系统区分开；(2) 共同的特征，可与其他系统通用，例如倾斜、间距、高度、比例和字母设计。

最近的实践通过使用可选形式，在书写系统中导致了更大的表里不一，从而使它们更难以区分。此外，在遵守任何规定的系统中所允许的自由也会导致在任何特定的系统源中，字母形式是可读的，但无法识别。因此，由于不同系统规定和表现出的形式差异，阶层特征在笔迹鉴定过程中的作用，即使没有完全消失，也已被大大削弱。

当然，在这个大陆使用的许多书写系统中，有三种截然不同的书写风格：草书、手稿体或手写体以及印刷体。如果草书风格倾向于使用可选的形式相互复制，那么在手写体和印刷体风格中也有相同数量的多样性。

泰特尔（Tytell，1991）已经很详细地总结和巩固了鉴定人关于阶层和个体特征的定义。海伍德（Haywood，1991）花了大量时间来定义术语，大概是为了确定专业特征的类别。

范德和罗杰斯（Found and Rogers，1995）对传统理论提出了质疑，即文书鉴定人意见的有效性是基于其区分阶层和个体特征的能力。他们坚持认为，"阶层/个体"理论的基础在于字帖的形式，与形式的差异，以及从鉴定人的经验得出的差异独特性的评价。

现在在学习和书写行为所允许的自由度，使得阶层/个体理论几乎无法适用，当然这仅是就签名而言。哈里森（Harrison，1958b）和米勒（Miller，1972a）的报告表示，正确识别所教的系统是几乎不可能的。除了某些字母形式的少数元素外，在这个大陆上，大多数（即使不是全部的话）用以鉴别的书写元素现在都属于旧范畴和个体特征的定义。

仍然有一些特征反映了特定的书写系统的属性。大写字母"F"、"B"、"P"、"R"、"T"、"W"和"Y"的结构或设计表现出与任何字母一样多的系统变化，但小写字母"e"、"i"、"l"、"s"和"t"的设计和形状提供的变化空间很小。大多数的阶层差异主要体现在大写字母的设计和形状上。但是，大写字母在文本中仅占一小部分（图3.2）。

因此，除了一些可以用来区分世界不同地区笔迹的一般特征外，阶层特征已成为过去式。在当今大量出现的笔迹样本中，它们很少能被识别，尤其是在签名方面。笔迹鉴定的方法必须作相应修改。关于系统特征的问题来自于评估这些书写要素重要性的任务。这一直是一个问题，甚至当系统特征仅仅只是一个特定书写方法的符号时也是如此。适当的数据（例如系统的普及程度）不再具有很大的价值。诚然，制度和民族属性对人口数量有一定影响。但是，除了对个别字母以

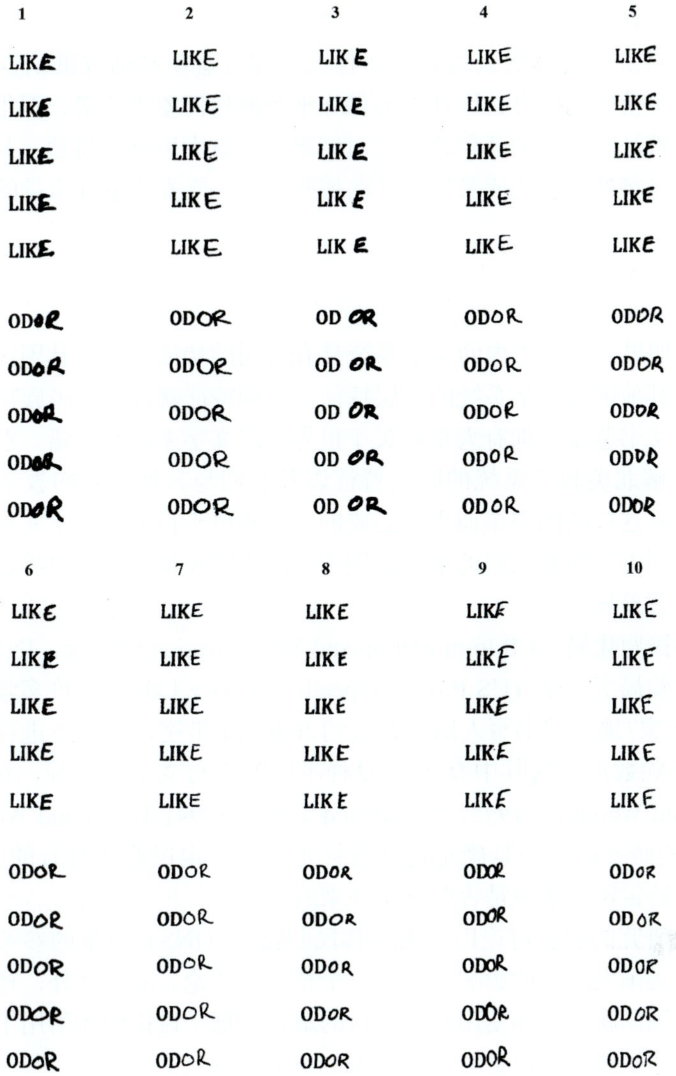

图3.2　研究人员要求10个人为LIKE加上手写的"E"、为ODOR加上手写的"OR"。注意，根据阶层特征来区分这些书写人是很困难的

外，这种影响是无法确定的。

因此，阶层/个体理论并不适用于许多签名。这已经不是新观点，也不是批评这一理论的理由。人们注意到，由于多种原因，签名的鉴定必须经常只基于个体特征。低质量的长篇笔迹可能会遭遇同样的问题。尽管签名中没有可识别的阶层、制度或民族特征，但是该笔迹仍可能与某个特定的个体相吻合。没有实际的理由不这样做。此外，尽管数量不多，而且在很多情况下都不存在，但仍然存在一些非常独特的制度和民族特征，如果存在这些特征，将提供书写人来自相同或

不同地点的证据。

然而，对阶层特征的兴趣是预防性的。建议避免高估或低估这些特征的价值。尽管缺少精确的信息，因此需要保守地判断任何鉴别要素，但很难看出在识别特定阶层特征时出现的任何错误会对结果产生重大影响。当然，与阶层特征密切相关的，是将群体中的成员区分开的那些方面、要素或笔迹质量的个体特征。

3.5 笔迹的民族特征

定义：如果一个国家内的文字系统具有共同的特征，并在其国民的文字中归纳出不同于其他国家文字系统的阶层特征，这种特征就被称为民族特征。

很少有文书鉴定人拥有大量的关于世界各国文字系统的书籍。然而，如果鉴定人需要了解北美教学系统的阶层特征以及它们与其他地方的教学系统有何不同，那么建立这样的图书馆似乎是必要的。尽管由于目前的教学实践，人们应该意识到，不同书写体系之间的细微差别变得越来越模糊，但在世界各地之间依然存在一些显著差异。

美国移民归化局（US Immigration and Naturalization Service, INS）实验室和美国邮政检验局实验室（US Postal Inspection Service Labs）的许多学者报告了对来自77个国家/地区的书写人以及其大约20 000个带字母的样本进行的研究，提供了一些经验数据，这其中有多达62种不同的手写文字的特征，包括7个数字（Berthold and Wootton，1993；Ziegler and Trina，1994；Trizna and Wooton，1995；1996）。这些研究的目的是确定这些特征是否为特定民族所特有的，或者相反，它们对某一特定民族来说是否明显是外来的。

对这项研究的初步讨论以及美国移民归化局（INS）收集的参考资料为当前移民政策对美国人书写的影响提供了一个很好的评论。除此之外，还有一些关于在美国的外国国籍人口和使用外语人口的最新数据。讨论中还引用了一些知名学者，他们表达了对这些信息的需求（Wooton，1994）。

为支持这项研究而提供的样本是草书。关于字母或手写字体如何或是否因地点而异的信息很少。在所总结的62个特征中，大约有11个特征表现出草书的性质（在字母"B"，"C"，"E"，"G"，"J"，"Q"，"R"，"T"，"V"，"Y"和"Z"中）以及7个数字（1、2、4、5、7、8、9）。这些特征通常属于草书书写的风格范围。因此，提供了一些有用的资料，这些资料与外国籍人士书写的文字中可能出现的频率有关（图3.3）。

3.6 笔迹的个体特征

定义：个体特征是那些区分任何或所有群体中成员的鉴别要素。

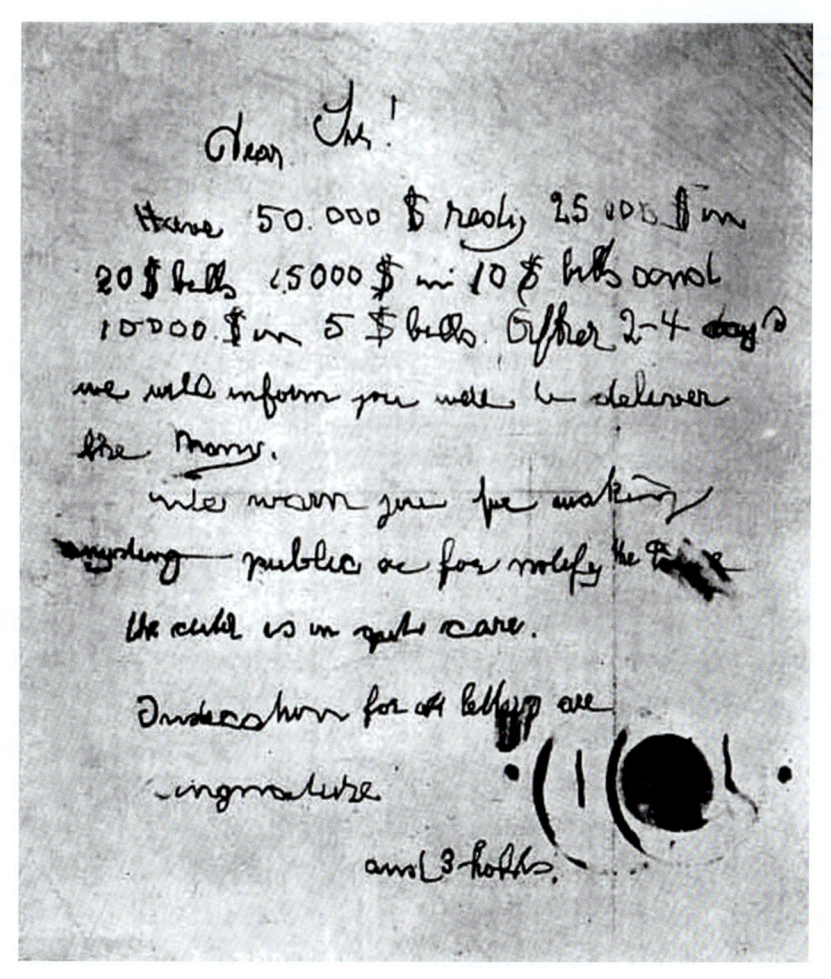

图3.3　布鲁诺·豪普特曼（Bruno Hauptmann）在林德伯格（Lindbergh）婴儿绑架案中的一封绑架信。注意单词和字母别扭的结构以及德语对文字的影响

一般来说，个体特征被认为是特定书写人所特有的那些特殊的方面或特征（Hilton，1982）。从这个意义上讲，它们具有一种不常见的特征。然而，还有大量更常见的书写元素可以被描述为书写人的设计、创造和发展，当作为一个整体考虑时，它们则给笔迹赋予了独特性（Osborn，1929）。从这个意义上说，正是组合的构成造就了笔迹的个性。尽管这一表达已被广泛使用，并可能被理解，但很少有人费心去定义它，也许是因为其必要性并不明显。

书写人在书写复杂的字母形式时，可能更多地表现出个性特征。字母表中有些字母需要复杂的运笔动作，许多书写人发现运笔有些难以执行。因此，书写人往往将字帖或字母范本的格式稍作改动，使其结构或形状更便于书写。这些修改，有时细微，有时重大，这都是该书写人的个体特征（图3.4a和b）。

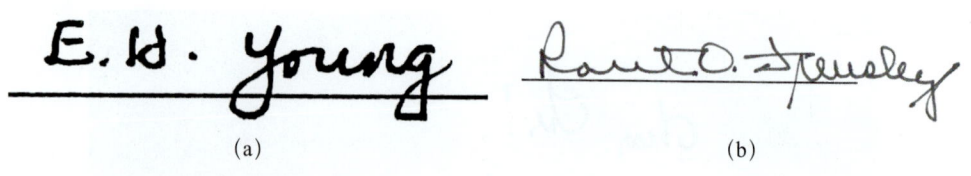

图3.4 签名表现出不常见的结构：(a) 大写字母"H"体现了个体特征；(b) 姓氏中大写字母"F"体现了个体特征

由于文字是用来阅读的，因此必须符合规范字帖的设计，这就限制了与规范文字的差异程度。其结果是，在他人的笔迹中可能会发现类似的个体特征（Hilton，1983），尽管这类特征的特定组合不太可能被复制。通常，用来区分某一书写人与另一个书写人的正是这些特征的集合或组合，而不是任何一个特定的特征。

斯里哈里等（Srihari et al.，2002）进行了一项被广泛引用的研究，该研究利用一种最初为邮政地址笔迹识别而发明的自动化系统，在司法鉴定中确立了笔迹的个体化特征。在数据收集方面，以具有代表性的笔迹类型为样本，建立了1 500个样本的笔迹数据库。通过对数据进行分析，以鉴别书写人与其他书写人，以及将文书的笔迹与另一种笔迹进行比较，以识别该笔迹是否由同一人书写。结果表明，该系统的鉴别正确率为98%，识别正确率为96%。该系统方法的高性能基于一些宏观和微观特征，但是作者指出，此类识别或验证不可能由单个特征来确定，这表明笔迹的识别和验证依赖于一组特征。

斯里哈里等（Srihari et al.，2002）对笔迹个体特征的研究被批评为不能代表笔迹鉴定，因为它依赖于计算分析而不是鉴定人员。也有人批评它不依赖于更同质化的笔迹样本数据集。随后，斯里哈里等（Srihari et al.，2008）对双胞胎笔迹的区别进行了另一项研究，该研究表明，鉴定人员的表现优于从计算机获得的结果。杜里纳和卡利朱里（Durina and Caligiuri，2009）对50多位成年人进行了一项研究，以检验同类书写人群体的个性。研究人员收集了在同一社区长大的一组书写人的样本，且他们由同样的老师以相同的字帖授课，并在同一所学校就读。一组笔迹鉴定人对书写人进行评估以确定书写人身份。结果表明，鉴定人能够从样本中发现个体特征，帮助他们区分和认定书写人。

3.7 笔迹的偶然情况

在书写活动中，有时出现的情况可能很少存在或者没有合理的解释。这种情况可能表现为不寻常的形式、形状或动作，也可能笔画线条的中断，甚至是某些字母或部分字母的重复出现。它们在性质上往往不重要，也很少见，对书写人而言不足以引起注意从而进行纠正。

定义： 与正常书写活动相比，偶然情况是独立的、简短的或暂时性的偏差。

在笔迹样本中很少注意到或观察到偶然情况。更确切地说，它是对可疑笔迹的要素的一种名称或标签，它与笔迹样本中观察到的正常和自然的书写习惯大相径庭，对此也没有其他合理的解释。其被冠以此名称的原因似乎源于它的与众不同。

有些鉴定人将书写过程中发生的偶然情况称为偶然性特征。当然，这是自相矛盾的，因为它们不可能以类似的方式重复出现，因此，它不是书写活动任何方面的代表或特征。

在根本和重大差异的章节中，讨论了一些公认权威提出的一般原则。其原则是，在笔迹鉴定和研究中，只要出现一个差异点就能抵消许多相似点的权重。有了对"偶然"情况的定义，人们很难解决这样一个问题：可疑笔迹和已知样本笔迹间的单一差异，是同一人书写过程中的偶然情况，还是不同人的表征。

答案可能就在于可疑笔迹为偶然情况所提供的重复出现的机会。如果机会存在，而该情况没有重复出现，则这种情况可以被认为是偶然的。如果机会存在，并且该情况重复出现，则应当将其视为一种书写习惯，从而构成一个差异点。显然，这个问题的解决将在很大程度上取决于出现差异点的可疑笔迹的性质和程度。

但是，如果可疑笔迹的性质和程度是有限的，并且没有重复出现的机会，那么鉴定人如何对偶然情况进行分类和/或解释？在第六章中，列出并描述了笔迹鉴定中考虑和研究的笔迹的各个方面。这些指定为笔迹的鉴别要素，可用于笔迹研究，以确定是支持还是反对认定某一特定笔迹的书写人的身份（由于他们的含义往往不精确，因此请尽可能避免使用诸如特征、质量、特性等措辞）。不能归类为有用的书写要素是不确定的要素，直到其他书写样本能够确认其性质。只要偶然和/或差异的真实性引起鉴定人的怀疑，一般会采取上述解决方法。

3.8　笔迹的根本或显著差异

在物质世界中，如果以适当的精确度对它们进行检验，则几乎所有事物都是不同的。在比较笔迹时尤其如此，因为即便是同一人，使用相同的书写工具，在同一日期，在相同书写条件下，也无法写出两份在所有方面完全相同的样本。在这种情况下，文书鉴定人或笔迹专家会不断遇到相同的富有挑战性的问题：笔迹之间有什么差异点？差异点在何时变得重要？

关于差异的主题的文章已经写了很多，但是正如麦克亚历山大（McAlexander，1997）指出的那样，几乎没有人明确地指出什么是根本的差异，以及什么是重要的差异。所有公认的笔迹权威专家——奥斯本（Osborn，1929），希尔顿（Hilton，1982），康威（Conway，1959），哈里森（Harrison，1958b）或埃伦（Ellen，

1989)——他们每个人都谈到了差异以及必须给予的考虑，并为鉴定人可能用到的专业术语提供了定义。奥斯本谈到了超出变化范围的差异，这些差异不是归因于书写条件或书写人的状况。他随后表示，不同人笔迹的差异具体体现在他所列出的27个细节特征中。他进一步指出，两组笔迹样本的差异可以在重复出现的个人特征或一般特征中发现，这表明其出自不同的书写人。其他权威专家都没有比他说得更准确的了。

怀廷（Whiting，1996）哀叹在文献中缺乏充分的定义，以及恰当描述根本差异的定义不够精确，而该类术语已被频繁使用。尽管胡贝尔和黑德里克同意他的批评，但他们也指出怀廷并未提供出更好的定义。

笔迹上的差异有两种：清晰（lucid）的差异和难以捉摸（elusive）的差异。清晰的差异是指笔迹质量或性质上存在明显不同的差异，其为显而易见的。除此之外，它们还包括异体字（即字母设计）、尺寸、倾斜度或字母结构方面的差异。难以捉摸的差异是指那些不太明显的，更细微的差异，并且不反映设计或结构的基本变化。

将清晰的差异称为差别（disparities），将难以捉摸的差异称为偏离（divergences）是有好处的。这些术语的词汇定义似乎使此分类更合适。因此，差别是笔迹中更为明显的不同，而偏离则是不那么明显或更微妙的区别。奥斯本以这种方式使用了偏离（divergence）这个词。

在第六章中，胡贝尔和黑德里克列出、组织和描述了用于笔迹鉴定的所有21个方面或书写要素。他们讨论并将笔迹这21个方面或要素指定为用以鉴别的要素，而每个要素都是复杂整体的一部分。鉴别要素是书写人笔迹的复杂整体中，可以用来鉴别书写人的部分。

胡贝尔和黑德里克还发现，在这21个鉴别要素中，至少有17个可以分为两大类中的一类。首先，7个风格要素，包括布局、变体的类型、连接、结构（包括变体的设计和选择）、尺寸、倾斜度以及间距。其次，书写活动有10个要素，包括缩写、对齐、起笔和收笔、变音符号和标点符号、修饰、易读性和书写质量（包括字母形状或形式）、笔画线条连贯性、笔画线条质量、笔控制和书写动作。

笔迹的风格要素通常是在学习或职业过程中受到指导的那些方面。因此，这些方面可能随地点、学校或老师的不同而变化，也可能随书写人的职业不同而改变。另一方面，对于书写活动的要素来说，其中个人特质通常是由个人偏好、个人环境和/或个人技能发展而来的。

在回顾关于差异的论述时，发现清晰的差别主要体现在风格要素上，而难以捉摸的偏离主要表现在书写要素上。同样显而易见的是，清晰的差别出现在书写过程中更为根本的方面，而难以捉摸的偏离则更多体现在个体特征方面。

笔迹出现差异时，往往归因于书写人的不同。因为笔迹特征是独特的，通常是由于不同的教导，不同的背景，或不同的书写练习而产生的明显的、通常可以观察到的不同之处，包括异体字的变化。

另一方面，当笔迹特征出现分歧时，可能是由于同一书写人在书写活动中自然变化的产物，或是由于某些特殊原因造成的变化。分歧的出现也可能只是因为，在相同的影响、教育或背景下，两个人在基本形式或字母结构上没有实质性的变化，仅仅是在运笔或执笔方式上可能彼此不同。这种差异是书写人自身或书写人之间观察到的细微变化。可以说，差别是区分不同群体之间的差异，而偏离是区分同一群体成员之间的差异。

根本的差异就是差别，这些差异发生在风格要素上，而不是书写要素上。因此，对"根本差异"一词的正确定义应将其范围缩小至风格要素。在实践中，人们发现风格要素的变化往往伴随着书写模式的变化。为避免混淆，对差异的评估应首先考虑可能出现在风格要素中的差异。差异若存在，则可能构成本质差异。若当风格要素中存在差异时，也可以预料到书写要素的差异，并从适当的角度将其作为另一位书写人所写的额外证据。

考虑到上述解释，可为笔迹差异提供以下可用的一般含义：

定义：在对可疑笔迹和样本笔迹进行比较时，（可疑）笔迹的不同之处在于：其风格鉴别要素的差别，或者书写鉴别要素的分歧。这两个要素中的任何一个都超出了与之比较的样本笔迹中对应元素自然变化的预期范围。在这两种情况下，两者之间的差异是无法解释的。

虽然此定义告诉我们差异是什么，但并没有说明为什么会有差异。所发现的差异必须根据可能的原因进行研究和考虑。它们可能是由易于影响书写要素的原因引起的，例如书写条件或其他外部因素；内部因素，例如年龄、疾病、毒品或药物；或试图伪装或故意改变正常的书写习惯。另一方面，它们也可能是真正的差异，是不同人笔迹的根本差异，而这些差异通常体现在风格元素上。

于是就有了差异，而且是根本的差异，这使得每个人的笔迹彼此互不相同。两者都是在笔迹中必须考虑的方面。根本差异的定义如下：

定义：在对可疑笔迹和样本笔迹进行比较时，（可疑）笔迹的根本区别在于，其鉴别要素之一的风貌要素存在差别。

该定义可以用以下内容来进行限定：通常在形式要素中，允许在少数情况下书写要素存在特殊差异。例如，引号位置通常属于标点符号的范畴，但在某些国家，这可能是书写系统的一些方面。

既然读者已经具备了更好地识别或描述差异的能力，那么什么是显著差异呢？关于相似点的重要性，这是实施认定的必要依据，取决于不同人的书写要素或笔迹特征的出现频率。因此，重要性是稀有性或独特性相关的函数。这是一种有可能进行测量的情况，只需收集相对于该频率的经验数据。然而，目前还没有收集到经验数据来提供有关差异的相关信息。鉴定人需要用什么来衡量差异的重要性呢？用什么程度或尺度对差异进行排序？那么，如何将一处差异或其他任何差异归类为显著差异呢？难道不是所有差异都具有同等的重要性吗？

许多公认的笔迹鉴定权威对差异点价值的评价的大部分论调都与大多数鉴定人大同小异：即使是单一的差异点，其价值也可能超过多处相似点的价值总和。希尔顿（Hilton，1982）指出："在文件检验中，鉴定的基本原则是，即使存在诸多强大的相似点，少数的根本差异也能限制并准确地提出非同一的意见"（第10页）。希尔顿甚至说："（已知和未知）样本之间的一个显著差异是区分两位书写人的有力依据，除非这一分歧可以围绕样本制作的事实来从逻辑上进行解释"（第10页）。哈里森（Harrison，1958）发表了类似的评论：

> 比较笔迹时不容例外的基本规则……很简单——无论两组笔迹样本有什么共同的特征，如果它们在任何笔迹结构的根本特征上显示出稳定的差异，并且其存在无法得到合理的解释，就不能认为它们出自同一书写人。（第343页）

哈里森重申了这一点：

> 一旦存在一个稳定的差异点，无论其他显而易见的相似点的数量和质量如何，都必须排除出自同一书写人的可能性，这一规则似乎很苛刻，但实际上，不同书写人的笔迹只有一处存在差异，这是很罕见的。（第343页）

康威（Conway，1959）表达了同样的意见，他写道：

> 若要得出两组笔迹是由同一人书写的结论，就必须有一系列基本一致的认定个体方面的特征，而两组笔迹在认定个体的特征上单一根本差异则排除了它们是由同一个人书写的结论。（第65页）

这些文献表现出的共同线索似乎是，极少量差异的重要性，甚至可能只有一个差异。在这些专家看来，所有根本性的不同（即差别）似乎都具有相同的权重，其大小足以抵消诸多相似点的权重。因此，必须将所有差异视为同等重要和同等显著。然而，一些差异，如果不是更为重要的，至少不那么有争议，毕竟它表明了不同的书写人的笔迹。

3.9 条件变化对笔迹的影响

奥斯本（Osborn，1929）以及先前引用的文献普遍认为，尽管两组笔迹有诸多相似点，但如果笔迹存在一个或多个根本性特征的差异，则无法得出认定的结论。这样的观点引发了上述讨论，其中有试图定义差异的讨论。但是，如果笔迹之间存在差异，是否可以恰当地得出这些笔迹是出自不同书写人？或者，某些明显的差异是否可能并非表示不同书写人的本质差异，而仅仅是由于情有可原的情况而导致的同一书写人特征的变化？

当然，可简单回答"是"。有许多情有可原的情况可以解释。麦克亚历山大和马奎尔（McAlexander and Maguire，1991）提出了一些建议。正如大多数笔迹鉴定专家一样，他们对可能影响笔迹的环境或条件等众多变化发表了观点，但很少有人敢说是以怎样的特殊方式影响的。在某种程度上，这可以通过以下事实来解释：根据人们的经验，不同的因素可以以不同的方式影响不同的人，但可以总结出一些一般性规律。

3.9.1 样本的充分性

在对可疑笔迹和样本笔迹的比较中存在的明显差异需要寻求合理解释时，首先必须考虑这些样本笔迹的充分性，以确保书写人能够表现出所有的变化。这些样本不仅要在数量上足够，而且要尽可能与可疑笔迹为同期书写。这是为了控制由于条件、环境、时间、笔迹的发展变化以及熟练度而产生的变化。

样本的同期性经常被认为是两组笔迹中出现明显差异的关键。由于书写容易受到内部和外部因素的影响，因此可疑笔迹和样本笔迹之间环境条件的匹配至关重要，它可以解释字形、笔画质量或特定运笔动作的差异。

3.9.2 意外情况

在书写过程中，对于某些特征表现可能很难解释或没有合理的解释。它们可能是不寻常的形态或动作，字行的中断，甚至是某些字母或部分字母的重复书写。它们在本质上是次要的，发生的频率也很低，对书写人而言不足以引起其注意从而进行纠正。它们经常源自完全难以预测的书写动作，这可能是神经肌肉协调暂时中断的反映。因此，书写过程中意外情况的出现最好被描述为对正常书写活动短暂且暂时的偏离。

3.9.3 多样的风格

有些人据说是多才多艺的，他们有不止一种书写风格，也许是草书和楷体，或者草书和印刷体。具备后者书写技能的人可能是从事特定类型的职业，例如需要在建筑物上刻字。有时当一个字母或一个单词发生变化时，就会再次出现另一种书写风格。通常，这种情况会在合理熟练地长时间书写时表现出来。正如希尔顿所举例说明的那样，第二种独特风格的改变通常不会出现在书写活动中，但在签名中偶尔会出现。其他实例也证明，书写人会进行书写风格的改变。怀廷（Whiting，1997）描述并说明了一个人使用两种身份以书写和签名两种方式进行书写的差异，最后通过指纹比对确认了这两个身份实际上是同一个人。

博恩（Bohn，1974）没有进一步阐明书写风格的含义或它们之间的区别，但报告说联邦调查局实验室（或者他自己）经常遇到案例，即同一个书写人使用显著不同的笔迹风格，并提醒鉴定人仔细评估观察到的差异点是否为根本性的差异。

麦卡锡（McCarthy，1988）声称，对一个低水平的书写人来说，在书写时比一个熟练的草书书写人更容易不断地改变字母形态，因为书写习惯并不是天生就形成的。对于不熟练的人，其书写动作并不流利，更符合绘画的性质。

3.9.4 双利手

现实生活中的确存在一些人，但数量不多——特别是那些已经从左利手转变为习惯用右手的人——有能力几乎同样灵巧地用两只手写字。在大多数方面，他们左右手书写出来的字迹是相似的。但是，两只手及手臂的肌肉协调可能不完全相同，并且可能会注意到流畅度和某些运笔动作的差异。

3.9.5 粗心或疏忽

大多数书写人有时会因为匆忙、粗心，或在特别糟糕的书写环境下，而使书写的笔迹退化成十分潦草的文字。这类情况通常仅限于简短的笔记、地址和电话号码，它们往往被记录在小的便签、信封和纸片上。此类笔迹往往包含了一个人在书写过程中不寻常或偶然的元素。在其他样本中，某些特征点可能永远不会再出现，用它们来判断正常书写习惯或书写人正常变化范围是不可靠的。

3.9.6 书写人健康状况的变化

根据其性质，书写人健康状况的变化可能会影响书写的流畅程度，但文字的设计不会变。但是，这些变化只是暂时的，随着健康状况的恢复，书写机能可能会恢复。健康状况恶化则是另一回事，其进展可能因人而异。这方面的影响通常是在失去控制以及在更不稳定的运笔动作中体现出来的，也是影响样本充分性的方面之一。

3.9.7 书写人身体状况的变化：骨折、疲劳和虚弱

手和手臂的骨折限制了行动，也抑制了书写工具的抓握及运动，这必然会改变笔迹。当书写动作受到长期限制时，即使解除限制，也可能无法立即恢复所有书写技能。

若一些人用以书写的手或手臂受到了严重伤害，以至于他们不得不依靠非惯用手和手臂仓促培养出来能力进行书写。这种情况下的笔迹质量很差，但是根据惯用手丧失书写能力的持续时间，也可以习得一定程度的书写技能。当然，两者笔迹上的差异是显而易见的，但是正如其他地方所提到的那样，有些书写习惯会在非惯用手的笔迹中持续存在。

研究还表明，疲劳和虚弱会影响对书写工具的控制，其书写性能可能会以不可预测的方式变化。这些方面也会影响样本的充分性。

3.9.8 书写人的心理状况或状态的变化

如其他文献所述，精神分裂症患者和/或具有多重人格的人在相应精神状态

的不同场合下，他们的笔迹可能会发生重大变化。这些变化与其说是形式上的，不如说是质量上的。童年状态的改变会伴随着稚嫩或不成熟的笔迹。

3.9.9 书写活动的专注度

当然，专注于书写活动会使其成为一个更有意识的过程，而保持意识的高度集中，往往会影响书写的流畅程度。书写动作因而变得更加慎重和缓慢。这种变化会以字行质量表现出来，除非意识集中的原因是不确定要书写的字母或文字，而这可能会严重地打断专注的书写过程。

据说，对于某些人而言，所签署文件的性质可能会影响其签名的书写。理所当然，遗嘱、抵押贷款、大额合同和房地产交易是许多人生活中的重大事件，因此可以理解，签署这类文件会比签署许多其他文件更为专注。当谨慎行事时，书写人则会表现出更为正式、规范的书写风格。

3.9.10 伪装或刻意变化

伪装或刻意变化会产生更明显的差异。但是，这不是一种孤立的变化，而是试图在整个书写过程中表现出自己的改变。伪装或刻意变化往往被建议用来解释差异，但由于这是一种有意的变化，因此是否可以将伪装定义为环境条件变化依然是一个值得商榷的问题。

3.9.11 毒品或酒精

毒品和/或酒精会对笔迹产生显著的影响。关于这一论题的几项研究发现，当书写人在毒品或酒精的影响下，可能会出现许多变化。醉酒的戒断效应与醉酒状态一样，对笔迹的影响也很明显。可能影响笔迹的一些常规表现，包括错误书写、笔画加长、空间宽度增加、字形扩展以及笔画交叉。在某些情况下，戒断状态可能会产生与上述表现相反的效果：笔画的缩短和抖动。此外，瘾君子或酗酒者在受到毒品或酒精影响时表现出的笔迹变化，相比于非上瘾者和不经常喝酒的人要少。酒精和大麻可能会对书写活动产生不同的影响。

3.9.12 药物的影响

正如毒品和酒精，药物也会对书写活动产生深远影响。虽然药物是为治疗疾病而开的，但它们与非处方药和酒精一起，也被用于娱乐。某些药物可能会增加震颤或引起运动障碍，而其他与运动疾病相关的药物则旨在减少震颤和缓解运动障碍。作为一种外部影响，药物可能会导致笔迹流畅程度的暂时或长期变化。药物治疗通常与医疗问题相关，因此需要严格评估药物的影响与医疗问题对笔迹潜在影响的共存性。

3.9.13 为了事后否认的有意变化

虽然书写人自己伪造自己的签名很少发生，不过，在少数实例中，书写人可能倾向于制造一个不正常的签名。但在许多其他情况下，错误的书写记忆加上轻微的书写不正常，可能诱使书写人出于内心诚实或不诚实地否认字迹为其所写。在这些情况下的笔迹鉴定必须考虑自然变化、偶然情况的发生、故意改变和真实差异的问题。

3.9.14 神经紧张

严重的神经紧张或情绪压力会影响书写的流畅程度。由于提交期限紧迫或参加考试而造成的时间压力，可能会导致字体向右倾斜，以及笔画的延长和文字的扩展，这也使得所书写的文字难以辨认。其他形式的情绪压力可能导致抖动、不规则、字体缩小、符号错误以及变形。

3.9.15 样本外的自然变化

自然变化是影响样本充分性特别重要的原因。有限的样本可能无法涵盖个体所特有的全部自然变化，这仅仅是因为某些变化是由于时间、文本和书写环境所导致的。样本越少，鉴定人根据反映书写人自然变化范围的样本材料进行比对，得出可靠鉴定意见的可能性就越小。

3.9.16 书写条件——地点或环境

签署签名的环境往往多变，而笔迹表现出来的形象也是变化的。收货人的签名都是在站立姿态下书写的，没有足够的书写表面支持。此外，被限制在表格上狭小的空间中，这对于大多数书写人来说是远远不够施展的。结果则是书写过程中出现明显的变化，经常会改变签名，导致签名不能进行后续的鉴定。

虽然在书写这些签名时确实不太关注签署的笔迹，但是这些异常的书写条件对笔迹的影响要比粗心疏忽所造成的影响更为严重。哈里森（Harrison，1958）阐述道："毫不奇怪，当比较一个人在不同条件下所写的笔迹样本时，会怀疑是否所有的字迹都由同一人所写，因为它们看起来是如此不同"（第297页）。

在柜台签名时可能会产生类似的效果。桌椅设备为签署文件提供了合适的环境，尽管也会有例外。但柜台没有合适的书写环境。柜台高度各不相同，在柜台上书写的人们身高也是各不相同。在书写过程中，书写环境有时会狭窄且局限。因此，书写人可能会随意签署文件，从而造成笔迹质量或控制能力的下降。

与此相关的是，书写人由于健康状况不佳而卧床签名的情况。在其他情况下，个人可能会尝试在其膝盖上书写或签署文件。对于某些书写人而言，书写环境甚至会对个人的神经状态产生一定影响，并且书写的流畅程度也可能会受到影响。

在各种行驶车辆中书写的情况非常普遍，或者至少声称是这样的。根据车辆的性质，行进的车辆对书写运动的影响可能是很小，也可能很大。极端情况时，书写的笔迹可能会很不稳定。无论是哪种影响后果，在整个书写过程中的影响都是普遍的，并且可能很明显，而不是局限于一个或两个元素。尽管确实可能会出现在行驶中的车辆和其他极端情况下书写的笔迹，但更常见的说法是被用来解释伪造签名的缺陷或差异，以证明其真实性。

3.9.17 书写工具

书写工具是一种内在的影响，它不仅可以直接影响笔迹的形态，还可以影响书写人的书写方式。墨水笔可以改变书写流畅性的外观，而使用性能不佳的圆珠笔甚至可以覆盖笔迹某些部分，因为墨水很快就干了。但是，书写工具不仅仅是手中的钢笔或铅笔，它也包括可用于在墙上涂鸦的喷漆、蜡笔、画笔、涂在镜子上的唇膏、数字平板电脑上书写的指尖或是汽车油漆上的刻刀。

3.9.18 书写姿势

书写姿势（包括站姿）是导致笔迹变化的重要因素。坐着书写与站着在写字板或工作台上的数码平板上书写相比，笔迹的倾斜程度或大小可能有所不同。在检案中也会遇到没有手或手臂支撑而在医院的病床上书写的情况。

3.9.19 书写载体表面

可以使用钢笔或铅笔在不寻常的书写载体表面（例如混凝土墙）上书写，但是在涉及涂鸦的情况下，通常会在面积较大的混凝土墙壁表面上使用喷漆。其他书写载体（例如数字平板电脑）可能具有光滑的表面，或者在书写时手掌可能附在表面上。亚麻含量高的纸张或包含不规则木纤维碎片的纸张可能会影响笔画线条的质量。在不平整或支撑不良的表面（例如沙发臂上的织物、汽车座椅上的皮革或粉刷后的墙壁）上用纸书写往往会出现异常效果，而这种效果可能会被误认为是摹仿所致。

3.9.20 压力下书写

情绪压力和生理压力对笔迹的影响是不同的。书写人的情绪或精神状态可能会影响书写。特别是精神或情感压力的极端状态可能会导致书写过程中的极端紧张，而过度放松的状态可能导致粗心或松懈的书写状态。书写过程中的生理压力通常被称为疲劳。疲劳往往发生在书写人一次性签署多个签名的情况下，以及涉及运动障碍（例如帕金森病）的情况，后者比健康的书写人更快地诱发疲劳状态。

3.10 排除性结论

笔迹鉴定的目标通常为：认定、否定或区分。认定是一个为了某个目的将笔迹联系在一起的过程。否定是为了某种目的而将笔迹隔离开来。除做出区别外，区分多组笔迹并无特定的目的。

区分（Differentiation）是一个很少提及的过程，它所依赖的研究根源，是确定笔迹是否如他们声称的那样，是两个或两个以上的人所写。通常涉及带标记的选票、证明书、选民名单和其他文件。在这些情况下，实现区分通常证明了真实性。另一方面，同一书写人身份在确定时可能成为拒绝该文件无效的理由，而无需进一步寻求其书写人身份。区分是证明笔迹异质性以及当前过程证明其异质性目标。因此，它是笔迹鉴定有效性和可靠性的关键。

术语"非同一性"通常与"排除"可以替换使用。然而，区分也是一个非同一性的问题。因此，虽然"排除"可能是一个非同一性的问题，但非同一认定不仅仅是"排除"的问题。因此，更贴切的说法是，非同一性的内涵包括了排除和区分。

鉴定的依据是从数量和质量上足以支持这一结论的证据。做出排除的意见可能是基于证据不足或基于手头的文件中缺乏足以认定书写人身份的证据。它包含了关于同一书写人其他笔迹样本是否可用的推测。排除是广泛且包罗万象的陈述，即特定书写人在任何情况下都不可能书写特定的笔迹。认定是特定的且可证明的。否定是一般性的和推测性的。

排除书写人的一个重要关键在于样本的同期性。由于书写活动是动态的，并且会随着时间的推移而变化，因此能收集到与可疑笔迹同期的一些笔迹样本至关重要。

由于排除是一种包罗万象的陈述，以至于有人建议在表述结论时应始终具有限定性。与其大胆地判定"K"未书写"Q"，不如建议如此解读："根据目前的笔迹样本，没有证据表明'Q'是由'K'所写。"

在某些情况下，不合格的排除似乎是合理的。只要样本能够可靠地证明某人的书写水平不超过检材的书写水平，就不能认为该人是可疑笔迹的书写人。如果样本笔迹在基本体系中包含了许多根本性的差异，表明书写人所属国家或书写体系属性存在差异，并且样本为同期样本，则不应认定其为可疑笔迹的书写人。排除某人描摹其本人签名的情况也是合理的，即使描摹特征的出现通常会干扰鉴定人做出自我伪造笔迹的判断，但没有足够的理由说明这不可能发生。

如前所述，认定和否定的过程是相同的，但仅是在以下意义上：在分析和比较中寻找和评估的相同鉴别元素，将为比较笔迹的同一性或差异性提供证据。然而，这两个任务之间的类比到此为止。尽管在实践中，这两项任务的方法可能是相同的，但是要考虑的实质依据及其评估却截然不同。认定是对相似的评估，而否定是对差异的评估。

在笔迹研究中发现的差异不可低估。另一方面，认为一个或几个根本性差异可以控制并且可以抵消多处相似点的权重，这可能是高估了差异点的价值。尽管通常认为根本性差异是"排除书写人"或得出"非同一"结论的充分依据，但得出这种结论可能比简单地列出两组笔迹之间差别更为复杂。正如迪克（Dick，1966）、迪博夫斯基（Dibowski，1975）和米勒（Miller，1985）所重申的那样，做出排除的结论可能比认定的结论更困难、更复杂或具有更大的风险。

最近，莫里斯和理查兹（Morris and Richards，2010）重申了做出排除结论的困难，指出为了使鉴定人得出这样的结论，他或她必须首先考虑所有可能产生如此不同的笔迹的变量和情况。美国材料与试验协会（ASTM，2007）和文件检验科学工作组（SWGDOC，2013c）笔迹鉴定标准规定了评估笔迹时应考虑的限制因素。标准中规定的限制尤其适用于笔迹样本由于年龄、疾病、药物、酒精、书写姿势、疲劳、使用非惯用手、伪装、自我伪造和其他因素而出现的差异。笔迹鉴定的模块化方法最初由范德和罗杰斯（Found and Rogers，1999）开发并由范德和伯德（Found and Bird，2016）修订，提供了一个详细的过程，该过程使鉴定人可以考虑所有可能导致两个个体在相似点上产生差异的因素。2016年模块化方法报告的熟练度研究表明，鉴定人在处理与排除相关的意见时，会出现更多的错误，特别是在区分伪装笔迹和摹仿笔迹时。训练有素的文书鉴定人审慎应用当前标准，可防止出现无根据的排除性结论。

必须强调的是，很少能孤立地发现两组笔迹之间明显的差异，这些差异可能表明出自不同来源（书写人）的笔迹。如果有一个差异，则进行彻底的检验很可能会发现其他差异。孤立的差异通常是由于先前参考的笔迹样本中的一种或多种情况引起的。

大多数权威的观点是，适当的支持非同一或排除的结论，差异必须是根本的且稳定出现的。因此，考虑到有限的样本材料，很难有充足的依据得出这种结论，因为可能差异点并不会重复出现。笔迹的差异可能是由于多种原因导致的，考虑到差异背后所有的原因，使排除成为一个比认定更为复杂的问题。

当差异是大量的且持续存在的，并且笔迹样本在数量和质量上都足够时，这种差异点应当作为得出排除结论的依据。排除是确定性的还是有条件的，必须由鉴定人做出主观判断。在这两种情况下，对法院、律师或调查人员都是有利的，并且有条件的结论将避免不确定的风险。

第四章

笔迹鉴定的前提

4.1 笔迹特征的相似点

基于模式的证据中的相似点计数规则，在指印鉴定中存在一个普遍的误解。对于指印鉴定，并不存在具有统计学支撑的相似点数量的规定。国际鉴定标准化委员会（International Association for Identification Standardization Committee）进行了一项为期三年的研究，得出的结论是，指印鉴定中没有必要为了得出确定性的鉴定意见而预设指纹细节特征的数量。

指印鉴定人员的个人实践、部门原则以及鉴定标准中都要求一定的相似点数量来支持同一认定结论：6个、8个、10个、12个，甚至要求具有14个相似点，然而这些要求是习惯做法、原则或建议。尚未有一个普遍被接受的或统计学支撑的数量，当相似点达到该数量就足以用来认定为同一手指遗留的指印。

在化学领域内，有一些分析方法，它们是建立在对化合物化学成分现有的知识基础上，使分析人员通过程序逐步筛选减少未知物质的数量，直至认定某单一物质。然而，由于分析程序随所鉴识物质的不同而变化，因此没有预先规定的相似点计数。

广泛的DNA研究已经积累了大量的信息，从这些信息中可以计算出两个人是同一DNA基因型的概率。这样计算的概率水平足够低，以至于在实际应用中，基因型的唯一性被认为是确定的。

在诸如物理、化学和生物化学等领域中，所寻求的证据在很大程度上被认为是不变的。由于它的稳定性，它一直并将继续在一段不确定的时间内保持不变。即使经过很长一段时间，如果能发现足够的数量，那么就可以用已知的标准来鉴定它。然而，这并不完全正确。只有当某些条件（特别是纯度、温度和大气压）可控时证据才是不变的，但影响笔迹的变量并不能完全被控制。

计数原则由指纹鉴定而推广，并随后被技术人员遵循，但它还存在其他固有瑕疵。它意味着指印的每个特征都具有同等的重要性，因此其假定任一指印特征的出现频率与任何其他指印特征都是一样的。但我们知道，这并不适用于所有的指印特征，然而当今经验数据还没有得到广泛的研究来确定特征重要性的相对值。

在这种情况下，更为科学的是密切关注所考虑的每一个因素的权重，这是由出现的频率支撑的。然而,权重也取决于任一因素与其他因素的独立性。一些笔迹特征可能与所学习的书写系统有关。因此,一些字母设计可能会表现出相似的地方。故而,计数不是简单的数字相加,而是更复杂的计算。

在指印鉴定中,一个简单的点数计量产生的误差大小,以及误差可能存在的方向,都是不清楚的。但是,在评估中,假设只要相似点的数目足够多,就能充分考虑到任意均衡权重可能产生的不准确的情况。

笔迹与其他领域的关注重点不同。笔迹在不同的场合下都会发生变化,甚至变化的范围也因个体和书写要素而不同。此外,笔迹必须具有可读性。它不像DNA那样,在不损害识别能力的情况下,从一个对象到另一个对象的变化是自由的。为了便于阅读,它必须是合理易读的。此外,书写要素的变化和更改的方式也有限制。一个人可以用多少种方式书写小写的、草书的"e"或"i",这是可以被统计的。因此,对于某些特定的书写要素,书写人之间有极大的可能会相互学习。因此,我们需要更多的相似点组合来支持同一性的结论。

笔迹鉴定中不会精确地评价任何特定笔迹特征的价值或重要性,或者确定任何特征点组合出现的概率水平。然而,如果使用得当,近似值可能对鉴定目的来说是足够可靠的。

那么,如果与指纹鉴定的类比没有说服力,对它的鉴定过程有什么类比是合理可靠并被普遍接受的呢?在民事或刑事诉讼中,事实审判者都会考虑到各种证据要素,每一要素在确定有罪或责任问题上都有其自身的重要性。对每个因素的重要性分配是主观的,取决于事实审判者(无论他们是法官或陪审团)的智力、教育程度和经验。

即使鉴定人员所作出的结论并不是基于计数作出的,但也不会因为缺少计数而降低可靠性。也许,由于对DNA鉴定和指印鉴定的准确性给予了过多的信任,法律界一直没有意识到,他们得出结论的过程原则上与科学家相同。法院自己确定一个人有罪的标准——排除合理怀疑——谨慎地避免了确定性的,甚至任何的怀疑(Huber,1972)。麦克厄尔拉什和比尔曼(McElrath and Bearman,1956)说:"科学家也从不会肯定或毫无疑问地证明一切;他所能希望说得最好的话是,他已经确立了一个排除了合理怀疑的事实。科学和法律界作出结论的区别在于,科学家已经学会了计算怀疑的概率。这是统计数据的贡献"(第589页)。

综上所述:(1)指印鉴定没有得到统计数据支持的最少点数;(2)当被计算的因素在各自的重要性上有所不同时,如果不适当地对它们进行加权,计数就不能作为一种主要的决定方法。

4.2 相关信息

在这个问题上至少有两种观点。一些鉴定人坚持为了确保公正和避免影响，不应了解案件背景信息，因为这些信息有可能暗示一个偏向性的结论或者一个与其他证据相一致的结论。他们认为鉴定人只需要知道哪些笔迹是被质疑的，哪些笔迹是已知的或用作样本的，或者哪些笔迹样本是被质疑的（Stangohr，1984）。

另一些鉴定人认为，由于书写人在写字时会受到许多其他因素的影响，从健康状况衰退、受伤、环境到醉酒，因此需要提供足够多的书写人和书写场合的信息。这样做是为了在必要时对这些条件给予适当的考虑。只有这样，才能从自然或非自然的变化中正确地区分出真正的差异。关节炎对书写动作的影响就是一个很好的例子，在这种情况下，书写人健康状况的信息对鉴定人来说可能是很重要的。

后一种情况也伴随着一定的风险。提供鉴定案件相关信息的人无法避免地在某种程度上存在个人偏见，因此他们所提供的信息很难做到完全公正。在简短或是冗长的谈话中很难排除带有个人偏见的评论。如果这样做是方便的，而且可以保持连续性而不复杂，那么建议可以由一个具有司法鉴定知识的第三人来受理鉴定，随后将接受的所有关于案件的材料移交给鉴定人。鉴定人可以从该第三人那里得到必要且适当的案件信息，以此来过滤掉提交人带有主观偏见的陈述，根据这样的安排，可以避免不正当的影响。

据范德和加纳斯（Found and Ganas，2013）报告称，维多利亚州警察法证服务部的文件检验单位已经实施了修改后的程序，实施相应的管理并基本上过滤了那些与所涉笔迹鉴定工作无关的信息。偏见、案件背景信息及其在司法案件中的潜在影响将在第十章"关于错误的原因"中进行更深入的讨论。

4.3 鉴定过程中的统计推理

从手头的数据（即若干样本）得出对其他数据（即未知检材）的结论是一个统计推理问题。统计推理，也就是统计证据，在某种程度上构成了所有科学调查研究的基础。为了成为一项科学，在做笔迹鉴定时必然有意或无意地去使用统计推论。

当一个人用常识来处理问题时，经常会利用自身的经验与直觉。推理统计学采用类似的过程，用数据代替经验，用公式代替直觉。因此，在实践中，统计方法要求我们以更正式和更严谨的方式，去做那些每天都被非正式地做无数次的事情。

无论是明确的（即确定性）或是限制的（即非确定性），任何鉴定结论都是由统计推理得出的，并且是一种算术值在0到1之间的概率表达式。在概率的词汇中，绝对确定的结论概率值为1.0（Bergamini，1963）。完全不可能发生的事情，也就是说不可能发生的事情，概率值为0。任何其他的结论，包括所笔迹的结论，都是介于两者之间的概率问题。

笔迹鉴定人使用概率进行陈述，通常在鉴定报告中被称为限制性意见，对于这类意见争议已久，但对其合法性尚未有明确的裁定（Hilton，1979；Cole，1980）。然而，限制性意见的支持者们并没有从合法的统计推断来攻击这个问题（Cole，1962，1964；Schmitz，1967；Duke，1980）。另一方面，概率陈述的反对者并没有试图审查鉴定过程背后的原则（Dick，1964；McNally，1978）。

塔罗尼等（Taroni et al.，1998）报道了阿方斯·贝迪永（Alphonse Bertillon，1898）的观点，即只有将统计和相关分析应用于笔迹鉴定，才能证明该领域有存在的价值。这就是50多年后对柯克（Kirk，1953）批评的主要内容。奥斯本（Osborn，1929）基于对纽科姆（Newcomb）概率规则的应用，提出笔迹鉴定的统计基础："所有事件一起发生的概率等于所有单独事件发生的概率的连续乘积"（第226页）。

奥斯本也在试图证明两种笔迹中相似的书写习惯组合的频率，是由每种书写习惯的出现频率比相乘而得到。此外，如果涉及到足够多的书写习惯，在一个给定人群中，这些书写习惯组合出现的频率可能是只有一个人。不幸的是，也许是奥斯本希望简单化，而忽略了将纽科姆概率规则的事件限定为独立事件，而这是该规则有效的唯一条件。

不过，该规则还是被修改来形成鉴定原则，尤其要考虑到适用于文件检验。贝尔（Huber，1959）说："当任何两种物体具有相互关联的相似而独立的特征，其数量和重要性足以排除巧合的可能性，且没有任何无法解释的差异时，可以断定它们在本质上相同或是同源"（第276页）。要使该原理适用于任何必须有一些数据来证明研究对象特征的独立性和重要性。

过去的几年里，在笔迹鉴定中已经有许多关于统计学应用的论文，特别是贝叶斯定理。无论如何，这个话题并不新鲜。在塔罗尼等人（Taroni et al.，）研究中发现了一个关于早期尝试该定理应用于笔迹鉴定的优秀报道，其尝试是最早的案例之一。当存在可疑笔迹的潜在书写人时，贝叶斯定理人或事实审判者考虑到相关的人群，这些人群被环境和其他证据以某种方式所限制。因此，如果有一项发现是不确定的，也就是说，它是一个限制性意见，这些其他的因素有可能提供更多的信息，使得这个限制性的意见更加明确。

（der，1934）是为数不多的，或许也是第一位用贝叶斯理论衍生出笔迹鉴定证据的笔迹鉴定专家之一：

鉴定中我们不必去推动那些测试，直到我们得到一个由统一除以世界人口。显然，分母总是能缩小到那些能够书写的缩小到那些有能力写出相关字迹的人。在特殊情况下，或个人中有一个人书写了这个文件。尽管我们的报告显示

的数学概率只有百分之一，但还是会不可抗拒地得出这样的结论。（第683-684页）

贝叶斯理论曾经遭到拒绝和抵制，现在却在法庭科学中得到强烈拥护。艾特肯（Aitken，1987）提出，贝叶斯方法是评估证据的最佳方法。高德特（Gaudette，1986）在没有确定其贝叶斯基础的情况下，对相关的物理证据进行了评估。古德（Good，1985）是这方面的一位多产的作家，他将贝叶斯理论称为证据的权重。

奥尔福德（Alford，1965）也许不经意间首次在笔迹案例研究中使用贝叶斯定理和似然比。希尔顿（Hilton，1958）和奥利金（Olkin，1958）在美国法庭科学会议上发表论文，解释了似然比统计量是在同一性假设下根据相似点计算的概率与在非同一性假设下根据差异点计算的概率之比。因此，根据希尔顿所说的三个书写特征的联合概率，在五个人中被认定同一的概率将是1/5的三次幂，即1/125。那么，非同一的概率将是4/5的三次幂64/125（大约1/2）。在这种情况下，"同一"与"非同一"之比为1/125除以64/125，等于1/64。它被认为是一种衡量"偶然巧合"可能性的方法。因此，该分数越小，或者分母相对于分子1越大，则巧合的可能性越小，鉴定结论力度更强。

似然比是一种从统计样本中得出计算值的统计方法。在笔迹鉴定中，它是用来确定同一性的概率和非同一性的概率是否显著不同的手段。在其他语境中，经常使用"优势"这个词。为了获得优势，将似然比（在前面的示例中确定为1/64）倒置，并说有利于鉴定该对象的优势比是64∶1（Evett，1983）。注意，是似然比被倒置来形成优势，而不是许多相似点的联合概率，在本例中联合概率为1/125。

另一些人则写了关于考虑有关人群的问题，以加强笔迹鉴定的结果。金士顿（Kingston，1989）的观点是，其他证据可能证明的笔迹证据的转换，应由法官或陪审团来完成，而非笔迹鉴定人来进行。但是，随之又有一个问题来了，谁将最能胜任这个任务：是法官、陪审团还是笔迹鉴定人？

统计推理仍然是一个有待研究的领域，并在最近的研究中得到了进一步的说明。具体来说，马奎斯等人（Marquis et al.，2011）应用多元似然比来评估手写字迹的形状，并研究了评估笔迹特征的贝叶斯因子。戴维斯等人（Davis et al.，2012）研究二次采样来评估笔迹证据的强度。赫普勒等人（Hepler et al.，2012），塔罗尼等人（Taroni et al.，2012；2014）以及唐和斯里哈里（Tang and Srihari，2014）发表了将似然比应用于笔迹证据的文章。

毋庸置疑，在笔迹鉴定中建立统计概率的问题在于缺乏有意义的笔迹特征区间或比率度量。显然，我们可以建立角度、基线和比例的参数度量，但是这些数据通常哪怕是由同一人写出来也会发生变化。此外，并非每个鉴定人都会同意笔迹特征上相似点和不同点的权重。一个鉴定人认为的根本性差异有可能会被另一个鉴定人解释为笔迹的自然变化或是偶然的书写动作。在笔迹鉴定中统计概率的一种更合理的方法，或许是使用标称和顺序水平测量的非参数过程。就像似然比和贝叶斯理论一样，非参数（卡方分布）会考虑笔迹某些特征的缺失或存在（标称）以及从高到低的度量范围（顺序）。如NIST（美国国家标准与技术研究院－美国商务部）内部的许多司法鉴定委员会目前正在研究统计概率和笔迹鉴定的效用。

在指纹识别中使用计算机算法进行模式识别，例如IAFIS（集成自动指纹识别系统），面部识别和笔迹字母表单（CedarFox），已被证明可以成功地从数据库比较中缩小样本范围。但是这仅仅是在数据库范围内所能做到的，并且有可能没有把摹仿笔迹和伪装笔迹纳入考虑范围内。此外，科学研究发现，通过处理微小视觉结构的能力，人类在图案识别方面优于机器（Vida et al., 2016）。

4.4 鉴定的逻辑和推理

用于笔迹鉴定的论证是一种归纳论证。如果可以将任何论证表述为"它可能……"，则该论证是归纳论证。此类论证只是声称，鉴于作为证据提出的事实，其结论是合理可信的。演绎推理是用于识别有效逻辑形式的，而归纳是权衡证据的。尽管归纳推理与演绎推理不同，不能简化为精确的规则，但必须牢记某些重要的通用原则。

归纳和演绎都是一种推理方法，但两者截然不同。演绎结论必然会从原因中得出，而归纳性结论要么是概括，要么是假设。首先，假设一组测试者品尝了12个佛罗里达橙子，每个橙子都是甜的。根据这一信息，可以得出结论，所有佛罗里达的橙子都是甜的。这个结论超出了所给出的原因。虽然有12个橙子作为证据，但结论比证据更具有普遍性。这就是一种概括。

第二种归纳论证引出一个假设。这是科学研究的特征。它不是关于群体的陈述，而是关于个人、事件或事态的陈述。一个名叫"A"的男人谋杀了"B"小姐，然后开枪自杀；或者"X"写了匿名信"Q"。这些都是从证据中归纳出来的结论。这些说法的真实性不是通过直接观察就能确定的。这些是一种假设。在这种归纳论证中，有三个要素：

1. 作为论证数据的一些事实（例如，"X"表现出特定的书写习惯。"X"的书写习惯与"Q"的笔迹特征有相似之处。这两者没有明显的区别）。
2. 一个假设："X"写了匿名信"Q"。
3. 某些概括将假设与事实联系起来：
   a. 每个人的笔迹都是独一无二的。
   b. 书写是习惯性动作，因此，每次书写都是一致的。
   c. 媒介和时间上的差异不会显著改变书写习惯从而导致无法鉴定。

d. 不同书写人笔迹之间的差异，只要给与足够的笔迹样本，鉴定人就能从中区分出大多数人的笔迹。
　　e. 充分数量的事实（相似点）结合起来，证实该假设是可接受的。
　　如同任何假设一样，该假设的说服力来自其所能解释事实的能力。这就是为什么在得出鉴定结论之前，必须考虑在笔迹比较中观察到的差异的原因。笔迹的基本原则是很明确的。假设这些概括是正确的，每一个可以被该假设解释的已知事实都是证明该假设是正确的证据。尽管有些事实是可能由假设来解释并因此构成了证据，但是当涉及到是否应该相信归纳结论时，问题变得更加复杂。
　　首先，任何特定的事实（例如，在一个被质疑的笔迹和已知的笔迹中，有一个相似的鉴别要素）都可能是由许多可能的概括组成的实例。例如：
　　1. 为了易读性，任何笔迹在某些方面都会与他人类似。
　　2. 同一位老师教授的学生，他们的笔迹可能类似。
　　3. 所有被教授的书写系统都是相似的。
　　如前所述，一个假设通过已知的概括相联系来解释事实。这就是律师们处理案件的方式。这是一种科学理论成长并被接受的方式。但是，无论一个假设多么能有说服力，总有可能出现新的发现会削弱或摧毁它。因此，假设总是带有暂时性的意味。这个假设可以让人接受并付之于行动，除非一个更好的假设出现（Beardsley，1954）。
　　当有十分强有力的证据来证明这个假设（例如"X"写了匿名信"Q"），以至于鉴定人不再担心（或不再希望）任何更进一步的证据会与之不相容，那就是说该假设已被证明了。当然，实际上的问题是，鉴定人对证明要到达什么样的程度才能确定该假设是合理的？在笔迹鉴定中，就是存在这样一个问题：需要多少或什么样的相似点来证明这个假设？
　　由于许多原因，无法给出简单而普遍适用的答案。不过，有一个关键原则能用来粗略估计一个假设的可靠性。通常，一个或一组事实都能被一个以上的假设所解释。例如，笔迹鉴定过程中，事实可以由以下任意一种假设来解释：
　　1. "X"写了匿名信"Q"。
　　2. "X"和"Y"的书写方法是由同一个老师教的，"Y"掌握了与"X"相同的书写技能，在写匿名信"Q"时，他们在相同地方，但是"Y"实际上写了匿名信"Q"。
　　当一种假设被认为是真实的时候，它就比可能解释相同事实的另一种假设更能令人信服。很少会有只有一种假设的情况发生。为了合理性，必须从一系列的假设中选出最好的那一个。这就是问题根源所在。人们如何确定什么时候一个假设比另一个假设更合理？又是什么使得这个假设更合理呢？
　　在比较不同的假设以决定哪个更有说服力时，应该始终考虑一个特征。那就是假设的简单性。在其他条件相同下（涵盖许多精细考量的限定条件），两个备选假设中较简单的一个更可取。

显然，在上述情况下，假设2需要假设的事件链比假设1中更长。因此，假设1就更简单了。既然两者都可以解释相同的事实，那么相信假设1比相信假设2更合理。这并不是要肯定地说假设1是真实的，而是对已知事实的一种解释，1比2更好，因此，1比2更可取。简单性原则重要的和有益的考虑，它能够避免不必要的复杂性的谬论（Beardsley，1954）。

4.5 鉴定程序及其培训

在鉴定过程中，分析和评估是使正式培训成为必要过程的两个方面，鉴定人必须由称职的教师去教导，并同时需要在案件实践中累积经验。鉴定人必须了解要在笔迹中寻找什么以及如何去评价他们的重要性。对于那些立志成为文件检验人员或笔迹专家的人来说，认识到以下的事实更为重要：由于分析和评估会因所审查的具体案件材料而各有差异，因此鉴定过程的这些方面都不可能完全从书本上学到。特别是评估，这必须通过培训和积累经验来学习。目前尚未积累足够的经验数据来计算出特定书写习惯的发生概率。特征的重要性必须根据鉴定人或他们导师的经验来判断。因此，判断一个笔迹特征的重要性的能力是自学的学生们很难发展的能力之一。

训练有素的人会进行更彻底、更有效的分析，寻求更可信的证据，忽略琐碎的信息，发掘外行人不知道的东西。在比较中，经验和熟悉程度使人们能够做出更加精细和精确的区分。但是，在评估领域中，知识、培训、经验和技能可能做出了最大的贡献。分析所发现的和比较所揭示的，只有进行适当的评价才有用。

一旦理解和认识到这种鉴定过程，在鉴定不属于个人正常范围内的事项上可能会取得进展。例如涉及中文或因纽特人笔迹的鉴定问题时，可以被不懂这些语言的人巧妙地解决。打印机有可能被从未在打印机工厂里工作过的人鉴别出来。印刷方法可以由从未从事过印刷工作的人来区分。伪造的货币也能被从未制造过货币的鉴定人所鉴识。

4.6 笔迹专业的批评

文件鉴定人、笔迹鉴定人或者笔迹专家这类职业在北美已经存在一个多世纪了，在欧洲存在的时间无疑更久。其从业者和他们的工作已经被认为是可靠的，多年来他们的研究结果被司法机关、法院甚至外行人员认为是可信的，尽管与许多发展中的职业一样，其中也有一些人的服务并不是最高水准的。刑事诉讼和民事诉讼中对这些鉴定服务与日俱增的需求、看似合理的报酬和标准的缺失,使得许多不太合格的人加入到鉴定行业中来,这无疑会引发一些错误。

随着时间的推移和专业的发展,更好的培训方法、更广泛的咨询和讨论以及基于经验的知识共享,提高了方法的一致性和结果的可靠性。然而,直到最近,才倾向于用学徒制的培养方法训练笔迹鉴定新手。

因此,应该提出的问题是,是否存在任何经验数据来支持笔迹专家拥有笔迹专业技能?好奇这种技能是否是外行人无法获得的?赖辛格等人(Risinger et al.,1989)声称他们进行详尽的文献搜索发现,在1990年之前只有极少的研究测试鉴定人笔迹鉴定的可靠性。

对赖辛格(Risinger et al.,1989)、赖辛格和萨克斯(Risinger and Saks,1996)、萨克斯和范德哈尔(Saks and VanderHaar,2005)、赖辛格(Risinger,2007)和美国国家科学院(NAS,2009)等关于鉴定人笔迹鉴定可靠性的批评,研究人员和笔迹鉴定人作出了回应。金等人(Kam et al.,1994)在一项小样本研究中(7个来自FBI实验室的专家和十名非专业人士)驳斥了赖辛格(Risinger et al.,1989)提出的零假设,即在笔迹鉴定中,专业的鉴定人和外行人之间没有区别。凯耶(Kaye,1994)评论了这项研究的不足之处,以及从有限样本提供的信息中归纳出结论是很困难的。

然而,也已有可靠且被采纳的证据反驳了赖辛格等人的研究。在同行评审期刊上发表的研究证明了笔迹鉴定人能够区分真实笔迹和摹仿笔迹并匹配样本笔迹的能力(Kam et al.,1994;1997;Found et al.,1999;2001b;Kam et al.,2001;2002;Found and Rogers,2003;Kam and Lin,2003)。根据已发表的研究所得出的错误率,笔迹鉴定人的判断错误率在0.04%至9.3%的范围内。一些研究报告称笔迹鉴定人在进行笔迹鉴定方面比非专业人士表现出更高的职业素养(非专业人员的错误率在26.1%至42.86%之间)。

迄今为止发表的研究已经证明了笔迹鉴定人在包括笔迹和签名在内的任务中是可靠的,包括专业书法家书写的摹仿笔迹(Dewhurst et al.,2008)。罗杰斯(Rogers,2008),穆萨·阿尔卡塔尼等人(Al-Musa Alkahtani et al.,2010)和伯德等人(Bird et al.,2010a;2010b;2011;2012)研究了评估伪装和摹仿签名或笔迹的熟练程度。在为期五年的盲测实验中对笔迹鉴定人的鉴定意见进行了评估(Found and Rogers,2008)。杜赫斯特等人(Dewhurst et al.,2014)研究了在参加实验时,动机对非专业人员行为的影响。该领域的研究能帮助定位那些可以通过培训和测试来纠正的问题,但是也提醒实验者该领域的局限性。这些研究有助于去确定什么时候应谨慎地表达笔迹鉴定意见。对于可疑笔迹鉴定需要更多的研究,并且这正在进行中。除非对特殊事物进行专门的研究并且专家们接受了各种困难或特殊任务的熟练程度测试,否则锦湖轮胎(the Kumho Tire)裁决建议谨慎接受专家的意见,即根据对"手头任务"的审查谨慎接受(Risinger,2000)。

可能有些鉴定人认为，在这种研究中，笔迹鉴定人必须取得接近完美水平的结果，而外行人应该只能碰运气。这可能解释了为什么有些人不愿参加此类研究，毕竟这面临着对他们的能力和/或整个学科反思的风险。然而，一项正在进行的研究，旨在证实或反驳赖辛格等人的质疑，只需要揭示专业人士和外行人的分数之间存在统计上的显著差异，就可以证明鉴定专业确实具有科学性和可靠性。

第五章

笔迹鉴定的基础

5.1 笔迹鉴定的基本过程

笔迹鉴定基于两个公认的前提或原则和其中的一个推论。第一个公认的前提或原则是习惯化。千百年前，孔子曾说过"性相近也，习相远也"的哲学观点。人是习惯性的生物，而笔迹就是我们书写习惯的集合。根据行为过程屈从于思想过程的程度，至少分为字母、单词、短语三个层次的书写习惯。

书写习惯既不是天生的，也不是遗传的，而是一个逐渐发展起来的复杂过程。用手甚至是用脚、用嘴写字或者用键盘打字，是一种神经肌肉行为，是作为一种后天的感知运动技能发展起来的。随着不断深入地学习，它涉及一系列更高层次的整合。

事实上，在每一种语言中，通常都有一些频繁出现的短语，它们只有语法意义，并不传达实质性的含义。在英文中，这些词包括：

1. 冠词："a""an""the"
2. 连词："and""but""for""or"
3. 从属连词："if""that""as""than""when""where"
4. 介词："at""by""in""for""from""off""to""of""on""after""before""over""until""with"
5. 人称代词："I""you""he""she""it""they""we""them"
6. 指示代词："this""that""these""those"
7. 关系代词："who""which""what""that"
8. 疑问代词："who""which""what"
9. 不定词："one""none""some""any""each""both"

由于它们出现的频率较低、词汇短促且微不足道，因而它们比其他词汇更大程度上能体现出书写人无意识的特性或个性。根据这一点，有人声称，就一般书写人书写时的书写过程而言，这些文字并不是通常意义上的词，而是一种符号。它们不是写在纸上的一系列连续字母，而是以单一的单位出现（Quirke，1930）。

在笔迹比较检验中，字母、字母组合、单词或短语的组合必须根据它们构成习惯总和的程度来考虑。这是协同作用的一个经典例子，整体不只是各个部分的总和。因此，相邻字母对彼此的影响，将根据这些字母在单词或短语中所起的作用而有所不同，这些单词或短语已成为写作习惯的固定搭配组合，而不是单独的字母。笔迹形态和运笔动作的变化可能与这个因素有关。

沿着这个思路，两项研究报道了61名右利手受试者的笔迹，试图测量所谓的关联指数（Association Index），以描述不同笔迹特征之间的关联程度（Eldridge et al., 1984; 1985）。在这项研究中，他们发现字母或部分文字在书写设计上具有共同的元素，并主张对它们进行整体评估，或对所有字母进行全局评估，而不是作为笔迹鉴定和研究中的独立因素。

笔迹的第二个前提或原则涉及到笔迹的个性或特异性。即笔迹鉴定的前提是建立在每个人的笔迹都是独一无二的这一信念之上的。不言自明，只要判断的尺度是在足够精确的水平上进行，自然界中任何两个事物都可以被区分。然而，虽然可能没有"真实身份"这种东西，但对笔迹鉴定人来说，真正的问题是，在笔迹鉴定中，鉴定人的判断及他或她所使用的仪器是否足够精确，从而做出必要的区分。仅仅因为一些笔迹之间存在明显的差异特征，就认为不同人的两份笔迹不可能碰巧相似，而被错误地判断为同一人所写的笔迹，这是不够的，也谈不上科学（Huber，1982）。

哈里斯（Harris，1958）的一份报告中强调了这一点，他在同名的签名或笔迹中发现了不同人书写的笔迹具有相似性，尤其是那些六个字母或更少字母的签名或笔迹。他的研究还揭示，在不同书写人之间，一些字母的字形和字体上的变化很小，而另一些更奇特的字母，它们的字形可能会变得更流行，而且出现的频率比人们预期的要高。哈里斯（Harris，1980）描述了青少年中流行的圆体、泡沫体，他们笔迹的书写风格相似性是一种巧合。

芒奇（Münch，1987）报道了一对母女间笔迹具有相似性，她们的笔迹特征差异是微乎其微的，很可能因为草率的比较或在鉴定材料有限的情况下掩人耳目。斯里哈里等（Srihari et al., 2008）对双胞胎的笔迹进行的一项研究发现，双胞胎的笔迹之间是可以区分的，但在区分双胞胎和非双胞胎之间的笔迹时，笔迹鉴定人和笔迹鉴定自动化系统均存在较高的错误率。

这些研究并没有质疑这样一种假设，即笔迹是独一无二的，不同个体的笔迹可以彼此区分。他们只是简单地指出在时间或样本材料的限制条件下所可能出现的风险。区分笔迹虽然是成功的，然而，由于其表现出的风险，他们主张谨慎行事。与此同时，不应让这些案件只停留在记录上，而不对可能遇到这种案件的频率作一些说明。虽然从经验上来看，这些案件是罕见的，但我们并未有确切的证据来证明其究竟有多罕见。

希尔顿（Hilton，1963）指出，个体特异性原则"适用于一个人的所有笔迹"，不能通过小样本来证明（第110页）。不太确定的是，在这一点上，要想概括出"一个人的所有笔迹特征"所需要的样本量，是比较主观的。

人们在笔迹行为方面的个体特异性可能永远不会被经验证明，但在某种程度上，必须被假设并被接受，就像指纹一样。从全世界人口中获取笔迹或指纹的样本是不现实的。然而，指纹确实有一个分类系统，使迄今为止记录的数百万指纹来研究人群中指纹特征的重复性，而且指纹数据每天都在增长。如果需要，可以将其列在表格中，其发生频率以及可能与人群中重复出现相关的其他信息也很容易地汇编起来。有了这些信息和数据，就可以计算出重复的质量或重复对程序可靠性的影响。

联邦调查局和美国特勤局（NIST 2013）维护一个自动化系统，以协助笔迹相关的调查活动。联邦调查局开发了 BRNF（bank robbery note file，银行抢劫票据档案）。该数据库是即付票据和银行抢劫票据的数字集合，在该数据库中可以检索某些笔迹特征（如带下划线单词、格式、表格、标点符号、拼写、布局、变形、重写）。然而这个数据库并不是作为一个综合的笔迹鉴定系统而设计的。联邦调查局还维护了一个匿名信件的数字数据库，但该系统搜索的是文件的文本，而不是笔迹特征。联邦调查局将 FLASH-ID（forensic language-independent automated system for handwriting identification，语言无关的司法笔迹自动化识别系统）进行生物特征笔迹识别。美国特勤局使用一种叫做 FISH（forensic information system for handwriting，司法笔迹信息系统）的自动化笔迹系统。该数据库中包含数以千计的恐吓信和信件样本，其设计目的是通过计算机扫描、数字化、测量、存储和比较可疑笔迹和已知笔迹样本，使笔迹鉴定过程自动化。这些数据库系统包含了数以千计的样本，可用于统计分析。

适当、科学地研究那些遗传或外部影响在一定程度上受到控制的笔迹，可以在一定程度上支持笔迹的个性和人类有能力感知笔迹的主张。波霍尔和东克尔（Pophal and Dunker，1960）通过使用慢动作摄影证明了在书写过程中手在空中的运动具有高度个人主义的特征。宁立达（Norinder，1946）和塔尔梅奇（Talmadge，1958）对双胞胎笔迹特征表现差异的研究表明，字迹的倾斜度、小写字母高度、正文字行上方的高度和规律性在任何显著程度上都不是由基因决定的。

加拿大的迪翁（Dionne）五胞胎提供了证据，表明笔迹的鉴别要素（特征）并不是由基因决定的。作为已知的第一批幸存的五胞胎之一，政府在他们出生后几小时就承担起了照顾他们的责任。在这种情况下，实际上所有影响其书写习惯发展的可控变量都被控制了。他们经常共享同一个安排好的环境，并且受到的限制如此有限，因为他们离开自己的兄弟姐妹和父母将近9年。他们有着相同的经历，他们一起吃饭、睡觉、旅行，拥有同样的老师、护士、食物、厨师，穿同样的衣服，而且，直到18岁，他们不允许在任何一段时间内彼此单独隔离。在五胞胎的成长过程中，留下了许多笔迹样本，虽然这些样本不能完全代表他们成年后的情况，但它们确实体现出这个时期笔迹的个性。唯一合理的预期是，随着时间的推移，这种差距变得更大，而不是更小。

对双胞胎的笔迹研究表明，笔迹鉴定人在处理案件时更需要谨慎，因为双胞胎笔迹意外匹配比非双胞胎笔迹意外匹配所致的错误率略高（Srihari et al.

2008）。非统计学研究发现，一些双胞胎的笔迹全局特征具有显著相似性，但仍可通过观察笔迹的细节特征而不是全局特征来分析（Beacom，1960；Gamble，1980；Boot，1998）。

尽管上述研究可能证明了笔迹并不由遗传基因决定，或者完全依赖于环境的影响，但是在一个特定的人群中，并不能确保任何一组笔迹特征都能够将一个人与其他人区分开来。谨慎起见，笔迹鉴定人应该对这些潜在的限制保持警惕，并在法庭审查时承认这些限制。例如，是否有另一个人，他书写的可疑笔迹与被研究的笔迹如此相似，以至于在样本数量不足而无法进行可靠的区分？特威贝尔和齐恩特克（Twibell and Zientek，1995）研究了130名受试者的三个"John P. Smith"签名，进一步回答了这个问题。只有两个人的签名笔迹看起来很相似，但经过仔细的检验也能加以区分。无论该研究是否对总体上人们笔迹的个体特异性这个更大的问题作出了重大的贡献，它确实支持哈里斯（Harris，1958）的警告，即在审查那些没有什么特别有差异的特征、数量有限的鉴定材料时必须要小心谨慎。

韦尔奇（Welch，1996）在他对英国的四个案例的研究中，为笔迹的个性提供了他认为具说服力的证据。在第一个案例中，哈维和米切尔（Harvey and Mitchell，1973）报告说，将一张可疑支票上的笔迹与1 046个笔迹样本进行比对，通过6个笔迹特征找到了书写可疑支票的嫌疑人，更完整地检验证实了该嫌疑人是该支票的书写人。在第二个案例中，巴克森代尔和伦肖（Baxendale and Renshaw，1979）报告说，在一个寻找可疑文件潜在书写人的案例中，基于几个单一的笔迹特征，60万份笔迹样本的范围被缩减到4 900份，以供进一步研究。虽然其中一些引起了足够的怀疑，以确保获得额外的样本，但最终均被排除。警方经过进一步调查，最终在异地找到了这份可疑文件的书写人。

在更早的案例中，再次根据对6个笔迹特征的初步研究，筛选出了10万个笔迹样本，其中一些是重复的，以努力识别一个特定的书写人。正如前面提到的案例中，在进行全面的比较检验后，没有一个人与可疑笔迹有关。

在韦尔奇（Welch，1996）描述的第四个案例中，通过可疑文件中的5个笔迹特征进行筛选10 000个人的笔迹样本，任何与可疑笔迹有3个及以上相似点的样本将筛选出来进行进一步检验。当筛选出该可疑文件的潜在书写人笔迹时，已经筛选了1 300多份样本材料。通过对笔迹全面检验，嫌疑人承认了罪行并在审判中的认罪，从而证实了书写人的身份。

Shiver（1996）引用了一个涉及在美国两个军事基地进行13次伪造支票的案件。可疑支票中的信息显示，罪犯与一个大约1 000人的特定军事单位有关。对该单位所有人员的邮政定位卡进行了检验。从3个在字母和数字笔迹上与可疑支票有相似之处的笔迹样本中，筛选出了一个人，并要求他提供更多的笔迹样本，进而得出了确定的鉴定结论。这一鉴定结论得到了涉案士兵的承认而被证实。

这个案例也被作为论据来证明笔迹是独一无二的这一论点。否则，像这样正确地区分是不可能的。这些案例中的任何一个或全部案例都证明了笔迹的独特性，这一论点的有效性很难判断。虽然认定和排除是通过全面检验确定的，但尚不清楚辨别因素涉及哪些，有多少？也不清楚是否会在所有情况下都将使用同一组因素。

推论——识别过程的鉴别可靠性——与从不同人的笔迹样本中做出判断的准确性有关，包括那些通过无论是采用何种摹仿过程的摹仿笔迹。从某种意义上说，这是遵循个体笔迹独特性原则的必然结果。然而，这种用于区分任何两个书写人的技术可能存在局限性。这可以以询问的形式表示：既然不同人书写的任何两份笔迹都不相同，那么在鉴定过程中所考虑的笔迹要素是否足以作为离散变量的可靠依据呢？

上述案例表明，对大量的笔迹进行了成功的分类和研究，以寻找特定可疑笔迹的书写人。这些经典的、历史性的案例，证明了检验过程的能力，以及检验人员使用它来正确区分大量笔迹的能力。统计研究（例如Srihari et al., 2002，2008）进一步支持了这一过程，这些研究使用自动化系统来确定笔迹的个性。

胡贝尔和黑德里克提出了一份包含21个笔迹要素的汇编，这些要素可能与笔迹检验过程有关（第六章），他们认为，笔迹的这些方面有助于区分特定人群中任意两个人的笔迹以及区分任何一个人笔迹的真伪。辨别过程的准确性在很大程度上取决于笔迹的特异性。如果该过程在所有情况下未能区分书写人，那么可能需要对这21个要素进行一些修订，或提升鉴定人的能力和改进设备。

由胡贝尔和黑德里克撰写并于1999年首次出版的21个笔迹元素汇编，是基于他们多年来收集的信封手写地址，这些地址大约是由1 000个不同人所写的基本相同的文字材料。经过适当的考虑，这些笔迹样本材料大概有2 000份或更多，为以下两个假设提供了相应的实证支持：（1）每个人的笔迹都是独一无二的，因此可以区分不同的书写人；（2）称职的鉴定人采用21点标准（或更高的标准），有足够的能力以可接受的低错误水平来区分书写人——从而接受了这两种假设。

哈里斯（Harris，1958）的研究在签名中使用了特定的姓氏——史密斯（Smith），肖（Shaw），哈里斯（Harris），迪布达尔（Dybdahl）和戴伊（Dye），样本笔迹取自洛杉矶选民登记局，说明了书写人在某些笔迹特征中可以发现具有欺骗性的相似点。这项研究的目的是提醒鉴定人不要高估某一特征的重要性，这些特征导致了不同人笔迹形象上具有相似性，特别是在研究短名字和单个例子的时候。正如哈里斯所指出的，大多数签名笔迹在不易察觉的细节特征上显示出差异，但在一些更引人注目的特征上可能会显示出相似之处。

另一方面，哈里斯（Harris，1958）报道了他在同名的签名笔迹中发现了相似性，尤其是6个字母或以下的签名更为显著。他的研究还揭示了一些字母在形状和设计上的变化很小，而另一些有点奇特的字母字形可能会变得流行，而且出现的频率比人们预期的要高。因此，如果要得到有效的鉴定结论，笔迹鉴定过程的辨别能力必须考虑到参与研究的笔迹类型和数量。西塔等人（Sita et al., 2002）对复杂性理论的研究进一步说明了这一点，该研究发现，当签名复杂性有限时，错误会增加。斯莱特（Slyter, 1995）开发了用于签名鉴定的"比较要素"模型，用于评估可疑笔迹和比对样本可用的质量和数量。

然而不幸的是，哈里斯（Harris, 1958）声称，大量的签名笔迹缺乏个性，看起来十分接近所以没有拍照固定的必要，这被批评为暗示大量人口之间的相似之处不值得笔迹鉴定人认真考虑（US v. Starzecpyzel, 1995）。哈里斯关于书写相似性价值的评论，仅作为论文的实质立场进行了补充说明。其强调了一个事实，即不是按习惯方式书写的签名，而是由某些字母组成的短名字，所提供的鉴别书写人的证据是有限的。

事实上，在某些情况下，一些少量的字迹可能看起来很相似，这不足为奇。由于笔迹是一种需要阅读的交流形式，所以笔迹必须在一定程度上符合可识别的尺寸和设计标准。这些标准由字帖或书写手册提供。虽然个性化改变了这些固定标准的风格，但如果笔迹是可理解的，这种改变是有限度的。此外，笔迹仍然受到一些社会因素的影响，这些因素将书法（在质量和一致性方面）作为理想的形式。因此，许多人的笔迹中的一小部分几乎不能提供多少用于区别的证据。这主要是因为任何笔迹的自然变化都与离散变量的优点背道而驰。

的确，对于一份笔迹的检验，由于包含的习惯在数量和性质上的差别较小，因此可能会对它们的重要性产生误导，这就是为什么要咨询那些训练有素、有能力和有经验的鉴定人的原因。鉴定人建议法院根据仔细的方法学分析所观察到的相似或不同中得出结论的权重，这些分析考虑到局限性、可能替代命题以及导致笔迹变化或扭曲的变量。哈里斯（Harris, 1958）所阐述的只是一种情况，在这种情况下，仅仅是由一名合格的笔迹鉴定人进行专业评估是至关重要的，而法院或陪审团不太可能做出判断。

必须再次强调前面提到的论点是有益的，即笔迹鉴定的所有结论，实际上在法庭科学的所有分支中，都是概率问题。即使得出了明确的鉴定结论，所有的鉴定意见都有出错的风险。鉴定过程的目的是尽可能将该风险降到最低和/或将其降低到不用考虑的水平。那么，在每个被鉴定和研究的案例中都会存在一个问题，即鉴定人所处理的是否为两个或两个以上非常相似的笔迹呢？

只要鉴定人充分考虑到科学的局限性，经验、案例历史和研究都已经证明，只要提供足够的样本，仔细地研究和适当地检验，笔迹独特性的原则是可以实现的。

5.2 笔迹鉴定与相关学科的区别

由于可疑文件检验是法庭科学大家庭的一员，每天会在调查现场遇到它，因此有人期望通过文件检验，尤其是笔迹鉴定，能与其他分支，例如 DNA、毒理学、工具/枪弹鉴定或是潜在痕迹一样，它的发现是精确和明确的。或许因为其重点在于笔迹，所以许多人认为笔迹鉴定与笔相学之间有相当大的一致性。为了理解其差异，我们回顾笔迹鉴定的定义，以便与其他相关学科进行比较。

书写是一项后天习得的技能，并且显然这是一项复杂的感知运动，有时也被认为是神经肌肉运动。但是书写不仅仅是一项技能。它是一种习惯性的行为或表现，也是人类所执行的最复杂的神经运动技能之一。笔迹鉴定是源于对行为习惯的研究。

从历史上看，笔迹鉴定一直采用特定的方法来分析笔迹证据（例如 ACE-V），检验人员努力根据科学方法应用适当的科学和逻辑原理。它以笔迹的异质性为前提。该方法考虑了一个笔迹自然变化的范围，这个范围是个人特有的，该范围随着书写技能水平的提高而缩小。解决身份认定问题的基础是：是否存在重大且独立相似点的组合，以及是否存在一些无法解释的差异。

笔迹检验作为物证，它的重点是有人有意识和故意的问题。在这一点上，它与其他两个法庭科学学科没有什么区别，即语音鉴定和语言学。尽管在解剖学涉及的部分存在显著差异，但这三种学科都属于与意识相关的，至少与意识中的可控部分相关。毫无疑问，笔迹鉴定人经常收到与语言学有关的鉴定分析请求。

其他法庭科学检验的材料，例如火灾和爆炸残留物、血液、尿液、玻璃、头发或油漆，都是无生命的，或者是一个有生命体或人的无意识的问题。从法庭科学分析的角度来看，生命体和无生命体在产物或所需解决的问题上的主要区别在于身体是否可以对其进行主观的控制。有生命的人能自主控制诸如交流、声音或语法等问题，但不能控制血液、尿液或头发的化学成分。毫无疑问，尸体是不能自主控制的。

在像物理学、化学和生物化学等其他法庭科学领域中，由于其无生命的性质，所寻求的证据被认为在很大程度上是不变的。一旦证据被发现，由于其稳定性，它会在过去和将来的一段很长的时间内都是一样的，时间有可能长达数月甚至数年之久。如果找到足够的检材数量，即使经过很长时间，也可以用今天已知标准样本来进行鉴定。然而，这只有在某些条件得到控制的情况下才成立，这些条件通常可以做到，特别是纯度、温度和环境。影响笔迹的变量不可能都是被轻易控制的。而笔迹书写的时间本身就是个变量。因此，笔迹鉴定的已知样本往往需要与时俱进。

此外，其他科学研究的发现也有一个底线，低于这个底线的结果是不确定的，也就是说，一个过程中的某些步骤必须完成。由于所提交材料的数量和质量不同，笔迹鉴定的结果可能会有很大的差异。

任何两种笔迹困境的现象都从来不完全相同。因此，可用于解决笔迹鉴定问题的证据在数量和质量上都各不相同。这些分析的实质很少是一致的。其他法庭科学分析的本质堪称"显著的一致性"。因此，笔迹鉴定与其他法庭科学学科有着很大不同。

　　笔迹鉴定与笔相学主要的不同之处在于，笔迹鉴定是一个可疑笔迹与一组比对样本间比较的过程。在美国，笔相学被理解为是用于对人格或行为进行评估为目的而研究笔迹的学科。例如，司法文件检验人员会将匿名笔记上的笔迹与嫌疑人的笔迹样本进行比较，以确定书写人的身份，而笔相学专家则会在不与嫌疑犯的笔迹样本进行比较的情况下，检查匿名笔迹以确定书写人的行为。笔迹鉴定通常需要大量足够的笔迹样本来进行比较，给出鉴定意见。笔相学专家可能会以有限的样本，有时以单个笔迹样本进行工作。

　　有人认为，笔相学的知识对于笔迹鉴定是有帮助的，因为尽管研究目的不同，但这两个领域都在研究相同的笔迹要素。笔相学专家的目的是从人的个性和行为方面来解释从笔迹中观察到的东西。笔迹检验人员的目标是评估从笔迹中观察到的关于书写人身份的证据。解释与评估这两个任务基于不同的前提，并且有不同的要求。甚至对被研究的笔迹要素的处理方式也是不同的。笔相学倾向于把所有笔迹元素视为笔迹的独立方面。笔迹检验寻找相互依赖的迹象，通常将其称为"阶层特征"或简称为"一致性"这有可能会改变对笔迹的评估。

　　尽管这两个学科最初都是通过详细检验笔迹特征开始进行分析的，但两个学科在信息或笔迹数据的解释方式上有很大的不同：一个用于鉴定，另一个用于行为评估。因此，这两个专业领域需要接受不同的培训，并且这两个领域应具有不同的职业标准和伦理，这主要是因为笔迹信息解释与结论所致。由于这两个专业间的要求和目的不同，通常，由同一个鉴定人在同一个案例或是同一组手写样本上提供笔迹鉴定和笔相学分析是不合理、有偏见的。

　　在欧洲的某些地方和世界其他一些地方，笔相学这一词的定义更直接地起源于希腊语（书写研究），可以指代笔迹检验人员。在追溯欧洲笔相学的起源时，只要社会普及写字后，人们就可能对笔迹的书写人感兴趣。1622年，一位意大利学者兼医生卡米洛·巴尔迪（Camilo Baldi）出版了《从信件中识别书写人性格和品质方法的论著》(*Treatise on a Method to Recognize the Nature and Quality of a Writer*) 一书，该书被认为是最早公开发表对这一主题学术兴趣的著作之一（Crumbaugh，1986）。据报道，苏黎世大学的约翰·卡斯帕·拉瓦特（Johann Caspar Lavater）于18世纪晚期就类似的主题撰写并出版了书籍（Spoerhase，2014），但直到1872年法国阿贝·让·西波里特·米孔（Abbe Jean Hippolyte Michon）的著作《实用笔相学系统》(*The Practical System of Graphology*) 出版时，才为笔相学建立了通用术语。

　　米孔（Michon）的学生克雷·皮奥·贾明（Crépieux-Jamin，1889；1892；1933）由于对法国心理学家阿尔弗雷德·比奈（Alfred Binet）的兴趣，他是第一批智力测验的发起者，他将米孔的笔迹分析研究作为一种测试人格的技术。从那时起，许多国家的作家都对此表达了兴趣，以至于现在图书馆提供了种类繁多、质量也各不相同的笔相学书籍。尽管涉及范围很广，但这些书通常代表了三个主要笔迹学派的变体：特质学派、格式塔学派（完形学派）和笔相分析系统派。

米孔是特质学派的早期支持者，该学派声称图形符号（例如，某一个笔画的长度、宽度或倾斜程度）反映特定的个人特征。后来在克拉格斯（Klages，1910）的影响下，在德国发展起来的格式塔学派主张：笔相学的解释必须基于对笔迹整体的考察而不是个别的结构。克拉格斯解决的是"表达性动作"而不是特定的笔相学元素。格式塔学派在依赖笔相学专家的判断和直觉方面明显偏离了特质学派。继克拉格斯之后，还有其他作者，例如伯纳德·维特利奇（Bernard Wittlich）博士和克拉拉·罗曼（Klara Roman）博士，试图将个人的笔迹特征融入到书写人的格式塔图中（Klimoski and Rafaeli，1983）。在1959年，邦克（Bunker）出版了一本关于笔相分析的书，是法国特质学派典型的"一对一"符号笔相学和德国的广义直觉的格式塔笔相学派之间的折中。

笔相学提供了多种应用，包括行为分析、人员选择和能力评估。但是，不应将其与司法笔迹鉴定的实践相混淆，后者是根据笔迹而不是人格或行为来确定书写人身份的。

因此，笔迹鉴定不同于其他看似相关的学科。如果该学科要为社会提供适当的服务，则其必须得到鉴定人、学员及咨询司法鉴定人的重视与尊重。通常，那些聘请或咨询文件检验人员的委托人会对司法笔迹鉴定人的工作范围、决定因素和鉴定意见的局限性感到困惑。

5.3 笔迹鉴定的难点和局限性

在笔迹研究和检验中，有许多情况或条件会影响鉴定结论，这些情况包括：
- 可疑笔迹所表现出的书写习惯不足（即缺乏重要性），也就是说，字母占主导地位，提供个性化特征的机会较少。
- 不同的场合书写的笔迹标准样本差异很大。
- 可疑笔迹中所包含的个人书写习惯的特征数量不足。
- 书写水平低或字母形式退化。
- 当无法检查原件时，复制件作为书写习惯和原始文件上字符的记录，是不可靠的（例如，墨水和纸张的一致性，笔画顺序）。
- 故意歪曲或掩饰可疑笔迹或标准样本。
- 书写人的异常情况或可疑笔迹的环境。

5.4 笔迹检验的公理、准则、原则和法则

很难把公理、准则、原理、定理、理论和法则这几个术语区分开来，并且不

总是能够清楚地理解他们在笔迹语境中的应用。麦卡锡（McCarthy，1978）声称，笔迹鉴定的基本公理是同一个人或不同人的任何两份笔迹都不是独一无二的。同时，他认为异质性和自然变化是其基本原理，并进一步指出，在影响笔迹鉴定的过程中，没有其他公理或推论。

必须重申的是，习惯化和笔迹的特异性是身份认定的两个原则或前提。它们不仅仅是公理。它们是提出其他主张的基础，因此根据定义，它们是原则。这些原则附带了一个推论，即如果有足够的样本，所采用的鉴定程序（第六章介绍的21种鉴别要素）能够在任何两位书写人之间做出必要的区分。

胡贝尔和黑德里克对自然变化的看法与其他人截然不同。变化是已经发现的笔迹属性。它反映了比对样本之间或比对样本自身的一致性程度，或者更确切地说，反映了比对样本中存在的鉴别元素之间的一致性程度。因此，它构成了一个观察到的条件，笔迹每个鉴别要素的属性对某些人来说可能是好的，而对其他人来说可能是不好的，这并不是其他人所宣称的原则。笔迹中的变化无法得到完全的控制，因此它们被称为自然变化。

希尔顿（Hilton，1963）提出了10条规则和13条推论，从而引入了这两个术语来确定一些关于笔迹鉴定的普遍真理。为了确保术语使用的清晰性，胡贝尔和黑德里克提供了以下定义，以帮助整理和建立有关笔迹和笔迹鉴定的事实和基本原理：

- 公理是公认的或普遍承认的命题，它们不言而喻，不需要证明，包括一些准则。
- 法则是由事实推论出的特定现象，可以通过以下陈述来表达：如果存在某些条件，这种现象总是会发生的；或个别情况符合一般规则。
- 准则是表达科学或经验的普遍真理的命题。
- 原则是其他命题所依赖的真理或命题；或构成推理链基础的假设。
- 理论是解释事实或现象的思想体系；或解释某些事物的一般原则。
- 定理是可以证明的普遍命题或一般命题。

除了有关于笔迹的公理、准则和原则等，还有关于笔迹鉴定的公理、准则和原则等。除了笔迹鉴定所依据的两个原则和一个推论外，根据胡贝尔和黑德里克的定义，大多数其他有关笔迹或笔迹鉴定的陈述都是公理或准则。就笔迹而言，可以做出以下断言：

1. 书写是一项后天获得的技能，是一项复杂的感知运动任务（基本原则）。
2. 书写是一种自发行为，遵循作为习惯学习的行为模式（基本原则）。
3. 作为一项复杂的感知运动任务，笔迹具有特异性（原则）。
4. 笔迹由主要要素和细微要素组成，前者更多是自觉地执行且较为明显；后者则不那么自觉地执行且不明显（一项准则）。
5. 通过不断练习，书写会变得自动化（公理）。
6. 有了自动化，书写变得更加熟练（公理）。

7. 随着书写技能的提升，尽管笔迹会不可避免地出现一些自然变化，但不同次书写的笔迹变化也会不断变小（准则）。
8. 自然变化是指书写的习惯（鉴别要素）在同一场合重复书写时的不精确性（定义）。
9. 自然变化是个人书写习惯（鉴别要素）的一种属性，变化范围因书写人技能和书写的特定异体字（字母）而异（准则）。
10. 由于自然变化，同一个人内容相同的两份笔迹都不可能完全相同（准则）。
11. 笔迹的自然变化因书写人的自身情况而不同；书写条件可能与文件的性质相关。当书写条件得到控制时，多次书写的笔迹之间差异就很小了（准则）。
12. 在同期的笔迹中，笔迹的自然变化通常要比非同期笔迹小（准则）。
13. 笔迹在书写人的一生中逐渐变化。在生命的早期与晚期时笔迹变化更大，但是变化的性质与程度是个体特有的（准则）。
14. 由于任何原因而导致的字迹退化都会影响其所有的要素（准则）。
15. 书写能力下降的进展速度因人而异（准则）。
16. 暂时的身体或精神状况可能会导致笔迹的短暂或暂时的变化，但该变化会随着状况的恢复而消失。（准则）
17. 书写人如果不经过一段时间的努力、练习和/或训练，就无法提高他的最高书写水平或技巧（原则）。
18. 在任何人类的工作中，尤其是书写中，质量是其自身对抗摹仿、伪造的最佳防御（原则）。
19. 共时性和非共时性的关键在于一致性和连续性（原则）。

对于笔迹鉴定，可以做出以下断言：
1. 笔迹鉴定是对于书写习惯的研究和比较（法则或定义）。
2. 笔迹鉴定是一个分析、比较和评估的过程（胡贝尔ACE法则）。
3. 分析发现和比较表明，只有正确的评价才能发挥作用（原则）。
4. 任何鉴定结论都源自统计推断，是算数值介于0和1之间的概率表达式（规则或定义）。
5. 书写人身份的认定是具体的和可证明的，而书写人身份的排除（非同一性）是笼统和推测性的（原则）。
6. 书写人身份的认定是对相似性进行评估的结果，而排除或区分书写人（即非同一性）是对差异进行评估的结果（原则）。
7. 笔迹中鉴别要素的重要性，与其在不同人笔迹出现相似的频率成反比（原则）。
8. 从一个书写场合到下一个书写场合，笔迹要素都相当稳定（原则－书写习惯的结果）。

9. 不同人书写内容相同的两份笔迹都不相同（原则-特异性的结果）。
10. 年龄和性别无法通过对笔迹的检验和研究来精确确定（准则）。
11. 对他人笔迹的摹仿会在一定程度上与之相似，这取决于摹仿者的技巧（准则）。
12. 在与比对样本进行比较发现相似点时，运笔的复杂性或书写模式的复杂性为真实性提供证据；在与样本比较发现不同点时，运笔的复杂性或书写模式的复杂性提供了支持虚假性的证据（公理）。
13. 一个人不能从自己的笔迹中排除自己没有意识到的、有差异的要素，也不能涵盖他人的笔迹中自己没有意识到的要素（排除和包容原则）。
14. 复制他人的书写习惯是一项更大的任务，这些习惯与自己的书写习惯相似，但却无法区分，因为很难维持正常书写习惯的细微改变。（干扰原则）。
15. 摹仿签名很少与摹仿者的笔迹显示出关联性（准则）。
16. 套摹签名很少与套摹者的笔迹显示出关联性（准则）。
17. 伪装是任何试图刻意改变自己笔迹中鉴别要素的结果（定义）。
18. 试图掩盖自己笔迹中那些不太明显，且没有其他可以替代的特征，这些特征不太容易改变，因此可能具有更大的鉴定价值（准则）。
19. 试图伪装会导致书写质量下降（准则）。
20. 通过伪装达到欺骗的程度将随以下因素而变化：(1) 书写人的技能；(2) 受众的感知能力；(3) 涉及的笔迹的性质和数量（准则）。
21. 与其他不常用的单词相比，英语中的冠词、连词、介词和代词表现出更大的无意识表征或个性（准则）。
22. 在笔迹鉴定中，鉴别要素的自然变化会减弱了通过仔细检验可能带来的优点（准则）。
23. 除数字以外，鉴定人没有其他选择可以精确地定义概率、强概率和更强的概率或任何类似表达的含义，以表明每种概率所代表的确定性程度（准则）。
24. 当任何两项具有相互独立和/或相互对应的独立鉴别要素（特征）的组合时，其数量和重要性，足以排除纯粹巧合发生的可能性，并且没有无法解释的差异，因此可以得出结论，它们本质上是相同的，或者与共同的来源有关（识别原理）。

第六章

笔迹的鉴别与同一认定

6.1 字母的语言

一提到字母设计，人们往往很容易自动联想到罗马字母表。然而，笔迹鉴定人员经常要处理其他语言和字母的笔迹，这些语言和字母的笔迹具有显著的变化，不仅限于字符的构成，而且所用的字符数量也有变化。为了使字母适应它们的发音，需要不同数量的字符或字母。英语有26个字母、希伯来语和意大利语有22个字母、阿拉伯语有28个字母、俄语使用36个字母；其他欧洲语言的字母也同样多样化：波兰语有45个字母、法语有25个字母、丹麦语有27个字母、西班牙语有29个字母、匈牙利语有38个字母、阿尔巴尼亚语有33个字母；东方方言更加多样化：藏语有35个字母、泰卢固语有48个字母、日语有73个字母。

在这种情况下，"字母"这个表述在某些方面而言是不够准确的，印刷体（大写）"L"、印刷体（小写）"l"和手写体（草书）"l"是同一个字母，还是不同的字母？如果它们是同一个字母，那么用什么术语来区分这三种字符设计？精通书面语言的语言学家使用了许多在笔迹学及其研究出版物中广泛使用的术语。

埃利斯（Ellis, 1979）提出了一种三层体系，将字素识别为最抽象的单位。因此，英文字母表包括26个字素，"l"是其中之一。实际上，在英文字母表中的字素不止26个，还包括像"$"和"&"之类的特殊标志和符号。书写一个单词时，必须知道组成单词的字素及顺序。拼写过程用字素来指定这种正字法结构。因此，字素是字母的抽象表示，一个单词由一串字素拼写而成。

每一个字素都在下一层用若干同音字来表示，例如，"L"、"l"和"l"。在一个社会中，可以在抄本、手册和印刷出版物中找到草书、手抄[1]、刻字或印刷的系统。这些规则规定了每一种字形的特定设计（包括字母大写和小写）将在给定单词的特定位置使用。某些系统为相同的字素提供了可选的变体。例如，在草书中，字母"r"、"t"和"b"通常有两种常用的字体设计，而"P"、"B"和"R"的字体设计则多达三种（图6.1）。

同样，正如下面所阐述的，根据字素在一个单词中的位置，或者在特定字素之前或之后的变体，每个人都形成了自己的混合变体（草书、手稿体和/或手写

---

[1] Manuscript，印刷术发明以前，书籍或文献主要是人工手抄。

图6.1 书写手册中建议的字母"T"、"P"、"R"、"p"、"r"、"t"的大小写字母设计

印刷体）的习惯。

描写层次结构中的第三层是实际的图形——纸张上墨水表示的图形，对该书写人来说，这代表了一种特殊的变体。在不同人之间或同一人在不同场合，任何给定的变体都将以大致或细微的不同方式被书写或感知。这些包括了不同书写人之间和同一书写人内部正常、自然的变化。

因此，图形（即一种书写模式或形式）是书写人对一种变体（即以草书、手写体、手写印刷体风格，大写或小写设计的特定字母或字符）的再现，它涉及特定的字素（特定字母表的抽象实体）。正如布劳特和普拉蒙东（Brault and Plamondon，1993）所言，"对于任何给定的单词，每个字母都经过三个层次的表征之后才出现：字素（一个没有精确形式的字母的概念）；变体（代表一种精确的字母）；和图形（代表形成字母的恰当的动作顺序）。"（第400页）。当然，还需要有身体上的物理步骤，即按顺序刺激特定的肌肉进行书写，从而有效地形成单词的图形（字母）。

如果不涉及精确的描述，笔迹检验人员可以不放弃使用"字母"这一术语。当需要澄清某一过程或事件的性质和事实时，建议提供，甚至是推荐使用该系统。笔迹检验是对笔迹图形的研究，笔迹图形是书写人对某一组变体文字的图形表示。不同的书写人可能有不同的概念，或根据文本的书写要求来选择不同的变体。显然，对笔迹的同一认定意味着可疑笔迹和比对样本中的图形来自相同的概念或组成手写文字的变体选择。

6.2 笔迹的鉴别要素

通过不断的练习，书写的许多方面成为习惯，随着书写过程逐渐屈从于思考过程，书写变得更加自动化。个人更关心的是正在写什么内容，而不是怎么写。巧合的是，部分由于书写过程的复杂性，每个人在字母的形状或形式以及它们的组合方式上都形成了自己的个性，这些都在练习中成为习惯。所有这些习惯，结合起来考虑，构成了一种方法，通过这些方法，一个人的笔迹可以区别于另一个人的笔迹，或与可疑笔迹相联系。

与指印鉴定相似，笔迹鉴定的前提是每个人的笔迹是独一无二的。笔迹检验人员利用他们的专业技能和经验，提供了"假设为真"必要的信心，即在有限的人群中，不会发生严重鉴定结论错误的假设。如果笔迹是独一无二的，那么我们只能合理地得出这样的结论：笔迹的个性在于书写过程中发展形成的，并在一定程度上固定下来的习惯。如果个性在笔迹一些更多变的方面表现出来，那么这些特征在另一个人的笔迹中出现相似的可能性和概率就会增加，个体间的区别就会减少。

笔迹鉴定的研究有无数变量需要考虑。胡贝尔和黑德里克认识到的最紧迫的问题，是缺乏一个通用的术语来描述或识别笔迹组成部分，以及缺乏对笔迹组成的因素或方面的共识，以用来区分不同的书写人。这被克林姆斯基和拉法利（Klimoski and Rafaeli，1983）在他们关于科学界一门学科的五点标准中称为"概论可靠性"[1]。这也是布莱克（Blake，1995）的一项研究关注的问题，即文件检验人员是否能一致地看待和解释笔迹要素。这是实现笔迹鉴定的科学地位而提出的六点标准中的一个优先事项（Huber，1995）。

在其他学科发表的研究中（如笔相学和笔迹学），也有关于笔迹要素和变量的研究，其研究可以有利于笔迹鉴定实践。刘易森（Lewinson，1986）详细列举了早期笔相学专家提出的衡量笔迹的15个方面。罗尔等人（Lorr et al.，1954）测量了16种笔迹特征。莱姆克和柯克纳（Lemke and Kirchner，1971）声称用尺子和放大镜测量了47种笔迹特征。皮普尔斯和莱茨拉夫（Peeples and Retzlaff，1991）选择并研究了这47种特征中的25种，以确定是否更小的特征群也可以用来区分笔迹。他们发现，高度、宽度和角度等因素可以极大程度上提高笔迹测量

---

[1] Conspect reliability，一个基本问题是笔相学专家之间的异质性（分析人员对同一笔迹样本的推断一致）。至关重要的是，无论是哪个特定的分析人员，假设推论将是相同的。另一个问题是，使用不同方法的分析人员是否可以期望显示评级者之间的可靠性，或者不同的方法是否应该像不同的心理测试一样被视为独特的。（参见Klimoski and Rafaeli，1983）

的可靠性。国际笔迹学会（International Graphonomics Society，IGS）自1982年以来出版了关于笔迹测量的技术摘要和会议记录。国际笔迹学会的出版物提高了笔迹测量的可靠性，并使笔迹测量发生了革命性的变化，包括其动态运动。

胡贝尔和黑德里克对这个问题进行了数年的思考，得出了这样结论：有21种笔迹特征可以应用于实际鉴定或鉴别笔迹。这取决于如何对这些笔迹的元素进行分类。此外，尽管学界的术语及其整合可能有所不同，但这个笔迹特征列表和其他笔迹特征列表之间存在相当大的一致性也就不足为奇了。在胡贝尔和黑德里克提出的笔迹特征列表中，术语的整合可能是最主要的优点。

奥斯本（Osborn，1929）在没有明确区分笔迹鉴定术语的情况下使用了笔迹"要素""质量""特征"的术语，而其他人使用了他的例子作为标准，但并未进一步阐释这个问题。许多检验人员使用"特征"一词，而其他人则使用"个性"一词或"识别个性"，就像康威（Conway，1959）就是这么做的。

胡贝尔和黑德里克选择了"鉴别要素"这一术语作为最恰当的表达方式，用在涉及同一认定或鉴别的各个方面。所谓的标准文本使用了各种各样的术语，例如特征、质量、特点和要素，并在一定程度上阐释了它们之间的差异，而不是试图精确地定义它们。另一方面，鉴别要素这个术语可以用一种特别简单和易于理解的形式进行定义。

定义：鉴别要素是笔迹或刻字中相对离散的因素，它可以根据书写人的不同而有显著或可测量的变化，从而有助于可靠地区分不同人的笔迹，或证明两份文件源于同一书写人。

使用一个或多或少带有乡土色彩的术语可能是有好处的，它可能和笔迹产生某种联系，就像"症状"这个术语在医学疾病方面逐渐发展成型一样。

在荷兰，哈代和法格尔（Hardy and Fagel，1995）综合并描述了笔迹的鉴别要素，收集了大约17个要点，分为四类，这是荷兰法医实验室遵循的程序。不出所料，他们的列表与胡贝尔和黑德里克提出的列表之间有一定对应关系，但目前的列表中发现的一些要素未在荷兰的列表中出现。

在组织这一主题时，它有助于将笔迹的鉴别要素分成两个主要类别和另外两个类别：

1. 笔迹的风格要素包括布局、连接、结构、设计、尺寸、倾斜度、间距、变体的类型和选择。也许除了结构方面的例外，笔迹的这些方面在创造一种形象的、总体的或整体的效果中起着重要作用。当然，结构上的差异并不一定会改变整体效果。
2. 笔迹的执行要素包括缩写、对齐、起笔和收笔、变音符号和标点符号、修饰、笔画线条连贯性、笔画线条质量或流畅性（速度）、笔的控制（包括执笔、笔的位置和笔压）、书写运动（包括角度）、易读性或书写质量（包括对于任何给定的字词的字母形状或者形式）。

3. 其他要素包括一致性、自然变化以及稳定性。

4. 横向膨胀和单词的比例也是鉴别要素。

执行要素是笔迹中不太明显、更微妙的要素，经常需要借助显微镜或其他技术辅助来充分评估。在很大程度上，它们是笔迹的个人特质，在这些特质中，我们可以发现一个人的笔迹与另一个人的笔迹之间微妙的差异。

因此，在不以选择的顺序暗示它们的相对重要性的情况下，可以说具有鉴定价值的书写习惯包括以下内容，并可以被称为笔迹的鉴别要素。

6.2.1 风格要素

6.2.1.1 布局

布局是书写人受其艺术能力、比例感和所受指导的影响而形成的一组习惯。这可能明显体现在：

1. 文本的布置和平衡
2. 所有四个页边距的尺寸和一致性
3. 行间距
4. 字行的平行度
5. 行间的特征、位置和频率
6. 缩进的深度
7. 分段
8. 货币金额中使用的数字和符号
9. 标题、称呼、介绍和结尾的位置和性质
10. 签名的位置，相对于页边距、刻度线和约束条件
11. 信封上地址的样式、大小和位置

在确定书写人的长篇笔迹中，布局是一个相当重要的问题。上述列出的布局要素并非都适用于可供研究的每一种情况。文档的类型和文本的范围将决定可能考虑的因素。

许多商学院教授如何谋篇布局，但这些学校的毕业生人数相对较少。在大多数情况下，人们布局方面的书写习惯是逐渐养成的，而不是有意识地获得的。奥斯本（Osborn，1929）认为，笔迹中没有任何其他特征比布局习惯更能反映出书写人的读写能力。

6.2.1.1.1 文本放置的位置和平衡

这方面的布局即使不是边距问题的产物，也是与边距问题密切相关。布局主要指的是文本在页面的左右边距，不太关注顶部和底部边距的尺寸。准确地说，边距的尺寸（所有四个方向）是原因，文本的位置是结果，而平衡（任何方向）是对结果的判断。

那些倾向于放弃右页边距的书写人，通常会压缩文字，以确保其在纸张的边缘或可用的空间内（图6.2）。如果对多行文本出现压缩，结果可能是文本看起来可能不平衡，因为文档右侧的字母或单词比左侧的更多。但是，其平衡性可以忽略不计。

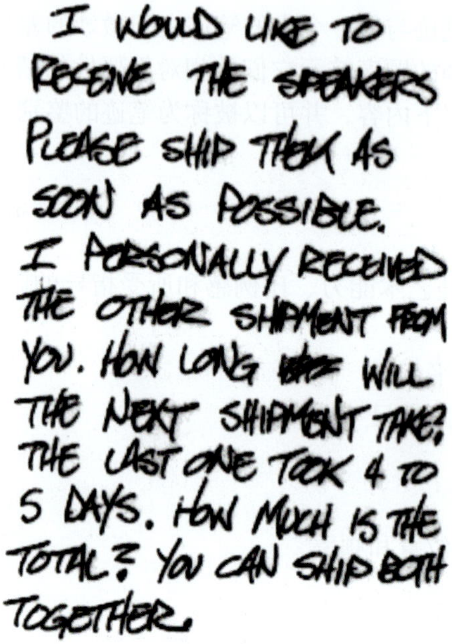

图6.2　右页边距狭窄而压缩书写示例

6.2.1.1.2 页边距的尺寸和一致性

左侧页边距明显且一致，而右侧页边距完全忽略的情况并不少见。在横线纸上，如果有垂直的规则，则左页边距会受到其位置的影响。有些书写人在每个方向的页边距都留有大量的空白，然后，如果需要一些空间来书写其他文本时，他们可能会利用这些空白的位置来书写，而不需要另一张纸。

在布局的研究中，特别有趣的是，书写人不喜欢使用连字符，也不喜欢根据文本右页边距的特定尺寸来分割单词。如果设置了任意宽度的右边距，就会发现许多书写人（如果不是大多数的话）会违反边距规则，而不是使用连字符。

另一个常被观察到的方面是，上页边距和下页边距的尺寸比左右两侧页边距小。事实上，这四种页边距的尺寸可能表现为不同的尺寸。毫无疑问，页边距值得注意，而不应被忽视。

6.2.1.1.3 行间距

行间距通常由横线纸的行线预先确定。只在空白或无横线的纸张上书写时，个人的行距倾向或习惯才会变得很明显。一般来说，在无横线的纸张上，大多数人的行间距比横线纸张略大，而横线纸大约间隔7至9毫米。对于那些字迹相对较小的人来说，这种行间距显然是很大的。但是对于其他一些字迹相对较大的人来说，行间距会变得拥挤或看起来很拥挤，并且超线性和下线性[1]的字母弧线或杖状笔画相交的情况并不罕见（图6.3）。

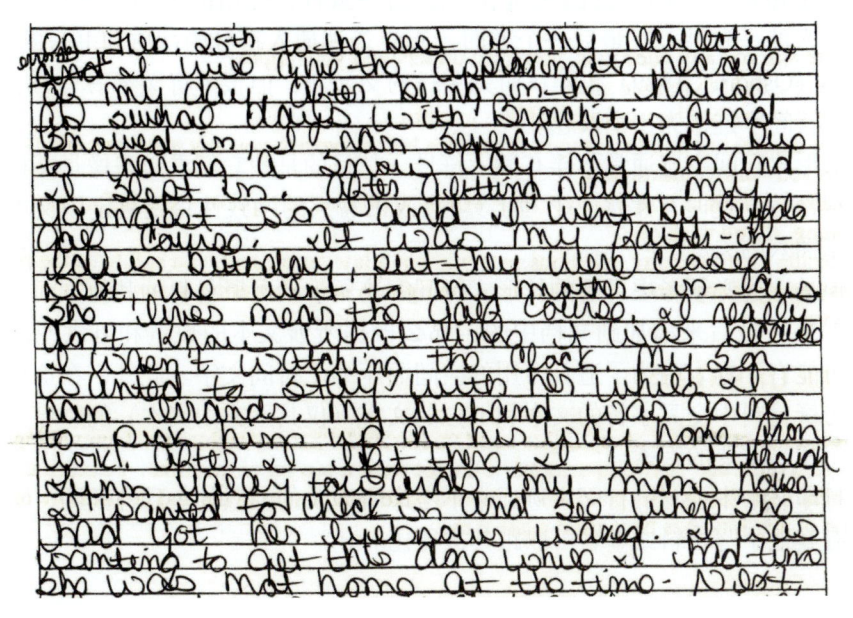

图6.3　充分利用可书写空间的规则书写

6.2.1.1.4 字行的平行度

字行的平行度被定义为字行平行的质量或状态，在无横线的纸张上，书写的字行可能不会始终平行。评估的方法是每一行文字以相对于它想象基线是否整体对齐。从布局的角度来看，所有的线条布局都应该以一种综合的方式来看待，如果有一系列线条的话，这样就可以观察、研究和理解这一系列线条的累积效果。在这方面，可以注意到对齐可能会逐渐下降，当文字接近页面底部时，可以观察到一些努力纠正的情况并不罕见。

6.2.1.1.5 行间字迹的特征和位置

行间字迹一般有两种形式：(1) 插入到句子中的一些单词或短词组，在一定程度上改变了上下文，这是短形式的行间字迹；(2) 当文件中有足够空间插入附加条件、规定或要求时，整个句子插入到文档中，从而在很大程度上改变文档的条款或上下文，这是一种长形式的行间字迹。

---

1 超线性和下线性的定义见6.2.1.4。

短形式的行间字迹之前通常先插入一个插入符号。插入符号是一个小的倒"v"形符号，它的名字来源于拉丁语，意思是缺少的东西。插入符号的大小、形状和位置因人而略有不同。关于短形式行间字迹的主要争议是，它们是在文档创建时进行的更改，还是在文档完成和发布后所做的更改。

确定短形式行间字迹的关键在于它的一致性：使用的油墨、书写工具和/或书写人的一致性。在最后一个方面，不应忽视插入符号的性质和书写的情况。奥斯本（Osborn，1929）也建议研究字行的交叉点，但很少将文本书写的顺序和短形式行间字迹作为一个议题。

长形式行间字迹通常不伴有插入符号，其目的是使它们看起来像是文档的原始组成部分。此时，墨水、书写工具和/或书写人的一致性将是决定该文本是否是后来插入的关键。

但是，也必须考虑可疑的长形式行间字迹所涉的可疑材料的其他方面。事实上，如果它是后来添加到文档中的，那么根据所涉文本的数量和可供使用的空间，可能有证据表明为了适合可用的空间而压缩了行间文字。此外，在这种情况下，可疑材料中交叉字行的文本和下方的文本（仅其下方的文本）的顺序，可能是一个相当重要的因素。

打印文本中手写的行间字迹通常不考虑所涉及的油墨的一致性问题，除非文件上有其他手写材料或签名可以跟其进行比对。

6.2.1.1.6 缩进深度

还没有文献能够揭示出一个来源，来规定在长篇笔迹中段落的缩进长度是多少。书法课程中提供的例子包括从完全没有缩进到半行长度缩进不等。因而得出的推论是，书写人可以自由地选择任意长度的缩进，使其美观，并与书写的文本保持一致或平衡。

检验人员在量表上观察到这两个极端的例子（从不缩进到半行缩进），其中大多数人都属于尺寸在半英寸（一英寸=2.54厘米）到一英寸半之间的那一类。缩进的省略似乎在当今书写中更为常见，当这种情况发生时，通常会伴随着上方行间空间的增加，以确定一个新段落的开始。

显然，它是笔迹的一个要素，可以主要在研究长篇字迹时考虑（如匿名信件）。奥斯本（Osborn，1929）和哈里森（Harrison，1958b）都阐述了把它作为一种鉴别要素的有效性，但是，只有当缩进的长度是在两个方向上都与比对样本有极大的差异时，才可以达到这个目的。诚然，这是笔迹的一个特点，人们可能不会给予太多的思考，它对研究伪装或匿名笔迹很有用。

6.2.1.1.7 分段

段落一词曾经只是写在手稿页边空白处标记"¶"的名称，用来标识开始文本的一个单元或细分部分。目前用于此目的的标志是缩进第一行，但是标记"¶"的正式名称"段落符号"（pilcrow）在法律文献中仍然被用于标记或识别段落，并且通常用作校对员的标记，以表明段落开始。

因此，段落开头的缩进可以看作是一种标点符号，作为帮助理解文本的一种标志或工具。这种标点符号的应用规则根据标点符号的文本性质有很大的不同。因此，关于什么是正常的分段（即抄本风格），以及怎样的做法是不寻常的或个性化的，所提供的信息很少。

以匿名信件或伪装笔迹等形式书写的长篇书信通常被归类为阐述。一般在阐述中，不论有或没有总结句，段落被定义为一组相关的句子，但在个人交流中有意识地遵循这一规则的程度是相当有限的。有些人整个文本从头到尾只写一个段落，也有些人倾向于每句话都写成段落。

与笔迹的许多其他要素一样，当书写人明显偏离规范或不符合上述"段落"的定义时，在检验和研究中就具有更大的鉴别价值。

6.2.1.1.8 数字和符号的使用

多年来，各种对文字进行分类的努力始于对支票文字的分类。在这项工作中，最突出的是数字的书写方式，以及它们如何用于表达货币数量。霍兰和霍兰[1]（Horan and Horan, 1984）认为，在他们对数字的研究中，应该包括0相互连接的频率。他们报告说，在700名受试者中，有18%的人把两个或更多的零连接在一起，另外还有一些人使用"X"或破折号代替整数货币金额中的零。

6.2.1.1.9 标题、称呼、介绍和结尾的位置和性质

这个问题上无需说明。可以用来判断书写人在这方面行为的标准很少。在这个方面，个人的特质经常被认为是不寻常的行为。

6.2.1.1.10 签名的位置

曾经，信件上的签名总是放在文本中心的下方或右侧，但现在不再这样了，签名可以出现在不同的位置。它们与文本、页边距和格线的关系（如果有的话）都值得研究。它们占据有限空间的方式也可能值得注意。

6.2.1.1.11 信封地址的样式、大小和位置

很少有人意识到自己在布局方面的习惯，也很少有人意识到自己的习惯与别人的习惯有何不同。然而，他们的习惯可能是独特的，如首行缩进的范围，地址字行没有规定的间距，以及文本相对于信封边缘的位置。

1　Horan, J. J. & Horan, G. J.

哈里森（Harrison，1958b）在研究匿名信件时，指出了信封地址布局的价值。作为一种常见的行为，它变得相当自动化，书写人的注意力集中在易读性上，而非布局和格式上。正因为如此，书写人形成了一套很少会偏离的个人风格。

必须牢记一点，在从可能的书写人那里获得样本的过程中，为了使比对样本可用，他们必须通过仔细准备和分别听写的方式来提供。书写人可能体现的11个布局要素中的任何一种都不得有外部影响。

6.2.1.2 变体的类型

风格是一个相当宽泛的术语，用来指个人在不同的书写环境下所书写的明显不同的书写习惯模式。对于许多人来说，书写正式信件和抄写笔迹之间，似乎存在着不同的书写习惯。这些差异是否应该被识别和描述为不同的书写风格，或者它们是否只是一些粗略特征的替代品，例如斜体和大写字母，这些特征已经成为书写人在非正式场合或某些特殊场合的惯例，这是一个只有仔细研究适当的比对样本才能解决的问题。他们可能只是简单地忽视了仔细和质量，通常被描述为潦草。沙尼费尔特（Shaneyfelt，1974）评论了一些人在联邦调查局指纹卡上的签名中所展示的各种书写风格。然而，每张卡片上的签名仅有一个或两个，因此很难根据这些签名区分这是正常、自然的笔迹还是短期或长期的伪装，或者是蓄意的修改。被警方拘留的人可能有充分的理由对其笔迹作出至少是外形上的改变。

使用罗马字母的人试图用笔迹进行交流，主要有四种风格或方式。事实上，它们是四个一般的类别，所有的异体字都可以被分为这四个类别中的一种（图6.4）。必须注意的是，由于书写人草率、疏忽或故意的心理作用下的书写行为而导致的书写质量的变化，不应被错误地视为书写风格或异体字的变化，这些变化如下：

1. 草书，把字母连在一起，并按照某种商业体系设计的字体。
2. 手抄体或手稿体，其中字母是不相连的，并被设计成类似于大小写的印刷字符。
3. 手绘印刷体，有时也被称为手写印刷体或雕版印刷体，其中的字母是单独构成的，更多的时候被设计成大写印刷字符。
4. 草书和手工印刷体组合，草书和手稿体组合，以及一些少见的手工印刷体和手稿体的组合。

奥斯本（Osborn，1929）认为手稿体的起源是英格兰，但根据安东尼（Anthony，1984）的说法，美国1921年使用的第一个手抄体字母表的发展归功于玛乔丽·怀斯（Marjorie Wise）。奥斯本认为这只是一种潮流，就像大多数潮流一样，会随着时间的推移而消失。如今，在它引入近100年后，尽管随着公立学校系统中强制性书法教学的减少，它的普及程度随之下降，但手稿体字母表仍然被教授和使用。

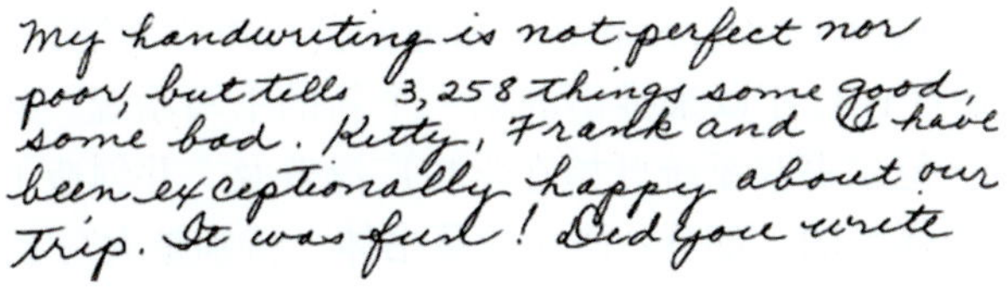

图6.4 异体字风格依次展现为草书 (a),手稿体 (b),混合体 (c) 以及手绘印刷体 (d)

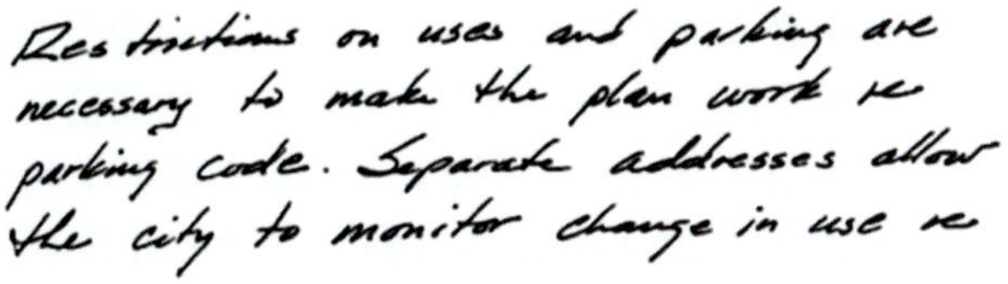

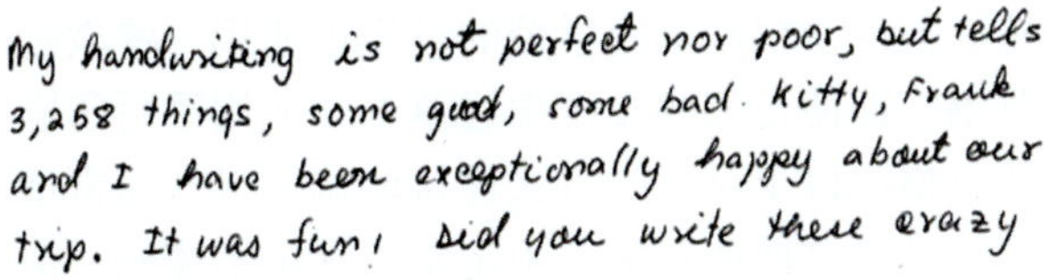

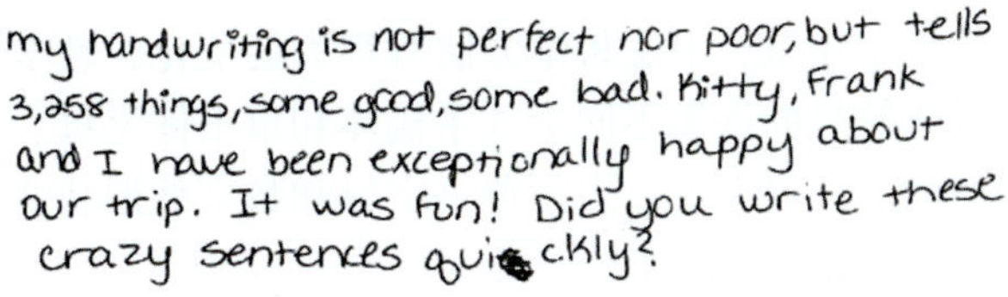

商业草书书写系统的生产者提供了一种用于学校低年级教育的手抄体书写方法,有些人甚至建议在每个年级都使用这种书写方法。美国图书公司说:"手稿体比草书体容易四倍,速度快20%"(Herrick,1960,第32页)。然而,在学校教学系统中通常有一个过渡点,一般发生在小学三年级左右,在这个过渡点上,从手稿字体转变到草书体。历史上,有少数公司生产商业系统,也有几家学校系统使用商业系统,他们奉行二战前北美普遍遵循的政策,草书是唯一提倡的书写系统。在这种情况下,手稿体留给那些有特殊职业的成年人,比如建筑师和工程师,他们采用了一种更加独特和精确的手稿印刷风格。

安东尼(Anthony,1984)将唐纳德·尼尔(D'Nealian)文字书写系统的开发归功于多纳尔·尼尔·瑟伯(Donal Neal Thurber),他使用自己名字的字母来创建首字母缩略词。据报道,瑟伯是密歇根的一位教育家,他在20世纪60年代就开始了这项研究,试图让年幼的孩子能够轻松地学习书写,并促进他们以后向草书的过渡。从帕尔默方法中发展而来,简单性和适读性是唐纳德·尼尔书写系统发展的目标。与当时开发的其他系统一样,只要倾斜是一致的,就不要紧。出版商斯考特·福斯曼（Scott Foresman）和他的公司声称唐纳德·尼尔书写系统（1978年引入）是自1931年以来推出的第一个新的书写系统。从20世纪70年代末开始，唐纳德·尼尔书写系统开始在学校广泛普及，并创造了一些阶层特征，这些特征成为这个体系的一部分：简化的草书体，特别是大写字母"I"，它与帕尔默字母"I"书写反向。

渐渐地，学校对草书教学的兴趣逐渐下降，特别是因为美国的核心课程不再要求教授草书之后。这种下降与使用手持或计算机设备的通信技术增长有关（例如，在设备上使用电子邮件和短信）。尽管学校的草书体教学越来越少，在市场上仍有许多新的书写系统。虽然美国许多州的公立学校并没有强制推行草书教学，但仍然有许多教师提倡草书的教学，并确保他们的学生用草书完成所有作业。许多私立学校、特许学校和家庭学校的学生也使用一些鼓励简单和容易学习的新方法来教授草书。即使是那些没有学过草书并使用手写印刷体的人，有时也会采用一种混合的风格，以半草书的方式连接印刷字母。通常情况下，那些没有学过正式草书的人，其签名即使在笔迹中常常表现出不流畅，但仍然表现出强烈的草书元素。

尽管在过去的几十年里，书法教学方法有很大的变化，教学也有波动，但数字中涉及相同字母或符号的许多不同形式手稿体和草书体字母、数字，而且在各个系统里都是相似的。一般来说，大写草书字母和数字的形状变化较大，而小写草书字母的形状变化较小。

手绘印刷体是一种个人倾向于为自己发展的风格。也许是因为许多印刷字符的小写形式不太适合手绘（例如，"a""e""f""d""r"），所以人们倾向于只使用大写字母形式。有人可能会认为，这种风格只是手稿体的一个有限的或修改后的版本，反之亦然。

在手稿体或手绘印刷体成为个人首选的风格，并经常使用时，字母之间的连笔经常随着书写速度的提高而增加。在这个过程中，可以进化出许多个体特征。然而，从笔迹鉴定的角度来看，字母之间的分离消除了一些特征或书写习惯，因此，可被利用的特征也减少了。

一些检验人员认为，风格特征对于笔迹的鉴别是没有用的，但他们可以表明书写人的国籍或学习的国家。因此，这就承认它们是一种阶层特征，尽管赋予它们的权重必须适当地修改，但它们在身份识别中是非常有用的证据。然而，决不能完全无视这些特征。

6.2.1.3 连接

1.词内[1]，即特定类型的字母之间，不一定与书写系统相关或由书写系统产

---

[1] 词汇学术语，词内的内部构造。

生的；

2. 词际[1]，即词与词之间的连接词，例如假设、时间或者地点等。

草书从字母到方便快捷书写的演变，导致了字母间连笔画的出现。哈里森（Harrison，1958b）评论说，笔迹是通过消除连笔而进化的。这样的哲学思想可能是手稿体诞生的原因。

哈里森（Harrison，1958b）写道，在英国的公文笔迹中，连接笔画是弯曲的，而且相对较长，不像美国商业体用直角笔画。这是因为单词中字母不正常地分开了。奥斯本（Osborn，1929）指出，连笔的弧度和倾斜度是笔迹中最重要的变化之一。艾伦（Ellen，1989）进一步描述了其中的一些变化。李和艾比（Lee and Abbey，1922）在"连接词"的主题下，谈到了"断开"连接作为一种笔迹特征的重要性，当然，在他们那个时代，这种现象已经偏离了手抄本的风格，是罕见的。夸克（Quirke，1930）比较重视连接的形式，并把它们分为九种类型，坚持认为它们是速度、横向扩展和间距的产物。当然，间距是横向扩展的两个组成部分之一。他声称，这几乎与李和艾比的观点相矛盾，他认为，除了大师们的笔迹中，书写人并不完全遵循抄本的惯例。海耶斯（Hayes，1987）也讨论了连接笔画的问题。

奥斯本（Osborn，1929）、哈里森（Harrison，1958b）和艾伦（Ellen，1989）都提到了字母中带有碗状或圆形笔画的向上运笔或起笔回溯的数量，例如"a"、"c"、"d"、"g"、"o"和"q"，他们都认为连接笔画在鉴定过程中是有价值的。他们都注意到，在摹仿书写时，连笔经常被忽视，而且他们都认为在没有连笔的情况下，笔迹鉴定的任务更加困难。

连接是两个或多个字母的结合。在草书体中，只是用插图说明的方式规定它们出现在任意两个小写字母之间。一些抄本还规定，同样仅通过插图说明，某些大写字母与后面的小写字母的连接，但这与系统提倡的大写字母的设计不同。"boat"字母、"B"、"G"和"S"总是和后面的字母连在一起，但是"I"很少和后面的字母相连。即使在"boat"的复数形式也是如此。在极少数情况下，两个大写字母之间或者方块刻字字符之间可能会有连接。众所周知，扎乐-布拉瑟（Zaner-Bloser）公司就应该以何种方式进行连接提供了实际指导。许多更现代的草书系统对单个字母的方向和连接提供了改进的指导性建议。

专家们称"碗"型字母的上行笔画为次要笔画，因为它们对字母的识别并不重要。而其他非碗型的字母，例如环型、槽型或拱型的字母，没有次要笔画。他们开始于一次向上的运笔，被称为主要笔画，识别它们是必要的。此外，根据书写系统的抄写本，除了以横杠[2]结束的字母及"b"、"o"、"v"和"w"外，所有

---

1 词汇学术语，词际的语义联系。
2 横杠：如字母 A、H、R、e、f 中的横画。

其他字母都是以向上笔画结束，直接与所有其他字母的主要笔画或次要笔画连在一起。"b"、"o"、"v"、"w"或哈里森（Harrison，1958b）所说的"刺笔"[1]的横杠直接导致后面字母的主要笔画或次要笔画的修改，所有这些都削弱了初始向上起笔的必要性。对后面字母的特殊修改，或者由杠笔和"刺笔"引起的起笔的修改，可能提供了一些特定文字中最独特的，因此也是最有用的鉴别要素。

这里的重点是，虽然笔迹中有字母的组合，或这样或那样的连接，实际上，在小写字母之间，没有连接笔画这样的东西。使用"连笔"这一术语意味着存在一个明显的实体，如在两个书写字符之间用钢笔或铅笔书写的连接笔画。不管初始笔画是主要的还是次要的，连笔是指收笔、横杠或刺笔与起笔之间的许多连接方式。

而值得注意的是，在摹仿签名时，连笔是非常重要的特征。摹仿者可能会复制字母的设计，但忽略了对字母连接方式的合理重现。

古老的草书书写系统很少规定大写字母与其他大写字母连接的方法。在这些关系中，人们会遇到真正的连接笔画，这些笔画是独特的、可识别的实体，与任何一个字母的设计都不完全相同。因此，大量的个体特点会体现在这些特殊的组合，以及他们之间的一致性上，在笔迹的研究中是有价值的。

此外，对于一个书写人来说，把单词连接在一起书写并不罕见，而仅仅是这种连笔特征的出现，就可以为某个特定个体书写习惯的组合做出有价值的贡献。抄本并未提供词际连接的规范，因此，这完全是个人的书写实践。单词之间的连接和一致性可能取决于所涉及的字母、词语或书写情况，特别是如果文本材料有限时，可能难以确定这些因素（图6.5）。

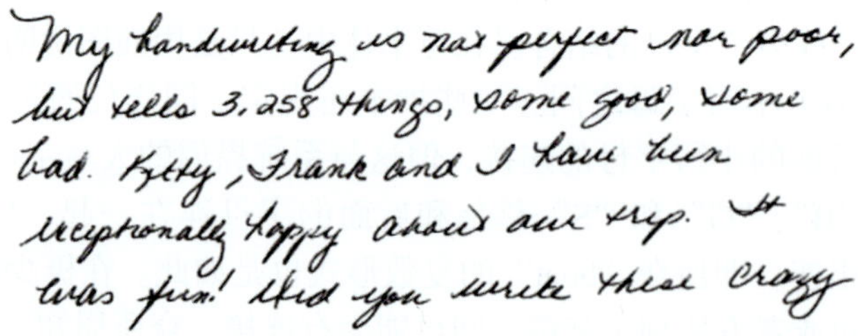

(a)

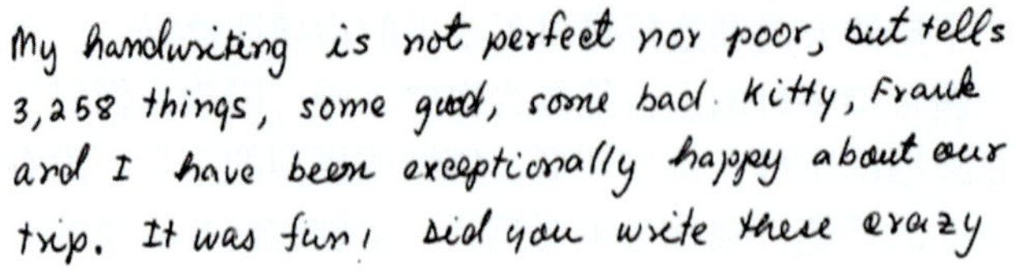

(b)

图6.5　(a) 连笔书写与 (b) 未连笔书写

1　刺笔：主笔画上突出的小部分，通常在曲线与直线笔画的交汇处。

因此，词际的连接，乍一看可能并不是书写人的一贯做法，除非它们确实存在。词际的连接不一定与书写速度密切相关。对笔迹检验人员来说重要的事实是，在伪装笔迹中，它们不一定会被省略。

此外，当然，运笔的断开和运笔的连接一样，都具有同样重要的特殊性。旧草书书写系统中很少规定断开连接，如果有，也因为他们经常成为虚假的证据，并且因为他们经常被称为"提笔"，他们需要单独加以考虑，这些考虑可能会在线条连续性的议题下进行讨论（图6.6）。

6.2.1.4 字体的设计与构造

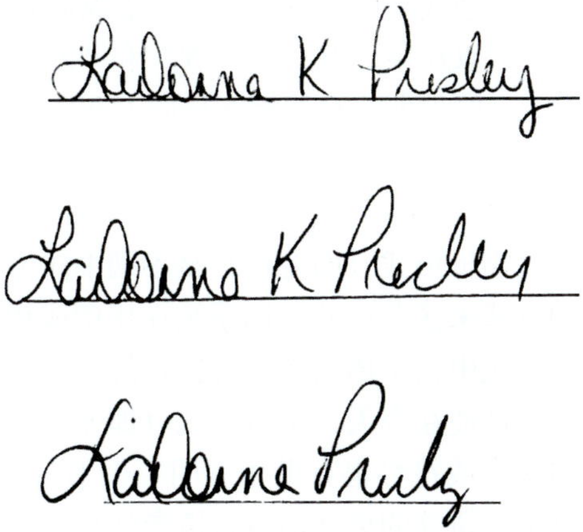

在这一类别中，包括了与特定字母的图形形式有关的因素。在其他地方（异形文字的类别）有一个关于字体风格是草书体、手稿体、手绘印刷体或混合体的讨论，这实际上是一组字素的四种隐形文字。在那一节中，对字母的形式进行了概述。在本节中，讨论了一些与所学书写系统相关的因素，一些与字符的结构有关，还有一些与所选择的模式或风格有关，包括一些书写人使用和滥用大写字母的特点：

1. 与国内外或特定的书写系统相对应。
2. 变体（字母）结构中笔画的数量、性质、位置、顺序和方向。
3. 同一异形文字使用两个或两个以上的设计。
4. 大写字母——与标准化实例的差异。
5. 变体（字母）组合——其中一个变体的设计影响相邻变体的结构或形状。

图6.6 可疑签名是伪造的（a）。注意比较样本中不连笔的字母与连笔书写的字母（b）

为了便于讨论字母表中的书写字符，坦南鲍姆（Tannenbaum，1930）对莎士比亚时期及之后的英文草书体作品进行了分类，是目前关于罗马字体的一些总体性的观点。他认为，草书字母有四种类型的写法：

- 线性字母由"a"、"c"、"e"、"i"、"m"、"n"、"o"、"r"、"s"、"u"、"v"、"w"和"x"组成，指的是没有向上行的圈形或主干[1]笔画（超过书写线以上）或没有下行的圈形或主干笔画（位于书写线以下）的小写字母，有时被称为小字体。这其中没有大写字母。

---

[1] Stem，字符中任何竖向的笔画。

- 超线性字母由"b"、"d"、"h"、"k"、"l"和"t"组成,指的是那些在线性字母上方纵向延伸一段距离的字母,大多数大写字母,有时被称作大字体,都包含在这一分类中。
- 下线性字母由"g"、"j"、"p"、"q"、"y"和"z"组成,指的是那些在字迹或线性字母的基线之下纵向延伸一段距离的字母。
- 双长字母有"f"、"Y"和"Z",某些书写系统中还包含小写字母"p",指的是那些在线性字母向上和向下都纵向延伸的少数字母。

6.2.1.4.1 书写系统

字母形式(即变体)是不同书法流派所倡导的主要书写方式,它们选择用这种方式来区分彼此。旧系统在比例或相对高度上也各不相同,但是在今天的大多数系统中,字体大小是可比较的。

即使在今天,字母形式(即变体)也是广泛区分民族的主要手段。许多特定的文字或符号也有助于表明一个书写人在世界的哪个地区形成了他的笔迹风格。有关此研究的更多信息,请参阅8.2.1"书写系统"章节。

一些相当独特的字母形式和设计(即图形或变体)已在文献中被观察和报道。其中一些写法是某些职业特有的(Masson,1990),还有的写法是某些群体特有的(见第3.4和3.5节的"阶层特征和民族特征")。

6.2.1.4.2 变体特征

温彻斯特和麦卡锡(Winchester and McCarthy,1971)以及后来的麦卡锡和威廉姆斯(McCarthy and Williams,1987)报道了美国南部各州某些学生中大写草书字母"J"和"W"的非正统结构。在这些研究对象笔下,"J"是通过首先书写下方的环状结构再向上行笔,以逆时针方向形成上环。"W"最初直线向下的笔画被写成一个大的数字"3",而不是字母的初始和通常是直接向下的笔画。这种罕见的写法特征仅在几年前在少数人中使用,但可能逐步消失。

丹尼尔斯(Daniels,1990)研究发现字母"p"的一种特殊写法。通常,"p"首先向下书写竖笔再顺时针方向运笔写出右边的圆形碗状笔画。丹尼尔斯研究的例子里,书写人首先逆时针写出右边的碗状笔画,这就形成了一个拐杖形状,当拐杖笔画回溯到碗状笔画时,它继续沿着碗状笔画的下半部分移动,然后连接到下一个字母。

与丹尼尔斯的发现相似,在草书中使用了很多"不合章法"的结构,这似乎和抄本相违背。字母"b"沿顺时针碗形运笔后再写竖笔和字母"d"先写竖笔再写碗形笔画是其中两个例子。在手绘印刷体的书写过程中,正楷或大写字母的构造提供了更经常遇到的变化。例如,字母"E"和字母"F"的横杠或短臂[1]可以

---

[1] Arm:字的水平笔画,不与字的一侧或两侧的笔画相连。

被增加到多达四种顺序。字母"K"右侧的上臂既可以自上而下运笔，也可以自下而上运笔。字母"M"和字母"W"可以由一个笔画构成，也可以多达四个笔画写成。甚至字母"O"有时也是两笔而并非是一笔写成。在数字中也可以找到类似的变化，特别是数字"4"、"5"和"8"。

据报道，这些来自抄本的异形文字只是一些特殊的变体，即使学生已经接受了正式的草书或手稿书写系统的教育后，这些变体也可能发生。在最初学习抄本后，写法更加简化的情况并不少见（图6.7）。如果不进行书写训练，或只在课堂上进行，就会导致更多的不寻常和不合逻辑的字母结构，这些结构在当今的字迹或字母中仍然存在。

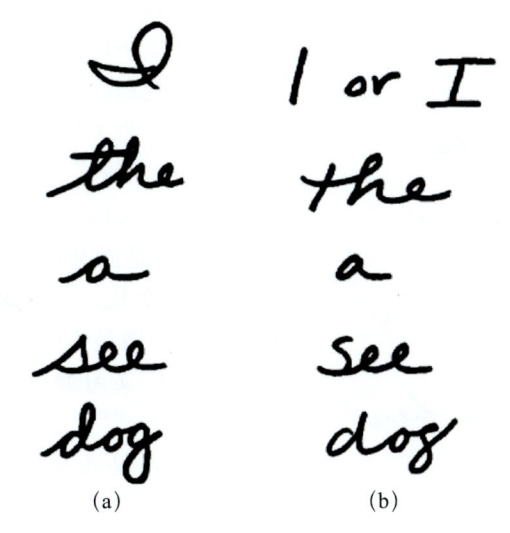

图6.7 手写体（a）与偏离手写体模板的简写字母形式（b）

6.2.1.4.3 多元化设计

温（Wing，1979）和温等（Wing et al.，1983）试图确定字母或字素在一个单词中的位置是否对所选的变体产生影响。范·德·普拉茨和范·盖伦（Van der Plaats and Van Galen，1991）研究了前一个字母（即"a"或"o"）对变体的选择或一致性的影响。他们指出，在自然变化范围很宽泛的情况下，由于变体和图形之间可能会有某种模糊的区别，因此在所选变体的研究中可能会出现问题。他们发现，当字母位于初始位置时，比位于中间位置或末尾位置时的变化更大，而且与前一个字母或前一个字母的末尾笔画的连接可能会导致自动选择特定的变体或字母设计。

6.2.1.4.4 大写写法

草书中大写字母的特殊写法有两种形式。一种是放大的小写字母可以用作大写字母，二是可以在单词中使用大写字母作为小写字母的常见替代。小写字体的印刷体而不是正楷印刷体，会产生一种混合的图案设计，如果有的话，可能是不合逻辑的，或者是缺乏书写训练的表现。

6.2.1.4.5 变体组合

正如字母在单词中的位置（即首字母、中间字母或末尾字母）可能影响所选择的变体一样，它相邻变体（字母）的性质或结构也可能对字符产生一定的影响，如果不是影响形状，至少影响大小。在这种情况下，字母之间的相对大小便可以成为重要的判别标志。

注意，为了与词法和其他权威保持一致，术语"形式"、"形状"和"图形"在此被用作同义词。同样，术语"变体"和"设计"也是同义词。因此，形状可能会有很大的变化，而不需要改变设计（图6.8）。这样做是为了使语言在书写方面更加清晰。广义习惯意义上的术语"形式"或"字母形式"，是否涉及字母设计的各个方面，还是涉及给定设计的字母形状（或图形）的各个方面，就不那么具体了。

对于特定的书写人来说，字母的设计或变体可能是相当独特的。形状是字体大小的产物，或者是构成它的主要笔画中曲线规律性的产物。

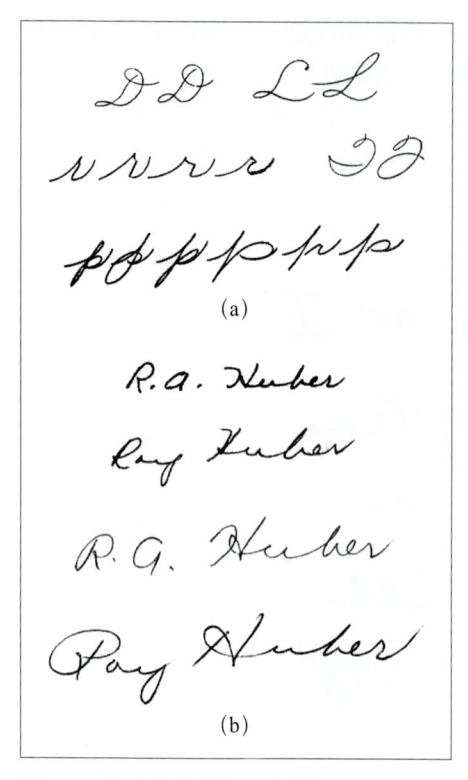

图6.8 在不改变字体设计的情况下字母形状变化的示例（a）。(b) 所展现的变化的签名是同一人书写，属于签名风格的自然变体（关于自然变体的讨论见第18点）

6.2.1.5 尺寸

有很多专业术语用来表达字迹的物理测量，但它们之间的意思没有明显的区别，这可能会导致一些混淆。这些术语包括比例、相对高度、大小、相对大小和比率等。再加上诸如斜面、坡度、斜度和横向扩展等术语，从而产生许多没有说明其具体应用的表达式。不同的学者和检验人员用不同的术语来指代同一件事物，或者用相同的术语来指代不同的事物。为了澄清这一情况，本文将涉及字迹的主要线性测量与角度测量分开，角度测量将在后文中讨论。

每个人的字迹在纵向和/或横向维度上有所不同。抄本和笔迹书写规范提供了书写笔迹的一般参数要求，并规定了书写时应遵循的某些一致性要求。尽管如此，许多书写人都有自己的习惯，其中有些是非常独特的。然而，也许大多数书写人会在这些方面表现出某种程度的相似性。

澄清一下，垂直尺寸是沿着单个垂直轴或两个或多个平行的垂直轴进行的测量或判断。水平尺寸是沿单一水平轴进行的测量或判断。垂直的意思是与书写基线成90°角，水平的意思是与书写基线平行。书写基线可能与文件上的横线一致，也可能不一致。

大多数字母的设计（除了"M"、"m"、"N"、"n"、"W"、"w"，或者还有小写字母"k"和"q"）可以被视为有单一的垂直轴，也就是说，一个线性规则可以测量字母设计中所有基本笔画（例如，圈形笔画的长度、竖笔的长度、碗形笔画的高度、拱形笔画的高度和槽形笔画的深度）。字母"M"、"m"、"N"、"n"、"W"、"w"需要两到三个单独的测量才能获取该字母全部的测量数值。

此外，从笔迹鉴定的角度来看，有两个方面值得关注：（1）它们的绝对尺度；（2）它们的相对尺度。这些测量中哪些是重要的并且是需要探寻的，将取决于所研究的特定书写习惯。

6.2.1.5.1 比例

就尺寸的某个方面而言，比例这一术语是用来描述字母中各元素之间的关系，即碗状和杖状笔画的关系（如"d"、"p"、"P"、"R"）、主体到圈形笔画（如"z"）、圈形笔画上部到下部的关系（如"f"）、碗状笔画和圈形笔画的关系（如"b"和"g"）、拱形笔画和圈形笔画的关系（如"h"）、槽形笔画到圈形笔画的关系（如"y"）、碗状笔画和碗状笔画的关系（如"B"）、杖形笔画和短横臂或短腿笔画的关系（如"k"和"R"）、上部圈形笔画与基本元素的关系（如"G"或"S"）、上曲线到下曲线的关系（如"E"），或者简单地说，就是矮字母与高字母的关系。

奥斯本（Osborn，1929）经常在一种阶层特征的意义上谈到比例特征，通过它可以识别所学习和遵循的书写系统。他根据矮字母与高字母的关系来区分不同的书写系统，如竖体（1∶2）、旧圆体（1∶2H）、斯宾塞文（1∶3）、旧斯宾塞文（1∶4）、其他（1∶5）。在这种情况下，奥斯本使用了"比例"这个词来表示被检测字母相对高度。这样，奥斯本用另一种不那么精确的方式，讨论给定单词各个部分的比例。奥斯本处理的是在流行书法的时代所产生的笔迹，当时人们更遵守抄本的标准。当书写人与这些比例有显著差异时，就产生了显著的个体特征。

与奥斯本同时代的人很少探讨比例问题。李与艾比（Lee and Abbey，1922）的著作中简单地提到了比例，就像奥斯本一样，其目的是区分斯宾塞书写系统和现代竖写书写系统。然而，他们确实报告了由法国洛卡（Locard）博士开发的字母测量方法，该方法通过测量字母的高度来计算字母之间的比例。他人会用"相对高度"一词来指代它。据称，这些结果提供了令人信服的否定同一或强有力的认定同一的证据。

艾伦（Ellen，1989）用特定字母的高度与宽度来描述正楷字体的比例，就像哈里森（Harrison，1958b）使用相对大小这一术语一样。然后，他也提出了一个单词中字母的比例，类似于其他人描述的相对高度一样。希尔顿（Hilton，1982）谈到了各种字母和复合字母各部分的比例大小，如"k"和"g"，他说这是书写人之间的差异问题。

哈里森（Harrison，1958b）用"比率"这个词来指代矮字母，（如"a"和"o"），相对于高字母（如"h"、"b"和"l"）的相对高度。他断言，在很大程度上，尽管书写的大小、速度或意图（正常或伪装）发生变化，字母的比率仍然保持不变。然而，他认为，比率的相似性不能单独被视为是同一人所写的可靠依据，而比率上的差异则可以作为不是同一人所写的安全指标。

字母的相对大小是哈里森（Harrison，1958b）提出的一个单独论题，他在其中讨论了字母的高度与宽度。奥斯本（Osborn，1929）在他审查文件需要考虑的要点清单中，包括了各个字母之间的比例，以及同一个单词各部分的比例，但没有详细说明他具体考虑的比例。因此，这些都是尺寸的问题，尺寸和相对尺寸应与比例分开处理，因为它们有明显不同的含义。显然，需要为所使用的术语制定准则，以达到一致和统一的衡量标准。一些定义可能会有所帮助。

定义：比例是指一个字母或字符沿单个实体的单轴所作的至少两个度量值之间的关系。

词汇来源把它定义为：同一种类的两个量（如垂直维度）之间的比率，即一个量与另一个量的关系，一个量是另一个量的倍数或一部分，就像部分与整体的关系一样。

这两个量是沿同一轴线测量的，因此，一个量显然是另一个量的倍数或部分。那么，它应该用在衡量一个部分相对于另一部分或相对于整体的度量。它将适用于测量具有两个或两个以上组成部分的字母（如"b"、"d"、"f"、"g"、"h"、"j"、"k"、"p"、"q"、"y"、"z"、"B"、"E"、"G"、"K"、"P"、"R"、"S"、"Y"和"Z"）相对于整个垂直维度，或者相对于同一个字母的另一个组成部分（如，"B"的两个环状笔画）的比例。

因此，"h"的拱形笔画相对于其圈形笔画的高度，以及碗状字母的大小，如"d"、"b"、"p"、"q"或者"g"等字母，相对于它们上升或下降的竖笔或圈形笔画，应该根据上面提供的定义称为比例，因为它们组成部分的测量可以沿着一个轴进行。

字母"m"或"n"的拱形笔画垂直尺寸之间的关系，或字母"u"、"w"和"y"的边长之间的关系，都不包括在我们的比例范畴和定义之内。该术语应保留用于可以沿垂直方向单轴进行的测量。显然，就这些字母而言，测量必须沿着两个或三个平行轴进行，以确保准确性。

也许有人会争辩说，沿着平行轴测量这些字母的拱形笔画和边长应该符合我们的定义。然而，在抄本中的设计几乎无一例外地要求字形的拱形笔画和槽形笔画的侧面高度相等。当这种关系被认为是我们定义所涉及整体的一部分时，就会出现无法区分这些字母部分和整体的问题。这种测量是更恰当、不容易混淆的术语，即相对高度。

最后，比例不应该应用于字母的垂直尺寸与水平尺寸之间的关系（两个度量）。这可能会令人困惑，因为很多人使用这种关系作为判断尺寸的基础。

如果长篇字迹或一行字迹被认为是一个单一的实体，那么，就像奥斯本（Osborn，1929）在他们那个时代所做的那样，在比例定义的范围内，只有矮字母平均高度和高字母的平均高度的测量才被认为是可用的要素（图6.9）。通过单一的垂直测量就可以确定字迹的比例。然而，因为这些平均值都是建立在两个或多个独立的字母高度度量的基础上，所以可以认为，相对高度是更合适的术语。然而，在任何一种情况下，这些测量在许多笔迹中都不那么精确，必须更明智地评估相似点或不同点。

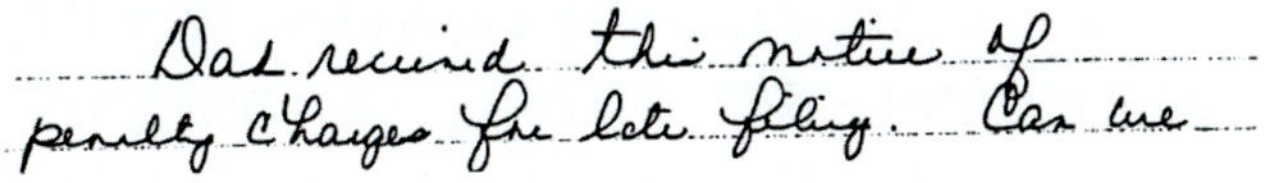

(a)

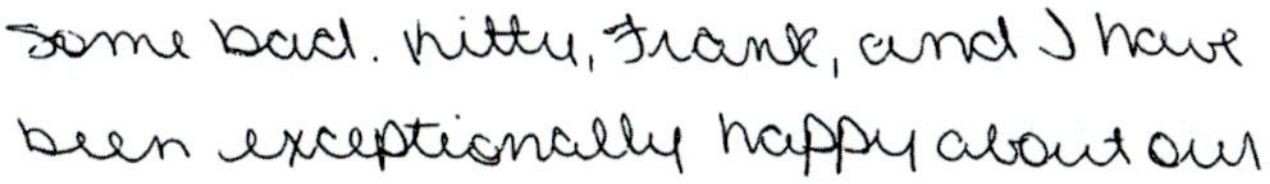

(b)

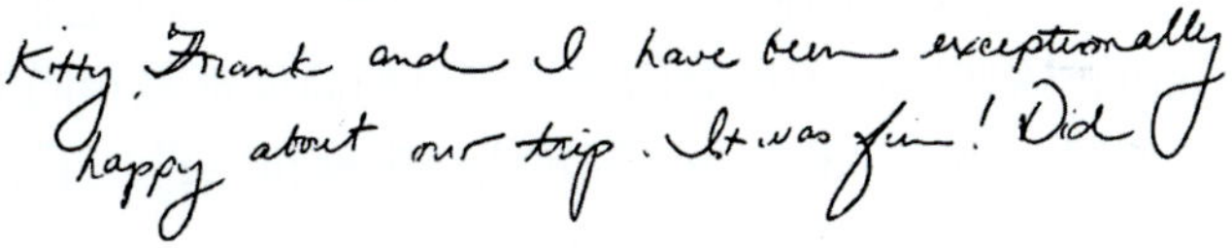

(c)

图6.9　三份字迹（a-c）展现了不同的高度比例关系

6.2.1.5.2　相对高度

一些检验人员使用相对高度一词来指代某些字迹中由于未知原因而导致过大的字母。然而，据观察，这类字母通常在水平尺寸以及垂直尺寸（即尺寸的两个维度）上显示出的增长。因此，它们是在相对大小类别下需要考虑的因素。其定义可能对该方面的讨论有所帮助。

定义：相对高度是两个或多个分离的实体或组成部分沿独立轴之间的垂直尺寸（仅是垂直）度量之间的关系。

例如，"that"或"this"中"t"的高度相对于"h"的高度，"Mrs"中"M"相对于的"rs"的高度。它可以用来指一个"m"、一个"M"一个"n"或"N"相对应拱形笔画的垂直尺寸，或者一个字母中任何两个其他部分的独立垂直尺寸（"u"、"w"、"y"的侧边）。

6.2.1.5.3 绝对大小

就像许多其他书写习惯一样，笔迹的绝对大小是一个重要的特征，因为过大或异常小而超出正常的书写范围时，它的价值就更大了。由于书写规则的原因，以及印刷形式上的行距往往基于抄本的尺寸，许多书写人会慢慢形成类似的书写大小。因此，不寻常的事物将具有更大的意义。

然而，字迹的绝对大小问题比它看起来要复杂得多。在对笔迹的尺寸进行判断之前，需要对字迹的哪些要素进行测量或考虑达成一致。在这方面，有几个测量标准需要考虑。例如，测量线性字母、超线性字母或/和最高的超线性字母的顶部到最长的下线性字母的底部，即从"h"或"l"的顶部到"y"或"g"的底部。在线性字母的比例上，上升的高度和下降的长度上确实有所不同。

定义：绝对大小是一个线性字母平均高度的近似值，基于对它们的垂直尺寸的测量或判断，假设有足够的一致性，可以确定一个合理的近似值。

这并不是否认上升或下降的延伸对尺寸有影响，而是简单地指出，它们的垂直尺寸在研究相对高度（和长度）和比例方面更有用。然而，这些判断或测量都是在一个方向（垂直方向）上的测量，有一个问题，就是字母的宽度或字母之间的间距对大小的判断有什么影响呢？

奥斯本（Osborn，1929）显然只依赖于线性字母，在字迹中应用测量网格来确定绝对大小。然而，他对网格使用的说明有些理想化，因为它们在测量一致的字迹上显得很简单，这些字迹中所有的线性字母的高度都是相同的。"m"的两个拱形笔画高度相同，"h"、"d"、"b"等超线性字母和"g"、"j"、"q"、"y"等下线性字母的中心元素与线性字母大小一致。

然而，在现代笔迹中，字迹却并不那么一致，线性字母的大小和其他字母的中心组成部分大小不一，这就提出了一个问题，即如何使用哪种尺度来确定可靠和可用的大小估计值。显然，必须采用因所审查笔迹材料而异的任意程序。必须选择一个或多个笔迹中经常出现，并且足够连贯的字句作为判断的基础。很明显，在与一篇可疑笔迹进行比较时，也必须选择相同的变体进行鉴别。

高于平均水平的字迹，其绝对大小通常反映在它的垂直和水平尺寸上。因此，更大的字迹将更高、更宽。另一方面，低于平均水平、较小的字迹总是更矮、更窄，但是对于相同的笔迹，可能会也可能不会显示出相似或相应的字行长度的缩减。这似乎是由于较小的字体往往表现出相对较大横向扩展（见下文）。

应该指出的是，绝对大小是一个笔迹特征，在不同的条件下可能会有所区别

(Osborn，1929)。哈里森（Harrison，1958b）认为，由于笔迹大小是由书写人控制的，"它不能被视为任何重大价值的认定特征"。（第312页）他确实承认，正常和不受限制的字迹是大多数人首选的大小。这似乎是在说，当字迹的书写没有问题时，绝对大小可以成为一个可用的特征。他接着说，大小的增加或减少可能是伪装的标志，出于这个原因，使它成为一个有价值的特征，这似乎与他之前的陈述相矛盾。

哈里森（Harrison，1958b）声称，疲劳可以导致字迹尺寸变小、字母或单词的遗漏，甚至一个词组的遗漏。他坚持认为，疲劳可能是导致某些字母组合（如"ing"），变得细弱或含糊不清的原因。

哈里森（Harrison，1958b）还认为，尺寸的减小通常是书写速度提高的结果。他说，书写速度是由书写工具的水平运动决定的，而垂直运动则适得其反，因此会减弱。

书写载体上有更大的空间或没有划线时通常会导致字迹写得更大。在这种情况下，为了适应有限的空间会压缩字迹，但正如莫顿（Morton，1980）指出的那样，这种压缩是在没有改变书写习惯的情况下完成的。因此，应该注意不要将笔迹中的不同归因于由于空间限制而产生的字迹收缩（Burkey，2012）。

6.2.1.5.4 相对大小

关于字母的相对大小，哈里森（Harrison，1958b）指出，抄本要求很多矮字母，如有圆形结构的"a"、"c"、"d"、"g"、"o"、"q"，也许还有"p"的宽度相同，但这很少被遵循。许多书写人会超过或不符合线性字母的正常尺寸。他接着说，字迹的绝对大小随着环境的变化而变化，但这不影响相对大小。然而，当书写人处于精神或身体压力下时，字母相对大小的稳定性就会消失。

对草书笔迹研究有相当大帮助的是字母或字母元素的相对大小。在这种情况下，人们发现不同的书写人，以及在同一个人的笔迹之间存在着更大的差异。有些书写人会根据字母在单词中所占的位置或其组合的特定字母来改变字母的大小。在其他情况下，某些字母无论位置如何，都会持续地变大或变小。

需要指出的是，大写字母也不能避免受到字母相对大小变化的影响。对于那些喜欢或需要使用印刷体的熟手，可以在许多人的书写中观察到显著的大小关系。

许多草书书写人，字母大小不一。有时这种变化与它在一个单词中的位置有关，或者与另一个特定的字母有关。有些人没有特殊原因却倾向于放大单词中的第一个字母。通常情况下，小写字母"r"会被放大，尤其是当它是单词的第一个字母时。研究一篇字迹中字母的相对大小时，如果出现了字母大小的变化，必须考虑到这些做法，以确保与可疑的笔迹进行有效的比较。

此外，为了避免混淆，检验必须将字母的相对大小与上面定义和讨论过的字母相对高度的研究区分开来。

定义： 相对大小是指一个字母自身相对于该字母在其他位置的判断，或者是一个字母相对于字迹中其他字母标准尺寸的判断，而相对高度是指一个特定字母的垂直尺寸相对于其他特定字母的垂直尺寸的判断。

相对大小意味着对字母进行二维的考虑，即字母的高度和宽度，当给定字母在放大或缩小方面与其他字母不同时，高度和宽度会相应地增加或减少。

到目前为止，关于字迹中字母相对大小和相对高度的讨论几乎完全与小写字母有关，以及它们之间相对于彼此的部分有关。在这样做的过程中，人们一直关注线性字母与下线性字母和超线性字母（即有上升和下降的字母）之间的关系。然而，值得注意的是，字迹中一定会出现与书写人身份有关的许多其他关系。

特定字母相对于其他特定字母之间的高度关系，这取决于它们在一个单词中的位置，或与它们的位置无关。大写字母与小写字母、字母与数字、数字与其他数字之间存在高度和大小关系，所有这些可能是某个书写人所独有的，因此有助于认定书写人的身份。在大多数情况下，所有这些判断都是根据字符的垂直维度作出的，除了数字零（"0"）可能是个例外，因为与其他数字相比，它在高度和宽度上都减小了。

6.2.1.5.5 横向扩展

还有另一个线性维度，在不同个体的字迹中是有变化的，被称为横向扩展。它是字母结构、字母大小以及字母与单词间距的产物。因为字母间和单词间的间距是造成书写人之间横向扩展变化的最大因素，因此将其放在间距类别下的一个主题进行讨论似乎更合适。

6.2.1.6 倾斜度

1. 总体的字迹。
2. 特别是字母或字母的一部分。

希尔顿（Hilton，1982）将字迹的倾斜度定义为"字母轴线相对于基线的角度或倾斜度"（第21页）。这是一个因书写人而异的问题，从一个明显的反向倾斜到一个急剧的向前斜率，大多数角度在人群中都有很好的代表。毫无疑问，根据这一定义，目前为止最常见的是大多数书写系统规定的向前倾斜，大约60°。

然而，当倾角与基线相关时，就会产生语义问题。倾斜度向更明显的方面变化被称为倾斜度的增加，而事实上，它实际是相对于基线的角度减小了。它只在与垂线的角度关系中是增加的，也就是垂直于基线的线。奥斯本（Osborn，1929）谈到，小于15度的向后斜度只能被认为是相对于垂直方向的，这确实是他那个时代的一种书写系统的斜度。哈里森（Harrison，1958b）谈到了倾斜度的增大，人们可能将其解释为向右边更大的倾斜度。然而，如果倾斜度与基线相关，那么这些较大的倾斜度实际上是较小的。

为了解决这种混淆，有人提出倾斜度应与垂线或纵向有关。这些术语的词汇定义表明，纵向指的是向上到达顶部的一条线，而垂线指的是一条与另一条线相交成直角的线，如书写的基线。因此，倾斜度的定义如下：

定义：倾斜度是字母轴线相对于书写基线的垂线形成的角度或倾斜度。

这个定义考虑了这样一个事实，即一些笔迹有上升或下降的基线，这可能对字母的倾斜度产生影响。因此，很容易理解，当字迹向右或向左倾斜时，角度增大，倾斜度也增大。

温和尼姆·史密斯（Wing and Nimmo-Smith，1987）以大写"T"竖笔的倾斜度为决定因素，在对61名实验对象的研究中观察到，男女两性之间存在统计学上的显著差异，即女性书写的直立度（0.09 rad或5.152 5°）高于男性（0.24 rad或13.74°）。如果前者是更竖直的，那么就必须考虑相对于垂线的倾斜角度。

这项研究在一定程度上与书写系统出版商在手册中的评论形成了对比，后者现在不太强调倾斜度。斯通（Stone，1962）指出："倾斜（无论是向前、垂直还是向后）应该是学生在成功保持一致的一种姿势"（第2页）。珀特尔（Purtell，1980）指出，较新的商业系统认为倾斜度在字迹中没有太大的重要性。

奥斯本（Osborn，1929）对倾斜度问题进行了广泛的研究，将其作为区分他所处时代的主要书写系统的一种手段，并在许多情况下将其作为区分不同书写人的一种可用特征。当然，平均而言，当时的字迹质量和一致性比今天的要高，而且现在书写系统的指标也很少有可靠的。对许多人来说，在任何方面都没有一致性，书写变得不规范，在这些情况下，测量倾斜度的价值是值得怀疑的。

另一方面，有规律的、一致的倾斜度有助于文字的美观。在成熟的字迹中，一旦它发展起来，它就会保持不变。书写人倾向于表现出倾斜度在50°的范围内变化，从向前的±40°延伸到垂线左侧反向的±10°。

同时，倾斜度也会影响易读性。向后倾斜通常与正常的阅读经验不同，在阅读笔迹时可能需要更大的努力。另一方面，眼睛和大脑可以更容易地适应向前倾斜度的增大。

哈里森（Harrison，1958b）声称，实验已经表明，对于大量的长篇和相当熟练的字迹来说，在不影响流畅性的情况下，实现并保持倾斜度的细微变化几乎是不可能的。因此，倾斜度被认为是笔迹鉴定的一个重要特征。

奥斯本（Osborn，1929）认为，对于两份字迹中的笔迹倾斜度，一致性的相差小于等于15°表明书写人不同。哈里森（Harrison，1958b）对这一规则作了限定，认为必须考虑书写速度。在他看来，书写速度快、没有伪装的字迹将表现出向前倾斜度上从纵向开始的小幅增加。

我们不应该像某些学者（如Harrison，1958b）所作的那样，使用"倾斜"这个术语来指代单词或字行的上升和下降的布局，从而混淆关于倾斜度的讨论。就笔迹鉴定而言，布局定义为一个词、签名或一行的连续字母与实际或想象的基线的关系，这样更准确、更恰当，也不容易被误解。

虽然倾斜度已经失去了它以前作为一个书写系统或个体特征的意义，但它仍然是研究伪装的一个有用的工具。正如在其他地方所指出的，倾斜度的变化会影响伪装的过程。毫不意外，据报道，从向前倾斜到向后倾斜的伪装手段比从向后倾斜到向前倾斜，或者从向前倾斜到从垂直到增强的向前倾斜的伪装手段更为流行，前者大致是后者的七倍。这是可以理解的，因为向前倾斜的增加似乎对字迹外观的影响小于相反方向的改变，而字迹外观的改变符合伪装的预期。

虽然倾斜度的变化会影响到字迹的图形外观，但它是以牺牲流畅性和节奏为代价的。很少有书写人能够刻意地而全面地保持倾斜度一个微小的变化。此外，在许多情况下，为了不被人识破，书写人可能认为，只要对倾斜度进行大幅度变化，就可以完成伪装。

虽然在伪装过程中很难刻意保持倾斜度的变化，而且可能会导致相当大的改变，但必须注意的是，倾斜度的变化并不总是伪装的证据。书写质量较差的字迹通常在倾斜度上也表现出相当大的变化。还有其他因素，如大小、间距、字母形式的变化，可能伴随着倾斜度的变化，这都可以强烈地表明缺乏书写技能或不具备书写能力，而不是伪装。

从笔迹个体特性的角度来看，也就是这个讨论开始的地方，字迹的倾斜度可以是一个重要的考虑因素（图6.10）。至于大小和间距，我们发现倾斜度必须同时考虑绝对和相对两个方面，绝对倾斜通常是对高字母的一般倾斜度的估计，相对倾斜则是任意两个字母或字母部分倾斜度之间的关系。然而，并不是所有人在字迹倾斜度都是一致的。有些人在特定的成对或一组字母发展出倾斜的特性。因此，相对倾斜度将是待研究字迹中更重要的特征。

图6.10 向右倾斜（a）与向左倾斜（b）的签名示例

研究字迹倾斜度的问题之一，就是判断倾斜度的依据，特别是碗形字母（"a"、"c"、"g"、"o"、"q"）、复杂字母形式（"r"、"z"）以及一些数字。显然，正如其他人建议的那样，人们必然合理但任意地判断垂直方向上碗形、圈形、拱形和槽形笔画的轴线。

就像字迹的许多方面一样，有一些极端的倾斜偏离常规的情况，这种情况往往更为明显。对于检验人员来说，一个重要的事实是，因为倾斜度是笔迹中一个更明显的特征，所以它可以成为一个更自主的主体。它可能会因为书写环境的不同，而在一些细微的方面发生变化。正如其他地方注意到的，倾斜的明显改变是一种常用的伪装手段，例如向前倾斜到反向倾斜的变化（图6.11）。这样的改变总是明目张胆的。另一方面，正如奥斯本（Osborn, 1929）认为的那样，除非书写环境可能对此有影响，否则两组字迹在倾斜度上较小、但一致的差异很可能表明书写人不同。然而，哈里森（Harrison, 1958b）警示说，书写速度的提高与前倾斜度的增加有关，因此向前倾斜度的差异必须谨慎评估。

(a)　　　　　　　　　　　　　　　(b)

图6.11　自然签名与伪装签名的比较。(a) 向右倾斜的自然的真实签名。(b) 向左倾斜用以掩饰签名特征的伪装签名

6.2.1.7　间距

1. 词际和横向扩展（两者之间）。
2. 词内和横向扩展（内部）。

字迹间距中有几个方面会成为个人的习惯，在鉴定过程中也有价值。其中包括字母、单词之间的宽、窄、混合或均匀的间距，以及在无格线纸上行与行之间的间距，有时称为行间间距。同样的单词中，大写字母和小写字母或小写字母之间的间距也会形成一些重要的个人习惯（图6.12和图6.13）。

长篇字迹的另外两个方面也可能会包括在这个范畴内，即页边距的尺寸和均匀性，以及在无格线纸上的字行平行度。目前的重点是把这些方面作为页面上笔迹布局的元素。

抄本中规定，在书写过程中字母之间的间距要保持一致，这目前只有在书写质量较好的笔迹中才能发现。在其他水平的书写技能中，间隔习惯从成对或一组的字母演变而来的。间距和字母形式结合起来成为个人习惯，必须以这种方式来考虑，而不是作为单独的形式或特征。这样的例子经常出现在以"er"，"ly"或"ing"结尾的单词中。其他值得注意的字母组合还有"th"和"wh"。其结果是字迹中字间距的失衡，可以发现不同书写人之间的差异很大。这种极端的变化是重要的个人习惯。

正如上文关于字迹大小的讨论中所提到的，在有些情况下，为了适应有限的空间必须压缩字迹。这种限制和调整对字母间距的影响大于字母形式和字母大小的影响，至少在压缩过程的初始阶段是这样的。这样做的原因很简单，为了便于阅读，字母的形式和大小必须尽可能地保留。更重要的是，正如莫顿（Morton, 1980）所指出的那样，这种压缩是在没有根本改变书写习惯的情况下完成的。因

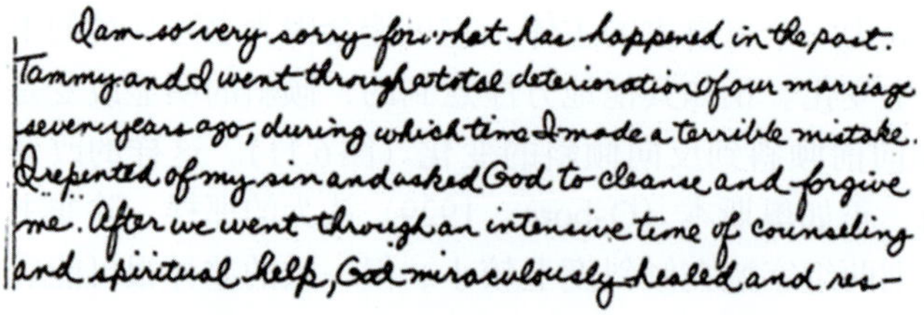

(a)

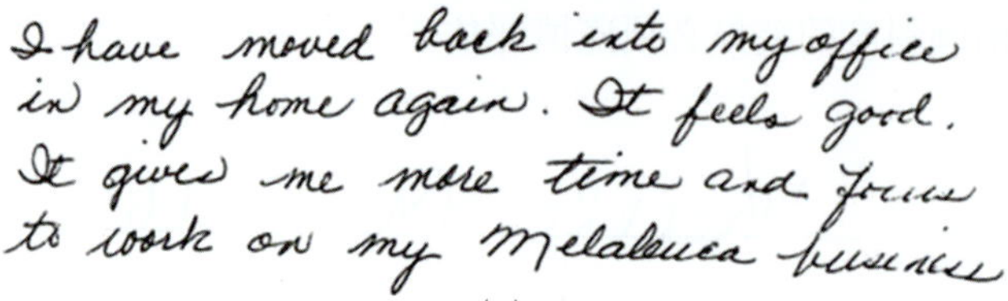

(b)

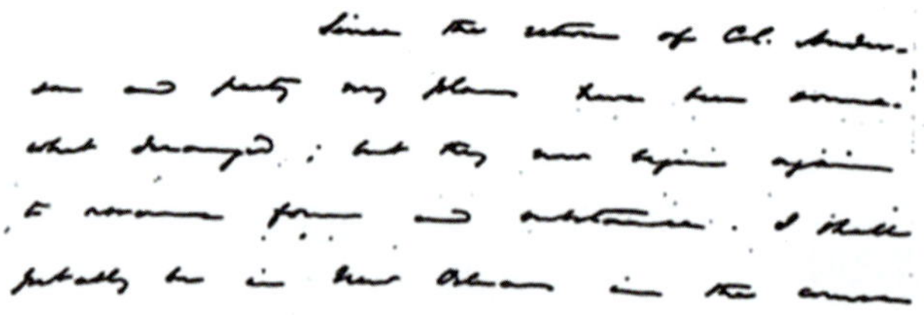

(c)

图6.12 单词与单词间横向间距示例（a）窄，（b）均匀（平衡），（c）宽

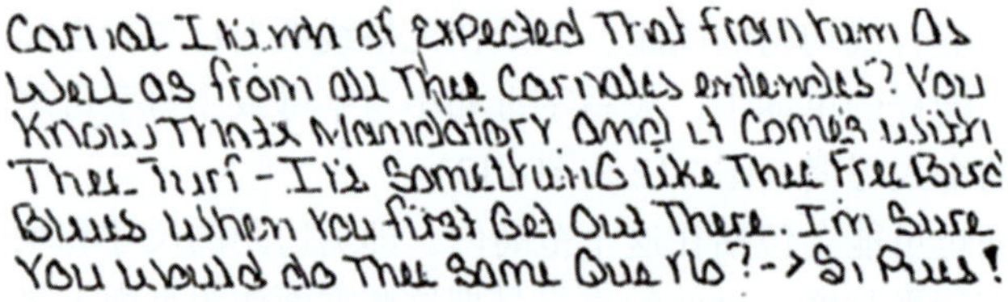

(a)

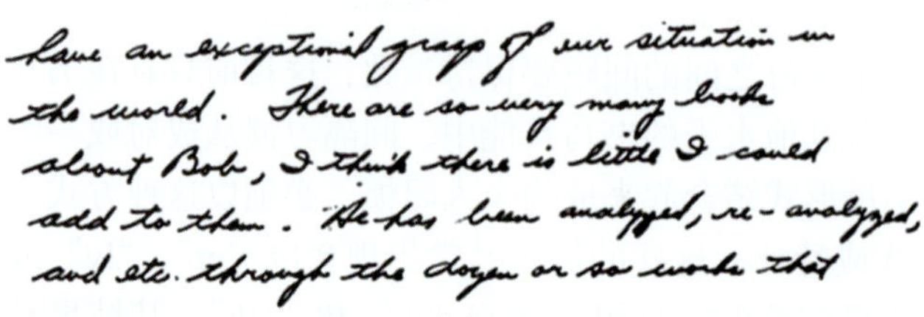

(b)

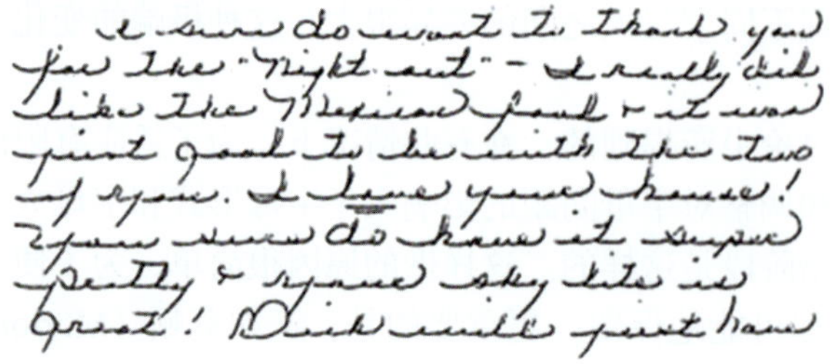

(c)

图6.13 单词内部横向间距示例（a）窄，（b）均匀（平衡），（c）宽

此，她告诫说，不要将两篇字迹的差异都归因于空间限制造成的压缩。

在大多数人的字迹中，间距并没有明显的不同。然而，也有一些书写人明显偏离常规，在笔迹研究中，字迹这个方面的价值也随之增加。

间距研究的难点之一在于判断间距尺寸的方法。字体大小的变化会在字母间距上表现出相应的变化，使得线性测量在笔迹比对中不可靠。哈里森（Harrison, 1958b）建议，字迹的线性尺寸应该根据字母的宽度来判断，当字迹的整体尺寸减小时，这种变化将反映出空间的比例变化。例外的情况是，在限定空间内插入的文字，为了保持易读性，往往会牺牲字母间的间距。

6.3 执行要素

6.3.1 缩写

1. 省略了字母的单词缩写。
2. 牺牲了形式而追求速度的字母组合。

在所有关于笔迹鉴定的著作中，很少有学者提到关于缩写的主题。奥斯本（Osborn, 1929）和哈里森（Harrison, 1958b）简要地提到过关于"先生"（"Mister"），女士（"Mistress"）和"博士"（"Doctor"）等头衔的缩写，但还有许多其他的头衔和单词也被缩写，并受到具体方法的限制。警察和军人的军衔几乎都是缩写。政治职位通常被缩写，商业职位用"Mgr"来作为经理的缩写，"Dir"作为主任的缩写等等。还有许多其他的缩略词，其中许多是目前流行的首字母缩略词的产物。

对于笔迹检验人员来说，重要的是现代缩写的风格在很大程度上是不一致和随意的。在当今使用的大量缩略语和缩写词中，没有一套规则能够涵盖书面文字和印刷文字中可能出现的所有变化。大写、间距和标点符号的变化可以取决于书写人的偏好、选择的风格或政策性因素。

因此，缩写的风格可以成为书写中一个重要的个性化特征（图6.14）。

许多检验人员可能会遇到以下几种缩写：

机构、协会和组织名称

公司名称（包括公司名称为Co., 注册公司名称为Inc.）

方位坐标术语

计算机术语（如：CPU、RAM、ROM、OEM、DOS）

使用撇号的缩略语（sec'y, ass'n, dep't）

国家名称（USA、CAN、UK）

一周的日子（Sun., Mon., Tues. or Tue., Wed., Thurs. or Thu., Fri., Sat.）

学位（学术）

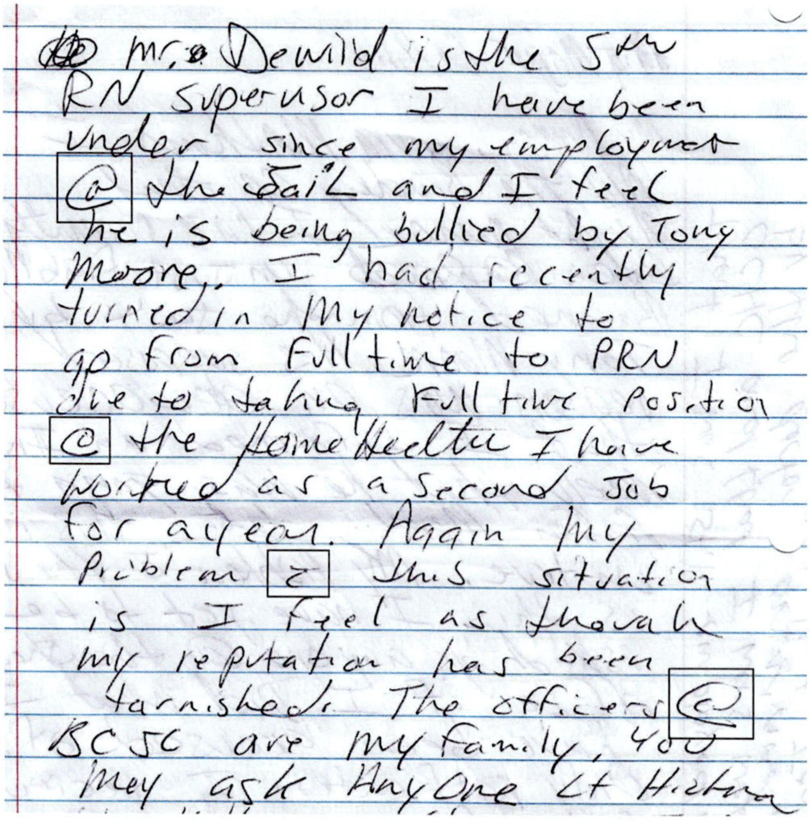
@ Mr. Dewild is the 5th
RN supervisor I have been
under since my employment
@ the Jail and I feel
he is being bullied by Tony
Moore. I had recently
turned in my notice to
go from Full time to PRN
due to taking Full time Position
@ the Home Health I have
worked as a second Job
for a year. Again my
Problem c̄ this situation
is I feel as though
my reputation has been
tarnished. The officers @
BCJC are my family, you
may ask Any One Lt Hickm

图6.14　使用符号“at”和医学速记符号$\bar{C}$（意同“with”）的手写字迹示例

地理和地形名称（St.，Mt.，Pt.，Ft.和邮政地址）

拉丁词和短语（etc.，i.e.，e.g.，viz.，et al.，pro tem.）

军衔及警衔（Cpl.，Sgt.，S/Sgt.，CSM.）

一年中的月份（Jan.，Feb.，Mar.，Apr.，Jun.，Jul.，Aug.，Sept.，Oct.，Nov.，Dec.）

个人姓名（Geo.，Marg.，Marj.）

特殊字符（连字符“&”，美元符号“$”，octothorpe“#”，英镑“£”）

结构位置（Apt.，Bldg. Ct.）

道路名称（Ave.，Blvd.，Cres.，Pkwy.，Rd.，St.）

头衔（包括Hon.，Rev.，Sen.，Mr.，Mrs.，Ms.）

计量单位（cu. ft.，sq. yd.，km.，sec.，min.，hr.）

单词和单词组（c/o，w/o，w/w，c.c.，c.o.d.）

据说是从400年前秘书制度演变而来，缩略语的书写方式和排列方式发生了一些变化，便成为了当前书写人的习惯。这一制度的做法是省略字母，抬高单词的最后一个或多个字母，以表示已经缩略了字母。"M^r."中的"r"或"M^{rs}."中的"rs"都是例子。众所周知，科学领域的教师以用"sol^n"来表示"solution"而闻名。

上述缩写列表中所包含的特殊字符值得注意。它们不像其他缩写那样是单词的缩略。它们是用来表示文字的符号，从而节省空间或省略字迹。从这个意义上说，它们的用途是一样的，因此我们在这里把它们包括进来。一些书写人经常使用这些符号，尤其是在写地址的信封中使用（Mr. & Mrs.）。

在编写书籍时，很少或根本没有关于这些特殊字符的形式、大小或结构的规范。在没有指导或限制的情况下，人们只能自己去发展这些字符，因此，不同书写人之间有很大的不同。其结果是，它们成为高度独立的笔迹元素。

签名通常难以辨认，但这不是通常意义上的缩写。签名的缩写是名字的一个或多个首字母的集合。当被统称为一个人的姓名首字母时，它们被赋予签名一些个人身份的属性。然而，这些可能很少显示出它们所代表的签名的正常特征。由于其在身份认证、验证和授权文件中的广泛使用，书写人的首字母可以具有自己的特点，在某些情况下，可以作为一种与签名本身一样可靠和可用的身份识别手段。对许多书写人来说，首字母往往比起长篇字迹更明显地偏离抄本。另一方面，一些首字母被过度简化，只比一个字母多一点。对于笔迹检验人员来说，首字母呈现的困难在于这类笔迹可能包含相似或不同、真实或虚假的证据，其数量和质量十分有限。尽管对于许多书写人而言，首字母可以是独特的，但在比较和评估过程中必须谨慎，因为涉及的字迹较少，或字迹越不一致，那么仿造它就越容易。

通常出于流畅度或快速书写的目的，有许多字母的形式和结构通过省略元素来缩写。初始的上行笔画经常被省略（特别是如"i"、"t"和"h"），圈形笔画被简化为单个的向下笔画（特别是如"f"、"h"、"g"和"y"），不书写回笔（如"t"、"B"、"P"和"R"）。也有一些书写人会意识到他们做出的这些省略，并且偶尔会在之后通过增加笔画来弥补。在这类缩写中，我们会注意到，几乎无一例外地是上行笔画被省略，而保留了下行笔画，后者是右利手书写人的主要笔画。

6.3.2 对齐

这涉及到一个单词、签名或是一行连续的笔迹与实际或虚拟基线的关系。

不管有没有得益于格线，许多书写人在他们的笔迹中表现出的基线呈上升状。有一些人仍能保持水平的基准线，而另一些人则呈下降状（图6.15）。但是无论基准线的趋势如何，它都可能被固定。一些学者使用"书写线"这一词来描述一篇笔迹是否符合这条实际或虚拟的基线。对齐习惯可能是普遍的，并且在签名，单词或一组单词中出现。它们也可以特定于一个字母和/或相邻的前一个或后一个字母。

　　麦克拉瑞（McClary，1997）报告了一项关于对齐的研究，涉及200名受试者在有格线和无格线纸张上的签名和长篇笔迹。他发现，"基线对齐是一个重复性的书写习惯，并且是笔迹比较分析的可靠因素，以达到认定或排除的目的。对于更能体现一个人书写技巧的签名而言，更是如此"。（第35页）

　　除了对齐，其他的固定习惯也能被发现，只要签名和其他材料写在有限的空间里即可（图6.16）。这就好像左边距的宽度，或是缩进的空间，和其他习惯一样是固定不变的。

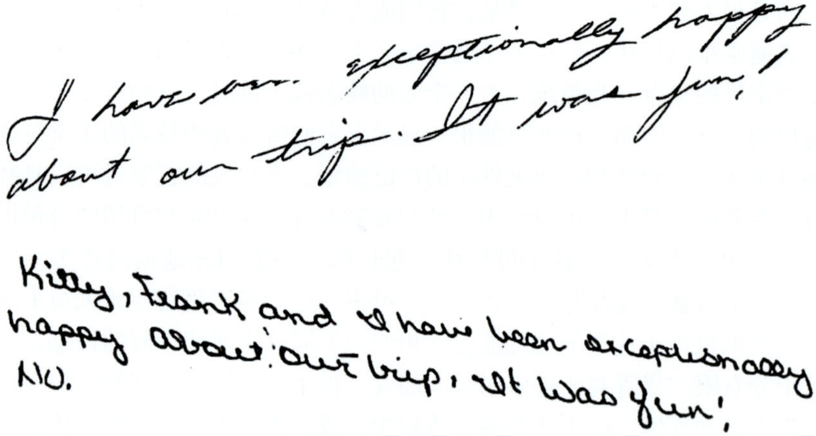

图6.15　在无格线纸上形成的基线习惯

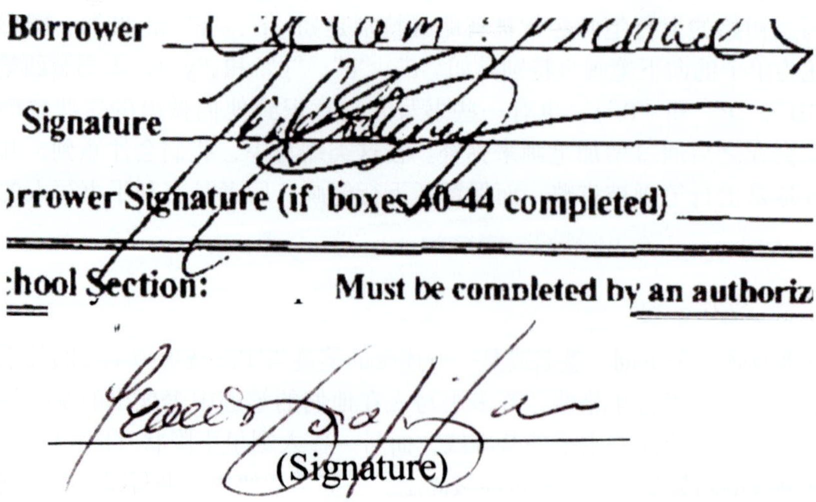

图6.16　关于书写基线中与横线交互的签名差异。顶部的签名被骑线书写在横线上。底部的签名被书写在横线上方

6.3.3 起笔和收笔

1. 它们的长度，方向和路径。
2. 锥度（书写工具接近和离开纸张的倾斜度）。

小写字母，尤其是紧接着前一个大写字母的小写字母，通常以一个较长的初始笔画开头，并且经常与它之前的大写字母的末尾笔画相交。这是在缩写的"Mr"和"Mrs"中的"r"中常见的现象。这有可能在签名中更为常见。当然，长篇笔迹的任何初始位置出现的小写字母都可能出现较长的初始笔画，通常为次要笔画。

此外，尽管抄本规定所有小写字母的收笔都应在向上的方向，但一个名字或单词中末尾字母的笔画，如果他们确实书写这个笔画的话，在不同人的笔迹中会有很大差异。通常，收笔会返回到"t"的交叉处，且应用重音，或者只是简单地标记一个特征下划线或提示。这种趋势似乎与签名时的流畅度或是速度相关。

根据书写人的个人习惯，以小写字母开头和结尾的笔画，在长度、路径方向以及与其他字母笔画交叉的趋势上都有变化。因此，它们可以成为重要的个性化笔迹要素。

尽管只是间接地作为认定点，笔画的起始和结束的另一个必须研究的方面是笔画开始或结束的急缓度。在正常、自然和相当流畅的书写中，这些笔触表现出一定程度的锥形化，这是因为书写工具在接近或离开纸的表面时所产生的。长期以来，笔迹检验人员一直把这些逐渐变细的锥形笔迹称为"飞行"起笔或"飞行"收笔，并将其作为流畅性的证据，同时也作为笔迹真实性的证据。在摹仿别人的笔迹或签名时，这些笔画会突然地开始和结束，有明显的钝尾，因为在纸上应用书写工具是一种更有意和有意识的行为。

总之，字母、单词或名字的起笔和收笔必须考虑到它们的长度、方向和/或路径，以及它们的锥形程度，所有这些都将存在——如果确实存在这些笔画的话（图6.17）。

(a)

(b)

图6.17　两种不同风格的笔画示例（a）起笔与收笔（b）

6.3.4 变音符号和标点符号

标点符号在英语书写系统中通过控制阅读，使其与口语中的某些元素相对应，以此来阐明句子的意思。它们还可以通过组织句子结构中的某些语法元素来阐明意思，而不管这些语法元素是怎么说的。标点符号用来表示停顿、音调、音量和重音。

开放和紧密是两个常用来描述关于逗号的标点符号模式的术语。开放模式是指有节制的使用逗号和其他符号。紧密模式可以随意使用标点符号，通常在语法结构允许的地方使用标点符号。在长篇笔迹的检验中，了解这两种模式会很有帮助。

变音符号，或变音标记，是与一个字母或一组字母一起使用的标记，用于表示与没有变音符号的字母不同的音值。尽管英语不使用变音符号，但法语和许多其他语言都使用变音符号。在有关该主题的少量材料中，一些书写人曾将"i"的点称为变音符号，但是由于"i"没有点就没有其他发音，因此不符合变音符号的条件。它是字母中不可或缺组成部分，就像"t"的横线一样。它的引入是为了区分"i"和数字"1"。在较早的笔迹中（大约1500年），"1"和"y"的垂直笔画有了点，但在17世纪或18世纪这种写法发生了改变。

和笔迹的其他方面一样，标点符号是笔迹的一个方面，最近的一些学者很少认为适合对其进行评论。对于奥斯本（Osborn，1929）来说，它是布局主题下考虑的16个特征之一，在这方面，标点相对于基线的位置很重要。他引用了一个案例，在很多不属于撇号的单词中，撇号一直被不恰当地使用。这个证据证实了书写人的身份。他举出另一个案例来说明：在自然笔迹中，不可能出现标点符号被精确的再现。

哈里森（Harrison，1958b）也评论说，"i"点的位置在笔迹比较中有一些潜在价值，因为很少有书写人把它们精确地放在笔画主干之上。但在其他方面，研究"点"的形式或结构可能会有所帮助。"i"点可以是圆形的，可以是一个笔画，可以是一个勾，也可以是小的"v"，可以是笔直地竖着，也可以是水平地横着。在气泡体中，圆点通常是一个小圆圈，并精确地位于笔画主干的上方。在一些书写人的笔迹中，这个点可以被完全省略，或者只是偶尔使用。

在研究其他语言的发音或变音符时，也可以观察到类似的变化。很少有与抄本的风格紧密对应的。然而，我们会发现，由于"i"点和变音符号在书写过程中会被粗心大意和快速地书写，或许是因为它们的大小，它们在风格和位置上可能会有很大的差异。

当然，逗号和句号是检验中最常遇到的标点符号。在这里，它们的形式、大小和位置与抄本示例之间也没有什么对应关系。在大多数情况下，它们是长度和方向不同的笔画，而不是很少弯曲的点。在许多人的笔迹中，几乎没有一致性，但就像许多其他笔迹元素一样，有些人在标点符号使用方式上相当独特，在执行上也相当稳定。奥斯本（Osborn，1929）多年前提出，逗号的位置相对于它前面的词可以有一致性。因此，研究报告的这一内容不容忽视。

虽然通常是在签名和长篇笔迹中出现问题，但"i"点和标点符号在研究信封地址时也会有特别的帮助。书写信封地址总是为写信人提供了充分的机会来显示他或她在这方面的特殊习惯。

如果要在笔迹检验中充分发挥变音符号和标点符号的作用，并且可能有所需的样本，那么重要的是这些样本应通过听写而不是抄写来书写的，这样就不会产生任何可能影响点、重音、逗号和句号的使用或位置的因素。

6.3.5 修饰

修饰包括（花体字）花饰、装饰、（签名）花笔、标号和下划线。

修饰增加或扩展了容易书写的笔画，而不是识别字符或单词的必要条件。它是速度、流畅度或个人任意书写的自然产物。尽管有些结尾字母似乎适合修饰，比如"y"和"g"下面的圈笔，但一个书写人可能发展出的花饰和装饰并没有遵循特定的模式，就像笔迹元素一样具有个人主义色彩。

几年前有一种特殊的装饰，是位于签名或名字下面或后面一个复杂的设计或符号。它后来演变成一种更简单的样式，最终演变成一种单笔的花饰或下划线。这被称为签名的花笔，有时更多的是首字母，根据牛津词典，这起源于大约400年前，是用来防止伪造的手段。艾伦（Ellen，1989）声称，即使在今天，一些书写人出于同样的原因也在遵循同样的做法。它可能是当前做法的先驱在文档的所有页面上签名作为防止替代或替换。目前，签名的下划线经常被不恰当地称为"标号"，为此，奥斯本（Osborn，1929）可能负有一定责任，因为他把"花笔"和"标号"两个词赋予了相同的含义。无论使用什么术语来称呼它们，今天所遇到的签名下划线并不总是限于一行，而可能是两行甚至三行。

在古代文献中，"标号"是开头的首字母或标题，或这些字母或标题的下划线，用红墨或赭石墨印刷或镌刻，作为一页或一段的开始。最近，它被用来指手稿中总是用红墨水写的边缘说明或解释。在今天，也没有人用它来修饰首字母或标题，它也许偶尔被用来指一些书写人在签名上使用的下划线，或写在签名后的一些个人花饰。

在讨论签名的特别笔画和图案时，我们不能忽视较小但极具个人特色的修饰，这些修饰通常出现在长篇笔迹中单词头一个或最后一个字母中，因为没有更好的术语，我们可以称为"装饰"。"t"的交叉处也可以有些装饰。正如奥斯本（Osborn，1929）所描述的那样，这些奇趣的笔法显然是为了增加笔迹某种艺术气质。对于笔迹检验人员来说，重要的是，这些装饰往往是书写人长久的习惯（图6.18）。与其他工具相比，允许笔画宽度有明显变化的分叉笔尖或自来水钢笔

图6.18　花体签名

书写的笔迹更能表现出这种特征。灵活的笔尖允许的笔画色差，是促使书写人发掘这种装饰潜力的原因。

6.3.6 易读性和书写质量

易读性不是从书写线条相对于衬底密度的角度来考虑的，而这更恰当的描述是可见性。也不像奥斯本（Osborn，1929）和希尔顿（Hilton，1982）所做的那样，从书写质量的角度来考虑易读性，书写质量指的是特定的识别因素或特征。相反，将这两个术语——易读性和书写质量——可以结合起来使用，作为衡量书写水平密切相关的度量标准，二者互为产物。

定义： 易读性和书写质量是指字母的易识别性，通常源于对抄本设计的遵循，在较小程度上也与抄本的大小、倾斜度和间距有关。

当人们认为易读性或书写质量是衡量笔迹是否优秀的标准时，就会意识到，必须从书写人和读者的角度来考虑。在书写人看来，书写效率高的就是好的。效率必须基于笔画的质量、运笔的流畅性和运笔动作的简练来判断，而这往往是以牺牲字母的形状为代价换来的（图6.19）。

(a)

(b)

图6.19　易读字迹示例　(a) 用简化形式书写但难以辨认的字迹，(b) 用简化形式书写但书写质量较差的字迹

作为衡量书写效率的标准，速度与书写效率之间没有直接或反向的关联。读者可能认为质量更好的文字需要多一点的时间，但在很多情况下，这是因为笔要移动更长的距离才能完成。与此同时，花更多时间书写的笔迹并不一定质量更好，因为随着动作变得更加深思熟虑和有意识，笔迹可能会失去一些流畅性。

易识别程度是需要考虑的因素，也正是从这个角度来判断书写质量的。然而，不能在不讨论笔迹好坏的情况下，就去判断笔迹是否优秀。

评判笔迹是否优秀的标准之一是其一致性。缺乏一致性甚至影响到笔迹的易读性。在重复字母或具有相同元素不同字母的布局、字母倾斜度和形状的一致性上，可以观察到均匀性或不均匀性：例如，“a”和“d”、“q”和“g”、“y”和“j”、“h”和“l”、“m”和“n”、“F”和“T”、“P”和“R”（图6.20）。

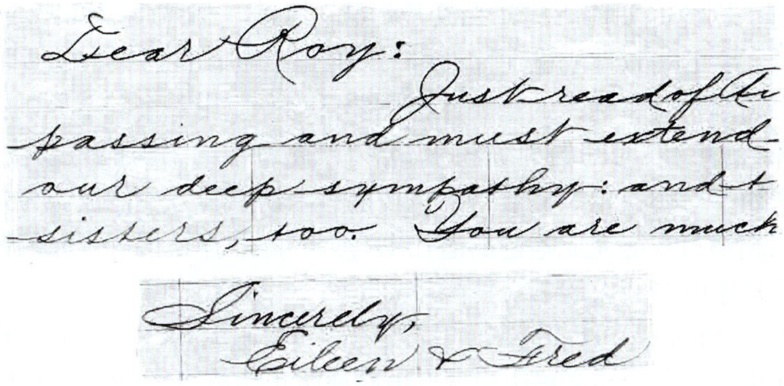
Dear Roy:
Just read of th
passing and must extend
our deep sympathy: and t
sisters, too. You are much

Sincerely,
Eileen & Fred

(a)

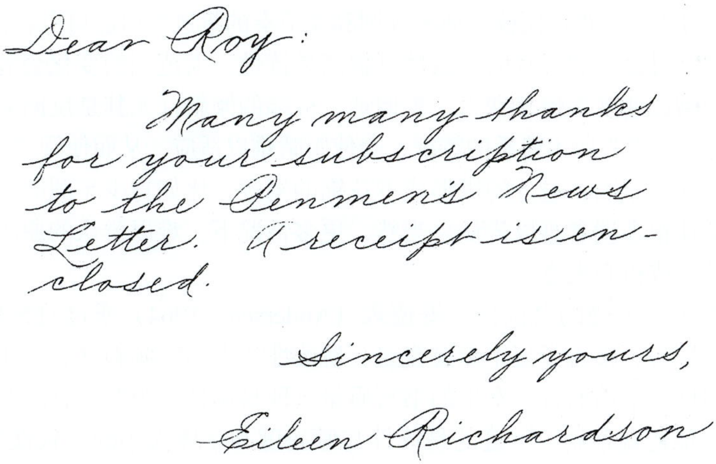
Dear Roy:
Many many thanks
for your subscription
to the Penmen's News
Letter. A receipt is en-
closed.

Sincerely yours,
Eileen Richardson

(b)

图6.20　弗雷德（Fred）(a) 和他的妻子艾琳 · 理查森（Eileen Richardson）(b) 的字迹，他们都是遵循米尔斯体（罗切斯特）的书法家。在书写时，两人均已84岁。注意许多字母形状具有惊人的相似性，但也请注意“p”的比例、“y”的角度和中间字母“t”风格的细微差异

除了一致性之外，还有另外两个方面影响着笔迹的是否优秀。那就是字母的线条或笔画的质量（参见线条质量）和字母构成本身的形状。在后一个方面，不能否认的是坚持抄本设计一定会有助于笔迹的质量，这是因为抄本的风格已被证明是最清晰的字母设计，这确保了它们的易读性。尽管如此，还是有一些字迹清晰的笔迹，它们的字母形状与抄本截然不同。在这些情况下，人们发现这种背离保留了字母设计的一些基本元素，但同时修改的内容是彼此有充分区别的，从而避免了混淆和误解。

运笔动作，尤其是环形运笔，在被允许完全主导地支配运笔时，会使得许多线性字母难以区分。"m"和"n"与"u"、"v"和"w"非常类似，因此例如"minimum"这样的单词极难识别或区分。

易读性较差的另一个可能的原因是大范围的自然变化，导致一些字母被误认为其他字母。因此，如前所述，无论是形状、大小、倾斜度、间距或其他方面，笔迹中各种元素的一致性或稳定性都对书写质量和易读性有很大的贡献。

区分书写水平是否优秀的重要性，主要是为了应用一个基本原则：一个书写人不可能不经过一段时间的训练和/或努力就超过他的书写能力或技能的上限。这一原理适用于笔迹鉴定。显然，书写技能有限的书写人不能被认为是一个以无可辩驳的高超书写技能完成笔迹的潜在书写人，除非存在情有可原的情况，可以解释在制作样本时书写人的书写技能较差。

奥斯本（Osborn，1929）指出，难以辨认和粗心大意往往是笔迹真实性的标志，怪异和难以辨认的签名被认为可以更好地防止伪造。当然，现在不是这样了。哈里森（Harrison，1958b）解释说，易读性可能与书写的艺术品质无关，因为优雅流畅的笔迹也可能难以阅读，而不规则和无节奏的笔迹也可能可以轻松阅读。

此外，字母设计和形状的一致性可提高易读性。大范围的变化会混淆字母的识别，并使阅读速度缓慢且费力。类似地，极端的倾斜（尤其是反向倾斜）会引入一些正常读者平常所不熟悉的特征，会使眼睛难以适应，从而使阅读变得困难。

出于同样的原因，过分的拱形或带花饰的笔迹，比如青少年圆润的气泡体笔迹，可能会让很多读者难以辨认。当然，更多情况下，难以辨认的原因仅仅是书写人缺乏技巧或粗心大意。

关于青少年笔迹的易读性，安德森（Andersen，1964）通过对5 286名中小学生的笔迹调查，报告了五个笔迹变量：易读性、大小、倾斜度、大小均匀性和倾斜度均匀性。平均而言，女生的书写质量（即易读性）更好，且书写垂直度也高于男生。他还观察到，字迹的易读性与倾斜度和字体大小的一致性直接相关。然而，较大的字体虽然更容易辨认，但整体大小却不那么统一。

6.3.7 笔画线条连贯性

这涉及到由于停笔、抬笔或断开而导致的笔画线条的中断或不连续。

19世纪的书写系统和一些外国的书写系统习惯于书写的字母独立于之前书写的字母，而不是像现代书写系统所规定的那样不间断地连续书写。因此，在特定的位置和特定的字母出现断开。如今的书写系统，如果一丝不苟地遵循，就要求每个小写的单词都必须在书写工具不离开纸张的情况下完成。"t"的交叉，"x"的交叉，以及"i"的点画，都是单词完成后的动作。因此，单词内的断开是个人书写习惯的组成部分，因此彼此之间有着深刻的差异。

许多外国的书写系统与非洲大陆上的字母相似，因为字母是单独构造的。东方的、阿拉伯语的和东印度语的文字就属于这种类型，在很大程度上是不相连的。北美人在正体字刻字或钢笔书写时，断笔或提笔的频率是一样的。当高度发展时，这类不连贯的文字可以表现出一致性和许多个性特征。如果书写得不熟练，它们会比连续的笔迹更容易被复制。

在美洲大陆的草书笔迹中，断笔或提笔经常被标记为起笔，这有几个原因。它们可能是由于缺乏控制书写工具运动的技能。对于这类人来说，需要中断书写过程来考虑下一步。以前的手稿书写人在转换成草书风格时很难将字母连接起来。圆形或碗形的字母，比如"a"，"c"，"d"，"g"，"o"和"q"，似乎由于它们的设计，在开始书写环状笔画前，提示起笔。事实上，在世纪之交，使用圆体书写系统的人们被教导要在开始书写这些字母的主体或环状笔画之前先抬笔。

一些小写字母（如圆形或碗形字母）前后出现的断开，可能非常明显，以至于看不到这些字母或它们之前字母的次要笔画或最终笔画的痕迹。当书写工具运动中的中断达到这种程度时，这样的断开通常被英国的检验人员称为"间断"。

在这种情况下，如果中断发生在正常、自然、真实的小写字母笔迹中，通常发生在字母之间，或者在整个单词或名字的起笔或收笔笔画很少的情况下。另一方面，大写字母通常单独书写的，在这个意义上类似于正体字字母的书写过程。像"B"，"D"，"P"，"R"，"T"和"F"这样的字母，可以由两个或更多单独的笔画构成，尽管在抄本中要求在一个连续的动作中写出这些字母。

哈里森（Harrison，1958b）提醒道，在他看来，关于间断的书写习惯不是固定的。他评论说，我们经常会发现，一些人在慢速笔迹中会有自由的间隙（即，抬笔或停顿），而同一人的另一篇笔迹中几乎没有抬笔，也很少停顿。因此，起笔和停顿的价值在很大程度上取决于它们发生在哪些字母中间。在"c"，"d"，"g"和"o"之前就很常见。在"p"和"s"之后，当这些字母是闭合的碗形时也很常见。在"e"，"i"和"v"之前就不常见，在"w"之后也是不常见的。

在真实笔迹中的中断，不管是抬笔还是停顿都是很明显的，而且很少会被纠正。对于书写流畅的人来说，即使笔画线条不是连续的，笔的运动也可能是连续的，因此在笔画的末端会逐渐变细。另一方面，在伪造的笔迹中，中断就不那么明显了，而且经常在事后进行重描、修补或修饰（图6.21）。重描和修饰需要书

图6.21　箭头所指处为运笔中断或重新起笔的笔迹示例

写工具的第二次、第三次或更多的使用，这在显微镜检查中通常很明显。在对签名的检验和研究中，连接中断或抬笔是通过追踪方法模拟的典型情况。这样做的原因是，一个伪造的人是自己作品最严厉的批评家，会努力使其臻于完美。

所有这一切的结果是，在区分书写人抬笔的不同之处可能比鉴别书写人的相似之处更有价值，特别是圆形或碗形字母，除非断开的方法极不寻常。如果真实笔迹有修饰的话，是很明显的，其笔画显然只是为了改善文字的图像效果，或者消除读者理解过程中的潜在问题。

6.3.8 笔画线条质量

奥斯本（Osborn，1929）引入了笔画线条质量这个术语，但并不是所有的人对它的理解都是一致的。也有人把它描述为由笔运动的自由程度和速度的结果。对于哈里森（Harrison，1958b）来说，它被更好地表述为笔画线条的质量。如上所述，正如希尔顿（Hilton，1982）所使用的那样，线条质量是许多运笔要素的保障。为了得到必要的澄清，这些术语应该分开并分别定义。

定义：线条质量是指书写笔画的规则程度（即平滑度和/或层次），可以从线条的性质和在规定方向路径的一致性来判断。

奥斯本（Osborn，1929）将"书写运动"这个术语定义为由几个笔迹要素构成线条质量的一个组成部分。线条质量，或者说是线条的质量，是由独立于笔触的形式或路线的特征来描述的。根据这一定义，笔迹线条的质量或线条质量是书写笔画的规则程度（即平滑度和层次性）。它可以被描述为从其规定方向路径的一致性来判断。它从平稳到颤抖，从可控到不稳定。它的三维特征，如果是由于书写工具施加压力而产生的，将从一致的、渐进的、有节奏的到不规则的、突然的或突兀的。

毫无疑问，许多与控制有关的因素（如技能、健康状况、年龄、书写工具、速度、笔压，甚至视力水平）都是影响线条质量的因素。然而，它们对线条质量有贡献，在评估过程中必须谨慎，避免不恰当地将线条质量的特征附加到对其有贡献的因素上。

还有许多其他的术语可以用来反映某种程度的线条质量。哈里森（Harrison，1958b）使用"流畅"这个词来表述在伪装的运笔中所缺少的东西。此外，他对流畅和节奏的表达方式，暗示着这两者是不同的。奥斯本（Osborn，1929）并没有准确地使用"流畅"这个词，而是将流畅的笔迹定义为：一系列协调一致的书写动作，这些动作通过一种固定的、良好的书写习惯以完美的节奏在纸张上滑动最终形成笔迹。如果流畅性等同于流畅的运笔，那么奥斯本的定义表明，书写节奏是它不可分割的一部分。奥斯本也谈到了技巧和自由度，并继续将书写的自由度通过笔触的方向、一致性和清晰的质量来表现。

当提到低劣的笔迹、摹仿或是伪装的笔迹时，很少有人会去谈到它们的流畅性或自由度，因为它们总是不存在的。在这些情况下要讲线条质量的话，无论质量是好是坏，线条质量都会存在。流畅性、自由度和其他类似的术语指的是通常并不经常存在的一个更高等级的线条质量，即方向或笔压上没有任何颤动或不稳定的变化。因此，线条质量作为更常见的情况是首选的术语（图6.22）。

图6.22 线条质量的比较：书写人（a）的线条质量不规则且伴有迟疑。书写人（b）的线条质量自然且流畅

6.3.9 笔的控制

这涉及在生成笔画线条时用手进行书写工具的操控。为了组织与之相关的信息，点负荷（笔压）、握笔和笔的位置被组合为笔的控制方面。

1. 点负荷——书写笔画线条过程中施加在书写工具的笔尖，滚珠或尖端上的力的垂直分量。通常称为笔压，它可能是绝对的，即在所有的书写过程中都是恒定的；或是相对的，即在某些笔画中增大或减小的。在任何一种情况下，都可以通过：笔痕及其变化，墨水或石墨的沉积及其变化，或纸张的凹陷及其变化来证明。
当它具体化为一个和谐、渐进的重复过程时，它被称为节奏、流畅度或流畅的笔迹。
2. 握笔——手、口、脚或假体对书写工具的抓握，仅在圆珠笔的轴线与书写面平面的夹角≤45°时，或由笔尖分裂的笔产生底纹时可确定。
3. 笔的位置——书写工具相对于书写纸或衬底，书写基线，或书写笔画的方向。

6.3.9.1 点负荷（笔压和阴影）

笔压和阴影曾经被认为是独立但又密切相关的两个方面，引起了人们对该主题出版资料的极大兴趣。

泰特尔（Tytell，1995）出色地描述了从羽毛笔、钢笔尖和自来水笔时代到20世纪40年代后期圆珠笔时代的阴影作用和演变过程。在从一种工具到另一种工具的过渡中，阴影的减少被认为是熟练书写的重要品质和特征。泰特尔评论道：

"今天普遍看法是，……认为第二次世界大战后，圆珠笔的出现，把一种不适合产生阴影的书写工具强加给了公众。对于书写人来说，圆珠笔只是书写工具不断下降的又一个步骤。在19世纪，钢笔与羽毛笔相比并不占优势。在20世纪，墨水笔被批评为不如钢笔。"

在本世纪初的著作中，无论是否必要，在区分阴影和笔压之间方面存在一些困难。因此，像无意识强调和无意识压力强调等术语都被用来澄清含义，但效果不是很好。

正如泰特尔所报道的那样，奥斯本（Osborn，1910）在他的第一版《可疑文件》中，发现了笔力和阴影之间存在潜在的混淆。

"在笔迹中，笔压和阴影之间没有非常明确的区别。笔压指的是书写中不自觉地加重、笔画的流畅性和线条的质量，与通常被描述为描边的故意和有意的加重不同。"

术语的困惑并没有被奥斯本（Osborn，1929）在第二版的书中完全解决，他写道：

"如果没有仔细的定义，'笔压'这个术语将毫无意义，而与'阴影'相比，'无意识加强'或许是一个能更清楚地表达这里所谓的'笔压'的术语。所谓阴影，是指笔画墨量的明显增加，在许多情况下，这与所遵循的书写系统一致并从其发展而来的。然而，在一个成熟的、发达的笔迹中很大程度上是无意识的，因此，'无意识的加强'这个术语可能有些误导，因为它暗示了所谓的阴影总是有意识地完成的。由最精细的线条组成的笔迹会由于压力的变化而在整个线宽上保持一致的变化，这种情况是很少的，这种加强在这里被称为笔力或无意识强调，有别于显著的和完全清楚的阴影。"（第128页）

布鲁斯特（Brewester，1932）重申了奥斯本的话：

笔压可以被定义为力量或压力，在书写过程中无意识地施加在笔上，虽然阴影起初是有意识地施加在某些部分上的压力，但随后成为一种自动行为，就像其他无意识养成的书写习惯一样。（第39页）

正如泰特尔所报道的那样，奥斯本仍然不满意他对"笔压"的定义，他在1946年写了另一篇文章，试图阻止这个词的滥用：

"书写中最重要的品质之一，通常被不恰当地描述为笔压，没有准确定义，就意味着什么也不是，……，在笔迹中，线条的质量、笔画的重量、强调的位置、线条的流畅性以及手法技巧都具有很高的鉴别价值,这……是运用的动作,执笔的方式,身体和手臂的位置以及已经形成的习惯性技巧和速度的结果……加强或无意识阴影的位置和特征,(以及)这一特征的变化是笔迹真伪的最重要证据之一……仅仅是习惯性地在一个字符上施加额外的或加强压力,往往是非常重要的,而且书写的力度、自由度和速度清楚地表现在线条质量或笔力控制上,或者不管它叫什么……对线条质量和无意识力量加强的检验,在所谓的伪造签名中尤其重要。"(第292页)

奥斯本对阴影和笔压非常重视,因此他自己做了对角线测量,也就是用玻璃网格来测量和比较从1/30到1/200英寸的笔画宽度。(第120页)

希尔顿(Hilton,1982)在他的定义中将"强调"定义为"随着压力的增加,间歇地用力将笔压在纸面上的行为"。当笔尖具有伸展性时,这种强调会产生阴影,然后将笔压定义为"笔与纸接触的平均力"。(第20页)

哈根(Hagan,1894)对平均压力和极端压力作了类似的区分,他说:

"在确定个人习惯时,除了对在整个签名书写过程中笔压的一般测量外,还必须考虑签名中较轻和较重的线条之间的相对密度,阴影加强开始和结束的点以及完成签名的便利程度。"(第68页)

泰特尔提醒说,如果认为像哈根和奥斯本这样声名显赫、熟悉那个时代笔迹的人,对笔压和阴影问题的研究上是错误或过时的,那就错了。然而,即使是奥斯本也会承认,从另一个角度来看这个话题可能会有所收获。

回顾这些定义和解释会引起一些问题,并促使人们进行一些观察。哈根和希尔顿都认为,在任何笔迹中,都存在一个测量笔力的通用方法。它可以从轻到重不等,但有必要促使油墨转移到纸上。除此之外,在应用这种通用的压力测量方法时,可能会有局部的变化,这补充了笔画宽度在转折点上的变化,而这些变化可能纯粹是由书写工具笔尖的物理尺寸及其相对于运笔方向的朝向产生的。

奥斯本最初似乎认为,笔压是无意识和不自觉的,而阴影则是有意和自愿的。他认为最初由摹仿引起的阴影,随着练习变成个人无意识和不自觉的习惯。因此,笔力和阴影的区别似乎仅仅在于所达到的效果。

奥斯本(Osborn,1929)将笔压定义为无意识的强调。这个术语意味着阴影,即另一种情况,是一种相对有意识的行为。事实上,他说阴影是更明显的,可能是故意和有意识增加笔触的力量。然而,他说,在成熟的笔迹中,阴影在很大程度上是无意识的。因此,"无意识加强笔压"这个词本身就有误导性。

奥斯本和其他人努力解决的问题关键在于幅度——笔画宽度变化的幅度。奥斯本那个时代的笔迹阴影是极端的。它是装饰用的,而且是故意的。要实现它需要有意识的努力。文献上说这种情况下的书写速度要慢得多。熟练的笔迹,写得快,写得流畅,很少表现出同样的笔画宽度变化幅度。因此,当阴影变得不那么有意识时,它也变得不那么明显。

有人可能会问，为什么一定要区分笔力和阴影。除了它们可见的特性之外，几乎没有理由声称它们有根本的不同。它们是直接相关的，因为它们是因果关系。此外，几乎不可能确定阴影何时会从有意行为变为无意的行为。

在更极端的形式中，阴影是笔压力的产物，表现在笔画的扩大或缩小，特别是用分叉笔尖时，或在纸表面产生印痕或沟槽时。阴影和压痕是可以观察到的表现形式，但在笔上施加压力，进而在纸上施加压力，是书写人的习惯（图6.23）。因此，阴影不是书写人的特征；而笔压才是。阴影是表现形式，而压力才是根本原因。

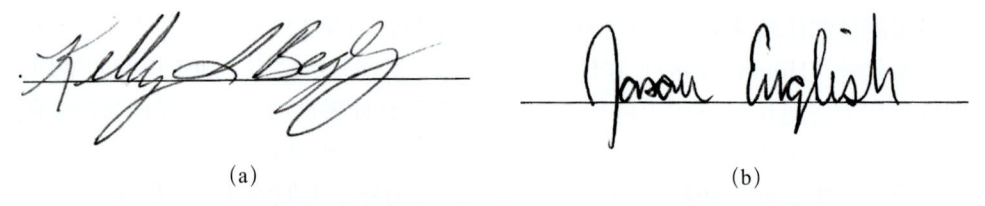

图6.23　笔压的比较：书写人（b）比书写人（a）笔压更重、控笔更僵硬

从技术上讲，笔压并不是一个常用的术语，尽管它已经使用了一个世纪。点负荷，在制笔行业中被定义为笔尖在线条生成过程中所受力的垂直分量，实际上被宽泛地称为笔压。笔压有两个分量——垂直分量和水平分量，但只有垂直分量形成线条的阴影（图6.24）。

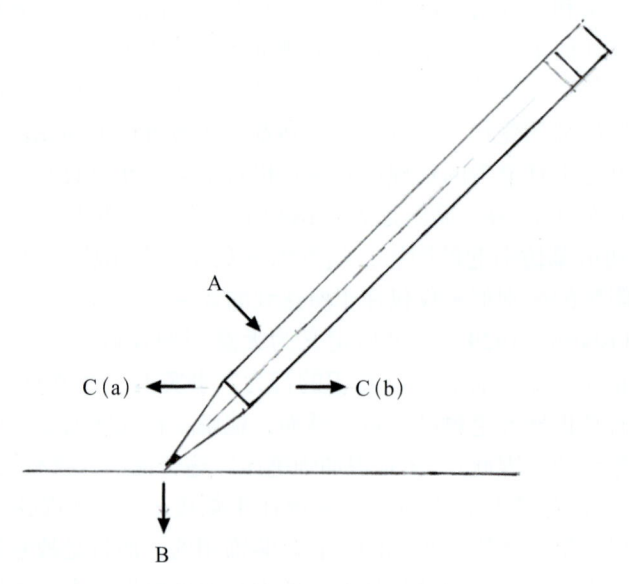

图6.24　作用力的方向组成：A.书写人施加的"笔压"（垂直于笔的轴线）；B.点负荷（垂直分量，致使形成压痕和阴影，即笔尖点的分离）；C.运笔动作（水平分量，致使线条生成，a向前或横向，如上划或横行，b拖动或向后，如下划）

在一些人的笔迹中，施加在笔上的压力或施加在笔尖上的压力可能会产生的阴影，这些压力可能是持续而沉重的，产生贯穿整个书写过程的粗线条，也可能持续但轻盈。它可能是有节奏的，与一个沿特定方向运行的笔画一致，通常但不一定绝对是向下或朝向手腕的笔画。它可能是特定字符的特定元素所特有的，也可能是偶发的，没有明显存在的理由。它可能是渐变的，也可能是突然的。

这里讨论的，以及哈根、奥斯本和希尔顿讨论的，仅仅是笔压或点负荷的两种特性：绝对笔压和相对笔压。这两个特征与先前所说的笔迹大小和倾斜度方面的特征相似。笔的绝对压力是一个人书写过程中始终不变的压力。它可能并不总是显而易见的，但它总会存在。用书写工具必须写出一条笔画。相对笔压是指在某些笔画中某些位置笔压的大小。它形成笔迹的特征，通常称为阴影。

回顾现代书写工具对笔迹的典型属性的影响，我们必须承认，自"笔尖"时代以来，书写工具运动的基本原理没有改变，只是视觉轨迹不同。线条质量仍然是笔的控制、压力变化和流畅度的产物。描述这一点的证据可能有所减少，但并没有被推翻。

6.3.9.1.1 阴影的种类和原因

阴影应根据其性质、一致性或等级、强度、技巧和位置进行研究。如果它是错误的，它可能成为证明笔迹虚假性的证据。如果它是正确的，就可以证明笔迹的真实性。

在大多数情况下，由于笔尖对书写表面施加压力导致笔尖分离，从而产生阴影。这种分离是由于笔尖的弯曲造成的，这使得笔尖的每一半都有自己的弧度，但是弧度不同。每一个圆弧都指向一个与另一个以小角度运行的纵坐标。在笔尖上的压力或点负荷使得每个笔尖沿着这些坐标的线条弯曲，结果是笔尖彼此远离，从而扩大了笔画的行程。

羽毛笔是最早的一种笔尖分叉的书写工具，经常是弹性很大，以至于很难找到笔尖痕迹的特征。而钢笔尖毫无疑问会留下痕迹。金笔或金头笔是对钢笔尖的一种改进，以克服墨水中酸对钢的腐蚀作用。添加了铱元素克服了金的柔软性，大大延长了笔尖的使用寿命。

储墨笔是钢笔的前身，这种笔在笔杆的背面安装了一个墨囊，这样就可以在不需要注入墨水或蘸笔尖的情况下完成更多的书写任务。事实上，在没有补充墨水的情况下，墨水笔画的长度是区别蓄水笔和传统钢笔的主要手段。

自来水笔大大拓展笔尖之间的笔画宽度。最初，它更有弹性，并通过扩大笔画来应对压力，但最近的产品都没有这么流行。

分叉笔尖的使用大大减少，以及圆珠笔的普及都相应地减少了这个时代笔迹中明显的阴影发生的概率。然而，在较早的笔迹中，甚至在任何较早的笔迹中，阴影产生的原因是下列两种原因中的一个或两个：一是用笔力的垂直分量迫使笔尖分离，二是使用较宽笔尖根据运笔方向并参照生成的线条改变笔画的宽度。当宽笔尖的全弧或曲线所对应的主纵坐标与笔画方向平行时，笔画就会变宽，与笔尖的宽度相等，或随着点负荷或笔压的增加而增大。当纵坐标的方向与笔画相交成直角时，笔画就会很窄，无论施加多大的压力，都跟笔尖厚度一样窄。然而，在这两种情况下，点负荷（即笔压）可能是相同的。在这两个极端之间，笔画的纵坐标的角度和施加的压力将决定所写字迹的宽度。因此，作为笔迹特征或具有鉴定价值的习惯，最好是用笔压或点负荷而不是阴影来讨论，并避免与关于特定的执笔或笔的位置，或选择何种笔的特征等术语产生混淆。阴影可以是这四个因素中的一个或多个的产物。

这里提到了"这四个因素中的一个或多个的产物"，因为它可以在没有任何明显的压力或点负荷的情况下就可以产生一个阴影。这仅仅是由于笔尖的物理尺寸，通常情况下，宽度比厚度要大。在画一个圆时，从任何固定的位置开始，有两段圆（通常但不一定绝对，是顶部和底部），这两段笔画的宽度将符合笔尖的粗细，从而形成笔最细的笔画。还有另外两个部分（圆的两端，左边和右边）的线宽将与笔尖的宽度一致，从而形成更宽的且正常、自然的笔画。在圆的后一段区域中，随着点负荷的增加，笔画宽度也会增加。

关于笔压的话题，没有任何总结可以比之前泰特尔（Tytell，1995）的论述更好的了，因此，这里将完整的引用了这些论述。

> "回顾一下授予设备和方法的专利、科学和技术文献以及实验数据和发现，所有这些都支持这样的假设：即书写行为具有高度的个性化特征，其中最具个性化和最一致的特征是书写签名时压力加强的模式——这在文件检验的文献中也发现了同样的结论。"

可疑文件检验的基本原则已在各种课本和研究论文中向本学科的学生进行了充分的解释。要把它们简化为几个简单的陈述并不容易，就像几何书中的证明一样，而且任何这样的尝试都有可能遗漏关键细节的风险。然而，无论是在文件检验的课本中，还是非文书鉴定人使用动态笔迹分析作为生物特征身份识别形式的工作中，都支持以下陈述：

1. 动态压力模式是个人签名的一个组成部分。
2. 压力加强的模式表现出高度的人际差异。他们是高度个性化的，以至于在某种程度上，如果发现两个人签名的长度正常而且签名的样式相同，那将是非常罕见的。
3. 如果不是不可能的话，在摹仿别人的笔迹时，特别是在试图复制细节和书写方法时，要复制一个正常长度且熟练签字的压力模式是极其困难的。
4. 与所有笔迹一样，同一个人的每个签名都会有个人内部的变化。
5. 与其他笔迹特征相比，压力模式的个人内部变化一般较小。

6. 在一些个体中，这些变化是极端的，而在另一些个体中，这些变化又是轻微的或几乎无法检测到的。
7. 对于具有广泛变化的个体笔迹，可能需要比通常更多的样本。
8. 与所有笔迹一样，随着时间的推移，这些模式也会发生变化。
9. 在一些个体中，这些改变是极端的，而在另一些个体中，这些改变是轻微的或几乎察觉不到的。
10. 更接近检材日期的样本通常是可取的，特别是在笔迹随着时间会发生剧烈变化的情况下。
11. 这些压力模式的压力分布和压力对比可以与其他动态因素（线条质量要素）一起考虑，如书写速度，以便更全面地评估笔迹的个性。

在任何阴影的研究中都要牢记的要点是，阴影的特定位置有可能与特定书写人的执笔或是书写工具相对于纸平面或是书写线条的方向有关，即笔的位置。这也有可能与所使用的书写工具有关。在笔尖压力和点负荷共同作用下，就形成了阴影。执笔是以前通过书法教授的，现在因人而异。众所周知，一些书写人的执笔姿势是这样的，横笔的笔画会变宽（即阴影），而垂直笔画不会。

6.3.9.2 执笔（握笔）

只要是在笔画上可以观察到的任何宽度的变化，持笔或执笔的方式就会产生不同。顺便提一句，我们注意到，"握"这个词是早期书写人在书写时使用的一个术语，指的是紧握书写工具的牢固度或力度，而不是仅仅指用手控制书写工具的方式。现在抓握各种笔杆牢固度和力度都与以前不同。然而，人们已经注意到，那些用握紧的拳头这样更笨拙的方式书写的人，往往会写出比较圆润的字母。令人惊讶的是，最近的研究表明，与早期的教导相反，非常规的执笔姿势不一定会减慢书写速度（Sassoon et al., 1986）。

然而，在用左手写字时，笔或铅笔的抓握方式会产生极大的变化，这种变化在右利手却用左手写字时（即非利手书写）更为明显。在这种情况下，书写工具的倾斜角度应该偏离书写人的方向，而笔画可能会在向手腕的方向产生更多的压力，也就是远离书写人的方向。因此，如果有加强出现，它很可能会出现在向上的笔画而非向下的笔画。如果只是为了提供左利手书写人或者使用非利手的书写人书写的证据，那么就要在笔迹的这一方面进行寻找和研究。

6.3.9.3 执笔位置

执笔位置也会产生明显的差异。一般来说，这参考了书写工具相对于书写线条的方向，或者文件朝书写人的方向。在后一种情况下，人们相对于文档方向的偏好是相当一致的，但也可能会有很大的不同。然而，现代圆珠笔提供的关于书写工具相对于纸张或相对于字行方向的证据要少得多。因此，在大多数情况下，执笔力度和执笔位置都不是检验人员有机会去考虑的。

执笔位置，以前定义为书写工具相对于纸张表面或文件的方向，通常被认为与书写线条有关。有另一种关系是书写工具的轴与纸张表面的夹角。它的重要性在于，圆珠笔、滚珠笔和其他一些笔的笔壳接触表面的角度是有限制的。正如内梅切克（Nemecek，1974）所报道的那样，似乎是大约45°左右。在这个角度下，外壳和书写载体产生的阴影和其他线条可能会出现。这些条件有助于提供证据，证明书写人的执笔力度以及执笔位置，对某些案件具有一些意义。

总而言之：如果使用灵活的书写工具书写，那么观察到的阴影可以作为笔迹检验和研究中可能具有一定意义的特征。阴影的范围和位置取决于书写工具、抓握以及操作方式。笔压（和阴影）往往会在签名和其他经常书写的片段部分，例如首字母中，变得更典型和显著。因此，人们强调了它作为一个有用特征的重要性（Moore，1983）。

由于钢笔是目前主要的分叉笔尖书写工具，是随处可见、昂贵的工具，它还是大多从销售高档钢笔的制造商那里购买或收集钢笔的人签字或书写时的首选笔，因此，墨水笔画的阴影仍然是笔迹检验时要考虑的一个因素。

笔的性能：这是指书写工具与笔控制有关特征的影响。阴影，或生成的笔画宽度变化不是点负荷变化的唯一结果。根据产生书写的表面和书写工具的类型，纸张可能会出现一定程度的压痕或压纹。

圆珠笔通常会在纸张上产生一个明显的凹槽，并且在一定程度上可以通过立体显微镜检验来判断。由于点负荷或压力的变化，即使笔画宽度明显保持不变，也会看到凹槽的深度发生了变化。

对圆珠笔的初步研究中，马瑟尔（Mathyer，1950）提出，这种书写工具在硬表面上的笔画宽度可能非常狭窄，而在软表面或弹性表面上书写时，笔画宽度可能代表笔珠的宽度，而墨水则沉积在纸槽中。当然，测量圆珠尺寸在细笔和粗笔之间有一些差别，但是对于一个特定的笔头和一个特定的书写表面，不太可能有任何可测量的笔画宽度上的差异，这与分叉笔头的阴影相对应。如果纸张上确实有压痕的话，点负荷（笔压力）必须根据显微镜在纸张表面观察到的压痕来判断。

莱特等人（Lyter et al.，1983）在后来研究圆珠笔时发现，假设影响圆珠笔书写线条有六种因素：分别是笔芯、墨水、书写速度、点负荷、书写角度、书写方向和书写表面。只有第一种因素不受书写人控制。这六种因素以三种方式在书写线条中表现出来：线条宽度、线条密度以及某些异常的现象，如黏结、分裂、点状、跳跃、缺失和斑点。该研究主要针对笔的影响、书写角度和点负荷对笔画宽度、线条密度的影响，以及异常分裂和脏污的发生情况。

结果表明，在对20种不同的圆珠笔研究中，笔画的宽度、密度和异常都与书写工具和书写人有关。然而，这些因素的组合似乎是不可分割的，因此，为了进行比较，确定书写人或书写工具方面的价值要求，书写工具和书写条件，即点负荷、书写角度和纸张类型都必须是一致的。

线条宽度测量和线条密度测量（即油墨沉积对580纳米光波吸收的能力）作为区分书写人或书写工具的可靠因素已被排除。据报道，只有与纸张表面形成较低的夹角时，才能区分细笔尖书写工具和中等笔尖书写工具。

该研究中使用的技术术语的定义都包含在术语表中，包括圆珠笔、点负荷、书写角度、斑点、点状、跳跃、定向跳跃、缺失、分裂和黏结。

多孔笔头或纤维笔头的笔是继圆珠笔之后首次出现的。它通过基于毛细管作用的进料系统提供水性油墨，相对柔软的尖端产生一条扁平的无凹槽线条。这类笔的墨水沉积物往往比其他类型的笔浓重，而且尺寸上的变化只取决于所选工具的笔尖类型（细、中、宽）。可以这样说，压力或点负荷对书写线的宽度没有影响。

事实上，这种笔有两种笔头：一种是由坚硬的穿孔塑料制成的，另一种是纤维或毛毡笔头。塑料用于细头和大部分中等头笔，毛毡用于宽头笔。多孔的笔尖会在笔画末端产生多余的墨水。由于其墨水的水性，它可能沿笔画的边缘扩散或渗出，特别是在未施胶的纸张上。因此在这些方面，它可能会和圆珠笔书写的笔迹产生一些明显的差异，但这种差异不会大于不同人使用同一支笔书写的笔迹（Hilton，1984）。

点负荷的变化并不会导致笔画宽度的明显变化，尽管更宽的笔画和出墨往往会填充狭窄的圈形笔画、锐角和笔画之间的小间隙。因此，开放的"o"和"a"的环形笔画可能是闭合的。以锥形的笔画收笔的确会出现，但是比起用其他类型的笔出现的频率要低。

滚珠笔（roller pen）是20世纪50年代早期制造的另一种书写工具，它有两种尺寸，采用水性墨水和圆珠笔设计。这种笔产生的运笔轨迹或凹槽很像圆珠笔，而且密集的墨水沉积物很像多孔头笔。与其他圆珠笔一样，对于柔软的表面，可以观察到沟槽深度的变化。针对坚硬的表面和较轻的点负荷，凹槽可能无法被观察到，并且笔画与多孔点笔的笔画非常相似。

在20世纪70年代后期，多孔的笔尖被塑料笔尖和纤维笔尖取代，塑料笔尖或纤维笔尖包裹在管子里。笔尖的硬度足以产生碳复写字迹，这是多孔头笔无法做到的。此外，相对于一个相当柔软的书写表面，书写点的坚固性足以在书写线条上产生凹槽或沟槽，这里的点负荷更大。无论如何，它不太可能像传统的圆珠笔那样在纸张表面产生明显的压痕。就像多孔头笔一样，书写线条的尺寸，与点负荷无关，只是在所选择的书写工具的笔尖大小范围内变化（Hilton，1980）。

塑料尖笔能够产生一条精细的书写线条，因此即使在坚硬或弹性较差的表面上也能产生细小的凹槽或沟槽。据报道，其中一种名为 Pilot Razor Point 的工具与其他竞争对手生产的产品相比，能写出更精细的线条，因此，它是最适合写在纸张上的工具。Flair 硬头笔能够写出一个宽度适中的笔画，但是，根据希尔顿的说法，没有其他的塑料笔能写出像多孔圆珠笔一样的宽笔画。

希尔顿（Hilton，1980）指出，细头书写工具能够再现一个人笔迹更精细的细节。较粗的笔头通常会掩盖这些细节，这样一来，细线条书写的某些重要特征就会在较粗、不太明显的笔画中消失。

自来水笔仍然是唯一的分裂笔头书写工具，能够像过去的钢笔那样具有墨迹阴影和压力的特征。它也是唯一能合理反映执笔和执笔位置的传统书写工具。

6.3.10 运笔

运笔是一个用于几个不同方面的术语，并倾向于在不同场合下使用不同的含义。传统上，它是笔迹的一个属性，体现在字母构成和词内连接中，可能分别是：

1. 环状——逆时针运动占主导地位。
2. 拱形——顺时针运动占主导地位。
3. 棱角状——直线笔画多于曲线笔画。
4. 无法确定——无法确定占主导地位的运动。

因此，它的定义是：

定义：运笔是书写工具主导动作的一般变体。

如果可以区分的话，这些运动似乎可以分为三类：环状，拱形或拱廊状，棱角状（图6.25）。然而，为了全面地理解，必须增加第四个类别：无法确定的形状。

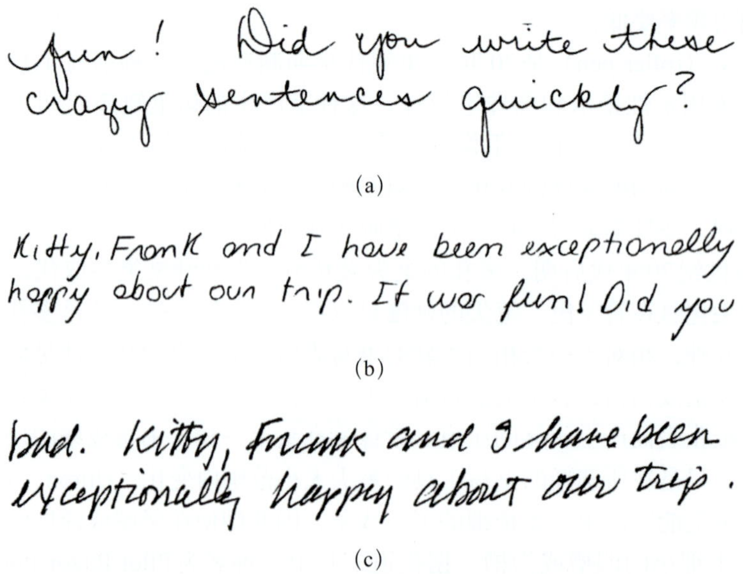

图6.25 环状（a），拱形或拱廊状（b），棱角状（c）字迹示例

同样，在个人的运笔中，还会有与字符有关的其他更独特的运笔。它可能是字母组合"of"的方式，以显著改变"f"上环的结构，"on"中连接的拱形，或者是在书面语言中更频繁出现的首字母、尾字母或字母组合的多种书写方式中的任何一种。这样的运笔往往会为了流畅性和速度而牺牲字母的形式。在某些字母的书写过程中，我们经常会发现一些特殊的动作，这些动作可能会使这些字母变得难以辨认。因为使用频率更高，这些动作变得更加固定，而且更不自觉地表现出个人的习惯模式。为了使之更完整，这个定义应有第二个句子：

定义：运笔是由两个或两个以上特定字母组合而形成的特定变体。

这个定义描述了书写工具的二维动作模式。此外，点负荷的变化（即笔压的应用）也是书写工具运动的一部分，在形成字母或字母组合时，可以在任何特定的运动模式下出现或观察到。这样，书写工具的动作就形成了一个三维的模式。所有这些书写工具的运动都包含在运笔的定义中。

埃姆斯（Ames，1900）使用"运笔"这一术语来区分书写过程中涉及的主要肢体因素：手指运动、手指和手腕运动、手指和前臂运动或整个手臂运动。然而，这些区别适用于高质量的书法，在当前的笔迹中很少见。奥斯本（Osborn，1929）支持埃姆斯对于运笔的分级，并提出了每一种动作可能达到的五个等级的质量。哈里森（Harrison，1958b）用"运笔"来指书写工具的各种运动模式，但不一定指主导模式。希尔顿（Hilton，1987）没有精确地定义"运笔"，但使用的术语"线条质量"几乎与运笔同义，据说它包括书写工具几个方面的表现，如技巧、速度、自由度、停顿、强调。诚然，这些因素可能影响线条的质量，但还是会有其他因素。似乎最好是避免术语的混淆，避免认为这些术语是可以互换的，但是允许它们享有截然不同的定义。

6.4 所有书写习惯的属性

6.4.1 一致性和自然变化

定义："自然变化"是指书写人在重复的场合中写字的不精确性。

当前且流行的"自然变化"是老式笔迹学中所使用的"一致性"这一术语的替代。一致性是要达到的目标。自然变化则是要避免的情况。尽管有这样的指导，但是同一个人的两个或者多个笔迹中都可以发现变化，无论这些笔迹是否在同一天、同一时间、同一个地点里写的。产生这种变化的原因很简单，因为人类不是机器，因此，每个书写人在每次不同场合写字时都有一定程度的不同。在不同的日期、不同的文件、使用不同工具所写的笔迹也有差异。在这些变化之间的差异通常只是程度的问题，可能或多或少地取决于当时所处的环境。

随着练习、技能的获得和控制的运用，这些变化的范围会逐渐缩小，但是所有的书写人的笔迹不会完全没有变化。熟练的书法可能会表现出一致性，这种一致性会使得肉眼难以察觉到不精确的地方，但是更精确的判断方式（例如：一个测量用的显微镜）将会揭示它。

自然变化是每一个感知运动任务的一种属性。篮球运动员把球投到篮筐里的方式有自然的变化。枪支的射击有着自然的变化。打高尔夫球是一种感知运动技能，高尔夫球手不断地试图解释或控制其中的自然变化。减少感知运动的自然变化是练习和训练该技能的任务和目的。

人们谈到笔迹的自然变化时，仿佛它是一种通用的属性，以某种常见的方式来影响笔迹的所有方面。因此，"自然变化"使用的是单数。然而，这并不是所有的情况，因为在书写的每个鉴别要素中都有变化。

笔迹中的某些鉴别要素可能会比其他要素呈现出更广泛的变化。例如，草书字母"i"和"e"的设计和形状可能非常一致。确实，它们几乎没有什么变化。另一方面，草书字母"g"和"y"的圈，其形状和大小以及大写字母"G"和"S"的构成，由于涉及弯曲笔画的数量，可能很少会完全相同。因此，自然变化必须被视作笔迹组成中每个元素的属性，对整体的外观产生某种积累效应。为了正确起见，变化是复数形式，所以应该被视为多种自然变化。

奥斯本（Osborn，1929）认为，一个重要且往往被忽视的事实是，笔迹的变化本身就是习惯性的（Wing，1979）。受不同情况影响的变化有何不同，在大多数情况下，变化往往是在个人和笔迹元素所特有的范围内。因此，在笔迹中的这些变化会构成一个人笔迹自然变化的范围（图6.26）。

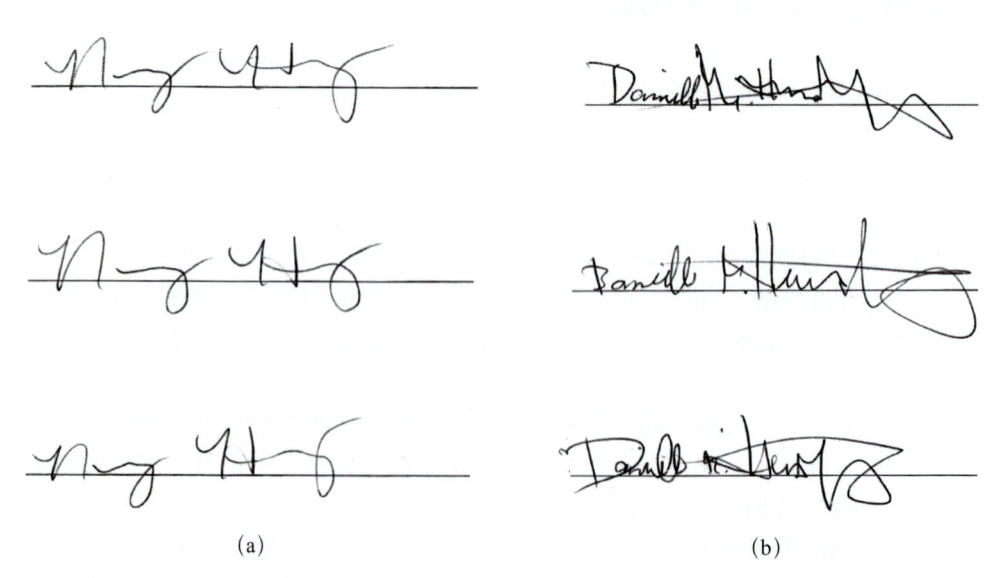

图6.26　签名的自然变化。书写人（a）的变化最小，而书写人（b）的变化范围更广

不同日期、文档或书写工具所产生的变化范围（称为异步笔迹）往往比同步（即相同的日期，地点和时间）的范围大一些。此外，虽然相同字母形式（即图形）的一致性会发生变化，但是所采用的样式（即变体）的选择也可能存在变化。例如，有许多书写人使用两种字母"r"的设计，一种具有尖角和肩形（传统形式），而另一种则是窄的"v"形（帕尔默[1]形式），这两种都可以在特定的字母组合中使用。

其他人有两种"t"的跨越方式，运用哪种方式取决于它在单词的中间还是末端。有些书写人以一种更基本的方式改变笔迹，从一种书写样式到另一种，如果只对特定的字母，且只在一个单词的特定位置。因此，楷书或手写体可以与草书相混合。

练习得越多或是书写人的技能熟练程度越高，那么所写出来的字迹一致性就越好，且变化的范围就越有限。但是，书写的技巧并不是限制或影响变化的唯一因素，特别是在许多字素（即字母）的设计或变体的选择方面。会发生多少变化取决于个人和环境。不用说，比较的样本可能并不总能反映出书写人可能的全部变化范围，也可能重复造成某些笔迹异常的书写环境。

写字的速度和内容也可能是导致变化的因素。熟练的书写人在快速书写时，往往一些字母组合的书写动作模糊化了，特别是单词的结尾会极大地影响字母的形状，甚至可能导致单个字母无法被读懂。因此只能通过所出现的单词的上下文识别出那些字母。

温等人（Wing et al., 1983）发现，变体（字母设计）出现在单词的初始位置时，其变化比出现在单词的中间或末尾位置时更大。此外，变体在末尾位置和中间位置是同样一致。这项研究所指的变化是变体选项中更为深刻的变化，不要与在使用同一变体时发生的细微变化相混淆。因此，正如埃利斯（Ellis, 1979）在他们之前得出的结论那样，字母变体设计的选择取决于字母在单词中的位置，以及其前后的字母。可以说，在某些情况下，自然变化及其范围可以被认为是识别或排除一个书写人的重要因素。因此，在书写过程中，自然变化是一个涉及被观察、研究所揭示的许多差异点属性一致性的一个术语。它有时用于集体意义，指整个笔迹在重复场合中表现出的不精确程度。因此，关于它的陈述构成了一种观察，而不是一种原则。它反映了样本之间或样本内部的一致性程度，或者更确切地说，反映了样本鉴别要素之间一致性程度。这通常是对样本与检材之间差异的一种解释。

总体而言，它是检验的内容（即笔迹）或内容的一个要素（即笔迹的21个鉴别要素中的任何一个）的一个可变属性。如果控制温度、压力和纯度，那么这种属性在化学和物理这类的科学领域中几乎不用考虑。

---

1 参见第二章。

在笔迹检验中，样本的变化是一种可以预期的，因此，当样本与检材笔迹之间有任何明显的差异时，必须被对比并加以考虑。这种的差异程度与书写人正常变化范围可能是决定书写人身份的主要因素。

一些检验人员会将自然变化与稳定性相混淆。如果一个书写人倾向于使用两种或多种形式的字母设计（变体），可能是一个印刷体字母和一个草书字母，也可能是一个"ε"和一个传统"e"，那么，据说他们的字母形式通常会表现出很大的变化。有人认为，尽管这些不同形式可能是不同风格在一个字母结构中的表现，应将它们正确地描述为同一字素的不同变体。它们并非是一次书写到下一次书写之间产生的自然变化即通常所指的微妙变化。自然变化是一个单一变体或设计、单一写法、单一运笔的属性，在重复书写时所展现出的由于不精确而产生的变化。

6.4.2 稳定性

稳定性是指某一特定习惯在特定场合下发生的频率。"稳定性"一词特别适用于任何特定情况下所选择使用的变体。正如在研究中所观察到的，以及在其他报道中的那样，字母在单词中的位置可能会决定变体的选择。可能仅仅是因为书写的目的而促使改变或选择变体。信封上的地址就是一个很好的例子。

有人会说稳定性和一致性（参阅第18点）是一回事，并且这两个术语的使用容易造成混淆。正如前面所提到的，当人们追求笔迹的卓越效果时，一致性是笔迹语言中"自然变化"一词的前身。在不改变或修改其设计的情况下，通过对一个字符、一个特征或笔迹元素的改进而获得的书写技巧来实现的。相对于自然变化，稳定性是指在笔迹中某一元素的变体或深刻的变化，因此稳定性和一致性这两个术语的使用是合理的。

6.5 书写习惯的组合

6.5.1 横向扩展

定义：横向扩展是一组连续的字母和单词的横向尺寸。

横向扩展是字母的形式、字母的大小和字母间、单词的间距，以及收缩或扩展的范围（图6.27）。

虽然字母的形式和大小是横向扩展的原因，但是最主要贡献者往往是字母与字母之间的间距。这是笔迹的一个方面，通常会与别人不同，但是某些人却会十分一致。

因此，横向扩展并不是一种笔迹特征，并且除特殊情况外，很难用于比较目的进行判断，只有在相似文本的材料中才能做出准确的判断，并且除了在签名比

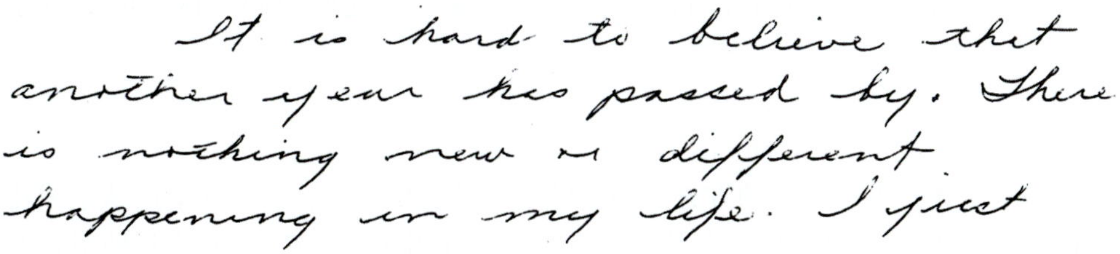

It is hard to believe that another year has passed by. There is nothing new or different happening in my life. I just

图 6.27 相当大的横向扩展，字母间距、单词间距，以及某些情况下的字母宽度示例

较之外，这种情况很少见。在笔迹，尤其是签名研究中，它的独特优势在于它具有累积性。在一个签名、几个字符或一行文字中，字母的大小与间距的微小差异慢慢累积，从而证实了在这些字迹整体大小与间距方面的相似性（如果存在的话），如果与他人字迹存在差异的话，差异则更加明显。

一些书写人会表现出相当大的横向扩展。当发生这种情况时，要注意的是，字母间距的增加与词间间距的增加有很好的相关性。纵向尺寸的增加或文字的大小不一定会随之增加。文字的纵向大小的增加，例如字母大小的增加，通常导致字母间距的缩小或明显的文字拥挤。

6.5.2 单词比例

1. 纵向与横向
2. 大小和间距的产物

奥斯本（Osborn，1929）写道：

真实的笔迹或签名，字母的高度和单词的长度有一定的固定比例。这是通过不同的书写系统来改变一页文字总体外观的独特方式。这种变化可能是轻微的，尽管它组合在一起，以一种显著的方式改变了笔迹的整体外观。（第141页）

奥斯本说，笔迹中的细微差异，书写系统之间的差异，甚至是人与人之间的差异，都会产生累积效应，笔迹量越大（例如一页），这种影响就越明显。

6.6 总结

6.6.1 艺术品质

艺术品质未包含在那些可以用于认定或鉴别笔迹的特征目录中。诚然，艺术品质有时是指书法，其中的许多方面，如布局、大小、比例、线条质量和书写质量，都是令人赏心悦目的。然而，它不能被简单地定义，正如美不能被定义一样，因为它在很大程度上取决于观察者的看法。因此，它不是笔迹的一个方面，或笔迹习惯本身，可以轻易地被定义、描述或在同一认定的过程中使用。

6.6.1.1 21个要素的回顾

综上所述，书写习惯的方方面面，即书写的鉴别要素，以及在笔迹认定或排除过程中需要检验和研究的主题，共有21个。其中包括书写习惯的两种组合和书写习惯的两种共同属性，具体如下：

1. 风格要素
   a. 布局
      i. 受艺术能力，比例感和所受指导的影响
      ii. 一组习惯的产物
   b. 变体的类型
      四种变体的样式
   c. 连接
      i. 单词间连接
      ii. 单词内连接
   d. 字体的设计与构造
      i. 对应国内外或特定的书写系统
      ii. 字母组合中笔画的数量、性质、位置、顺序和方向
      iii. 同一个字母使用两种或两种以上的形式
      iv. 大写字母——偏离标准的写法
   e. 尺寸
      i. 字母各元素的比例，即：碗形笔画与杖形笔画，主笔和圈形笔画，拱形笔画与圈形笔画的比例等
      ii. 绝对大小
      iii. 特定字母与特定字母的相对大小或在单词中的相对位置
   f. 倾斜度
      i. 笔迹总体倾斜度
      ii. 字母或字母的某些部分的倾斜度
   g. 间距
      i. 单词间间距
      ii. 单词内间距
2. 执行要素
   a. 缩写
      i. 省略字母的单词缩写
      ii. 为了速度而牺牲形式的字母组合

b. 对齐

指签名、单词或一行连续的字母与实际或想象书写基线的关系

c. 起笔和收笔

i. 笔画的长度、方向和路径

ii. 笔画的锥度（书写工具接近并离开纸张的倾斜度）

d. 变音符号和标点符号——是否存在、风格和位置

e. 修饰

包括花饰、装饰、花笔标号和下划线

f. 易读性和书写质量

易于识别的字母或采用符合抄本的形式

g. 笔画线条连贯性

是否出现停顿、断笔或重描

h. 笔画线条质量

字迹笔画的规则性程度（即平滑度和/或渐变度），根据笔画性质和规定方向上路径的异质性来判断。它的变化从平稳和可控到抖动和不稳定。

i. 笔的控制

i. 执笔

ii. 笔的位置

iii. 点负荷（笔压）

A. 在可确定的情况下予以考虑

B. 通过阴影、墨水或石墨的大量堆积或纸张的凹陷来证明；具体化为一个和谐和渐进的重复出现，称为有节奏、流畅，或流畅的笔迹

C. 绝对笔压——表现在所有的笔迹中

D. 相对笔压——表现在某些笔画中更大或更小

j. 运笔

i. 书写工具主导作用的变化；可能是三维的

ii. 观察到的字母形式和字间连接可能是：

A. 环状——逆时针运动占主导地位

B. 拱形——顺时针运动占主导地位

C. 棱角状——直线笔画多于曲线笔画

D. 无法确定

3. **所有书写习惯的属性**

a. 一致性和自然变化

在重复的情形下习惯执行的精确性

b. 稳定性

当情况允许时，某一特定习惯的发生频率
4. **书写习惯的组合**
 a. 横向扩展
  i. 范围从收缩到扩展
  ii. 是间距和字母形式的产物
 b. 单词比例
  i. 垂直尺寸与水平尺寸
  ii. 是大小与间距的产物

第七章

笔迹鉴别和同一认定中的特殊问题

7.1 首字母字迹的鉴定

首字母字迹是一种独立于并有别于签名的书写形式。它是代替签名的一种方式，通常由姓名中的部分或全部首字母组成。

商务惯例将首字母用来认证文件、批准修订文件或授权文件所涉及的行为。有人建议，在这些情况下，首字母仅仅用作签名的缩写。这种对其广泛使用的解释并不是说首字母签名在任何情况下都与个人签名的某部分完全相似。事实上，这种差异可能大得令人惊讶。然而，在大多数情况下，仔细研究一个人姓名的首字母，将至少会发现个人签名的首字母或大写字母与签名之间有一些基本的对应关系。

有些书写人在他们的首字母签名中采用了独特的风格，而且这种风格非常明显，这足以提供充分依据来认定书写人。在某些权力机构，经授权或批准的首字母签名通常会附有个人级别或职位的缩写，例如"A.B.C./R.N."或"D.E.F./Mgr."、"G.H./Sgt,"、"I.J./Sec'y,"或"K.L./Dr,"，也可以没有标点符号或斜杠。标点符号和附加等级或头衔的方式很有个人主义色彩，是认定或排除潜在书写人的一个重要因素。然而在大多数情况下，仅凭借首字母进行判定，其背后的依据在质量上是有限的，且数量也是不充分的。

首字母签名有时会经过精心设计，或只是草草涂写，以至于难以辨认所书写的字母。个人签名中存在下划线或环绕包围的做法并不罕见，这些可能不是个人签名的一部分。

对于那些不太需要签名的人来说，姓名首字母字迹往往不太稳定。通常，首字母签名仅用于确认收到某样物品，或签署同意某份文件中的格式条款（可能签字人并没有阅读或充分理解条款），这些情况往往发生在各种各样的书写条件和书写场合。由于这些原因，在收集样本时经常会强调，应尽可能在类似的书写条件下（如别扭、不舒服或不便书写的环境）采集用于比较的样本。

在某些行业中，草签文件作为授权或认证工作已成为日常要求，并因此成为一种行之有效的做法，其反映出特征的稳定性，甚至可能比完整签名更稳定。在一项关于笔迹自然变化的研究中，维德拉（Widla, 1990）从波兰西里西亚大学（Silesian University）法学院的30名已毕业学生中收集了笔迹样本，这些学生由于工作原因，每天会以完整签名模式以及首字母签名模式签署多份文件。研究中提到，经过6个月的时间，首字母签名被证明是一种比完整签名更稳定的图形。这一发现是在特征物理尺寸上，来自同一个人的首字母签名比完整签名显示出更小的平均标准偏差。这项研究的结果支持了沃尔纳（Wallner，1975）的发现。

是否能认定书写人取决于书写过程中涉及的字母数量、书写动作的复杂性以及书写技能和稳定性。建议使用显微镜或照相放大，检验或解释首字母签名可能包含的证据。

尽管为数不多，但也曾发生过这样的情况：书写人故意把姓名的首字母，甚至是签名写得潦草难辨，为后来否认签名是自己所写提供了一个合理的借口，即案后否认该签名的真实性。正如其他地方提到的，伪装和变形是一种影响笔迹总体或更明显元素的做法，因为它们是更有意识的笔迹。在很大程度上，首字母是个人笔迹中一组总体特征。因此，伪装和变形更多地影响了首字母所能提供的、有限的笔迹中更有价值的东西。对难以辨认的首字母和签名的鉴定和研究必须考虑到这种可能性和局限性。

加尔布雷思（Galbraith，1981，1983）进行了两项关于姓名首字母及其与同个人签名关系的研究。她在研究中指出，字母大小和相对高度可能会发生变化，并且间距通常会随之变小，表现出更拥挤或较少的横向扩展。研究也发现，签名中没有出现的标点符号常常被添加到首字母缩写中，甚至字母形式也可能发生改变。在这两项研究中，其大多数研究对象（72%和69%）均披露，与签名相比，首字母存在一些变化，这表明应将首字母签名视为一种特殊的笔迹。

卡多拉等人（Cadola et al.，2013）对简单签名和首字母签名进行了模拟实验研究，发现在文件检验人员能力验证中，摹仿者无法摹仿出完美或毫无蛛丝马迹的首字母。研究中提到，摹仿者很难完美地摹仿比例、倾斜度和形状。

对于日常不需要使用首字母缩写签名的人而言，他们的首字母中可能会发现更大的变化。这可能是由于无需遵守任何标准，因此在个体签名中允许更大的自由度和个性化。

尽管首字母签名可能表现得很流利，但是它们也可能在两次书写之间出现较大变化。由于其简略性，摹仿首字母签名更容易实现。只需要复制真实签名的大致轮廓即可通过常规审查，无需考虑细节。然而，已知的首字母签名样本的稳定性（比如可能是熟练书写的）表明，如果一组可疑首字母签名是真实的，那么可能也在样本所表现出的变化范围内（图7.1）。

7.2 数字和符号的鉴定

数字和其他非字母排字工作使用的字符通常占据一个排字空格，排字工人在过去多年内都使用这些字符手工排字。这一组字符，加上字母表中大写和小写字

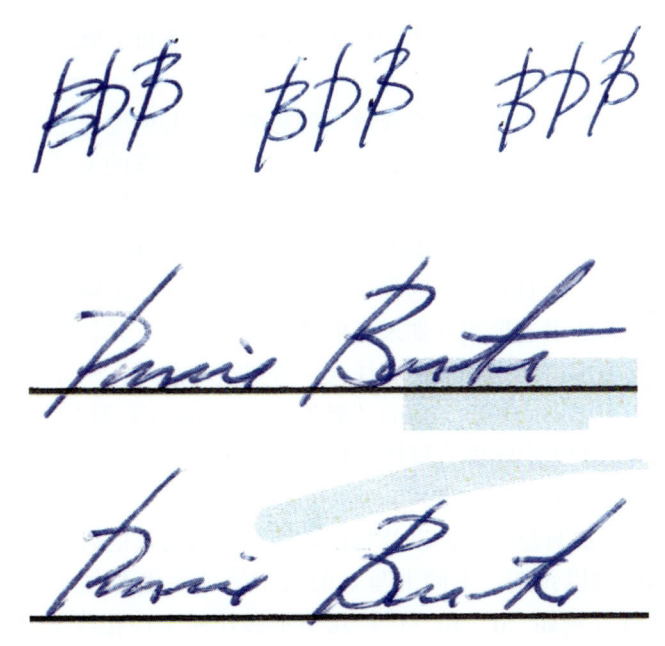

图7.1　书写人姓名首字母和签名样本，显示了两者字母结构的相似性

母，被称为字体样式和字号。"字体"（font）这个词与任何一种特定的字体都无关，这个词可以与"文字样式"（type style）互换使用。现代的用法倾向于不恰当地将字体与字体名称联系在一起，如Bodoni字体或Times Roman字体。字体可以被定义为字符和字母（大写和小写）的完整集合，这些集合是经购买而获得一种特定的字体或类型样式。

然而，还有其他与字迹一起出现的字符，如勾号、叉号、箭头和其他各种形状的符号，它们目前以计算机打字字符形式出现，统称为装饰性符号或标志性符号。

7.2.1 数字和文本符号

希尔顿（Hilton，1970）对数字笔迹的这个主题进行了全面的阐述，甚至暗示可以仅从书写数字的习惯中认定书写人。霍兰和霍兰（Horan and Horan，1984）报告了他们发现的675名（美国）研究对象与安思尔和斯特拉赫（Ansell and Strach，1975）对数字的综述之间的对应关系。在后来的一篇论文中，希尔顿（Hilton，1986）描述了他在奥地利数字笔迹中注意到的一些特征。

奥斯本（Osborn，1929）、希尔顿（Hilton，1982）和康威（Conway，1959）都指出，数字以及与数字相关或伴生的标识和符号具有与草书字符类似的鉴别要素。因此，对数字笔迹的检验和研究与其他字迹没有本质上的区别。尽管两者主要是独立书写的，但是数字和其他字符因人而异，例如在结构、尺寸、倾斜度、间距、书写系统（在某些情况下）、所使用的不同风格和字型，甚至连笔方式等方面。

由于这种独立性，因前后字符或数字的影响而引起的变化是有限的。两个或两个以上数字的尺寸（即相对高度或大小）确实存在显著的关系，特别是在数字零（0）上，但数字的独立性大大减少了个体性特征的数量。

在很大程度上，北美地区遵循的书写系统在数字和其他字符上比草书的大小写字母在设计和结构上具有更大的稳定性。此外，任何已出版的书写系统所建议的任何数字或字符的可选形式（如果有的话）都比较少，并且用于开发它们的时间也更少。在其他字符结构中，还应注意一些显著的差异，例如（$）美元符号，（¢）美分符号，（%）百分号，（c/o）"转交"（in care of）符号，（&）"和"符号，（@）"at"符号以及分数的写法（1/2 或 H）。然而，数字本身与任何给定的书写系统是难以区分的。

由于书写系统更具稳定性，以及与该数字相关联的其他数字、字母或字符的影响较小，因此可以预期，不同书写人的数字笔迹变化不大。实际上，人们期望某些数字设计（例如"0"和"1"）几乎不做任何个性化改变。在对大约110位书写人使用的数字进行了研究后，贾尔斯（Giles，1996）发现数字"1"和"6"在可分类的设计变化中所占的数量最少（3个），而数字"2"的变化最大（8个）。实际上，"0"所占数量与"8"和"9"一样多（5个）。数字"3"、"4"、"5"和"7"也有可分类形式变化（6个）。关于某些形式出现的频率，贾尔斯评论说，以是否存在与数字"7"相交的横线为标准，两种形式在样本中各占一半。此外，她报告说，在样本书写人中，该数字和数字"1"在设计上最为一致。

虽然贾尔斯（Giles，1996）的研究记录了每个数字在设计上的3到8种变化，但在大多数分类变化中，还有许多未被发掘的子分类没有被报道。例如，"7"的交叉笔画是这个数字的6个变化类别中的一种，尽管显然在50%样本中出现了这种情况。然而，交叉笔画可能在长度、笔画的搭配位置和交叉的角度上有所不同。

对于某些书写人来说，形状和设计的一致性并不一定总是如此。在他们正常的书面交流中，很少用到数字，因此，数字书写的稳定性可能比文本更差。在她的研究中，贾尔斯（Giles，1996）发现有相当多的人（多达48%）在任何给定的数字中采用两种或更多的形式。

与此同时，包括建筑师、工程师和绘图员在内的许多职业，都被教授以规定的方式书写数字。还有一些工作需要形成包含数字、符号或两者的组合来表示货币金额、日期、时间或价格的文件，这些文件可能在民事和刑事诉讼中成为争议对象。这些记录包括会计记录、存货清单、股票记录、银行存款单、图纸、时间记录、距离记录、日志，甚至还有博彩和赌博记录。在许多这样的情况下，由于工作的性质，记录人可能训练充分，以使他或她的数字书写中表现出较强的稳定性。因此，自然变化在数字研究中的作用将因书写人的个人背景和经验而异。

这些情况促使安思尔和斯特拉赫（Ansell and Strach，1975）对数字的分类进行研究，作为未来印刷体（大写字母）和最终草书分类的第一步。在一份对1 080名（英国）受试者的研究报告中，他们提供了数字"0"到"9"在结构和/或设计上的4到8种不同变化的出现频率数据（百分比）。这与前面提到的贾尔斯（Giles，1996）的研究结果仅略有不同。

在他们的研究中，霍兰和霍兰（Horan and Horan，1984）使用安思尔和斯特拉赫（Ansell and Strach，1975）的分类系统，研究了675名（美国）受试者书写的数字，并得到了相应的结果。然而，正如这些学者所指出的那样，每个数字在结构和设计上的变化类别中，一个类别代表每种情况下大多数的研究对象。作为一种分类系统，这种情况往往限制了其在鉴别过程中的作用。鉴定过程中在评价数字的相似性时，也应谨慎对待。

其他研究表明（引用如下），在支票上书写的货币金额已经被有效划分至少数群体，这些人通常是支票上书写可疑笔迹的潜在书写人。尽管这些研究的数量很少，并且在文件检验人员中的使用范围也不广泛，但它们仍构成支持这一论点的证据，即某些可用的经验数据可以应用于一定情况下的笔迹鉴定。

由于可能影响数字和其他字符的情况千差万别，因此，除了21种鉴别要素外，一般来说，对数字和其他字符的研究往往必须考虑许多问题：修饰方式，简化方式，斜杠"/"，插入符号"^"，井号"#"，加号"+"，减号"–"，等号"="，百分号"%"，"转交"符号"c/o"，空白填充方式（直线或波浪线），数字在位数金额或数量中的排列方式，分数的书写方法，在若干组数字中加下划线的方法，用美元"$"、英镑"£"、美分"¢"填写货币金额的方式，成对或三连书写数字"0"的方式，以及形成"@"符号的方式。

奥尔福德（Alford，1965）提供了一个经典案例，当将贝叶斯定理和似然比应用于笔迹鉴定时，对少数数字笔迹进行区分是可能的。在该案例中，根据其他条件将可能的书写人范围缩小至四个人，这些人在书写数字"0"至"9"时的书写习惯彼此之间有足够显著的区别，从而对可疑书写人作出适当的结论。

正如其他人所说，数字和这一种类繁多的其他字符，其作用很重要，在伪装笔迹或摹仿笔迹中，当情况需要在可疑文件中包含它们时，却很少被考虑到。因此，不应忽视或低估它们在笔迹研究和检验鉴定中的作用。

尽管在可疑数字笔迹中进行伪装的情况不太常见，凯利（Kelly，1998）提请注意这样一个事实，为了与主要由数字组成的可疑笔迹进行比对，在准备样本或要求书写标本的过程中，书写人可能会试图在书写数字中进行伪装。在凯利研究了200名受试者书写数字时使用的伪装方法，她总结出五种伪装技巧，其出现频率如下：

1. 数字"2"、"4"、"7"、"8"和"9"使用另一种替代形式（45%至62%，

取决于数字)。

2. 增加数字的大小（20%）。
3. 采用更正式的数字形式（15%）。
4. 倾斜的变化，但维持得不好（10%）。
5. 数字运笔方向变化（5%）。

斯里哈里等（Srihari et al., 2003）利用一个广泛的自动化数据库样本, 从笔迹样本中提取了3000幅数字图像, 发现某些数字比其他数字更具特色或有更高的辨别度。这一发现不足为奇, 因为某些数字更为复杂。例如, 数字"5"的书写要比数字"1"更为复杂, 需要书写更多的笔画。因此, 数字"5"也提供了更多的从抄本模型的自由变化, 并允许增加特殊设计的可能性。斯里哈里等人发现数字"5"的鉴别性能最高, 数字"1"的鉴别性能最低。但研究发现, 单个数字的分析不能很好地验证或识别书写人, 因此建议对多个数字进行分析。

在一项类似的研究中, 张等人（Zhang et al., 2003）报告了字母字符比数字更具个性化。该研究基于来自美国人群的1 000份笔迹样本。利德姆和查赫拉（Leedham and Chachra, 2003）利用计算特征（例如像素密度）以及21个元素组成, 也报告了数字具有可供鉴别的价值。

数字是记录电话号码、非法毒品交易、投注或赌注、债务、支票和其他交易的货币金额的手段。在这种情况下, 可疑笔迹的数量通常是有限的, 文件通常很小, 一份文件上的笔迹可能是两个人或多人书写的。因此, 对数字和特殊字符的检验需要非常小心（图7.2a和b）。

7.2.2 修饰符号和标志性符号

在修饰符号或标志性符号的一般范畴中, 有勾号（√）和叉号（×）。这是另外两个经常引起争议的手写字符, 因此需要笔迹检验人员进行检验和研究。不像数字和其他字符通常与某种类型的文本一起使用, 勾号和叉号很少是更大的笔迹鉴定问题中的一个小部分。通常, 它们是争议的主要问题, 在没有其他材料帮助的情况下, 人们试图确定一份或多份文件的有效性。它们经常出现在打字或印刷文本中, 并且可能是文件上唯一的手写内容。

在选举过程中, 关于选票争议通常都是叉号标记。它们通常是一个或两个笔画结构, 其组成笔画大致垂直和水平方向运行, 或者在基线上有两处支撑脚, 其笔画沿对角方向运行。在这两种情况下, 如果不是有偏好的话, 书写意图是使笔画大致在中心处相交。笔画中间交叉点的精确度因人而异, 这也有助于区分某些书写人的笔迹。笔画相对于基线的方向, 无论是垂直的还是对角线的, 或介于两者之间的某个位置, 也可能是个体特有的, 都具有鉴别的价值。

叉号的笔画很少会以直角相交, 并且角度本身可能表现出某种值得考虑的稳定性。此外, 尽管理想的结构是笔画在中间相交, 但实际往往不是这种情况, 如

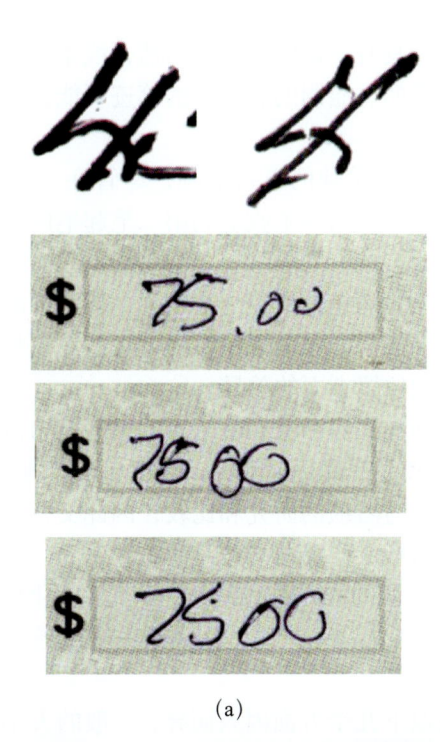

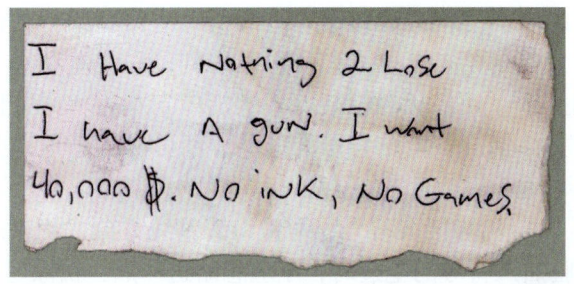

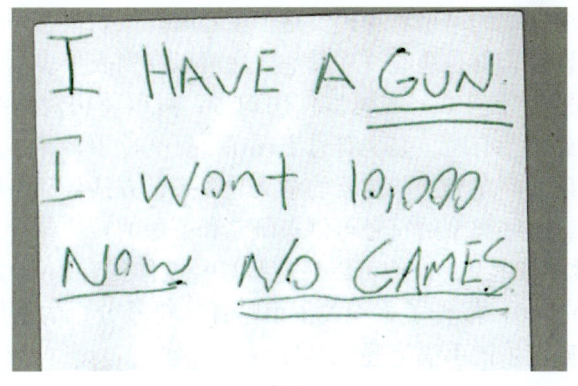

图7.2 （a）同一书写人的数字"4"和同一人的"$75.00"的三种变体；（b）数字"0"相似的两张抢劫纸条

果有平衡的模式，也可能具有一定的意义。当然，线条质量可以表现出字迹书写的流畅程度。或者，缓慢的、绘制的、刻意的笔迹可能说明一些关于书写动作或书写人的信息。

一般认为，叉号是两个单独的下行笔画，尽管在少数情况下，当字符较小时，匆忙书写叉号时可能会从第一笔收笔到第二笔起笔的连写。当然，正如杜德（Doud，1985）的一项调查所揭示的那样，这是抄本规定的结构。

可以合理地假设，叉号的伪造者很少或从不摹仿大师的作品。如果当已知的样本可用时，可疑叉号字迹可能会表现出在书写技能或流畅程度上的差异，还有运笔或交叉角度以及笔的位置方面的差异。

正常书写的叉号通常在文盲和长期卧床者的书写能力范围内。一般他们能够提供的特征数量在任何情况下都是有限的，作出认定或排除的意见会尤其困难。由于鉴定过程是基于对书写习惯的研究和比较，因此文盲和长期卧床者很少会充分地练习书写叉号，从而形成稳定的书写习惯。

勾号必须以类似于叉号的方式进行研究。通常的结构是由两笔相交成锐角，就像印刷的"V"字，第一笔比第二笔短。夹角的轴线通常是垂直的或稍微向右倾斜。

勾号的传统样式在以下几个方面因人而异：一般的大小，笔画的相对长度或平衡，角度轴线的倾斜，符号相对于字行或所对应内容条款的位置，以及笔画的曲率或直度，尤其是第二笔。人们还可观察到，一些左利手（左撇子）会把勾号的方向颠倒过来，使最长的、最后一笔延伸到左边。尽管检验发现必然确定的程度取决于具体情况，但是符号的这些方面可以合理地区分不同书写人的笔迹。

勾号的倒置"^"称为插入符号，通常沿着基线方向，用来表示插入额外文本的位置。在检验插入符号的笔迹时，不应忽略这一点：就像勾号一样，插入符号也具有自己的个性化的风格。当提及这个主题时，人们很容易想到传统的"u"这个勾号的传统设计，但是还有许多其他方法可以在列表中表示勾选。可以使用破折号"——"或连字符"-"，可以使用句号，可以使用短斜线或对角线，甚至可以使用圆弧或圆。有时，其他符号出现在可疑文件中，并不总是作为勾号出现，但对解决争议的问题有一些重要的意义。箭头、方括号和一些圆括号的样式只是其中的几种。这些类型的符号可供来研究和考虑的特征较少，但这样做的方法仍然保持相同。实际上，人们可以从这些符号迁移到音乐符号、数学符号等。贾维斯（Jarvis，2010）报告了一项关于手写音乐符号分析的案例研究，他运用笔迹鉴定原理来确定乐谱手稿笔迹的书写人。

必须仔细审查的是样本与可疑符号字迹之间的一致性。如果一致性确实存在，则两者由同一人所写的证据分量可能仍然是可疑的。如果明显缺乏一致性，则非同一或排除的结论可能更容易证明。在许多情况下，我们会发现检验的任务与同步书写字迹和异步书写字迹的任务并无不同。关键在于书写的稳定性。所调查案件的情况往往限制了潜在书写人的人数,这可能会影响得出的任何结论的价值。

7.3 外文和非常规字迹的检验

在外国文字的检验中,假定除了使用英语(即罗马或拉丁)字母和阿拉伯语(婆罗门)数字外,检验人员不具备任何方式的书写技能。其他使用罗马字母的语言包括:法语、荷兰语、比利时语、丹麦语、瑞典语、挪威语、西班牙语、意大利语、德语、瑞士语和其他语言。这就引出了另一个密切相关的问题,即对于检验人员而言,为了正确地检验该语言的笔迹,了解这门语言究竟有多重要?

对其他字母或书面交流方式的笔迹进行检验的任务,以及在这方面取得的成功都得到了广泛的报道。有许多研究和检验的例子,包括帮派笔迹(gang writing)和涂鸦(Davis,2008;Tong et al.,2011;Klivans,2013)、速记(Brown,1967;Bradley,1988)、手写乐谱(Calvert,1980;Jarvis,2010)、历史手稿(Huber,1960;Kroon-van der Kooij,1985;Srihari,2013)、艺术品上的签名(Mathyer,1974;Goetschel,1989;Hanna,1992;Harralson et al.,2012),以及其他不同寻常的手稿(Huber,1955;Ellen,1999)(图7.3a-c至图7.5)。米勒(Miller,1995)报告说,根据标准的笔迹检验技术,成功地认定了人物图画的艺术家或创作者(图7.6)。在第八章中,阐述了一些已发表的关于外文手稿分析和鉴定的研究。

大多数具有足够经验的文件检验人员的案件记录,将包括研究和调查不属于正统笔迹或文件检验范围的事项。毫无疑问,如果这项研究相当成功,即使只是为了描述案件的独特性,并认为鉴定人在鉴定方法上有一定的可取之处的话,该项研究有时就会被报道出来。

杰昆-凯勒(Jacquin-Keller,1985)和亨塞尔等(Hensel et al.,1973)使用分析方法来研究外国字母(主要是阿拉伯语)笔迹,这完全独立于对语言或书写系统的读写和理解。亨塞尔等人的研究报告说:"一个聪明的文盲可以使用工具痕迹、枪支和足迹通常采用的犯罪学技术,来检验伪造文书、鉴定笔迹和比较印刷文件"(第143页)。

汉娜(Hanna,1989)在描述她研究汉字的方法时坚持认为,如果采取鉴定原理和适当的准备步骤,可以对不熟悉的汉字进行巧妙的研究。她对英语笔迹鉴定做了一个有效的类比,一些文件检验人员不常见的笔迹:在患有某些疾病期间、在某些药物的影响下、由化学或物理公式,或数学方程式等(例如学校考试卷)组成的字迹。

其他具有更多物理性质的研究也可能会成为检验人员全部技能的一部分,由

图7.3 （a-c）涂鸦

图7.4 手绘乐谱

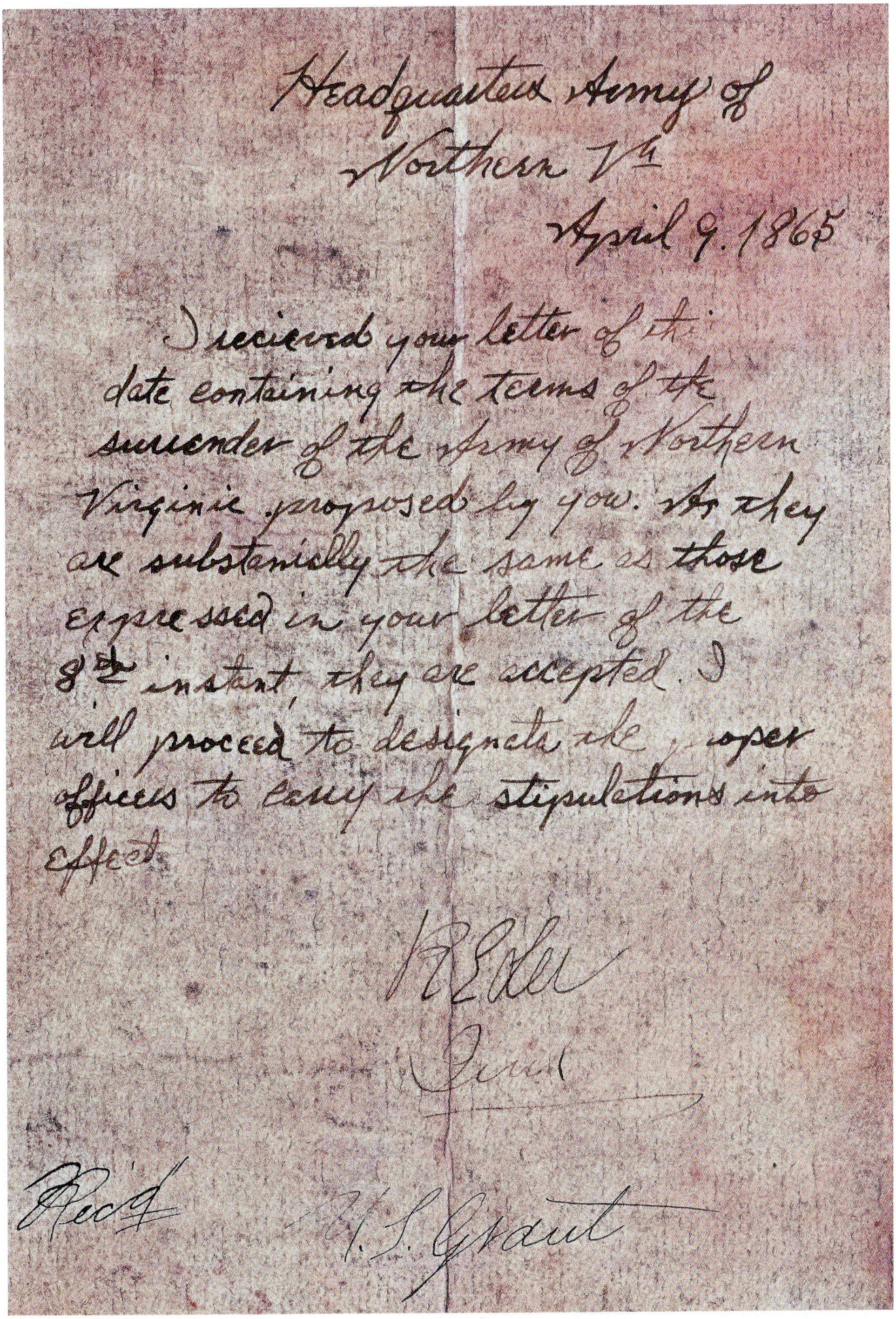

Headquarters Army of
Northern Va
April 9. 1865

I recieved your letter of this date containing the terms of the surrender of the Army of Northern Virginia proposed by you. As they are substanially the same as those expressed in your letter of the 8th instant, they are accepted. I will proceed to designate the proper officers to carry the stipulations into effect.

R E Lee
Genl

Rec'd
U. S. Grant

图7.5 伪造历史文件。尽管当时的抄本风格并不精确，但该纸张是人为“老化”的，并带有水印，表明它制造于1980年代

(a) Known

(b) Questioned

图7.6 在小学教室的垃圾桶中发现的图（b），通过让班级所有学生绘制一张他们家人的照片，认定绘画（a）与（b）出自于同一位"艺术家"

于研究对象的材料是广泛多样的，没有规定的研究方法，因此它们可以与不常见的笔迹相提并论。在这种情况下，是否有一种通用的方法可以确保结果的合理性？爱泼斯坦（Epstein，1987）提出了他检验约瑟夫·门格勒（Josef Mengele）笔迹的方法，作为任何检验外国笔迹的指南："在一定程度上熟悉该门语言……是必要的。最好能够阅读和书写这种语言，从而熟悉基本的……字母、重音、变音符号、标点符号、词序、音节、大写、复合词和正字法。当然，这是理想状态，而且我们知道理想化的情况很少发生"（第109页）。爱泼斯坦建议通过书籍、语言教学来研究外语，并获取有关外国笔迹的样本来研究。

如前一章所述，任何一种物证的检验都应分为三个不同阶段：分析、比较和评估。分析阶段应处理检材中可能随其所属群体的单个成员而可能发生的变化或变化的因素。这些将是它的鉴别要素。如果一开始还不知道这一点，就有必要从不同来源收集足够的同类材料的样本，以便清楚地确定不同来源之间可能有哪些变化，以及变化的程度。理想情况下，这将包括与检材语言和字母相同的笔迹作为样本，最好包含相同的字母或字符组合。翻译人员的帮助可能也是必要的，以确保正确识别书写字符，因为一些字母表（如西里尔字母）使用的字符彼此非常相似，只有理解该语言才能可靠地区分它们（Muehlberger，1984）。此外，对检材书写方法（如独立笔画的数量、书写或应当书写的笔顺）的了解和理解，引导检验人员向更有效地寻找可用证据的方向行进。汉娜（Hanna，1989）在汉语笔迹方面的工作很好地说明了这一过程。

当对检材和样本都进行了完整的分析后，每一种材料都会被简化为不同来源的要素集合。这些要素的集合可能有助于区分群体中的一个或一组成员，于是就可以启动第二个阶段的比较。如果分析阶段已经揭示并分离了各个变量，那么它们的比较就不应过于复杂。然而，为了确保在类似的要素之间进行比较，明智的做法是聘请有能力读写该语言的人。

该机制的第三个阶段，评估通过比较感知到的相似点或不同点的重要性，这是这个过程中的一部分，通常不属于检验人员经验的组成部分。这是检验过程中最为主观的方面，在大多数情况下，取决于检验人员在其他语言和字母或在其他类型检验中的经验。这也是最重要的，因为分析所确定的和比较所揭示的只有经过适当的评估才能提供材料。如果使用得当，接触大量笔迹或当前研究对象类型的其他样本，可以提供评估方面的速成课程。

在给定的情况下，分析所揭示的鉴别要素，即变化要素，可能不是完全相互独立，而是与其他变化要素共享某些共性，就像阶层特征和书写系统特征一样。也可能是比较分析揭示了所研究的已知和未知材料中这些要素的相似性。在这种情况下，由于它们的共性，必须适当修正对这些因素的评估。经常需要他人的帮助，这些人熟悉外国人口群体或环境中可能常见的条件或情况。

就正在研究的材料而言，笔迹检验人员通常会意识到他或她的经验和知识的局限性。建议该报告要表明，在得出结论之前已获得适当的帮助。根据主体和检验人员在专业科目上的经验，检验人员应该倾向于保守主义。

许多科学和准科学实践都有一个共同过程，即从各种来源收集有关沟通方法的各种项目的信息，并以一种有助于可疑文件检验的方式加以整合。油墨、打字机、印刷设备、纸张和其他研究对象的鉴定，取决于不同制造商对其产品特性和性能，以及各种产品及其行为相似或不同信息的集合。

同样，使用不同字母的外国文字的鉴定也是通过整合熟悉字母和语言各种来源的信息来实现的。通过研究发现的规律和原理，可以被其他科学家用于同一课题的进一步研究，而就个人而言，无需亲自重复原来的研究来证明这种应用是合理的。

法庭科学家（在此指法庭文件检验人员）的职能在于他或她对所获得信息的使用。必须根据该信息的可靠性和对鉴定目的的重要性，或其对可能从中得出的其他结论的支持程度来评估该信息。一旦理解了这个过程，就可以在鉴定不属于鉴定人正常工作范围的问题上取得一些进展。如前所述，有关外国文字或不常见的书写系统的问题可能在一定程度上得到解决。从未在打字机厂工作过的人，可以将打印文件与打印机联系起来。从未从事过印刷工作的人也可能会将印刷方式相互区分开来。从未制造过美元的人也可以可靠地识别出假币。

7.4 匿名文字

文书中的匿名是书写人使用的一种手段，用来防止将书写人与该文书或文书上表达的评论联系起来。它可能涉及某种伪装的方法，某种摹仿的方法，包括某种欺骗或误导的方法，或者干脆省略任何能够识别其来源的常规方法。在其他文献中，在标题为"伪装的揭露者"章节中讨论伪装笔迹，在标题为"伪造的标志"章节中对摹仿笔迹进行讨论。欺骗或误导的方法可能远远超出了伪装和摹仿的范围。遗漏来源识别的传统方法，通常限于遗漏签名或采用虚假或模棱两可的身份，可能涉及改变传统或惯用的通信方法。一个典型的例子就是从草书文字变为打印文字，并以某种非常规的方式递送。

毫无疑问，这些都是匿名信的特征，但它们也可能是准备中或已发放的欺诈支票、持有或抢劫银行的钞票、酒店登记和其他大量文件，这些文件可能会以某种方式认定和/或指控一个人。成组的匿名信通常可以根据其目的进行分类。凯西-欧文斯（Casey-Owens, 1984）和哈里森（Harrison, 1958a）都提出了七个类别，尽管他们对不同类别的细分不尽相同。凯西列举了威胁、淫秽、敲诈、骚扰、告密、种族歧视和内疚。另一方面，哈里森列举了威胁、猥亵（淫秽）、勒索（敲诈）、恶作剧（骚扰）、诋毁和/或建议（种族歧视或告密）、报复和恶意。虽然匿名信可能用于七种不同目的中的一种或多种，但掩盖匿名信来源身份的一般手段是相同的：伪装、摹仿、欺骗或略去来源。

在这些情况下，对笔迹的检验和研究，本身并不一定与其他情况有所不同。发生变化的是当前的情况，而这些情况可能会对检验产生影响。

1. 草草写成的匿名信，除了骚扰、内疚、报复或恶意之外，往往是相当冗长的文字。手写的通信和拼凑的内容往往较短，主要是因为制作此类匿名信需要更高劳动成本。出于同样的原因，打字的信件可能会更短，除非打字员对打字并不陌生。通常情况下，部分手写图文被添加到带有一些评论或诗句的商业印刷贺卡上，这些评论或诗句经修改以适应通信的目的，内容通常是淫秽或冒犯的。

较长的手写信件中，如果试图伪装自己的笔迹或摹仿他人的笔迹，可能会在短时间内表现出书写人正常或自然的书写习惯，之后又会恢复伪装。对大多数人来说，不熟悉的书写习惯是很难保持的。

此外，在长达一页或更长的匿名信中，可经常看到，当书写人快要写到信件结尾时，他所使用的伪装就不那么孜孜不倦了，取而代之的是更为正常或自然的书写。因此，这是应当引起文件检验人员特别注意的部分。

2. 匿名信的目的通常是为了让收件人做出某种回应，而寄信人乐于看到这种回应。如果寄信人对收到的回复感到愉快，或者如果没有任何迹象表明该信函已收到或没有引起任何回复，则寄信人往往会发出另一封或一系列额外的信件。

发出的匿名信越多，就越可能收集到表明信件来源的证据。

通常情况下，在第一封匿名信中使用的伪装方法，在之后的匿名信中不会始终如一地沿用。改变了什么，又是如何改变的，书写人已经不记得了。这对笔迹检验有两方面的好处。首先，它表明笔迹的一些要素，不能作为正常书写习惯的证据，其次，它提供了一个机会，即在第一封匿名信中伪装隐藏起来的正常书写习惯可能会在后续的信件中有所显露。

3. 在笔迹检验中，用来寄信的信封可能和信件本身一样有用。

书写人已养成了在信封上写地址的习惯，而这种习惯很少在信封里的信件中找到证据。有时会遇到信件和信封是由不同人书写的情况，特别是在获得另一方的协助来写信作为一种欺诈手段。

4. 含有淫秽和亵渎的匿名信是女性书写的可能性与男性相当。

5. 尽管在一封匿名信中不像在伪装字迹中那样具有一致性，但在不同场合写的匿名信之间却存在大量的一致性。

虽然在没有练习的情况下，为改变一个人的笔迹而选择的方法的特定效果可能很难保持一致，但在重复使用的情况下，伪装方法的选择可能会有一些一致性。帕克（Parker，1989）报告了当事人在法庭要求下伪装书写其笔迹的样本与可疑伪装笔迹的相似性。显然，一个人对可能影响合理变化技术的知识和熟悉程度是有限的。

6. 匿名信可能包含书写人的国籍、年龄、教育程度、性别、惯用手或职业等信息。

对这些属性的评估有时是基于对句子结构、语法、习语、拼写、单词划分以及文本其他方面的研究。奥斯本（Osborn，1929）在他所谓的"作为鉴定手段的语言分析"中提出了53条建议（第397页）。毫无疑问，笔迹在这些方面的相似和不同之处是很难被检验人员忽略的，但在没有一定资格的情况下，不应忽视涉足言语分析领域的风险。关于书写人的性别和惯用手，塔罗尼等（Taroni et al.，2014）对有限字母集进行了数据集分析以确定数据集上的性别和惯用手。研究人员运用贝叶斯方法对性别和惯用手进行推断，这在匿名信案件中可能会很有用，尤其是在缩小可能的书写人的数量方面。

7. 一封匿名信的收件人（也许是几封匿名信中的一封）可能是这封信的书写人或是教唆书写匿名信的始作俑者。

从笔迹检验的角度来看，所有收到匿名信的人都应被纳入潜在书写人的范围。

正如之前提到的，除了信件或各种类型的个人通信以外，还有许多匿名书写的文件。持有或抢劫银行的钞票就是一个典型的例子。由于它们所包含的书面材料有限，调查过程中的第一步通常是尝试将这些文件与其他犯罪或案件中出现的类似文件联系起来。书面材料的积累提高了鉴定书写人的可能性。

匿名写信总是伴随着一种重复这种行为的强迫感。匿名通信的目的通常是向调查者表明，在随后的信件中，收件人是否相同，以及通信次数的多少。

有关文件检验的著作经常描述可能用于将此类文件与其他文件相关联或将其与特定来源联系起来的技术。这些技术包括从水印到切纸刀，纸张类型，墨水，再到商业印刷的铭文，纸张污渍，纸张表面的压痕。其他具有相似属性的文件可能对确定其来源有很大帮助。尽管可疑文件在许多方面可能有助于鉴定或确定其来源，但对文件上的文字或手写字迹的研究和检验过程基本上是相同的。

7.5 笔迹的分类

历史上，埃姆斯（Ames，1900）和奥斯本（Osborn，1929）根据手指、手和手臂在书写动作中的参与度对笔迹进行分类，通常有以下四个类别：手指运动、手腕运动、前臂运动和整个手臂运动。这两位作者都没有提供用于根据不同运动来区分笔迹的系统。事实上，涉及整个手臂的书写动作几乎只存在于黑板上书写的板书，或今天的某些涂鸦，仅靠其情况本身就足以区分该运动。也许除了涂鸦或在墙上书写和绘画外，整个手臂的运动在笔迹鉴定过程中很少被考虑到。

布莱克本和卡德尔（Blackburn and Caddell，1909）声称，所有笔迹都可以被归入十个类别中的一个。该系统包括制定一些测量方法，对他们那个时代的文字而言，这些方法可能比现在的文字更为实用。李和艾比（Lee and Abbey，1922）利用他们当时的犯罪记录设计了一套分类系统。该系统将笔迹的八个因素制成表格，每个因素都有多达三个细分部分。该系统被批评为过于不精确，仅仅为大量笔迹样本提供了一个广义的分类系统。

夸克（Quirke，1930）提出了他所谓的"笔迹分析实用方案"，他描述了16

种一般笔迹特性或特征，给出了字母表中每个小写字母的大约100个或更多的示例，然后指出在检验大写字母时需关注的13个要点，检验数字时需关注的13个要点，有关印刷体字母的24个要点和有关罗马数字的3个要点。夸克的16种一般笔迹特征和21个笔迹鉴别要素之间存在某种关联（第六章）。

就笔迹分类系统而言，执法领域有着截然不同的目标。该系统的应用始终是并且仍然是为了协助调查人员识别伪造支票、银行抢劫、匿名信和/或恐吓信的书写人。在20世纪40年代初，人们发现开空头支票的人，即伪造支票者，在他们写空头支票时常常保持一致并且与众不同的方式。

从1944年开始，利文斯顿（Livingston，1949）为密尔沃基警察局首次在北美公开尝试对笔迹元素进行分类。该系统对支票金额的填写方式进行了分类和归档，同时也记录了对齐方式和倾斜。其他的分类将书写技能等方面简单地分为差劲、中等、优秀三类。支票填印机和打字机的使用被分别划分为不同的类别，使用的名称也是如此。

到1952年，其他执法机构建立了"支票欺诈档案"，并根据以下内容对材料进行分类：

- 总额的书写方式
- 形成方式：手写、书写印刷体字母或打字
- 名称使用
- 选定的个人笔迹特征
- 特点，例如"only"、"and"和"&"等的使用
- 支票产生或流通时的其他特点

史密斯（Smith，1954）是罗伯特·索德克（Robert Saudek）在伦敦的学生，他发表了一套基于笔迹六个方面变化的笔迹分类程序：压力、形体、速度、间距、大小和倾斜度（分为59个子类）。据称，分类的类别是量化区分的。例如：间距被细分为完美、良好、以及一般、较差、糟糕的12个分区（每种各4个）。分类过程的目标并不明确，但可能只是在笔迹鉴定过程中组织查找和积累信息的一种方法。当然，这是自1930年夸克的著作以来，最早的分类尝试之一。

在随后的一篇论文中，史密斯（Smith，1964）对分类系统进行了详细阐述，在前面六个方面的基础上又增加了七个方面作为进一步的分类。它们是圈形，"t"的横笔、大写的"I"、单词单位、错别字、签名位置和特殊特性，每个类别细分为8到20个小类。由此可见，所提供的并不是一套用于归档笔迹样本的分类体系，而是对一篇笔迹特征的描述，在常规检验过程中可能会被寻求和研究这些特征。

1955年，利文斯顿将其分类放到McBee打孔卡上，以方便搜索和分类。1959年，他发表了一篇题为《用于识别违法者的笔迹和钢笔印刷分类系统》的插图文章。到1962年，利文斯顿的系统已扩展出其他分支，其他机构对于检验

支票伪造也在探索新的办法。雷恩沙尔和兰金（Wrenshall and Rankin，1965）指出分类有以下两种形式：

1. 笔迹固有特征的分类，例如书写技能、字母形体等。
2. 一份文件上笔迹布局变化的分类，特别是填写支票的方式，有时也称为完成方法。

这两种方法中的第一个更可取，但第二种更受欢迎并且更实用，这仅仅是因为它不那么主观，并且在分类器之间提供了更大的一致性。然而，当完成方法表现出很少的子分类时，大量材料无法在更常见的类别中进行搜索，问题就出现了。此外，还发现犯罪分子也在不时地改变伪造支票的方法，这就给从假支票中搜索犯罪分子制造了困难。

有趣的是，在1965年，当信息检索显然不是计算机程序员的主要追求目标的时候，雷恩沙尔和兰金预见到计算机在笔迹分类和搜索中的应用。然而，对计算机检索的研究之前，必须先以研究笔迹特征为基础，以便对笔迹进行分类进而用于搜索。

施罗德（Schroeder，1971）描述了他的程序，他试图把笔迹的一些方面纳入到这个主要致力于完成方法的系统。这与R·马利（R. Mally）于20世纪60年代在瑞士设计的系统并无不同。施罗德（Schroeder，1974）显然也看到了计算机在分类中的价值，但当他的系统被修改后，又恢复使用了多年前被丢弃的卡片轮。分类没有利用新兴的电子领域来扩展系统的潜力，而是被认为仅仅是对检验人员记忆的一种帮助，这是将新支票与已存档的支票联系起来的最有效的方法。

尽管在巴克斯特（Baxter，1973）的著作中对笔迹分类缺乏乐观态度，但研究这一课题的方法已经发生了许多变化。初步研究表明，字母表中所有的大写字母可以被分成12组中的一组，这就使得诸如"F"、"T"、"M"、"N"等字母之间具有一定程度的共性。然后观察到，一些字母（例如"Z"和"X"）很少出现在支票上，而其他字母出现的频率低到足以质疑它们在系统中的分类价值。20世纪70年代末，伦敦的大都会警察实验室围绕英国支票上经常出现的"英镑"设计了一个简单的系统。然而，子分类的数量太少，并且属于某些类别的书写人的数量难以手动搜索。

苏黎世州警察实验室开发了一种与支票及其完成方法无关，但针对其固有书写特征的系统，并在昂丝特和艾斯利曼（Angst and Erismann，1972）的一份报告中正式进行了阐述。它采用了大量的笔迹特征，这些特征是从规定的一段笔迹样本中选择的，并由文件检验人员进行分类。分类的结果被输入到计算机中成为数据库，在查找未知笔迹时，可以对照数据库对未知笔迹进行检索。在系统程序中采用了简单的"是"或"不存在"的方法，来客观地对笔迹进行分类和搜索。

数据库记录了笔迹的九个方面，包括：

1. 书写技能

2. 笔画线条质量

3. 倾斜度

4. 大小尺寸

5. 宽度（横向扩展？）

6. 角度

7. 连笔的类型和程度

8. 变音符号的位置

9. 草书和印刷体字母的结构

值得注意的是，这九种笔迹特征几乎构成了第六章所描述的21种单一鉴别要素（其中两种是两种要素的组合）的一半，并构成了笔迹检验过程的基础。

哈维和米切尔（Harvey and Mitchell，1973）描述了一种一次性分类和搜索系统，该系统扫描了1 046位书写人的样本，以协助调查人员寻找特定的谋杀案嫌疑人。这一过程涉及与伪造支票的完成方法有关的三个特征，以及在涉及犯罪支票中存在的可作为固有笔迹特征的三个附加特征。这种组合足以使鉴定得出肯定的结论。该论文的作者花了一些时间回顾了使用X^2统计检验以评估同时出现的两个或更多特征的显著性。碰巧的是，几乎与他们的发现相矛盾的是，得到的X^2值太大而无法接受零假设：在可疑支票检验过程中，两个看似不相关的特征（在英镑、先令和便士的数字之间使用"="，并在金额行上缩进），实际上不是相互独立的。有人建议更大的数据库可能会有所帮助。

安思尔和斯特拉赫（Ansell and Strach，1975）在一项探索性研究中试图对993个人书写数字"0"到"9"的方法进行分类，这可能与固有的笔迹特征有关。他们的方法为每个数字提供了4到8个子类，但很快发现，"1"几乎没有区分价值，"2"、"3"和"7"只有有限的区分价值，"0"、"6"、"8"和"9"表现出了最佳的区分价值。正如哈维和米切尔所做的X^2检验一样，并不能使"0"和"8"的分类相互独立。

带着类似的目标，艾伦等（Allan et al.，1978）在一项对52名受试者的长篇笔迹研究中，尝试使用测量来获取可用于区分受试者的计算机数据，并确定一年后采集的样本和伪装的样本中数据的一致性。该研究进行了八项测量，包括：

1. 写一个给定的段落所用的行数

2. 页边距

3. 段落缩进

4. 最后10个空格的长度

5. 最后11个单词和空格的长度

6. 前10个空格的长度

7. 前11个单词和空格的长度

8. 字母与字母的上半（下半）出头部分的相对高度比

选择这些特定测量的基本原理，以及将研究结果应用于实际案例工作艾伦没有解释或建议。虽然页边距、段落缩进和相对高度是案例工作中可能需要考虑的问题，但第4至7项在检验其他文本时不太可能有用，而且会让读者怀疑接纳它们的意义和目的。

由艾伦和皮尔森（Allan and Pearson，1978）的另一项研究试图对获得的样本中大写字母"D"进行主观性分类，并将这一信息添加到之前进行的八项测量所提供的信息中。研究结果很难理解，同时鉴定任务也并没有因为使用了以下术语而变得简单："犯罪样本"（指他人所说的"可疑笔迹"），"可疑样本"（指他人所说的某一特定书写人的已知样本，标示为K1）和文件样本（指他人所说的51位其他书写人的已知样本，标示为K2至K52）。这些作者可能受到金德等（Kind et al.，1979）的影响，金德等人提倡使用此类术语，以试图巩固法庭科学文献中使用术语的激增。安思尔（Ansell，1979）回顾了当时提出的一些分类程序，包括他与H. 普理查德（H. Prichard）在伦敦大都会警察法庭科学实验室进行的但未发表的研究。研究使用18个参数对134名受试者的印刷体样本进行分类，除了三对受试者样本以外的所有样本均得以成功区分。18个参数总结如下：

- "A"的设计和形状
- "A"、"B"、"D"和其他字母的起笔
- "G"的收笔
- "K"结构中的笔画数
- "M"和"W"的中心（长或短）
- "U"的收笔

位于威斯巴登的德国联邦刑事犯罪调查局（BKA）采用了一种截然不同的笔迹识别方法，计算机图像处理和模式识别技术。正如克莱门特（Klement，1983）的报告中所描述的那样，计算机更为客观的特征提取过程取代了鉴定人对笔迹特征的主观研究和分类，并取得了明显的成功。

该研究计划获得了法庭科学笔迹信息系统（forensic information system of handwriting，FISH）之名，吸引了一群德国联邦刑事犯罪调查局实验室的科学家的兴趣，相关人员投入研究十余年并投入了超过1 200万美元的资金，出版了许多研究成果，包括赫克和埃泽曼（Hecker and Eisermann，1986）和布罗斯等人（Bross et al.，1987）。

事实证明，德国建立的客观分类和测量系统是成功的。它的难点包括所涉及设备的成本以及运行系统所需的技术能力。必要的6个月培训时间似乎比在英国和其他地方推行的计算机程序培训时间更长。荷兰政府和美国特勤局（United States Secret Service）都获得了FISH系统的操作系统，特勤局只有英文版本。

美国特勤局在20世纪90年代建立了两个数据库：第一个在1991年用于保护有关总统、副总统和公职人员的情报数据库，第二个在1995年授权用于协助执

法机构处理有关失踪和受剥削儿童的案件数据库。正如马奎尔和莫兰（Maguire and Moran, 1996）所报告的，该系统正在以一种持续发展的方式证明其价值。显然，在1996年的前6个月里有33次成功"命中"。

尼科尔森（Nicholson, 1984）在警方法庭科学实验室的报告中提出了一个在手动系统中常见的问题：

1. 同一字符可以由不同的分类器进行不同的分类，也可以由同一分类器在不同情况下进行不同的分类。
2. 对于两次不同情况书写的自然变化，必须在系统中引进容差（tolerance），这种容差的范围因书写人不同而变化。

尼科尔森的系统关注的是字母表中除"C"、"L"、"O"和"S"之外的所有字符的印刷体，其基于（1）笔画的数量，（2）字母"E"、"H"和"N"的特定笔顺。如有必要，可将字母分为两种子类型，以适应变化。对草书形式和一些书写人将某些印刷体字母相互连结的倾向作了一些规定。尼科尔森的项目有两个明确的目标：

1. 允许将犯罪案件相互联系起来，并与已知的犯罪者联系起来；
2. 积累有关分类特征出现频率的定量信息。

同时，尼科尔森希望通过减少由于模棱两可导致的错误分类的数量来改进以前的系统，并认为每个字母类别越少，由于自然变化造成的错误分类就越少。该系统根据字母结构中的笔画数量及其笔顺对字母进行分类。在少数情况下，根据运笔而不是提笔进行分类，因为前者被认为变化较小。一项对140名受试者进行的初步研究表明，虽然某些类别的某些字母频繁出现，似乎降低了其鉴别价值，但据报告，计算机计算证实已实现有效的鉴别能力。

在进一步的研究中，尼科尔森（Nicholson, 1987）试图确定运笔习惯是否比涉及提笔的习惯变化更小。这项研究的样本仅选取于印刷体大写字母"B"和"E"，它们取自100名右利手受试者提供的一篇标准笔迹。研究结果证实了先前的观点，即运笔习惯比提笔习惯变化更少。人们还发现，相当偶然的，字母"B"在单词中随位置的变化而有所变化。此后，其他研究人员也对一些其他字母提出了类似的看法。

哈德卡斯尔等人（Hardcastle et al., 1986）从2 000个样本的每个样本中提取出32个特征，对支票上的正字体笔迹进行了分类。这些笔迹特征包括18个字母、10个数字的4个一般特征（相对高度、日期样式、性别和已知书写人身份）。只有日期的书写方式从早期的试验计划中保留了下来，因为发现其他完成方法都随着时间的推移而变化。每个特征的分类均已编码并归档在计算机的程序里，该程序允许操作员通过单一特征或特征的任意组合来搜索数据。据报告，后者经常使用并取得了一定的成功。

泰勒和钱德勒（Taylor and Chandler, 1987）描述了一个为阿肯色州立实验室创建的相对简单的分类程序。它以8个小写草书字母为基础，再加上种族和性别的分类。尽管它表现出一些发展的希望，但它受限于500个文件，这是运行它的家用个人计算机的存储容量。报告中特别令人感兴趣的是"分类与鉴定不是一回事"这一说法。前者被认为是根据笔迹模式（handwriting patterns）来区分书写人，而后者则是关注笔迹形态加上个人特征"以及许多其他特征"来区分书写人。

有人认为，在这个系统描述或实际上在任何系统中使用的书写模式，以及用于对笔迹进行分类的笔迹模式，仅是一些可区分的元素，它们是单独出现或组合在一起出现，构成书写习惯，如：布局、变体的设计和风格、非正统字型、变音符号的样式等。分类系统通常基于总体特征或清晰的特征来区分笔迹，但鉴定时还需要考虑总体特征以外的其他更为微妙或难以捉摸的和个性化的鉴别要素。这些更加微妙和个性化的特征很难进行分类。

哈德卡斯尔和凯梅诺埃（Hardcastle and Kemmenoe，1990）寻找能够有效区分书写人的草书特征，这在支票相关案件中经常出现，可以提供一些调查帮助。他们选择了21种特征，包括6个小写字母（"d"、"f"、"i"、"p"、"t"、"u"），2个大写字母（"C"和"F"，如"Cash"和"Fifty"），从哈德卡斯尔等人（Hardcastle et al.，1986）开发的印刷体大写字母分类方案中提取的15个数字及其一般特征。在测试集中收集到的样本量有1 000个。

总之，可以说分类一开始作为一种提供调查的手段，通过将笔迹与在某一特定区域范围内居住或活动的已知书写人的笔迹联系起来，或与其他支票上的笔迹相关联，从而提供有关支票欺诈的未知书写人的调查线索。该系统致力于以某种规定的方式记录和组织在该区域内流通或出现的所有伪造支票。如果系统设计合理，则组的规模很小，并且可以快速方便地区分组内书写人。

只要收集的样本相对适中，只要此类犯罪者很少改变其笔迹，只要他们的活动范围限定在有限的区域，上述方法就行之有效。但是随着样本量越来越大，作案人确实改变了他们的笔迹，这些样本的作用变得非常短暂。其他设备，如打字机、支票填印机、复印机和打印机也是一样的道理，必须扩大文件分类以恰当地适应这些功能。威廉斯（Williams，1985）和诺布莱特（Noblett，1991）报告的其他犯罪工具也包括在内，如匿名、威胁、古怪、淫秽和侮辱性的信件，虚假身份证件和旅行证件，以及扣押票据，都被要求列入其中。最后提到的是布莱克（Blake，1995）报告的旧金山样本研究报告中，尽管布莱克没有描述他的分类系统。此外，任何具有货币价值的可流通单据（如邮政汇票、现金粮票或家禽票），如果被反复伪造，就有必要进行一些分类考虑，而分类系统也在不断受到质疑和指责。

特林斯和托马森（Teulings and Thomassen，1979）详细描述了计算机的出现及其在笔迹分析中的潜在应用。计算机在笔迹鉴定方面的特殊应用，即数字图像处理的发展（Kuckuck et al.，1979；Steinke，1981；Klement，1983），在模式识别

(Klement et al.，1980；Impedovo and Abbattista，1982)，声呐分析（De Bruyne and Messmer，1980）和原型变形（Naske，1982）中的发展，已经受到许多科学家的关注。自1987年以来，国际笔迹学会（the International Graphonomics Society，IGS）已发表了数百篇通过计算机应用研究笔迹的论文和出版物。这些研究的基本目标是寻找一种验证过程，用以验证签名的书写人身份（Watson and Pobgee 1979），由此产生的更好的笔迹分类方法可能只是副产品。研究工作由IGS和类似的研究组织，笔迹识别前沿国际会议（International Conference on Frontiers in Handwriting Recognition，[ICFHR]），文件分析和识别国际协会（International Community of Document Analysis and Recognition，[ICDAR]），以及其他组织开展的研究工作包括记录、分类和为笔迹编目，从而可以通过计算机分析以客观性代替主观性。

笔迹的自动化分析和验证仍然存在一定的局限性。技术及其必要组成部分所涉及的费用非常高昂，且只有某些实验室才能获得。艾哈迈德等人（Ahmed et al.，2015）评论说，目前的签名验证系统缺乏实际适用性，而且不是为涉及文件签名以外的笔迹真实案件工作而设计的。此外，系统可能难以对文件的背景信息进行分割或提取。关于自动签名验证的工作大多集中在签名上，虽然签名重要，但它只代表了专家在各种笔迹相关领域进行鉴定的全部案件工作的一部分。

此外，尽管这一领域的研究表明，计算分析消除了许多关于主观性和偏见的因素，并比外行人士的判断表现得更好，但到目前为止，所做的所有研究工作似乎都会附带一个条件，无论是声明的还是暗示的，即："机器所做的所有识别都需要人类专家进行确认"。

一些研究将自动笔迹验证系统的准确性与法庭笔迹鉴定专家进行比较。在一项研究中，利维基等（Liwicki et al.，2010）比较了自动化系统和笔迹专家的表现，但在比较专家能力方面有困难，因为EERs（等错误率）无法为人类专家计算。在一项困难的笔迹任务中，7.2%的笔迹检验人员的意见出现错误，52.3%的笔迹检验人员给出了无法判断的意见。在同样的任务中，自动笔迹验证系统（总共7个）的联合平均等错误率为66.1。

在一项关于鉴别双胞胎笔迹的研究中，斯里哈里等（Srihari et al.，2008）将自动笔迹验证系统的性能与文件检验实习生以及外行人士进行了比较。相比之下，系统的错误率为9.02%，文件检验实习生错误率为4.69%，外行人士错误率为16.51%。结果表明，该自动笔迹验证系统的性能优于外行人士，但低于文件检验员。

最近，马利克等（Malik et al.，2014）评估了拉特罗布大学（LaTrobe University）在2001年至2005年期间组织的法庭科学笔迹鉴定能力验证的数据（共有四次测试），并将人类检验人员与自动签名验证系统的准确性进行了比较，两者使用相同材料进行测试。不出所料，结果发现，人的表现比机器的表现具有更多变化。平均而言，机器在四次测试中有三次的表现优于人类专家。相反，在四次测试中，最好的人类笔迹鉴定专家在三次中的表现优于最好的系统（在某些测试中以相当大的优势领先）。研究人员评论说，伪装等因素仍然是困扰人类专家和系统的一个问题。但是，显然计算技术的研究已经确定了自动笔迹验证系统在笔迹鉴定过程中作为工具的有效性。

7.6 建立书写习惯的重要性

笔迹鉴定一直因缺乏统计数据来支持其结论而受到批评。著名的法国犯罪学家贝迪永（Bertillon，1898）说："事实上，法庭上笔迹专家的审查，从其为各种字母形状建立概率表之日起，才称得上是一门科学。"柯克（Kirk，1953）和罗兹（Rhodes，1963）也同样持批判态度。桑顿和罗兹（Thornton and Rhodes，1986）将文件检验（应指笔迹鉴定）描述为一个领域，即"通过司法认可而不是试图通过任何将其实践提升为一门更科学的学科而取得更大进步的领域"（第12页）。

若桑顿和罗兹所寻找的是经验数据或统计数据，想必他们忽略了许多德国出版文献，如波普基斯和摩尔（Popkiss and Moore，1945）、利文斯顿（Livingston，1963）、米尔伯格等人（Muehlberger et al.，1977）、安思尔（Ansell，1979）和埃尔德里奇等人（Eldridge et al.，1984）的研究。这些工作都是为了"建立犯罪之间以及犯罪者之间的联系，并提供积累定量信息的手段，以供文件检验人员在得出结论时参考"（Nicholson，1984，415）。布莱克（Blake，1977）提出采取固定笔迹形式的客观测量来进行验证的方法。

在一段较长的时间里，欧洲的法庭科学家已经对该学科客观性研究表现出相当大的兴趣。正如伯勒（Böhle，1993）报道，穆勒（Mueller，1939）试图确定七个字母、字母元素和一个数字特定形式的出现频率。赖特伯格（Reitberger，1941）进行了类似的研究，但与穆勒的研究大相径庭。

上世纪50年代，前德意志民主共和国发展起来的特征目录未能产生可接受的结果。拜因（Bein，1967）批判了当时的做法，并呼吁对笔迹鉴定进行客观的评估。

数学方法无疑是一种使笔迹分析更为客观的方法。伯勒（Böhle，1993）认为，尽管数学方法不可能完全取代笔迹鉴定目前的工作方法，但"数学方法可以支持一些用于识别笔迹个性化的逻辑和理论方法，并拓展专家的实践经验"（第41页）。

自开始在研究中使用计算机以来，在英国和荷兰，越来越多的研究开展并试图产生实证数据，并应用测量和统计分析，这将扩大对笔迹的理解，并以一定程度的客观性取代主观性（Eldridge et al.，1984；Eldridge et al.，1985；Evett and Totty，1985；Wing and Nimmo-Smith，1987；Wann and Nimmo-Smith，1991）。

在个人支票上使用的印刷体和草书笔迹的计算机化分类方面取得了一定的成功 (Hardcastle et al., 1986; Hardcastle and Kemmenoe, 1990)。然而，所创建的文件大小并不大，它们的用处也很有限。关于特定笔迹特征出现频率的其他研究报告已在上述笔迹和笔迹分类的专题中提及。

与笔迹分类有关的许多早期研究表明，频数比（frequency ratios）有助于评估笔迹特征的重要性。然而，米尔伯格等人（Muehlberger et al., 1977）的研究是第一个明确阐述并将其作为一个研究目标来追求的。该研究包括对100个主题的实验样本（按要求书写）和数量相当的自然样本（不按要求书写）进行检验。该研究集中在以"that"、"this"和"the"等出现的字母组合"th"的单词上。该研究对字母形态、相对大小、元素的比例和位置以及字母在组合中的排列情况进行了分类和统计。正如作者所指出的，尽管样本量太小（200人）无法从结果中归纳出一个结论，但还是进行了许多有关形态和相关性的观察结果。

如前所述，尼科尔森（Nicholson，1984）的警察法庭科学项目有两个明确的目标，其中之一是收集有关分类特征发生频率的定量信息。在这方面，进行了一项对140名受试者的初步研究，虽然某些类别中，某些字母出现的频率较高，降低了它们的鉴别价值，但计算机计算已证实，已达到有效的识别能力。

贾尔斯（Giles，1990）提供了之前提到的伦敦大都会警察法庭科学实验室（Metropolitan Police Forensic Science Laboratory in London）项目进一步的报告。按照托蒂等人（Totty et al., 1982）开发的程序搜索数据库，其关联了字体样式，但以大写印刷体字母的笔画结构进行处理，已扩展到1 100个文件。据报道，它不是用来搜索特定个体的，而是主要通过提供有关特征频率的实际数据来为评估过程提供参考。因此，即使不能直接提供证据，它也可以在案件工作中发挥辅助作用。

从历史上看，出现频率研究中发现的笔迹特征重要性的经验数据被视为分类的合理分支和/或目标。它开始于利文斯顿（Livingston，1963）对200个受试者的特征列表，并延续了米尔伯格等人（Muehlberger et al., 1977）、胡贝尔（Huber，1990）、贾尔斯（Giles，1990）、霍顿（Horton，1992）等人的研究和论文的精神。

也许是由于一直有持续的需要，试图将伪造支票上的笔迹联系起来，以协助刑事调查人员，对伪造支票完成方法的研究继续吸引着政府检验人员的注意。哈德卡斯尔等（Hardcastle et al., 1986）、哈德卡斯尔和凯梅诺埃（Hardcastle and Kemmenoe，1990），以及克拉内和克拉内（Crane and Crane，1997）的调查都说明了这一点。与这些研究相关的是对这些研究所涉及的笔迹要素出现频率的信息搜索。

在欧洲，人们也详尽研究了数据。伯勒（Böhle，1993）描述了上述德国已投入20年致力于编制拉丁笔迹重要特征的特征目录。根据1 000份笔迹样本，将20个小写字母的1 485个特征、20个大写字母的532个特征、数字"0"到"9"的207个特征组合起来，形成了总共2 224个特征的记录。

目录的有用之处在于在一份可疑笔迹和一组已知样本中确定它们是否包含已编目的2 224个特征的相应组合。然后，可以使用每个特征的各自的价值或显著性水平（即出现频率）来计算特征组合的显著性。

最初，认为支持鉴定所需的重要特征数量平均为26个，通过使用特定的、有些复杂的公式，可以得到40.9的鉴定价值。研究表明，这一鉴定价值可以通过减少支持鉴定所需的相似点数量，而设定在低至20.4的水平。伯勒认为予以分类的特征数量（2 224个）过于庞大导致系统无法运行。也有人建议，其所依据的样本量（1 000份）应增加到5 000份，以提高可靠性。

对于出现频率统计数据，这些分类系统可能遇到的问题之一，是这些统计数据不一定能够在地域上长距离转移使用，特别是在流动较少或起源不同的人群之间。在一种语言环境或一种类型文件中，书写人之间的特征似乎具有差异性，而在另一种情况下可能不那么明显。为了帮助解决语言和文化方面的笔迹变量，FBI（2007）通过科学家和计算机工程师的协调努力，开发了FLASH-ID（法庭科学语言无关的笔迹识别自动化系统）。在系统内进行匹配时，需要依靠基本的生物识别标识符，被称为生物特征内核。使用跨多个笔迹特征的统计算法，对数据库中已有的笔迹进行统计匹配。采用基于图像的识别技术，在只有50字的文本中，识别书写人的准确率可达98%。FLASH-ID使用无损数据结构，确保原始图像笔迹特征的完整性。该系统也是语言无关的，其依靠的是图像形态而不是语言特征。

另一个限制则是分类系统可能生成的出现频率数据统计，该频率不能作为关于笔迹元素的任何特定组合概率的基本计算。当笔迹中的鉴别要素各自存在差异时，必须对每一要素进行适当加权，以确定得出同一性结论所必需的要素组合。

韦尔奇（Welch，1996）提供了英国的四个案例细节，在这些案例中，大量的笔迹样本被手动扫描，以寻找仅有的五到六种特定的笔迹要素。虽然这些案例是作为笔迹异质性（heterogeneity）的证据是有限的，但仍然有证据表明，可以利用笔迹的鉴别要素来搜索和区分大量的书写人（多达60万人），使人数降低到可操作的数字，以便进一步、更详细地研究。这就是任何分类系统的设计意图。

分类系统可能提供特征出现频率的证据，主要处理的是主要特征。不用说，这些都是可测量的特征，分类过程的改进和计算机的使用提升了系统的鉴别性能。然而，笔迹鉴定还涉及其他研究，特别是研究一些细微特征，这些特征可能会随着特定的字母组合、特定的书写环境或特定的书写条件而改变。除了一般的"好"、"差"和"平均"这样的子分类，笔迹鉴定的两个方面无疑是难以分类或衡量的，那就是书写动作和线条质量。

然而，计算研究有助于评估线条质量。弗兰克（Franke，2005）使用了一种精密的机器人手臂装置，在真实的介质上用不同的笔留下墨水痕迹。根据笔尖压力和相对油墨密度，对笔迹的线条质量或墨水沉积进行仔细检验，从而建立了一种墨水沉积模型，该模型不仅可用于线条质量的客观研究，还可用于计算分析。

7.7 区分非同期笔迹和同期笔迹

尽管存在多样性，但像许多其他可疑文件的问题一样，同期书写形成相关的问题通常涉及身份验证、伪造或篡改。这就需要进行一项研究来寻找证据证明那些据称在不同或分别的场合写成的签名或笔迹，实际上是在同一时间写成的。同时，这项研究为了寻找证据证明那些据称是在同一场合书写的签名或笔迹，实际上是不同场合书写形成的。

当然，具体环境会因案件而异，并且可用于确定文件真实或伪造的资源，或者仅仅是其制作历史很少是两次都是相同的。手写字迹、打印字迹、墨水、纸张和书写工具都可以在研究中发挥作用。

在学者提及这两种书写环境的方式时也有所不同。有些术语使用单条目和多条目，有的使用相同时间笔迹和不同时间笔迹。有些人称之为周期性书写，另一些人倾向于表述为分开书写或顺序书写。甚至有时会使用诸如连续书写和不间断书写及其反义词也偶尔使用。

为了便于讨论这个问题，我们将使用术语"同期"（synchronous）及其反义词"非同期"（asynchronous）。《牛津词典》将"synchronous"定义为："同时发生，在时间上一致，发生在同一时代，与同一时间或同一时期的不同事件有关"，但严格意义上来说，同期并非像逐笔复制那样是同时发生的。而这涉及机械或电子设备，根据模拟相同的手部动作写出两个或多个笔迹。因此，该术语必须扩大其含义以包含"同时"（at the same time）表示文字通常的书写环境：

- 在一个场合
- 保持相同的书写姿势（坐姿、站立、俯身）
- 使用相同的书写媒介（笔和纸张）
- 在相同表面（桌子、柜台、膝盖或其他）
- 相同的目的（同一文件的两份或多份副本）
- 同一个人
- 在相同的精神状态和身体状态

就签名字迹而言，这些环境被认为是对书写的内部和外部影响进行控制的条件。此外，间隔或中断少至一个小时或更短的时间之后完成的文件，并不总是被认为是同时书写形成的。在书写过程中的中断，即使有一刻钟或半小时的中断，也可能伴随着书写人的书写姿势和/或相对于文件位置的一些调整，这对书写的字迹可能有一定的影响。在出现此问题时，尽管环境各不相同，但同期书写的问题通常集中在完成同一笔交易需要签署的两处或多处签名或首字母缩写签名上。它也可能涉及一些持续的，但短期的书写行为，检查或研究过程中所写的笔记或记录（例如医疗记录、库存登记或研究日志）。由许多手写或打字条款组成的合同也可能是争议的对象。另一方面，非同期笔迹的问题更经常受到挑战，因为记录、日记、日志等内容的长篇字迹，通常是在几天或几周内准备的，据称已经被重写或者修改，以掩盖疏忽或重大修改事件记录。

同期笔迹和非同期笔迹的问题与文件和笔迹的形成时间密切相关，这一点奥斯本、希尔顿和哈里森已经在文献中相当详尽地阐述过。这两种方法的差别主要在于通常所涉及的时间范围。形成时间研究更多是对笔迹进行长期划分，通常是几年，而纸张和水印、字迹的老化或衰退、书写风格的变化，以及设备（打字机）或书写工具（钢笔）的变化，在确定文件形成时间方面可以发挥更大的作用。另一方面，同期笔迹或不同期笔迹的问题往往涉及的时间范围不超过几天、几周或几个月，对此，奥斯本（Osborn，1929）、希尔顿（Hilton，1982）和哈里森（Harrison，1958b）的方法是不充足的。

但是，需要记住的一点，在更广泛的时间范围内区分文书的证据，例如，钢笔、机器或材料的问世日期（DOI，dates of introduction）有时可能有助于在较窄的时间范围内研究文件（当涉案文件恰好跨越相关问世时间时）。

总之，可以说这些研究总是涉及：

1. 通过垂直方向（对特定名称）或水平方向（登记的预定号码）插入标记而编制的记录，如理货清单。
2. 按日期记录工作时间、休息日和病假的考勤簿或考勤卡。
3. 日志和职业记录（船舶日志、医疗日志或记录）。
4. 记录货币交易的账簿（正式或非正式的）。
5. 私人或官方真实的日记。
6. 袖珍笔记本。

许多笔迹研究的关键在于一致性问题。同期笔迹几乎总是一致的。非同期笔迹常常是不一致的。同期笔迹在书写质量、线条质量、大小、倾斜度、间距、字母样式、钢笔、墨水和布局上是一致的。如果不一致的情况确实发生，通常有一个明显的原因，例如，由于钢笔或墨水故障而更换书写工具。除非书写特别熟练，否则非同期笔迹几乎总是会表现出不一致。这样不一致的程度可以与收集到的笔迹样本中观察到的自然变化范围相当，因为事实上的确如此。尤其在建立医疗记录方面，在没有充分调查机构或个人的记录保管情况之前，是不能判断其相关性或合法性的。

在研究这些案件时，还可以考虑其他因素。在个人同期书写的字迹或签名中，一些字母通常使用替代或可选的形式和结构，字母形态的一致性更为明显。文字笔画的交叉可能会为可疑文件的形成顺序提供支撑或质疑的依据。文件日期可能与印刷表格或特殊纸张的问世日期不一致。由于老化的特点或切纸机的特点太过相似，据称在一段时间内从有不同用途的库存中提取的卡片或纸张可能会被发现，因为它们与长时间从库存中提取的卡片或纸张的特点不一致。此外，一份文件上的表面压痕可以提供证据，证明在签署另一份文件时，另一份文件下曾存在该文件并与之密切相关。

基勒（Keeler，1934）描述了她在计票和选举结果制表时发现的证据，表明计票记录是以更快的速度成组进行的，而不是更刻意地在计票单上不同的位置分别且随机书写的。前者在标记之间显示出拖笔或连接笔画，而后者的标记更不规则且彼此之间不相关，并具有典型的钝尾。前者的拖笔反映了书写工具从一个标记移动到另一个标记的连续运动，因此，连续性与一致性是同期笔迹的关键。标记也可能与间距、倾斜度和笔压的规律性有关。非同期笔迹的不规则性是由于在书写每一个标记之间必须改变手臂或手之间的位置。规律性和不规则性似乎是区分同期与非同期笔迹的主要方面。书写中的错误可能是有帮助的。在同期笔迹中，它们可能按行或列重复，而在非同期笔迹中，它们往往是单一和/或孤立的。

哈里斯和米尔斯（Harris and Mills，1963）将他们的发现总结为变造（"添加内容"）或伪造（"替代或重写内容"）的证据。当然，变造是非同期笔迹的目标，而伪造通常是同期笔迹的目标。法庭科学调查的第三条线——鉴定——当然可以从同期或非同期笔迹的角度进行调查。

在变造情况下，以下几方面可作为判断依据：
1. 在其他材料周围插入、挤入或添加内容。
2. 倾斜、压力和笔画质量方面不规则（即不一致）。
3. 存在刮擦的情况。
4. 墨水、书写工具、打字色带或机器中的不规则性（即不一致）。
5. 与纸张上其他线条、折痕、穿孔、撕裂或孔眼相交的线条。
6. 后续页面中有无缩进。
7. 对齐方式不一致。

在伪造情况下，以下几方面可作为判断依据：
1. 在笔画质量、墨水、页边距、间距、排列和对齐方面具有显著的（即不寻常的）一致性。
2. 据称是不同日期书写的笔画在相交处相互渗色。
3. 同一文件中无争议页与有争议页之间不可思议的纸张特性差异。
4. 提前书写日期的错误。

5. 在问世日期前使用表格和注明日期。

杜德（Doud, 1967）回顾了据称是不同期笔迹形成的字母"e"（"e"和"e"）和数字"4"（闭合和开口的写法）出现的频率。他将这些频率与无可争议的非同期笔迹的频率进行了比较。再次证明，可疑文件在形式上表现出了一致性，而这种形式在个人正常、自然的书写中是不存在的。

贝克（Beck, 1974）对日记条目的研究，将其总结为：（1）日记内容陈述的一致性；（2）内容陈述条目之间的一致性。在后者方面，他注意到同期书写的文书往往在书写质量、文字大小、形状等方面比在不同时间采集的样本更为相近，这就是证据的一致性，也可通过所使用的书写工具，布局和对齐方式，大小、比例、倾斜、字母样式以及选项的使用等方面发现端倪。正如其他学者所报告的那样，贝克还提到了其他需要考虑的证据，包括条目之间的刮擦和消退、油墨转印、墨水痕迹，以及纸张老化或污染。

弗利（Foley, 1979）区分了这两种基本情况：即彼此独立书写形成的单条目字迹（此处称为非同期笔迹），以及很少或没有中断或更改的情况下书写多条目字迹（此处称为同期笔迹）。他将单条目字迹描述为比多条目字迹速度更慢、更为谨慎的书写行为。写得较慢、写得越小心谨慎，就会表现出典型的特点：笔画开始或终止都很突然，不那么倾斜，字母更大，单词长度更短，笔画更重或更宽，易读性更强。多条目字迹则表现为书写速度更快的特点：倾斜度更大，字母结构更不规范，更细的笔画收笔，更小的笔压，更长的单词长度，也许伴随着更大的变化且更低的易读性。

弗利（Foley, 1979）发现在多条目字迹或同期笔迹中边缘对齐的情况在逐渐增加或减少，而单条目字迹似乎较少受到其他内容字迹对齐的影响。在日历上同期或非同期书写标记时，单条目非同期内容字迹表现出更大的随机性。弗利的研究也证实了杜德在可选字母和数字设计或变化出现频率方面的研究。

麦卡锡（McCarthy, 1981）在三个案例说明中，重申了其他人所说的非同期笔迹展示：

1. 以下几方面表现出更为明显的变化：
   a. 书写风格；
   b. 书写材料的安排和位置；
   c. 缩写的使用和方式；
   d. 记录形成的方式；
   e. 书写角度和笔压；
   f. 书写墨水、书写工具和笔的性能。
2. 左页边距逐步推移的证据较少。
3. 对所书写文本的先验知识证据较少。
4. 前后页（换页的情况）有关缩进的证据较少或没有。

尽管在他的每个案例中都发现了这类证据，但麦卡锡（McCarthy，1981）拒绝对字迹是非同期或其他形式书写做出肯定的陈述。相反，他试图发现一种与文书上所声称时间相矛盾的独特特征。

弗利（Foley，1985）重申，同期笔迹比非同期笔迹表现出更多的一致性，并列举了几个案例来说明他的观点。总之，与麦卡锡（McCarthy，1981）相反，他认为，根据这一证据和其他相关证据，检验人员可以合理地得出这样的结论：文字或签名是同期书写的。

弗利（Foley，1987）再次特别提到了签名，并指出：签名无论是同期书写的还是非同期书写的，通常都被期望显示出较小程度的变化，尽管这取决于书写人。他认为，外部和内部因素发生变化时，签名的变化会更大。当外部和内部因素得到控制或保持不变时，签名的变化较小。

外部因素包括：
1. 书写工具。
2. 书写姿势。
3. 书写媒介（钢笔或铅笔和纸张）。
4. 相对于书写人的纸张位置。
5. 书写空间。

内部因素包括：
1. 书写人的精神状态。
2. 书写人的健康状况。
3. 书写行为的正式或随意。
4. 痛苦或愉悦程度。
5. 书写人醉酒或精神错乱的状态。

弗利对大约400个签名的研究表明，正如预期的那样，当文件被堆叠起来，并且是同步、连续书写形成时，签名在排列和大小上显示出了最大的一致性。单个签名或非同期签名则变化更多、速度更慢、易读性更强。

总之，它强调的是，适当的与检材条件类似的样本，例如日记或日志，对鉴定来说很重要，但即使有这类样本也很难找到。还有许多有助于研究的要素，包括检验媒介（例如笔和纸张），纸张上的压痕，统计数据（笔迹特征的出现频率），以及墨水或铅笔在纸张表面的印迹。有关记录保存方式的信息几乎总是有用的。还必须适当考虑记录中的污渍、污垢、撕裂、钉书孔和其他自然特征，以确保记录历史中隐含的事件发生时间是完全合理的。然而，首先，如前所述，同期形成和非同期形成的关键在于一致性，应将其与连续性结合起来考虑（图7.7和图7.8）。

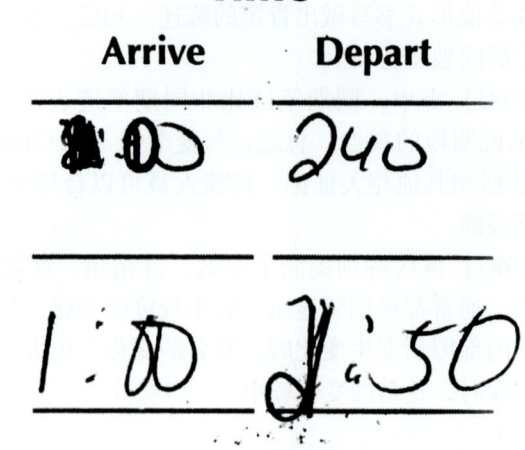

图7.7　访问者日志表的时间变化，可能表明不是同期书写的。油墨的差异可支持这一观点

图7.8　行之间插入文字改变行距意味着存在后期添加的可能性

率成反比。

一般认为，正如大多数书写系统预先就被规定的那样，在某些字母所具备的共同要素中，会有某种一致性。例如，大写的"P"、"B"和"R"可以预期在竖笔和圆弧部位的结构上显示出某种相似性。在大写的"M"和"N"、大写的"F"和"T"、大写的"I"和"J"、大写的"V"和"W"以及小写的"a"、"d"、"g"和"q"的某些元素中也可以有一致性。还可以在小写字母"l"、"h"、"b"和"k"的圈形笔画中找到一些一致性，或在大写字母"U"、"Y"和"Z"的开头部分也可以找到。这些假设在有限的样本中没有存疑的笔迹中所有变体的情况下是很重要的。

虽然这种变体共同要素的相似性可能会促使检验人员假设，在一般情况下，如果有样本，在共享这些要素的另一个变体中也会存在相似之处，但这种假设可能并非总是有效的。因此，如果有这样的变体可供比较的话，就不一定会得出这样的结论：例如，"P"设计上的差异就预示着"R"设计中的差异。

基瑟和托雷斯（Kiser and Torres，1975）在一项对588名不同性别和不同种族被监禁者的笔迹样本进行的研究中也发现，这些假设没有得到充分的支持。在某些情况下，这些字母集中有多达40%的样本出现了不一致。然而，从监狱囚犯推广到普通民众却有其局限性。

书写系统可以在系统内开发，并且可以比国家、省或州所监视的更加本地化。贝洛米（Bellomy，1986）描述了墨西哥裔美国人社区的性质，称为巴里奥斯（barrios），它是在亚利桑那州、科罗拉多州、新墨西哥州、得克萨斯州，特别是在南加州发展起来的。由于各种原因，这些社区产生了被称为"瓦托斯"（Vatos）的街头帮派，近一个世纪以来，这些帮派一直是这些地区社会结构的一部分。一个帮派的伪装或身份的一部分是使用自己独特的字体风格，称为"巴里奥字体"（Barrio script），它是传统手写印刷体的一种特殊修改，用瓦托在建筑物墙壁上的帮派文字中使用。

此外，影响可以表现在特定字母的形式上，而无需改变任何其他类似结构的字母设计。由于它们在佛罗里达州学生中普遍存在，麦卡锡和威廉姆斯（McCarthy and Williams，1987）提到了某些种族中"J"和"W"不寻常的字母形式（图8.2）。但是正如海伍德（Haywood，1991）所指出的，这种概括可能并不完全合理。

8.2.1.2 拉丁美洲笔迹书写系统

米尔伯格（Muehlberger，1988）记录了大量西班牙裔（即拉丁美洲）书写人的阶层特征，他们中的许多人从古巴和墨西哥移居到美国南部。他注意到，老一代的西班牙裔人在提供书法教学的私立学校接受教育，而年轻一代所在的公立学校几乎不提供书法培训，两者之间存在区别。因此，老一代西班牙裔人基于帕

图8.2 巴西书法中常见的"3-W"风格

尔默书写系统，往往表现出更好的书写质量，而年轻一代表现出较差的书写质量，不容易与任何特定的书写系统相关联。据报道，良好的书法在过去的几年里获得了某种地位，这成了个人的成就。此外，由于拉丁美洲国家保持的技术水平和记录质量，毫无疑问，受过教育的人口书法发挥更大的作用。

许多西班牙裔书写人在大写字母的写法上都有一种华丽的倾向，这些大写字母会产生修饰和不成比例的尺寸增大，这反映出早期欧洲对他们的影响。简化或字母形式与草书的混合并不罕见。无论是否出于修饰的目的，字母之间的断开、中断或提笔现象并不少见。一些书写人的笔迹中也注意到了书写运动的混合（例如，用拱形花环），但这种缺乏一致性的现象并没有得到解释。所有这些因素都促使西班牙裔字迹具有不同于美国和加拿大正常字迹的风格。然而，这种影响的地理来源仍然难以确定。

凯伍德（Caywood，1997）关于外国教育对笔迹影响的研究表明，一些据称受到西班牙影响的笔迹样本来自墨西哥、古巴和其他西班牙裔国家。他所提供的西班牙的抄本，除了少部分的例外，大多数是帕尔默写法。

8.2.1.2.1 牙买加文笔迹

在一项对90名牙买加妇女笔迹的研究中，安德森（Anderson，1982）介绍了这些书写人共有的特征：

1. 小写字母"a"和"d"以及大写字母"A"以碗形笔画的内部绕笔为起笔位置。
2. 小写字母"c"和大写字母"C"以小绕笔为起笔位置。
3. 大多数人（62%）使用字母而不是草书。
4. 大多数人（90%）大写字母"E"采用印刷体，至少有一半的人用起伏的笔画书写最下面的横画。
5. 大多数（80%）的大写字母"G"使用了放大了的小写字母，并将碗形笔画置于基线之上。与"a"、"c"和"d"一样，在大多数情况下，字母都是以碗形笔画内的小绕笔开头的。

6. 一些书写人（38%）通过在前面加一笔，形成大写字母“I”的圈形笔画。同样地，大多数书写人（61%）都增加了一个向下的笔画，来书写大写字母“J”下部的圈形笔画。
7. 一些书写人（40%）用小写的“i”来代替人称代词“I”。
8. 没有发现字母“k”或“K”的草书形式。
9. 大多数人（90%）使用帕尔默书写系统中的“r”。
10. 所有的书写人都把大写和小写的“X”写成两个背对背的圆圈，这在德语书写中很常见。
11. 类似于许多德国人，一半的书写人以小绕笔或钩笔作为数字“2”和“9”上部弧形笔画的开头。
12. 一些书写人（36%）在数字“7”上画了一个横杆，而大多数的书写人（66%）在顶部横笔上使用了波浪形笔画。
13. 牙买加妇女使用小写字母作为日期或月份的专有名称的开始，或作为中间名或首字母也是很常见的。

8.2.1.3 欧洲书写系统

8.2.1.3.1 英文（英国）笔迹

关于英文书写系统，有一些特别的研究也值得在笔迹研究中加以考虑：

1. 英文笔迹更倾向于直立的风格。
2. “M”和“N”通常是斯宾塞风格，与英国公务员的风格相似，是对旧时旧圆体的改良（图8.3）。

English civil service hand

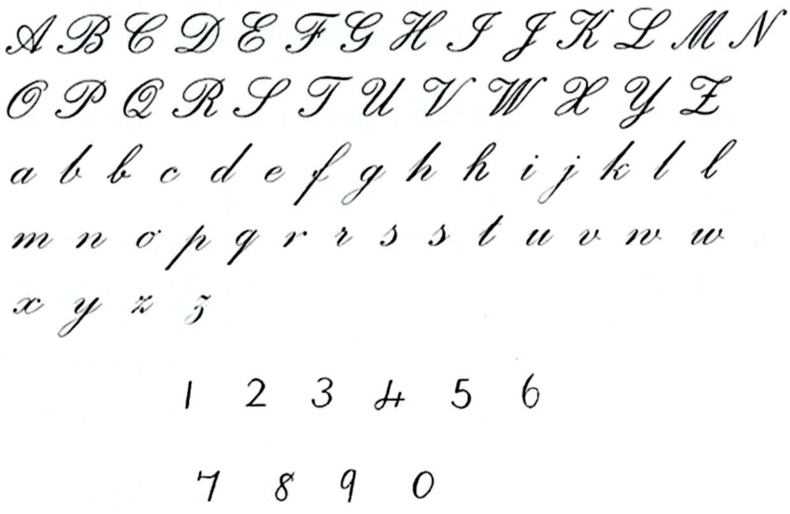

图8.3　英国公务员体笔迹

3. 英国书写人经常在街道地址的门牌号或缩写"Mr."和"Mrs."后加上句号或逗号。
4. 英国书写人经常把数字"4"中的竖直笔画和水平笔画的结合加上一个小孔。

8.2.1.3.2 法语笔迹

在对16名年龄在11至24岁之间的法国女性青少年（其中12人是15至17岁的青少年）签名进行的一项研究中，博伊索弗（Boisover，1993）发表文章说，16名书写人中有15人表现出三个特殊特征中的一个或多个：13名书写人添加了标题文字，9名书写人在姓氏首字母上使用了大写字母，有9位书写人的文字字行表现出一个独特的逐渐上升的基线。此外，对另外两个法国老年人签名的研究也显示出相似的特征，这表明以上提到的特征并不只是法国青少年的笔迹特征。

他们给出的解释是，法国学校教授的书写方式往往更加繁复，因此，签名也更显华丽。有助于法语笔迹进行评价的标准，那就是在大写字母"H"、"I"、"J"、"K"、"V"、"W"和"Z"开头处加上逆时针方向的"波浪卷"，这产生了一个短槽状、水平开头的字母。较大的起始波浪笔画是其他大写字母的特征。

在法国和其他法语社区（如加拿大）教授的法语草书中，数字"7"的主干上加上横线是很常见的。法语书写中的另一种做法是使用引号（horizontal chevrons），即水平的V形符号《…》来表示引用，而不是单独的引号。有人观察到，法国的书写字迹往往比邻国德国和西班牙的字迹要小。

8.2.1.3.3 德文笔迹

德国草书书写系统的特点（图8.4和图8.5）经常可以在奥地利、瑞士和波兰等邻国的笔迹中有所体现。荷兰和丹麦、挪威和瑞典等纳维亚国家也有许多共同的特点，包括：

1. 在任何引号中，第一组引号位于基线之上或之下，而最后一组往往被抬高。
2. 问候语后面通常跟一个感叹号"！"而不是冒号"："。
3. 撇号并不总是用来表示名词或代词的所有格形式，除非名称以"s"结尾。
4. 在字母"u"上加上一个小的u形变音符号，以将其与字母"n"区分开。
5. 德文字迹往往比其他国家大，正如法语字迹往往较小一样。
6. 德文草书字母碗形笔画（例如C、G等）比英文或北美书写得更宽或更圆，后者偏向椭圆形。与其他西里尔文欧洲文字一样，碗形笔画也可能被同样的笔画取代。
7. 年轻的德国书写人倾向于使用印刷体作为大写字母。年长的书写人书写得更为华丽。

图8.4 德文抄本风格

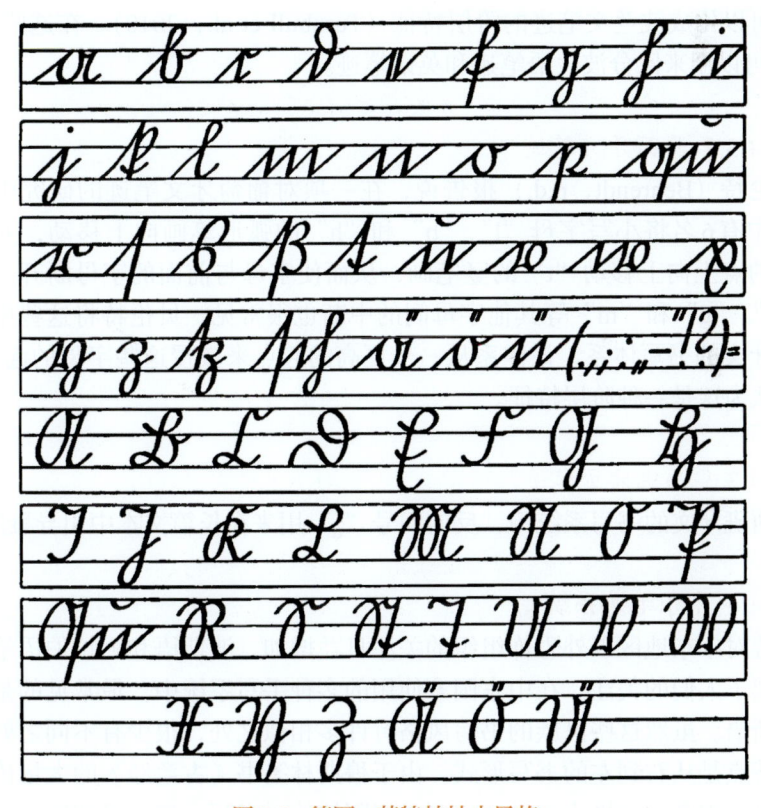

图8.5 德国－苏特林抄本风格

8. 许多德国书写人在数字"1"上会加上一个接近的笔画，在数字"7"上加上一个横杆笔画，在数字"2"和"9"的开头加上一个内卷边或钩形笔画。
9. 中间或末端的小写字母"t"经常以连续的方式交叉，从竖笔画或主干笔画的底部开始，以逆时针方向从左侧上行和循环到主干笔画左侧，然后交叉，位置通常在中点。有些抄本省略了完整的环形笔画。
10. 在大写字母"I"和"J"的书写过程中省略了大的初始循环，是用两个锐角连接到字母顶端，形成较小的单拱。"H"、"K"、"V"和"W"使用类似的书写方式。
11. 大写字母"G"被设计成小写"g"的放大版。
12. 大写字母"N"和大写字母"M"的第二个拱形笔画在顶点处被一个浅槽打断。
13. 小写字母"r"的肩部（右半部分）是槽形的而不是圆形的。

8.2.1.3.4 波兰文笔迹

在一项对波兰人用英语书写时存在的阶层特征的研究中，波兰样本中有31个特征可以构成波兰文笔迹的阶层特征（Turnbull et al., 2010）。在这些特征中，有17个可以用来区分波兰语笔迹和英语笔迹。

8.2.1.3.5 葡萄牙文笔迹

贝伦特（Behrendt, n.d.）报告说，在一项对葡萄牙文笔迹的研究中，14名受试者中有6名将小写字母"l"、"b"和"h"的弧形笔画向上移动，并在远高于基线的点上向上移动"t"的竖笔画，从而使字母与前面的字母断开。在诸如"a"、"c"、"g"和"m"等其他字母间的中断也很常见。贝伦特将这些中断归因于葡萄牙文的书写体系，该体系从一个更高的起点来教授这些字母的起笔方式，因此他认为这是一种阶层特征。

8.2.1.3.6 西班牙文笔迹

在西班牙文的书写系统中，反向问号"¿"用来在长篇文本中引导疑问句。

8.2.1.4 中东笔迹系统

随着对中东地区以外恐怖组织的关注日益增加，波斯语和阿拉伯语笔迹的使用也引起了人们的关注。在中东国家使用的多种手写系统中，最常见的是阿拉伯语、波斯语。虽然这些民族的书写风格有许多相似之处，很少有不同之处，但最突出的特点是从右到左的书写形式。由于穆斯林圣书《古兰经》的大量传播，阿拉伯字母在中东国家更为常见，主要是用阿拉伯语书写。接受过波斯语、阿拉伯抖、笔划痕、单词/字母不对齐、横穿或穿过其他材料书写、方形字母、字母重叠、墨水问题、书写某些字母时出现问题、不常见的抬笔、"t"的竖笔画和"i"的点缺失，间距不一致，字母设计矮小，以及扁平的字母基线（由于使用了视觉辅助工具）。

在一项法庭案例研究中，马森（Masson，1988）发现手写体很难辨认，因为手写的字母和单词很多都重合在一起。笔迹失真的一些主要影响，包括缺乏基线对齐、重合、缠绕、单词和字母间距不一致以及不稳定的比例关系等。

科玛尔等人（Komal et al.，1999）对60多名盲人和视障人士的笔迹进行了统计分析。结果显示，书写人表现出重叠/覆盖的字母、不寻常/扭曲的字母形式、墨水问题（因为受试者看不到钢笔有故障了）、书写部分字母的问题（"S"、"A"、"G"、"P"、"H"、"K"）、颤抖、偏好大写字母、线条质量问题，字母难以对齐，大小不一致等。

笔迹检验人员对盲人或视障人士的笔迹进行鉴定，在很大程度上似乎是为了确认签名是否为特定的个体所写，或是为了可靠地破译那些难以或不可理解的笔迹。在后一种情况下，由于单词和字母的重合，以及它们之间极度不对齐和不规则的间距而产生混淆。然后，这项任务就变成了一项识别字母的任务，并将它们适当地组合起来，连接出可以产生句子的单词。虽然这不是一项不可能完成的任务，但它可能并且通常是非常耗时的（Todd，1965；Beacom，1967；Bleuschke，1968；Lindblom，1983；Duane，1989）。

除上述内容外，特别是第5项，有些人的视力并没有明显受损，但他们练习直读或被所谓盲人专用书写的笔迹。这些人使用了一些辅助装置，例如沿着书写基线放置的卡片或尺子，以提供一个缓冲区，书写工具在缓冲区上移动，对书写的字迹施加水平基线，但这也导致了水平但非常不自然的笔迹特征。显然书写人的目的是赋予笔迹一种既整洁又不寻常的属性。对检验人员来说，很容易将这一特征错误地识别为视力障碍的证据。

这种摹仿盲人书写的技巧，通常需要书写人采取一些后续行动，在直尺装置阻挡的主干笔画上增加下环和延长线。元素添加的精确性证明了个体的视觉能力。书写和添加下降元素的方式在识别书写人方面可能具有相当大的价值。有些书写人一次添加一个元素，有些书写人一次添加一行文字的元素，而有些书写人一次完成一页文字的添加。平直书写字母和单词间距、字母倾斜和字母形式的规律性通常是区分视力正常和视力不正常案例笔迹的可靠方法。摩根和智利（Morgan and Zilly，1991）提供了关于直尺书写的优秀案例，以及一些用来达到这种效果的技巧。

8.2.3 遗传因素

8.2.3.1 家庭关系

钱德勒（Chandler，1911）最早发表了关于家庭关系而出现家庭成员之间书同样可以理解的是，一个训练有素的签名可能代表了书写人所能达到的最佳书写质量，我们无法根据这种质量判断有关视力障碍性质或程度的情况，特别是如果视力丧失是在养成书写习惯之后很久才出现的。

草书书写系统规定了几乎所有字母的结构，而无需抬笔。交叉笔画形成为回溯（"t"，"F"），或作为其他笔画的回溯（"H"）的结果。如果必须抬笔，如"i"点或"j"点，则另一只手的食指用来标记书写工具在离开纸张的位置，在完成点笔后，书写工具将返回到该位置。

因此，根据视力丧失的程度、使用的书写辅助工具以及接受的指导类型（如果有的话），视力障碍或完全失明人的长篇笔迹的特征可能或多或少地包括：

1. 字母之间、单词之间以及文字与规定基线或隐含基线之间不对齐。
2. 字母之间和单词之间的间距不一致。
3. 文字与其他文字或印刷文字出现交叉。
4. 字母或单词相互重叠，有时使阅读或翻译变得困难。
5. 草书中字母基线被压平，以及连笔的扁平化和延伸，表明使用了视觉或书写辅助工具。
6. 方形字母书写形式：在收到某种书写指令的情况下，书写的字母呈现出方形，尤其是手写印刷体。
7. 草书中不常见的提笔和连接，通常比必要的长，用来帮助定位下一个字母。
8. 草书中没有"t"字形交叉，或者出现笔连续运动的交替结构。
9. 草书中没有"i"和"j"的点笔，或他们在字母的主干笔画上的使用和位置是一致的，表明使用了一些辅助手段，如另一个手指。
10. 书写的字母出现矮化，尤其是上部或下部带有圈形笔画的字母。
11. 由于未修复或未接触，导致圆珠笔笔画中墨水沉积的间隙。
12. 由于字母构成或书写过程中的不确定性而导致书写不流利，或在笔画中出现颤抖。
13. 在字母或笔画的开头很少出现犹豫的记号或划痕。
14. 如果在损伤发生或发生之前就已经学会了书写文字，那么字母的大小相比以前练习的有所增大。
15. 行之间的垂直间距增加。

另一些研究者报告说，这些特征是由视觉障碍引起的笔迹失真。比科姆（Beacom，1967）报告说，盲人或视障人士书写的笔迹特征包括：手写印刷体签名、排列不齐、偏爱大写字母、方形"r"字母形式，以及书写某些字母时出现的问题（例如，"j"、"b"、"d"、"k"、"h"、"f"，因为这些字母的回溯动作给盲人书写人造成了困难）。因为这些字母中有十字和点的形状，字母之间的连接存在问题，大小不一致，难以辨认，签名不完整。

林德布洛姆（Lindblom，1983）报告说，与视力障碍相关的笔迹特征包括颤上会有所不同，这取决于视力丧失是在个人教育阶段之前发生的，还是在获得了一些书写经验之后。同样，书面文字也会随着视力丧失的程度而发生变化。

法律上的盲人、功能性盲人、产业盲人或半盲人等术语，都是以视觉受损程度作为参照而使用的，对任何人来说意义并不相同。法定失明的定义是：视力较好的眼睛矫正视力不超过20/200。部分失明是指20/70到20/200之间的情况，也包括功能性失明和工业性失明。此外，还有各种各样的视觉障碍，其中一些与个人的书写能力有关。其中包括：

1. 先天性失明——从出生就完全失明。
2. 短视，即近视。视力是好的，但只能在近距离看清事物。
3. 远视。视力是好的，但只能在远距离看清事物。
4. 视神经萎缩，即视神经损伤。导致视野缩小，限制了可用于阅读和书写的眼部区域。
5. 色素性视网膜炎，即夜盲症。在光照不足的情况下看不见东西，特别是在人造光下。
6. 视网膜脱落，即视网膜与脉络膜后方分离。这导致中央视野的一部分受阻。
7. 白内障。晶状体混浊导致细节丢失。
8. 青光眼。眼睛内的压力升高，可能破坏侧位或周边视力。
9. 视网膜病变，即视网膜血管肿胀和渗漏。可能导致视力模糊或障碍。在糖尿病患者中很常见。
10. 黄斑变性，有三种不同的病因：黄斑变薄或萎缩，视网膜后血管异常生长，或视网膜起泡。主要影响是图像在视野中的失真。

如今我们给视障人士提供各种各样的书写辅助工具，但没有哪一种被广泛使用。针对视障人士的写字模板被设计成一列长长的窗口，以容纳在一张合理大小的纸张上进行书写，而其他模板则提供了可以在其中进行书写签名的窗口。然而模板也给圈形笔画和降格书写带来了问题。一些模板使用弹性或立体感来使书写人感知到基线，此外还提出了在一张纸上进行折叠的技术，例如，将纸卷在铅笔上，抽出铅笔，将纸管压平在桌面上，形成大约相隔半英寸的平行折痕，目的是为书写人感知书写基线提供有触觉但不受限制的引导。与此相关的是书写的标记系统，它教导学生将书写位置远远高于基线，以适应向下延伸的字母。其他教学技巧提倡以矩形形式书写字母。

可以理解的是，正如这些书写辅助工具所暗示的那样，视力受损者的主要缺点之一是缺乏或丧失了视觉反馈信息，而视力正常者在书写过程中，在书写工具的每一个动作中都能体验到反馈信息。如果没有这些信息，视障人士必须在没有参考的情况下判断笔画的形式、长度和位置。局部视觉可以提供一些指导，而这些参考信息的可利用性可能恰恰决定了书写人能够写出的笔迹质量。

近年来，社会对聋人的接受和治疗取得了进展，这对笔迹检验人员产生了影响。视觉手势语言的教学被称作ASL（美国手语），它改变了人们对聋人书写内容的理解。

聋人的母语并不是英语，而是美国手语。美国手语是一种独特的语言，它有自己的语法规则，有自己的习惯语，在翻译英语时也有自己的问题，所有这些都有助于判断一份书面文件是不是由一个如此受限制的人完成的。然而，美国手语与其说是一种语言，不如说它是一种代码，是为教失聪儿童英语而创造的几种代码之一。作为一种准则或者原则，美国手语规定了交流中手语内容使用的规则，这些规则也可能在聋人的长篇笔迹中体现出来。克尔和泰勒（Kerr and Taylor，1992）概述了美国手语的一些特点，这些笔迹以及产生这些特征的原因可能会表现出来。

他们提到的要点包括：
1. 在美国手语中，语法被描述为符号顺序而不是语序。符号是按照它们所代表的事件发生或发生的顺序排列的。
2. 符号是重复的，如此可以突出表示"少数"、"许多"、"一些"的多样性。
3. 时态不包含在动词符号中。
4. 动词因方向而异。
5. 在美国手语中，所有形式的be动词均用一个符号来表示，而在签名笔迹中常常会省略它们。
6. 美国手语中没有冠词（"a"、"an"或"the"）。
7. 第一人称和第二人称单数代词往往放到最后。

克尔和泰勒（Kerr and Taylor，1992）总结说，聋人在书写（或口语）中使用英语的能力因人而异。他们写的许多文件都隐含着关于听力障碍的语言证据。然而，要判断书写人是聋人，不应仅仅基于英语语言质量似乎很差这样的事实。

博伊德（Boyd，1967）对聋人笔迹中左利手笔迹的研究表明，无论更喜欢用哪只手进行书写，一只手对另一只手的支配程度都很低。在这种情况下，如果在检材中出现上述证据，表明检材很有可能是出自听障人士，此时可以对听障嫌疑人字迹样本进行检验。

笔迹研究者感兴趣的另一个问题，是观察到听障人士中左利手比其他人群更为常见。对出生时或接近出生时外源性耳聋的研究表明，16.7%的人是左利手书写，而总人群中，这一比例为11%。在遗传性耳聋组，即内源性耳聋组中，有30%的人是左利手（见第十一章）。

总之，听障人士的书写方式与正常人有所不同，但这又不得不涉及语言学领域。在这种情况下，一个签名或少量笔迹不太可能提供足够的材料，以便通过笔迹检验表明书写人存在听力障碍。

盲人或视障人士的笔迹则完全是另一回事。它可能表现出的特征在某种程度须出现并且准确，才能使话语变得易懂。人们一直认为，失聪儿童获得词汇意义比结构意义更容易，正是这种对词形、句法和虚词（动词）的掌握比较滞后，阻碍了正确句式的发展和利用。

在很大程度上，失聪儿童通过唇读来获得和使用语言，但在这个过程中，他们并没有充分理解说话的每一个字，而只能抓住关键词，甚至可能只是词根，例如，man而不是men，work而不是worked。不理解的词会被忽略，把词汇联系在一起的虚词也会被忽略。为了获得语句含义，失聪儿童在唇读的单词之间建立联系，然后用来自说话人的情景、手势和面部表情等非语言线索来填充。因此，在聋人的笔迹中有两点需要注意：(1) 强调关键词的使用，往往导致单数或复数形式的不当使用；(2) 省略虚词，如定冠词和不定冠词，例如"the"或"a"，以及"for"、"to"、"by"、"at"、"in"等，这些词能够把句子连在一起。

对于聋哑人来说，词汇量随着时间的推移而增加，而词汇的使用却进展缓慢。在任何年龄段，他们都表现出对使用某些短语的持续性，这表明他们无法灵活地将正常变化应用于书面语言。此外，在他们的书面交流中有两种常见的错误：一种是代入错误，另一种是添加错误。代入错误产生了"A boy will running"而不是"is running"这样的句子，而添加错误产生了"A dog is be barking"这样的句子。值得注意的是，尽管这个人的词汇量有所增长，但这些错误的概率仍然存在。

随着年龄和词汇量的增加，词序的错误会逐渐减少，例如动词"A girl playing is"和名词/形容词关系中的"A dog brown"。从标点符号的添加、省略和代入角度对聋人笔迹中的标点符号进行研究，发现聋人在这方面与听力正常者相当或优于听力正常者。

关于聋人笔迹的一般性观察结果包括：
1. 所有年龄段的人都更倾向于使用名词，而不是代词。
2. 更倾向于省略动词。
3. 如果使用诸如"a"、"an"和"the"之类的冠词，那么它们使用的数量比听力正常者要多。
4. 介词、副词、形容词和连词的使用难度很大。
5. 他们更倾向于用有限的词汇量写出结构简单（但更多）的句子。
6. 在动词时态和词汇代入方面，更容易犯错误，例如，family表示familiar，或者相反。

虽然以上观点均是公认的语言学问题，但是有些人可能会争辩说它们超出了笔迹检验人员的权限，然而，将它们纳入这里是为了让检验人员提供一些洞察该主题的潜力，以便从笔迹中认定或排除听力受损的个体。事实上，这些观点并不复杂，但要是没有语言学的专业知识或统计学的引入，任何评论者都无法理解这些观点。

有足够的能力来识别部分口语。如果这是他或她的语言编码的一部分，即对语言的理解，那么通过唇读，一个人可以理解更多的由词汇和句法组成的语言。

另一方面，聋人是指不能通过足够多的语音韵律和语音特征，从而识别单词组合的人。这种人主要或完全依赖于言语阅读或其他形式的视觉方式进行交流。他或她在很多情况下都能理解语言，但他们的语言编码是不发达的，特别是如果听力受损或先天失聪。

根据萨维奇（Savage，1978）的说法，传统上，先天失聪和听力受损（先天听力正常但因病致残的人）之间一直有所区别。风疹、脑膜炎、慢性呼吸道感染和中耳炎等疾病会导致耳聋，由于医学已经能够治疗和控制这些疾病，因此现在外源性耳聋不太常见。

除了偶然（与疾病有关）失聪的人以外，还有大量个体会随着年龄增长而遭遇听力障碍。一般来说，由于医学不断延长着人们的寿命，这些听力障碍的人在不断增加。佩戴助听器的人口不断增长似乎也是合理的。然而，反映听力受损人数变化的统计数字却并不容易获得，因此，社会上听力受损人口的概率可能比我们所意识到的要高很多。

过去，聋哑人这个词是指代聋人的，特别是在年轻的群体中。然而，使用这个词表明对这个问题严重缺乏了解。哈特和罗森斯坦（Hart and Rosenstein，1964）证明，根据大多数心理测试的研究，聋哑儿童通常都具有正常的智力和能力。然而，聋哑儿童却正在一个对别人充满刺激，但对自己缺乏声音的世界里逐渐长大。因此，他或她是被迫掌握了生活中最重要的技能之一——语言，却没有任何有益的听觉体验。在这种情况下，聋哑儿童往往是哑巴，通常用"哑巴"这个词来代替它，但在这种情况下，这个词的含义是不恰当的。

无论是聋还是不聋，儿童都需要学习如何产生和回应语音、意义、形态、句法和虚词的模式。当语言只能通过视觉来获得时，如果没有言语刺激的帮助，就很难掌握语言。因此，听力障碍儿童在语言习得和受教育程度方面比非听力障碍儿童慢3年或更长的时间，这也就不足为奇了。作为一个青少年，他或她阅读词汇的能力可能更差。由于词汇量作为一种教学工具的重要性，其不发达的词汇量将极大地影响其学业进步，但这并不能代表其智力水平。因此，正如弗农（Vernon，2005）的研究清楚地证明，聋哑人是哑巴的谬论应该被摒弃。

萨维奇（Savage，1978）的研究没有揭示出任何特定的笔迹特征，也没有揭示听力受损者笔迹的一般属性或共性，通过这些特征可以区分他们这个群体。在有听力能力人群的笔迹中，书写习惯、书写风格和书写系统的变化和听力正常人群的一样多。

聋哑人的笔迹与听力正常者的笔迹之间，不同的主要特征在于语言学领域。每一种语言都有一个标准——句法支配着句子结构、语序、语法和标点符号。此外，在语言中，独立词有词义，组合词有结构意义。词汇词义和结构意义都必

1991c）报告了一例26岁时由于第四和第五颈椎周围的脊柱脓肿而导致四肢瘫痪的病例，他分析了用嘴叼着工具书写的样本，其在字母形式、倾斜度、弧度和比例上与发病前2年采集的样本非常相似。这种情况促使论文的作者提出"书写的过程就是大脑书写的过程"。

瓦恩和雅典娜（Wann and Athenes, 1987）描述了一个案例并进行了研究，研究对象是一个先天性双臂缺失的人，他有16年的足部书写经验，曾被聘为文职人员。在对这个人书写的许多方面，包括形式、压力、速度、曲率等，作者报告说，在大小或形式上，用脚写和用手写的字迹几乎没有区别。然而，在字母的形成中也出现了一些有趣的异常现象：字母"e"和"o"的方向倾向于顺时针，这与人们目前的所有书写实践、托马森和特林斯（Thomassen and Teulings, 1979）的发现，以及胡贝尔和黑德里克观察到的特征相反。在类似的实验中，书写平均速度比用手书写的实验者慢60%，但另一方面，笔压和其他方面的表现却惊人地相似。

这一证据倾向于支持这样一个结论：即在书写时使用替代性书写运动系统（比如口、足等）进行书写产生的笔迹与手写的笔迹，具有相同的控制特征。

8.2.2.2 人工辅助装置（假肢）书写的笔迹

人工辅助装置的开发，主要是满足特定个体的书写需求。通常情况下，这些人由于意外或受伤而失去了惯用手（或手臂）的使用能力，或者由于关节炎而无法使用书写工具。这些装置可以用来代替受到影响的部位（手臂或手），从头部或者从假肢设计来替代失去的手或手臂。

研究表明，经过一段时间的人工辅助练习，可以重新获得相当好的书写能力（Kelly, 1975）。这与在必要的情况下，用非惯用手进行练习进而掌握书写技巧没有什么不同。人工辅助书写的一个主要特点是缺乏可施加的笔压，以致圆珠笔的墨水流量表现很差。毫不奇怪，这类书写人偏好使用纤维笔进行书写。此外，就像其他必须学习新的书写技巧的情况一样，书写的字迹往往比正常情况要大，至少在完成对笔更精细的操作之前是这样的。

8.2.2.3 视觉和听觉障碍者的笔迹

聋人或听障人士的笔迹从来都不是常见的研究主题。事实上，可能有人认为，一个人听不见对他使用笔和墨水进行书写交流的能力几乎没有影响。然而，事实并非如此。在许多民事性质的案件中，例如在财产交易中，听力受损者签名的有效性常受到质疑，这些情况也可能被忽视。萨维奇（Savage, 1978）在一定程度上讨论了这个问题，并提供了一份相当全面的报告，介绍了各种各样的听力受损，以及在笔迹中对听力受损的预判。

听力受损的人，是重听或听力受损和听力障碍这两类中的一类。重听者是那些能够通过听觉（没有视觉交流，例如，语音阅读或唇读）进行识别的人，他们拉索岛都曾是荷兰的前殖民地，由于当时显然没有抄本，因此没有及时跟上像1950年时的变化。法国、英国和印度也使用一种印刷体形式，但没有将第一个横笔画延伸到主干笔画的左边，还有一种把笔画联系起来的趋势，而联邦德国的风格更偏向于草书。
2. "J"是法国、英国和印度样本中的字母样式。
3. 在法国、英国和印度的笔迹中，字母"g"的倾斜往往是垂直的或反向的。
4. "7"总是有交叉的，但也许印度是个例外。在荷兰、苏里南和阿鲁巴/库拉索岛，主干笔画穿过基线，这并不奇怪，因为后两个国家是荷兰的殖民地。在所有其他国家的样本中，这个数字都在基线之上。意大利样本中的横画一直向下倾斜到基线。
5. 在荷兰及其殖民地，数字"8"的结构似乎明显不同，因为它逆时针从下方碗形笔画开始，到顺时针向上方碗形笔画结束。然而，苏里南的笔迹中有一些笔画似乎是朝相反的方向运行的。英国、联邦德国和意大利的笔迹揭示了一种倾向，即在文字的结构上旋转，使其起笔位置和收笔位置在顶部的中间部位会合。
6. 法国、英国和印度样本中，笔迹倾向于垂直，甚至有轻微的反向倾斜现象。另一方面，来自联邦德国的样本明显是正向倾斜。
7. 就比利时的笔迹而言，应该指出的是，该国是法语和荷兰语双语国家。比利时的笔迹书写可能遵循这两个民族的模式。

2003年，亚隆（Yalon）将一项针对国际笔迹的研究合并成了一本书，其中包括各种语言的大量笔迹样本图像，包括汉语、日语、泰语、希伯来语、阿拉伯语、波斯语、印度语、希腊语、西里尔语、美国印刷体和草书。这本书还包括一份广泛的参考书目和索引，其中有超过240个有关非罗马手写系统的参考文献。

8.2.2 笔迹的生理性约束

8.2.2.1 口足书写的笔迹

不熟悉这类案例的研究者发现，人们用口或足写字的能力几乎是令人难以置信的。同样令人感到疑惑的是，这些人以这种方式书写的笔迹可能无法与任何其他人的笔迹区分开来，当然这会涉及许多因素。用口或足写字的人，不具备用手打开笔盖、拿纸、翻页、使用橡皮擦的能力，也没有能力在银行、商业或商店水平的柜台上面写字。尽管如此，这些人从出生起就丧失使用手书写字迹的能力，但能够发展出其他非凡的能力来适应这种情况。关键在于，当条件合适时，他们的字迹本身在许多方面与其他人字迹的一般性特征相似。

这证明，在人类进行书写的行为机制中，大脑是神经肌肉活动过程的主要组成部分。莱伯特（Raibert，1977）关于使用口足书写方式的研究，经常被引用来支持书写感知运动系统独立的概念。威灵汉姆－琼斯（Wellingham-Jones，

13. "b"、"h"、"l"和"k"上行笔画通常从字母的某一部分开始。
14. "p"的碗形笔画经常是开放的。
15. "t"的收笔通常是帕尔默风格的。在其他情况下，横笔画位于主干笔画的右侧。
16. "W"有时由两个独立的"V"重叠形成。

8.2.1.7 各种国家不同的笔迹系统

在笔迹检验人员编写的已出版和未出版的材料中，经常提到书写系统和语言一样具有民族主义色彩，一个在外国学习语言的人，他的语言带有了外国口音。希尔顿（Hilton，1982）声称，"外国笔迹特征的存在是外国背景，尤其是外国教育的显著标志"（第145页）。然而，在这些作者中，希尔顿是唯一一位描述和阐释了法国、德国和意大利笔迹中存在的外国特征的学者。奥斯本（Osborn，1929）提供了一些英语笔迹的例子，但并没有作进一步评论。斯坦戈尔（Stangohr，1971）提供了来自世界各地的98篇笔迹中的部分笔迹样本。

凯伍德（Caywood，1978）提供了15名在某一国家受教育但生活在另一个国家（通常是说英语的国家）的个人笔迹样本。他们的起源很复杂，包括锡兰、希腊、伊朗、联邦德国、日本、印度、巴基斯坦、克罗地亚、法属加拿大和法国。但这些样本并没有提供有价值的东西，没有说明哪些具体的笔迹特征可以证明书写人的原籍国或移民国。

麦卡锡（McCarthy，1982）在《现代欧洲笔迹系统集》一书中，描述了移民归化局司法文件实验室[1]正在进行的收集欧洲笔迹样本的计划，但只提供了两份西里尔文（俄语）笔迹样本，并未作进一步评论。美国邮政总检查局[2]（1954年）制作了一套实用的标准字母集，其中大部分是来自世界28个国家的草书字体。

克朗-范·德·库伊（Kroon-Van der Kooij，1987）提供了五个样本，包括四个字母和两个数字（大写的"F"和"J"、小写的"d"和"g"，以及"7"和"8"），这些样本由来自10个不同国家的个人书写：荷兰、苏里南、阿鲁巴/库拉索、比利时、法国、英国、印度、联邦德国、意大利和西班牙。在这些图表中，似乎出现了某些民族特征。

1. 荷兰在1950年改变了学校教授的书写系统，从一种华丽的风格，变成了一种相当简单的风格，现在大多数大写字母都是没有二次笔画的准印刷体。"F"就是这样一个字符，其中第一个横笔画很好地延伸到了主干笔画的左边。这种印刷风格在荷兰年轻书写人中很明显。苏里南和阿鲁巴/库

---

1 移民归化局司法文件实验室：the Forensic Document Laboratory of the Immigration and Naturalization Service。
2 美国邮政总检查局：the United States Bureau of the Chief Postal Inspector。

20世纪50年代末以来，其他书写系统已经出现，但没有一个系统具备广泛影响力并最终延续下来（图8.8）。

特威迪（Tweedy，1995）对107份苗族笔迹样本（68名男性，37名女性，2名未知）进行了研究，这些样本中的大多数人在移居美国之前就接受过书写训练，但没有揭示出任何可能有苗族的特定民族特征。倒是有一种倾向，即83%的字母"b"的变体采用小写字母样式（顺时针旋转的碗形笔画，不闭合）。然而，苗族书写人更倾向于使用字母风格进行书写。通常，连接起来的字母不超过两个。除此之外，这些笔迹并没有显示出对笔迹鉴定提供有价值的特定的阶层特征。

图 8.8 苗族笔迹示例

8.2.1.6.2 越南笔迹

托雷斯（Torres，1987）对自1970年以来移居美国的越南人的笔迹进行了持续的研究，他在民族特征的本质上提供了一些有价值的观察。越南人在法国统治下流传下来的书写系统中使用了拉丁字母。经常可以找到法语笔迹的书信。然而，还有一些其他特质可能构成了他们的民族特征。比如：

1. 签名是高度格式化的，在名字、中间名和姓氏之间没有间隔。越南语的典型做法是把签名放在签名行的中间。
2. "1"通常和一个接近或二次笔画一起书写。
3. "2"通常在上部曲线笔画内以卷曲形式开始书写。
4. "3"的末端笔画通常是不弯曲的。
5. "5"的碗形笔画往往是有棱角的，而不是全部弯曲的。
6. "4"、"7"和"9"的主干笔画通常下降到低于基线以下的位置。
7. "6"的起笔通常从一个小钩开始。
8. 有不到50%的书写人会在"7"上画横线。
9. "9"经常下降到基线以下；碗形笔画位于基线上，结果就像字母"g"。
10. 正体字母经常取代草书大写字母。
11. 小写字母形式经常取代大写字母。
12. "f"的下部圈形笔画顺时针方向书写。

2010；Al-Haddad et al., 2011）。无论阿拉伯语是否流利，检验人员之间没有统计学上的显著差异。这些研究也支持了笔迹检验人员在笔迹不是其母语的情况下对笔迹发表鉴定意见的能力。

8.2.1.5 非洲笔迹系统

齐格勒（Ziegler，1988）提供了一些尼日利亚笔迹的样本，这些样本主要是字母和一些签名，但对其材料来源或所示特征出现的频率几乎没有作进一步描述。值得注意的一个特点，是在首字母缩写之前、签名之后和数字日期（例如，8/15/85.）之后大量使用句点。他还指出，美分符号"¢"经常与美元符号（例如$15:25¢）一起使用，冒号用于标识金额（$15:25¢）和日期（例如10:17:53）。他提供了带有下划线的签名样本。

8.2.1.6 亚洲笔迹体系

凯伍德（Caywood，1978）提供了两个例子，说明了中国、日本和韩国学生在学习英语的过程中所使用的书写风格。要将这些抄本的例子与北美目前使用的已知书写系统相区别并不容易，可能是为了便于学习，两者都去除了文字修饰和繁复。在这方面，它们可能与德涅拉书写系统和其他书写系统一样，也可能非常相似。除此之外，它们的用途难以确定。虽然中国没有标准的汉字字母表，但有拼音字母表可以用于拼读汉字（图8.7）。

图8.7 中文汉字字母表示例

8.2.1.6.1 苗族笔迹[1]

特威迪（Tweedy，1995）报告说，苗族人（发音为"Mong"）起源于老挝、泰国和越南的北部，以及中国的南部。越南战争结束后，许多人通过难民营移居到了美国。

苗族人直到1953年才有了自己的书面语言，当时传教士为他们开发了一种称为RPA（罗马化流行字母表）的书面语言。这个字母表使用了罗马字母中所有的字母。紧随RPA之后，另一种书写系统被开发出来，叫做Pahawh Hmong，它使用了专门为这个系统创造的符号，而不是罗马字母和字母形式。根据特威迪的说法，自

---

[1] Hmong，也叫赫蒙族。

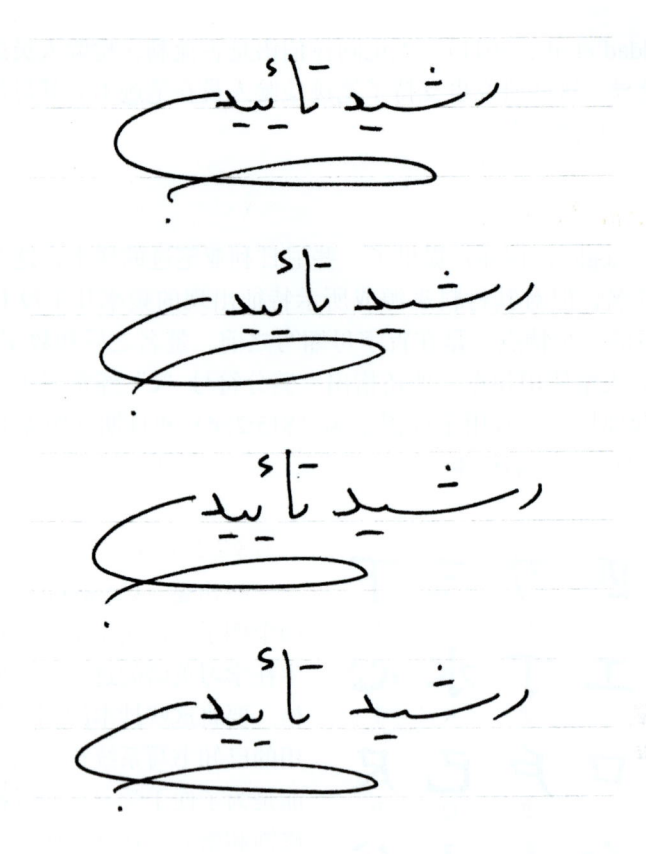

图8.6 同一个人用波斯语写的四个签名。请注意签名之间表现出的最小自然变化

语笔迹训练的人可能会表现出较少的个性特征，这得归因于他们在书写形式方面接受了严格的笔迹训练（Abed et al.，2011；Ghods and Kabir，2013）（图8.6）。

  有关阿拉伯语笔迹的民族性特征，之前已经有学者发表过几项研究，其中包括对188名书写人的统计研究，该项研究归纳了文字的特征和变化（Al-Haddad et al.，2009）。收集了摩洛哥、突尼斯、约旦和阿曼的字迹样本，以确定是否可以识别出书写人的地域（Al-Hadhrami et al.，2015）。虽然发现了一些笔迹和地区之间存在联系，当将这些国家划分为北非和中东时，这种种属特征尤其明显。一项摹仿阿拉伯签名的研究包括900多名阿拉伯书写人摹仿两个阿拉伯签名中的四个元素，并最终评估了对应的四个特征（大小、倾斜、基线和间距）的相对摹仿难度，结果表明，倾斜和基线比间距和大小更容易摹仿（Al-Haddad et al.，2009）。其他研究考察了阿拉伯签名的形式、比例和线条质量（Al-Musa-Alkahtani and Platt，2009；2011a）以及受试者识别摹仿的阿拉伯笔迹的能力（Al-Musa-Alkahtani，2014）。还有一些统计研究涉及阿拉伯笔迹的差异，以及让不会流利使用阿拉伯语的笔迹检验人员鉴定阿拉伯笔迹的表现（Al-Musa-Alkahtani，写相似性的论述。文章列举了三种情况，在兄弟、姐妹或父子之间有一些较为普遍的相似性，但这种相似性并没有大到让称职的检验人员很容易上当受骗的程度。

史蒂文斯（Stevens，1964）指出，与非兄弟姐妹的笔迹相比，兄弟姐妹的笔迹存在相似之处的出版文献较少。这项研究将三个对照组的笔迹与一个家庭的八名成员（七名女性）的笔迹进行了比较，他们都是在同一所学校由同一名教师授课，并被传授了帕尔默书写系统。对照组在年龄和性别上尽可能匹配，但彼此无关。据说需要考虑有九个元素，包括笔画结尾、连续性、倾斜、字母形式、比例、大小、速度、技巧和图形外观。

结果表明，与对照组相比，家庭成员间的相似性更大，变异性更小。尽管这个家庭的一些成员之间可能会有区别，但他们之间的相似程度较为显著。其中一个对照组，来自一个女子教养所的八名囚犯，揭示了不同书写人之间的最大差异。只需说，家庭关系、生活环境和学校教育都会产生与其他人相似的笔迹，而这些笔迹比其他情况下预期的要大得多。

芒奇（Münch，1987）报道了一个案例中发现母亲和女儿字迹的相似性。检材仅限于三组首字母。虽然可疑笔迹和样本之间存在差异，但如果检验和研究不彻底，它们就不那么一致，也不具有根本性，就不可能将其归因于自然变化。

米勒（Miller，1991）报道的一项研究共收集了53个家庭的212个签名。虽然这项研究无法确定具体的遗传影响，但有人注意到，半数以上的家庭都有与其他家庭成员有相类似的签名，特别是在父子和兄弟之间。米勒建议，在涉及区分家庭签名的案件中，充分的样本是有必要的。

赫拉迪吉（Hladij，1999）报告了一项初步研究，他研究了三代人的笔迹。祖父母和孙辈之间没有明显的相似之处，这是因为长辈的书写能力比年轻一代更好。据报道，儿童和父母之间有更多的相似性，但无法确定这种相似性是否由遗传因素引起的。

在左利手的笔迹中，没有证据表明左利手的字迹与家族内的左利手（即兄弟姐妹和其他亲属中的左利手）有关。然而，有一些人支持左利手儿童和左利手父母之间的关系。儿子、女儿的左利手与母亲的左利手有关，尽管儿子的左利手与父亲的左利手有关，但女儿的左利手与父亲无关。

8.2.3.2 多胞胎

多胞胎（即双胞胎、三胞胎、四胞胎或五胞胎）书写人，由于他们相似的遗传背景，可能会养成或拥有非常相似的书写习惯，使他们难以区分。桑代克（Thorndike，1915）、克莱默和劳特巴赫（Kramer and Lauterbach，1928）就双胞胎笔迹中的相似性这一主题进行了研究，但并不是从笔迹鉴定的角度出发，因为研究者并非笔迹检验人员。然而，桑代克确实指出了双胞胎在笔迹上的不同之处，甚至说双胞胎可能更容易通过笔迹而不是外表来区分。

多胞胎被分为同卵（即同一个卵子的发育而来）和异卵（即两个或两个以上同时受精的卵子发育而来）。异卵双胞胎被认为并不比来自同一父母的其他兄弟姐妹更相似。另一方面，同卵双胞胎被比作一个人身体的左右半身（Dahlberg，1951）。

比科姆（Beacom，1960）曾是一名书法教师，他是第一个从事笔迹检验的专业人员。据她回忆，双胞胎笔迹的差异足以达到区分的目的，但她没有研究数据来支持自己的观点。在一项对50对双胞胎笔迹的研究中，19对是同卵的，31对是异卵的。均为男性的有20对，均为女性的有22对，龙凤胎有8对。当然，同卵双胞胎的性别总是一样的。

四对同卵双胞胎的惯用手不同，一对是右利手，一对是左利手，这种情况促使一些人将他们归为镜像双胞胎。三对异卵双胞胎的惯用手也有类似的情形。43对都是右利手，重要的是，没有一对是左利手。

根据易读性、相对大小、间距、倾斜程度和线条质量，使用艾尔斯书写质量量表[1]对笔迹进行评估，虽然有些小组的成绩相似，但这并不能反映出他们笔迹的相似性，因为每组成员对他们笔迹的不同方面给出了不同的评分，只不过有时会产生相近的累计总分。

双胞胎在草书、字母和文稿笔迹方面表现出与他们的兄弟姐妹相当的能力。尽管他们在就读的学校、教师和家庭环境方面有相似之处，但只要有足够的样本，双胞胎的笔迹可以毫不费力地区别出来。基本的差异总是可以找到。比科姆（Beacom，1960）也发现兄弟姐妹之间的差异有一定的发展，可能是由于成年后职业的不同。为了确定双胞胎在他们的笔迹中是否比其他兄弟姐妹更相似，克莱默和劳特巴赫（Kramer and Lauterbach，1928）研究了205对双胞胎和101对兄弟姐妹的笔迹。他们发现，双胞胎比其他兄弟姐妹表现出更大程度的相似，而且，像比科姆（Beacom，1960）一样，相似度不会随着年龄增长而增加。然而，在相似度更大的地方，可能还有基因以外的因素在起作用。

甘布尔（Gamble，1980）对58对同卵双胞胎（24对男性和34对女性）的研究表明，无论两个人的外貌相似程度和亲缘关系多么密切，他们的笔迹特征都能把他们区别开来。他发现这些双胞胎中有42对是右利手，15对是左右手混合书写，1对是左利手。这些统计数字与其他研究略有不同，但受试者的数量不够多，这可能是与其他研究不同的原因。

甘布尔（Gamble，1980）的研究专门针对了笔迹的七个要素：(1)笔迹效果，(2)大小，(3)坡度，(4)速度，(5)书写质量，(6)比例，(7)字母形式。他的发现是：同卵双胞胎在笔迹上表现出了比预期更大的相似性。然而，在字母形式和一般外观上却又出现许多差异，这使得鉴定人一定程度上能够区分不同的个体。

---

1 一种衡量英文字母书写质量高低的量化表格。

比科姆（Beacom，1960）声称研究过三胞胎、四胞胎和五胞胎的笔迹，结果相似，即多胞胎会形成彼此不同的书写习惯，明显与他们的遗传背景无关。

虽然双胞胎的笔迹可以进行区分，但一项使用计算分析的笔迹研究（Srihari et al.，2008）建议在处理个案时要谨慎，因为在区分双胞胎笔迹（12.91%）比非双胞胎笔迹（3.7%）出错率更高。非统计研究指出，一些双胞胎手写体有着惊人的相似性（Beacom，1960；Gamble，1980）。在进行详细的分析时，甘布尔注意到在总体外观、大小、倾斜、书写质量和几个字母特征方面的相似之处。区分双胞胎笔迹是基于某些不匹配的字母特征。一项关于三胞胎的研究报告称，兄弟姐妹的笔迹可以进行区分（Lines and Franck，2003）。

布特（Boot，1998）指出，某些同卵双胞胎的笔迹具有高度的外观相似性。然而，双胞胎的利手倾向可以通过笔画方向来确定，从而对同卵双胞胎笔迹进行识别。左右利手之间的笔画方向表明，大写字母"A"、"E"、"J"、"T"、"H"中从右到左的水平交叉线，尤其是草书T，表明书写人是个左利手（Franks et al.，1985）。惯用手可能在双胞胎笔迹中起着重要的作用，因为一项认知研究报告称，双胞胎中左利手的发生率高于单胞胎（Annett，2006）。在一个案例研究中，哈拉尔森（Harralson，2007）使用笔画方向来区分同卵双胞胎之间的笔迹。

这些发现支持布特（Boot，1998）的研究，即同卵双胞胎可以通过笔画方向来区分。这一发现，尤其是斯里哈里等人（Srihari et al.，2008）的观点支持了之前的研究，即双胞胎书写的字迹可以被区分，即是通过对细微特征的分析。宏观的风格特征，尽管有时是关键的笔迹元素，但在区分双胞胎笔迹时并不总是有用的，尤其是在图形高度相似的情况下。

8.2.3.3 性别

许多研究都在探讨如何从笔迹中区分书写人的性别。一些研究表明，通过笔迹判断性别略高于偶然性的趋势。也有人观察到，平均而言，女性书写人比男性更擅长书写。关于这个主题的更深入的讨论，见第十一章。

8.2.4 生理（正常状态）

8.2.4.1 熟练程度、实践和发展

本节针对的是在书写人一生中笔迹发生的正常和自然的变化。哈里森（Harrison，1958b）评论说，成熟的笔迹具有鉴定方面的潜力。

书写的发展和进步，在人的一生中经历了四个阶段：(1) 形成阶段，(2) 易受影响或者说青少年阶段，(3) 成熟阶段，(4) 退化阶段。书写的发展是一个神经控制的问题。在前两个阶段，书写行为更为慎重，也更受控制。在后两个阶段，这种行为更多的是不受控制的，并且随着年龄增长，越来越不受控制。

从这些前提出发，第一阶段发生的变化体现在结构、流利性和连贯性上。这

是所有人的学习阶段，在这个阶段字母设计正在发展、书写技能正在被掌握。在第二阶段发生的变化可能在形式或风格上相当明显，这取决于引起变化的影响来源。摹仿另一种书写风格的欲望可能源于许多外在因素，包括审美因素和身份认同因素（Bellomy，1875；Hecker，1981）。第三阶段的笔迹在较长时间内更为连贯，可能只在流畅性或结构上有所改变；前者通常是书写频率的结果，后者通常是特定职业的产物。第四阶段与内源性因素有关，主要由神经生理学退化引起，其发病和程度因人而异。在这个阶段，笔画线条的抖动可能变得明显，形状、倾斜和大小变得不那么一致，书写的质量和技巧也变得越来越差。

一项对健康老年人（53名年龄在60～94岁之间的受试者）使用数字采集笔迹的运动学研究（Rosenblum and Werner，2006）显示，书写速度和书写压力较低时，书写工具在纸上和在空中停留的时间更长。卡利朱里和穆罕默德（Caligiuri and Mohammed，2012）针对退化笔迹的研究进行了全面的讨论，并引用了一些研究，这些研究也讨论了年龄对人一生的影响。一般来说，老年人写得更慢，而且可变性更高。这一研究主题对于检验人员来说是很重要的，因为他们经常遇到的情况是：可疑笔迹和样本笔迹之间的书写年龄可能存在显著差异。

8.2.4.2 惯用手
8.2.4.2.1 右利手

就书写而言，大约90%的人都是右利手。这并不是说，在各种各样的活动中，包括打高尔夫球、击球、拿餐具、射击或任何其他选择一侧肢体或眼睛来指导或执行动作的活动，惯用手的比例也会相同。多年来，书法教学是为惯用右手的人量身定做的。尽管存在这些事实，但仍有少数右利手者倾向于IHP（反手姿势），即钢笔或铅笔的轴线朝上，远离书写人，而不是朝向书写人。更多的左利手使用反手姿势。其余关于惯用手的信息，请参阅第十一章。

8.2.4.2.2 左利手
关于左利手的全面讨论见第十一章。

8.2.4.2.3 双利手

一些研究者观察到，有些书写人无论用哪只手写字都能写得相当不错。在公认的笔迹鉴定权威者中，哈里森（Harrison，1958b）评论了双利手。在他看来，表现出这种能力的人很可能是早年就是左利手的人，但他们在上学期间被说服改用右手书写。可以说，在大多数情况下，双手书写的字迹在许多方面都是具有相似性的，但在流畅性和书写质量上会有所不同。其原因可能是一只手缺乏练习，因为书写人倾向于使用另一只手作为常用手。

8.2.4.2.4 握笔姿势

握笔姿势主要有两种：（1）正常姿势（书写工具朝向远离书写人身体）；（2）反手姿势（书写工具朝向书写人身体）。有关此主题的更多信息，请参阅第十一章。

8.2.5 身体因素（异常健康状况）

8.2.5.1 笔迹作为诊断工具

在大多数情况下，疾病对书写的影响会使一个人失去对笔迹的控制能力或者丧失书写的流畅性（Wellingham-Jones，1991）。其结果表现为不稳定，遗漏、扭曲（特别是在书写圈形笔画和复合曲线时）、施加压力时的不规则性、总体难以辨认和不一致性增加。

虽然书写技巧和质量逐渐下降，但书写的某些可识别的方面（习惯）仍然存在。书写习惯发生根本性的改变是没有逻辑原因的。虽然书写行为需要一定程度上的感知控制，但它不是刻意的，也不是通常意义上的压力控制。它永远不会被描绘出来。

在帕金森病发病前2年，约10%～15%的病例就可能出现字迹的微小畸形，表现为尺寸缩小。在少数的脑梅毒和精神分裂症病例中也观察到了微缩现象。

虽然大家公认笔迹退化可以是多种疾病的结果，而且仅仅是衰老本身所致，但这种退化的特征很少能与特定的疾病或家族遗传疾病联系起来。年龄和疾病最终会影响神经肌肉的协调性，从而改变书写人控制书写行为的能力。但不管原因是什么，它们对神经肌肉系统的影响基本相同。

虽然在患病期间，书写能力下降和精力下降是意料之中的，但患病期间书写的一些签名并不能反映出预期的书写缺陷，尤其是持续时间较短的疾病，以及那些不会限制患者行动能力或限制患者卧床休息的疾病。作为一个人书写中最为自动化的过程，签名往往是最难改变的。因此，在生病或休养期间所写的签名并没有受到过大的影响，以致妨碍或改变笔迹检验（Hilton，1969a）。

8.2.5.2 相关疾病

8.2.5.2.1 失写症、失语症、阅读障碍、注意缺陷障碍（ADD）和多动症（ADHD）

失写症、失语症和阅读障碍是密切相关的疾病：失语症是指使用和理解词语的能力受损，尽管有些定义很宽泛，包括所有交流手段的受损，包括说、读、写和编码。然而，准确地说，失写症是指大脑损伤导致无法书写或无法有序书写。阅读障碍是指更有限的阅读能力障碍，而读写困难症则与书写或书面表达的障碍有关。

失语症通常由头部损伤、中风、脑部感染和肿瘤引起。它经常伴有瘫痪（偏瘫），上肢恢复比下肢慢等情形。更常见的情况是，这种瘫痪经常会影响到身体的右侧，而不是左侧，这就要求右利手在康复过程中学会用左手写字，据报道，在6个月的时间里，多达90%的患者能够成功学会用左手写字。此外，书写能力的提高似乎比言语能力的提高更难实现。通常情况下，正如预期的那样，书写技能不会完全恢复。

大多数形式的失语症患者都会影响一个人的书写能力，而不正常的书写常常受到争议，尤其是在遗嘱和金融交易方面。此外，老年语言障碍患者往往是欺诈或恶意影响的受害者。因此，对于失语症症状的正确认识，有助于研究失语症患者的笔迹，以及在出现这种情况时，书写过程可能受到的影响。随着目前预期寿命的增长，中风以及车祸损害的增加，预示着失语症笔迹成为争论焦点的案例数量也将相应增加。

哈里斯（Harris，1969）提供了一个极好的研究成果，是关于失语症及其对书写运动技能的影响。失语症似乎不受单一症状的影响，但会经历包括阅读、书写和言语等多种障碍的组合。单纯运动性失写症（即，能读能说，但不能写）的病例很少见。这种疾病会以一种高度个性化的方式影响一个人，而且很少能够一概而论。其恢复过程也同样多样化，因人而异。50岁以下的患者比其他人恢复得更快，但永远不可能预测到治疗的结果。因此可以说，完全恢复是不可能实现的。

书写的执行或构成，或上述两者都有问题。运动性失写症是一种因为无法书写字母而导致的书写障碍，但拼写能力仍然具备。健忘症失写症（或不可知失写症）是指无法拼写，但操纵书写工具的能力仍然具备。书写倒错是指不能写出正确的单词，但是抄写文本的能力仍然具备。当失语症伴有一定程度的瘫痪（偏瘫）时，患者必须学会用另一只手写字。书写能力的恢复各不相同，但通常会有一个平台期，超过这个平台几乎没有什么改善。

事实上失语症并不总是影响书写能力。对于这类患者，心理可能比运动技能遭受到更大的损害。因此，笔迹本身并不总是失语症患者恢复的可靠指标，而必须考虑名称或单词的上下文、语法、拼写和重复等，排列上的特殊性和间距上的不一致性也可能有所帮助。

黑德（Head，1963）将失语症分为四组，并且针对每组的笔迹特征都进行了观察：

1. 语言缺陷——患者知道他或她想说什么，但不能表达正确的词语。不一定能够书写，但书写签名是最后消失的能力，也是恢复后首先恢复的能力。
2. 句法缺陷——患者说的是杂乱无章的简短短语，十分混乱，只有孤立的词可以被理解。书写比手工能力受到的影响更大。能书写字母，但不能读。总是在经历最初的刺激后才能写出可识别的签名。
3. 名义缺陷——能够描述对象，但无法命名。可能会写出他或她的名字。可以抄写文本，但无法自主撰写。

4. 语义缺陷——可以保证短句的连贯性。不能撰写或理解段落。对书写没有显著影响。可以快速潦草地写，以避免失去思路。语境可能会混淆，但书写技能是正常的。

尽管书写技能经常受到影响，但研究者经常会观察到一个人不能在纸上写下自己的想法。一个人也许能够抄写一篇文章并写出清晰易读的文字，但是凭记忆书写（例如一周中的几天）可能会表现出严重的退化。这可能导致省略小单词，如冠词、介词和连词，加快书写速度，有时甚至会跳过单词，或产生镜像书写。书写恰当的信件格式可能很困难，似乎操纵书写工具的能力是可以保留的，但却丧失了应当写什么的心智能力。

当书写受到影响时，尤其是在患有失语症的情况下，字母的形式可能是不规则的，会犯错误，错误可能被纠正，也可能不纠正。字母和比例的排列同样不规则，诺伊德特（Neudert，1963）将其归因于协调受到干扰。有些人难以进行数字运算，但另一些不会说、读或写的人也许能解决数学问题。有些人能按正确的顺序数数，但不能理解数字的含义。

如上所述，这种紊乱的程度因人而异。从读者的观点来看，书面笔迹可能会因为音近词的互换而变得混乱，通常使句子乍一看就毫无意义。比科姆（Beacom，1970）提供了几个例子：

beat-heat	stamp-damp	hair-chair	locks-socks	gun-pun
pair-fair	sty-sly	tool-cool	wet-met	take-cake

此外，还提供了含有双辅音的单词拼写错误的例子，例如，leter代表letter，hamer代表hammer，mater代表matter，seling代表sell。元音可以改变，发音相似的字母也可以被替换：例如，watur或watar代表water，fathur或fathar代表father。中间音节在长词中可以省略，例如，rember表示记住，infortion表示信息。有时，辅音会被省略，例如，quater代表quarter，coner代表corner，kitche代表kitchen。

除此之外，精神问题也很难确定。可能存在将所有失语症患者错误地归为相同或相等的倾向。有人建议，如果一个人能够以半易读的方式签署自己的姓名，并且如果需要签名，则应允许他或她这样做。哈里斯（Harris，1969）指出，语言治疗师认为书写是治疗失语症患者的一种重要方法，因此，他们通常会在患者的档案中保留以前的样本，因此，如果需要，可以提供现有的样本材料来源，以便日后用于笔迹比较检验。

另一方面，阅读障碍是一种学习障碍，在儿童中表现为学习阅读困难，后来又表现为拼写的问题。它被认为是一种成熟缺陷，随着孩子年龄的增长而减少，并且能够在适当的治疗帮助下改善或纠正。它通常是由基因决定的疾病，似乎受影响的程度，男孩比女孩大，这与智力、教学方法、情感因素或社会文化环境无关。

麦卡锡（McCarthy，1984）就这一主题进行了研究，主要是因为这一问题是在交叉询问中提出的，在这个案件中，一名阅读障碍患者被指控犯罪，笔迹样本中的阅读障碍和伪装问题变得非常重要。他提出了一个重要的问题考虑事项，即从那些有类似伪装特征情况的人那里收集样本。

当孩子们在阅读方面遇到困难时，这种情况就变得明显了，因为他们中的一部分人来说，一些字母被颠倒了（例如，"b"代表"d"）或错误拼写（例如，"cut"代表"cat"）。在书写技能的发展过程中，学习的困难会增加。因为这个是一个问题，所以书写时总是缓慢而仔细地完成，以达到流畅和准确的效果。因此，孩子们在传统学校里学习困难，因为那里的时间有限，或者经常需要长篇大论地回答问题。

缓慢而仔细的书写过程会写出大而优美的字母，几乎垂直而不倾斜，字母之间的间距往往更大，有时会出现字母的反转，"i"的点和"t"的交叉点能够很好地对齐定位；然而，在某些情况下，字母的这些元素会被完全忽略，字母拼写错误和变形会使长篇文章更难理解。阅读障碍患者可能会在抄写发音相同但含义不同的单词时出错，比如read和red。由于书写中遇到的困难，书面语篇中的词汇往往更加有限，而文本本身也趋于简短。

阅读障碍患者有时会在他们的书写语句中进行语音替换，产生cum代替come或rite代替right等。颠倒是另一个常见的问题，其中"dog"被写成"bog"。垂直方向的颠倒也会发生，比如"y"和"h"这样的字母交换，结果是"yard"变成了"hard"，"hat"变成了"yat"。反过来也会发生，在这种情况下，"rat"变成了"tar"，"form"变成了"from"。镜像书写，即一个单词的字母颠倒，也会发生。但据报道，它只出现在左手写字和草书中。带有双字母的单词有时通过省略其中一个双字母来缩写。在其他情况下，所有字母都出现了，但顺序不正确，或者单词的拼写可能完全不合理。

书写困难症是一种与阅读障碍相关的、严重的书写问题，书写可能难以辨认、不稳定、变形和局促（图8.9）。而压缩书写被认为是为了掩盖拼写错误，对于阅读困难或书写困难患者来说，抄写往往是一项困难的任务。他或她在抄写时容易犯与阅读相同的错误，包括颠倒、省略和替换。

伪装笔迹的行为需要比正常情况下更多的关注度和注意力。其结果是书写速度下降，其特点是起笔和收笔有钝感，笔压沉重甚至绝对均匀，动作笨拙，颤抖，运笔不规则。检验人员应该特别感兴趣的是，如希克斯（Hicks，1996）所报告的那样，阅读困难患者的许多正常的笔迹可以表现出这些特征。

从阅读障碍者那里获得笔迹样本时，必须充分认识到他们听写而不是抄写方面的困难。个人表现出来的笔迹特征可能会被错误地解释为伪装书写的行为。经过一段时间的专业训练，许多问题都可以克服，而且这种障碍对个人书写的影响也会大大减少。这表明，在研究阅读障碍者的笔迹时，对同期样本的需要尤为重

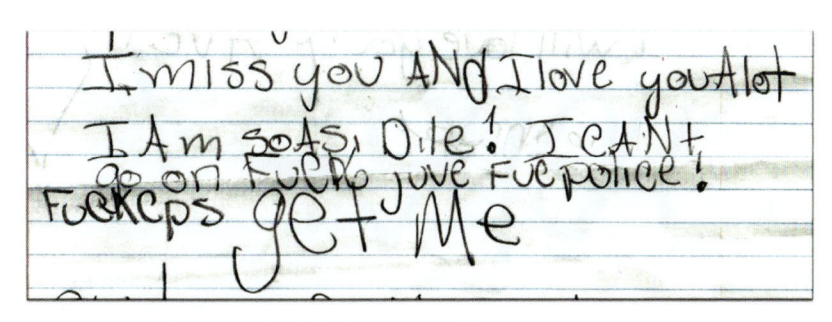

图8.9 有书写障碍症状的14岁青少年笔迹示例（例如：大写字母与小写字母混合，大小不一致，拼写错误）

要，而且必须适当评估运笔缓慢、拖拉特征的重要性。

学校减少笔迹训练导致了笔迹可变性的相应增加。按理说，这种变异性随着学习障碍的影响而增加。阿克钦（Akcin，2012）报告了学习障碍者的书写习惯，并且发现了难以辨认、字母颠倒、单词错误、标点错误和大写字母使用错误等问题。朗麦德等人（Langmaid et al.，2012）发现，患有注意缺陷多动障碍（ADHD）的青少年可能存在潜在的运动障碍。在这项研究中，多动症受试者和健康对照者进行了与书写有关的任务。多动症受试者的字迹大小不一致，多动症越严重其书写能力越低。

学习障碍和书写能力差是笔迹检验人员的研究课题之一。柯迪拉和霍洛维茨（Cortiella and Horowitz，2014）为国家学习障碍中心编写了一份最新报告。报告发现，有学习障碍（特别是多动症）和文化水平低的青少年中，有不成比例的人在少年司法或教养系统中。这份报告表明，那些有学习障碍的人可能更倾向于犯罪活动。学习障碍与青少年抑郁、自杀有关（Bender，1999）。麦克布赖德和西格尔（McBride and Siegel，1997）认为神经功能障碍可能是学习障碍的根本原因，进而导致青少年抑郁和自杀。学习障碍是通过对拼写、语法、句法和书写技能的评估来判断的。

研究发现，在青少年自杀的笔迹中，这些方面存在显著缺陷。从涉及青少年司法实践的角度来看，自杀笔记、匿名或威胁学校的信件以及涂鸦，更可能是由文化水平低、书写能力差和学习障碍的人制作的。哈拉尔森（Harralson，2007）研究了一个案例，其涉及对青少年自杀笔记的分析，其中学习障碍导致了笔迹的差异（图8.9）。笔迹检验人员处理涉及青少年在学校财产上涂鸦的案件并不罕见。魏德曼（Weiderman，2012）报告说，随着涂鸦行为的发展，出现了一种替代或非法的街头文字现象，可以提高涂鸦的熟练程度和流畅性（图8.10）。毫无疑问，那些在监狱里花时间练习艺术、绘画或书法的人在这些方面变得更加流利和精通。同样，那些练习涂鸦的人，使用了喷漆罐等不寻常的书写工具，在多次使用之后自然会变得更加流畅。

图8.10　青少年涂鸦风格的笔迹

8.2.5.2.2 阿尔茨海默病、痴呆和谵妄

阿尔茨海默病是一种退行性痴呆症，与记忆丧失和其他认知能力退化有关。研究表明，有些家庭可能有轻微的遗传倾向，可能与不确定的环境因素相结合从而诱发该病。根据国际阿尔茨海默病协会（2015）收集的数据，"估计有530万美国人患有阿尔茨海默病"；其中约510万美国人年龄为65岁，约有20万人年龄小于65岁，发病年龄较轻，到本世纪中叶，美国患有阿尔茨海默病的人数预计将增加近1 000万人，这在很大程度上是由当年的婴儿潮一代的老龄化推动的（第332页）。

贝伦特（Behrendt, 1982）声称阿尔茨海默病占所有老年痴呆病例的50%。它进一步细分为（1）老年性痴呆-阿尔茨海默病型（SDAT），（2）阿尔茨海默病相关痴呆症，（3）阿尔茨海默病（Strub, 1980）。阿尔茨海默病是一种发生在65岁之前的老年痴呆症，有时称为老年前期痴呆症。据说老年性痴呆-阿尔茨海默病型是指65岁以后发生的老年性痴呆，这是一个较为武断的界限，且两种情况在病理学上很相似。而阿尔茨海默病相关痴呆是指由不同病因引起的，但症状相同于老年性痴呆。

该病的症状通常是渐进式的，但失忆的速度因人而异。很少出现快速恶化的情况，更常见的是，在很长的一段时间里几乎没有显而易见的变化（Trueman, 1991），随着记忆力的丧失，他的读写能力也会下降，话语会被遗忘，谈话的主线被丢失，并且倾向于重复自己已经说过的话的。随着疾病的发展，即使是像写自己名字这样简单的任务，患者发现很难集中精力完成一项既定的任务。

贝伦特（Behrendt, 1984）的研究报告显示，许多人经历了精神退化最初阶段，但仍保持着体力和健康状态，因此他们书写的笔迹会显露一些年龄上的特征，例如字母的省略或重复，单词的不正确连接，而没有明显的书写技能或流畅性的下降。似乎只有当操控书写工具运动的心智能力不复存在时，书写才会停止。此外，他们的笔画动作可以在任何方向上运行，但在动作中表现出一定的力量和技巧。

迪亚兹·德多诺索（Diaz de Donoso, 1993）提供了两组阿尔茨海默病患者的笔迹样本。与许多其他情况一样，这种失控最初会影响曲线笔画的书写，导致书写线条产生角度或方向的突变，最终会使得文字难以辨认。

随着病情的发展，阿尔茨海默病患者除了认知障碍外，还会经历情绪和性格的变化。他们变得困惑、沮丧、易怒、烦躁和焦虑不安，他们使用的药物也通常是用来缓解这些症状的。因此，对阿尔茨海默病患者笔迹进行检验的人员必须确保获得的样本能够反映出可靠的特征，如果可能的话，最好获得这些患者在书写期间的就医情况和精神状态。

依靠数字化信息收集的研究发现，患有阿尔茨海默病患者和轻度认知障碍的人有明显的障碍。具体来说，研究发现阿尔茨海默病患者和那些有认知障碍的人"表现出比健康人更慢、更不流畅、更不协调、更不一致的笔迹书写运动"（Yan et al.，2008，1203）。另一项研究发现，阿尔茨海默病患者与健康人相比，其字迹表现出更大的变异性，如速度和运笔长度的变化（Slavin et al.，1999；Schröter et al.，2003），受试者的毅力也强（重复单位或字母段，所以他们不必要地重复字母）。而无论患者是否服药，这些结果都是一致的。另一项阿尔茨海默病患者与健康对照组的比较显示，在压力较低时，患者书写笔迹中不稳定特征会有所增加（Werner et al.，2006）。然而，卡利朱里和穆罕默德（Caliguri and Mohammed，2012）确实报告了阿尔茨海默病患者的这些敏感或细微的书写障碍。他们还报告说，随着病情恶化，他们书写签名的能力可能会出现不稳定的波动。正如奥诺弗里等人（Onofri et al.，2015）的一项案例研究所报道的那样，患者病情的波动在他们的笔迹中也很明显。在他们的案例研究中，展示了一个阿尔茨海默病患者在三天内出现的极端波动（不连续、碎片化、空间紊乱）的笔迹样本。

8.2.5.2.3 运动神经元疾病和肌萎缩侧索硬化或卢格里戈病

肌萎缩侧索硬化（ALS）是运动神经元疾病的一种形式，是由于神经系统紊乱导致的身体肌肉退化。它的特点是肌肉无力和萎缩等，这些症状在至少三分之一的病例中首先表现在手部和前臂。渐进式抽搐是一种常见症状，但不一定会影响书写行为，因为抽搐是间歇性的，而不是持续性的，也并非完全超出个人的控制。

肌萎缩侧索硬化是一种渐进的、持续的疾病，这会使患者越来越虚弱，而虚弱程度的增加会导致患者难以有效地去做一些简单的事情，比如书写。这种疾病的进展相对迅速，在2到5年内会导致瘫痪和死亡，身体疼痛不是该病症的症状，而心智能力、智力和意识即使是在生命的最后阶段也能继续保持。挫折、压力和抑郁都是由于患者无法控制肌肉系统而产生的并发症。

肌萎缩侧索硬化的患者男性多于女性，通常在50至70岁之间，而一个例外是棒球名将卢·格里克（Lou Gehrig），他在30多岁时感染了这种疾病，在38岁时死于此病，因此，肌萎缩侧索硬化通常被称为卢格里戈病（Lou Gehrig disease）。而肌萎缩侧索硬化在家族中发生，这表明可能存在基因传播。

康威（Conway, 1985）报道了肌萎缩侧索硬化患者的一些笔迹特征。在疾病的早期阶段，受试者的书写能力可能会出现一些变化。随着病程的推进，受试者拼写字母和连接字母的能力受到影响，出现字母畸形和一些难以辨认的现象，然而，书写人的智力功能并不会受损。当笔移动遇到困难，字母畸形就接踵而至。此外，这些患者很少去掩盖或纠正书写错误。由于肌萎缩侧索硬化影响神经肌肉系统，卡利朱里和穆罕默德（Caligiuri and Mohammed, 2012）指出，与疲劳和笔迹相关的研究也适用于那些笔迹受肌萎缩侧索硬化影响的人。

8.2.5.2.4 关节炎

许多身体因素会改变一个人的笔迹，尤其是手部和手臂的损伤和畸形。此外，还有影响中枢神经系统的疾病和损伤，支持书写的手部肌肉、韧带和关节发生病变或疼痛可能会暂时或永久地改变一个人的笔迹。而伴随年龄增长，最常见的生理性异常是关节炎及其相关疾病。

数百万人患有100多种不同类型的关节炎，随着人类正常寿命的延长，病例数量每年都在增长。这些疾病造成关节软骨，尤其是趾骨的退行性变化，导致关节疼痛和肿胀。在晚期，它们可能导致手和脚的畸形。僵硬、不适或疼痛可能持续几小时到几天。这种疾病的特点是，女性比男性更易患病。

显然，关节炎是一种会对书写造成影响的疾病，也是笔迹检验人员在研究遗嘱、契约、银行文件，甚至是自杀笔记中可能遇到的一种情况。在所有可能因医疗情况而改变书写行为的情况下，最重要的问题是，这种影响是否可能被误解为某种伪装笔迹的迹象。

米勒（Miller, 1987）研究了420名患有间歇性关节炎的受试者的笔迹，他们的年龄从56岁到78岁不等，其中72%是女性。第一组笔迹样本取自关节炎尚未发作的受试者，他们能够以正常方式书写。第二组笔迹样本取自处于关节炎发作期间的受试者，第三组和第四组样本也是在类似的情况下获得的。

对这些样本的研究显示，12个笔迹指征中都至少有48%的时间发生了变化。这些指征被认为是在疑似伪造的情况下会被仔细检验的方面。这些包括（1）线条质量，（2）抬笔，（3）修饰/修补，（4）角度、间距，（5）笔压，（6）大小/搭配比例，（7）对齐，（8）变音符位置，（9）笔画形成，（10）圈形笔画的形成，（11）起笔、收笔笔画特征，（12）圆圈形成。

研究显示，关节炎患者的笔迹中注意到重大的变化，尤其是：

- 线条质量下降（97%的样本）
- 尺寸/搭配比例变形（93%的样品）
  - 尺寸变大
  - 间距增加（更注重字母形式，而不是单词，更加谨慎或有意识地书写）
- 修饰/修补（82%的样本）

- 圈形笔画更宽、更方、更短，间断（78%的样本）
- 笔画收笔的书写压力更大、收笔圆而钝（48%的样本）

值得注意的是，米勒（Miller，1987）对签名修饰和修补频率的解释是，关节炎患者试图在签名的质量上达到正常签名的水平。而这类修饰显得粗糙和明显，更有可能反映了书写人对易读性的关注，而不是书写的质量。如果更正错误的原因是无法控制书写工具造成的，那么修饰或修补将在同样缺乏控制的情况下进行，并可能获得同样的效果。另一方面，在摹仿（伪造）签名过程中进行的修饰和修补往往不那么明显，而是更加微妙，通常需要通过显微镜来确认。

据观察研究，在某些情况下，关节炎引起的书写不适非常严重，以至于书写工具难以被掌握或握笔姿势发生变化：它是被抓着而不是拿着，会造成它与纸张表面和书写基线的方向会发生显著的变化。

在米勒（Miller，1987）所做研究中，更重要的发现都是对签名的检验，这些签名最初是在没有长篇笔迹或对书写人所患疾病一无所知的情况下进行的。在这种情况下，发现81%关节炎患者的签名具有伪造的特征。在这些签名中，68%被认定为伪造，另外32%不能确定，然而，当检验人员得到所有随签名而来的长篇笔迹时，92%的结果被更正为在限定试图伪装条件下的真实签名，这可能是为了解释在两组文字中观察到的差异。

这项研究的结果促使报告的作者提醒说，如果没有与他们的疾病状况的同期笔迹样本的存在，笔迹中的差异可能会被错误地解释。显然，在涉及关节炎患者笔迹的情况下，在可疑笔迹或签名或关节炎发作后的前一天或后一天书写的笔迹样本，可能不能完全令人满意。然后，他用这些结果作为论据来支持他的论点，即在鉴定或研究之前，应向检验人员提供尽可能多的关于书写人身心健康的信息。

米勒（Miller，1987）的研究结果提出了许多问题，其中一个问题与检验人员的能力有关，他们将因患关节炎进行书写体现的特征误解为伪造特征。如其他地方所述，伪造签名和患有关节炎等疾病的人之间出现的修改是存在区别的。书写过程中所经历的不适，手和手指僵硬的影响，书写的流畅性和速度的下降，这些都体现在书写的所有要素中。结果是反复无常和不自觉的。不稳定的运动产生了不规则的、笨拙的、不可预测的笔迹。另一方面，伪造的笔迹往往表现出书写人的意图，书写人尽量使笔迹显得流畅，以避免吸引对书写过程的关注。

胡贝尔和黑德里克报告说，在大多数情况下，关节炎的疼痛程度已经严重到足以阻止个人在关节炎发作期间进行任何书写，除非是绝对必要。他们还指出，有些书写工具对书写人的不适感有影响，平滑的笔头只需要施加较小的压力，从而减少不适感。然而，关于书写频率，在一项针对36名关节炎患者的研究中（Dyer，2015），大多数受试者报告说，他们每天都进行书写，尽管这对他们来说很困难。研究进一步指出，关节炎患者的书写速度较慢，字迹却具有易读性。

8.2.5.2.5 脑瘫

比科姆（Beacom, 1968）将脑瘫定义为"由于颅腔神经组织缺损、损伤或疾病引起的运动或运动功能的异常改变"（第7页）。

关于患病率，奥斯库伊等人（Oskoui et al., 2013）指出，每1 000名活产婴儿中有2.11名发生脑瘫。脑瘫的病因包括出生损伤、脑膜炎、脑炎或任何其他伴有高烧的疾病。许多脑瘫患者有学习障碍，或听力、视力障碍，但最大的残疾发生在手指和脚趾。有好几个脑瘫患者都是有收入的职业人员。虽然许多人丧失了能力，但对他们的培训和教育是可能的，而且是可行的，签署遗嘱、信用卡交易和开立支票也是一些人具备的能力之一。

比科姆（Beacom, 1968）的例子揭示了不同质量的字母和草书。不稳定的运动和角度是常见的。他们很难在书写的形式和其他方面保持一致。在许多情况下，字母或草书往往写得很大。然而，可以通过实践和指导来实现更高的书写质量。

8.2.5.2.6 糖尿病

糖尿病，尤其是低血糖会影响书写能力。无论患者是否意识到自己的病情，据信，北美至少有5%，甚至多达8%的人都患有这种疾病。糖尿病是指胰腺不能提供足够的胰岛素来维持血流中正常的糖浓度，以满足身体对能量的需求。

当胰腺不能提供足够的胰岛素时，血液中的糖（葡萄糖）浓度会逐渐增加，直至个人进入昏迷状态。为了防止这种情况发生，人体可以皮下注射胰岛素，以增加胰腺的供应，并控制血糖水平。虽然身体有一个机制（一个稳态调节系统）在不需要的时候停止胰岛素的供应，但是这种刹车对注射的胰岛素是无效的，不管需要什么，它都会继续工作。因此，血液/血糖水平可能会低于正常水平（低血糖），因此个人必须通过摄入食物的形式采取抵消措施来调节血液中的血糖水平。

众所周知，极低的血糖水平会在许多方面影响人类行为，有时会导致严重事故，甚至死亡。血糖水平低于正常水平，但高于完全失去自我控制的水平时，人们可以很好地签名和书写一些字迹或首字母。这些水平的持续时间通常较短（10到60分钟），之后它们会发展到完全失去控制和意识的程度。

陶森（Towson, 1971）研究了低血糖水平对笔迹的影响，以及在这种情况下笔迹检验人员正确鉴定笔迹的能力。从28例正常血糖水平和两种胰岛素引起的低血糖受试者身上获取笔迹样本之后，陶森研究发现，低血糖与书写障碍之间存在非常显著的相关性。此外，当书写障碍发生时，合格的检验人员（13名实验室人员）能够对书写障碍做出大量正确的判断。尽管书写人有身体障碍，但检验人员依然能够正确地将笔迹样本与书写人联系起来。书写障碍表现为：

- 笔画质量恶化
- 不确定的字母形式、覆盖和错误的字母形式
- 字母形式的退化和缩写
- 未能保持对齐或一致的基线
- 抬笔、收笔和犹豫次数增加
- 文字的整体尺寸变大
- 书写倾斜方向不一致

陶森（Towson，1971）感兴趣的是，他的三名受试者被证明是反应性低血糖患者，他们往往在摄入食物后3至5小时，血糖水平出现异常升高或降低。反应性低血糖是一种血糖水平波动的情况，在某些情况下可能发生在疾病发展的早期阶段。这可能会导致笔迹受到影响，似乎与受试者可能经历的血糖水平相矛盾。

除了反应性低血糖外，糖尿病患者的书写障碍几乎完全与低血糖有关，医学上称为低血糖症。血糖水平的升高，即所谓的高血糖症，除了随着个体慢慢进入昏迷或睡眠状态的情况外，对书写没有明显影响。

8.2.5.2.7 多发性硬化症

多发性硬化症（MS）是一种广泛存在的神经系统疾病，是一种慢性进行性疾病，有多种症状，其中一些症状在笔迹上很明显。85%的患者是在20岁到40岁之间首次确诊。60%的多发性硬化症患者是女性。这种疾病的持续时间可能超过25年，而且随着科技的发展，人们的寿命也在延长。多发性硬化症遵循一个缓解和恶化的规律性变化，病情恶化之间的时间随着病情的进展而缩短。据信，多发性硬化的靶点被认为是中枢神经系统中的髓鞘，它是包裹在身体内许多神经轴突（长的神经细胞突起）周围的脂肪绝缘鞘。

在对23名多发性硬化症患者的笔迹研究中，威灵汉姆－琼斯（Wellingham-Jones，1991a）发现，事实上，这种疾病确实以一种可测量的方式改变了受试者的笔迹。文字显示不规则，有棱角，横向扩张减少，执行速度下降，颤抖和扭曲，单词间距和对齐方式也受到影响。还发现了更少的繁体和更窄的左边缘。这项研究表明，患者很难操控笔，也很难写出灵活的排列和连笔。总的来说，可以说控制力和流利性都会下降。

威灵汉姆－琼斯（Wellingham-Jones，1991a）的研究对象为7名男性和16名女性，来自美国和加拿大，年龄在29岁至75岁之间，经医学诊断为多发性硬化症。收集了5年的笔迹样本，包括研究对象同期的长篇笔迹。按发生频率从高到低的顺序，依次为四肢无力、协调障碍、抖动、疲劳和视力障碍。显然，对笔迹的影响与个体所经历的身体症状是一致的。

胡腾（Hooten，1992）讨论了一个通过笔迹确定多发性硬化症发病时间的案

例研究。在一项临床研究中，阿卢西等人（Alusi et al.，2000）使用笔迹样本和螺旋图开发了一种评估多发性硬化症震颤的方法。在另一项临床研究中，申克等人（Schenk et al.，2000）为10名多发性硬化症患者和20名对照受试者指定了书写任务，包括标准书写任务、闭环书写任务和开环书写任务。与支持研究人员假设的对照组相比，多发性硬化症患者在标准书写任务中的笔画持续时间和分段都增加了，这支持了研究人员的假设，即多发性硬化症患者在书写中采用了闭环运动过程。

8.2.5.2.8 震颤
与颤抖笔迹相关的疾病包括：
- 帕金森病
- 获得性失写症
- 语言失写症
- 非语言性失写症
- 空间失写症
- 进行性核上性麻痹
- 亨廷顿舞蹈症
- 原发性震颤

  帕金森病被认为是一种中老年疾病。这种疾病对笔迹的影响往往是深远的，但同样深远的是药物对不可控震颤的影响，这是疾病晚期的特征。

  另外两种不太常见的疾病也会产生震颤：进行性核上性麻痹和亨廷顿舞蹈症。这些疾病，如帕金森病和原发性震颤，被归类为锥体外系疾病，以便将其与大脑中属于它们的部分神经系统联系起来。进行性核上性麻痹很像运动性帕金森病，但在面部和眼睛中观察到的其他特征，包括眼球运动麻痹。亨廷顿舞蹈症是一种遗传性疾病，其特征是随机出现手臂或手的大幅度抽搐。

  原发性震颤是一种单一症状的疾病，是所有年龄组的常见病，在性别之间平均分布。它被认为是一种姿势性震颤（即在保持稳定姿势的过程中出现但不太明显），在诸如书写等活动期间由于自愿运动导致失能而加重。原发性震颤的笔迹通常较大且有所抖动，与帕金森病震颤的影响形成对比（图8.11）。它不同于帕金森病的震颤，它被称为静止性震颤，当肢体静止时出现，但在动作过程中消失。

  在布瓦索等人（Boisseau et al.，1987）进行的一项研究中，在35名这四种疾病患者的笔迹中，没有发现与任何一种疾病有关的特殊特征。药物的使用被认为会影响一些字母或笔迹的总体质量，但大多数笔迹要素没有明显的改变。在他们看来，由于神经系统疾病引起的震颤往往会对笔的运动产生更大、更不稳定的变化或中断，随着病情加重，这种变化变得更加明显。

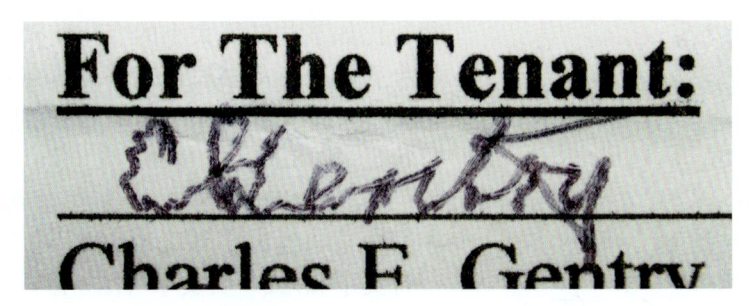

图8.11 原发性震颤（ET）的书写示例

帕金森病是大脑内黑质区域细胞的退化。结果是，细胞中神经递质多巴胺的含量减少，从而引起特定功能的紊乱，干扰运动控制功能。这种疾病的主要症状是：(1) 不能运动——肌肉力量的丧失，(2) 运动迟缓——运动异常缓慢和容易疲劳，(3) 僵硬——对肌肉动作的抵抗，(4) 震颤——当四肢静止时，手以每秒3到5次的频率振动。这种震颤的一个典型特征是它在休息时出现，而在有目的的运动中消失。震颤通常在任何有意愿的行为开始时中止，尽管该行为仍在继续，但往往在几分钟后重新出现。在大多数情况下，震颤在行动时不如在休息时明显。

临床上，帕金森氏病被描述为一种缓慢的运动比例失调，但在肌肉活动的选择和排序方面没有明显的问题。患者有正常的肌肉活动模式，但需要更多的肌肉活动周期来产生运动（Phillips et al.，1991）。

男性和女性同样受到这种疾病的影响，这种疾病往往在家族中发生（10%～15%的几率）。据说它的特征性震颤是不对称的，影响一只手或两只手和躯干。这种紊乱在10到20年的时间内逐步发展。

书写困难被认为是这种疾病早期症状之一。据观察，患者在书写的大小或速度上有问题，并报告在书写签名（例如支票上）时有困难。由于拼写和字母的形成通常不会受到影响，因此这种影响主要表现在书写过程中。

根据马戈林和温（Margolin and Wing，1983）的说法，语言失写症本质上是由字母遗漏、替换、添加和字母反转所描述的拼写障碍，尽管玛西和赫卡恩（Marcie and Hecaen，1979）认为字母形态（即形式）保留了下来。非语言类型的失写症会产生拼写完整的错误字母形式，并可能导致词法和动作顺序的中断。这两种情况都不会发生在帕金森病患者身上。

正如黑肯等人（Hécaen et al.，1956）所指出的，有些失写症是由大脑损伤导致的知觉障碍引起的，可能会产生一种特殊的书写变化组合，称为空间失写症。这些变化包括上升或下降的排列，加宽的左边缘和字母重复，但这些也不是帕金森病的特点。

书写障碍通常是帕金森病的早期表现之一，被广泛认为是其临床表现的一部分。现在人们对这种现象的发生率、严重程度和特征改变有了更好的研究和解

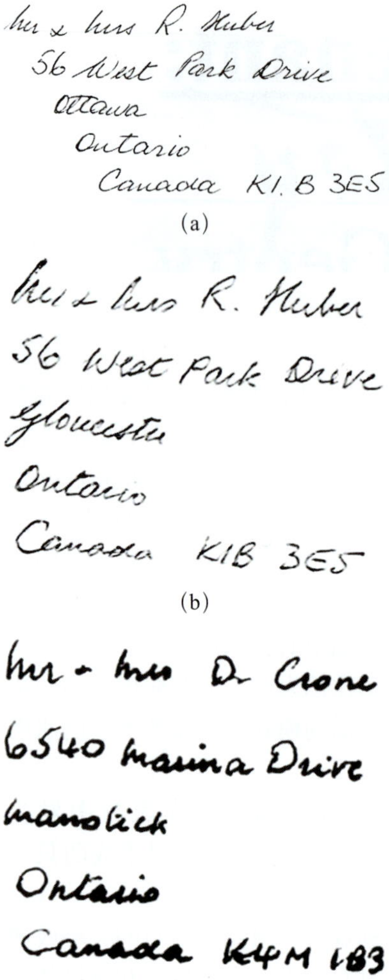

(a)

(b)

(c)

图8.12 帕金森病、小写症。在10%～15%的患者中，他们的书写在大小和横向扩展上逐渐减少。这个例子显示了帕金森病患者在10年的时间里，书写能力下降的情况。1984（a）1992（b）和1996（c）

释，比如某些特征大小的变化使得在对一些帕金森病患者的书写研究中，研究者使用术语"小写症"（micrographia）来识别和描述书写状况（图8.12）。

皮克（Pick，1903）首先注意到小写症，小写症被描述为字母尺寸的缩小，通常沿着一行文字和/或一页文字（图8.13）进行，没有拼写或笔画错误等高级问题。其他几位研究者，大多数在20世纪20年代早期用德语发表了他们的研究结果，从病理学的角度研究了这种现象，即它的原因或起源，以及它在帕金森病患者笔迹中的影响。

金纳（Kinner，1925）在提出可能的原因时，报道了脑梅毒和中央动脉硬化病例中出现的小写症。吉尔摩和布拉德福德（Gilmour and Bradford，1987）在一项对17名精神分裂症患者进行药物治疗的研究中报告了两个案例。已知与精神分裂症治疗相关的药物会导致精神分裂症患者出现帕金森型震颤（Gervin and Barnes，2000）。

麦克伦南等人（McLennan et al.，1972）通过研究800例帕金森病患者的记录，从中选择95例表现为小写症患者，试图更准确地描述这种现象，并确定其在帕金森病患者中的发病率。由此估计，小写症的发病率为10%～15%。

检查签名被证明是帕金森发病前书写字迹样本的标准来源。研究表明患有小写症患者即使能够书写，也无法维持正常大小的书写。随着行尾的临近，人们倾向于写得越来越小。集中精力努力书写会产生暂时性、较大的笔迹，但很快就会减少到比以前更小的笔迹。有时，患者可以在指南的帮助下写得更大，但如果没有这样的指南，书写就会变小。

麦克伦南等人（McLennan et al.，1972）描述了17名患者在帕金森病发作前后6年的书写变化过程。这项研究表明，至少在疾病的发病和诊断前1年，有时2年和3年会观察到这种变化，并且在某些情况下4至5年后出现小写症。在所有

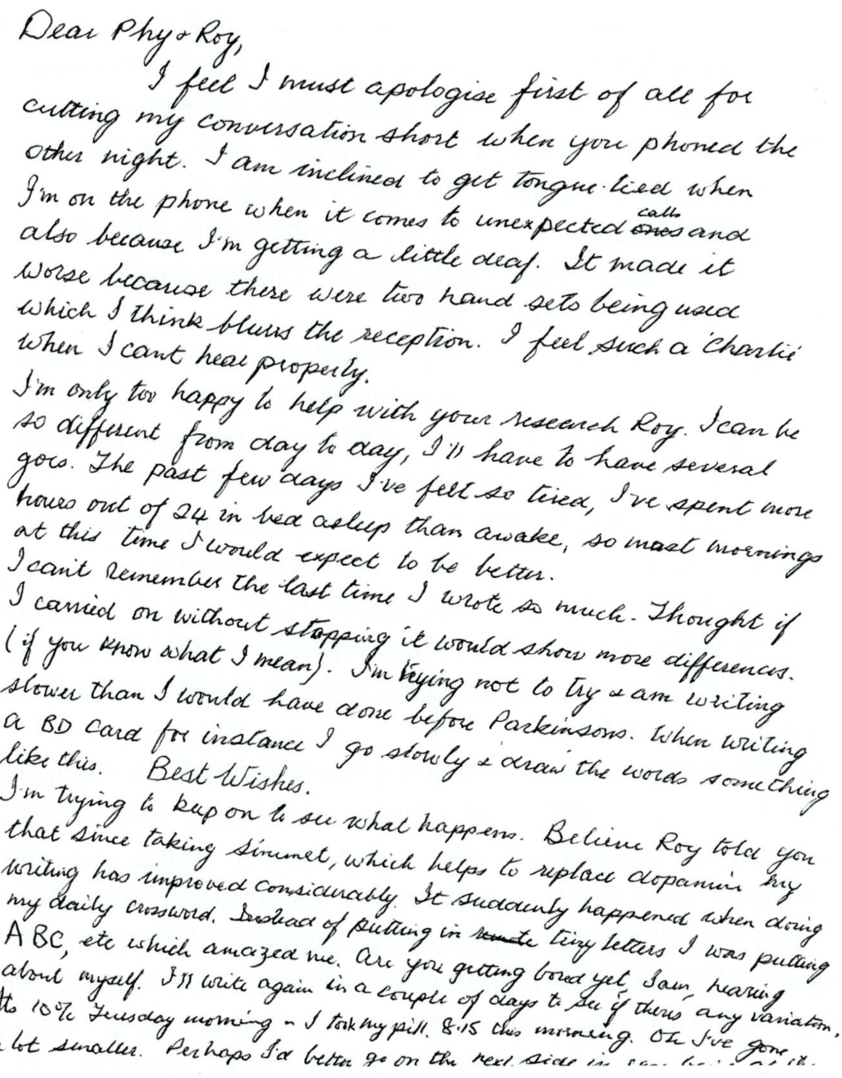

Dear Phy + Roy,
I feel I must apologise first of all for cutting my conversation short when you phoned the other night. I am inclined to get tongue-tied when I'm on the phone when it comes to unexpected ~~ones~~ calls and also because I'm getting a little deaf. It made it worse because there were two hand sets being used which I think blurs the reception. I feel such a 'Charlie' when I cant hear properly.
I'm only too happy to help with your research Roy. I can be so different from day to day, I'll have to have several goes. The past few days I've felt so tired, I've spent more hours out of 24 in bed asleep than awake, so most mornings at this time I would expect to be better.
I cant remember the last time I wrote so much. Thought if I carried on without stopping it would show more differences. (if you know what I mean). I'm trying not to try & am writing slower than I would have done before Parkinsons. When writing a BD card for instance I go slowly & draw the words something like this. Best Wishes.
I'm trying to keep on to see what happens. Believe Roy told you that since taking Sinemet, which helps to replace dopamine my writing has improved considerably. It suddenly happened when doing my daily crossword. Instead of putting in ~~small~~ tiny letters I was putting ABC, etc which amazed me. Are you getting bored yet, I am hearing about myself. I'll write again in a couple of days to see if there's any variation. Its 10'c Tuesday morning - I took my pill. 8.15 this morning. Oh I've gone a lot smaller. Perhaps I'd better go on the next side

图8.13　小写症的另一个例子，说明了笔迹在整个页面和页面下方逐渐缩小的趋势

帕金森病患者中，至少有5%的患者出现了小写症，而这些患者中，高达30%的患者后来发展为更为严重的小写症。

目前，还没有发现小写症和患帕金森病影响一侧身体之间的相关性。这与书写人的惯用手也无关。此外，震颤和僵硬是帕金森病的四个主要属性中的两个，与小写症没有相关性。以前的笔迹特征保留得相当好。麦克伦南等（McLennan et al.，1972）报告说，许多小写症患者的签名样本如果放大，会很好地与其他早期书面签名相符合。可以说，小写症现象仍然无法解释。只能说它受到中枢神经系统的影响。

塔弗（Tarver，1988；1989）通过对16名帕金森病患者的研究，声称他在受试者的笔迹中没有发现书写过小症存在的证据。麦克伦南等（McLennan，1972）报告的发病率为10%～15%，在对800名帕金森病患者的笔迹进行检查后，发现样本中没有证据表明帕金森病的存在，这并不奇怪。此外，除了麦克伦南之外，还有其他来源的文献（Margolin，1984）证实了它的真实性。

在其他病症出现之前，很少有医生可以用笔迹作为诊断工具，而帕金森病就是一个例外。尽管出现小写症患者的比例很小，但它可能是在长达4年的时间内正在发病或将要发病的一个特定前兆症状。

服用左旋多巴药物可以使大脑获得更多的多巴胺，这种疗法可以取得惊人的效果，使那些原本残疾的肢体在10到20年内都能正常工作，尽管在某些情况下，这种药物的疗效可能在5到7年内下降。斯特拉尔等（Stellar et al.，1970）对91名患者进行的研究显示，75%的患者有显著或部分的改善。他们报告说，在少数病例中，尽管在高比例的患者中发生了毒副作用，但轻微震颤减轻了，而且僵硬、运动迟缓、面具脸、声音、步态和书写障碍往往大大减轻。

然而，帕金森病患者可能会出现运动障碍（过度、无意或非自主地运动），这是药物治疗的副作用。这些不必要的动作可能发生在书写过程中，并干扰字母的形成。字母形成和拼写的问题也可以在其他疾病中观察到，如果要作为帕金森病的指征，必须仔细判断。

为了更好地理解帕金森病患者在书写过程中遇到的困难，许多研究已经开展并将继续进行：特林斯和斯泰尔马赫（Teulings and Stelmach，1991）试图通过信噪比分析来量化帕金森病患者的书写缺陷。菲利普斯等人（Phillips et al.，1991）致力于研究笔迹质量的几种测量方法在多大程度上可能区分两个对照组（年轻人和老年人）和帕金森病患者的笔迹，特别是帕金森病患者经常经历的震颤书写形成的笔迹。这种类型的研究需要检测它们提供的关于书写行为背后的神经肌肉运动过程。

哈拉尔森（Harralson，2005；2008）、卡利朱里和穆罕默德（Caligiuri and Mohammed，2012）都对帕金森病如何影响笔迹提供了广泛的文献。更重要的是，这些学者还研究了帕金森病和其他运动障碍，以确定这些障碍引起的笔迹扭曲是否会阻碍对书写人的识别，并有效地与摹仿区分开来。哈拉尔森等人（Harralson et al.，2008）的实验比较了运动障碍患者和伪造者之间的运动学差异，结果表明，伪造者的表现不同，他们的书写速度慢，流利程度低于运动障碍患者（包括帕金森病和原发性震颤的书写人）。哈拉尔森等人的研究是谨慎的，他指出，与通过静态的、纸上的笔迹评估相比，通过在线数据评估书写运动更容易。卡利朱里和穆罕默德也进行了一项实验研究，他们的结果展现了一些相似的结果。在他们的研究中，3名患者（静息震颤帕金森患者，小写症帕金森患者，原发性震颤患者）提供了在线签名，然后将其与在线伪造签名的书写人进行比较。通过检查运动学结果，在一些试验中，笔迹在摹仿中表现出更大的不流畅性。作者评论说，伪造者可能很难缩小他们的笔迹来有效地摹仿小写症患者的笔迹，这一发现与哈拉尔森等人的研究结果不一致（该研究发现伪造者群体中的一些书写人特别擅长摹仿小写症患者笔迹中的僵硬和小动作）。卡利朱里和穆罕默德指出，伪造者可能倾向于缩小他们的笔迹，以摹仿震颤，有时摹仿的震颤可能会增加书写效率低下和不流利。

8.2.6 药物

许多研究者认为药物是引起笔迹特征变化的原因之一。吉尔摩和布拉德福德（Gilmour and Bradford，1987）在讨论帕金森病时发现，针对精神分裂症的抗精神病药物确实会引起个别人笔迹的变化，但这些变化的性质和程度在不同的受试者之间有很大的差异。此外，线条质量变化的性质从改善到恶化。他们得出的结论是，"药物对书写的影响取决于用药类型、个体对药物的敏感性以及药物治疗期间笔迹取样的时间"（第138页）。

神经阻滞剂是用于精神疾病治疗的药物，可以导致与帕金森病相同的症状，表现为僵硬、运动障碍和静止时震颤的特征。治疗帕金森病的主要药物是（1）左旋多巴，用于控制运动异常；（2）抗胆碱药，用于控制静息性震颤。第一种可能导致被称为多巴诱发运动障碍的舞蹈动作。第二种可能导致近期记忆障碍。

治疗原发性震颤的主要药物是普萘洛尔和普里米酮，它们可以降低运动时震颤的幅度。对亨廷顿舞蹈症而言，精神阻滞剂据说能轻微地减轻笔迹动作的频率和幅度。

哈斯（Haase，1961）研究了抗精神病药物治疗与笔迹变化之间的关系。在他研究之前的一段时间里，精神阻滞剂经常用于精神疾病（如精神分裂症）患者，以使他们更容易接受心理治疗。有时帕金森病患者的运动活动通常会减慢。

哈斯（Haase，1961）的理论认为，小剂量的抗精神病药物会产生细微的动作变化，而临床医生往往看不到这种变化，这些变化就表现在病人的笔迹上。哈斯提出了五种主要的笔迹变化，即细微动作的神经抑制作用，表现为：僵硬、抽搐、缩小、倾斜减弱和颤抖。然而，他的实验可行性值得思考。僵硬和抽搐只是手的状况，他的实验几乎没有提到书写人的笔迹中所表现出来的特征。颤抖一般会在字行中产生一定程度的弯曲抖动，这可能是他想要表达的意思。

哈斯（Haase，1961）证明，氯丙嗪、利血平和类似药物的疗效与精细锥体外系运动的影响有关，如在笔迹中所看到的。对其他具有类似作用药物的研究证实了他的结论（Simpson，1970）。

药物的抗精神病作用取决于药物对锥体外系的密切程度和给药剂量。

术语"锥体外系"（extrapyramidal system）最早由威尔逊（Wilson，1912）用来指与运动障碍有关的中枢神经系统（CNS）疾病。这个术语在临床和解剖学上用来指人类的三个主要运动系统之一，包括锥体系统、小脑系统和锥体外系。

每一个都被认为是一个独立的实体和一个独立的结构。损伤（由于损伤或疾病引起的异常结构变化）任何一个运动系统都会导致运动活动的明显紊乱。

锥体系统的纤维穿过髓质锥体。这里的损伤会导致自主运动的瘫痪。小脑系统包括小脑及其进出通路。它被认为与运动的协调有关，而不是自发运动引起的。该系统的病变可导致震颤、不协调、协同失调和运动失调。锥体外系由许多成对的细胞核和相关的通路组成，有时也被称作"基底神经节"。锥体外系的病变常导致异常运动（如震颤），通常在静止时会出现，也有站姿和姿势反射异常。这一运动神经系统被认为与人类动作姿势的维持有很大关系，它并不负责自主运动的启动或协调。

锥体外系疾病这一术语将许多临床定义的疾病联系在一起，这些疾病具有许多相同的症状。有助于将这些疾病状态联系起来的临床体征和症状分为四组：(1) 运动亢进（异常的不自主运动）；(2) 运动迟缓（自发运动缓慢或缺乏）；(3) 僵硬；(4) 失去正常姿势反应。帕金森（Parkinson，2002）描述了这一组中的主要障碍，并以他的名字命名："不自主颤抖，部分肌肉力量减弱，没有动作，甚至在有向前弯曲躯干的倾向支持下，并从步行过渡到跑步，感知能力和智力也没有受到损害"（第223页）。

哈斯（Haase，1961）的研究比较了四种强效镇静剂和氯丙嗪对笔迹的影响。这些药物包括丙氯哌嗪、三氟拉嗪、氟奋乃静和噻拉嗪。所有药物的影响结果基本相同，他还观察到锥体外系的笔迹表现：(1) 僵硬，(2) 缩小（垂直尺寸减小），(3) 缩小（水平尺寸减小）。在药物治疗数周后，患者的书写恢复到正常的流畅性和尺寸。

哈特（Hart，1985）概述了三类药物的一些副作用：包括抗精神病药物、吩噻嗪类镇静剂和强效合成镇痛剂。在第一组中，锂被认为对肌肉协调有不利影响，可能导致震颤。镇静剂可能有副作用，这取决于药物的剂量和服药时间。一种称为迟发性运动障碍的中枢神经系统疾病可能发生，其特征是四肢不自主运动。这些不自主的动作可能会导致笔迹外观上的不正常。可能伴随着视力模糊，这也会对笔迹产生影响。第三组药物被归类为强效镇痛药，对中枢神经系统的影响不如前两组大，但会出现视力模糊或复视，对笔迹有不同程度的影响。

哈特（Hart，1985）论文的观点是，这些药物对笔迹的影响作用可能类似于伪装的特征，需要仔细研究。它们是很容易获得的药物，可用于治疗除需开处方治疗之外的疾病。她还列出了从《医生临床参考》中摘取的三组药物。

准确区分伪装和药物效果导致笔迹变化的重要性源于美国法院的立场，即在法院审查的笔迹样本中故意伪装等同于藐视法庭。这使得检验人员有责任确定是否有人蓄意企图伪装。人们常常担心笔迹可能会被误解为药物和某些医疗条件的影响，当被审查的材料和/或检验人员的能力有限时，这种风险无疑是存在的。希望伪装的特征能提供一些指导方针，据此可以做出可靠的鉴别。

慕尼黑大学医院骨科的格洛夫斯基（Glogowaski，1963）研究了安定对27名8至

16岁患者笔迹的影响，结果表明，书写机制的协调性明显改善。虽然这些变化被描述为"笔迹方面客观质量的改进"（第2448页），但关于受试者所治疗疾病的性质，或者究竟是什么变化导致了这种书写质量的提升，却几乎没有什么可供参考的信息。

通常为精神分裂症患者开的抗精神病药物会引起多种运动障碍，包括迟发性运动障碍、静坐不能、肌张力障碍、帕金森病、震颤、运动迟缓、姿势异常、肌肉僵硬、字迹缩小和字迹节律紊乱等（Gervin and Barnes，2000）。对药物如何影响精神分裂症患者的运动学研究表明，笔迹可以作为药物副作用的临床监测，是一种比基于研究者的监测评分更可靠的测量方法（Caligiuri et al.，2010）。将精神病患者与健康对照组进行比较，结果发现，精神病患者的书写速度比对照组慢，流利程度也较低。在评估患者笔迹时，不同剂量的精神病药物在患者不同时期的笔迹反应上也存在差异。

此外，卡利朱里和穆罕默德（Caligiuri and Mohammed，2012）列出了几种精神药物对运动系统的潜在副作用，包括震颤、肌张力障碍、运动迟缓、运动障碍、静坐不能、帕金森病、肌无力、肌肉抽搐和肌肉松弛。

8.2.7 长期虚弱

8.2.7.1 成长阶段、年龄和衰老

人们普遍认为，一个人的笔迹一生都在变化。如前所述，笔迹在书写人的一生中经历了四个阶段。它开始于（1）形成或学习阶段，然后是（2）易受影响或青少年阶段，有时称为青春期。第三个阶段是（3）成熟期，这是最长、最连贯的阶段。第四个阶段是（4）退化阶段，有时也被称为衰老阶段，在这一阶段，书写质量、控笔能力和流畅性逐渐受到影响。根据具体情况，变化可能在上述的任何一个阶段发生，而在发展的早期阶段和恶化的晚期阶段尤其如此，这是可以理解的。第四阶段，即老年人书写能力的逐渐退化，是针对衰老和年龄的笔迹表征而讨论的话题，由于疾病或损伤，笔迹也会发生暂时或短期的变化，其影响随着病情的恢复而减弱甚至完全消失。

在现代笔迹中，人们注意到了一种风格，特别是在青少年群体中，这种风格之所以被称为"气泡体"（bubble writing），主要是因为它的特点是圆润。除了字型圆润外，它通常是较大，竖直的，并且在字母之间只有很少的空间用于连接，因此很紧凑。字母或字母元素的相对高度也是不同的，因为超线性和次线性字母（具有上升和下降的字母，如"d"、"f"、"g"、"h"、"j"、"k"、"l"、"p"、"y"和"z"），它们的垂直尺寸不比线性字母大多少（如"a"、"c"、"e"、"i"、"m"、"n"、"o"、"r"、"s"、"u"、"v"、"w"和"x"）。字母"d"和"t"的主干笔画往往被许多其他书写人按照抄本的规定进行回溯，形成圈形笔画。字母"b"经常在碗状笔画上呈现顺时针结构，使其呈现印刷体的外观。其他与气泡体有关的倾向包括：将"8"构造成两个独立的圆圈，将"i"写成一个小圆圈，以及将标点符号写成圆

圈。在马森（Masson，1988）、库萨克和哈格特（Cusack and Hargett，1988）的研究中，这种书写风格受到40%以上女性受试者欢迎，并且她们都是青少年。

一些气泡体书写人的笔迹是一致且有特点的，很容易区分出来。也有许多其他风格的笔迹被描述为改良的圆形风格或改良的气泡体，但它们与传统书写实践的风格相比并不那么清晰和明显，并且比经典气泡书写得更加个性化。有人怀疑气泡体可能是青少年，尤其是女性书写成熟的一个过渡阶段。它普遍发生在书写发展阶段。众所周知，使用它的人能够随意恢复到更传统的书写风格。它的起源是模糊的，但它在青少年中的传播可能是有意摹仿造成的。不同人写的气泡体可能有很多相似之处，而且很难区分。

麦金尼斯（Macinnis，1994）在加拿大对萨斯喀彻温省土著居民中的青少年笔迹进行了一项研究，该研究并没有发现任何重要的证据表明土著和非土著青少年可以通过笔迹相互区分。然而，他研究的男性和女性受试者之间显示出了一些区别，这可能与土著和非土著的女性书写人都惯用的圆形书写风格有关，与之前所提到的改良气泡体类似。

8.2.7.2 辅助签名
8.2.7.2.1 临终签名

疾病影响了书写的连贯性，导致了书写能力的下降。由于协调能力的下降，签名之间会有一些不稳定的变化。可能会出现无关的、错误的笔画。随着质量的下降，字母设计、相对高度、倾斜和对齐失去了以往的稳定性。笔迹可能看似虚假。

绝症对书写的影响可能并不一致。即使在接近死亡的时候也会出现回光返照，由于未知的原因，或由于药物治疗，书写人还是能够控制自己的书写动作，并在数小时或数天后再次丧失这种能力。然而，随着疾病的发展和死亡的临近，控制书写工具的能力下降到无法辨认的程度。通常情况下，在这个阶段，很少会留有签名笔迹，但几乎大多数情况下，正是在这一阶段，订立或修改遗嘱，这导致受益人和遗产的归属成为争议的焦点。

绝症，在其发展的最后阶段，患者书写的笔迹往往会出现问题。字迹不稳定，字母格式不恰当。这些签名的最后一笔和最后一个字母可能比其他任何部分都更流畅，就好像从一场艰苦的磨难中解脱出来一样。由于缺乏同期的比对样本，对这些签名进行研究和鉴定会变得更加困难。

8.2.7.2.2 引导签名或辅助签名

据称，通常情况下，他人试图通过握住遗嘱人的手并引导其完成书写来协助签署遗嘱。对于这个主题的广泛讨论，参见第十一章关于辅助和引导签名。

给患者服用药物会改善其书写的笔迹。例如，有一些药物可以在一段时间内抑制帕金森病特有的震颤，但这不是永久性的。

8.2.8 书写人的心理状态

8.2.8.1 情绪压力

与压力有关或引起压力的极端情绪状态会影响书写运动。麦克纳利（McNally，1974）将其描述为一种严重影响书写流畅性的状态，因为它使这个过程变得更加有意识，并越来越注意细节。这个笔迹更多的是画出来的，而不是写出来的。简言之，它具有许多与伪造笔迹或签名类似的特征，出于这个原因，必须对这些笔迹进行谨慎地研究。

情绪压力因素不仅是可疑笔迹所特有的一种状态，而且可以进入主体所谓的请求提供样本的书写过程。它的影响可以从书写人可能表现出的自然变化范围的夸张程度来观察。有人认为，在检验人员研究的大多数案例中，情绪压力对笔迹的影响都占有一席之地。吉鲁阿尔（Girouard，1986）指出：研究表明，压力影响生理功能和心理健康。吉鲁阿尔进一步指出，很难将压力对人的具体影响分离出来，因为它会影响整个个体的身体状态。弗雷德里克（Frederick，1968）在自杀者笔记中寻找情绪压力的证据，并注意到检验人员在区分真实的和伪造的自杀笔记方面明显优于非专业人士（研究中使用了45篇笔记）。

朗斯塔夫和希斯（Longstaff and Heath，2003）指出，患有震颤或运动系统退化的书写人更难适应通过"嘈杂、烦人的声音"引入轻微压力的书写环境。然而，身体健康的对照组能够通过增加笔压来适应和维持控制，而震颤组则减小了笔压。在一个案例研究中，巨大的噪音似乎是与创伤后应激障碍（PTSD）相关的诱因（Walters and Hening，1992）。当患者受到惊吓时，他或她的笔迹变得更大，表现明显不一致，类似精神性震颤。而患者正常的笔迹大小适中，仅有轻微的运动性震颤。

8.2.8.2 紧张

紧张被认为是引起轻微颤抖或书写不流畅的一个原因。这方面的研究相当困难，因为在测试情境中，想要控制受试者的神经状态极为不易。

根据卡尼（Carney，1993）、埃尔布尔和科勒（Elble and Koller，1990）讨论了特异性震颤，如直立震颤和原发性书写震颤。原发性书写震颤被定义为震颤的一种，它主要是由书写行为和其他类似的活动引起的（如拿刀或螺丝刀）。酒精、心得安和美索林都能减少原发性书写震颤，但它们对帕金森病等其他震颤的效果甚微。事实上，原发性书写震颤是不是某些人紧张状态的结果尚不清楚，这需要进一步的研究。

8.2.8.3 不稳定状态（精神疾病）

个体的笔迹特征对精神疾病诊断具有潜在的价值，在这项研究中，已经有证据证实：躁狂组和器质性精神障碍组患者的字体尺寸明显大于对照组（Baig et al., 1984）。

有一些关于经历过分离性身份障碍（DID，以前称为多重人格障碍）的笔迹研究，这是一种精神病理学和心理生理学现象，被越来越频繁地用来解释某些行为。施维德和马克斯（Schwid and Marks, 1994）将其描述为一种分离障碍，发生在经历过童年虐待或忽视的患者身上。据科恩和吉勒（Cohen and Giller, 1991）报道，患有分离障碍的人往往聪明、有创造力、足智多谋、善于表达，权威人士同意这些病人遭受了很大的痛苦的观点，但当他们的疾病被诊断出来时，一般都会得到缓解。

分离性身份障碍是指存在于一个人身上的两个或两个以上不同的人格，其中每一个人格在特定的时间内都占据支配性地位。从一种人格转换到另一种人格通常发生在主体难以处理特定的冲突，并且感受到特定情况的威胁。对检验人员来说，重要的是，当某个人从一种人格转变为另一种人格时，其笔迹会发生显著变化。

这一变化给检验人员出了难题，检验人员必须确保检材和样本均是在同一个支配地位人格的情况下书写。胡贝尔和黑德里克报告了一个案例，在这个案例中，需要对笔迹进行检验和研究，以确定书写体现的哪些人格是正常人格或非隶属人格。而精神病医生确定这一人格的兴趣在于，他们仅在病人正常的非隶属状态下给药。

施维德（Schwid, 1995）选取了九种人格中的四种笔迹实例进行研究，其中有大小变化、比例变化、质量变化和横向扩展的变化。尽管有这样那样的变化，但只要有足够的样本，文件检验人员就能够把同一人不同个性的笔迹联系起来，作为同一人的笔迹产物。施维德和特林斯（Schwid and Teulings, 2013）报告了对分离性身份障碍患者进行了一项使用动态测量的追踪研究，发现个体书写的样本之间存在静态差异，也有动态差异。

8.2.9 损伤

受损的手或手臂会影响书写工具的控制。其结果通常是不稳定的运动或方向上的突然变化，或明显无法书写更精细或更复杂的笔画。

从笔迹检验的角度来看，重要的是要记住损伤通常是暂时的，除非手臂或手部发生永久性损伤，否则书写能力会在一段时间内恢复，尽管损伤恢复可能不是完全的百分之百。伤害发生的日期以及检材和样本书写的日期十分重要，应当予以重点关注。可疑笔迹书写质量应与书写人在其声称的具体书写日期的质量相一致。

扬科塞克和穆利诺（Yancosek and Mullineaux, 2011）研究了受伤并失去控制惯用手运动的人用非惯用手书写的笔迹样本。在这项实验中，两名检验人员能够将正常笔迹样本与损伤后书写的笔迹样本进行匹配，准确率为89%～100%。埃里森（Ellison, 1978）研究发现头部严重损伤患者在书写样本过程中会出现书写动作的震颤。

第九章

影响笔迹的内部因素

9.1 笔迹的变量

读者可以参考第八章介绍中关于"笔迹变量"的阐释。

9.1.1 摹仿因素

除了书写人所接触的各种书写系统之外，个人的书写习惯也会受到所见或所喜好的他人笔迹的影响。在许多情况下，个人的品位会朝着某个特定的方向转变，或者其审美表现了自己的喜好。摹仿，可能是同学、近亲属和长期共同生活的人的笔迹经常有许多共同之处的原因之一（Harrison，1958b）。当然，正如其他文献提到的那样，左利手和使用非利手书写的人，有些可能归因于遗传，或者仅仅只是摹仿父母、兄弟姐妹。赫克（Hecker，1981）描述了一位16岁德国女性笔迹的变化，这些变化碰巧发生在接受不同文化的时候。

典型的后天习得的书写风格，发生在特定的师生关系中，在专业和社会团体中，以及特定时期某社会阶层所流行的笔迹中。个人笔迹变化的持久性很可能取决于对被摹仿的群体或个体兴趣的持续时间。

9.1.2 环境因素

影响笔迹的因素因书写的环境而异。奥斯本（Osborn，1929）、哈里森（Harrison，1958b）、希尔顿（Hilton，1982）和艾伦（Ellen，1989）都曾就环境可能对笔迹产生的影响发表了评论，且通常都是以"书写条件"作为宽泛的标题。在大多数情况下，这些评论都是针对极端环境下书写形成的笔迹，以及为"拙劣的摹仿"辩护而提出的主张。

例如，声称是靠在墙上、车顶上、行驶的车辆中、膝盖上或手持写字板书写的笔迹。众所周知，靠在墙上、车顶上、行驶的车辆中、膝盖上写字，或在没有稳定支撑的情况下站立写字，或是受限于文件底部签名处的有限空间内写字，这些都是签署收据或证明类文件时经常会出现的情形。因此，用这些环境条件作为书写水平明显降低的解释是可以理解的。在这种情况下，书写的笔迹可能是变形的、不稳定的，且不精确的。笔画的回溯很难完成，字母的碗状笔画也没有仔细闭合。除此之外，还有其他情况，正常情况下的书写条件变化，例如书写工具性质的变化或所签署文件性质的变化不那么极端，因此，它们对笔迹的影响可能不那么明显。检验人员应该考虑以下六个环境因素：

1. 书写媒介（工具）。
2. 书写姿势，包括相对于纸张的姿态和方向。
3. 书写目的。
4. 书写可用的空间和位置。
5. 书写表面和衬垫物支撑。
6. 书写环境。

9.1.2.1 书写媒介

奥斯本（Osborn，1929）用了整整一章的篇幅论述了书写工具对笔迹的影响，以及如何来认定书写的工具。他讨论了当时各种分岔笔头和铅笔。至于其对个人笔迹的影响，他只需说，由于分岔笔头的灵活性，使得人们可以把笔压和笔头相对于书写笔画的位置看作是书写习惯的重要因素，因此，这也是研究笔迹以识别身份的重要因素。

他对铅笔字迹的评论特别涉及了这样一个事实：它很有可能会掩盖笔迹多方面的特征，而这些特征对鉴定至关重要，包括笔画线条质量（抖动或流畅）、笔画线条连续性、抬笔、执笔位置、修饰、重描，甚至笔压等。此外，铅笔字迹，尤其使用硬笔芯书写时，通常需要加以更大的压力，即更大的点负荷，形成一条相比使用分岔笔头更明显的粗线条，在笔迹研究和比较中必须考虑到这一点。

笔尖分岔但不太灵活的自来水笔也已取代钢笔，而且随着技术的进步，如今已经出现大量其他种类的书写工具，从圆珠笔（使用黏性油墨），到毛毡、纤维或塑料笔尖的多孔圆珠笔，再到滚珠圆珠笔（使用较低黏性或液体的墨水）。

马瑟尔（Mathyer，1950；1969）和希尔顿（Hilton，1984）对这些常用书写工具产生的笔迹进行了研究，使检验人员能够很合理地区分它们。然而，这无助于笔迹鉴定的任务，这是因为笔头更软且更稳定的书写工具，往往会掩盖笔画线条质量（抖动或流畅）、笔画线条连续性、执笔位置、笔压、抬笔，甚至重描的特征。因此，在许多方面，铅笔带来的问题又重新出现了。笔痕的缺失，就像毛毡笔尖一样，这又让人想起以前的羽毛笔。

马森（Masson，1985；1992）的两项关于不同宽度毛毡笔的简短研究（分别收集了来自34名受试者和19名受试者的样本）表明，书写工具对笔迹的影响只是表面的。然而，在少数情况下，一支宽笔头的钢笔会促使书写人增加字迹的大小，尽管增大的幅度并不夸张。更重要的问题在于难以追溯笔画线条的连贯性，以及难以确定到底是因为提笔还是书写过程中笔画出现了中断。

正如马瑟尔（Mathyer，1969）指出的，书写工具对个体笔迹的影响很少是非常显著的。如果一个人用不同书写工具所写的笔迹之间存在明显不同，那么很可能是由于该书写人对特定书写工具的个人偏好或使用该工具更加舒适，也可能是由于书写工具本身的效果。

马瑟尔（Mathyer，1969）在研究中提及的书写工具（如圆珠笔、铅笔、纤维笔、滚珠笔等）现在仍然被广泛使用，并且在研究书写工具对笔迹的影响方面具有相关性。随着技术的进步，除了墨水笔以外，现在还使用其他类型的"笔"或书写工具。在电子签名采集技术中，签名工具可以是数字平板电脑上的触控笔，显示器上的鼠标，也可以是iPad或iPhone上的手指。哈拉尔森等人（Harralson et al.，2011）研究了这些书写工具的影响，他们让受试者分别使用墨水笔、触控笔和鼠标进行签名，然后检验和比较了这些签名笔迹。不出所料，这项研究发现当受试者使用鼠标签名时，签名形式产生了相当大的退化。

9.1.2.2 书写姿势

极端条件对笔迹的影响变化很大，很难预测在任何给定情形下字迹可能发生的情况。然而，格兰特（Grant，1974）报道了一例声称是在极端情况下书写的变形字迹。据称，这是书写人站在一个杂乱无章的柜台前写的，当时另一只手还拿着一堆笨重的工具。重复上述书写环境获得了样本笔迹，在这些样本笔迹中显示出惊人的一致性。

艾奎等人（Equey et al.，2007）进行了一项研究，让受试者以四个不同姿势书写，提出不同书写人之间书写条件变化是很大的观点。平均而言，统计数据显示方差很小，但他们还是发现了一些受试者的显著变化。夏卡等人（Sciacca et al.，2011）研究了关于受试者站着、躺着或跪着在垂直或水平支撑面上书写的笔迹。研究发现，当受试者以躺姿或跪姿在垂直支撑面上书写时，笔迹变化会增加。而在其他情况下，夏卡等人的研究表明受试者的笔迹则是比较稳定的。蒂埃里等人（Thiéry et al.，2013）对受试者以四种不同姿势书写的签名进行了在线分析，此外，还收集了不同日期的样本，以说明样本笔迹的自然变化。他们没有发现关于不同姿势书写字迹的普遍规律，因为其随着受试者的不同而变化。一个重要的发现是，每天的变化相比书写姿势似乎对笔迹的影响更大。在杰齐茨（Dziedzic，2016）的一项研究中，收集了来自50名健康受试者在不同姿势下书写（坐姿，笔和纸放在腿上躺姿，笔和纸放在床边桌子上躺姿）的字迹和签名样本。杰齐茨的研究意在模拟病人在床上签署文件的情形。据报道，在笔压、页面左边距、基线和中间区域的字母高度会发生变化。然而，一项盲测表明，由书写姿势导致的变化并不影响检验人员鉴定笔迹的书写人。

9.1.2.3 书写目的

当在具有一定意义的正式文件或法律文件上签名时，签名是一种更有意识的行为。在签名的地点，即使没有其他当事人的指示，至少也有见证人，书写人会更加小心谨慎。对一些人来说，小心地签署签名是必要的，这样，获得的签名笔迹的质量比其他形式的笔迹要更好。因此，在书写签名时注意力十分集中，通常会以牺牲书写流畅性为代价来改善字母的形式和规范性。

案例经验似乎也支持这些说法。奥斯本（Osborn, 1929）、哈里森（Harrison, 1958）和希尔顿（Hilton, 1982）几乎都没有提到书写目的可能会对笔迹产生影响这一事实。然而，唯一合理的假设是，对于不经常签署正式文件的人来说，签署正式文件的行为将是一件更为重要的事情，因此也是一种更有意识的行为。

9.1.2.4 书写空间限制

存在一种假设，即有限的书写空间会对笔迹产生影响。这是一个在签名中经常出现的问题，原因很明显，在正式场合通常会被要求以正规的印刷体来签名，如此一来，对那些名字较长的人来说，可能更容易受到书写空间的限制。在其他情况下，当加长的笔迹作为新增字行添加到手写或印刷文件中时，会不自觉地受到限制。

莫顿（Morton, 1980）在对签名的研究中提供了一些经验数据，这些数据表明空间限制对签名的影响有以下两种：（1）仅约束横向距离，即压缩书写字行的长度而不改变纵向间距，（2）笔迹在横向、纵向均受到约束，特别是在对签名施加纵向间距限制的情况下。尽管当横向的字行长度缩小，长笔画的起、收笔会发生变化，字母间的间距缩短，但对于笔迹的其他方面，诸如形态或相对高度几乎没有变化，也没有证据表明书写的流畅性出现显著变化。另一方面，正如预期的那样，除了绝对尺寸之外，将单词写得更小对任何笔迹特征的影响都微乎其微。横向的限制并不是在所有情况下都导致书写单词的整体变小，然而，纵向的限制却总能如此。

贝和瑞恩（Bey and Ryan, 1998）最近的一项对62名受试者签名的研究可能与莫顿（Morton, 1980）的发现相冲突。他们的报告指出，减少可用的纵向空间确实会对一些字母的相对高度产生影响，他们说这是在意料之中的。他们的报告还提到，他们发现可用空间和一个人签名的变化之间有着密切关系。这不是通常意义上所言的变化，而是五种笔迹特征的明显变化：字母间距、易读性、大写字母与小写字母的相对高度、大写字母与大写字母的相对高度以及字行倾斜趋势的变化。

与莫顿（Morton, 1980）一样，贝和瑞恩（Bey and Ryan, 1998）也在努力研究在有限空间里签名的变化，这是在研究和比较笔迹时必须要考虑到这些变化。如果适当考虑的情况下，这两项研究都未表明鉴定工作变得过于困难或不可能完成。

西蒙斯等人（Simsons et al., 2011）研究了空间限制对签名的影响，并报告了签名的大小与其他变化一起受到了影响，包括复杂性降低、书写流畅性降低、犹豫停顿、额外的笔画等。伯基（Burkey，2012）研究了空间收缩对签名和手写条款的影响，包括在预先写好的材料上进行添加，以及对字母和数字的修改。在研究了超过150位受试者的笔迹样本时，观察到的变化包括高度、宽度和字母间距（图9.1至图9.3）。伯基还指出，书写人倾向于不覆盖已有的字迹进行书写，并将这种现象称为"回避反射"（reflex of avoidance）。

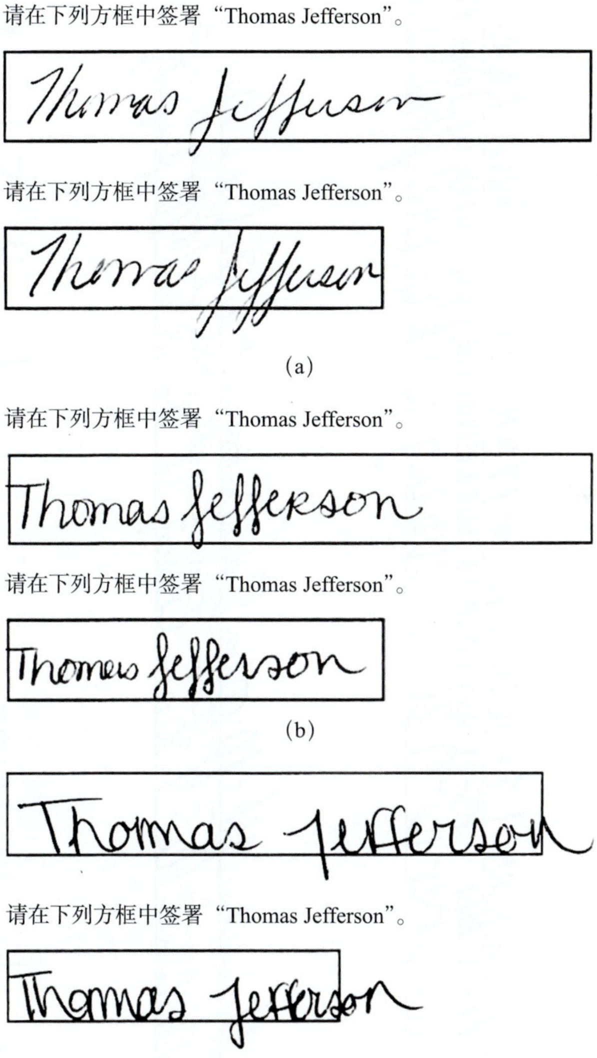

图9.1 三位受试者分别在框线内签署"Thomas Jefferson"。请注意，受试者A一开始的书写维持了相同大小，但横向空间的限制压缩了姓氏的大小以使整体签名保持在框（a）内。受试者B在书写时则压缩了整体签名以使其保持在框（b）内。受试者C则不受这个框线的限制

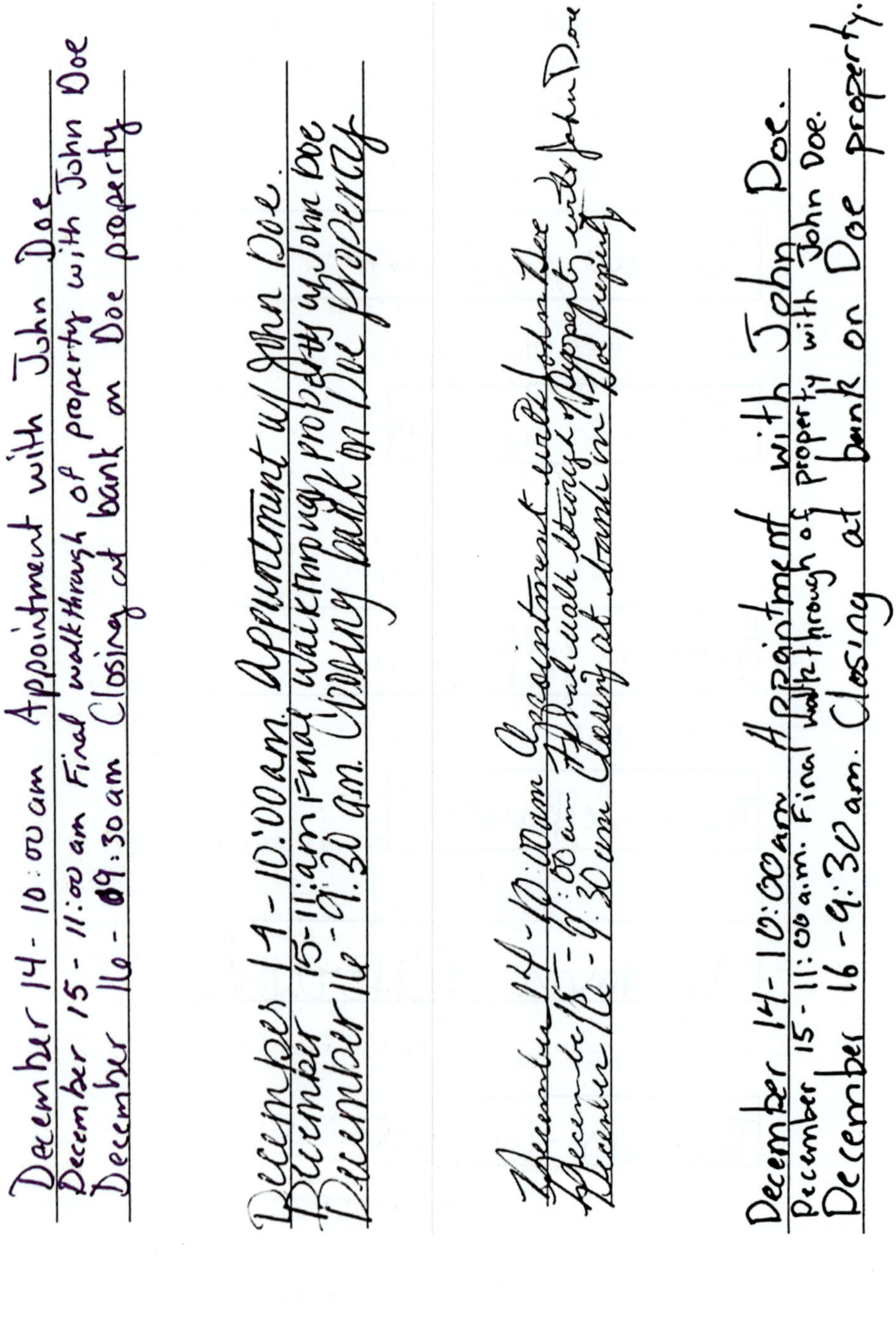

图 9.2 四位受试者被要求在 12 月 14 日与 12 月 16 日之间插入一句。请注意，压缩纵向距离避免跨越现有字行

图9.6 谋杀案现场，一名妇女被发现溺死在浴缸里，淋浴面板上用红色记号笔手写了对其构成威胁的人名

当手指运动受到限制时，对一些精细书写动作的控制力就会受到限制，导致书写流畅性和质量发生一定的变化。书写变得更像是整只手或前臂的运动，这对书写人来说常常是陌生的，因此可能会对所需的精细动作产生影响，直到书写人在书写长篇字迹或连续签名过程中，根据环境做出一些调整。

9.1.3 暂时性状态

格罗斯（Gross，1975）回顾了30篇关于药物导致笔迹变化的论文，总结了不同学者的研究成果，并在必要时提出了批判性的意见。他在引言中阐述了人们对这一课题感兴趣的原因，即许多药物在改变用药者的肌肉协调性方面存在可感知、可量化的影响：

"复杂的运动技能，包括书写，经常被用来评估这些暂时性功能障碍。使用笔迹作为评估手段有几个优点……首先，供分析的样本很容易获得，且可永久保存。其次，由于书写是人类最复杂、最协调的活动之一，神经系统受到干扰在逻辑上应该会使一个人通常的书写模式发生改变。最后，由于书写是一种习惯性的行为，因此它应该提供了一种药物作用的保守衡量方法（第375页）。"

在涉及抗精神病药物和抗帕金森药物治疗管理的研究中，笔迹的潜力已越来越明显。在法庭科学领域，违法使用、滥用许多不同的药物以及滥用药物的后果激发了笔迹检验人员的兴趣，他们被要求鉴定药物服用者，也可能是其他罪行的实施者书写的笔迹。因此，最经常被研究的与笔迹变化有关的药物是酒精，这也

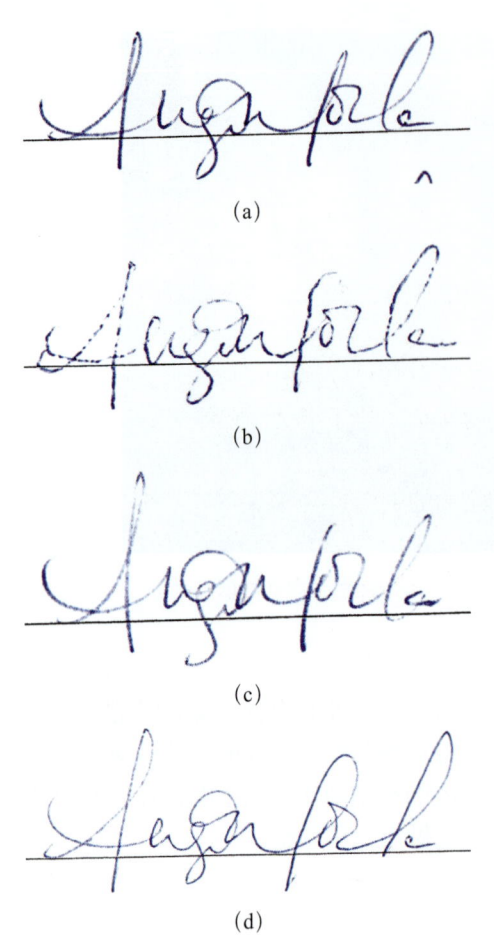

图 9.4 在不同表面 (a) 正常，(b) 混凝土，(c) 织物和 (d) 石膏上书写的四个签名。请注意笔画质量的变化

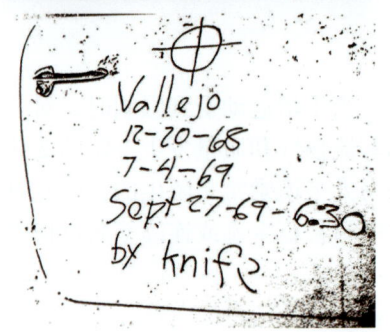

图 9.5 书写表面载体可以是墙壁、冰箱或车门，如图所示。而且，用到的"墨水"可能是血液、口红或喷漆（如涂鸦的情况）

9.1.2.6 书写环境

许多环境状况被认为或声称是导致笔迹变化的原因，尤其是签名笔迹。通常情况下，所指的环境状况，并不是要孤立考虑的，而是要与一些其他情况相结合来考虑的。柔和的光线可能对书写人几乎没有影响，除非其患有视力障碍。低温也可能几乎没有影响，除非穿着厚重的衣物约束了书写动作，或者因体温降低而引起颤抖。

程（Cheng，2007）进行过一项研究，他让受试者戴上三种手套（一次性手套、薄棉手套和厚棉手套）后书写笔迹样本。虽然程评论说，受试者书写字迹中可见的差异并不妨碍检验人员鉴定笔迹，但他还提到，笔压、文字大小和间距的差异，以及一些笔误和不协调笔画的存在。

忽略不计时，书写工具基本不会有变形，衬垫物表面结构也无法很好地得到反映，但硬铅笔可以增强这种反映效果。当书写工具在纸上进行书写时，表面有规律图案的衬垫物往往会在纸张上产生有规律图案的痕迹。

研究发现，正如人们所预期的那样，纤维笔提供的关于衬垫物表面特征的线索较少，而毡尖笔反映的线索最少。粗糙的衬垫物表面结构会干扰书写工具在纸张表面的运动，有时花环状运笔会转化为弧形运笔。表面极其粗糙的衬垫物表面，如在波纹面的纸板上书写时则呈现不同的效果，这取决于书写方向与纸板纹理的走向。

赫克（Hecker，1983）告诫人们不要将笔在书写过程中的偏转现象误解为是由于衬垫物表面不规则，这可能只是偶然的特征。他还指出，在侧光下观察文件背面的压花也许能够推测出衬垫物的表面结构。

衬垫物表面主要的不规则形状，如桌面上的裂缝，会导致书写工具的运笔方向发生改变，并随不规则部分的走向行进一段距离。这是一种局部或孤立的情况，如果书写人刻意规避，这种情况可能不会再发生。赫克（Hecker，1983）的研究是对衬垫物表面的一般条件进行的，这些条件可能会影响某个或所有笔画线条。

迪安杰利斯（DeAngelis，1997）研究了各种衬垫物的表面，并指出凹凸不平的表面，诸如断裂、起伏和皱褶等会影响笔画线条质量的规律性。赫克特等人（Herkt et al.，1999）也提到了笔画线条质量的不规律性，这是在不平整衬垫物表面上书写的结果。米勒和哈拉尔森（Miller and Harralson，2005）进行了一项系统的研究，涉及113名受试者分别在7种不同且不平整的表面（混凝土、砖块、木材、石膏、皮革、织物和鹅卵石）上书写。他们发现在混凝土、砖块和鹅卵石等表面书写时，笔压较大的情况下笔画易呈波纹线条状。较软的表面，如织物和皮革，在书写时会出现更宽的笔画线条且起笔位置易发生偏离（图9.4）。在木材和石膏表面书写时，笔画线条相对来说都较为光滑，偶尔会出现断裂或抖动，这取决于笔如何与不平整的表面相接触。研究人员评论了在字迹表面存疑的情况下，检验原始文件的必要性，通过检验原件或签名的背面（在不平整的表面上书写时纸张会出现明显的凹凸痕迹）有助于区分在不平整表面上书写的笔迹和摹仿笔迹。

托蒂（Totty，1981）和梁（Leung，1986）的其他研究报告描述了对尸体皮肤表面的字母（和汉字）进行检验。泰勒和尼利卡（Taylor and Hnilica，1991）讨论了对某一尸体表面字迹的检验，他们发现死者身体上面的笔迹是在死亡前自己写上去的。布朗（Brown，1985）则描述了在一根相当大的铜管（直径2英寸）的硬金属表面上对字迹进行检验。在所有案例中，都发现了一些证据，表明字迹可能与某个书写人有关，尽管这并不是决定性的。许多因素对这些检验都有影响，包括使用书写工具在皮肤上运动的影响以及铜管管道的曲率。然而不论在何种情况下，最主要的问题是需要一个合适的比对样本（图9.5和图9.6）。

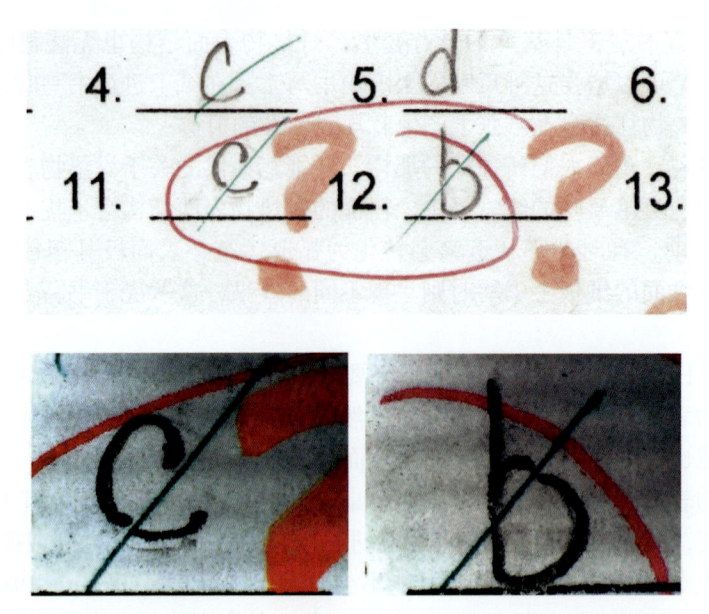

图9.3 考卷批阅评分后，擦除铅笔印迹再修改答案。请注意，书写人避免在既有横线上书写的行为被称为"回避反射"

9.1.2.5 书写表面载体与衬垫物

有许多人声称，可疑笔迹，通常是签名，是在极端条件下所书写的，来为拙劣的摹仿笔迹进行辩护，但很少有研究对这些说法提出质疑，除非是特殊情况所要求的。在大多数情况下，这些案件的情况是极端的，比如在尸体上书写。

然而，还有许多其他情形，更接近书写的常态，可能会改变笔迹。赫克（Hecker, 1983）研究了四种书写工具——圆珠笔、铅笔、纤维笔和毛毡笔在10个不同客体表面上书写的效果，并使用了两种不同质量的纸张：复写纸（$25 \sim 39 \text{ g/m}^2$）和打印纸（$60 \sim 90 \text{ g/m}^2$）。正如所预期的那样，他的研究结果显示书写效果取决于以下几点：

- 纸张的厚度
- 书写工具的类型
- 衬垫物表面的硬度

赫克（Hecker, 1983）观察到，当纸张较薄时，衬垫物表面结构在书写中反映得更为明显，但同时也在某种程度上取决于书写工具的性质。他还指出，尖头的书写工具（铅笔）在书写时比其他工具更容易刺穿软衬垫物的纸张。

当使用软铅笔书写时，衬垫物表面的精细结构反映得尤为明显。相反，纤维笔能够提供的衬垫物表面结构的证据最少。当衬垫物表面的"浮雕量[1]"几乎可以

---

[1] 浮雕量，突出于周围平坦表面的数量。

就不足为奇了。

格罗斯（Gross，1975）针对上述研究所采用的方法进行了批评。研究中实验设计部分有以下问题需要解决。第一：许多研究是在没有使用安慰剂的情况下进行的，有必要验证其影响是否合理，排除心理因素或其他变量的干扰。第二：很少有研究采用双盲法，即受试者和研究者都不知道是否使用了药剂或安慰剂，以控制预期效果。第三：对数据的统计分析通常是描述性的，而不是推理性的。因此，无法准确或客观地评估对笔迹影响的差异。

尽管有这些批评的声音，但研究报告中关于笔迹影响的结果在一定程度上是一致的，这些结果可以为检验人员起到指导作用。指导包括何处、发生了何种变化，以及这些变化是否可以在低水平或者确实在任何水平的药物影响下都是可测量的。此外，格罗斯（Gross，1975）提出，心理稳定性这一因素往往会影响一个人在摄入药物后笔迹发生变化的趋势和方向。然而，尽管变化出现的位置及变化程度各不相同，但所涉及的鉴别要素仍保持不变。

9.1.3.1 酒精对书写的影响

在诉讼过程中经常出现关于药物，特别是酒精和致幻剂对个人笔迹产生影响的问题，这促使人们进行了许多研究。通常在酒驾被捕期间获得的同意书上，关于签名书写人的身份问题，很可能是涉及酒精影响的争议文件。

笔迹鉴定中，可能没有哪个方面能像酒精对笔迹的影响那样受到如此广泛的关注和研究。这可能是因为在签署一份文件时，笔迹本身就成为了争议焦点，它经常是普遍的。提出书写人当时醉酒，是为了质疑书写人对自己行为的认知能力和责任能力。

这可能是因为，在关于酒精和笔迹的研究中，不难找到一群自愿的研究对象，他们不在意为所花费的时间获得经济报酬。此外，近年来已经引进了车辆驾驶员呼气式酒精测试仪。可以理解的是，需要在现实的情况下对设备使用者进行培训，以提升他们的技能，以便从测试过程中获得有效且可靠的结果。同时，这可以方便地测试或测量受试者在执行许多其他任务的能力，譬如书写。

严格来说，酒精是一种有毒物质，对人体有毒性作用。当摄入一定量（例如第一次社交活动喝酒）时，几乎立刻就会导致醉酒状态（即中毒）。这并不是说醉酒此刻会影响行为。这也不是说，醉酒的程度是旁人能察觉到的，或是自身能够意识到的。此外，醉酒是一种功能障碍的状态，没有太精确的定义，通常在非技术意义上也形容为酗酒。）。

乙醇，一种可以作为饮料饮用的酒精，是相当温和的有毒物质，人体可以耐受或对抗有限的剂量。而在人体内，它是一种影响中枢神经系统的镇静剂，就像乙醚或氯仿等麻醉剂。酒精，乙醇，俗称谷物酒精。在许多家居用品中发现的更为致命的一种化学物质是甲醇，亦称为木醇，有时会被瘾君子饮用，即使不致命，也会造成毁灭性的后果。

人体在摄入含酒精饮料后30～75分钟内，饮料中几乎全部酒精剂量会通过胃肠道壁被吸收，并通过血液系统分布在全身。酒精存于人体组织中，与其含水量成比例，通过新陈代谢（95%）从体内排出，是尿液、汗液和呼气中相对不变的成分（5%）。对于一位160磅（1磅=0.453 6千克）重的男性来说，大约以每小时一盎司（1盎司=0.029 57升）的速度代谢酒精而不需要消化。胃里的食物，特别是淀粉和脂肪，可能会在一定程度上减缓吸收酒精的速度。

血液酒精浓度（BAC）表示血液中的酒精含量。等量酒在体型大的人身上产生的血液酒精浓度要低于体型小的人，这仅仅是因为体型大的人体内含有更多的水分，而酒精也分布在体内。要达到更高的血液酒精浓度水平，一个人必须在相对较短的时间内饮入几盎司的酒，以抵消人体每小时一盎司的自然排泄率，并形成一定的酒精浓度。

酒精在体内通过酶的氧化过程进行代谢。酶解系统降低长期饮酒者体内血酒精浓度的速度比不喝酒的人要更快。在某些情况下，会产生酒精耐受性。酶解系统可能是一些长期饮酒者在酒精影响下更有能力完成复杂活动的原因。保持这种能力是长期饮酒者在血液酒精浓度高于不饮酒者的情况下依然能表现出流畅、正常书写能力的原因。

在关于酒精的专业讨论中，耐受性这个词有很多含义。血液酒精耐受性通常是指在特定行为或表现（如车辆操作或书写）上产生可测量的变化所需达到的血液酒精浓度。这是一种不同个体或同一个体在不同情况下表现出不同的耐受性。正是这种耐受性，促使立法者将机动车辆驾驶人员血液酒精浓度限制在一定水平，因为超过这个限制驾驶表现的下降是显著的。许多人神经肌肉的运动表现，特别是那些需要高水平肌肉协调性（如书写行为）的人，其神经肌肉活动的表现可能会在血液酒精浓度水平低至0.05%及以上时，发生显著变化（Baird，1969）。

其次是身体耐受性，即对不同个体（或同一个体在不同场合）产生相同程度的影响或相同的表现变化所需的酒精量（例如，能够站立不动摇的能力、走直线的能力，或伸出双臂将两根手指的末端放在一起）。这是一种随个体吸收率、新陈代谢率的差异或变化而受影响的能力，也是外行人使用"酒精耐受性"一词的含义。

在酒精和书写的文献中倾向于将人作以下四种分类：不饮酒者、社交饮酒者、长期饮酒者和酗酒者。最后三类之间的界限并不总是清晰的，至少在饮酒者看来是这样。另外，前三类人通常被称为正常饮酒者，他们不同于酗酒者。

酗酒一直被归类为一种疾病，其性质和起源一直争论不休。多年来，普遍的观点认为，这是一种情绪障碍，当得到治疗和解决后，患者可以恢复正常的饮酒习惯。一种新的、更具启发意义的观点认为，酗酒本身就是一种疾病，其起源是病理性的。该学派认为，酗酒者的行为模式是疾病的结果，而不是病因，只有通过完全且持续的戒酒才能阻止这种疾病的发生。

贝克（Beck，1982）对酗酒者及其伴随出现的问题进行了精彩的描述，为酗酒者笔迹中出现的抖动提供了一些解释，并对他们清醒了一段时间后初次饮酒时书写字迹提出了一些见解。贝克解释说，不喝酒的人有两种书写状态（清醒和醉酒），但酗酒者有三种笔迹状态（清醒、醉酒和戒酒状态）。

这些研究试图回答以下几个基本问题：
1. 笔迹是否体现书写人在书写前一段时间内饮酒的证据？如果是的话，是什么证据？
2. 这些证据（如果有的话）是否与书写人血液酒精浓度有可靠的关联？
3. 笔迹中所体现的醉酒的证据是否会被误认为是另一种情况/环境所致，或反之亦然？

博根（Bogan，1958）系统地概述了在逐渐醉酒的过程中，书写、言语和行为发生的一系列变化。他说：

"书写时，词语和主题的选择都反映出同样丧失了应该在言语和行动中注意的约束。醉酒早期的字迹往往比平时写得更大、笔力更重、更夸张。字行可能有上升或下降的趋势，字母的大小也会有所不同。后来，这些变化变得更加明显，字母变得难以辨认，出现更多的拼写错误、划掉或擦除、重写，而且笔画、字母或单词重复、插入、省略或调换，出现类似于口语发音的相应变化。字迹变得越来越潦草且难以辨认，最终在书写人完全连乱写都无法完成之前，则变成一条不规则的线（第48-49页）。"

历史上，一些研究人员曾研究过酒精对笔迹的影响，包括努西亚宁（Nousianen，1951）；拉宾和布莱尔（Rabin and Blair，1953）；特里普等人（Tripp et al.，1959）；雷斯顿（Resden，1959）；帕卡德（Packard，1960）；杜克和科德威尔（Duke and Coldwell，1965）；杜尔德（Doulder，1965）；希尔顿（Hilton，1969b）；安德森（Anderson，1974）；杜德（Doud，1975）；贝克（Beck，1982）；加尔布雷斯（Galbraith，1984）；戈恩和基特尔（Goyne and Kittel，1985）；康威（Conway，1991）；沃特金斯和戈拉伊奇克（Watkins and Gorajczyk，1996）。他们的研究综合表明：
1. 摄入酒精会导致书写能力受损，尽管酒后其血液酒精浓度升高，但是书写能力受损的情况也会因个人、饮酒习惯或酗酒史以及书写环境而异。
2. 书写质量随着血液酒精浓度升高而逐渐下降，并且在长篇笔迹中下降的程度比签名更严重。
3. 字迹的易读性随着血液酒精浓度升高而逐渐降低，部分源于字母变形。
4. 字迹随着血液酒精浓度升高而增大。给定单词或文本都将占据更多空间。
5. 字迹的横向扩展随着血液酒精浓度升高而增加。

6. 字迹的对齐程度随着血液酒精浓度升高而逐渐下降。
7. 字母倾斜度的不规则性随血液酒精浓度升高而逐渐增加。
8. 书写工具的点负荷（笔压）随血液酒精浓度升高而增加或变得无规律。
9. 书写速度随血液酒精浓度升高而显著降低。
10. 字母错写、漏写和重写的频率随血液酒精浓度升高而增加。
11. 随着血液酒精浓度的升高，笔画线条可能会出现不稳定的动作、突然变化或抖动。
12. 随着血液酒精浓度的升高，可能会选择异常的书写变体。
13. 正常饮酒者在恢复清醒后的一段时间内（宿醉期），没有特别证据表明其书写功能存在障碍。
14. 酒精对笔迹的影响随个人的性情、健康状况、情绪状态或疲劳程度而有所不同。
15. 酗酒者的书写质量在其饮酒行为的戒断（清醒或宿醉）阶段可能无法完全恢复。
16. 一个清醒的酗酒者最初可能通过摄入酒精来提高书写质量。
17. 抖动可能是长期饮酒者和酗酒者书写字迹或画线时会出现的特征，无论是醉酒还是清醒，血液酒精浓度较低时该特征可能会减轻或消失。

在明确酒精是如何改变笔迹时，研究结果是一致的，尽管判断方法有些不精确且缺乏特异性。正如格罗斯（Gross，1975）所做的那样，其他人对一些研究的可靠性提出了质疑。关于笔迹某些方面的研究，如点负荷（笔压）和速度，彼此之间不太一致，这可能是因为研究者们的操作步骤和提取的血液/酒精浓度不完全具有可比性。

以上所罗列的在饮酒者的书写过程中可能出现的17个变化，并不意味着在任何给定的血液酒精浓度水平下的任意饮酒者的书写样本中，所有这些变化都将存在并以相同程度表现出来。变化的原因显然是由于酒精对中枢神经系统的抑制作用因人而异。除此之外，个体之间的相似性以及在不同场合下对同一个体的影响之间的相似性也会减少。

试图用笔迹的变化来衡量受试者醉酒程度或血液酒精浓度水平的研究尚未被证明是行之有效的。杜克和科德威尔（Duke and Coldwell，1965）确实发现了他们之间某种程度的相关性，而这一程度尚未被研究过，这项研究将因身体耐受性的差异而变得复杂。

在酒精的影响下，大多数人的笔迹写得更大、书写质量更差、更不规律，这表明酒精抑制了肌肉协调或运动控制的精细动作（图9.7）。然而，正如加尔布雷斯（Galbraith，1984）报道的那样，一部分人的笔迹却写得更小，这似乎与前述理论相矛盾。这很可能是因为这些特殊情况中涉及的一些因素尚未被人们完全了解。

斯廷森（Stinson，1997）的一项研究试图验证先前关于饮酒对笔迹影响的

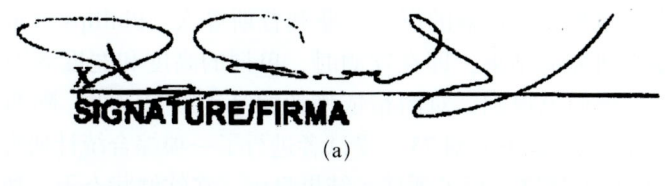

图9.7 酒精对书写的影响示例。书写人的正常签名（a）。同一书写人在酒精影响下的签名（b）

研究。根据对26名受试者的研究，他观察到的变化与先前研究报告的观察结果相一致。然而，由于先前报告中表述含糊不清，在尝试比较量化结果时遇到了困难。诸如"减少"或"增加"，"出现更多"和"似乎没有影响"之类的术语过于模糊，不便于比较。

珀特尔（Purtell，1965）是少数几个提到酒精与其他形式的药物或药物滥用（如甲丙氨酯，一种镇静剂）一起使用时笔迹受到影响的学者之一。虽然其他药物和/或药物本身可能不会显著改变一个人的笔迹，但当其与摄入酒精结合时，它们往往会增强酒精的作用。另一方面，有人声称酒精也会增强其他药物可能对中枢神经系统产生的镇静作用。除了注意到书写的变化在较低水平的血液酒精浓度时更为明显外，关于酒精和其他药物同时服用后果的信息是有限的。

布伦和雷斯比（Brun and Reisby，1971）对酒精、甲丙氨酯及其相互作用导致的笔迹变化进行了研究。在涉及38名受试者（28名男性）和40名受试者（29名男性）的两项实验中，发现酒精和甲丙氨酯的相互作用导致的书写错误比单独使用任何一种药物都多，而每种药物导致的错误都比安慰剂对照组更多。在这些实验中，在酒精和甲丙氨酯的相互作用下出现了最显著的书写变化，然而，仅由甲丙氨酯引起的显著变化很少。虽然没有发现单一的笔迹变化是药物特异性导致的，但笔迹的稳定程度和一致性似乎最能反映药物的摄入情况。药物作用的其他可靠指标则是字母大小和笔压的波动，以及起伏的字行基线。在第二个实验中，使用泰勒显性焦虑量表，通过精神病学访谈将受试者分为四类。有趣的是，在任何一种药物条件下，人格障碍最少的一组受试者，其笔迹受到的影响最小。

特里普等人（Tripp et al.，1959）证明，在笔压变化、运动失调和书写速度测试中，正常人比酗酒者具有更好的书写能力，而且进一步证明，书写难度越高，差异就越大。然而，在酒精的影响下，正常人的表现受到很大影响，而酗酒者的表现则明显改善。因此，在酒精的影响下，一个人的笔迹会发生什么变化，取决于书写人的饮酒史。

关于酒精代谢和酒精依赖的影响，菲利普斯等人（Phillips et al., 2008）报告了一项运动学研究的结果，即在饮酒时，单词的高度和宽度等因素可能会受到影响。然而，他们也提到，对酒精依赖者的笔迹影响较小。阿西奥卢和图兰（Aşıcıoğlu and Turan, 2003）对73名受试者进行了一项综合统计研究，对他们在饮酒前后书写的样本笔迹进行了评估。结果显示，在饮酒状态下，所写字迹的单词长度、大小写字母的高度、上升字母的高度、下降字母的高度、单词间的间距、角度、抖动和锥形笔画收笔都有所增加。

希尔顿（Hilton, 1969b）评论说，由于酒精导致的笔迹变化，在初始阶段或低水平的血液酒精浓度下，与其他情况下的一些特征（如疲劳、粗心和摹仿）没有什么不同。因此，不应草率地得出结论，认为酒精是造成笔迹变形的唯一原因。

9.1.3.2 致幻剂和娱乐性毒品对书写的影响

就像酗酒者一样，对海洛因、可卡因和许多不同种类毒品成瘾的人，在吸食最初的一段时间里，会体验一种吸食毒品后精神饱满的状态，在这种状态下，任何神经运动任务中的表现都比戒断或控制状态下的表现要好。还需要注意的是，在其他药物的影响下，如麦角酸二乙胺（LSD-25）和2-溴-麦角酸二乙胺（BOL-148），对笔迹的影响与酒精类似。

在服用过量药物导致死亡的同时或之前书写遗嘱或其他通信所发生的案件中有所涉及。支票和收据有时是在吸毒状态下签署的，之后恢复到正常状态时，书写人可能不记得签过这些字。与酒精一样，它可以作为被告方提出的辩护，以证明其和文件上的笔迹没有关联。

大多数种类的致幻剂和成瘾性药物，比如酒精，会对神经肌肉系统产生影响，虽然影响有所不同，但目前研究所报告的情况有一定的一致性。在一项关于7种不同药物对5名受试者笔迹影响的研究中，赫希等人（Hirsch et al., 1956）比较了口服以下药物的结果：

麦角酸二乙胺（LSD-25）
麦角酸乙酰胺（LAE-32）
Dd-1-溴-麦角酸二乙胺（BOL-148）
乙醇
麦角新碱
脱氧麻黄碱或盐酸脱氧麻黄碱（盐酸甲基苯丙胺）
东莨菪碱
1号自来水安慰剂
2号自来水安慰剂

采取了几项预防措施：每种药物都是在同一天给药；没有两个或更多的受试

者在同一天服用相同的药物；在服用收到的药物大约4个小时后，受试者被要求抄写一首只有一个段落的诗；每种药物都在200 ml水中稀释，只有酒精有味道和气味。主要结果总结如下：

1. 不同物质的作用因个体而异。
2. 在LSD-25、酒精和BOL-148各自影响下，3名受试者的书写字迹相比于服用安慰剂后写得更大，即占据了更多的空间，两名对照组受试者则写得更小。在麦角新碱作用下，受试者通常会写得更小。
3. 在东莨菪碱作用下，往往出现的错误最多，涂擦、删去、更正等也最多。这种药物会产生极度的困倦感，这可能是原因所在。在服用麦角新碱之后没有进行涂擦等操作，而服用BOL-148之后只有过一次涂擦的情况。
4. 在摄入酒精、东莨菪碱或LSD-25之后会出现书写最无规律及粗心大意的情况。最显著的影响是在摄入LSD-25之后出现的。在LSD-25的影响下，4名受试者在字母大小、单词间距、倾斜和缺乏控制方面都表现出不规则的书写特征。一位受试者写得更小。其他药物则没有表现出广泛的显著作用。

费舍尔等（Fisher et al., 1966）研究了致幻剂（裸头草碱）对精神活动的影响，尤其是对笔迹的影响。他们发现，在两名男性受试者血药浓度达到峰值时，字迹的大小、书写速度和笔压（点负荷）都有显著增加。而图林（Thuring, 1960）关于麦角酸二乙胺（LSD）对笔迹指数（被称为笔迹压力曲线，HPC）影响的研究，被证明不那么有说服力。

莱金（Legień, 1984）进行了笔迹测试，在诊断麻醉品成瘾方面取得了一些成功。莱格等人（Legge et al., 1964）研究了6种字迹大小的测量方法，作为衡量不同浓度氧化亚氮（N_2O）影响的指标，氧化亚氮是一种具有中枢系统镇静作用的麻醉气体。随着氧化亚氮浓度的变化，会导致字迹尺寸整体性增大。所测量的6个方面的指标包括：(1) 两行字行中的单词数，(2) 10个关键词的平均基线长度（水平维度），(3) 关键词中小写字母的平均垂直维度，(4) 5个关键词中在英文书写下线性的字母（例如"y"和"g"）的平均垂直维度，(5) 五个关键词中超线性字母（例如"l"和"h"）的平均垂直维度，(6) 最高的超线性字母的垂直维度。

单词基线长度（水平维度）是最灵敏、最可靠的指标，该方法测量相对快速、简单，可能具有一定的实用价值。为什么氧化亚氮随吸入浓度的增加会引起笔迹尺寸整体性的增大，这尚未得到合理的解释，但有人认为，氧化亚氮对神经肌肉控制的作用方式是只能进行相对粗糙（对神经与肌肉协调性要求不高）的运动。这种效果和酒精没有什么不同。

在后来的一项关于同一药物笔迹的影响的研究中，莱格（Legge, 1965）观察到，这种药物似乎起到了辅助判断的作用，并增加了受试者对字母错序的容忍度。受试者平时无法容忍的字母错序，在药物的影响下，则变得可以接受。

达万等人（Dhawan et al., 1969）使用了莱格等人（Legge et al., 1964）采用的笔迹要素，在双盲测试的情况下研究了两种兴奋剂（咖啡因和甲基苯丙胺）、两种镇静剂（氯丙嗪和苯巴比妥）以及安慰剂对笔迹的影响。简单地说，他们发现，在甲基苯丙胺的影响下，抄写一段文字所花的时间减少了，但在苯巴比妥的作用下，所用的时间却增加了。他们还发现，在兴奋剂咖啡因和甲基苯丙胺的刺激下，单词的平均长度和关键词的垂直高度都有所增加，但笔迹并不受到氯丙嗪和苯巴比妥的影响。作者认为这些测试不够灵敏，无法可靠地区分不同类型的中枢神经药物。

彼得斯等人（Peters et al., 1976）研究了大麻的活性成分9-四氢大麻酚（THC）（印度大麻制剂）对感觉、运动、认知和知觉任务的影响，并非仅仅专门研究其对笔迹的影响。最终结果是，影响虽然很小，但还是一致的。行为表现的效率更低，更多变。即使在高剂量水平下，大麻也不会产生明显的变化，但在各种性能指标上有持续且细微的下降。据报道，克罗诺夫等人（Klonoff et al., 1973）在其他类似的实验中获得了更显著的结果，这表明可能涉及除大麻以外的其他因素。

许多关于酒精与其他药物一起服用对行为表现影响的研究已经开展。泽克尔等人（Zirkle et al., 1960）发现，与单独服用两者中的任何一种相比，同时摄入甲丙氨酯和酒精对人的行为和判断有更大的（协同）作用。事实上，这种影响比他们在早期研究（Zirkle et al., 1959）中发现的酒精和氯丙嗪的影响作用更强，而氯丙嗪通常已被认为是一种作用效果更强的药物了。

在模拟驾驶测试中，已经进行了几项关于大麻（THC）和酒精的影响的研究。人们发现，大麻对一个人判断时间和距离的能力影响更大，而这两种药物都减缓了一个人的反应时间。但有关大麻和酒精共同作用、影响书写运动的研究很少。弗利和米勒（Foley and Miller, 1978）研究了12位受到大麻和酒精影响的笔迹，并将这两种因素结合在一起，事先采集了两者相对应的对照样本。在12名受试者中，8人被列为习惯性吸食者，每周至少吸食大麻两次。其他人的吸食频率较低。研究人员发现：

1. 在吸了一支大麻烟后，受试者的笔迹几乎没有变化。
2. 在吸了三支大麻烟后，在先前很少吸食大麻的受试者笔迹中观察到了一些变化：字迹大小有所增大，字母形式也有变化。
3. 在吸了五支大麻烟后，字母大小普遍增大，排列有些偏差，书写时更为粗心大意。
4. 在喝了三罐12盎司的啤酒后，受试者加快了书写速度，字母大小和横向扩展增大。字母的相对高度和字母倾斜度也有一些变化。
5. 在喝了三罐12盎司的啤酒，并吸了三支大麻烟后，发现受试者的笔迹出现了类似于单独摄入酒精后所观察到的变化。研究人员认为，当同时摄入药物时，观察到的总体变化可能主要是由于酒精的作用。
6. 适量吸食大麻对笔迹的影响比酒精小。酒精和大麻的联合使用不存在明显的协同作用。

弗利和米勒（Foley and Miller，1978）解释说，进行正常书写所必需的神经肌肉活动是由中枢神经系统（CNS）控制的。酒精对书写的显著影响是由于其抑制了中枢神经系统。虽然大麻也会影响中枢神经系统，但它并不会严重抑制控制操作功能的活动，如书写活动。因此，大麻会产生情感或情绪的变化，例如情绪激动，但不会降低个人的书写能力。

在现有的文献中，药物对笔迹的影响存在一些差异。正如格罗斯（Gross，1975）所指出的那样，心理稳定性会影响个体笔迹在服用药物后发生改变的程度和方向。根据格罗斯的说法，"有理由相信这些药物引起的书写活动反应与一个人的心理反应是成正比的"（第390页）。威灵汉姆－琼斯（Wellingham-Jones，1991b）引用了神经学家安德森（Anderson）的研究，并指出某些药物会干扰神经递质功能，从而导致书写活动受到限制。书写的变化或紊乱是非特异性的，但不能依此诊断出某人服用了哪种特定的药物。戴维森（Davidson，2010）报告了一个关于戒毒康复的案例研究，该研究涉及一名吸食海洛因后来康复的患者，他在康复期间和康复后的笔迹易读性有了显著改善。

尽管人们并不认为咖啡因和尼古丁等其他娱乐性毒品会对笔迹产生显著影响，但研究表明它们确实会影响笔迹。在关于尼古丁和咖啡因对运动任务影响的研究中，图查等人（Tucha et al.，2004；2006）发现，尼古丁和咖啡因都能改善书写表现，特别是在运动或活动度方面，例如提高了书写速度和书写流畅性。

9.1.3.3 催眠对书写的影响

催眠是一种恍惚的状态或一种类似睡眠的诱导状态，在这种状态下，主体对暗示高度敏感。虽然找不到任何有关在催眠影响下书写的真实案例，但这仍然是一种可能发生的情况，一些文书检验人员一直对此感到好奇并不断探索。在催眠状态下，笔迹是否会发生变化，以及是否可以使其与另一个体的笔迹或签名相似？如果是这样的话，这可能作为民事和刑事案件的一个论据。鲍尔斯（Bowers，1976）指出，那些被催眠的人的行为和感知会对催眠师的交流变得敏感，但这要视催眠程度而定。有些人能够进入深度催眠状态，而另一些人可能根本无法达到这种状态。

内梅切克和库里（Nemecek and Currie，1972）对17名受试者进行了一项研究，研究他们在被催眠状态下摹仿或伪造签名的能力，发现无论是催眠还是催眠后进行暗示都不能提高受试者摹仿或伪造他人签名的能力。事实上，大多数受试者报告说，在催眠状态下会更放松，以至于书写对他们而言是一种需要努力才能实现的活动。

布鲁斯奇克（Blueschke，1985）声称，不列颠哥伦比亚省的法官曾经提出过这样一系列问题：催眠是否对笔迹有影响，催眠是否可以写出完美的伪造字迹，以及催眠是否可以成功伪装一个人的笔迹。他对26名受试者的研究显示，在某些情况下，催眠状态下的笔迹质量会下降，但下降程度因人而异。此外，受试者摹仿他人字迹或签名的能力并没有提高，但伪装的问题没有提及。

在一项关于催眠状态和无意识书写的研究中，沃尔什等人（Walsh et al.，2014）让受试者在催眠结束后评价自己的笔迹，并报告说，一些受试者无法认出自己在催眠状态下书写的笔迹。催眠状态下书写的笔迹和催眠前书写的笔迹相比，字迹会受到视觉外观变化的影响。这种变化对笔迹的影响程度并未被衡量。

9.1.3.4 疲劳及身体压力对书写的影响

一个人可能会经历两种形式的压力：情绪压力和身体压力。疲劳是生理上的压力。人们可以发现在关于酒精与书写的研究中提到了疲劳对笔迹的影响，但几乎没有详细描述疲劳的影响是什么。哈根（Hagan，1894）、奥斯本（Osborn，1929）和哈里森（Harrison，1958b）曾对疲劳作过简要评论，但没有指出他们理论来源的依据。努西亚宁（Nousianen，1951）描述了在受试者跑上四层楼梯后字迹所发生的变化。在这些笔迹中，他观察到书写的横向扩展显著增加。

在早期的权威文献中，哈根（Hagan，1894）和哈里森（Harrison，1958b）提到了疲劳这一因素，但其仅仅是几个可能影响笔迹的因素之一，而并没有进一步阐明疲劳如何影响笔迹。

努西亚宁（Nousianen，1951）报告了一名受试者在跑了四层楼梯后书写一句包括18个单词的句子时，笔迹所发生的变化。他注意到，这种变化类似于醉酒时书写字迹的变化，特别是横向扩展上的增加，但字迹高度没有明显地增加。

罗尔斯顿（Roulston，1959）报道了一项对30名书写人的研究，他们处于极度和中度疲劳状态，而疲劳集中在书写人的前臂。他的研究对象是年龄相仿（20岁出头）的健康男性，他们被要求在四种不同的测试条件下书写一份修改版的《伦敦信》。他观察到小写字母和大写字母的垂直高度有所增加（120例中出现109例），而比例或相对高度没有显著变化，字母宽度或横向扩展没有增加（30名受试者中出现23名）。至于单词之间的间距，罗尔斯顿同时发现了增大和缩小的表现（30名受试者中出现15名），但指出无论表现出何种趋势，它都保持一致。此外，倾斜度并没有受到显著的影响，书写速度、节奏、流畅度也没有受到显著的影响。只有书写质量有轻微下降，往往出现潦草的字迹以及不够仔细的表现。只有一种情况下显示出笔压增大。没有发现书写抖动的迹象。值得注意的是，疲劳状态下书写时出现的修描和重写现象更少。倾向于放大微小的书写动作，但大多数书写习惯并没有发生根本改变。有一些倾向于缩写、拼写错误、省略标点符号及附加符号（"i"上的一点）的情况。前臂疲劳与全身疲劳的影响无明显差异。然而，在这两种情况下，随着疲劳程度不同，对笔迹的影响也有所不同。

雷米拉德（Remillard，1970）在一项对21名高中生的研究中，试图确定一个人的笔迹是否会受到一定程度的影响，而这种影响与不同劳累程度下的心率有关。他进一步研究了这种影响的本质是什么，以及压力下受影响的笔迹是否仍然可以正确地与书写人联系起来。雷米拉德的研究结果显示，身体压力会导致心率异常升高，事实上确实影响了个人的书写表现，但心率的读数只能被视为受试者所经历压力水平的一个指标。虽然心率可能是其中的一个影响因素，但从这项研究中不能将其完全归咎于心率。在此例中，对笔迹的影响判断依据如下：

1. 字母结构的退化，包括重写和重描。
2. 横向扩展增加，尤指字母之间的间距，以及对行尾单词长度的频繁误判。
3. 字迹倾向于写得更大。
4. 书写速度降低，伴随点负荷（笔压）不一致。
5. 未能保持对齐或合适的基线。
6. 书写质量普遍欠佳，粗心大意。

尽管这种情况下书写有缺陷，但由15名合格的笔迹检验人员组成的小组能够在不同的压力水平下正确地（100%准确度）判断每个受试者的字迹样本。这些结果显然与之前罗尔斯顿（Roulston，1959）的研究结果相一致。雷米拉德（Remillard，1970）在结论中发表了一篇有趣的评论，他认为，由于跑不同距离而引起的身体压力影响书写的情况，通常与饮酒所导致的情况相似，但没有饮酒那么明显。

普罗万斯和马利亚罗（Provins and Magliaro，1989）报告说，在健康的书写人中，疲劳会导致笔迹质量的恶化。波林（Poulin，1999）指出，对身体健康书写人的研究表明，疲劳对书写技能差的人影响更大，并发现疲劳会导致字母大小、长度、横向间距、基线偏差、书写速度、倾斜度和出错率的增加。张等人（Chang et al.，2015）发现，一些成年书写人伸腕的方式与疲劳和疼痛有关。在这项研究中，经历过疼痛的受试者在长时间书写时腕关节伸展程度比没有经历过疼痛的对照组要小。帕鲁什等人（Parush et al.，1998）对157名三年级学生在疲劳状态下书写的笔迹进行了评估，将他们的书写水平大致划分为较高和较低两组。结果表明，两组笔迹都受到疲劳的负面影响，但低书写水平的受疲劳影响更大。

人们普遍认为，运动障碍患者在进行书写时，比健康的书写人更容易疲劳（图9.8）。哈拉尔森等人（Harralson et al.，2009）进行了一项研究，他们要求10名运动障碍患者（PD和ET）和7名年龄相仿的健康对照组完成24项书写和绘图任务。之后将第一次试验与最后一次试验进行比较，以观测书写质量是否有任何程度的下降。在比较两组结果时，观察到的趋势是两种情况下对照组书写质量下

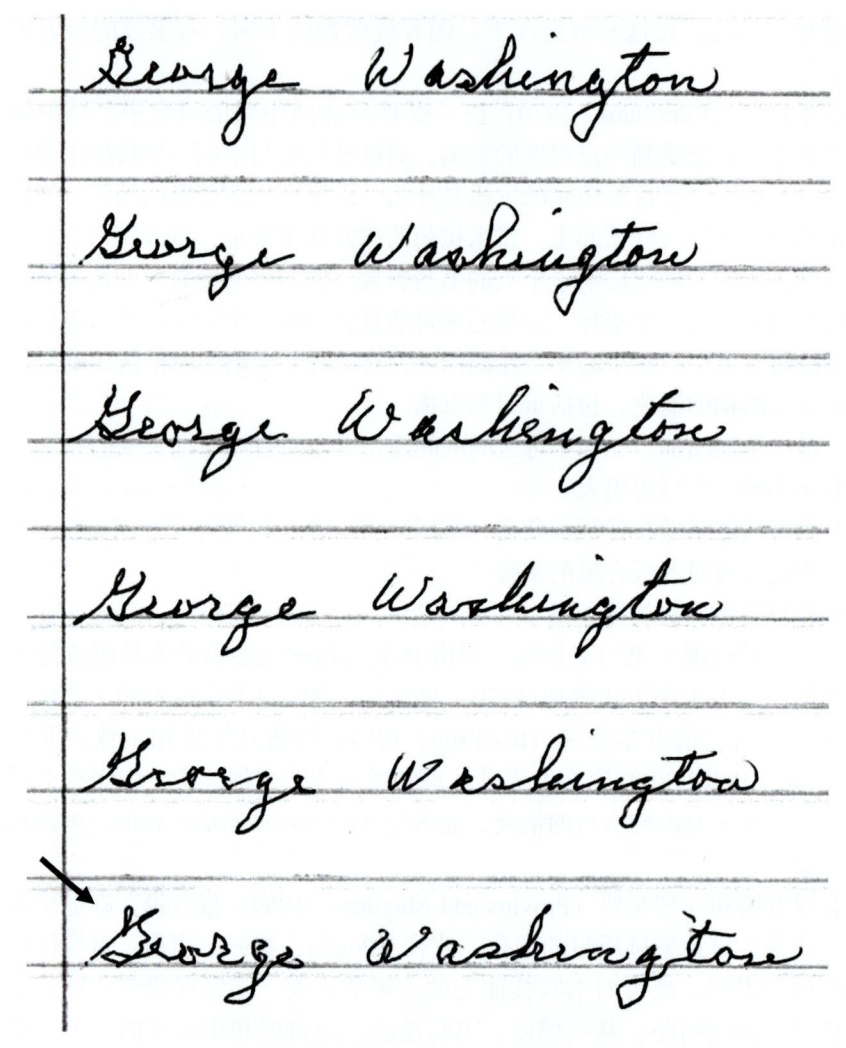

图9.8 底部样本显示了一名患有原发性震颤的患者在连续书写任务中抖动频率增加

降得要比患病组更快。然而，在比较各个受试者的情况时，一些运动障碍和/或疲劳的书写人使用了非常规的策略来处理涉及重复书写的任务，这可能会导致书写质量的下降（即从草书切换到印刷体）。总的来说，运动障碍患者在进行可能导致疲劳的重复书写任务时，表现出比健康对照组更多的变化。

总之，疲劳对书写人控制书写工具的能力有一定的影响，这种影响往往表现字迹水平方向上的增大。这种横向扩展可以通过放大书写过程中更细微的动作被发现，并暗示了笔迹将趋向于潦草。一般来说，在需要签署多个文件的常见商业交易中，比如房地产交易时，会出现疲劳。此外，在一些要求人们签署或撰写大量字迹样本时，也容易使书写人产生疲劳感。

9.1.4 教育文化水平对书写的影响

这一专题中,与文盲有关的部分将在第十一章作进一步讨论。在本节中,我们将讨论教育对笔迹的影响。布鲁姆和贝辛格(Broom and Basinger,1932)试图从30名受试者书写的样本笔迹中判断他们的智力水平。在笔迹鉴定领域的权威人士中,哈里森(Harrison,1958b)评论说,分段技巧反映了书写人的受教育水平。他进一步指出,标点符号和拼写基本无错误时,也可能反映出一个人相当的受教育水平。我们期望一个受过教育的人能够更熟练地运用书面语言,更有能力整理和组织思想,从而形成适当的划分段落和使用标点符号,这种期望是合乎逻辑的。然而,哈里森还指出,不能指望艺术素质(书写技能)与受教育水平或智力水平之间的相关性,由医疗专业人员出具的书面处方中已经证明了这一点。

对于识字、教育和书写技能,图查等人(Tucha et al.,2008)认为,人们过于关注书写技能在视觉方面的展现(即整洁、可辨读性等),而对书写的自动性(书写动力定型)没有给与足够的关注,而自动性才是一个人书写经验丰富的真正标志。书写的自动性表现在书写速度和流畅性上,而缺乏自动性则是表现在书写速度慢、注意力只集中在书写动作上。麦卡尼等人(McCarney et al.,2013)进行的研究支持自动性是读写能力的一种表现,研究表明,随着学生书写自动性的发展,书写专注于书写任务本身,而不是专注于书写技巧。他们对284名学龄儿童的研究表明,低识字率和低书写技能之间存在相关性,同时建议学龄儿童强化书写的自动性,以提高读写水平。

第十章

必要条件和结果

10.1 笔迹比对所需的样本

笔迹样本，或者有时称为范例，分为两类：收集的样本[1]和实验样本。收集的样本是指在正常商业或社会活动中书写的笔迹样本，通常与任何争议事项无关。实验样本是指依文书检验人员、调查人员、律师或其他诉讼参与人的要求而书写的笔迹。

从笔迹检验人员的角度来看，在大多数情况下，收集的样本是首选材料，因为它更为正常、自然。收集的样本必须包含与可疑笔迹相似的文本，因此它们必然包含相似的字母，但是包含着类似的字母、字母组合和字母位置的收集的样本可能并不存在，或者很难找到。

另一方面，实验样本常常受到环境以及书写人知晓书写的笔迹将要成为实验样本的影响。如果某可疑笔迹实际上是实验样本的书写人所写，那么不难发现这些样本在某种程度上与该书写人正常的笔迹有所不同。如果可疑笔迹并不是实验样本的书写人所写，环境因素本身可能会引起书写人某种程度的紧张，这可能会对书写的流畅性产生一定影响。

笔迹的比对检验需要收集可疑笔迹潜在对象的笔迹样本，并满足以下条件：

1. 有足够数量的样本笔迹能够反映书写人正常的书写习惯，并反映出稳定的特定书写习惯。

    由于人类不是能够精准保持机械运转的机器，自然状态下在不同场合书写的笔迹存在一定程度的变化，这种变化范围是因人而异的。笔迹样本应该足以描述这些变化的范围。对于熟练或有经验的人来说，六个签名或一两页的长篇字迹可能就足够了。对其他人来说，样本收集的要求可能更高。一言以蔽之，一个人能收集到的笔迹样本不会太多。

2. 须包含原始墨水样本。

    原始墨水样本具有三维特征，可以观察或计算书写工具控制的各方面，特别是笔压（点负荷）和笔位。笔迹这些特点在笔迹鉴定或研究过程中也很重要。

---

[1] 译者注：收集的样本可以理解为平时自然样本。

3. 需包括收集的样本和实验样本。

　　这些收集的样本，除了更能反映正常的书写习惯之外，也是衡量对实验样本依赖程度的一个指标，毕竟书写人书写实验样本时可能会有意或无意地改变自身书写习惯。而且，收集的样本更可能与可疑文件是同时期书写的。另一方面，实验样本则可以提供检材中出现的字母组合。

4. 样本需重复可疑笔迹的书写条件或种类。

　　从书写工具、书写环境到书写人的年龄或性格，影响一个人笔迹的因素有很多。在收集样本时，它们可以重复的程度就是这些变量可以被控制的程度。因此，比较的对象应是相似的材料、同时期书写的样本笔迹、相似的字母或字母组合、相似的单词、名称或短语，在相似的条件下书写，并使用相同的书写媒介（书写工具和纸张）进行比较。许多关于比对样本的论文都是针对这些变量的控制（Hilton，1941；1965；1967；Hodgins，1967）。比较一般的书写特征，如大小、倾斜度和搭配比例，可能无法提供足够的证据，从而可以从中得出明确的结论。

然而，控制变量意味着至少有：

1. 文本相似。书写习惯的比较需要在相同水平的习惯层次（即字母、单词或短语）的影响下，对书写相同形式的习惯和其他笔迹元素进行。为了重现一个字母或字母组合对另一字母的影响，必须使用相同的文本。
2. 书写条件相似。众所周知，书写工具、书写姿势和书写人身体状况的变化会对笔迹产生相当大的影响，这可能会使鉴定过程复杂化。如果可能的话，最后一个因素说明了同期笔迹的重要性。
3. 书写目的相似。文件的性质、所写内容的意图以及其所针对的对象可能会对书写过程产生重大影响。在这些方面，个人笔记和手写的商业信息包含的信息很少。

10.2 所需实验样本的数量

奥斯本（Osborn，1929）没有具体说明比较所需的笔迹样本的数量，但他提出了一些值得商榷的意见。关于对签名的检验，他说："有5个签名样本比只有1个签名样本更有基础得出一项令人满意的鉴定意见，而10个签名样本则比5个更好"（第27页）。在此之后，他告诫道："如果将一个可疑签名与一个样本签名进行比较，就得出一个肯定的结论，这样做是不准确的，乃至是危险的，除非这是一个高度个性化和熟练的签名"（第27页）。他进一步指出，"一个可疑签名……可能包含许多表明它不真实的固有特征，因此一个合适的样本签名可能足以使人确信它不是真品"（第28页）。很明显，从这一点可以推断，在某些情况下，他准备通过对单一样本的检验，得出认定或者排除的确定性结论。几乎相反，他补充说，除非在不寻常的情况下，否则检验超过25到75个签名并不总是有帮助的，就长篇笔迹而言，他说："若要与一封有争议的信件比较，一封条件好且完整的样本信件可能就足够了……但是，如果可能的话，甚至应该获取更多的样本字迹材料"（第27页）。

为了给调查人员提供一些指导，希尔顿（Hilton，1982）甚至提出，5到6页连续书写的笔迹应该足以与可疑长篇笔迹进行比较，20个或更多个单独的样本签名应该足以与可疑签名进行比较。其他人建议的样本数量则更少，也许只有这些数字的一半。当然，在很多情况下，检验人员可能全部获得的样本只能达到希尔顿推荐数量的一半。

在解决所需样本数量的问题之前，不应试图回答数量问题，无论这些数量可能是什么。这种需求源于笔迹的两个因素：书写习惯和自然变化。涉及书写人习惯的事实说明了进行研究所需的样本。任何人类行为要素的单一或有限的例子不足以可靠地证明这种行为是习惯性的。诚然，在流畅和熟练的笔迹中，我们假设这个人的另一个样本看起来会非常相似。然而，这是一个假设，仅仅基于其他书写人而不是这个书写人的经验，科学是避免假设的一般规则。这突出了样本经常出现的问题核心。

所研究的书写习惯构成了笔迹存在于可疑材料中的鉴别要素。许多鉴别要素将涉及特定的字母、两个或多个字母的组合，特别是彼此之间的特定关系。因此，重要的是（如果不是必要的话），与之进行比较的样本应该包括：在类似情况下，相似的文字、名称、文本或签名中出现的相似字母和字母组合。除了实验样本，很少有样本能够满足这些要求，而且，如前所述，实验样本并不总是可靠的。

此外，还有一个自然变化的问题，变化范围可能是广泛的或微小的，取决于个人和书写条件。如果变化是广泛的，就像在不太熟练的字迹中出现的那样，只有获取更多的样本，特别是收集的样本，才能正确描述它的性质和范围。影响笔迹的变量对不熟练笔迹的影响大于对熟练笔迹的影响。大量收集的样本为研究重现并控制变量下书写的字迹提供了更好的机会。

尽管有这样的建议，但对于需要多少笔迹样本这一问题，仍没有一个简单的答案，因为需求会随着书写人和条件的不同而变化。出于实用性的考虑，希尔顿（Hilton，1982）提出的数字建议即使有些理想化，但可能是一个合理的目标。在大多数情况下，样本笔迹太少，有过多的样本笔迹的情况也很少。

10.3 寻找适合的样本

有许多资料来源可能包含签名、字母或长篇字迹，可作为供比对的样本笔迹。通常，在寻找样本时，大多数人不会想到其中的一些来源，但在提出建议时，他们会被认为是样本的潜在来源。出于这个原因，下面列出了可能的寻找范围，希望如果这些领域本身不具有这种条件，可建议尝试其他可能提供样本的潜在来源。

收费账目	银行存款单	出生证明
分期付款账目	银行汇票	死亡证明
地址变更表	银行保险箱记录	结婚证
宣誓书	银行签名记录	赊欠账
商业协议	银行取款单	慈善机构承诺卡
租车协议	条状标签	动产抵押
金融协议	家用圣经	银行对公支票业务
租赁协议	销售单或提货单	银行对私支票业务
分居申请	出生证明	条状便条
债券申请	生日贺卡	
贷记申请	债券保证	教会记录
就业申请	书本衬页	俱乐部记录
各类保险申请	业务通信	社区服务记录
执照申请	汽车租赁协议	比赛参赛作品
贷款申请	银行签字卡	合同
会员申请	生日贺卡	烹饪食谱
护照申请	圣诞贺卡	公司档案
许可证申请	信用卡	业务通信
公共服务设施申请	花店卡片	私人通信
工作任务单	康复卡	快递收据
出勤记录		庭审笔录
授权函	身份证	信用卡
书本手稿	会员卡	信用卡签购单
汽车保险申请	承诺卡	货币兑换记录
汽车牌照及申请	成绩单	死亡证明
银行存款授权	会员证	书面声明
契约	军事记录	考勤记录
递送收据	会议记录	银行记录
庭审笔录	银行汇票	教会记录
学位证书	解除抵押证明	会议记录
离任书	抵押贷款证明	就业记录
离婚文件	入籍文件	图书馆借阅记录

(续表)

通信草稿	期权协议	入党记录
驾驶执照	汽车服务单	学校档案记录
就业记录	银行票据单	税款记录
估价单	商品定单	会员记录
考卷	采购单	选举记录
	维修单	参加葬礼登记册
指纹记录（民用）	通行证	来宾登记册
指纹档案（刑事犯罪）	护照	酒店和汽车旅馆登记册
外币汇票	典当行记录	麻醉药购买登记册
贺卡	工资单	毒药购买登记册
购物清单	工资扣款授权书	游客访问登记册
监护文件		汽车租赁协议
来宾登记册	人事记录	房屋租赁协议
健康卡	请愿书	事故报告
医院记录	承诺卡	委员会报告
酒店及汽车旅馆登记册	明信片	信用报告
身份证	委托书	执行报告
各类保险申请	先期访问记录	受托人报告
保险理赔单	遗嘱公证记录	储存申请单
保险解除	委托代理书	补给申请单
投资账户	订购单	工具申请单
请柬	房地产清单	社会保障卡
标签	现金收据	股票过户
租约	信件收据	纳税申报单
信件	投递收据	工时记录卡
许可证申请	快递收据	旅行支票
汽车牌照	货运收据	
经营许可证	私人财产收据	访客登记册
驾驶证	退款收据	弃权声明
渔业许可证	挂号信收据	执行令
狩猎许可证	租金收据	福利记录
婚姻许可证	存储收据	遗嘱
结婚证明	电报收据	提款单
会员卡	证人费收据	工单
备忘录		工作底稿

10.4 实验样本的准备

应当谨记,理想情况下,实验样本应该反映个人正常的、自然的、无意识的书写习惯,以下三个关键词可为提取实验样本提供必要的指导:听写、重复和隔离。

10.4.1 听写

这是一个基本的规则,在通过听写制作实验样本时,除规定书写风格,即印刷体、手写体或草书以外,应该让书写人自由决定如何布局及拼写。如果签署或准备特定种类文件(如个人支票)的方式具有特殊意义,则应提供相同类型的空白文件以供填写。听写的速度应能促使书写人尽可能快地书写,因为如此一来,书写人不得不把注意力更多地集中在正在写的内容上,而不是集中在怎么写上。

10.4.2 重复

正如前文所指出的,重复书写条件和环境是控制可能影响笔迹的变量的一种手段。这种控制可以很方便地在实验样本的制作过程中得以实现,然而在收集的样本中重复书写条件要困难得多。另一方面,时间产生的笔迹变量在实验样本中无法控制和体现。如果检材被怀疑是在过去的某个时间写的,那么只有收集到同期的样本才能反映书写人当时的书写能力和笔迹。

10.4.3 隔离

为了避免以任何方式使样本笔迹产生偏差,一个基本规则是,可疑笔迹不应该暴露在样本书写人面前。根据个人和既定要求,暴露可疑笔迹可能会产生两种后果:

1. 它可能会诱导书写人无意中摹仿可疑笔迹上出现的笔迹特征,从而削弱了随后笔迹检验中发现的相似点的重要性。最危险的境地莫过于,产生的意见可能会错误地将无辜者定罪。
2. 它可能会诱导书写人改变或掩饰他或她认为与可疑笔迹相似的特征,以避免与之产生联系,从而削弱了随后笔迹检验中发现的差异点的重要性。危险在于,产生的意见可能会错误地为有罪之人开脱罪责。

如果未将可疑笔迹与样本书写人相隔离,笔迹检验人员在不知情的情况下获得的样本笔迹,在评估必须考虑的证据时将处于明显的不利地位,并且很可能在检验过程中高估或错误估计其价值。

不仅要将可疑笔迹与样本书写人隔离开来,而且每份样本笔迹都应该在完成后立即离开书写人的视野,这样,笔迹样本之间也是彼此隔离了。如果在样本书写过程中试图有意改变字迹,则很难使每份样本都保持一致,因为它们是不自然的,不是习惯性的做法。因此,它们的性质可能变得不言而喻,尤其是,如果这种改变必须根据记忆来重复,而不是根据另一份样本中可能提供的模本来重复。

10.5 实验样本的标准文本

为了编写一份标准的货通用的文本，人们已经做了许多尝试，其中包括字母表中每个字母出现两次或多次的大小写示例、所有数字和一些不同的标点符号。奥斯本（Osborn，1929）在他的第一版《可疑文件》中提供了后来被称为"伦敦信"（London Letter）的内容。在过去的几年里，它一直是标准的且最广泛使用的文本，但是现在不那么流行了。上面写着：

Our London business is good, but Vienna and Berlin are quiet. Mr. D. Lloyd has gone to Switzerland and I hope for good news. He will be there for a week at 1496 Zermatt St. and then goes to Turin and Rome and will join Col. Parry and arrive at Athens, Greece, Nov. 27th or Dec. 2nd. Letters there should be addressed: King James Blvd. 3580. We expect Charles E. Fuller Tuesday. Dr. L. McQuaid and Robt. Unger, Esq., left on the 'Y. X.' Express tonight.（第34页）

我们在伦敦的生意不错，但维也纳和柏林的生意很清淡。D. 劳埃德先生去了瑞士，我希望有好消息。他将在泽马特街1496号停留一周，然后前往都灵和罗马，与帕里上校会合，于11月27日或12月2日抵达希腊雅典。信件应寄往：詹姆斯国王大道3580号。星期二我们要见查尔斯·E. 富勒。L. 麦克奎德和罗伯特医生，还有昂格尔先生，今晚在"Y.X."快车上离开了。（第34页）

奥斯本（Osborn，1922）后来创作了"亲爱的山姆"和"亲爱的扎克"两封信，这是对伦敦信的修改，其中也包含了英语字母表中所有的大小写字母以及数字。后者也被称为"爱达荷信"（Idaho Letter）。他写道：

Dear Sam:

From Egypt we went to Italy, and then took a trip through Germany, Holland and England. We enjoyed it all but Rome and London most. In Berlin we met Mr. John O. Young, of Messrs. Tackico & Co., on his way to Vienna. His address here is 1497 Upper Zeiss Str. care of Dr. Quincy W. Long. Friday, the 18th, we join C. N. Dazet, and leave at 6:30 A.M. for Paris on the "Q.X" Express and early on the morning of the 25th of June start for home on S. S. King.

Very sincerely yours.

Dear Zach:

Well, the old class of "16" is through at last. You ask where the boys are to be. Val Brown goes on the 24th to Harvard for law. Don't forget to address him as "Esq." Ted Updike takes a position with the N.Y. N.H. & H.R.R., 892 Ladd Ave., Fall River, Mass. and Jack McQuade with the D.L. & W. at Jersey

City, N.J., 400 E. 6th St. Wm. Fellows just left for a department position in Washington; his address is 735 South G St. At last accounts Dr. Max King was to go to John Hopkins for a Ph.D. degree. Think of that! Elliott goes to Xenia, Ohio, to be a Y.M.C.A. secretary. I stay here for the present. What do you do next? How about Idaho?

Yours truly, and Good bye. （第50～51页）

亲爱的山姆：

我们从埃及到意大利，然后经过德国、荷兰和英国旅行。除了罗马和伦敦，我们都很喜欢。在柏林，我们遇到了塔克科公司的约翰·欧·杨先生，在他去维也纳的路上。他在这里的地址是昆西·W.朗博士的上蔡司街1497号。星期五，18日，我们加入C.N.Dazet，早上6:30乘"Q.X"特快车去巴黎，6月25日一早乘S.S.King回家。

谨上

尊敬的扎克：

嗯，老的16班终于要毕业了。你问孩子们要去哪里。瓦尔·布朗24日去哈佛读法律。别忘了称呼他为"先生"。泰德·厄普代克在马萨诸塞州法尔河莱德大道892号的纽约州国家卫生和人力资源协会（N.H.& H.R.R.）任职。还有杰克麦奎德在新泽西州泽西城东第6街400号的D.L.&W.费洛思刚去华盛顿的一个部门工作，他的地址是南G街735号。最后，马克斯·金博士打算去约翰·霍普金斯大学攻读博士学位。想想看！艾略特去俄亥俄州的谢尼亚做一名Y.M.C.A.秘书。我暂时留在这里。你下一步怎么办？爱达荷州怎么样？

敬上，再见（第50-51页）

珀特尔（Purtell，1963）批判这些信件对受教育程度有限或智力较低的人群没有太大用处。他发现这些名字和段落对于大城市的混合人口中涉及刑事案件的普通人来说太不寻常了；从某种意义上说，对外国人来说太陌生了。据霍尔和哈德卡斯尔（Hall and Hardcastle，1987）报告，在一项关于欧洲笔迹的研究中，让受试者书写一篇200字的文本，得到最多的分别是用印刷体书写及草书书写的样本，且受试者都愿意配合。两份样本，无论是哪种风格，都可能是受试者能够提供的实验样本。

此后，人们试图为不同类型的刑事案件提供通用或多用途的文本。其中最值得注意的是霍尔和哈德卡斯尔（Hall and Hardcastle，1987）的研究，他们提供了一份新的信件草稿，但仍有些保留意见。全文约200字，内容如下：

Dear All,

I'm sorry that I haven't written to you for quite a long time but I have been very busy since April. I enjoy this new job more than the old one and it's only about an extra hundred yards or so for me to walk up the road from the station. What I don't like though is that my employers are paying my wages by cheque into my bank that is way across town. Cash every week would be so much easier because you know how lazy I am without a car. On Friday it took us no less than fifty minutes getting to the bank and back. There were six people in front of me in the queue — two with jumbo size zip up bags of money for paying in. The first of them was fairly quick but the next one hadn't sorted his out properly so it took absolutely ages for the cashier to serve him. I don't know why she couldn't refuse and make him go away and do it all again.

Anyway, how is Mr Pounds getting on? He was very lucky he did not receive a major injury when that big box of equipment fell and knocked him out at work. And they all said he just got up after as if nothing had happened!

Well, must stop now. See you soon.

亲爱的各位：

很抱歉，我很久没给你们写信了，因为从四月起我一直很忙。比起以前的工作，我更喜欢这份新工作，从车站出发走上这条路只需要多走一百码左右。但我不喜欢的是，我的雇主用支票支付我的工资，把我的工资存入银行，银行却在城镇的另一头。每周支付现金会容易得多，因为你知道我没有车，我是多么懒惰。星期五，我们花了至少50分钟的时间往返银行。在我前面排队的有六个人——两个人拿着一大袋钱去存款。第一个很快，但下一个还没有整理好，所以银行柜员花了很长时间为他服务。我不知道她为什么不能拒绝，让他先离开，再来一次。

对了，庞兹先生最近怎么样了？他很幸运，在工作时，那大箱设备掉了下来，把他撞倒了，没有受重伤。他们都说他刚站起来就好像什么事都没发生似的！

好吧，就写到这儿吧。期待很快与您见面。

该文本是在对21位书写人共69 340个单词的42段不同长度的文章进行研究后撰写的，以确定平均单词长度、字母频率、字母对和常用单词。霍尔和哈德卡斯尔（Hall and Hardcastle, 1987）认为，类似这样的文本可能会用于涉及匿名信的案件中，这种文字设计可能会更适合用于处理支票欺诈案件或与签名有关的案件。然而，无法设计一个适当的文本模板来协调这三种不同类型案件的可疑笔迹。因此，他们得出结论，使用通用的样本文本模板不是一个可行的办法。

鉴于可疑文件的性质和种类的多样性，得出这个结论并不令人惊讶。没有任何一个单一的文本模板可以包含所有可能的字母组合和书写特征，例如与可能出现在系争材料中的排列布局或书写支票的方式有关的特征。对许多人来说，签名的方法与书写文本截然不同。

然而，不应期望通过通用或标准的文本格式来反映所有的笔迹。它们的目的是提供一种适应性强的工具、一份文件，其内容，如名称、地点、单词或短语，甚至货币金额的表达，都应被系争材料中出现的内容所取代，从而可以获得更正常和自然的样本笔迹。以单词列表、字母表和独立名称的形式书写的实验样本往往会产生更为刻意和人为的特征，在这种情况下，书写习惯可能不那么流畅。

尽管如此，许多执法机关和法庭文件实验室都设计了提取实验样本的表格。珀特尔（Purtell，1963）在芝加哥市警察局科学犯罪侦查实验室工作时，是最早发布样本可用格式的人之一。它们有时由字母表中的单个大写字母和小写字母组成，包括可能与可疑签名相对应的姓名列表，有时还包括一段长篇文本（图10.1a和b）。

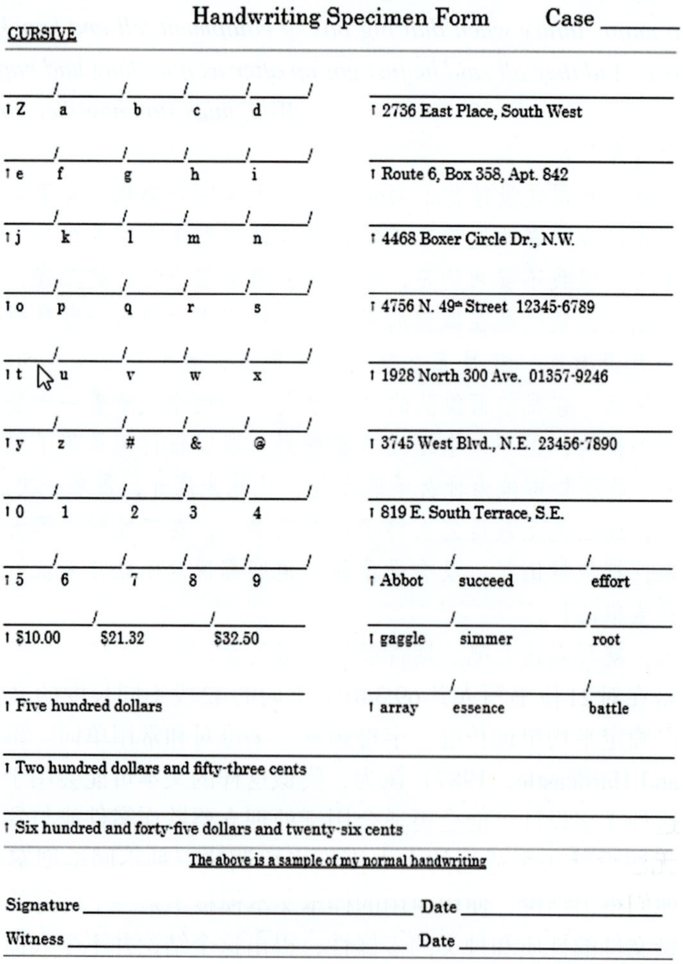
CURSIVE

Handwriting Specimen Form Case ______

Z a b c d

2736 East Place, South West

e f g h i

Route 6, Box 358, Apt. 842

j k l m n

4468 Boxer Circle Dr., N.W.

o p q r s

4756 N. 49th Street 12345-6789

t u v w x

1928 North 300 Ave. 01357-9246

y z # & @

3745 West Blvd., N.E. 23456-7890

0 1 2 3 4

819 E. South Terrace, S.E.

5 6 7 8 9

Abbot succeed effort

$10.00 $21.32 $32.50

gaggle simmer root

Five hundred dollars

array essence battle

Two hundred dollars and fifty-three cents

Six hundred and forty-five dollars and twenty-six cents

The above is a sample of my normal handwriting

Signature ______ Date ______

Witness ______ Date ______

(a)

图10.1 （a和b）提取书写人实验样本的表格示例

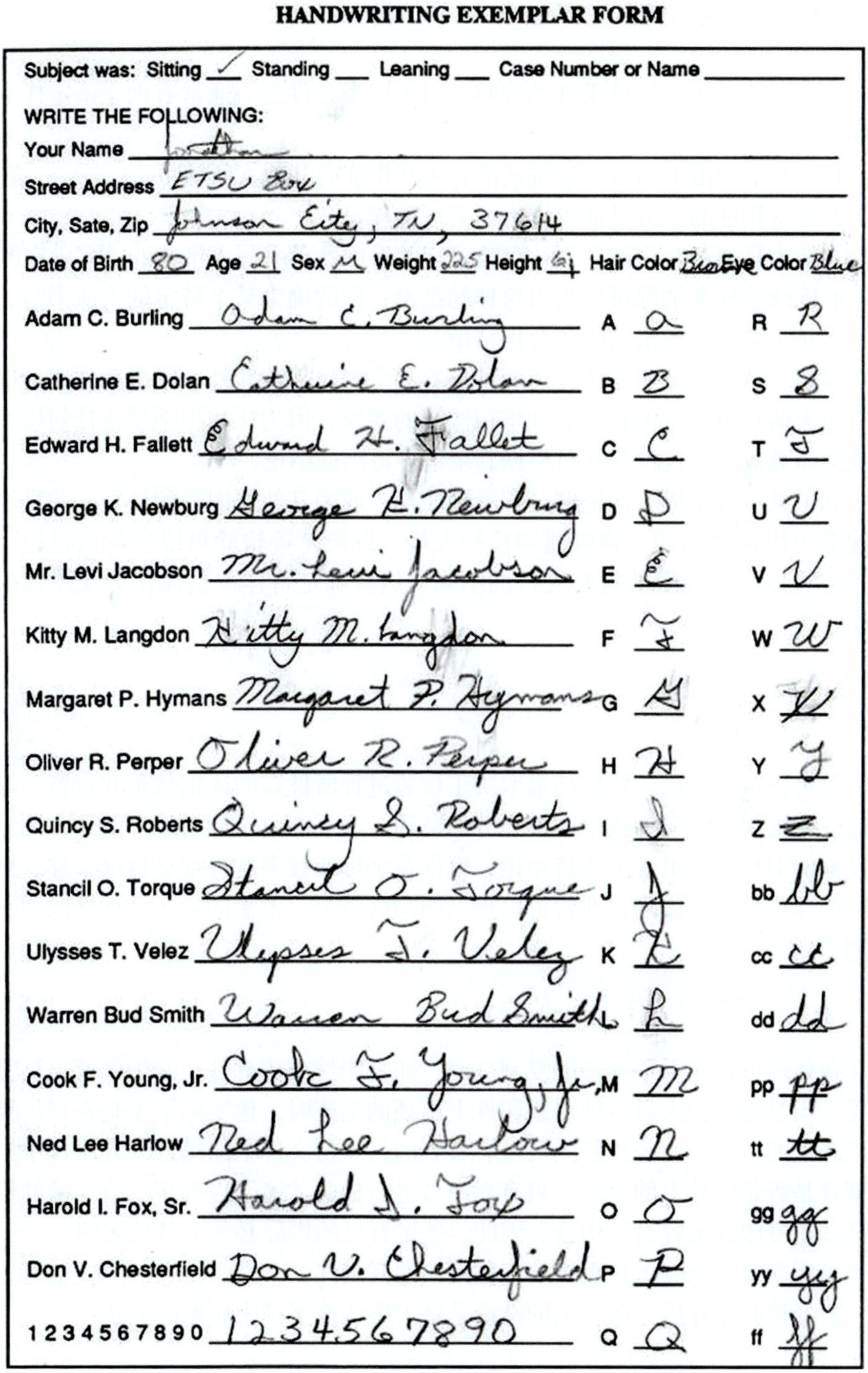

第十章 必要条件和结果 · 251

(b)

图10.1（续） （a和b）提取书写人实验样本的表格示例

10.6 书写样本的法律要求

根据北美关于证据可采性的规则，以下四个条件之一通常有助于确定样本笔迹的可采性。
1. 该样本须由书写人、法院或准备为其作证的其他人所认可。
2. 准备作证的一方见证了样本的书写过程。
3. 样本是通过某些商业、社会或家庭关系中熟悉书写人字迹的一方确定的。
4. 围绕该样本情况可以得出这样的结论，即的确为某个特定的人所书写，这是法院可以得出的唯一合理结论。

显然，后两种证明方法比前两种更容易受到挑战。此外，民事案件比刑事案件有更大的自由度。但是，必须牢记法律的要求，因为法院拒绝承认任何样本都可能会显著改变笔迹检验人员根据其余笔迹得出的结论。

如果某一特定样本的证明过程受到质疑，或因其他原因受到怀疑，并且这些情况是可以预料到的，则应通知检验人员，以便笔迹检验可以分阶段进行，首先确定可以由更有限的材料支持的结果，然后确定将样本整体作为支撑依据的结果。

10.7 笔迹检验的预期结果

就笔迹检验而言，检验结果取决于检验过程所披露的证据数量和价值。这就可能受到复制件的限制或样本不充分的制约。也可能由于检材过于简短，无法体现足够的书写习惯组合来支持结论，就像首字母或数字这种常见情况一样。只要材料的性质和数量适当，通常可以得出明确的结论。不幸的是，这种情况并不总是能遇到。

10.7.1 复制件及其他类似文件

在处理可疑或系争笔迹的复制件时，如复印件或传真件，必须谨慎出具鉴定意见。当笔迹检验人员辨认出复印件上出现的笔迹时，他实际上不是在辨认复印件纸张上的笔迹，而是检验人员没有看到的另一份文件上的笔迹。复制件中出现的笔迹是否是原件上的笔迹，只有对原件进行检验才能予以确定。有经验的检验人员知道复印件很容易被伪造。因此，鉴定意见的措辞必须清楚地表明：
1. 所鉴定的笔迹出自手头的声称可信的复制件。
2. 经检验原件后，所得出的结论是基于确认该字迹为原始的笔迹。

10.7.2 鉴定结论与意见

人们注意到，检验人员得出的结果是应作为结论还是意见，尚存在一些争议。法律上需要对专家提供的证言进行定义和分类，否则可能会被认为是可采信的，这使非法律界人士感到困惑。《牛津英语大词典（简明本）》(*The Shorter Oxford English Dictionary*) 将传统法律意义上的意见定义为："专家或专业人士对提交给他（她）的关于事项的想法、判断或建议所作的正式陈述。"

这是一位专业人士可能提供的证词的名称。它没有提到证词的实质内容，也没有说明该陈述所依据的基础。这表明这被认为是一种建议。一些检验人员在回答"他们的专家证言仅仅是一种观点"这一质疑时，辩称他们提供的是经过深思熟虑的意见。在非法律意义上，牛津对"意见"（opinion）的定义如下：

- 对某人或事物的评判
- 信念、观点、观念
- 自己认为是真实的东西
- 相信某事是可能发生的信念
- 基于不足以完全证明的理由作出的判断

这清楚表明了意见的基础，从中可以判断其可靠性。这一定义的属性往往与以下概念完全不一致：有能力／有经验的专家证人进行他们的检验工作、可能得出的结论以及他们在法律背景下可能提供的证词。这不是一种信念，也不是一种看似真实的东西，更不是一种基于不充分证据的判断，而是支持这一发现的证据比这些表述所表达的要多得多。另一方面，牛津对"结论"（conclusion）的定义如下：

- 结果
- 最终决定
- 通过推理得出的判断
- 推论、归纳或推理

这些术语更适合用于描述笔迹研究或文件检验的结果。笔迹检验人员和从事其他法庭科学研究的人一样，通过推理和归纳推理作出判断或决定。因此，他们得出的结论是，当在法庭和其他公开场合上作为证词陈述时，根据规定的条款有资格被采纳，如果这类证词的标题并不恰当，这也许是因为缺少更好的标题，即意见证据。

一些检验人员认为，他们的鉴定结果必须表达为意见，以符合他们对有关专家证人证言的法律理解。然而，法律规则并不规定如何确定或表达专家证言，而只规定如何采纳专家证言。关于意见证据的问题早在多年前就出现了，并且当时的规定是，在法院没有事实证据或物证的前提下允许在法庭上使用。在这种情况下，基于没有实际的理由或不足以证明的理由，鉴定意见更像是一种估计、一种信念、一种观点或某种看似真实的东西。在目前的情况下，物证和事实证据是专家证人证言的基本要素，这是无法被替代的。

在对法庭科学的回顾中，美国国家研究委员会（National Research Council,

2009)（编写美国国家科学院报告的委员会）纳入了笔迹鉴定结果的科学解释和报告。美国国家科学院的报告提到了使用5级量表，并引用了由美国材料与试验协会发布的9级量表。美国国家科学院的报告提到这些量表是主观的，还提到"需要加强笔迹比较的科学基础"（第5～30页）。

拉筹伯大学法医鉴定分析实验室（LaTrobe University's Forensic Expertise Profiling Laboratory，FEPL）在测试笔迹检验人员的能力方面发表的许多研究都采用了5级量表来表达意见（Found and Rogers，2008）。拉筹伯大学的量表与美国材料与试验协会或文件检验科学工作组的量表之间的差异在于拉筹伯大学去除了"可能"和"可能不"这两种分级。卡姆等人（Kam et al.，2001）在一项关于签名身份验证的研究中使用了美国材料与试验协会的量表。

10.7.3 有保留的意见

当不能得出明确的结论时，有时会发表有保留的意见。根据刚才所说的，把它们称为有条件的结论（qualified conclusion）显然更为正确。它们是以概率陈述的形式来表达的，例如，书写人A书写了Q的可能性非常大。

这类陈述被认为是统计推断，但在语义上是站不住脚的。任何人"可能书写"任何内容的说法并没有合理的意义。关于笔迹，只有两种在语义上成立的陈述：(1) 书写人A书写了Q，(2) 书写人A没有书写Q。

关于笔迹鉴定的概率陈述的目的只能是表明，如果接受书写人A书写了Q这一命题并据此采取行动，那么错误的风险是低的，尽管这个陈述可能不能确切指出风险有多低。概率是对两种陈述（1）或（2）中任何一种是正确的可能性的度量。概率不能附属于陈述本身的行为，即书写行为。

根据胡贝尔（Huber，1980）的说法，一个在语义上成立的有保留的意见可以这样表述：随机选择一个人与检材、样本材料所反映的书写习惯相符的可能性是小的，非常小，或极其小的。

因为它不是外行的通用语言，这种措辞缺乏过去或现在语义错误或站不住脚的概率陈述的表面强度，而这些陈述已经或正在被使用。另一方面，胡贝尔和黑德里克认为，没有理由不能用"既能证明也能解释修改措辞的原因"的术语来表达一项结果，例如：为了在语义上成立，只有两种陈述中的一种可以用以表达关于书写人A和可疑笔迹Q的关系：(1) 书写人A书写了Q，(2) 书写人A没有书写Q。根据已有文件的证据强度，陈述（1）很可能是正确的。当可疑笔迹与样本之间的对应程度如此之大或如此重要，以至于另一个人的笔迹表现出这种对应关系的可能性太小而不足以进行实际考虑时，就有理由得出确定的鉴定结论。

正如这些陈述所表述的那样，从统计数据中所得出的概率在数学上表示为随机事件可能发生次数除以同一事件可能发生的次数的比率。因此，既然可疑笔迹和样本笔迹之间有许多相似之处，且没有差异，那么在1 000个人当中，又有多少人的笔迹特征在数量和质量上与样本笔迹相同呢？如果期望值小于10人，那么，如果确定了可疑笔迹是特定的书写人所写并采取了相应行动，则错误的风险小于1%，或者正确的可能性超过99%。

$$P = \frac{\text{随机事件可能发生次数}}{\text{整体事件的预期结果数}} \times 100 = \frac{10}{1\,000} \times 100 = 1$$

$P = 0.01\%$ 或 1% 的错误概率，99% 的可信度

当其他有相似书写习惯的人出现的可能性接近于零时，可能发生的事件与事件总量的比率也接近于零，因此 $P \approx 0$（从未发生过的事件）。相反，当可能出现的事件次数接近事件总数（每次都发生的次数）时，也就是说，在随机选择的任何人的字迹中都能发现与检材字迹的这些相似之处，这个比率接近于1。因此，概率值的范围从0（不可能发生）到1（确定发生）。

概率是对肯定性陈述中错误风险的度量，或者是对给定的一组情况进行另一种解释的可能性。因为人们对关于一篇文章所能做出的语义上站得住脚的陈述是书写人A书写了Q，或者书写人A没有书写Q，那么检验的任务就是根据已有的物证来确定这些陈述中哪一个可能是正确的。

对于每一种表述，都存在着出错的风险，或者另一种解释的可能性。在第一种情况下（认定声明），证据不足可能会增加出错的风险。在第二种情况下（排除声明），不寻常的书写情况可能会被误解或忽视，从而导致错误：可疑文件Q可能是在书写人A生病、醉酒或靠墙写字等情况下书写的。只要这些情况真的可能发生，即存在错误的风险或另一种合理解释的可能性虽小但并非不可想象，得出的结论则是有保留的意见，正如法律界人士指出的那样。当这些情况发生的可能性很小而不能作为实际考虑时，就会得出确定性的结论。

有人认为，检验人员用概率表达结论时应该准备将其转化成数值。毕竟对于一个理性的受众来说，没有其他方法来解释或精确描述什么是很可能或极可能。只有数学数字才能表明这两个表达式的相对确定性。尽管一些笔迹检验人员不愿意在他们的工作中涉及统计学，希尔顿（Hilton，1958）指出，"当检验人员认为两份笔迹材料是同一个人所写的时候，他实际上应用了概率理论（没有数学）"（第127页）。

统计验证是所有科学研究的基础，该工具对所有学科而言都是一样的。正如狄克逊和梅西（Dixon and Massey，1951）所说："目前并不存在一种只适用于经济或教育的统计学理论。存在一种一般的统计学理论适用于任何进行观察的研究领域"（第2页）。

经常有人提出，没有收集到足够的数据来确定笔迹任何特定鉴别要素的出现频率，而通过这些可以计算出其出于鉴定目的的显著性。然而，有一系列的论据

支持这样一种观点，即某些任意值可以归因于概率陈述，以反映该陈述旨在表示的错误风险的大小。

"很可能"（a strong probability）可能隐含的错误风险可以武断地判断为小于1%，具体小于多少无需说明。据检验人员解释，在同一群体范围中随机选择某人，遇到另一人的笔迹与其十分相似的概率不到百分之一。对这种概率的估计完全是基于他们的经验，而经验是由所观察到的、读到的或听到的信息组成的。

同样地，"极可能"（a very strong probability）可能隐含的错误风险可以武断地判断为小于0.1%。其含义为，在同一群体范围中随机选择某人，遇到另一人的笔迹与其十分相似的概率不到千分之一。

诚然，这类陈述完全是基于经验的判断，虽然其准确性尚无法从统计学上加以证明，但至少反映了检验人员对其检验结果的信心程度。人们还应该相信，陈述中的错误是对证据支持概率水平的低估。然而，当表达了有保留的意见时，检验人员可以自己设定反映其心中想法的数字。

显然，当错误的风险超过5%时，即在同一群体范围中随机选择某人，遇到另一人的笔迹与其十分相似的概率被认为等于或大于1/20时，指向同一认定的结论则不是很强。在这方面，数字的意义就不言而喻了。

10.8 笔迹鉴定的确定性等级

多年来一直遵循的鉴定原则是早些时候胡贝尔（Huber，1959）提出的："当任何两个物品具有相似和/或对应关系的独立鉴别要素（特征）的组合，特征数量和重要性足以排除巧合的可能性，并且没有无法解释的差异时，人们就可以断定它们是同类或具有共同的来源"（第276页）。

虽然这一原则为得出明确结论提供了一般准则，但它没有规定需要多少特征或需要多大程度的重要性。在这时，在法庭科学的某些领域，几乎不可能武断地说明需要多少证据和什么样的证据才能得出某种结论。在枪弹或工具痕迹上需要多少条条纹才能得出结论？一个笔迹的鉴别要素需要多少相似的特征？这些都是由检验人员认真作出的主观判断，他们通常都充分认识到所涉及的风险。

在没有适当公式和出于可靠性考虑的情况下，称职的笔迹检验人员会将自己的结论限制在其他同样称职的检验人员在研究同一材料后可能得出的结论上。尽管这条规则并不很明确，但它引入了保守主义的元素，或是一种有助于避免出现严重错误的谨慎行为。

找到能够就确定性或肯定结论达成一致的检验人员并不难。尽管如此，除了坚持认为相似证据的数量和质量排除了他们碰巧随机发生在另一人笔迹中的可能性之外，没有人会准确地说明他们各自的确定性水平是什么，即一个肯定的结论将代表一个概率。事实上，每个检验人员对达到确定性水平的标准是有差异的。

只要个人经验简单地判定，结论超出了错误风险会给任何检验人员带来令人担忧的确定性水平，就不会试图精确地定义这些水平。这个论点以问题的形式结束了。会有什么收获？也许只是有意识地朝着正统科学方法的方向前进的满足感，但这应该是足够的理由。

显然，当证据确凿的时候，几乎没有什么收获。只有当证据接近检验人员为自己设定的肯定结论的下限时，检验人员的发现才会出现分歧。随着证据强度的减弱，诸如"极有可能……"、"很可能……"、"可能性较高……"、"可能……"、"有证据表明……"等结论出现在报告和证言中。

关于笔迹同一认定的主题很少，更多的是关于可能性的结论或保留性意见的主题。是否应该表达有保留的意见是一个长期争论的问题。那些反对使用统计推断的人可能是因为缺乏对统计推断的理解，并且可能希望避免出庭讨论统计推断。然而，使用概率表述有更充分的理由。

其中最主要的一个事实是，正如特鲁布拉德（Trueblood，1963）所言，所有结论，无论是否是确定的，都是概率的表达形式，要认识到这一点很重要。此外，和保留性结论相比，检验人员无法更好地阐明确定性结论选择的概率水平。此外，法律界人士应该意识到他们得出结论的过程在原则上与科学家的过程相同。法院判定一个人有罪的标准——"排除合理怀疑"——谨慎地避免规定"必然"或"毫无疑问"。惠特克（Whittaker，1973）对刑事专家提出了质疑，但也告诫道："刑事专家有责任掌握必要的书面和口头的技能，以使他的听众清楚地知道鉴定的证明强度到底包括什么"（第184页）。

麦克尔拉思和伯曼（McElrath and Berman，1956）指出："科学家也从来没有'确凿'或'毫无疑问'地证明一切；他最希望说的是，他已经确定了一个'排除合理怀疑'的事实，实验和法律情况的区别在于，科学家已经学会了如何计算怀疑的概率。这是统计学的贡献"（第589页）。寻找真相似乎足以让笔迹检验人员通过使用统计数据来帮助他们定义和阐明确定性、置信度或概率的水平，以便得出的结论更准确地反映事实。

希尔顿（Hilton，1958）写了一篇关于数学概率与笔迹鉴定关系的优秀论文，但他的评论仅限于表达无保留意见的情况。他的评论特别针对柯克（Kirk，1953）已发表文章中缺乏概率数据的批评，这促使柯克说："笔迹分析，尽管有相反的说法，但在这些严重的遗漏得到修复之前，还算不上是真正的'科学'"（第475页）。希尔顿指出了在收集和分类笔迹数据方面的一些困难，柯克坚持认为应该有人收集这些数据。其中最重要的是考虑到测量鉴别要素的自然变化、要素之间独立程度的不确定性以及某些元素对任何测量过程的不适宜性。在这方面，希尔顿提到了书写技能、书写速度、阴影（即笔压）和书写质量等方面。

麦克亚历山大等人（McAlexander et al.，1991）在对60种不同结论表达方式的研究中，提出了9种表达方式（认定同一*identification*、极有可能*strong* *probability*、有可能 *probability*、有证据表明 *evidence to indicate*、无法判断 *no conclusion*、没有证据表明 *indications did not*、可能不 *probably did not*、极有可能不 *strong probability did not*、排除 *elimination*）来反映确定性水平，而无需精确定位在从0到1的连续概率上。艾伦（Ellen，1979）提出了一个由五种表达方式组成的量表（认定同一 *identification*、极有可能 *high probability*、可能或一致 *could or consistent with*、无法判断 *inconclusive*、没有证据以及可能由不同的人所写 *no evidence and likely to be by different persons*），并认为量表上的划分越少，就越容易定义。这些表达方式的问题在于，它们对不同的人而言，意味着不同的含义。这两位学者都试图用一定的篇幅来准确解释他们的观点。法医牙科专家建议的术语甚至更不精确（Dailey，1987）。斯科特（Scott，1988）列举了几个案例，其中笔迹检验人员的证词以各种各样的方式表达，有些非常糟糕，但是每一种都被法院接受。

梁和张（Leung and Cheung，1988）彻底回顾了全球40位检验人员的做法和观点。他们的调查提供了16个部门和其中许多部门的概率水平（以百分比计算）。在他们的报告中值得注意的是量表上零点的变化，以及量表分级。该调查显示，使用百分比作为确定性的衡量标准存在很大差异。混淆的情况有时源于量表的零点和100%的位置。有些确定性水平按降序排列，从100%的认定，到0%的否定。另一些人则使用百分比作为认定和排除量表的确定性程度指标，从0%开始表示作出无法判断意见的水平。

后一种做法在过程中引入了另一种不确定性，因为不论偏向量表的什么分级（即偏向认定或排除），不确定性的点不能精确地确定。胡贝尔和黑德里克倾向于用一个单一的量表来看待任何一位特定的书写人，其中接近0%的水平表明，可疑笔迹几乎不可能为这位书写人所写。在统计语言中，包容性水平为0.5或50%，50%的水平意味着抛硬币与笔迹一样，都是反映书写人参与程度的可靠指标。

其他著作（Huber and Headrick，1990）也坚持认为，检验人员将定性、主观以及私人的观察和评价（或结论等判断）转换为定量、客观和公开形式的唯一方法，就是通过可传递的数值。毫不奇怪，批评的声音在不同的地方都有出现。例如，麦肯纳（McKenna，US v. Starzecpyzel，1995）以及范德和罗杰斯（Found and Rogers，1995）就使用和提倡的表达方式及其解释的模糊性发表了看法。

布朗和克罗普（Brown and Cropp，1987）大胆地提出了所有法庭科学领域的研究结果的转换，提出了从0.5开始的四种近似概率水平，即概率的统计水平。其中包括"可能"（possibly，0.5～0.9或50%～90%），"大概"（probably，0.9～0.99或90%～99%），"非常可能"（very probably，0.99～0.999或99%～99.9%）和"几乎肯定"（almost certainly，>0.999或>99.9%）。任何试图使用概率（统计学）来反映现实世界中事情发生的可能性，都要求检验人员能够理解某些统计学术语，尤其是其中三个术语：随机性、独立性和聚类分析。

10.8.1 随机性

当称书写人 A 书写 Q 的概率很大时，这意味着在同一群体范围中随机选择另一个具有相似书写特征（即鉴别要素）的人的概率非常低。

随机性是一种选择过程的性质，它使人群中拥有多个特征组合的每个人（例如具有 10 个特定鉴别要素的书写人）有相同的几率成为被选择的样本书写人。在抛硬币的过程中，随机性保证了正面和反面出现的机会均等，但并不能保证每秒钟都会出现一次正面（或者反面）。

随机性允许人们通过相对概率计算事件的近似可预测性，根据大数定律，近似程度取决于所考虑的观察结果（即特征）的数量。

10.8.2 独立性

如果无论所有其他事件的结果如何，其中一个事件具有特定结果的概率是相同的，则称该事件是独立的。例如：在一个人的笔迹中，字母"e"的出现应该与帕尔默体"r"或帕尔默体"t"的出现无关。

在笔迹检验中，独立性问题意味着一些阶层、国家或系统的特征不能被视为多个独立的证据，而只能作为一个整体来考虑。

10.8.3 聚类分析

现实世界中的许多事件似乎都是成串发生的：事故、死亡、掷骰子。关联性似乎为预测在其他随机序列中的观测结果提供了基础。"黑色"出现的频率越高，"红色"就越有可能在下一次事件中出现。然而，只要事件是相互独立的，并且选择是随机的，那么就不会提高某个特定结果的可能性，比如打赌的可能性，就不会提高。

在理解统计推理应用于笔迹检验方面，存在的一个障碍是统计学家所可能使用概率的意义和外行人所理解的更为通俗的意义之间存在冲突。正如已经指出的那样（Huber, 1980），要在语义上站得住脚，就不能说"书写人 A 书写了 Q 的概率很大"，只能说，"书写人 A 书写了或没有书写 Q。"

事实上，当使用概率表达式时，所说的是，如果假设"书写人 A 书写了 Q"，那么检验人员很可能是正确的。事实上，韦氏词典将概率定义为"一种可能性，根据现有证据判断，这种可能性很可能是真的。"但可能性有多大？套用牛津词典对"可能"（probable）的定义，如果有人说，"书写人 A 可能书写了 Q"，检验人员正在做一份值得相信的报告。但有多值得？很可能（a strong probability）比可能（a probability）多出多少价值（或可能性）？

除了数字之外，检验人员无法精确定义什么是可能，很可能，极有可能，或任何类似的表达方式，以表明各自代表的确定性水平。

如果从韦氏词典提出的词汇意义上的概率百分比来思考，而不是统计学意义上的"真实可能性"，这可能有助于理解前面引用的布朗和克罗普（Brown and Cropp，1987）的建议。这些作者建议，概率表达式应被视为介于90%到99%之间，也就是说，在认定错误书写人时出错的风险不大于十分之一，可能小到百分之一。他们认为"很可能"（very probably）的表达应该被视为介于99%到99.9%之间，也就是说，在认定错误书写人时出错的风险不大于百分之一，可能小到千分之一。"几乎肯定"（almost certainly）的结果应大于99.9%，在这个水平上，认定错误书写人时出错的风险小于千分之一。这些概率应该能被大多数检验人员所理解，并且可能值得采用，至少在获得更可靠的数据之前是这样。

胡贝尔和黑德里克认为，这样的百分比可能被认为有错误或表里不一的风险。一个90%概率的陈述意味着，如果某个书写人是从同一群体中随机挑选出来的，那么在另一份书写样本中发现与这些已知字迹相同笔迹特征的概率将会是十分之一。同样地，99%的概率将概率降低到百分之一，99.9%的概率则表示在同一群体中遇到另一个具有相似笔迹特征组合的书写人的概率是千分之一。

同时，由于上述的聚类现象，在将这种概率思维应用于具体案例时必须谨慎。千分之一的概率并不意味着在1 000人的特定样本中，不可能存在两到三位书写人表现出相同程度的对应关系。

然而，如果超过10%的人群在笔迹特征上表现出同样多的相似性（即认定已知书写人的概率低于90%），那么错误或表里不一的风险就很高，鉴定结论为真的可能性就很低，认定同一的证据也不是非常有力。如果超过1%的人群表现出这种程度的相似性（即概率小于99%），则风险可能较低，因为证据更有力，但仍不是压倒性的。可以说，任何被认为或转化为认定识别概率小于0.9或90%的有保留的意见，对于证据强度、错误风险或为真实的可能性来说，几乎没有什么意义。布朗和克罗普（Brown and Cropp，1987）的著作也暗示了这一点。

知识渊博的人曾尝试将各种概率论应用于笔迹检验，但收效甚微（Karlsson，1987）。其中的两个原因是缺乏关于笔迹元素出现频率的经验数据，以及在笔迹的哪些方面构成特征价值的重要元素方面缺乏明显的一致性。

梁和张（Leung and Cheung，1988）提出了一个11分量表，从中点0分（表示不确定）到±5分（表示认定或排除），这可能会在某种程度上武断地用来阐明检验人员脑海中的确定性水平。这样的分级意味着量表之间的差异或多或少是一致的。这也意味着一个无法判断的结果和显著概率的最低水平之间的差别并不是特别大。正如布朗和克罗普（Brown and Cropp，1987）的量表所示，术语"可能"（probable）应适用于≥0.9或≥90%的水平，并允许以指数级增长。

这就是外行和统计学家对概率分级的不同看法。应用于笔迹鉴定的概率不应该理所当然地被认为是一种线性回归，其中层级之间的变化是一致的或有规律的。它可能以指数级形式增长，其概率水平（或错误风险）在不断变化。在任何一点上的概率变化都与已经达到的概率水平成正比。这是一种曲线回归，其中概率遵循曲线轨迹而不是直线，类似于复利曲线。

在笔迹研究中，这意味着，在较高概率水平下，少量的额外证据对鉴定的贡献要大于相同数量的额外证据在较低水平下的贡献。

即使用这些非常宽泛的术语来定义了有保留的意见，在检验人员之间的一致性、对检验发现的理解以及检验人员的预期方面也会取得一些进展。当检验人员思考和表述方式一致时，就会被认为他们使用了相同的科学方法。

桑顿（Thornton，1997）告诫法庭科学专家，他写道："我们倾向于拒绝统计数据和概率，因为我们通常不理解它们，承认它们的有效性又迫使我们承认不知如何运用……掌握统计模型来解释我们的许多证据，这一过程是缓慢且不情愿的，好比穿越敌方领土，但我们必须开始为这场战役做计划"（第758页）。

美国国家研究委员会（National Research Council，2009）在美国国家科学院报告中也提出了类似的担忧。在该报告中提到，检验人员在提交结果时使用了各种主观表述，这些表述在各学科中（甚至出自各笔迹检验人员）的解释不尽相同，如此一来在法庭上就可以出现各种不同的解释。美国国家科学院的报告就意见表述的解释和使用提出需进一步研究和标准化的建议。

10.9 笔迹检验错误的原因

奥斯本（Osborn，1929）、哈里森（Harrison，1958b）和希尔顿（Hilton，1982）对导致笔迹鉴定错误结论的情况进行了描述。贝克（Beck，1995）特别处理了其中三个问题。经总结，这些情况包括：

1. 比对样本不充分、虚假或片面的。
2. 可疑笔迹数量不足。
3. 缺乏对笔迹中鉴别要素的理解。
4. 缺乏对笔迹本身所隐含的书写动作的认识。
5. 对差异点评估不当。
6. 对阶层或系统性特征的高估。
7. 轻视或忽视特征差异。
8. 忽略样本间的比对而直接默认样本为同一人所写。
9. 案件相关外部信息的影响。
10. 检验人员不称职。

其他因素也被提出，包括对案件和文件的怀疑态度及倾向。由于在北美，案件是从当事一方或另一方提交给检验人员的，检验人员很难避免在提交材料时所伴随的偏见。如此一来，客观性就会受到威胁，在检材中观察到的每一个组成部分都可能被作为疑点。

另外一些导致错误的情况被归为人为因素，比如竞争、虚假鉴定、附和他人或自负。对事实的曲解和对科学原理的误用也被认为是因素之一。这些都可能发生在法庭科学的任何领域，霍华德（Howard，1986）曾就此撰文，建议建立一个独立的专家证言审查委员会。

甘卡维奇（Gencavage，1987）重点关注对长篇笔迹的检验上，以寻找书写人以外的其他人在文件中可能存在的添加单词、字行或段落的微妙证据。虽然添加的字迹有时相当明显，但每一次检验都应该足够彻底，以避免轻率和假设所可能造成的错误。

有人说，笔迹鉴定容易使检验人员中产生意想不到的偏见，而偏见可能会导致错误。不可否认，这是法庭科学中为数不多的主要依赖于对证据的主观分析和评估的学科之一。大多数文件检验人员都意识到了这一点，并尽可能做到客观，尽可能使用精密的测量方法。然而，鉴于传唤检验人员出庭作证的情况，以及鉴定过程是基于不稳定的主观的事实，完全的客观是很难实现的。

尼斯贝特、威尔逊（Nisbett and Wilson，1977）和米勒（Miller，1984）陈述说，有一些影响人类行为的无意识因素可以解释偏好、偏见、恐惧和成见。将社会心理学派的思想应用于文件检验人员的偏见，可以看出检验人员的主观结论可能会受到社会互动、情境和/或过去经验的影响。在刑事案件中，警方可能会确信被告有罪。他们的首要任务是获取足够的证据以获得定罪。警方可以在沟通交流过程中有意或无意地向文件检验人员表达他们的看法。检验人员可能会假设存在其他证据表明个人有罪，这种无意识的想法有可能产生偏见。在民事诉讼中，律师在表达自己当事人的清白时，可以对检验人员造成同样的偏见影响。如果可疑笔迹和样本笔迹显示出一些相似性之处，这种偏见可能就会得到支持。对鉴定意见的期望也可能会产生微妙的影响。

米勒（Miller，1984）试图检验这样一种假设：文件检验人员会受到他们自己内部交流、警方或律师委托他们检验时的社会互动，以及他们被要求进行检验的情况的影响。12名接受过可疑文件检验培训的大学生被分为两组，并提供了一起伪造支票案件的虚假材料。第一组提供与调查有关的事实概要，嫌疑人的姓名及其样本笔迹，以及据称由嫌疑人写的三张支票。第一组被告知警方有两名证人作证看到嫌疑人开具了支票并通过了检查。第二组得到了同样的三张可疑支票和另外两名嫌疑人的笔迹样本。他们没有被告知预期的证人证言，只是被问及三名嫌疑人中是否有人书写了任何一张可疑支票。而事实上，没有一个可疑书写人写过任何一张支票。

检验人员得出的结论支持了偏见假说。第一组中的四名检验人员错误地认定嫌疑犯是支票的书写人，一名检验人员没有得出结论，一名检验人员得出了正确的结论。第二组的六名检验人员都正确地排除了三名嫌疑犯。米勒（Miller，1984）承认他的实验是存在问题的，他找的检验人员都是大学生，关于他们的培训课程、培训老师或他们的经验，这些问题都没有答案。他的观点很简单，即偏见是难以控制的，并提出了三条建议来限制其影响。第一，不应提供有关书写人可能书写可疑笔迹的信息；第二，应提交多个可疑书写人的笔迹；第三，在可能的情况下，应提交收集来自书写人处的样本。

德罗尔和查尔顿（Dror and Charlton，2006）针对指纹检验人员进行了一项研究，发现三分之二的检验人员在获得额外的带有暗示的信息后，改变了他们的观点。德罗尔和科尔（Dror and Cole，2010）研究了法庭科学模式识别中的专家见解，并评论说，同一专家在不同情景条件下检验相同的证据时，可能会得出不同的结论。斯托尔等人（Stoel et al.，2014b）回顾了米勒在1984年进行的研究，并评论说，在法庭科学检案工作中，有关偏见的控制管理几乎没有改变。

特别是自美国国家研究委员会（National Research Council，2009）的美国国家科学院报告发布以来，法庭科学中的偏见问题一直备受关注。该报告的委员会建议对法庭科学中有关偏见背景的影响进行研究，还建议在法庭科学实验室实施标准的操作程序，以尽量减少偏见带来的影响。关于不相关的背景信息，范德和加纳斯（Found and Ganas，2013）介绍了澳大利亚维多利亚警察法庭科学服务部门为应对偏见影响而采取的措施。特别是，为了减少笔迹检验过程中的偏见信息，修改了程序。苏尔纳（Sulner，2014）讨论了认知和动机偏见如何对笔迹检验人员的决策、观点和证词产生不利影响。斯托尔等人（Stoel et al.，2014a）主张在涉及笔迹证据的法庭科学案件中，检验人员应只需关注笔迹本身，而不应受到笔迹周围纸张、墨水、言语等因素的影响。

关于确认偏差，库库卡和卡辛（Kukucka and Kassin，2014）进行了一项研究，他们向受试者提供了被告声称的涉及笔迹证据的信息。这种认识影响了受试者的看法，导致了认为书写人有罪的错误观点。

有人认为，与案件有关的一些背景信息是有用的，尤其是在某些不寻常情况下书写或签署文件（例如，健康状况、药物、不适宜的书写环境等）。另一个争论集中在实验室资源上。在已经积压了大量案例工作、人员和资源短缺的实验室里，挨个对第二个或第三个对象的笔迹进行检验将是一项繁琐的工作。即使在民事案件中，检验额外书写人的样本笔迹也会增加时间和成本。尚波德（Champod，2014）认为，在收集和检验证据的适当程序中，将检验人员与案件背景信息隔离可能存在一些潜在的风险。

用科尔（Cole，1964）的表述来结束关于避免笔迹检验出错的原因和方法的讨论是再合适不过了。他指出，文件检验人员每次进行检验所参照的标准或经验基础并非一成不变的，而是每天都会有微小的变化，特别是在早期经验阶段。一段时间的成功将使标准更加自由，而一个单一的错误将提高标准，以防止重复犯错。在很长一段时间，该标准变得愈加有效，可以最大程度保证准确性，同时最大限度防止错误的发生。

第十一章

笔迹鉴定的诊断

11.1 完美的摹仿

没有实用的方法来判断伪造是否完美（在这部讨论中，"伪造"一词用于表示笔迹中的"摹仿"）。由于完美，它们能够避免被检测出来。被发现的摹仿笔迹必然不那么完美。在某些情况下，摹仿笔迹可以并且已经发生，即使对于最有能力的鉴定人来说也很难发现。在大多数其他情况下，经常会出现，虽然外行不容易发现，但合格的鉴定人能够识别这些。

11.2 自动伪造

通常情况下，自动伪造被定义为伪造自己的签名。但是，根据定义，这是一个矛盾的术语。根据定义，伪造是由另一个人执行的。因此，我们必须指出，不存在"自动伪造"这种东西。这样，问题就变成了：一个人是否可以如此巧妙地改变他或她的签名，以至于它的改变会通过不经意的审查，并且在正常情况下会被视为真实签名。与此同时，由于某种遗漏，修改或增加了不太明显的笔迹特征，签名将会欺骗笔迹检验人员，并使笔迹检验人员认为签名是伪造的。

在一项对20个受试者的研究中，科尔（Cole，1973）发现完成自动伪造的任务超出了研究对象的能力。然而，他确实发现，一些受试者揭示了他认为经过一段时间练习，这些受试者可能产生恰当的改变笔迹的潜力。另一方面，受试者有一周的时间练习，并被要求只提交他们最成功的仿品。因此，人们是否会好奇，额外的练习是否会显著改变结果，以及受试者自己是否能够理解这种改进。此外，假设受试者意识到他或她的笔迹特征的改变，那么，这将是合适的。

个人可能采取这种行动的情况可能很遥远，但科尔（Cole，1973）描述了涉及大笔资金的两种情况（其中书写人否认有轻微改变签名），将上述问题从假设转换为更现实的形式。尽管在少数情况下，一个人可能倾向于书写出这种不规范的签名，但是还有许多其他情况，一个错误的记忆，加上书写中轻微的不规范，可能导致个人诚实地或不诚实地否认书写了签名。在这些场合下的笔迹检验必须解决自然变化、意外发生、故意修改和真实差异的问题。

11.3 专业摹仿

麦卡锡（McCarthy, 1970; 1984）、布利奥和吉迪翁（Buglio and Gidion, 1977）报道了几个已知的书写人用于手写摹仿各种人签名的技能。这些研究所关注的五个人都是相对熟练的个体，并且有一个例外，其余四个人都是无罪的手写摹仿人，他们只是出于业余爱好而练习摹仿签名。只要有足够的样本，这些人的签名都没有超出合格检验人员检测摹仿签名的能力。奥斯本（Osborn, 1929）在多年前写道，一个人倾向于或有能力书写这样的摹仿签名是非常罕见的。

托蒂（Totty, 1995）调查了一个人凭借培训和专业知识有望成功准确摹仿签名的能力。受试者是一位平面艺术家，曾在大学和学院接受过这方面的专业训练，并且在编写广告、销售文献和包装方面拥有10年的实践经验。他是一名熟练的艺术家，习惯于从素描或轮廓进行准确地徒手作画。他对摹仿签名毫无兴趣，从未尝试这样做。他被要求摹仿四个人的签名，在他自己的条件下，以他自己的速度书写，使用他自己选择的材料，不限制练习时间或范围。该练习的目的是研究受试者在最佳条件下摹仿签名的能力。

结果是总体的图像准确性和高水平的技巧和流畅度得以实现。尽管确实有一些提笔和钝笔，但摹仿笔迹的典型特征，即震颤、线条质量差、犹豫和提笔，几乎完全没有。检验人员对字母设计细节的关注较少，检验人员在检验专业摹仿笔迹时，注意力应转向这些更为细微的特征。

然而，通常情况下，专业、有能力的伪造者是为了非法目的而存在的，他们的服务可能是有偿的。虽然在大多数普通案件中，人们并不对专业摹仿者的技能抱有期望，但还是需要承认完美摹仿的可能性。书法家有专门知识，书法和艺术是监狱犯罪分子的爱好。监禁提供了必要的练习时间，以磨练书法的技能。涉及亲笔签名的体育纪念品、名人签名、历史文献和艺术作品签名的案件更容易吸引专业伪造者（图11.1）。专业伪造者马克·霍夫曼（Mark Hofmann）具有专业知识，他伪造历史文件并将它们出售给摩门教会，这是一个有据可查的案例（Launius et al., 1988）。

所谓完美的摹仿，实际上是对伪造者欺骗能力的一种主观判断，而这种判断会随着摹仿笔迹的审查情况和检验人员的感知力有所不同。它也可以随涉及签名的类型而变化。较短的签名，其中字母形式已经减少为简单的波浪线的签名，以及那些牺牲了适当的结构和设计，而喜欢修饰的签名，几乎每次书写都有巨大变化，这使得完美摹仿签名更难以区别于真实签名。然而，正如书写行为中存在不同的熟练程度一样，摹仿的行为也存在一定熟练程度，也可能是某些完美的摹仿笔迹在笔迹鉴定中没有被发现，已经逃脱了笔迹检验。

布利奥和吉迪翁（Buglio and Gidion, 1977）报道了一个人在摹仿他人签名方面显示出卓越天赋和速度的能力。为了展示他的才艺，他摹仿了32个人中每

图11.1 受试者被要求正常签名（a），然后将她的签名伪装成自动伪造签名（b和c）

一个人的签名，这些人的签名在一张纸上随机组合，并有11个真实签名。这些样本用来研究摹仿者在复制签名方面的能力水平。他们声称，这些摹仿笔迹是相当不错的复制品。尽管摹仿签名随机分布在真实签名中，但合格的检验人员通过同一张纸上的11个样本与摹仿签名进行仔细和彻底的检验来区分它们。这是一个比较理想的情况，可以进行比较。如果遇到单独一个签名，或者没有适合比较的样本，结果可能会是什么？这个问题需要考虑。进一步的问题是，是否可以确定地排除任何虚假签名。

正如布利奥和吉迪翁（Buglio and Gidion，1977）指出的那样，单一的个体不能对笔迹鉴定行业构成威胁。尽管如此，他们确实承认，发现这个人具有相当好的摹仿他人笔迹的先天条件，这迫使他们承认，人群中可能存在具有相同或更高摹仿技能的其他人。这样一个人参与某个特定案件的可能性取决于许多辅助因素，这些辅助因素包括对欺诈行为的可及性、意识性、可用性和顺从性。当考虑到所有因素时，在合适的时间和地点，有愿意参与并拥有必要技能的人似乎是很遥远的。

读者可能会感兴趣的一点是，该研究中的摹仿人是左利手，并且自称在摹仿32人中的两名左利手笔迹时遇到了更大的困难。对此没有提供任何理由。在这种情况下，即使不具有艺术能力，熟练的书写人是具有一定绘画能力的人。他受过良好教育，拥有犯罪学博士学位，是美国法医学会的成员。检验人员是否应该担心特定可疑签名是一个特别擅长摹仿的书写人的笔迹？以下几点意见可能会有帮助：

1. 高质量的摹仿笔迹可能很少或根本不会显示缓慢或缺乏流利性的特征，而这通常是摹仿的标志之一。
2. 质量差的模板签名在复制时质量同样很差，然而，摹仿实际上可能在书写风格或书写质量方面表现得更好。
3. 书写人在有限的时间内，在有限的练习中故意改变自己的签名风格。
4. 在可疑的支票上，即使两者的名字相同，经见证的签名可能比未经见证的签名更糟糕。
5. 在熟练的摹仿中，可疑签名与已知样本笔迹之间的差异将更加微妙。它们的研究必须更仔细地进行，样本必须更及时（同期样本），并且如果可能的话，应该在可比性较好的情况下准备或书写。

麦卡锡（McCarthy，1984）研究了两位熟练摹仿者的笔迹，提供了一些关于两个主题有价值的观察，如果这种罕见的摹仿有发生的可能性，那么这些观察值得注意：

1. 对不熟练笔迹进行欺骗性的摹仿，只需要很少或根本不需要练习就可以完成。
2. 根据记忆进行的熟练摹仿可能和手头有模板的摹仿一样具有欺骗性。
3. 有了适当的样本，一些摹仿人可以确定。
4. 用外文摹仿签名可能对摹仿人来说很难，但对检验人员来说，同样难以检验。
5. 熟练摹仿的修饰很少发生。
6. 在高质量或熟练的摹仿中，有飞快的起笔和收笔。
7. 摹仿笔迹的尺寸比模板笔迹小是可以实现的，但需要一些练习。
8. 如果没有空间限制，摹仿笔迹将相当于模板的尺寸。
9. 同一技术熟练的摹仿人对同一模板笔迹的两次摹仿可能接近重叠。
10. 欺骗性的摹仿可能不能找到充分的证据证明它们是虚假的，但反过来说，当怀疑存在时，不应该假定它们是真实的。
11. 欺骗性的摹仿可能出现在供比较的样本中。
12. 从几个文件中选择一个签名来进行的练习，将会产生更高质量的摹仿笔迹，然后成为可疑签名。
13. 熟练的摹仿人所采用的方法各不相同。
14. 在最优条件下，两个熟练摹仿人的摹仿结果是不同的。
15. 具有高超技能的摹仿人具有记忆复杂图像和形式的特殊能力，但可能不相信他们具有特殊的、极为清晰的能力（回忆能力）。

杜赫斯特等人（Dewhurst et al., 2008）的一项涉及42名笔迹检验人员的熟练度研究值得注意。测试对象对100个签名提出了超过3 000种意见，这些签名由普通人和书法家书写。结果显示，在研究中，检验人员对书法家所写的摹仿签名给出错误意见的可能性要高出四倍。

11.4 辅助签名或引导签名的属性

尽管也有例外，但当需要帮助时，所涉及的笔迹总是一个签名。使用的术语包括：(1) 无效手，(2) 引导手，(3) 辅助手，(4) 强迫手，意在反映签署人不同程度的自愿行动或帮助的要求。"辅助手"一词已被用来代替"引导手"，但没有进一步的定义。也使用了"临终签名"这一术语，但它对产生方法更不具体，仅指示了地点和时间。为了澄清这些术语，定义如下：

无效手是完全无意识的，不能进行运动活动，签署人可能是有意识的，甚至是无意识的。有人提出，当人们利用目不识丁者对文件的无知时，他们可能会出现在这个群体中。弗利和凯利（Foley and Kelly, 1977）将这种状态描述为完全丧失书写能力。

引导手和辅助手试图定义动作上略有不同的情况。这可能揭示出略有不同的特征。在这种情况下，提供指导的人通常主导书写过程，并施加更多的控制。在辅助手的情况下，辅助手提供的帮助程度较低，可能只是稳定颤抖的手臂或手，而没有实际指导书写工具的运动。这两个术语指的是弗利和凯利（Foley and Kelly, 1977）所称的部分丧失行为能力，涉及到从很少或没有到接近正常连续签名的能力。

"无效手"、"引导手"或"辅助手"的签名往往是这样一种思维的产物，即使在精神上或身体上没有能力，书写文书必须在签字人手中，才能使签名被接受为合法有效。偶尔，它们会作为幼童的笔迹出现，表达对家人和亲戚的问候或感激之情，而父母显然是他们的向导或助手。

"强迫手"是洛卡（Locard, 1951）和马瑟尔（Mathyer, 1963）使用的一个术语，理论上指的是一种犯罪性质的情况，在这种情况下，通过威胁、约束或勒索，签字人被迫违背他或她的意愿。据称这种情况发生在第二次世界大战（1939-1945年）期间的人和囚犯身上，最近在国际囚禁人质事件中也发生过。

为了避免对书写行为中涉及的那些人产生误解，学者使用诸如"引导者"和"被引导的"或"协助者"和"被协助的"这样的术语。但是在英语词汇中通常找不到"引导者"和"协助者"这两个词。"签名者"一词是指姓名被题写在文件上的人，是需要协助或指导的人。"辅助者"一词是指能提供援助的个人。

无效手，就其名称和性质而言，并没有提供任何证据表明它与签名者有关。

相反，无效手的签名可以识别控制书写工具运动的人。由签名者造成的障碍导致书写的规律性降低、更大的角度、笔停止（停顿）和断开。它还影响变音符和"t"的交叉形式和位置。洛卡（Locard，1951）引用了一个四肢瘫痪的病例，他在失去能力之前就开始写字了。作为一种完全被动合作的笔迹，遗嘱的签名不同于签名者以前的笔迹或指导人的笔迹，除了它反映了一种与个人相对应的书写风格，即圣心英语，也就是说，协助者控制着签名者的手。

几乎无一例外，可疑笔迹或签名以及这一类中的相关动作被称为指导手或辅助手。所需要的指导或辅助范围从极小的——稳定颤抖，到完成——书写过程中手的操作。

所提供的帮助及其对书面笔迹的影响随辅助手的支配程度而变化，这只手正在帮助或引导签名者的手。正如所预期的那样，如果签名者是被动的，辅助者将占主导地位，并且签名倾向于获得后者的特征。如果签名者不是完全被动的，而辅助者试图主导，冲突就会在笔迹要素的书写中发生。如果提供的帮助很小，对书面笔迹的影响可能很小，或者实际上是不可能观察到的。

在这个水平上，辅助可以是手臂的稳定，也可以是手的稳定，而对书写过程的干扰程度会因情况而有所不同。手的稳定需要更大的压力和控制，因此，结果笔迹将更扭曲。不用说，这两种稳定的方法都涉及到一些冲突，但稳定手臂对签名者的限制较少，因此，笔迹将更接近于个人在颤抖或残疾发作之前的笔迹。

在极端情况下，签名者的参与可能不过是把手放在协助者的手臂上或手上。也可能局限于对书写工具末端的掌握。这是一种具有一定历史意义的做法，因为一个世纪前，印度安邦领导人在与政府签订条约时也遵循了这一做法。因此，就有了这个短语："把手放在手上。"

然而，许多情况似乎发生在冲突明显的群体内部。书写不规范是由于两只手之间的运动缺乏协调而导致笔迹中出现问题（Hilton，1969a）。正如奥斯本（Osborn，1929）指出的那样，有指导手签名排列不均匀，字母之间的间距不一致，而这是笔迹中不太容易被察觉的两个因素。它们还表现出方向上的突然变化、脱节、多余的笔画（如开头错误的笔画）以及笔迹的普遍退化。因此，这些都是真实的表现。相反，平滑、连续性、笔画阴影、笔的控制、精心的修饰和收笔的连接都可以被认为是伪造的证据。

这种冲突往往会产生更有棱角的笔迹，并减少笔迹的尺寸。对于独立书写人难以维持的对齐，可以大大改进。此外，在二者出现冲突的情况下，辅助手倾向于预测笔的移动。因此，在书写更不寻常或特殊的字母形式或书写动作时，冲突程度越大，辅助者的影响越明显。

可以预见的是，由于冲突，书写的速度将会减慢。字母的尺寸是不规则的，间距更宽，任何一方的笔压都比正常的大，字母的形式通常更大。上升和下降的笔画和圈形笔画往往比习惯的更长，使用更大的压力。然而，弗利和凯利

(Foley and Kelly，1977）在他们的研究中发现，对受试者的帮助往往会减少笔迹的篇幅。

导致双手冲突的原因可能是由于双方在正常和自然书写上的差异，特别是在书写倾斜和使用变音符的级数和位置上的差异。有些书写人习惯在写完一个字母后立即在字母"i"上打点，在字母"t"上打叉，而有些书写人则是在写完一组字母或整个单词后再打叉。

除了奥斯本（Osborn，1929），一个世纪前关于笔迹鉴定的著作很少在他们的论文中提到引导手签名的主题。弗雷泽（Frazer，1901）专门用了几页纸来测量这种可疑签名，目的是区分来自被引导者的笔迹元素和来自引导者的笔迹元素。这显然证明效果有限，与所涉及的工作量不成比例。

正如塞勒斯（Sellers，1962）所坚持的那样，当两只手之间的冲突很大时，它可能会使笔迹几乎无法被任何一个人识别。所产生的签名在大小、间距、倾斜、对齐、起收笔的笔画、速度或流畅性以及技巧上都不稳定。两只手之间的对立产生了错误的起笔，怪诞的字符，偏离的动作，以及可能具有破坏性的笔扎进纸里。然而，当出现后一种特征时，它本身就可以证明签名是有引导的。

对于无效手签名是否有效，人们有不同的看法。塞勒斯（Sellers，1962）提出了这样一个问题：无意识的人，无力抵抗的人，不知道签名目的或需要的文盲，或任何智力、身体或口头能力缺陷的人提出或表示不同意签名，是否应该受到保护，以免假设他们的名字可以证明任何事情。沿着这条思路，马瑟尔（Mathyer，1963）提出了这样一个观点：在可疑的签名中，能找到的签名人正常书写特征的证据越多，就越能证明签名人是自愿参与的。

斯凯利（Skelly，1987）认为，在没有任何证据表明知情或同意的情况下，这件事必须留给法庭来决定。类似地，麦克纳利（McNally，1976）认为，引导手签名是引导者、辅助者的笔迹，加上特殊书写条件导致的畸变和扭曲。同样的，马瑟尔（Mathyer，1963）指出，在欧洲国家，由一只无效手、一只引导手或一只辅助手创造的签名不构成签名，因为它不是一系列或多或少快速反射运动的产物。相反，它应该被更正确和简单地称为"写名"。

然而，还有一个更根本的争议。尽管关于这个主题已经写了很多，但仍然有人质疑是否存在实际的引导手或辅助手签名。哈里森（Harrison，1958b）指出，每一个由他检验过的指导手或辅助手写签名都被宣布为是伪造的。也许正是这一经历促使他强调，首先就必须获得"可疑签名据称是如何书写"的重要确切细节，以便签名中的证据可以被认为是可信的。鲁恩斯（Ruenes，1975）也认同他的观点，他写道，引导式签名是一个不足以解释伪造签名低劣质量的借口。

在民事或刑事诉讼案件中，超过一个此类有争议签名的情况很少发生。然而，琼斯（Jones，1986）描述了一个案例，在这个案例中，有人声称在一段时间内所写的某些签名是真实的，但是辅助形成的，因为写信人的手受了伤。该论文的观点是，在涉及多个签名的情况下，协助的效果应该因每次签名的位置而有所不同。在这种情况下，控制从来不是一致的或不变的，而是在引导者到被引导者之间，签名到被签名之间摇摆不定。因此，签名中的明显缺陷不可能在一段声称的时间内以相同的方式和位置发生。当的确出现时，它提供的虚假证据令人印象深刻。

这些案例中有一个方面是不容忽视的。就是对已形成的签名所声称环境的重复。加维勒（Gähwiler，1984）、马瑟尔（Mathyer，1963）和塞勒斯（Sellers，1962）都建议检验人员复现所声称的样本签名书写过程的情况。如前所述，格兰特（Grant，1974）描述了一个经典的签名案例，其真实性存在争议，他站在柜台上，另一只手拿着笨重的工具，这大大改变了签名的书写。环境总是被认为是影响书面笔迹的变量。

在大多数情况下，签字人会躺在床上，部分或完全靠在椅背上。他或她很少会坐直。对书写的支持经常是临时提供的。在这种情况下，第二个人，即辅助者，与签名者使用同一只手，来控制或引导手和手臂的运动可能会非常不方便（图11.3）。弗雷泽（Frazer，1901）在他前面提到的评论中声称，帮助通常是通过"将手臂环绕在病残者或其他不能书写人的身体上，并支持书写的手"（第152页）。

在为数不多的研究中，弗利和凯利（Foley and Kelly，1977）进行了一项涉及从实际丧失行为能力的人（53名受试者）中获得较大样本的研究，研究指出

(a)

(b)

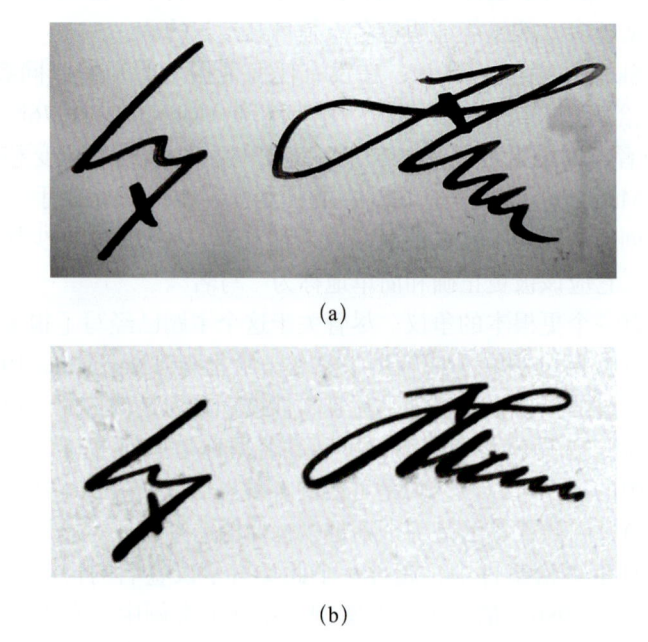

图11.2　(a) 阿道夫·希特勒的签名是伪造的。(b) 照片据称是真迹

了在使双方相互了解方面遇到了困难，并报告说："有必要在不同的日子里多次尝试以获得……样本"（第227页）。显然，环境对书面笔迹有很大的影响。

大多数这方面的学者都指出，适当的比较样本很少或从来没有。以这种方式丧失行为能力的人不太可能在毫无困难的情况下签署任何其他文件，并将避免这样做。因此，笔迹检验人员必须根据早期或晚期的样本进行推断，而这一过程有时很难做到，而且经常受到质疑。

11.5 伪装笔迹的特征

笔迹是伪装的，无论是长篇笔迹、书信还是签名，唯一的目的就是隐藏书写人的身份。伪装的笔迹有多种用途：

1. 它们可能会避免被读者认出书写人，如在写短的或长的匿名信，威胁或勒索信件，"仇恨"邮件，"坚果"邮件，淫秽信件时（图11.2）。
2. 它们可能随后被书写人否认，更经常涉及自己的签名，如自动伪造。
3. 它们可以避免将书写人与一份犯罪文件的笔迹联系在一起，这在法庭命令的笔迹样本的制作中经常发生。其目的可能是避免与持有票据，或与开立虚假支票和盗窃支票上的背书联系在一起。它们可能企图隐瞒在选举文件或其他官方记录上使用的假名或签名的关系。这一组包括从被指控或被监禁的个人获得的笔迹，包括指纹表格、保证书表格以及范本表格和个人物品表格。

这些情况中的每一种都非常不同，以至于它们产生了性质有所不同的证据。一般来说，显而易见的和表面的东西会被掩饰，而那些不那么有意识和不那么显眼（因此可能更加个人主义）的东西通常会被忽视。因此，更重要的笔迹元素经常不受伪装影响。书写人的意图似乎是改变笔迹的画面效果。当一篇笔迹中微妙的、不显眼的部分反复出现时，特别是如果它们是自由书写的，那么可以断定它

(a)

(b)

图11.3　正常签名（a）与在医院拍摄的引导手签名（b）比较

们是没有伪装的笔迹元素。

笔迹中的伪装是一个已经从许多不同的角度写过很多文章的主题。许多这些出版文献使用术语"故意伪装",但这是冗余的词语,因为"伪装"一词暗示了意图。奥斯本(Osborn, 1929)认为,在匿名信件或长篇笔迹中,有四种常见的变化,作为伪装的方法:(1) 倾斜的变化,(2) 大小和/或比例的变化,(3) 风格的改变,通常从草书改为印刷体,以及 (4) 发明了不寻常的字母形式(图11.4)。索德克(Saudek, 1929)报告了一份关于英语笔迹中与伪装有关的17点清单。曼斯菲尔德(Mansfield, 1943)紧随其后,列出了52点。这些作者中的每一个都在某种程度上武断地指出,要想有效掩饰自己的笔迹,需要对其进行修改。然而,没有人提供可靠的信息,来说明哪些变化更流行、更有效地实现伪装,或者对公众或执业文书检验人员来说更具欺骗性。

哈里斯(Harris, 1953)报告说,在对100篇伪装笔迹的调查中,修改了12个特定的笔迹内容,哈里森(Harrison, 1958b)又增加了两个。奥尔福德(Alford, 1970)对135个书写人进行了研究,赫克特(Herkt, 1986)与72个书写人合作,

图11.4　恐吓信和匿名信中伪装笔迹的示例

康斯坦丁尼迪斯（Konstantinidis，1987）与98个书写人合作，报告了类似的研究，这些研究可以合并成一个包含30个可能发生变化的列表，单个或组合，有意或作为其他变化的副产品，在试图伪装的笔迹中，它们包括以下内容：

	发生的频率	变化的性质
1	经常	倾斜
2	经常	大写字母设计
3	经常	小写字母设计
4	经常	起始或结束笔画
5	经常	笔迹的大小
6	经常	风格，即草书式印刷体或手写体，或相反
7	经常	使用手
8	经常	间距
9	经常	上、下的延伸笔画（下伸、主干或圈形笔画）
10	经常	书写的速度和流畅性
11	经常	运动到更大的角度
12	经常	怪诞的字母形式
13	经常	修饰或点缀
14	经常	停笔
15	经常	提笔
16	经常	连笔
17	不常见	细心或书写质量
18	不常见	抄本的风格
19	不常见	字母的比例
20	不常见	笔压的增加
21	不常见	修补、修饰或重写
22	不常见	对齐
23	不常见	布局
24	不常见	变音符和标点符号中被改变或被省略的部分
25	不常见	特殊字符、符号或标识
26	不常见	数字
27	很少	之前学习的书写系统
28	很少	模仿年龄或文盲
29	很少	拼写或拼写错误
30	很少	书写方向（向后或镜像书写）

许多这些变化发生在两个方向中的任何一个：斜度可以从正向改变到反向，或相反；或简单地垂直改变方向；大小可以增加或减少；间距可以扩大或缩小；速度可以增加或减少；停笔和举笔可以更频繁或更少。书写质量，通常倾向于下降，可能有时会随着伪装行为所引起的注意和/或意识而提高。人们只知道改变他们的书写工具，大概是希望它能达到预期的效果。

在奥尔福德（Alford，1970）的总结中指出，最经常改变的元素极大地影响了笔迹的图形外观。其他可能发生的变化是在笔迹元素，如"g"和"y"的较低圈形笔画，它们只是简单地用于修改或替换。出乎意料的是，奥尔福德发现他的研究对象中有近15%的人改变了他们对变音符号和标点符号的使用，这与有预期和不引人注意的逃避原则相反。康斯坦丁尼迪斯（Konstantinidis，1987）在他的瑞典研究对象中发现了19%的类似情况。尽管有这些发现，奥尔福德和贝尔托基（Alford and Bertocchi，1974）指出，伪装很少会导致标点符号、变音符号和符号的改变，在他们进行的研究中，这些特征对长篇伪装笔迹的识别作出了重大贡献。这与公认的原则是一致的，即笔迹不太明显的特征，很少有现成的替代方案，较少受变化的影响，因此，具有更大的鉴定价值。

凯克勒（Keckler，1988）试图应对其他研究可能受到的批评，即由于真实罪犯的行为动机与学术研究中适应社会的受试者的行为动机存在差异，因此这些研究的结果可能不可靠。在他对400名重罪犯笔迹的研究中，他发现了16种伪装方式，这与奥尔福德（Alford，1970）报告的12种伪装方法密切相关。

赫克特（Herkt，1986）对伪装书写签名的研究表明，观察到了列出的20项变化。总而言之，他和奥尔福德（Alford，1970）一样，报告说，最受青睐的伪装方法是那些努力改变签名的更明显特征的方法，例如倾斜、小心谨慎、图形外观、大写字母、超线性和次线性字母，以及开始和结束的笔画。他观察到的一些情况，特别是犹豫和修饰，以及对齐的变化，笔压和提笔可能是书写过程中无意的副产品，而不是所选方法或伪装方法的要素。另外还有两个值得注意的观察结果。签名的长度和可用于书写签名的空间对所采用的伪装方法没有显著影响。

康斯坦丁尼迪斯（Konstantinidis，1987）在瑞典对98名受试者进行了类似的研究，主要是因为瑞典国家的书写系统在1943年、1968年和20世纪80年代中期经历了变化，每一种都倾向于简化字母设计，以促进学习写字的过程。虽然某些技术的受欢迎程度与其他研究中发现的不同，但结果基本相同。赫克特（Herkt，1986）和康斯坦丁尼迪斯都评论了这样一个事实，即在伪装笔迹中发生的一些变化可能是其他有意行动无意的副产品。

雷金特（Regent，1977）和杰米森（Jamieson，1983）试图将故意改变倾斜对笔迹其他方面的影响分离出来，而没有任何特别的掩饰意图。雷金特发现，在改变倾斜时，50%的书写人使用更少的空间，10%的书写人使用更多的空间，还有40%的书写人没有改变。此外，82%的书写人增加了笔压，7%的书写人减少了笔压，11%的书写人没有变化。在改变字母形式的书写人中，改变大写"S"和大写"Z"的趋势更大。当倾斜从正向到反向时，"t"主体笔画绕圈的趋势更明显，而回溯的"t"主体笔画主导了从反向到正向书写的任何变化。当倾斜向任一方向改变时，"d"主体笔画圈形化的趋势更大。

正如预期的那样，杰米森（Jamieson，1983）发现，字母的形式不会随着倾斜的改变而改变。在书写人中，80%的人改变了他们正常倾斜的方向，20%的人增加了正常倾斜的方向。在改变单词或字母之间的间距方面没有明显的变化趋势：25%的笔迹显示出明显的笔画质量下降；35%的笔迹的修饰频率增加；65%的笔迹增加了圈形笔画的尺寸（7%减小了尺寸）。在无横线的纸上，基线上升的概率为67%，下降的概率为14%。最后，正如其他人所主张的那样，62%的案例中采用的倾斜并未始终保持不变。

与这些研究相关的是哈尔德-辛恩和韦根（Halder-Sinn and Wegener，1992）最近发表的另一篇文章。他们观察到，如果倾斜是一个人试图追求的唯一改变，那么倾斜的变化会更明显，并且保持得更一致。如果试图修改一个或多个附加特性，则斜度的改变会被修改，笔迹会变得更直立。这是由于"多重伪装任务中的控制功能负担过重"（第905页）。

克罗皮纳克（Kropinak，1965）的研究主要考察了四种特殊伪装方法的有效性：(1) 改变握笔，(2) 改变倾斜，(3) 改变成印刷体，(4) 改变书写手，这也揭示了结果在某些方面之间的关系。局促的握笔对书写质量有影响，但仅此而已。改变倾斜影响的布局，在某些情况下会影响字母大小，但几乎没有其他影响。改变成印刷体产生了一种字体，而不是普通的印刷体或刻字体。草书的印刷体化，即使存在，也不会改变。不恰当的信件形式很常见。书写手的变化导致书写质量下降，笔压增大和前后不一致，连笔没有改变，有一种使用抄本字母形式的明显趋势，修饰和变音符号没有改变。值得注意的是，克罗皮纳克观察到，当惯用左手的书写人换成右手时，书写质量的下降要比相反的情况小。这可能是因为许多左利手在某些时候用右手接受了一些书写方面的指导，而没有被永久性地转换成左手，因此有一些残留的影响。

帕克（Parker，1989）对伪装签名做了进一步的观察，这一点也值得牢记。他的经验表明，一个人可能采用的伪装方式往往在不同场合都是一致的，因为每个场合都显然透露出了伪装签名需求。

一个人可以用来伪装笔迹的方法有很多，改变笔迹的方式也有很多。选择的方法是不可预测的，正如加尔布雷思（Galbraith，1979）、克拉内（Crane，1973）和凯克勒（Keckler，1988）所观察到的，教育、性别或动机与选择的方法或技能和努力的成功之间没有明显的相关性。赫尔（Hull，1993）提供了一些证据表明，随着书写人的正规教育水平的提高，笔迹中发生变化的数量也在增加。受教育程度较低的人倾向于改变字母和排列方式，而受教育程度较高的人则改变了更多的笔迹方面，如小写字母、速度、间距、大小、笔画、数字和特殊字符。

任何一种方法或方法组合的有效性，在很大程度上取决于伪装笔迹的数量和性质以及特定书写人的才能。在这些研究中，人们发现有些人的能力远不如其他人，原因不明。

同样，识别伪装书写人的可能性也各不相同。虽然研究表明，在大多数情况下，合格的检验人员都具有识破伪装的能力，但必须承认，在某些情况下，这是无法做到的。在之前引用的怀廷（Whiting, 1997）的报告中，一个人成功地采用了两种身份和两种截然不同的书写和签名风格。贝宁（Behnen, 1993）报告了两个案例，其中一个案例中，书写人展示了两种书写签名的风格，另一个案例中，在相对较短的笔迹中选择的伪装，尽管其中一些可能只是某些一致性的影响，但书写人展示了五种书写风格的签名。尽管这些情况很少见，但事实仍然是，在某些情况下对差异的解释仍然是不稳定的。

就匿名信的写信人而言，人们已多次观察到，书写是一种无意识的行为，以至于写信人，尤其是当信有一定长度，并且他或她的注意力被所要表达的思想所吸引时，几乎不可避免地落入自然笔迹的范围。这可能会在整个文档中间歇性地发生，并在临近结束时频繁发生。

奥斯本（Osborn, 1929）进一步认为，文盲的匿名笔迹通常包括书写形式和罗马大写字母的组合，或钢笔或铅笔印刷体，这些笔迹通常包含原始或怪异形式的字母、缩写或标点符号，这些都是个人的创作，是彰显个性最重要的证据。与此同时，他告诫说，匿名写信人往往以不识字为借口，此类案例值得进行深入的研究。

不可忽视的是，匿名信有时可以通过使用的材料，如钢笔、墨水、纸张、信笺、信封，以及笔迹，与书写人联系在一起。即使是留在匿名信本身或底层纸上的邮戳、被抹去或擦除的文字和打字痕迹，或它们的印迹，都被证明有助于追踪文件的来源。

虽然在特殊情况下笔迹可以成功伪装，但通常采用的伪装是无效的。任何长篇匿名信，特别是一系列的匿名信，只要有适当的样本，在大多数情况下都能识别出书写人。在许多连环案件中，可能有20%的案件，书写人就是许多被认为是无辜的收信人之一，而更多的时候书写人是女性。

此外，在不定期发出一系列匿名信件的情况下，所采用的伪装往往在最初几封之后被部分忽视或几乎完全忘记。也有记录在案的情况下，唯一收到匿名信的人是书写人本人。假设文盲有时会在匿名信中伪装成文盲。

虽然文件检验人员多年来一直在处理伪装笔迹，并且认为伪装的事实只是笔迹鉴定过程中的一个障碍，但最近判例法中关于法院命令范例的裁决在很大程度上改变了文件检验人员的角色。在People v. Igaz案中，326 N.W. 2d, 420（Mich.

App., 1952)，美国上诉法院裁定，被告试图掩饰他的笔迹，没有遵守要求他提供样本笔迹的命令。

因此，正如哈特（Hart, 1985）所指出的，一个被告如果在法庭命令下书写了伪装的样本笔迹，就会为藐视法庭程序提供了理由，而证据完全取决于笔迹鉴定人员。现在，证明伪装与随后笔迹鉴定一样重要。因此，必须制定标准来确定伪装并排除对笔迹变化的其他无罪的解释，例如异常变化、书写环境或药物和医疗疾病的影响。

再加上前文列出的笔迹方面的变化，伪装笔迹主要的和最持久的显著特征可能是不一致的：与个人正常的自然笔迹相比，表现在字母的大小和形式、间距和书写质量上。显然，在长篇笔迹样本中，不一致的地方会更明显。

研究该主题的各学者，包括关节炎和作为药品服用的药物，都提到错误地将这些条件或情况的影响解释为伪装笔迹或伪造证据的风险。然而，在某些情况下，对误解的担心可能是没有必要的。如前所述，伪装的一些原则和实践特征使得它可以从其他人正常、自然的笔迹和书写人正常、自然的笔迹中识别出来。

此外，如果药物或疾病改变的笔迹可以被错误地认定为伪装，而法院下令的样本笔迹的书写人因此被错误地指控为故意违抗遵守法院的命令，那么必然伪装笔迹也可以被错误地认定为药物影响的笔迹，书写人被错误地免除责任。因此，学科必须承担一些责任，明确区分这两种情况下的笔迹。

目前尚不清楚是否在笔迹的所有元素中都证明了因摄入药物或医疗疾病而导致的失控以及流畅和连贯性的丧失。这是反复无常和不由自主的。书写速度的降低可能是部分原因。由伪装引起的笔迹变化在主要特征上是明显的，而在细微特征上却是不明显的。他们是故意和自愿的。书写速度和流畅性不一定受到影响。它们经常包括书写运动的极端扭曲。药物和疾病改变书写的不稳定运动是不规则的和不可预测的，而伪装的所谓不稳定运动可能包括更规律的性质和位置。对证据的误解可能会发生，但不应发生在笔迹数量充足，且证据数量充足的情况下。

尽管如此，最近关于伪装的研究表明，这一因素是检验人员在笔迹鉴定中的一个问题。在已发表的关于笔迹检验人员能力验证的研究表明，伪装笔迹会增加笔迹检验人员产生误导和不确定性意见的数量。伯德等人（Bird et al., 2010a）发现，与外行人相比，笔迹检验人员的误导率较低，但不确定率较高，这表明笔迹检验人员在就伪装等问题发表意见时采取了保守的态度。在伯德等人进行的另一项研究中（Bird, 2010b），他们报告说，笔迹检验人员在检验伪装签名存在问题时是正确的，但误导性意见是由于认定了不正确的书写人。

穆罕默德等（Mohammed et al., 2011）使用电子签名技术检验了真实、伪装和自动伪装签名之间的差异，以便可以捕获每个签名的动态笔迹特征，进行评估和比较。伪装研究收集了1 800个不同类型签名的签名样本，这些签名是印刷体、草书或混合风格的。受试者被要求提供真实的、伪装的和自动伪造的笔迹样本，然后使用书写动作捕捉软件进行测量。研究的笔迹因素包括持续时间、大小、速度、提笔和笔压。结果发现，笔迹因素的变化取决于所使用的风格，而笔迹速度和大小的变化是由书写人在伪装策略中改变了笔迹风格引起的。

11.6 书写设备的特点

有用于书写签名的手动操作装置，如橡皮图章，和用于书写签名或任何其他笔迹的操作装置，如复印机、传真机，甚至印刷机。每一种设备都有其独特的特点，或称为"指纹组"，它可以区别于人们用钢笔或铅笔书写的正常、自然的笔迹。

在大多数情况下，手动、机械和电子设备都会产生二维签名图像。若有第三个维度，即纸张上的印痕，则在笔画线条上所观察到的点负荷是恒定的。没有证据表明其存在如正常、自然的笔迹通常会出现的笔压变化。

诚然，这种在立体显微镜下清晰可见的方向性证据，在铅笔和某些类型的墨水中比用其他墨水更明显，但这是一个需要研究的条件。如果在纤维的任何一侧都有墨水或石墨沉积物的堆积，则可能是动态而不是静态印迹的证据。

手动、机械或电子设备的动态印迹可以在机器产生多个签名时发现，例如签字机，可同时签署和验证多达20个股票、债券和类似的货币或流通票据。这是通过将许多书写工具连接到由签字官员操纵的主笔来完成的。在受电弓机的帮助下，可以单独放大或缩小签名的复制品，但这两种机器都无法复制书写的第三维度（竖直维度），从而正确地复制整个签名的笔压或点负荷。

1958年，R.M.德沙佐（R.M.de Shazo）发明了一种名为"Autopen"的机器，用于复制签名，一次一个，在这个设备中，包含一个准备好的矩阵，用于控制和操纵笔。可以通过设置机器的速度，以操作员在缩放笔下插入和替换文件，可重复签名。书写时的动态特征是由笔下方的转盘运动引起的，而不是钢笔在纸上从左到右地运动造成的。

大多数手工、机械和电子设备产生的是所谓的静态印迹，在没有纸张平面方向（水平）运动的情况下产生。实际的书写是一种动态的印迹，仅仅是书写工具在纸张平面上横向移动的结果。静态印迹和动态印迹的区别尤其在于书写媒介（墨水或石墨）沉积在纸张表面的方式。静态印迹没有任何方向性痕迹，而动态印迹经常（如果不是一成不变的话）包含方向性痕迹。究其原因，在于纸张表面的纤维被用作摩擦介质，将油墨或石墨从书写工具上拖下来。因此，墨水或石墨倾向于沿着朝向钢笔或铅笔的纸张纤维边缘积聚，比沿着相反的边缘积聚的程度更大。

"Autopen"签名的动态特性为每个笔迹提供了真实书写的额外征象。它一直是一个比较流行的机器，被许多政府官员、保险公司、航空公司和筹款组织使用。因为笔的移动是由矩阵控制的，每一个新的签名将与上一个签名非常接近。只有在塑料或金属基体磨损时才会发生变化。

签名中更明显的缺陷是机器操作人员设置的结果。麦卡锡和温彻斯特 (McCarthy and Winchester, 1973) 对这些问题进行了描述和说明，他们还处理了诸如机器人书写的笔迹是否合法，以及给定的签名是否可以与产生它的矩阵相关联等问题。当然，出于多种原因，产生的签名得仔细研究和检验。

拉德利（Radley, 1983）报告说，他遇到了10个可能是伪造的签名（8个是用圆珠笔完成的，2个是用毡头笔完成的），这些签名显然是用模板制作的。模板使犯罪者能够控制书写工具的运动，并允许它以更快的速度通过曲线和圈形笔画，以产生一种虚假的流畅性。拉德里发现，可以按照真实签名的轮廓，从相当厚的材料上切割出可用的模板。他对这种不同寻常的创作方法的观察结果是：(1) 签名重叠良好，(2) 在笔画中有持续、沉重的点负荷（笔压），(3) 在笔画的交叉点有不规则的线条，他称之为"弯折"。

"Autopen"已使用计算机技术进行了更新，包括闪存驱动器，智能卡，安全功能，和液晶显示屏。自动签名技术（2011年）生产了一种使用包含签名图像的卡片（类似于信用卡）的机器。将卡片插入设备中，然后一支连接在金属臂上的笔将签名图像复制到纸上。

库尔维修斯等人（Kulvicius et al., 2012）报道了神经工程的发展，该技术不仅能摹仿笔迹的静态特征，还能摹仿其流畅性和动作。机器人手臂的设计结合了神经技术和计算神经科学，帮助机器人手臂发展出流畅、平滑的运动，可以模拟手写运动。工程师们发现，由于涉及连接手写轨迹的复杂运动模式，因此产生流畅的运动具有挑战性。该技术可以流畅地在位置和速度上产生精确的运动，或者简单地说，机器人手臂可以摹仿笔迹的形状特征以及运动的速度特征。

11.7 伪造的特征

一般来说，西方国家的刑法将伪造定义为制作虚假文件，目的是使其作为真实文件使用或行使，而从法律的目的看，"制作虚假文件"包括对真实文件的任何实质性部分进行修改。

伪造可能不是人类文明已知的最古老的罪行，但毫无疑问，自从人类第一次把自己的想法记录在莎草纸上以来，它就已经发生了。不管伪造是否总是有一些当前的定义，当然原则上是相同的。然而，公众对它的态度发生了深刻的变化。直到十六世纪，由于下层阶级的文盲率很高，伪造在皇室和上层阶级中更为普遍。在那个时代，神职人员中的伪造行为盛行，因为他们构成了能读会写者的重要组成部分。因此，这种行为被容忍，直到1562年才成为英格兰的法定犯罪。

对于现代的伪造者，只要有必要的技能、时间和资源，任何文件可能会以欺骗性的方式复制。在文件本身中几乎不可能提供绝对的安全性。在赝品中，工艺、作案手法或操作方法可能会有所不同，从无能者明显笨拙的努力到行家几乎察觉不到的制作，并且所涉及的材料也可能同样多变。

伪造支票的一个更令人不安的后果是，许多被普遍接受的安全做法现在不再值得信任。复杂而昂贵的印刷格式、公司印章、支票签发人、支票保护器和银行认证印章都是伪造者可以使用的设备，并且能够进行欺骗性的复制。它们可能被用来使他或她的赝品看起来更真实。作为一种保护手段，它们的可靠性因此降低了。

当然，签名是伪造者的主要目标，就这种笔迹元素而言，赝品可以分为四种类型：(1) 简单的伪造，(2) 临摹，(3) 描摹，(4) 转印签名。虽然这种情况不太常见，但也有人尝试伪造其他长篇笔迹，包括信件、亲笔遗嘱、个人笔记、日记和其他手写记录，而且往往受到更大的宣传，这可能是因为涉及到金钱方面。《霍华德·休斯的遗嘱》(the Howard Hughes will，1986)、《霍华德·休斯自传的失败》(the Howard Hughes autobiography fiasco，1975)、《贝尼托·墨索里尼日记》(the Benito Mussolini diaries，1968)、《阿道夫·希特勒日记》(the Adolph Hitler diaries，1983) 等4个典型案例。伪造长篇笔迹的任务在许多方面与伪造签名的任务不同，因此，被认为是有明显变化的证据。

休斯的遗嘱，他的自传，墨索里尼的日记和希特勒的日记都是例证，这表明了个人的聪明才智和/或才能，以及当计算出来的经济回报似乎足够时，伪造者会投入大量劳动来生产大量的伪造工具。在每一个案例中，这些文件都具有足够的欺骗性，足以骗过权威人士和一些著名的文件检验人员，但每一个文件都有缺陷，即仔细而适当地检验笔迹和文件所在的纸张就会发现 (Grant，1969；Cabanne，1975；Grant，1985；Michel and Baier，1985；Harris，1986)。希特勒日记最终被认定为伪造文件，这是一个典型的例子，证明了人们在审查外语笔迹时可能会遇到的困难，需要彻底调查和确认所提供样本的可靠性，并确保它们在性质和同期性方面的充分性。

然而，伪造是一个法律术语，虽然它描述了这种行为，但也暗示了一些非法动机。本文仅限于区分伪造笔迹与真实笔迹的问题，"伪造"意指并非由其声称的书写人书写的。因此，在不妨碍理解的情况下，将使用术语"伪造"。

各种伪造品通常至少表现出一种欺诈性质的共同特点：与其说它们在形式上与真品有区别，不如说是笔画的描画和犹豫，特别是在应该自由书写的地方。此外，对他人笔迹的摹仿，无论是长篇笔迹还是签名，都必须在某种程度上类似于它打算复制的内容。奥斯本 (Osborn，1929) 认为，认定笔迹的大多数错误是由于不恰当的假设，即这种笔迹特征的总体相似是真实性的证明。另一方面，必须承认，有时可能会产生对他人笔迹的摹仿，虽然可疑，但不能肯定地被宣布为伪造的。然而，最具有伪造特征，且最常出现的特征之一是缺乏流畅性 (Harrison，

1958b)。因此，长期以来，人们一直认为，用铅笔比用钢笔和墨水更容易伪造，因为铅笔不太倾向于表现缺乏连续性的、停顿的、颤抖的动作。它可能无法像笔一样清楚地揭示抬笔、笔的位置、修饰或覆盖。

在犯罪者无法获得真实签名的样本来用作模板，或不愿意摹仿真实签名的情况下，会遇到简单的伪造签名。当支票被盗时会发生这种情况。在这种情况下，伪造签名与真实签名之间通常几乎没有对应关系。笔迹中可能有奇怪的装饰或修饰，大概是为了伪装而添加的，或者给它一种真实的感觉。

在其他情况下，也许在摹仿模板之前的一些研究或练习之后，摹仿者会尝试从记忆中摹仿签名，例如在银行出纳员面前或电子签名捕获设备上对支票背书。可以理解的是，忆摹可能是笔迹的一些特征的混合，再加上书写人自己的习惯或发明，可能对笔迹都有的贡献。正如所预料的那样，被充分记住以包括在内的签名组成部分可能是主要的或更明显的组成部分。

然而，根据它们的长度、所涉及的字母、笔迹的质量和书写环境，简单的伪造笔迹可能会巧合地在一定程度上类似于真实笔迹。当笔迹仅限于首字母时，区分就更加困难。然而，在大多数情况下，差异将是显而易见的，并且可以进行区分。支持赝品的理由通常是，它是在不寻常的情况下书写的（在行驶的火车上，在汽车的车顶上，在膝盖上），这解释了它与正常的真实笔迹存在的差异。

因此，必须对不同点进行研究，以确定它们是否是笔迹基本方面的差异，或者仅仅是大小和设计等方面的变化，这些不同点可能属于不寻常的书写环境可能产生的更广泛的变化范围。

摹仿签名最显著的特征可能是较差的线条质量，这反映了书写行为中的意识水平。然而，简单的伪造签名往往写得自由流畅，并且线条质量可能被误解为真实性的标志。此外，由于大多数人的书写方式会随着时间的推移而轻微但稳定地发生变化，而且众所周知，签名的风格在许多情况下会因书写人的选择而发生明显变化，因此将笔迹与同期笔迹样本进行比较显得尤为重要。

尽管伪造签名的书写人通常不会在其中包含足够多的他或她自己的笔迹特征以防止他们被识别出来，但可以理解的是，这种可能性在简单伪造签名的笔迹中更大。

临摹签名是最常见的摹仿签名。虽然可以合理地预期伪造签名在某些方面与真实签名相似，但它们往往在三个主要方面与真实签名相偏离：形式、线条质量和笔画连续性（图11.5和图11.6）。

在涉及复合曲线的复杂字母设计中，字母形式的再现尤其困难。由于摹仿过程需要对细节和形式，以及试图遵循不熟悉的进行有意识的合理关注，因此通常会导致笔画线条平滑度或流畅度的下降，这通常被称为"伪造的颤抖"。这种缺乏流畅性可以在笔画方向的突然变化中看出。

在马森（Masson，1996）的一项研究中，笔画线条质量的损失发生在绝大多

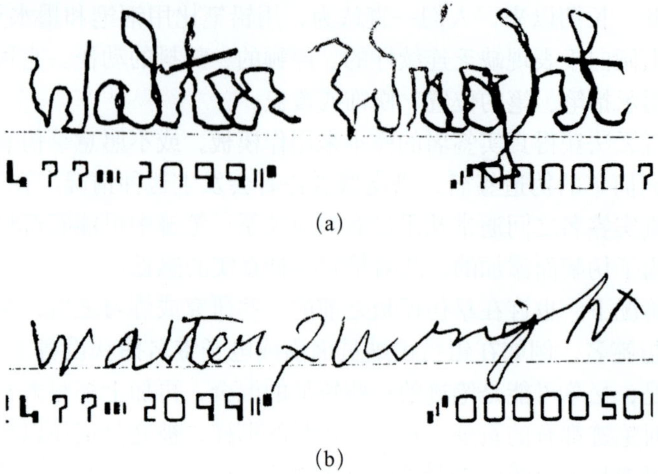

图11.5　伪造签名试图伪造的震颤。(a) 伪造的签名。(b) 真实签名。请注意伪造签名对基线的遵守

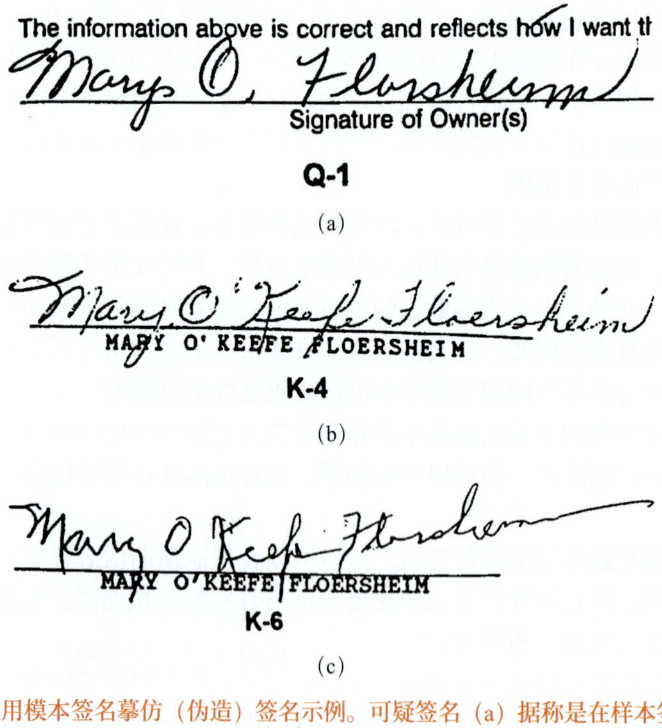

图11.6　使用模本签名摹仿（伪造）签名示例。可疑签名（a）据称是在样本签名（K-6）(c）几天后书写的签名，伪造者使用了一个早期签名［类似于（b）K-4］作为母本

数临摹笔迹中，导致笔画线条质量低于模板笔迹的质量，也不如摹仿人的正常质量。值得注意的是，在大约50%的情况下，无论是临摹还是描摹，最终的笔画线条质量都没有什么不同。在其他50%的案例中，描摹的情况较差。同样值得注意的是，在本研究中产生的一些摹仿和描摹的笔画线条质量仅略有下降。

笔画线条质量的这种损失及其原因促使一些检验人员提出，更有意识和深思熟虑的摹仿行为往往会导致绘画笔迹而不是书写笔迹。随着书写速度或流畅度的降低以及由此导致的笔画线条质量下降，正如可以预料的那样，初始笔画和终止笔画倾向于表现出平缓的结尾。

较差的线条质量通常出现在临摹签名中，经常被描述作为"伪造的震颤"，可能伴随着笔压的变化和突然的变化，并且在上行、下行笔画之间没有任何规律的笔压对比。在曲线甚至直线中间，墨水的分布可能不均匀，书写工具的运动可能存在中断。必须与老龄的震颤、文盲的震颤、某些疾病可能发生的颤抖相区别。

康威（Conway，1982）评论了摹仿中常见的发现，即在签名的末尾，摹仿质量下降并且与真实签名的差异更大。实际上，签名越长，维持良好摹仿的任务就越困难。

可以在笔画线条的连续性中找到摹仿的标志（图11.7和图11.8）。摹仿经常包含太多的抬笔或位置错误的抬笔。马森（Masson，1996）对22位书写人摹仿签名的研究表明，超过60%的临摹包含至少一个抬笔或修补区域。然而，在液体墨水的笔画中更容易看到提笔，而在铅笔和圆珠笔书写中，可能很难确定抬笔的位置。字母对齐是签名中另一个不太引人注意的元素，它在摹仿过程中经常逃脱

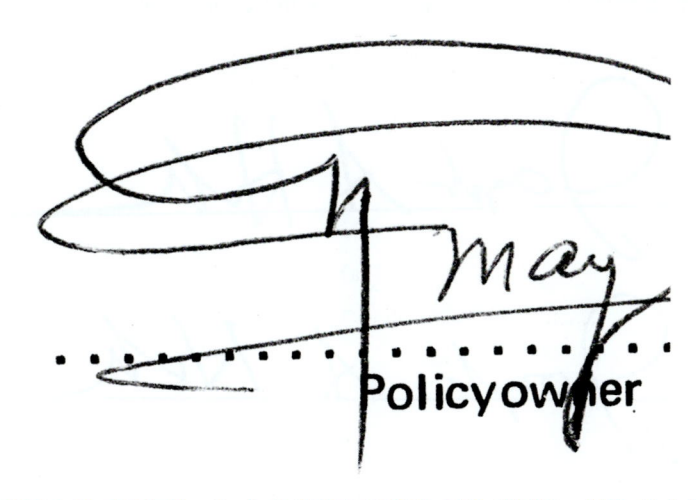

图11.7 临摹签名缺乏流畅性，"M"的起笔和运笔的中断（抬笔），以及"y"的修饰重描，所有这些都是摹仿的迹象

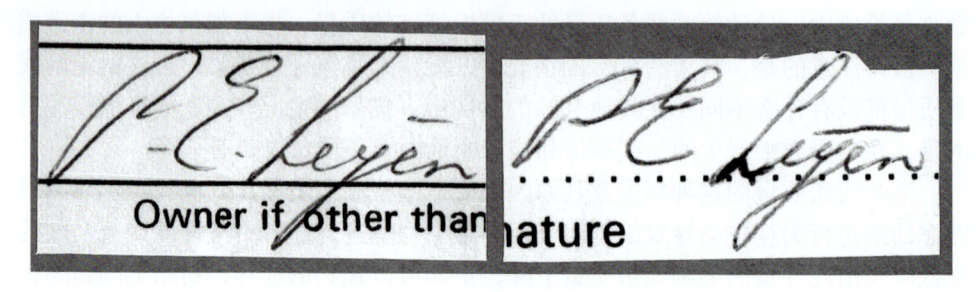

图11.8 一个真实签名（左）和一个临摹签名，表现出收笔的钝感、修饰重描以及不流畅

它应得的关注。此外，摹仿可能在某些区域包含修补或修饰，以改善它们与被复制模板的对应关系，或隐藏摹仿中的错误。

　　字母或部分字母的修补和修饰并不总是伪造的证据。众所周知，有些人养成了检查他们所写内容以改进缺陷的习惯，并且无论是否需要修饰，都会重复这种做法。对几个书写样本的检验可能会表明这种做法的一致性和性质。此外，这些修补和修饰很少像在伪造笔迹中发现的那样微妙或不显眼。

　　签名摹仿人（或描摹人）可能会误解复杂或不寻常的字母结构和设计，从而不会复制模板或真实签名中书写工具的特定动作。这些情况发生时，可能特别重要。

　　摹仿涉及两个过程：一是放弃自己的书写习惯，其中大部分是无意识的行为；二是假设另一位书写人不熟悉的特征，其中许多没有完全被感知。这导致个人的精神和身体上的冲突，其程度将决定摹仿是否取得成功。此外，人们普遍观察到，在签名和笔迹的摹仿中，注意力集中在书写的明显特征上，而非不那么有意识的笔迹特征（图11.9）。莱昂等（Leung et al., 1993）和赫克特（Herkt,

图11.9 一个真实签名（a）和其临摹签名（b）。注意大写H钩笔的重描和不流畅，使摹仿签名具有"描绘"的表现

1986）的实验提供的经验数据，证实了过去普遍接受的观点。摹仿签名的检验和研究可以继续在这些前提下进行。

奥斯本（Osborn，1929）和希尔顿（Hilton，1982）关于这一主题的著作以及赫克特和莱昂（Herkt and Leung）等人的研究结果（图11.9）是对笔迹鉴定中排除和包含原则的说明和依据。一个人不能把那些自己没有意识到的习惯或鉴别要素排除在笔迹之外。此外，一个人不可能在自己的笔迹中包含他人笔迹中他不知道的方面或重要的习惯或鉴别要素。

另一个必须牢记的与临摹相关的基本原理是干涉原理。这一公认的心理学原则认为，一个人要复制（书写）与自己习惯相似，但又与自己不同的习惯更难，而不是更容易，因为保持对自己正常或倾向细微或微小的变化是很困难的。细微的变化将是与比例、相对高度、行笔路线和运动经济性有关的变化。更容易完成和维持得不那么细微的变化，包括那些发生在大写字母结构、倾斜、大小、修饰以及极端收缩和扩张。

霍兰（Horan，1985）报告说，为了避免被发现，伪造者往往会写得更小，显然是在这样的前提下，更小的笔迹将隐藏伪造的证据。如果缩小尺寸是通过照相方式进行的，这可能是一个有效的论点，但无论其尺寸大小如何，诸如提笔、修饰、流利度下降或震颤之类的证据在笔迹中都同样明显。霍兰对482个摹仿签名（即伪造签名）样本的研究表明，其中只有不到18%的样本显示出尺寸的显著减小。事实上，更大的百分比（25.1%）表现出尺寸的显著增加。

总而言之，犹豫、不自然地抬笔、修饰、震颤、笔画线条方向的突然变化所表现出的运动不确定性，以及生硬的、没有正常书写动作的笔画，这些都揭示了摹仿签名的真实本质（Hilton，1982）。在多次伪造中，从一个伪造签名到下一个伪造签名的变化可能小于从被摹仿者收集的签名样本的变化。

杜赫斯特等人（Dewhurst et al.，2015）的一项研究对提笔作为摹仿的强烈指示的依赖提出了质疑。在对2 000多个摹仿签名的研究中，发现12%的摹仿签名实际上显示出比真实签名更少的抬笔次数。尽管在22%的摹仿签名中报告了更多的提笔，但该研究确实表明，如果不考虑其他笔迹因素，仅依赖抬笔可能无法支持书写人身份的观点。

在大多数情况下，确定摹仿并不是不可行的，而是非常常规的。然而，经常提出的问题是，笔迹的摹仿人，尤其是签名的摹仿人，是否可以从摹仿笔迹进行认定。显然，可能性将随着所涉及笔迹的性质和数量（即长篇笔迹与签名）、对摹仿笔迹中字母形式的遵循、它所反映的书法水平以及摹仿的质量而有所不同。当然，摹仿越接近被复制的笔迹，它可能包含的自己笔迹的证据就越少。相反，糟糕的摹仿可能会包含一些反映书写人自然书写习惯的特征。是否足以得出明确结论将取决于每个特定案件的情况和证据。

进行摹仿的模板很少可用于摹仿笔迹的检验。当有模板时，它可以帮助提取那些试图复制模型的特征，并关注更有可能与书写人的笔迹表现出某种对应的平衡，正如米尔伯格（Muehlberger，1990）所指出的。

描摹签名几乎无一例外地都是通过绘制不是书写的技巧来完成的。只有卓越的人才能用快速、流畅的笔触准确地描摹签名。然而，奥斯本（Osborn，1984）的一项研究表明，描摹的笔画线条质量会因所使用的书写工具（圆珠笔、纤维尖笔或毡尖笔和滚珠笔）的性质而有所不同。在纤维笔的笔迹中更难以观察到作为追踪特征的震颤。这种笔的线条较宽，其处理特性以及墨水进入纸张的方式都被认为是影响描摹质量的因素。

除了其笔画线条质量外，跟踪过程中伪造的主要证据是，其描摹笔迹与其模板的对应关系，或许多描摹笔迹彼此之间的对应关系。在真实签名中，找不到绝对的对应关系，即使它们出自一位经验丰富的书写人之手。

描摹签名通常与真实签名不同：（1）在流畅度上，这是正常、自然签名中书写速度更快的结果；（2）在笔画线条质量上，描摹签名更低；（3）存在抬笔和/或修饰，这表明书写工具运动的不确定性；（4）以石墨或碳线或压痕的形式出现的指引。尽管在这些方面描摹签名与真实签名有所不同，但长期以来一直认为，就其性质而言，描摹不太可能包含足够的证据，来证明罪犯书写习惯的鉴别要素，从而能够确定摹仿人（Harrison，1964）。然而，米尔伯格和瓦斯特里克（Muehlberger and Vastrick，1992）提供了一个例子，其中案例的情况将潜在书写人的数量限制在少数人群中。在这些限制范围内，有可能选择在笔迹中出现检材上少数鉴别要素的书写人，以支持认定的结论。

典型的描摹包含相当均匀的重笔画，而没有自然笔迹的笔压特征变化。描摹的另一个特征是书写工具运动中的频繁中断，这可能会在笔完全停止或笔在异常位置抬起时被发现，这表明在随后纸上使用书写工具时表现出一定的小心和准确性。这些犹豫或中断为个人提供了一个短暂的机会来回顾和计划接下来的进程。笔迹中的缺陷通常通过修补或修饰来纠正或隐藏。根据制作方法的不同，显微镜检验可能会发现痕迹显示出碳痕迹、铅笔痕迹或纸张上的压痕与签名的墨水笔画不完全一致。

一般而言，描摹显示出与被复制签名的字母形式和尺寸存在相当接近的一致性。然而，复杂或不寻常的字母结构可能无法正确解释，然而，在这方面缺乏对应关系可能对真实性的研究具有重要意义。

有许多用于签名追踪的技术，但没有一种技术在描摹笔迹方面特别成功。基本上，它们是（1）透射光法，有时称为直接描摹法，（2）碳复写或铅笔线描摹法，（3）大力压印法，也称为投影描摹法，以及（4）描摹纸法。

- 在第一种方法中，将文件适当地放置在被追踪的真实签名上方，并在玻璃表面后面有强光源（例如窗户、头灯、投影仪、摄影打印机或灯）。用书写工具仔细跟踪可以通过伪造文件看到的真实签名的轮廓。可以使用钢笔直接制作最终伪造品，也可以使用铅笔画一个浅淡轮廓，然后再覆盖并擦除轮廓（图11.10）。笔迹的质量将取决于文件的透明程度，文档的背面没有干扰的背面印刷或字迹，以及将伪造文档与真实签名保持紧密贴合，以使其图像清晰准确。该技术会在真实签名中和其周围留下凹痕，通过该真实签名可以将其与描摹签名相关联。

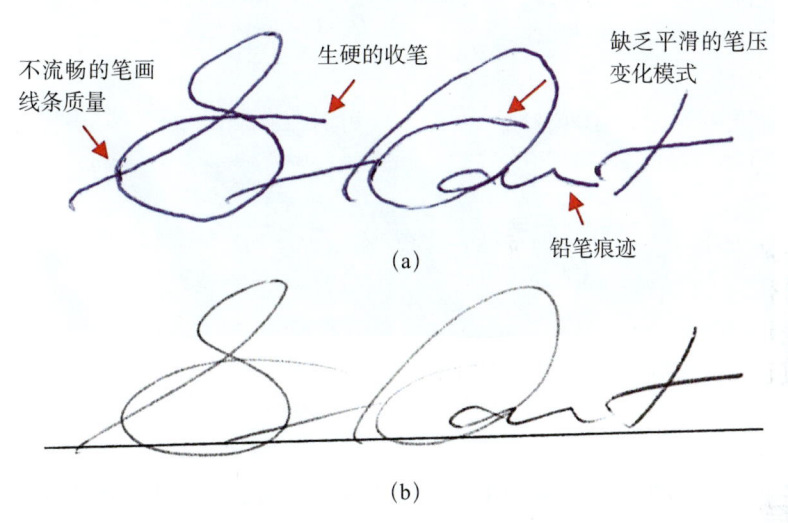

图11.10 一个真实签名（b）和描摹签名（a）示例，使用铅笔形成签名，然后用圆珠笔形成"上墨的"签名

- 在第二种方法中，将要描摹的真实签名放置在伪造文件上，在它们之间插入一张复写纸，然后用钢笔或无墨工具描画真实签名的轮廓。随后用笔覆盖伪造文件上的碳印记，然后可以用艺术胶或软橡皮擦去除积碳。如果碳的去除不完全，可以在显微镜下看到它的存在或用红外摄影检测到，这样就可以重建描摹过程。
- 在大力压印技术中，将真实签名放置在伪造文件上的稍微柔软的表面上，例如，几张纸或写字板，然后用钢笔或类似工具以足够的力度描画签名的笔画。在下面的文件中产生可观察的潜在压痕。然后用钢笔沿着沟痕在印痕上涂上墨水。伪造文件在纸上的印痕在侧光下仍然很明显，在显微镜下检查通常会发现墨水和压痕在所有点上不完全一致（图11.11）。有时通过使用平行或侧光照明技术对背面进行仔细检查，有助于研究文件中的压痕。与其他描摹过程一样，对真实签名施加压力和/或墨水提供了证据，通过该证据可以将其与描摹的模板签名相关联。

在这三种技术中，可能会产生需要去除的压痕或轮廓，因为正如哈里森（Harrison，1958b）所声称的那样，描摹最具毁灭性的证据是存在指引或痕迹。

图11.11 侧光显示凹痕，用手写笔形成压痕，然后用墨水涂在沟痕上显示签名。注意涂墨水时停留在沟痕上是很困难的

寻找指引的痕迹应集中在笔画的末端，因为这些区域的石墨或其他证据不能轻易归因于用于涂抹墨水的工具。然而，铅笔笔画的指引可能会被完全抹去，在这种情况下，伪造笔迹与其模板笔迹之间在设计上的密切对应，以及伪造笔迹中出现典型的运笔不畅，可能是人们唯一值得依赖的证据。

哈里森（Harrison，1958b）还提醒说，仅存在可疑压痕并不能证明签名是伪造的。这可能仅仅是因为带有可疑压痕的签名是被用作模板的真实签名，从该模板可以追踪到另一个伪造的签名。作为伪造的重要证据，压痕应该延伸到墨水笔画的末端以外。

在极少数情况下，由于后来进行的恰当手写修改，文件上的真实签名会被覆盖。覆盖只是为了实现文件所有元素的颜色或书写墨水种类的某种一致性。重写也被用于真实签名，这些签名经历过墨水失效或褪色，用书写工具对签名进行了覆盖。在这种情况下，必须在显微镜下从未被覆盖的原始笔迹中寻找，也可以借助红外线的识别技术来寻找渐进性褪色的证据。

不应忽视的是，一份文件的多份副本或多份文件需要在同一场合签名，而在多份文件相互叠加的情况下书写真实签名的情况。在这种情况下，一个签名的压痕可能会留在它下面的文件中。根据书写人的一致性和纸张上签名位置的一致性，正常的压痕可能会被误认为是怀疑的理由。

- 哈里森（Harrison，1958b）和赫克特（Herkt，1986）报告的描摹纸技术是复写纸方法的替代方法，用于在伪造文件上应用真实签名的碳轮廓。将描摹纸放在要描摹的签名上，并通过用软铅笔或钢笔在可以通过描摹纸看到的签名笔画上画出轮廓。在此之后，用锋利的铅笔在描摹纸的背面涂上石墨，然后将描摹纸覆盖在伪造的文件上。用合适的工具覆盖正面签名的轮廓，然后将反面的石墨转移到签名轮廓下方的文件上，然后用墨水覆盖以形成描摹笔迹。虽然该方法比其他方法更繁琐，但除了两者之间可能存在的大致对应关系之外，它没有留下任何关于真实签名的证据，通过该真实签名可以将其与描摹签名相关联。

关于描摹签名的讨论不应忽视这样一个事实，即在使用圆珠笔书写时，在某些情况下会出现具有描摹书写特征的真实签名。德拉佩纳（De la Pena，1991）描述了一个案例，其中真实签名中的墨水失效导致书写人使用第二种工具进行覆盖。这在第一次书写的压痕和第二次书写的墨水之间产生了密切的对应关系，类似于描摹的特征。沃尔特斯和弗林（Walters and Flynn，1974）报告说，当钢笔与纸面的夹角较小足以允许接触时，一些圆珠笔外壳上的金属镀层往往会被擦掉并沿着氧化锌影印纸上书写的笔画留下痕迹。这些转移物产生了与笔画平行的指引、阴影、重影图像，持续了几个字母，直到该位置的镀层被磨损。如果不仔细研究，阴影线可能会被误解为描摹过程的证据。瓦斯特里克（Vastrick，1982）发现了他所谓的"姐妹笔画"的其他实例，这些实例可能在其他情况下被观察到，其中真实的笔迹可能被错误地判断为伪造笔迹。

尽管已经对这四种追踪技术进行了描述，但在所有情况下，熟练的临摹和描摹之间并没有可靠的区别。一些缺陷可能是相同的，并且描摹可能与模板不同，就像灵巧的临摹一样。

转印的签名是现代技术的产物。自从透明胶带的出现、干式转印的发展以及复印机的发明以来，文件检验人员一直在推测和研究机器和材料将真实签名从一份文件转移到另一份文件的潜力。

转印签名的基本特征是它们缺乏书写工具压入纸张的任何证据。此外，当采用干式转印或复印技术时，可以在显微镜下看到笔画的墨水可能转印在文件表面上，而不是压印到文件上。在这方面，尽管油墨转移可以获得的深度尺寸要小得多，但它被比作凹版印刷或"凸版"印刷。使用的材料是可识别的，有时可以提供证据，通过该证据可以识别笔迹的来源。

用透明胶带转印可以用铅笔书写完成，但会遇到一些圆珠笔墨水的问题。石墨或墨水在新位置的释放通常通过使用抛光工具或圆珠笔抛光胶带背面来促进，类似于干式转印字符的转印过程。即使可以转印石墨或墨水，透明胶带的黏合剂通常也不愿意离开纸张表面，并且纤维干扰或黏合剂可能会留下证据。为了防止这种情况，文件可能会被故意撕破，胶带留在纸上以暗示它在那里修复撕裂。在其他情况下，文件被复印以隐藏胶带的存在，然后原件很方便地丢失或销毁。溶剂也可用于将胶带与纸张分开，但会有与墨水发生反应的风险。

在一些刑事案件中，发现了更多使用干式转印笔迹的情况，在这些案件中，有人试图复制公司或私人的流通票据（例如工资支票）。然而，在大多数情况下，这些文件的身份验证签名由其他方法复制，或者只是伪造书写。

已经有很多文章详细描述了其他技术（Gamble，1970；Hodgins，1973；Kraemer，1979；Carney，1980；1983；Tappolet and Ottinger，1982；Welch，1986；Ellen，1989）。论文中提到的一种技术是明胶转移技术。这些与其他转移技术略有不同，即原始签名并未完全从文件中转移，而是一定量的墨水被明胶介质提起并转印在第二份文件上。笔画线条没有那么清晰或颜色没有那么深，并且墨水与纸张纤维的结合方式不同（Gencavage，1984）。拉德利（Radley，1983）报道了另一种产生相同签名大量复制品的技术，其中使用从塑料影印纸或受电弓上剪下的模板来引导书写工具的运动。

回顾一下这些陈旧的转印技术非常有用，尤其是在处理老旧的文件时，这是任何文件检验人员的案件量相关的一部分。在现代，转移方法更频繁地使用计算机技术进行。使用简单的桌面计算机技术，可以扫描签名，从源文件中剪切图像，然后将图像传输到新文档中（图11.12）。可以对签名进行操作，使其可以自然地与签名格线或其他文本相交。当使用彩色打印机打印签名时，可以将签名着色为蓝色墨水，使其看起来像原始墨水签名。还可以对签名进行其他操作，使其与源签名不完全匹配。彩色复印机的先进之处在于，在肉眼看来，文件及其签名可能看起来像是用墨水签名的原件。笔迹检验人员在检查声称的原件时应小心谨慎，寻找笔迹压痕的迹象，尤其是在显微镜下检查墨水，以确保声称的原件确实是用墨水签署的（图11.13）。转移的签名以副本而不是原件的形式呈现，限制了检验人员。检验人员在提出关于笔迹书写人的意见时，应报告对副本的限制。使用计算机技术转移的签名可能无法被笔迹检验人员检测到，除非提供原始源签名以供比较。

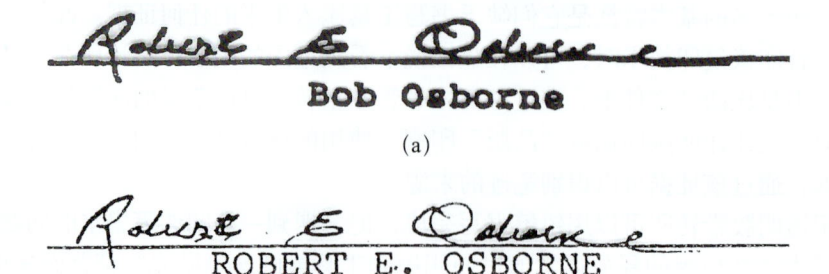

图11.12　使用计算机软件扫描真实签名，然后将真实签名的图像粘贴到伪造的文件上。(a)这个签名被"粘贴"到2003年的合同上，然后使用复印机复印（没有原件）。(b)这个签名是在1991年签署的契约上发现的母本签名。这说明了如果有必要对文件的真实性进行验证，重要的是需要检查是原件而不是复制件

(a) (b)

图11.13 签名（a）由蓝色圆珠笔形成的"湿墨水"放大签名。（b）由喷墨打印机打印数字图像形成的。注意，（b）的颜色由红色、蓝色和黄色墨点混合形成

11.8 真实笔迹的迹象

多年来，国际书法大师和书法教师协会一直在为卓越的书法而努力。笔迹检验人员也表达了他们的担忧，这仅仅是因为无论做什么都是优秀的，这本身就是防止复制的最好办法。它适用于任何技能或个人表现。它适用于打印文件或手写文件。因此，书写质量本身就是防止伪造的最佳保障，而书写质量则体现在流畅度、形式或形状以及一致性上。同样，奥斯本（Osborn, 1929）坚持认为，对签名最有效的保护是技能，因为没有人能成功地摹仿比他或她自己更熟练的笔迹。

因此，如果人们发现笔画线条流畅，坚持抄本的形式，以及书写的其他方面（例如斜率、大小、比例和间距）的一致性或统一性，则可以合理地得出该笔迹是真实的结论。人们可以预期这些条件伴随着对笔尖、滚珠或工具尖端（点负荷）逐渐增加的压力，以及上行和下行笔画之间的一些差异。流畅性的证据经常出现在开始和结束笔画的结尾逐渐变细中，有时被称为快速开始和快速结束。其他证据可能包括速度、粗心和不注意细节，以及不断重复的微妙、不显眼的动作，尤其是在自由书写的情况下。

在某些情况下，粗心、速度、合理变化甚至难以辨认都是真实的标志。明显但莫名其妙的疏漏可能是进一步的特征。决定因素是书写过程的意识水平，这可能是显而易见的。除了年老体弱者的笔迹，真实笔迹更多地反映了对书写内容的关注，而不是对书写方式的关注。

所犯的错误会更明显，纠正会做得更不仔细，尤其是在年老或体弱者的笔迹中更是如此。在这些情况下，笔迹元素可能会被笨拙地覆盖。确实，身体虚弱可能会产生间断的、未完成的签名，并且与健康状况良好的签名完全不同，但在这些情况下，它们的本质将表明其真实性。

带有一定篇幅笔迹的可疑文件可能会引入其他表明真实性的因素，特别是自然变化。它必然出现，并且会被发现具有书写人特有的独特范围，即使在诸如"and"、"of"、"but"、"the"、"my"等短而频繁出现的词，和其他冠词和所有格代词。这些词值得特别研究。在伪造的手写文件中，由于其不自然的一致性，已注意到此类笔迹具有橡皮图章效果。对自然变化的关注同样必须针对涉及同名的两个或多个签名的情况（Muehlberger，1982）。

首字母缩写、单个字母，甚至一些签名提供的研究材料如此有限，以至于可用的证据可能并不那么深刻。首字母缩写和签名有时被允许退化成一个毫无特色的标记，其中的字母通常不能被肯定地辨识。然而，它们可以以一种独特的方式书写，非常流畅和快速，这可以将它们与缓慢绘制的摹仿签名区分开来。长期以来，人们一直认为，在文盲的极端例子中，除了一个"X"之外，他们只会画"十字"标记，而"十字"本身不足以证明是否真实。

与笔迹元素本身的研究无关，还有文件的其他方面值得检验人员考虑。明显的墨水故障，特别是如果被笨拙地纠正，或者没有尝试完成签名或书写的失败，往往是粗心的、真实性的特征。在长篇笔迹中，对创作、陈述的事实、成语、语法、词的划分、标题、缩写、折叠、老化、污损、切割或撕裂的边缘、纸张大小或类型的研究，所有这些都可能有助于确定真实性、文件上的笔迹或其形成的历史。

由于流畅性在确定真实性方面非常重要，因此必须注意签名是一个人笔迹的单独元素，它更自动地完成，因此更流利，并且对书写过程的意识更少。即使是其他材料上最糟糕的书写人也可以在他们的签名中相当流利。

11.9 文盲指标

文盲的笔迹一开始似乎是一个矛盾的术语。通常一个人根本不会写字，这使得他或她被贴上文盲的标签。然而，这种无能可能仅适用于以其他语言书写或使用非罗马字母表。例如，说英语的有文化的人通常不懂阿拉伯语或斯洛伐克字母的语言。由于大量移民、难民以及国际贸易和通讯的流动，我们经常会遇到智力正常的人，但在罗马字母方面，他们是文盲。然而，这不是基本的文盲，对笔迹的影响可能不一样。

基础文盲的标志是犹豫和震颤，其特征是笔画线条的不规则，这是由于缺乏技巧和对设计与形式的心理不确定，以及由于不熟悉书写过程而导致普遍的肌肉僵硬。在文盲的震颤中，方向的变化不像在年龄或虚弱的震颤中那样频繁或突然。在后一种情况中，省略笔画或部分字母并不常见。然而，在某些情况下，文盲、年龄和疾病的震颤很难相互区分。

基础的文盲的笔迹，即使在方格纸上，也经常显示出明显地排列不整齐。在没有横线的纸张上，文盲写字往往会在纸张或页面上走上坡路。这两种情况都可能源于缺乏对书写工具动作的练习和控制。在某些情况下，基础文盲书写时会用力压钢笔或铅笔，从而戳破纸张或弄断笔尖。笔触有力但不均匀，很少有笔迹元素是对称设计的。

文盲更容易频繁地断笔或提笔。这些脱节更多的是与字母设计相关，而不是与书写运动相关。熟练的书写人不会在每次抬笔时停止运动。当它离开或接近页面时，它的连续运动将在笔画的锥形末端表现出来，而未练习过写字的手将生硬地终止或开始笔画。

弗雷泽（Frazer，1901）观察到，文盲的签名由单独的笔画或字母组成。在书写人的脑海中，显然没有任何整体模型。众所周知，文盲书写人会发展出纯粹是个人发明的独特特征，这可能是由于他们缺乏技能或不熟悉正确的字母写法。重写可能发生在没有特别意义的位置。奥斯本（Osborn，1929）声称，文盲书写人不在意页边距，并在纸的两面书写，但这意味着他们比基础文盲所能写的还要多。当然，他可能指的是识字能力有限的人，他们有机会书写更长的文件。

读写能力有限的常见表现是单词、行、段落和页面的错误排列，这表明对书写过程不熟悉，以及标点符号使用上的错误。在文盲的笔迹中，字母形式的变化通常比在熟练书写人笔迹中要少得多，后者可能会随着字母在书面文字中的位置而改变形式或变体。奥斯本（Osborn，1929）声称，基础文盲笔迹中的圈形字母往往倾向于过度倾斜，因为上行笔画几乎是笔直的。

文化程度较低的人在不同场合可能会以不同的方式拼错同一个单词。拼写错误有时会伴随错误的发音，尤其是在专有名称中。不常见的名字可能会被听错，读错，拼错。据称，匿名信件的来源是通过错误的发音来追踪溯源的，后来发现的拼写错误就证明了这一点。

如前所述，书写人最初被教授用阿拉伯语、希伯来语或意第绪语写字，这些语言是从右到左书写的，可能难以流利地掌握从左到右书写英语或其他语言。如果只是偶尔使用，他们一生中可能会继续犹豫地、有意识地书写罗马字母，这是不熟练的笔迹或伪造笔迹的特征。如果至少需要一种所谓的"西方世界"签名风格来开展商业活动业务，则可能会发展出一系列笔画，这些笔画与罗马字母的字符几乎没有相似之处，但它们集合起来就足以为银行业或法律界接受。

文盲的一个典型例子是用"X"写字。带有"X"的笔迹不仅可能出现在文盲笔迹中，也可能出现在因残疾而失去书写能力的笔迹中。由于与单个字母"X"相关的书面材料有限，在这种情况下，检验人员在作出确认身份或排除身份的结论时，需要谨慎行事。几乎没有写一个"X"可以被认为在形状或书写方面有个性化的。由于写"X"的复杂性有限，在这种情况下几乎不能认定身份。

文盲笔迹已经在某些方面被成功地摹仿出来，并且有时被用作匿名信件中的一种伪装方法。这种前后不一致的情况并不能作为文盲的借口。当使用这种伪装方法时，它试图通过以下方式向检验人员传达有限教育程度的印象：
- 语法错误（可能与动词的虚拟语气形式相结合）
- 标点符号错误（可能连字符错误）
- 简单单词的拼写错误（困难单词的拼写正确）
- 使用"I is"或"you was"（使用适当的句子结构）
- 用"i"代替"I"

11.10 衰老或老龄笔迹特征

随着时间的推移，所有人的笔迹都在逐步而稳定地发生变化。变化的程度取决于许多因素：书写量、健康状况以及个人生活的特定阶段。卡普尔等人（Kapoor et al., 1985）在10年期间对50名受试者进行的一项研究中发现，40%的书写人发生了变化，但变化不那么明显，而且在45岁以上的人中变化较少。签名的变化程度可能不同于同一个人的长篇笔迹。由于这些原因，用于比较而获得的笔迹样本必须尽可能是同期的具有可比性的。从稍微不同的角度来看，莱斯特等人（Lester et al., 1983）在对2 168名受试者（20至69岁）样本的笔迹研究中，在寻找年龄指标时，观察到在40个方面可能与任何年龄组可靠相关的可测量差异很少。

老年人、病人或体弱者笔迹的特点是明显缺乏对书写工具的控制。笔迹的笔画线条往往很粗糙，而且压力很大。它们可能会出现更多的笔画连续性中断。字母形式可能很笨拙，而且在许多地方，笔的运动方向似乎是不可预测的。用笔在纸上写字时，缺乏控制的特征常常很明显。

失控通常是渐进的，但不一定是线性的，它的开始可能表现为震颤，这种震颤只是偏离了正常流畅和均匀的书写方式。自然震颤是非自愿的，在笔迹的相似元素上往往比较一致。它可能是轻微的或严重的。轻微的时候，它可能是书写动作引起的，就像紧张状态一样。严重的时候，笔迹可能会与正常的字母设计有很大的不同。

然而，震颤可以具有不同特征和不同类型。文件检验人员称为年龄或身体虚弱的震颤，希尔顿（Hilton, 1982）将其定义为："由不规则、震颤的笔画所表现的书写缺陷"（第21页）。哈里森（Harrison, 1958b）将震颤定义为："笔画线条平滑度中的频繁偏差和不连续性"，如果震颤是真实的，它将在整个笔迹中保持一致和连续（第339页）。另一方面，希尔顿坚持认为，震颤的签名或笔迹可能会偶尔表现出自由和流畅（图11.14）。

除了年龄或虚弱的震颤外，还有其他原因和类型的震颤。布瓦索等人（Boisseau et al., 1987）提出了原发性震颤这一术语，他们声称这是一种常见的神经系统疾病，导致手臂震颤，通常会导致书写困难。卡尼（Carney, 1993）报

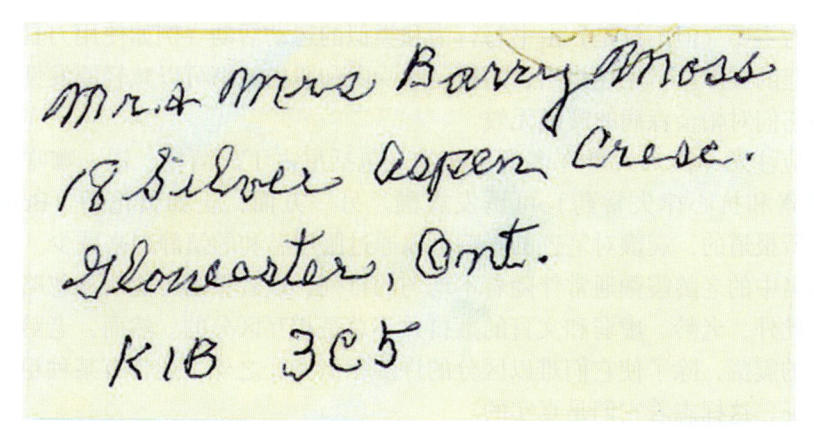

图11.14 老年人震颤笔迹示例。在书写文字时，书写人已经90岁。注意不稳定的运动，特别是何处应该是平滑的曲线

道埃尔贝和科勒（Elbe and Koller，1990）将震颤定义为一种不自主的、有节奏的、正弦的运动。学者继续将原发性震颤（ET）定义为一种"单症状疾病"，其患病率（每1 000人中有4至60人）随年龄增长而增加，但在所有年龄组中都很常见，并且在性别中是平等的。它是一种姿势性震颤（即存在但在保持稳定姿势期间不太明显），在书写等活动中，由于自主运动导致失能加剧。与帕金森病震颤的影响相比，笔迹通常很大且颤抖。

原发性震颤可以从任何年龄开始，甚至是童年时期。它是一种比帕金森病更良性和更常见的疾病。它的进程是非常多变的。它开始不知不觉，进展缓慢。虽然原发性震颤通常在休息时消失（有时称为活动性震颤），并随着肢体动作而出现，但在晚期病例中可能并不总是如此。相反，帕金森病据说是一种静止性震颤，当肢体不使用时很明显，但在行动时会消失。

如其他文献所述，还有其他两种不太常见的情况会产生震颤：进行性核上性麻痹和亨廷顿舞蹈症，与帕金森病和原发性震颤一起，被归类为锥体外系疾病，并将它们与大脑内的神经系统部分联系起来。进行性核上性麻痹很像帕金森病，但在面部和眼睛中能观察到其他症状。亨廷顿氏舞蹈症表现为手臂或手随机出现的大抽搐。

根据布瓦索等人（Boisseau et al.，1987）的说法，在他们对35名疾病患者的笔迹研究中，没有发现可能与这四种疾病中的任何一种有关的特定特征。药物的使用被认为影响了一些笔迹，但大部分的笔迹元素并没有显著改变。由于神经系统疾病，震颤往往使笔运动更严重和不稳定地变化或中断，随着主导疾病的发展而变得更加明显。

根据卡尼（Carney，1993）的报道，埃尔贝和科勒（Elbe and Koller，1990）还讨论了特定任务的震颤，例如直立性震颤和原发性书写震颤。原发性书写震颤被定义为主要（但不仅是）由书写行为和类似的运动活动（例如使用刀具或螺丝刀）引起的震颤。卡尼还指出，酒精、吲哚酚和肌松碱都可以减轻原发性书写震颤，但它们对帕金森病的震颤无效。

还应注意，摄入大量许多常见药物（包括尼古丁、酒精、锂、咖啡因、甲状腺激素和抗心律失常药）可诱发震颤。另一方面，正如贝伦特（Behrendt, 1982）所报道的，震颤对笔迹的影响可以通过服用温和的镇静剂来减少。

签名中的老龄震颤通常伴随着不均匀的排列，或者签名可能明显忽略了书写基线。此外，老龄、虚弱和文盲的颤抖并不总是相互区分的。然而，老龄的震颤和虚弱的震颤，除了使它们难以区分的许多相似特征之外，还带有某种粗心或放弃的特征，这标志着它们是真实的。

身体虚弱笔迹的特点是笔画一般很轻，并且震颤多。它伴随着签名设计的下降，不要与因匆忙或疏忽而发生的那种变化相混淆。笔画的终止通常伴随着压力的施加。尽管失去了控制，但正确的字母形式是书写的基础（图11.15）。

综上所述，老龄和体弱多病可以导致一个人书写水平的下降，随着时间的推移，由于书写工具的控制逐渐丧失。这在以下几个方面变得很明显：

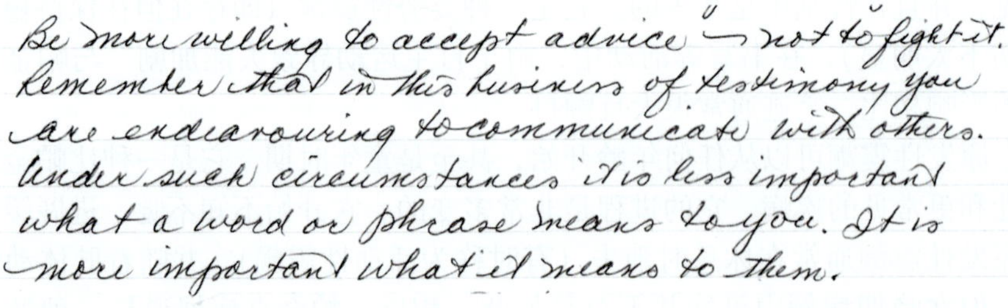

(a)

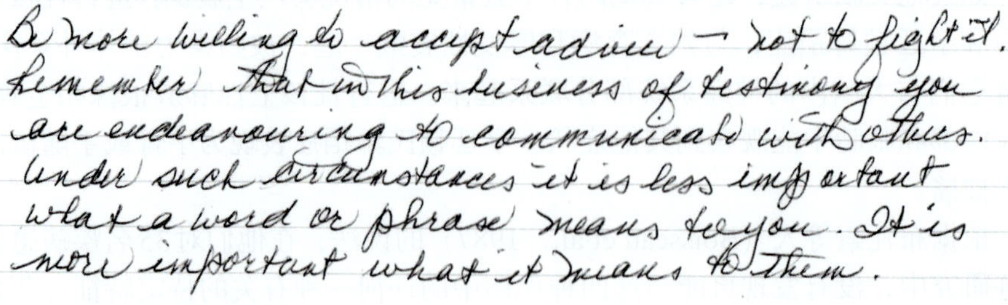

(b)

图11.15 书写随年龄和/或时间的变化而变化。(b) 是在77岁时书写的，在书写 (a) 24年后。请注意已经发生的细微变化。(b) 在排列上不太一致，在字母大小上不太一致，并且对槽型或拱型字母表现出更多的角度。(b) 相对于垂直的斜率略小于 (a)。虽然保留了流畅性，但这些变化已经导致了一些技能或书写质量的下降

1. 流畅性（即技巧）或曲线和直线笔画平滑度的下降。
2. 轻微震颤的出现。
3. 字母形式的质量和结构的恶化。
4. 字母和单词排列的不规则。
5. 字母和单词间距的不规则。
6. 圈形笔画宽度的不规则。
7. 起笔位置的不一致。
8. 收笔笔画方向和长度的不一致。
9. 不稳定的动作，以及不规则的、颤抖的笔画。
10. 在签名或笔迹的起笔位置出现"错误起笔"和莫名其妙的动作。
11. 笔压普遍减小，但在笔画末端施加较大的压力。

从某种意义上说，逐渐失去对钢笔或铅笔的控制会导致这里提到的许多书写方面的自然变化。形式、技能或质量的下降会影响易读性。飘忽不定的动作会影响字母的形式，这超出了书写人仔细、整齐地纠正错误的能力 (Hilton, 1975)。在更严重的情况下，可能会重复字母或部分字母，而没有任何明显地纠正这种情况的尝试。

书写能力或笔迹质量的变化很少会在短时间内出现极端情况。此外，书写能力可能因情况而异，因此有时可能会观察到恢复到更好的书写质量。视力也可能也受到老龄的影响，书写上出现的一些情况可能至少部分是由于视力受损造成的。

由于特定疾病导致的书写能力下降，特别是如果这个人年老或体弱，不太可能产生与任何特定疾病相关的症状。笔迹失控很简单，在大多数情况下只能推测原因。然而，它可能有一个特征，可以将其与伪造摹仿的影响区分开来。

当一个人身体虚弱到极点时，他或她常常因没有支撑无法站立而只能躺在床上。因此，任何人可能希望或不得不进行的任何笔迹都必须在一定会损害笔迹质量的条件下执行，这也可能与上述观察到的条件有关。

当身体虚弱发展到控制书写工具的能力不足以在纸上写出可理解或可辨认的笔迹时，通常需要另一个人来帮助控制手，因为这些情况通常涉及签署文档，它们被称为引导式手写签名。

11.11 左利手的特征

总有一小部分人喜欢以似乎与大多数人相反的方式来完成某些手动工作。当一个人的身体左侧部分倾向于支配动作时，它被称为左撇子或左利手；当与大多数人一样，右脚、右腿、右手、右臂或右眼倾向于优先使用，它被称为右撇子或右利手。

多年来，心理学家和教育家一直对人类的左利手现象感兴趣。广义上，它的定义是在完成熟练的单手任务时优先和始终如一地使用同一只手（Porac et al., 1983），这一事实使其复杂化，因为对于某些个体来说，在完成各种任务时不一定一致。理查森（Richardson, 1978）和安妮特（Annett, 1970）发现，在使用手的七种任务中，即书写、投掷、用剪刀剪、玩球拍、刷牙、划火柴、敲钉子（男性）或穿针引线（女性），书写被证明是最可靠的惯用手指标。就本次讨论的目的而言，"左利手"仅指在书写或刻字时使用左手。

许多论文、文章和书籍的作者都试图解释以下原因，几个世纪以来，社会一直谴责而不是宽恕生来就有左利手倾向的个人。在英语和其他语言中，左手的使用与笨拙、口吃、虚弱、不洁和许多其他同样贬低的特征联系在一起。一些作者指出，90%的黑猩猩都是左利手（Beacom, 1961）。桑顿（Thorton, 1985）和巴斯利（Barsley, 1966）列出了许多左利手的名人。

腓尼基人，一个居住在地中海沿岸的闪米特部落，被认为是文字的起源。研究证明，他们的书写方向是从右到左，希伯来语和阿拉伯语也是如此。紧随其后的是牛耕式转行书写法，书写方向每行交替。最后，正如历史系学生所争辩的那样，希腊人决定从左到右书写，这成为了罗马书写的惯例和风格，并在罗马北部和西部的社会中发展起来。在这种情况下，有人认为阿拉伯人和希伯来人主要是左利手，但这种论点似乎没有什么实质内容。然而，对于从左到右书写的字母表，没有一个可接受的解释，尽管很明显，当由右手书写时，可以更方便地观察到笔迹。

在小学里，左利手学生很少接受规范的指导来形成正确的书写姿势。因此，受试者之间存在显著差异。然而，左行书写人采用的两种主要姿势通常被称为倒手姿势（IHP）和非倒手姿势或正常手写姿势（NHP）。通用标准将第一种书写方式标准定义为：将手放在书写线上方，并且握住书写工具，以使其指向页面底部。虽然并非一成不变，但是这个位置似乎与页面在垂直方向上左倾斜的趋势有关，就像右利手那样。第二种书写方式被描述为：将手放在书写线下方，并且握住书写工具，以使其大致指向页面顶部。这个位置似乎与将页面在垂直方向上向右倾斜的趋势有关。吉亚德和米勒拉特（Guiard and Millerat, 1984）提出了一个更可靠的识别倒手姿势的标准：页面相对于垂直方向的倾斜度（左侧为反向，右侧为非反向），书写前臂相对于垂直方向的倾斜页面的边缘（垂直为反向，平行为非反向），以及非书写手在页面上的位置（反向位于书写点的下方和左侧，非反向位于右侧并通常位于书写点上方）。后一种趋势类似于右利手书写人的左手位置。

麦基弗和范德文特（McKeever and VanDeventer, 1980）将倒手姿势细分为两类：正常倒手（其中笔或书写工具的尖端指向书写人和页面底部）和明显倒手（其中笔指向书写人的左侧）。然而，在他们的研究中，65位左利手书写人中只有3位属于这一类。

第三类，但使用频率较低的手姿势在年轻的左利手书写人中观察到，被描述为平行的，在这种情况下，手既不明显高于也不低于书写基线（Bryson and MacDonald，1984）。这些研究结果表明，大多数具有这种倾向的年轻左利手书写人最终会转变为完全的倒手姿势。此外，对年轻女性左利手的研究表明，与异性相比，他们更倾向于不倒置的书写位置。还应该指出的是，艾伦和威尔曼（Allen and Wellman，1980）报告发现，相当多的右利手书写人采用平行位置，但这种趋势明显随着年龄和书写成熟度而下降。

如果没有提到这一事实，那么这个讨论就不会是全面的，因为倒手姿势不是左利手书写人专有的。一个多世纪前，古尔德（Gould，1908）等精明的研究人员在大型研究中观察到，有许多右利手使用倒手姿势进行书写。最近，波拉克等（Porac et al.，1983）对450个父母、子女三代研究显示，4.7%的父母和9.1%的子女用右手倒手姿势写字。有人推测，年轻一代中倒手姿势频率的上升是由于现在学校系统中书法受到的关注不足，但学者认为可能涉及复杂的多因果机制。

右利手的倒手姿势发生率在1%到10%之间，而左利手倒手姿势的估计值在30%到75%之间。需要注意的一点是，研究和讨论不应忽视右利手和左利手书写人的倒手姿势。

我们也不应忽视一种罕见但确实发生的现象：左利手书写人把纸张的位置反转了（IPP），而不是笔的位置。纸、笔和人的这种有趣的方向导致笔画方向的反转，就像倒手姿势书写的笔迹一样，这也改变了书写的关系，使之成为一条直线或假想线。它不是在基线上，而是像挂在晾衣绳上，就书写人而言，它是从右到左，而不是从左到右颠倒书写的。尽管对书写行为采取了这种极度非正统的方法，但仍然可以达到合理的书写技巧。

尽管研究人员为寻找左利手书写姿势与神经系统之间的关系做出了许多努力，但这些都尚未得到证实。最保守的假设似乎是，曾一度被认为是一种反常的倒手姿势绝对是正常的，并且代表了左利手出于必要性而做出的适应：需要看到所写的内容。其他研究表明，倒手姿势在字母倾斜方面比非倒转手位产生更高的一致性，这支持倒手姿势更多的是适应技术需求而不是其他任何需要。即使这种方法也受到了质疑，因为从右到左书写希伯来语或阿拉伯语的右利手通常不会发展倒手姿势，而一部分希伯来语和阿拉伯语的左利手书写人会这样做。也许更重要的是，无论书写人的性别如何，左利手的倒手姿势发病率在以色列人中都低于美国人（Shanon，1978）。

倒手姿势是一种从未在任何地方教授过的书写姿势，但在许多国家和几代人中是一种可识别的书写行为模式。近年来，随着社会对这种书写行为的宽容，倒手姿势发生率有所增加（图11.16）。它随着成熟的书写练习而发展，这一观察结果显然与倒手姿势是一种适应性行为的假设相一致（Guiard and Millerat，1984）。

图11.16　使用IHP（倒手姿势）的左利手书写人

克拉克（Clark，1934）断言，在西方文明中，书写系统一直以右手书写为导向。左利手被迫适应不适合他们的系统。近年来，社会对左利手更加包容。在小学低年级对左利手更宽容的态度，或者对优质书法的兴趣和需求再下降，可能一定程度上解释了左利手人群的增加。伯克拉尔和克鲁嫩贝格（Beukelaar and Kroonenberg，1986）的报告中指出，在荷兰，有331名1940年之前出生的左利手样本中，他们使用左手书写。

为了努力解释左利手并确定其原因，已经进行了很多研究和记录。然而，笔迹检验对该主题感兴趣，这主要是因为它对个人笔迹的影响以及在笔迹中区分左利手和右利手的潜力。在这些研究过程中，一些长期存在的观念受到了挑战和驳斥。例如，特兰克尔（Trankell，1956）和其他人提供了大量证据，证明用左手书写不一定比用右手书写更差或更慢。然而，在钢笔尖和墨迹干的比较慢的时代，年轻书写人更容易弄脏他们的笔迹（Barsley，1966），而这种情况无疑会影响读者的判断。彼得斯和麦格罗里（Peters and McGrory，1987）已经解决了他们发现的任何争议，即"当使用偏好的姿势书写时，右利手和左利手的书写表现非常匹配"，而倒手姿势的表现绝不意味着不如非倒手姿势的书写人（第20页）。

为了更好地进行笔迹鉴定，我们需要考虑人群中左利手的发生频率，以及所采用的不同手势位置的频率。其原因很简单，笔迹特性可能会根据书写工具是在纸面上被推还是拉而改变。

比科姆（Beacom，1961）报告称，婴儿期的左利手发生率可能高达30%，而在成年期则高达11%。后者是1945年报告的成年人百分比的两倍。此外，男性的数字大于女性。克拉克（Clark，1957）报道，1953年对72 238名苏格兰儿童的调查显示，6.7%的男性和4.4%的女性（即总体5.5%）是左利手。然后，在1956年对5 790名苏格兰儿童进行的第二次调查中，她报告说8%的男性和6%的女性（即总体为7%）是左利手。1964年至1965年对英国儿童的一项调查表明，11.3%的男性和8.8%的女性是左利手。彼得斯和佩德森（Peters and Petersen，1978）在对5 910名加拿大学童的样本中发现11%是左利手，其中11.9%的男性和10%的女性是左利手。斯皮格勒和耶尼-科姆希安（Spiegler and Yeni-Komshian，1983）在一项针对1 816名美国大学生、他们的兄弟姐妹和父母的研究中发现，13.8%的左利手发生率来自15.2%的男性和12.6%的女性。此外，家族左利手的发生率，即兄弟姐妹和其他亲属（不是父母）是左利手，对研究对象没有显著影响。然而，左利手的发生率受到父母惯用手的影响，因为母亲的左利手可能会显著增加儿子和女儿的左利手发生率，而父亲的左利手可能会显著增加儿子的左利手发生率，但女儿则不会。虽然父母的左利手使后代左利手的比例高达22%，但这项研究并不支持其他报告中高达87.5%的发现。麦基弗和万艾斯（McKeever and VanEys，1989）现在提出，祖父母对儿童倒手姿势左利手的影响可能比父母更大。彼得斯（Peters，1986）对2 194名德国学童的进一步研究表明，9.5%的男性和6.9%的女性用左手写字。德国和加拿大数据之间的差异归因于女性左利手的发生率显著降低，但德国儿童左利手的较低水平表明，反对使用左手的压力可能在德国人中更为有效。

这些研究表明，半个多世纪以来，左利手数量有所增长，性别之间的发生率存在持续性的差异。其他试图将这种情况与受试者和免疫疾病等问题联系起来的研究收效甚微（Temple，1990）。利维（Levy，1974）的图表显示，从1932年（2.2%）到1947年（8.2%），左利手的百分比从1960年到1972年稳定在11%左右。在对580名不同年龄受试者的研究中，霍顿（Horton，1992）报告说，64人（11%）是左利手。伯特霍尔德（Berthold，1995）发现，在25名受试者的小样本中，主要是20多岁的人，三人（12%）用左手写字。

在建立了一个可信赖的全国左利手人群平均水平（11%）之后，最近的研究将注意力转向了该现象的其他方面。例如，左利手与非理性思维之间没有发现相关性，但左利手与出生季节之间存在一些相关性（Rogerson，1994）。

岩崎等人（Iwasaki et al.，1995）建议，随着个体年龄超过30岁，左利手在许多人群中的百分比趋于持续下降。前几代左利手书写人持续转变为右利手被认为是几个原因之一。埃格林顿和安妮特（Eglinton and Annett，1994）提出的证据表明，在有特定阅读问题（例如阅读障碍）的儿童中，左利手的比例更高。

前面提到过，在听障人群中，左利手比其他人群更常见。对出生时或出生前后外源性耳聋的研究显示，16.7%是左利手，而人口中的这一比例一般为11%。在遗传性耳聋组，即内源性耳聋组中，30%为左利手。

左利手书写人中倒手姿势的发生率是另一个备受关注的问题。虽然彼得斯和佩德森（Peters and Pedersen，1978）在加拿大儿童中发现大约40%的左利手男性使用倒手姿势，而29.75%的左利手女性使用倒手姿势（许多书写人没有按他们的程序分类），但麦基弗（McKeever，1979）报告了两项研究的结果：发现美国大学生倒手姿势的发生率，男性为75.8%，女性为44.2%。在后来的一项研究中，彼得斯（Peters，1986）报告说，在他的德国学童样本中，65.25%的左利手男性使用倒手姿势，58.75%的左利手女性也使用了倒手姿势，但对于所涉及样本而言，性别之间的差异可能并不显著。莱万德和沙林（Levander and Schalling，1988年）对瑞典大学生的研究发现，60.4%的男性和38.9%的女性使用倒手姿势。

正如这些研究指出的那样，男性对倒手姿势有一种偏好，而显然在女性中没有。这可能部分是由于女性对反对使用《国际卫生计划》的社会压力更敏感。另外值得注意的是，彼得斯和佩德森（Peters and Pedersen，1978）以及布赖森和麦克唐纳（Bryson and MacDonald，1984）观察到1至5年级或6年级男女学生的倒手姿势发生率显著增加，这可能与快速草书书写的熟练程度提高有关，或者部分原因是近年来对左利手越来越宽容的态度。同样值得注意的是，莱万德和沙林观察到倒手姿势的自我评估产生了明显较低的倒手频率，这可能是由于左利手不愿意用笨拙的手姿势与自己联系起来。对笔迹检验人员来说也很重要的是后一项研究的结果，即76%的非笔迹检验人员和48%的笔迹检验人员选择笔迹或字母作为他们的正常书写风格。这项研究和其他研究表明，对于左利手来说，倒手姿势更经常是草书书写的首选姿势。

直到最近，笔迹中的隐性特征才受到关注。莱斯特等（Lester et al.，1982）在一项对2 168人的研究中，从笔迹的大约40个方面寻找特征，希望通过这些特征可以区分左利手和右利手，但都失败了。托蒂等人（Totty et al.，1983）试图证实笔迹的斜率与书写人的性别和习惯的关系，虽然结果表明右利手和男性比左利手和女性倾向于向前倾斜得更大，但这些数字并没达到统计学意义。温（Wing，1980）在一项关于神经控制对笔迹振幅（高度）影响的研究中发现，用手习惯或书写人的性别在笔迹高度上并没有差异。在这方面，他支持雷德和史密斯（Reed and Smith，1962）的研究结果，即左利手和右利手的笔迹表现没有差异。总的来说，在这十年之前，人们对右手书写和左手书写之间的差异知之甚少，也没有完全可靠的技术来确定所用的手。

哈里森（Harrison，1958b）、康威（Conway，1959）和比科姆（Beacom，1961）提供了以下左利手书写的迹象：

1. 污迹或脏乱（由于倒手姿势？）。
2. 终端向上和向左的笔画（由于倒手姿势？）。
3. 字母倾斜不一致。
4. 上行笔画比下行笔画压力大（由于倒手姿势？）。

5. 从右到左的水平笔画，在左端逐渐变细并向上弯曲（由于倒手姿势？）。
6. 反手倾向：垂直倾斜或反手的倾向。
7. 从右到左的"t"形交叉（由于倒手姿势？）。
8. 从右到左的"i"点和标点符号（由于倒手姿势？）。

正如括号（上文）中的问题所暗示的那样，这些证据可能是在没有考虑手部位置作为可能原因。古德诺和莱文（Goodnow and Levine，1973）、古德诺（Goodnow，1977）和尼希（Nihei，1980）的研究支持了早前提出的"更垂直书写的趋势"。

与其他人有些不同的是，齐策尔斯贝格（Zitzelsberger，1958）警告说，技巧和速度、倾斜、大小、比例和对齐等要素并不总是可靠的指标。这一观点现在得到了最近研究的支持。过去，笔画方向由铅笔中的石墨沉积物或墨水书写中分岔笔头的轨迹来确定。最近的研究认为，尽管证据有时很微妙，但是取决于以下因素：（1）在显微镜下看到的纸纤维边缘铅笔石墨沉积物的位置，（2）现在很少遇到的分岔笔头轨迹的扩展，（3）圆珠笔的毛刺条纹；目前，对特定字母笔画方向的研究似乎为目前区分左利手书写人和右利手书写人提供了最大的希望。

许多人提出了左倾斜测定笔画方向的潜力。弗莱德（Fryd，1975）处理了大写字母"T"的交叉笔画。香农（Shanon，1979）在右利手和左利手的美国人和以色列人笔迹中研究了小写草书"t"和大写"H"的交叉笔画，"7"和希伯来字母"Daleth"的交叉横笔，以及在水平直线的绘制方法。除了一两个例外，所有右利手，无论是英语还是希伯来语，都从左到右书写这些笔画。在左利手中，希伯来文书写人的笔画从右到左的比例高于英文书写人，这是希伯来文书写通常采用的方向。勃兰特（Brandt，1976）观察到，从右到左水平（RLH）笔画在右利手的笔迹中从未或很少发生。尽管这些笔画并非出现在所有左利手笔迹中，但他得出结论——现在许多人会同意——当它们确实出现时，它们是左利手笔迹的可靠迹象。弗兰克斯等人（Franks et al.，1985）报道了尼科尔森和哈特利（Nicholson and Hartley，1996）在一项《全国儿童发展研究》中注意到一些左利手倾向于以顺时针方式书写数字"0"。尽管没有提供统计数据，但托马森和特林斯（Thomassen and Teulings，1979；1983）评论说，他们发现左利手比右利手更倾向于顺时针书写数字"0"。巧合的是，康诺利和艾略特（Connolly and Elliott，1972）在对儿童绘画笔画的研究中发现，左利手经常从右向左画水平笔画，并倾向于画顺时针的曲线。

笔画中的曲线容易改变圆珠笔的旋转，从而暴露出缺乏墨水的部分表面时，圆珠笔书写中发现的毛刺条纹被描述为大多数圆珠笔在笔画中出现的线性空洞（Mally，1956；Hilton，1957；Snape，1980；Franks，1982）。这些空隙总是沿着笔画方向，从曲线的内半径向外半径移动。弗兰克斯等人（Franks et al.，1983；1985）

试图更精确地确定笔画方向可能具有区分左手书写和右手书写的潜力。这些是对字母、数字和草书字母（如"g"和"d"）中弯曲和几乎笔直的横笔画进行了研究，这表明书写能力的一些显著差异。对于许多左利手来说，圆形是顺时针方向（39%），而右利手几乎总是（99%）是逆时针方向移动笔。此外，69%的左利手从右到左（RLH）书写横笔画，但右利手从不这样书写。在347位左利手书写人的样本中，一个或多个字母"O""A""E""J""T""H""G""Q""F""t""o""g""q"和数字"5""9""0"，在大约276位（80%）的书写人中表明笔画方向为左利手。在这些研究中遇到的一个问题是，笔画方向可以通过毛刺条纹确定，只有一部分笔迹样本随目标字母或数字而变化（22%到97%）。显然，产生条纹的趋势因墨水和/或书写工具而异。

不幸的是，这些研究中没有信息表明从右到左水平和顺时针书写的"0"是倒手书写人特有的特征，还是在某种程度上为各种左利手书写人所共有的特征。对某些人来说，这些不寻常的抓握（例如，倒手姿势）似乎显然会导致字母形式的一些差异，甚至左利手中也是如此。然而，需要进一步的研究来确定这些差异可能是什么，以及它们如何与国际卫生计划相关联。

利维奇等（Liwicki et al., 2007）使用计算机化的数据库，能够在一个包含200多位书写人的数据库中以85%的准确率正确区分右利手和左利手。研究中评论说，比率如此之高的原因可能是由于一些左利手字母"o"的书写方式不同。

11.12 性别指标

法国心理学家M·阿尔弗雷德·比奈（M. Alfred Binet, 1906）声称，在那个时代的法国笔迹中，75%的案例可以准确确定性别。在随后的几十年中，许多研究人员试图在美国书写人中复制比奈的做法，但取得的准确性明显较低。其中两位研究者是唐尼（Downey, 1910）和纽霍尔（Newhall, 1926）。杨（Young, 1931）简单地总结了结果："似乎有充分的证据表明，书写人的性别可以通过一种以优于随机判断的方式从笔迹中确定"（第486页）。他的结果指出，未经训练的评判员能够从笔迹中确定书写人的性别，平均表现比随机判断高出11%。强调未经训练的评判者一词，是因为这些研究都不是在训练有素的笔迹检验人员的协助下进行的。

由于确定书写人性别的成功率略高于偶然性，一些研究人员试图确定笔迹的哪些方面构成了评判者用来判断性别的性别标志。杨（Young, 1931）报告了他的50名（包括25名男性）评判者在进行评估时提供的几个形容词和短语。

米德尔顿（Middleton, 1938）在涉及200名评判者（包括100名男性）的研究中提供了影响判断的10个原因：

1. 女性的笔迹比较整齐。
2. 女性写得更慢，完成的质量也比较好。
3. 女性的笔迹更漂亮。
4. 男性喜欢用破折号而不是用点来写"i"。
5. 当男性写得很好时，他的笔迹可能近乎是完美的。
6. 男性的笔迹比女性大。
7. 任何旧式的手写笔迹或印刷体笔迹都可能是女性的笔迹。
8. 使用"e"很可能表示女性的笔迹。
9. 女性的笔迹可能比男性的更易读。
10. 男性比女性用笔更用力。

原因1、2、3和9似乎与书写质量或书法有关。这与斯塔奇（Starch，1913）的发现一致，即女性在笔迹质量上优于男性，在速度上略胜一筹，但这种差异很小。博姆等人（Boom et al.，1929）在对40份随机选择的样本笔迹（18名男性）进行的一项研究中，有类似的发现，即规则性、曲线、常规形式和倾斜的均匀性，是最常被判断为女性笔迹样本的特征。相反，不规则、非常规的形式、角度和倾斜的不均匀，是最常被判断为男性笔迹样本的特征。滕沃尔德（Tenwolde，1934）简单地说"在平均书法质量中有优势的是女性"（第705页）。

纽霍尔（Newhall，1926）不愿透露他的评审报告标准，因为他觉得无法确定哪些标准被实际使用，哪些是合理的。他甚至说："最常被判断为由男性书写的笔迹，似乎与最常被判断为由女性书写的笔迹在特征上有所不同"（第151页）。

特别有趣的事实是，尽管这些性别指标保持一致，但区分书写人性别的成功率很少超过平均值66%。显然，大量的男性和女性不符合他们各自的模式。

在20世纪初的英国和加拿大，棱角书写系统专门教授给女子学校的女生，并作为性别的标志。棱角系统在美国没有教过，但因为它成为一种时尚风格，它对任何地方的女性都有吸引力，因此被摹仿。

奥斯本（Osborn，1929）写道："独特的、棱角分明的女性笔迹通常粗糙而沉重，而且通常具有庞大而笨拙的特征，单词之间和行与行之间的间距异常宽，单词结尾的笔画是水平的"（第140页）。近年来，笔迹发生了显著变化，一个世纪前的性别指标已经不复存在。当今的笔迹提供的指标并不多，就像100年前的性别指标一样，它们可能具有误导性。

性别通常通过词汇的选择、繁琐的表达方式或男、女特有的习语来表示。暴力威胁往往是男性化的，但使用可怕词语的威胁总是女性化的。值得注意的是，在匿名信件中，过度和不雅地使用亵渎或淫秽也是女性的特征。

奥斯本（Osborn，1929）认为，女性笔迹通常更精致，包含更多多余的特点和习惯。它通常更完整。阴影，如果出现在较早的笔迹中，很可能是成串的，特别是在词尾。每个笔画的浓重阴影，以及笔的刺戳，通常都是男性化的。最近的研究基本上证实了奥斯本的说法。哈金斯（Hodgins，1971）认为，质量好、体积小、整洁、流利和仔细是判断女性笔迹的特点。

显然，女性的笔迹比男性的质量更高、更整洁和更流畅，是没有历史依据的。当回忆起书法教育，在19世纪下半叶之前通常是男性的特权时，这一点似乎更加值得注意了。簿记、会计、记录保存和通信是男性的领域，几乎直到19世纪80年代末打字机出现，当时"打字机"是掌握机械键盘的女性的头衔。

尽管质量、整洁和流利程度与书写人的性别之间存在明显的相关性，但哈金斯（Hodgins，1971）和在他之前的古迪纳夫（Goodenough，1945）都发现，只能在大约66%的笔迹中作出关于性别的准确判断。此外，哈金斯的25名评判者小组（包括11名文件检验人员、11名非专业人士和3名书法大师）未能100%地对40份笔迹样本中的任何一份进行正确的性别判断。托蒂等（Totty et al.，1983）试图将性别和惯用手与笔迹斜率联系起来，但发现分布的重叠不允许这样做。尽管他们的结果表明男性和右利手的笔迹斜率比女性和左利手的斜率更大，但结果并没有达到统计学显著性。

弗鲁基格等人（Fluckiger et al.，1961）在对1933年至1959年间发表的文献的回顾中指出，在所有考虑的线索中，压力似乎是判断性别的最重要线索。沿着这些思路，剑桥（Cambridge，1972）提出，垂直笔画的均匀度和稍大的"强调压力"表明男性的特征，而水平笔画的均匀性和稍大的"强调压力"则表明女性的特征。然而，正如哈金斯（Hodgins，1971）所指出的，尽管确定性别的准确性比偶然性要好，但错误的比例还是很高。准确性水平不足以保证使用笔迹来推断书写人的性别。

目前已经进行了几项研究以寻找性别的心理象征。有人认为，笔迹不一定与生理性别一致，而可能只是揭示书写人心理上的男性气质和/或女性气质。莱斯特等人（Lester et al.，1982）声称，笔迹的40个方面中有11个方面显著区分了20至49岁所有年龄段的男性和女性。安德森和沃洛维茨（Anderson and Wolowitz，1984）试图检验弗洛伊德（Freud，1900）的主张，他们在大写字母"I"用作人称代词的比例中发现了证据，这似乎证实了男性更喜欢拉长的结构，而女性则在字母结构中更好地平衡比例。

赫克（Hecker，1996）回顾并列出了1906年至1991年间进行的30项研究的成功率，这些研究试图以合理的准确性确定笔迹中的性别差异。结果的准确率从57%到94%不等，平均为71.7%。有了这些结果，关于如何定义性别的争论就出现了：无论是生物学上的还是生理上的，无论是心理上的女性/男性气质还是心理上的支配地位。此外，似乎至少有两种方法来判断笔迹的性别指标。一组采用整体方法，并在笔迹的一般特征或整个笔迹的外观中寻找证据。其他研究人员试图测量特定特征（例如，倾斜或大小）以寻找与性别的相关性。对该方法的另一种批评是针对抽样人群的可变性。古迪纳夫（Goodenough，1945）和哈金斯（Hodgins，1971）认为评判者的性别对结果有影响，女性在判断书写人的性别方面优于男性，而早期的研究人员似乎并不这么认为。

赫克（Hecker，1996）对FISH数据池中的数字化笔迹图像进行了两项研究。一种采用模式识别和图像处理技术进行特征提取和分类。第二个是FISH系统中数字化笔迹图像的更传统视图，包括倾斜、圈形笔画形状等常规特征。赫克的样本由96名男性和96名女性组成，年龄在16至40岁之间，选自FISH数据库中的笔迹。

为了进行比较，来自德国国家犯罪实验室的21名笔迹检验专家（其中4名女性）和50名非专业人士（其中22名女性）检验了相同的样本。实验室检验人员和非专业人士在63%的案例中正确判断书写人的性别，专家的表现仅略好于非专家（64.7%对62.3%）。在76.5%的案例中，专家对男性笔迹判断正确，在61.8%的案例中，专家对女性笔迹判断正确。评判者的结果存在相当大的差异。

就计算机数据而言，判别分析发现测量特征的系数更高，例如上升笔画的长度、上圈的形状和下圈的大小。因子分析表明三个因素对这类研究有一定影响：字迹的大小、字迹的倾斜度和字迹的形状。计算机辅助特征处理的最佳正确匹配率为72.4%，平均为71.5%，只能说优于检验人员的63%和非专家的62.3%，但这仍然难以接受。

赫克（Hecker，1996）认为，不存在可归因于书写人性别的特定群体的笔迹特征。女性和男性的不同笔迹特征确实表现出不同的平均值，但总是有很大的重叠区域。赫克敢于做出的唯一普适的观点是，女性往往比男性写得更大（与其他人的发现相反）、更圆润、更直立。

最近，在比奇和马金托什（Beech and Mackintosh，2005）进行的一项研究中，研究人员向非专业人士提供了120个样本，并要求他们根据笔迹判断性别。该研究报告称，非专业人士能够在大约70%的样本中准确判断性别。研究人员评估了非专业人士对书写样本的描述，以确定为什么每个样本都被判断为男性或女性。用于女性样品的最常见描述包括圆形、整洁、绕圈、气泡状和曲线型。评判者将男性字迹描述为更凌乱、更小、更倾斜、更潦草、更尖锐和棱角分明。

利维奇等（Liwicki et al.，2007）使用计算机自动手写识别系统，从在线笔迹样本中判断性别的准确率达到67%，超过了同一研究中使用的人类评判者（57%的准确率）。在利维奇等（Liwicki et al.，2011）的另一项研究中，使用自动手写系统评估在线和离线笔迹特征的组合，准确率达到68%。阿尔马德和哈赛因（Al Maadeed and Hassaine，2014）在一项研究中使用了超过1 000个英语和阿拉伯语样本笔迹的离线数据集，报告称根据笔迹预测性别的准确率达到74%。

在一项统计研究中，穆萨·阿尔卡塔尼和普拉特（Al-Musa Alkahtani and Platt，2011b）发现一些迹象表明女性可能比男性更擅长摹仿签名。

11.13 非惯用手书写的指标

在讨论手写中的右利手和左利手时，许多术语已经开始用于指代另一只手书写的文字。有些人称其为非惯用手，其他人称其为未练习或不习惯的手或非优势手。还有一些人将其称为笨拙或不熟练或弱势的手，有些人选择将其简单地称为副手或反手。其中一些名称并不像人们想象的那样正确或具有描述性。对于使用右手的左利手书写人（他们最初是左利手书写人，但被训练使用右手），左手几乎不是惯用手。此外，这些人用左手的书写通常相当熟练，尽管它可能会或可能不会像惯用手写字的那样熟练。然而，如果说它不熟练，那就太低估它了。称它为弱势手同样不正确，因为它很可能是两只手中较强的。

除了极少数人在笔迹方面双手都很灵巧之外，许多关于用另一只手书写的研究结果都是一致的。无论所研究材料的性质如何，是字母、签名还是长篇草书，当一个人换"另一只"手握住书写工具时，无论大小，书写质量，流利程度，或技巧都会有所下降。

为了使笔迹检验的术语保持一定的一致性，将另一只手的笔迹称为非惯用手的笔迹或字母似乎更合适。选择的术语必须同样适用于右利手和左利手书写人，但表明个人的偏好。

从司法笔迹检验的角度来看，任何关于左利手的讨论都必须解决非惯用手书写的问题，无论选择何种术语来表示书写偏好，无论是非首选、笨拙手、不熟练手、反手、不习惯手、次要手还是弱手。在大多数情况下，此类笔迹出现在书写人有理由隐瞒其身份的情况下，例如匿名信或威胁信，或索要钱财的扣押票据。在这些情况下，用非惯用手书写是一种可选择的伪装方法，尽管书写人很少考虑这种方法的有效性。当然，还有其他一些情况，由于疾病、受伤或截肢，必须更换书写的手。

对更换手完成伪装有效性的研究表明，在左利手使用右手时，多达80%的情况下，合格的检验人员能够准确地将非惯用手的笔迹与正常手的笔迹联系起来。在右利手使用左手时，准确率为87%（Comeau，1973）。科莫提供了这些结果来支持哈里森（Harrison，1958b）的论点，即大多数人很难仅仅通过使用他们的非惯用手来掩饰他们的笔迹。然而，科莫的研究对象仅有34个右利手和6个左利手组成，样本太少，因此，这项研究的可靠性有些疑问。

在较早的一项研究中，史蒂文斯（Stevens，1970）在威斯康星州惩教机构中发现了200份监狱因犯档案，其中包含明显用双手书写的签名样本。虽然在区分非惯用手写签名和正常惯用手签名方面似乎取得了一些成功，但由于每只手只有一个样本，这使这项任务变得更加困难。

史蒂文斯（Stevens，1970）提出的一个观点是，非惯用手或笨拙手书写的签名，因为他们几乎总是表现出技能的丧失，可能会被误认为是描摹的签名、老年人或体弱者的签名，或者只是普通不熟练的签名。因此，需要更具体的特征来区分非惯用手书写签名和在特殊情况下书写的其他签名。

虽然在最近出版的大多数关于文件检验的著作中都提到了非惯用手的使用，主要是作为一种伪装的方法，但在文献中进行报道的正式研究相对较少。哈里森（Harrison，1958b）、康威（Conway，1959）、斯坦戈尔（Stangohr，1968）、安东尼（Anthon，1996）、斯佩里（Sperry，1990）、齐默尔曼（Zimmerman，1991）和道森（Dawson，1985，1993）都声称在识别非惯用手笔迹方面取得了成功。这些被称为笨拙手、弱势手或非惯用手的笔迹或字母。作者描述了这些案例提供的观察结果。然而，基于大样本的经验数据是有限的。但是，现有的资料支持一些关于非惯用手的一般性陈述。

成熟和熟练的笔迹实质上是心智的产物，通过个人特有的手灵巧程度或肌肉协调来实现。对于书写人来说，书写及其特征的心理画面不会因为选择操作书写工具的手的变化而改变。

一些人坚持认为，惯用手和非惯用手笔迹之间的差异是由于手的灵巧性不同，以及所涉及的神经生理过程的差异（1985）。虽然可能是这样，但关于哪些变化是由于书写技巧的差异造成的，以及哪些是由于不同心理过程而引起的，几乎没有信息。

不管是什么原因，与惯用手相比，用非惯用手书写的笔迹、字母和签名总是表现出技巧和流畅性的丧失，这以多种方式表现出来：

1. 书写速度降低，可能导致笔画线条质量较差，表现出震颤、笔压突然变化和/或草书字母之间断开（图11.17）。

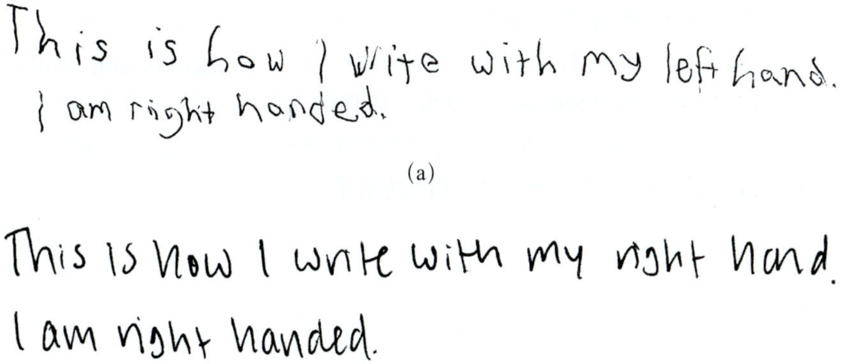

This is how I write with my left hand. I am right handed.

(a)

This is how I write with my right hand. I am right handed.

(b)

图11.17　(a) 为非惯用手书写示例。(b) 为右利手书写人所写

2. 笔画或肌肉控制的明显丧失：在曲线、圈形、小孔、弓形笔画之间主体笔画或短竖笔画的回溯，以及直线笔画的质量（例如"t"形交叉、可能的突然方向变化）中代替平滑转弯。
3. 字母形式、字母大小、字母排列、终止以及一些字母结构和其他字母连接的精细动作不能保持一致性和质量。
4. 无法保持书写斜率或特定字母的一致性，并且可能倾向于更垂直地书写。
5. 一种更刻意的变音符号和标点符号，尽管个人使用的模式不太可能改变。
6. 起始笔画和末尾笔画的省略或缩写，然而，众所周知，末尾笔画在长度和方向上有些变化。
7. 一些复杂字母形式的简化。
8. 犹豫和/或停笔，可能表明后续动作存在一些不确定性。

可以预期两只手的笔迹问题之间的一致性如下：

1. 霍蒂姆斯基（Hotimsky，1972）说，单词内部字母的相对大小。然而，相对大小可能需要作相当大的修改。可以理解的是，非惯用手控制笔的难度更大，而且无论正常的书写习惯如何，都必须将注意力集中在书写可识别的字母形式上。字母的相对大小往往接近抄本。事实上，作为普遍的规则，任何在困难下书写的笔迹往往会失去其个性并接近抄本标准。
2. 根据纽曼（Newman，1975）提出较简单的字母形式的基本设计。
3. 一般横向扩展。有人认为，非惯用手的笔迹会出现一些尺寸增大，但对更多笔迹样本的研究并非如此，例如纽曼的120名受试者，并没有证明这一点。然而，人们可以期待会挖掘出更多笔迹更精细的特征，但这仅仅是因为非惯用手不太可能以惯用手相同的灵巧度来书写。

在左利手的非惯用手笔迹和惯用手笔迹之间可以找到更大的一致性，而右利手书写人没有这样的情况。一般来说，左利手用右手书写的质量比右利手用左手写的要好。可能大多数左利手在早期有过一些尝试转变为右利手的经验。

一项关于受伤后笔迹转换书写手的研究表明，评判者能够以89%～100%的准确度正确匹配左手和右手样本之间的书写样本（Yancosek and Mullineaux，2011）。然而，史蒂文斯（Stevens，1970）和其他人所表达的谨慎态度值得重提。如果没有足够的数量和种类样本，非惯用手的笔迹很容易与老年人或体弱者的笔迹相混淆，或者被误认为是这样或那样的伪造笔迹。

第十二章

笔迹、文件分析和电子媒介

12.1 文件检验的工作范围

根据胡贝尔和黑德里克的说法，属于文件检验人员研究范围的通常有以下9个领域：

1. 笔迹鉴定——包括笔迹和签名。
2. 印文检验——包括那些由手动设备（橡胶章、日期邮戳和一些邮政注销章），机械设备（打字机和支票机），电子印刷设备（打字机、电脑打印机、考勤钟和收银机）产生的印迹，以及包括伪造票据（货币、流通票据、旅行证件、许可证和各种个人证件和身份证明文件）。
3. 复制件检验——包括影印本、传真副本、机器生成的文字和照片。
4. 书写媒介检验——包括书写工具、墨水和纸张。
5. 形成时间检验——包括绝对时间的确定（即产品问世日期，DOI）和相对时间的确定（即墨水字迹与其他墨水、印刷墨迹、打字墨迹，以及与穿孔和折痕的先后顺序）。
6. 检验伪造和篡改痕迹——包括消除（即擦除）、更改、添加和替换。
7. 检验潜在的、褪色的、模糊的字迹和字迹压痕——包括烧毁文件。
8. 检验异常的纸张特征——包括纸张撕裂痕迹，紧固件（例如回形针和订书钉），剪切痕迹和穿孔痕迹。
9. 其他方面的检验——包括信封涂改、胶粘剂、层压[1]、打字员的个人特点及语言学方面的检验。

除了认定或排除可疑笔迹的特定书写人之外，有些不同的鉴定事项还可以进一步描述为以下几方面：

1. 文件是否有修改，以及发生了哪些修改。
2. 书写媒介（例如工具、墨水或纸张）是否与已知来源相关或相似。
3. 是否出现书写异常的情况，例如老龄化、体弱多病、酗酒或吸毒。
4. 关于打印或电子印刷（如果存在的话）及其与特定机器的关系，有哪些值得提及的内容？

---

1 层压，将多层物质压合在一起，如塑封。

5. 两处或两处以上字迹的先后形成顺序是什么？
6. 字迹、折痕或穿孔的先后形成顺序是什么？
7. 字迹书写的绝对日期是什么？
8. 关于所涉及材料的性质或来源，有什么内容值得提及？
9. 关于文件的异常特征，有什么内容值得提及？
10. 关于文件可能出现的压痕，有什么内容值得提及？
11. 如何还原一份褪色、被擦除、涂抹或烧毁文件的原始字迹？
12. 关于文件制作所涉及的过程和/或设备，有什么内容值得提及？
13. 关于印刷文件的完整性（即真实或伪造，或可能为有效文件或伪造文件），有什么内容值得提及？
14. 复制件的形成方式是什么（例如，从[0]原稿产生的[1]副本再由[1]副本产生的[2]副本）？

文件检验科学工作组（SWGDOC）于2013年发布了《法庭文书检验人员工作范围标准》(Standard for Scope of Work of Forensic Document Examiners)，明确了文件检验人员的工作职责："法庭文书检验人员对文件进行科学的鉴定、比对和分析，其目的是：(1)确定文件的真伪，或揭露伪造，或揭示更改、添加或删除，(2)认定或排除书写人，(3)认定或排除打字或其他印迹、标记或相关证据的来源，(4)在需要时撰写报告或出庭作证，以帮助法官及当事双方理解鉴定人的发现"（第1页）。

12.2 文件分析和非笔迹检验

除笔迹鉴定外，文件检验通常需要检验原件。文件检验人员的其他要求包括：
1. 具有产品和产品制造的背景知识。
2. 对材料及其性能方面的经验。
3. 了解适当的技术。
4. 了解科学方法知识及其在检验中的应用。

通常，非笔迹检验通过以下几种方式进行：
1. 对可疑文件各个方面或要素的一致性和不一致性进行研究。
2. 将一份文件或其上字迹的物理或化学性质、特征或特性与成分或特定生产过程中产生的已知或记录的特征进行比较。
3. 特殊仪器的使用：
    a. 立体显微镜；
    b. 使用反射和透射光设备进行低倍放大；
    c. 照相设备；
    d. 静电设施；

e. 紫外线和红外线的光源以及它们激发荧光的观察方法；

f. 适当的物理或化学分析设备；

g. 标准样本库，包括字体样式、书写工具、书写墨水、书写纸张和水印。

在文件检验实践中，有些检验涉及事实问题（例如，存在或不存在某一特征或条件），因此本质上更为客观。在这种情况下，经常可作出明确的意见。在其他情况下，涉及带有印刷字迹的文件，可以通过研究字体样式来获得有关文件来源的调查线索和其他信息。在打字机、打印机和传真机上使用的字体样式可以根据不断产生和升级的字体库进行搜索。这些字体库可通过名称或样式确定某种字体，并且在某些情况下可以提供有关可能已安装该字体的设备信息。

将一份可疑文件与特定设备相关联是一项更为复杂的任务，这通常取决于设备中的某个故障，该故障会以某种非典型的方式在印刷产品中体现出来。关于给定设备的同一认定的确定程度将随设备故障或环境的唯一性而变化。可以说，随着当今不断变化的技术发展，文件检验人员的知识水平不断面临着挑战。

墨水的鉴定和鉴别、墨迹的相对形成时间等问题是文件检验中经常出现的问题。证明两份检材之间的墨水是否相同或不同，可能需要墨水化学家的知识。大多数文件检验人员并不擅长化学墨水鉴定或墨水形成时间的问题，但许多文件检验人员接受过墨水鉴别和通过观察进行一般墨水鉴别方法的培训。例如，圆珠笔油墨和液体墨水之间的区别，通常可通过肉眼观察来区分。如果墨水的物理/化学特性存在差异，文件检验人员可以说明这些差异所带来的影响。如果墨水看起来相似，可能需要使用化学技术或特殊仪器（如色谱法）来证明其化学性质的相似性。虽然已经发表了许多关于墨水分析的研究，布鲁内尔和雷德（Brunelle and Reed，1984）以及布鲁内尔和克劳福德（Brunelle and Crawford，2003）也写了关于墨水和纸张司法检验的基础内容。

司法文件检验人员不一定是文件检验领域内的专家。例如，有专门研究墨水检验或印刷机具的人。然而，文件检验人员至少需要具备文件检验及其相关检验所有领域的基础知识，以便文件检验人员可以更全面地了解其自身的局限性，并就适当的检验或分析提供指导。即使在咨询文件检验人员关于笔迹鉴定问题时，也可能会有多个与文件相关的问题，需要其了解纸张、打印过程和墨水字迹的先后顺序，特别是在涉及签名图像处理或转移到其他文件的情况下（图12.1）。在这种情况下，文件检验人员需要知道对文件进行全面检验时的适当检测和方案。

12.3 数字化笔迹和非原始文件

为了对签名进行数字化分析，并检查非原始文档，更需要了解数字化背后的技术。在现代计算机化的世界里，数字技术已经彻底改变了电视、电影、音乐和摄影中的图像。随着签名数字化技术的发展，在数位板上书写签名时，笔迹也可

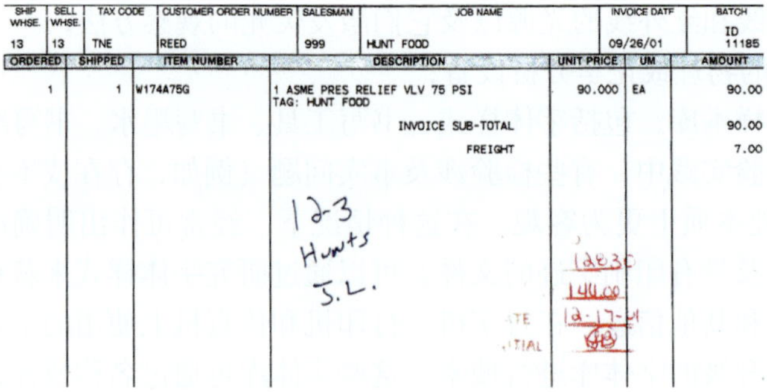

SHIP WHSE.	SELL WHSE.	TAX CODE	CUSTOMER ORDER NUMBER	SALESMAN	JOB NAME	INVOICE DATE	BATCH ID
13	13	TNE	REED	999	HUNT FOOD	09/26/01	11185

ORDERED	SHIPPED	ITEM NUMBER	DESCRIPTION	UNIT PRICE	UM	AMOUNT
1	1	W174A75G	1 ASME PRES RELIEF VLV 75 PSI TAG: HUNT FOOD	90.000	EA	90.00
			INVOICE SUB-TOTAL			90.00
			FREIGHT			7.00

12-3
Hunts
J.L.
12830
141.00
12-17-01

(a)

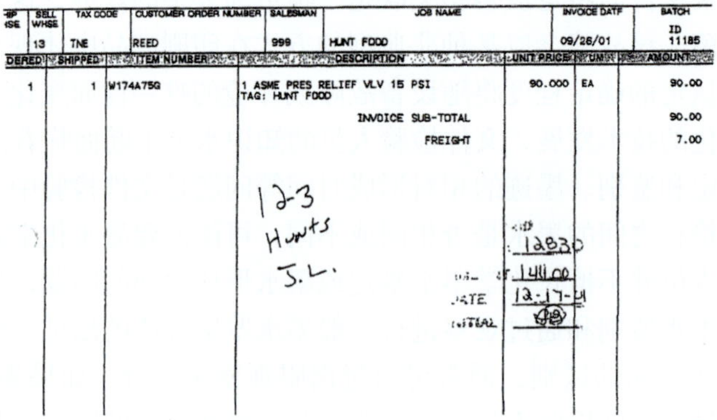

SHIP WHSE.	SELL WHSE	TAX CODE	CUSTOMER ORDER NUMBER	SALESMAN	JOB NAME	INVOICE DATE	BATCH ID
	13	TNE	REED	999	HUNT FOOD	09/26/01	11185

ORDERED	SHIPPED	ITEM NUMBER	DESCRIPTION	UNIT PRICE	UM	AMOUNT
1	1	W174A75G	1 ASME PRES RELIEF VLV 15 PSI TAG: HUNT FOOD	90.000	EA	90.00
			INVOICE SUB-TOTAL			90.00
			FREIGHT			7.00

12-3
Hunts
J.L.
12830
141.00
DATE 12-17-01
INITIAL

(b)

图12.1　修改后的文件示例。一家工厂的锅炉爆炸，造成两名工人死亡。安全检查表明泄压阀超过了建议压力。建议使用15 psi的阀门，但是安装了75 psi的阀门。检查受害者公司的票据（a）文件显示购买了一个75 psi的阀门。然而，安装公司出示了一张票据的静电复印件（b），表明已安装15 psi的阀门。安装方试图通过删除数字7并使用通用的照相软件程序在其位置粘贴数字1来篡改票据。标识部件的项目编号实际上是75 psi阀门

以数字化，而通过扫描、传真和文件照相的形式，签名数字化已经出现了好几年。

数字化的过程包括将信息（如文件）转换成比特或字节。这些二进制数字（比特）是信息的点或样本。比特数越高，数字处理对模拟信号的分辨率越高，也越近似模拟信号。分辨率通常以像素来衡量。获取数字信息有两种主要方式。对于笔迹，可以从源文件中扫描数字化的签名，或者使用平板电脑和手写笔等数字设备采集签名。可以使用特殊软件以数字化方式采集签名，或者用平板电脑和手写笔代替鼠标，然后在电脑屏幕上绘制采集签名。

签名的数字化过程与我们通常所说的“数字签名”是完全不同的过程。数字签名领域的命名法令人困惑，从技术角度来看，一个术语通常可以指两种或两种以上的签名。在计算机安全术语中，数字签名（digital signature）是指基于算法的、计算机编码的“签名”。这种类型的“签名”由加密的计算机代码组成，书

写过程或表现形式上与手写在数位板上的签名（可以被称为电子签名、生物特征签名或动态签名）没有相似之处。数字签名是一种安全的数学公式，它经过加密，以便文件的接收方知道文件已经由预期的发送方发送。美国国家标准与技术研究院（National Institute of Standards and Technology，2009）将数字签名定义为"书面签名的电子模拟"（第9页）。

电子采集签名是指签名者使用传统的物理方法签署签名，只不过签名者不用传统的墨水和纸张，而是用手写笔或指尖在数位板或屏幕上书写签名。这种类型的签名也被称为基于生物特征的签名或动态签名，它使用在线笔迹采集的方法进行记录，不仅可以记录签名的空间属性，还可记录时间特征，如速度和持续时间的测量值（图12.2）。"在线"捕获签名通常是通过在数位板上书写，实时记录笔迹的动作。

数字化签名（digitized signature）还可以指经过扫描或传真的钢笔或墨水签名，为了存储、采集或是出于笔迹鉴定的目的而使其"数字化"。扫描的笔迹也用于笔迹识别软件。这些类型的签名也被称为离线签名，因为数字化签名是静态图像，并无可用的生物动态信息（图12.3）。有时将数字化签名和电子签名一起

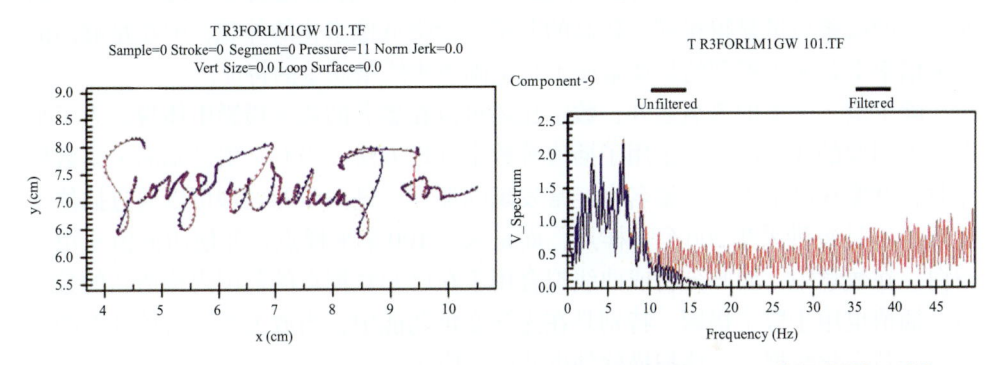

图12.2 使用NeuroScript MovAlyzeR软件在数位板上捕获的笔迹样本（a）及其频谱数据示例（b）

图12.3 一个普通的笔和纸签名（a）和一个用数位板采集的签名（b）。注意数字化签名的笔画粗细不均匀、粗糙的形态

使用，以将电子捕获的手写签名固定到文档上。有些系统同时使用数字化签名和电子签名，也有的系统只使用一种类型的签名。

笔迹的数字化使笔迹识别技术和自动司法笔迹分析技术等现代发明成为可能。笔迹识别是一种利用光学识别字符将手写字符转换为文本字符的技术。最初，这种技术被用于扫描文件，并将手写字符转换为可供在电脑屏幕上阅读的文本。然而，现在笔迹识别也被用于将在线笔迹转换为文本字符。在第一个过程中，笔迹是"离线"的，这意味着对文件上的静态笔迹进行扫描和识别。"在线"笔迹识别是指当书写人在数位板上实时书写时，将笔迹转换为文本。

在笔迹识别中，将笔迹特征提取并分类，将其应用于光学字符识别（OCR）过程中。笔迹识别技术也被用于笔迹鉴定的研究。此类研究的一个例子涉及一种系统的应用，该系统原本打算用作为一个笔迹识别系统，由美国邮政署用于读取邮政地址。该系统被用于一个证明笔迹个体性的实验（Srihari et al., 2002）。除了签名和文件认证和验证，笔迹识别也用于银行的支票处理、地址识别和历史文件的研究等。

笔迹或签名的数字化包括扫描和传真。笔迹的质量取决于扫描的分辨率，以每英寸点数（dpi）衡量。低分辨率会导致签名产生像素化或数字化效果，从而使签名的线条质量显得粗糙。较高的分辨率会降低像素化的外观，但在足够高的放大倍率下，所观察到的是像素而不是笔画墨水线条质量的特征。

除了电子采集的签名之外，数字化还可以在签名的数字摄影中体现。为了平滑放大图像的线条质量，采用了插值等数字处理方法。当有一组已知的采集数据点时，就像在电子采集的签名中经常发现的那样，进一步的处理可以通过插值来实现。不是每秒采集200个采样点，而是采集100个采样点，并使用插值来填补空白。在数学中，回归分析或曲线拟合用于在已知数据点的范围内构造新的数据点。插值也用于数字摄影，特别是在光学变焦功能中，当放大图像时填补差距间空白的数字化数据。一些扫描软件也使用插值法。

数字化笔迹分析给笔迹鉴定带来了一些挑战。首先，计算机签名图像比在纸上签名更容易操作复制，纸上签名复制需要复制件和机械剪切、粘贴技术，有时还需要胶带和剪刀。数字化笔迹提供了一个更简单、更干净的过程，在最终操作版本上留下的转移的证据更少。

关于数字化笔迹的讨论，提出了母本质量及其对笔迹分析影响的话题。复制件的质量是一个变量，会影响鉴定人意见的准确性，而复制件的质量是检验人员在给出意见时需要考虑的一个因素。实践标准建议在分析复制件时对结论进行限定或限制，这是应该在鉴定报告中讨论的限制之一。文件检验科学工作组的《笔迹鉴定标准》(SWGDOC Standard for Examination of Handwritten Items, 2013c) 规定，对非原件的检验存在一种潜在的干扰或限制。该标准规定，对原件进行鉴定是更可取的，如果没有提交原件，鉴定人应要求提供原件。该标准规定，"如果没有提交原件，评估现有最佳的复制件的质量，以确定是否已经足够清晰地复制了字迹的重要细节，以便进行比较，并尽可能进行下去。如果出于比较的目的而复制的字迹不够清晰，则停止这些程序并进行相应报告"（第2页）。斯莱特（Slyter，1995）在检验签名时讨论了复制件的质量，并将这些因素纳入他推荐的实践标准中作为潜在的限制因素。

从形成过程来看，低质量的笔迹图像是经复印机多次操作形成的，这导致了笔迹图像的退化和变形。造成图像质量差的其他因素包括复印机操作不当或维护不当、低墨粉设置或复印机墨粉量不足导致图像太浅或失真，而无法很好地反映笔迹的明显细节。

尽管其中许多问题在处理复制件时仍是固有的问题，但数字化还有其他影响。虽然复印机或打印机中的扫描装置可以设置为高分辨率（取决于机器），但对存储和处理的要求很高。许多文件都是在低分辨率下扫描的（如银行支票），以将存储需求降到最低，并允许更快地处理文件。例如，以70 dpi扫描的签名将比以600 dpi扫描的签名可供检验的信息或细节更少。如果以黑白设置扫描且没有灰度，则与签名动态运笔动作相关的其他细节也无法识别（图12.4）。像素梯度、黑白过渡和像素的平均灰度值是一种数字语言，表示笔迹自动验证研究中所依赖的笔画质量和墨迹特征。这些类型的特征通常由笔迹检验人员使用显微镜进行评估，并被认为是笔画质量特征。

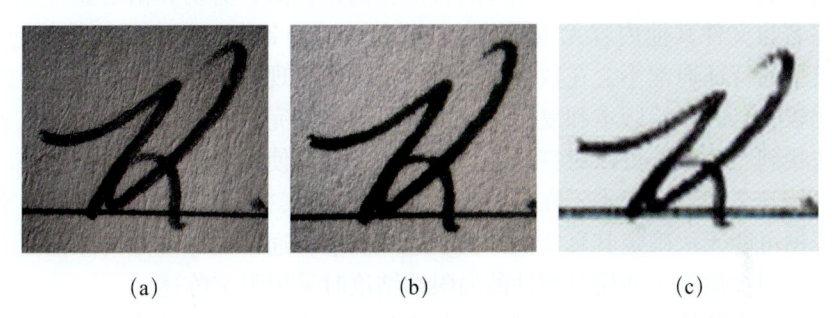

图12.4　手写字母K以照片（a）呈现，再以静电复印件（b）的形式，并在平板扫描仪（c）上进行扫描。请注意由于低分辨率扫描导致的像素化扫描图像

尽管存在与复制件相关的局限性，但是文件检验人员仍可以在处理复制件时得出准确的结论。范德等人（Found et al.，2001a）在面对原件或复制件时，没有发现鉴定人给出的意见存在差异。范德和罗杰斯（Found and Rogers，2005）使用原件和复制件进行了一项能力验证研究，并确定检验人员能够根据复制件给出准确的结论。几年来，范德和罗杰斯通过拉筹伯大学（LaTrobe University）的法庭科学专业分析实验室提供了签名和笔迹的能力验证测试。他们将数字化图像提交给文件检验员进行测试。测试提供的材料通常是全彩色的高分辨率图像，以印刷形式和数字化形式提供。范德和罗杰斯能够在数项已发表的研究中通过非原

件来描述鉴定人的能力。道森和林德布洛姆（Dawson and Lindblom，1998）对文件检验人员能否根据复制件评估笔画质量进行了测试，发现他们可以从平均质量的复制件中识别笔画墨迹特征，并能够对笔画质量做出准确的判断。在研究中，他们指出，在一些情况下，"条纹图案和墨迹堆积被误认为是复制件上提笔动作、迟疑，或是篡改"（第189页）。

在道森和林德布洛姆（Dawson and Lindblom，1998）的研究中，提交给检验人员的复制件质量被定性为"一般"。在范德和罗杰斯（Found and Rogers，2005）的研究中，供检验的签名是用圆珠笔写的，并连续复印两次，为鉴定人提供了二次复印的例子。虽然文件检验人员在处理复制件时能够提供准确的结论，但需要评估复制件的质量，因为在许多情况下，复制件的质量非常差，以至于不能或不应作出结论。虽然对复制件质量的评价存在一定的主观性，但当检验质量较差的复制件时，检验人员需要提供合理、审慎的结论。

范德和伯德（Found and Bird，2016）在他们的实践标准中用了完整的模块来讨论非原件笔迹的话题，并解决了几个关于复制件检验的问题。检验人员对复制件持谨慎态度的主要原因在于使用机械或电子方法操纵和制造签名和笔迹。真实的签名可以手动或数字化地从一个文件复制，然后粘贴、放置或插入到另一份文件上。该文件被重新复制或打印，实质上形成一份新文件。从形成过程上看，与手动或机械剪切和粘贴技术相关的特征包括，例如，剪切和粘贴签名边缘的阴影、签名与文件其他内容无重叠交叉或错位的孤立签名、不对齐以及其他特征。这些类型的特征通常不会在数字化处理的文件中出现。如果源文件可供分析，则可以比较签名的原始版本和复制件，以确定它们是完全相同的。然而，源文件可能无法找到。此外，可以对签名进行数字化处理，使其不类似于原始签名，从而创建原始签名的替代版本。在检验数字化复制件时，可疑文件或来自另一文件对应的证据可能无法确定其真实性。由于这些因素，通常的做法是文件检验人员在鉴定报告中提供关于使用复制件的局限性结论时采用限定陈述。

提供给文件检验人员的复制件或非原件可能有许多不同的格式。检验人员使用不同质量的数码照片。大多数数码相机的分辨率也可以改变。文件的照片也可以用手机相机拍摄，并提供给文件检验人员。提供的数码照片可能是高分辨率的，并且有笔迹的细节特写的图像，可供分析或放大展示笔画质量的细节。放大一般分辨率的图像会导致图像高度像素化，不适合分析或展示。显然，模糊或失焦的数码照片是没有用的，但检验人员可能会收到这种照片，照片中的笔迹或涂鸦可能来自墙上、浴室里、汽车里，或是类似不寻常的地方，或照明条件差的表面，或很难获得笔迹细节图片的情况。如果字迹后来被移除，这些可能是唯一可用的照片。在这种情况下，检验人员可能需要依靠质量差的照片，而这些照片无法提供高分辨率图像所能提供的细节。

检验人员经常会收到低分辨率的电子文件或是银行支票的黑白图像，这些图像在尺寸上也经过了扭曲或压缩。检验人员还可能会收到质量低劣的抵押贷款或银行文件的纸质复印件，其上带有低质量的数字化的签名图像，但他们没有意识到签名可能从未用墨水写在纸上。相反，它可能是一份用粗笔头写在数位板上的数字捕获签名的副本。电子采集的签名有时被存储，签名图像被提供用于分析，但没有任何其他文本内容，无法得知使用的工具或签名是在什么表面上写的。

所提供的声称为原件的材料需要仔细评估，并核实文件是否为原件。彩色复印机技术的先进性使得它们可以被用来伪造货币。对于肉眼来说，用蓝色墨水签名的文件的高分辨率彩色复制件可能看起来像原件，特别是当准备文件的人在签名上写字时，会产生压力压痕来模拟真正的墨水签名。通常，墨水线条的微观分析是必要的，以区分打印效果和墨水效果。由于这些原因，文件检验人员在评估非原件时需要谨慎，并适当地对其结论进行限定。

12.4 数字和电子笔迹

随着数字或电子签名技术的出现，需要笔迹检验人员对在数位板上产生的笔迹转换为数字化的墨水图像进行鉴定。哈拉尔森（Harralson，2013）对这一主题进行了介绍，并为文件检验人员开发了一种分析电子化签名的方法。上述讨论以及其他较新的研究在此进行了总结。

2000年，美国通过了一项法案，使数字签名与用钢笔在纸上书写的签名一样具有法律约束力。欧盟在1999年也通过了类似的法律。数字签名在国际上得到了广泛使用，尽管并非在所有国家中都如此。2000年《全球与全国商务电子签名法》（*The Electronic Signatures in Global and National Commerce Act of 2000*）规定了有关电子签名的一般有效性规则："不得因形式为电子版而否定与该交易有关的签名、合同或其他记录的法律效力、有效性或可执行性"（Federal Trade Commission，2001）。

该法案试图定义数字或电子签名，并从法律角度全面理解电子签名可能代表什么。该法案对整份文件中使用的术语提供了几项定义。具体而言，"电子签名"是指"附在合同或其他记录上或在逻辑上相关，并由某人签署或采用的电子声音、符号或过程。"该定义清楚地表明了术语"电子签名"的广泛用途，它可以是基于算法的数字签名或电子捕获的手写签名，其并没有区分这两种类型的电子签名。

梅森（Mason，2010）在对全球电子签名进行的回顾中发现，"该法案中没有针对前沿电子签名概念的具体规定"（第331页）。梅森指出，签名是一种有意为之的行为，不仅包括纸上的墨水，还包括作为一种签名类型的蜡封。因此，梅森列出了几种可以理解为电子签名的含义：为文档键入名称、电子邮件地址、单击"我接受"图标、PIN、生物动态签名、扫描签名和数字签名。根据梅森的说法:"手写签署的生物动态签名使用一种特殊的笔和平板来测量和记录签字人在签名时的书写动作。这样就创建了一个数字版的手稿签名"(第333页)。

12.4.1 电子书写硬件

数位板是捕获数字化签名的一个重要组成部分。签名和捕获笔迹的设备越来越多,包括平板电脑、掌上电脑、移动电话和其他设备。市场上可用的不同平板设备会影响手写信号的质量(图12.5)。Wacom公司生产的商用数位板广泛用于笔迹研究,它依靠电磁感应来传输和接收触控笔的信息。触控笔还包含用于接收和传输信息的电子设备。这些信号有助于确定触控笔在数位板上的位置。专门从触控笔接收信息的数位板可减少信号中的白噪声。阿隆索-费尔南德斯等人(Alonso-Fernandez et al., 2005)在一项笔迹验证实验中发现,由于采样频率的振荡,某些数位板表现得更好。

图12.5 同一人在警务人员的掌上电脑上签署的四个签名

数位板无需触控笔接触到屏幕,就能从触控笔接收信号信息。这有助于确定触控笔在数位板上方的位置(称为笔头位置)、笔的倾斜度以及在数位板上的横纵坐标位置。根据数位板表面上方的信息分析出的特征之一涉及空中笔画(当书写人在字母或单词之间中断书写时在空中的笔画,产生了抬笔动作)。数字化签名采集的一些独特笔迹特征为司法笔迹检验提供了新方法。

触控板或触摸屏也用于书写签名。有些设备允许同时使用触控笔和触控板互换书写。触控板对指尖有压力感应。研究表明,触控板和鼠标在点击选择任务中,用户表现存在差异(Akamatsu and MacKenzie, 2002)。触控板和指尖即可完成签名。无需其他如触控笔或鼠标等设备。这项技术增加了便利性,并允许在笔记本电脑、平板电脑和手机上签名。连接信用卡读取设备并带有触摸屏的POS机签名已被广泛使用(图12.6)。

便利性是触控板签名普及和广泛使用的主要因素,但是出于这些签名的物理局限性而无法实现书写精度。对触控板的研究表明,当手持设备时,出错率是一个问题,但错误也源于与指尖宽度相比,触控笔的尺寸较小(Isokoski and Kaki,

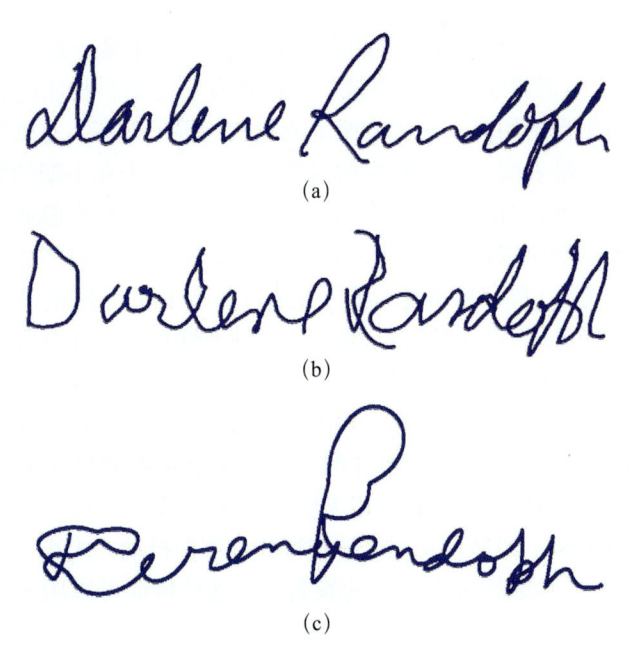

图12.6　书写人分别用触控笔（a）、手指（b）和鼠标（c）签名

2002）。笔迹的发展离不开尖端书写工具的发展，如鹅毛笔、钢笔、圆珠笔和触控笔。需要进行小而狭窄的运笔动作时，指尖的宽度降低了签名细节的精确度。

　　数位笔或触控笔与数位板、平板电脑和移动设备结合使用。电子墨水是在显示器上看到的数字化笔迹，有时会使用笔迹识别技术将其转换为印刷字符。由于某些系统允许用户使用鼠标来签名，因此并非所有的图像签名都是通过触控笔采集的。尽管使用鼠标对签名者来说是非常不方便的，但有些制造商表示这样的签名在法律上是可靠的。事实上，研究表明，用鼠标签名可能会使签名不可靠，尤其是与非代表性样本进行比较时（Harralson et al., 2011）。还可以在有压力感应的触控板上用指尖进行签名。虽然这种类型的签名比用鼠标更能控制精细的书写活动，但是对于书写人来说，与在纸上用笔，甚至是用数位笔或触控笔进行签名相比，在触控板上用手指签名仍然更加笨拙。

　　尽管有些书写工具使书写过程不舒服且笨拙，但不可忽视的是，计算机技术创造了新的书写工具。许多用于绘图数位板的触控笔在形状上与真正的钢笔相似。当签名人握着触控笔时，感觉就像握着一支钢笔，可以自然地进行书写活动。一些触控笔配有塑料笔尖，可滑过平板电脑的表面。一些更为高级的数位笔内置的传感器可以检测压力，并通过数位板上来自触控笔的压力来代替点击鼠标。

　　尽管使用触控笔书写比用指尖可以体现更多的细节和精度，但并非所有触控笔都具有相同的技术水平。特别是当签名人遇到POS机时，触控笔会非常笨拙，无法形成能真实反映足够的个人笔迹细节特征的签名。有些触控笔简单到只是一支带尖头的塑料笔，笔内没有相关的电子器件。一些在显示器上产生"数字墨水"（在某些数位板屏幕上留下的痕迹）的设备有一支塑料材质的触控笔附在平板上。其他的则相当于用尚未削尖的蜡笔或宽状的棍子书写。有软笔尖与宽橡胶头，以防止刮擦屏幕表面。有些较粗的触控笔笔尖不利于在小型的数位板上书写签名。在某些情况下，对于与触控笔相关联的小尺寸的平板电脑或屏幕来说，宽触控笔相对太大。哈拉尔森等人（Harralson et al., 2011）进行了一项研究，比较了三种不同的"笔"（数字墨水笔、数字触控笔和鼠标）之间的笔迹样本。在实验中，发现用非墨水笔书写的签名，复杂度、细节性和协调性有所降低。

一些有压力感应的平板既可以使用触控笔，也可以使用指尖，并且在iPhone和其他不同尺寸的相类似的设备上，用手指进行签名也很普遍。在小型数位板或显示器与指尖之间也存在同样的尺寸问题。对于显示器的尺寸来说，指尖通常太宽、太钝，并且无法形成与笔尖相关联的精细细节。然而，罗伯逊和格斯特（Robertson and Guest, 2015）发现了一些特征（例如抖动、大小、持续时间、笔移动的距离），在检验触控屏上产生的签名时，这些特征可以用于识别潜在的生物特征。

许多平板电脑也可以和鼠标一起使用。虽然用鼠标签名不是很直观或自然，但一些推广电子签名技术的公司却鼓励这样做。这种类型的签名为形成稳定且能真实反映个人笔迹特征的签名带来了多重挑战。使用鼠标签名十分笨拙，且无法使用传统的"三脚架"握笔方式，而这种握笔方式可以最大程度地手动控制书写活动。此外，书写时看着计算机屏幕而不是平板或纸张上的文字，这一点也会使书写人感到别扭，当书写人在计算机屏幕上的某个特定区域或框内无法直接用鼠标进行签名时尤其如此。和触控笔一样，鼠标也会根据设备的不同而有不同的准确度。

12.4.2 电子化签名的检验

"数字签名"的内涵和外延范围很广，并且这种基于技术的签名术语并不统一。由于数字签名、电子签名和生物识别签名相关的术语存在差异，因此这些术语将在术语表中进行定义。哈拉尔森（Harralson, 2013）开发了一种方法，并对可供文件检验人员参考的三种电子或数字签名类型进行了分类：(1) 数字加密签名；(2) 生物特征或动态手写签名；(3) 静态手写签名。

尽管对数字加密签名的分析超出了大多数笔迹检验人员的专业范围，因为它不涉及物理的"书写"过程，但它仍然作为方法论的一部分被提及，因为它代表了笔迹鉴定人工作范围的局限性。文件检验人员会收到有关基于密码的"签名"的分析请求，因此将这些数字算法作为方法论的一部分以及提醒笔迹检验人员其后续的局限性，是非常重要的。文件检验人员可以自学有关数字签名及其分析的安全性要求，以便就其分析向委托方和调查人员提供更有根据的建议，并在适当的时候，咨询数字证据领域的专家。对于文件检验人员来说，了解数字签名如何成为数字签名过程有时是很重要的，因为数字签名和电子手写签名有时一起用于签署文件。在这些情况下，数字证据专家和笔迹鉴定人可能需要在文件分析中合作。建议文件检验人员对数字签名有一个广泛的了解，以便他们可以为委托方正确解释所分析的类型。非专业人士可能不知道数字签名和电子手写签名之间的区别。

手写的生物特征签名涉及计算机数据的采集，通常结合在线特征和离线特征。如果未捕获到任何生物特征，但有签名笔迹图像可供分析，那么鉴定人需要将该签名视为电子静态签名。此外，即使已知已捕获生物特征数据但未将其提交给检验人员，或者由于某些原因无法获得，检验人员仍然需要根据静态签名的检验原则给出限制性的意见。当有生物特征数据时，检验人员还应询问数据的存储和传输方式，以确保数据的可靠性。除了数据质量（频率）之外，对签名条件（使用数位板和触控笔）的询问也是分析的一部分，应通过最后的鉴定意见反映出来。

生物特征或动态签名分析的下一步包括笔迹特征的分析。在此阶段，检验人员根据司法笔迹检验中已经建立的标准以及有关在线动态特征的可用研究，评估采集笔迹特征的个性化特征及其可靠性。有许多特征可以用于分析，但研究表明，某些特征比其他特征更稳定且可靠。一些众所周知的特征可以通过在线方法进行分析，其中包括持续时间、笔顺、速度、加速度、笔压和其他因素。

表现出稳定性和可靠性的特征包括x和y坐标的速度、x和y坐标序列以及与x轴的角度（Lei and Govindaraju，2005）。最重要的特征包括笔压测量、垂直和水平位置、笔方位角、笔高度、速度测量、加速度测量和曲率半径（Richiardi et al.，2005）。更为详细的结果的特征包括总时间、各种速度和加速度测量值、平均压力、长度和驻笔时间（Tariq et al.，2011）。在选择可靠的在线特征时，利维奇（Liwicki，2012）列出了几项测量方法，包括水平和垂直位置、压力、加速度测量、笔方位角和笔高度，并通过三种分类（大小、复杂性和易读性）之间比较了真实签名和摹仿签名的特征。尼古拉德斯（Nicolaides，2012）研究了与加速度相关的测量方法，并报告了它们在签名检验中的有效性。艾哈迈德等（Ahmad et al.，2013）提出，笔压是一个显著特征。林顿等人（Linden et al.，2016）发现签名大小、轨迹长度和签名时间是鉴别真实签名和摹仿签名的有效特征。

不充分或不可靠的笔迹特征会导致不确定的意见，尤其是在没有可供比较的样本的情况下。笔迹验证系统的研究人员和开发人员已经注意到，仅凭一种特征不足以建立笔迹识别；正是各种特征的组合才使鉴定成为可能（Srihari et al.，2002；Franke et al.，2004）。

即使使用复杂的生物特征或动态数据采集了可疑签名，样本签名与可疑签名间也需要具有可比性。就像在任何司法签名案件中一样，供比对样本的数量必须是充分的、同期的，并且是在相似条件下书写的。因此，如果电子化签名是用手指在触控板上书写的，则理想情况下，供比对的签名也应以类似的方式书写。有些系统具有用于注册的签名数据库，但这些系统中大部分只采集少数签名，这些签名可能不足以满足笔迹鉴定的要求，这取决于例如复杂性和变化范围等笔迹因素。当在相似条件下有足够数量的生物特征签名可用并在类似条件下被采集时，根据生物特征或动态签名中可用的动态及静态特征可以出具结论性的意见。如果只有静态签名可用于比对分析（这些签名可能是数字化签名或传统意义的纸笔签名），则可能会出具保留性的意见，尤其是在形成基于生物特征的签名时使用了触控笔的情况下。

哈拉尔森等人（Harralson et al., 2013）评估了静态和动态笔迹数据对检验人员能力的影响。学生组最初检验了真实签名和摹仿的静态电子签名。随后另外向这些学生提供了与签名相关的动态信息。结果显示，当向学生提供静态和动态信息时，错误的结论减少。

第三种签名类型是静态手写签名，也可以称为数字化签名，在上一节中已进行了讨论。这些签名是在电子设备上采集的，但没有生物特征数据或计算机文件与数字化图像相关联。检验人员可以收到电子版的签名（例如文件上带有签名图像的PDF文件）或打印出来的纸质签名。由于这些签名可能经过数字化操作，因此不可将签名与文件真实性相关联，而检验人员可能仅限于对签名的笔迹特征给出意见。评价签名的分辨率质量非常重要。任何数字化签名都应进行电子签名评估。有时，检验人员会收到可疑签名的纸质复制件，而没有意识到可疑签名是在电子设备上形成的。如果签名是在设备上签署的，然后转移并嵌入到文件中，则数字化签名相对于文件的签名空间可能会显得突兀或不自然。签名也可能不与横线或周围的签名区域有交叉。嵌入到文件中的签名也可以缩小尺寸。对于分辨率低（像素化程度高）和笔迹特征有限的数字化签名，检验人员应谨慎评估，并建议出具不确定性意见。高分辨率质量结合在同等条件电子环境中捕获的样本签名，可以出具考虑到与数字化签名相关的局限性的保留性意见。

第十三章

文书检验人员能力评估

13.1 合格文件检验人员的来源

尽管没有关于执业文件检验人员资格和能力信息的单一来源，但是有一些成熟的组织提供认证计划并公布其认证的成员名单。美国法庭文件检验委员会（ABFDE）和法庭文件检验委员会（BFDE）每年都会发布一份经过测试和认证，因此有权获得被委任鉴定资质的检验人员名单，另外，国家文件检验协会（NADE）也每年在其网站上发布一份认证从业者名单。

1942年，阿尔伯特·S·奥斯本（Albert S. Osborn）成立了美国可疑文件检验协会（ASQDE），之后其他提供成员资质认证的专业组织也相继组织成立，例如成立于1980年的国家文件检验协会（NADE）和成立于1986年的法庭文件检验协会（AFDE）。这些组织提供的认证计划包括要求成员证明其在各自的继续教育计划中保持持续的能力。

这些组织提供的成员资质认证需要每5年更新一次。2000年，法庭专业认可委员会（FSAB）在美国法庭科学学会、美国国家司法科学技术中心和美国国家司法研究所的支持和协助下，成立了一个对司法鉴定专业执业人员进行认证的委员会。法庭专业认可委员会要求鉴定人进行全方位测试，遵守职业道德规范，并在该领域继续接受教育。尽管法庭专业认可委员会认证不是强制性的，但它为法庭科学地巩固和统一认证进行了迈出了一步。目前，美国国家标准与技术研究院（NIST）负责监督法庭科学委员会（OSAC）组织，该组织正在为促进广泛的法庭科学学科制定标准和指南。其目的是帮助统一并巩固法庭科学领域培训的最低限度、认证和考试程序最低标准。美国国家标准与技术研究院建议认证机构应通过ISO/IEC 17024（国际标准化组织，2012）的认可。

13.2 专业和能力

13.2.1 学历

业内普遍认为，获得认证大学的学士学位是首要要求，最好是在科学领域。此外，心理学、数学和其他领域的学士学位亦可能认为是合适的。目前，美国已有大学提供专门开设文件鉴定课程的法庭科学学位。

一般认为，大学教育会反映出文书检验所需要的最基本的智力与理解能力。美国可疑文件检验协会（ASQDE）、美国法庭科学学会（AAFS）、美国法庭文件检验委员会（ABFDE）和法庭文件检验委员会（BFDE）都需要四年制的学士学位作为其成员从业的最低学术水平。

13.2.2 培训

在第三章中更详细地介绍了美国大学对文件检验人员的培训过程及要求。东田纳西州立大学和俄克拉荷马州立大学都提供文件检验研究生学位，他们都通过在线教学的教育方式授课，这有利于全美乃至全世界的学生能够更广泛地获得教学资源。并且他们都规定，法庭文件检验学位并不能满足获得专业组织的认证或执业资格所需的专业实践的资格。在完成大学课程（通常是广泛的法庭科学或刑事司法课程组成）后，学生需要获得实践的、受监督的经验，才能完成两年的培训。

在美国，许多私人执业者都曾在大城市的市级、州政府和联邦法庭实验室接受过培训。然而，必须指出，虽然政府实验室是为大量鉴定人提供培训的机构，但对于培训计划几乎没有标准化，这主要是因为他们采用学徒制。一些政府文件检验实验室由一到两个人组成，他们努力训练自己的接班人。同样，许多私人执业者聘用学徒，可以协助法庭准备证物、收集样本和协助案件处理。由此，接班人的兴趣得到拓展，发展成为学徒。这样就很难通过培训的实验室来判断培训的质量或者是学徒获得的能力，由于缺乏适当的标准，因此成立了认证委员会。

文件检验科学工作组（SWGDOC，2013a）概述了学生需要学习的具体领域，以满足最低建议的培训要求。应当指出的是，诸如欺诈调查或笔相学等其他司法鉴定学科的课程并不符合文件检验人员执业的需求。此外，一个学生需要的培训比一门函授课程所能提供的还要多。单一函授课程不符合文件检验科学工作组（SWGDOC）规定的2年以上的最低培训要求。

在公认的从业者中，普遍认为2年实践培训需要在经验丰富的持证指导员的直接监督下完成。这样做的原因是熟练程度取决于对适当特征的正确选择、对特征重要性的评估，以及对科学仪器方法的熟悉程度。前两种情况会随着所检验的材料的不同而变化，因此书本上学不到，只能从老师传授和实践经验中获得，而辅导将导师的经验与学生所获得的经验结合在一起，这对于该领域的新手而言尤其重要。类似地，可能会有人质疑，单独工作的检验人员无法受益于他人的经验，也无法对评估进行相应的修正。显然，自学成才的人处于明显的劣势，并冒着重复犯错且未被发现的风险。

13.2.3 专业机构

文书检验能力的合理指标，即所获得的技能水平，可以从对会员所属专业协会的资质审查中获得。这些组织致力于吸引那些在其领域中有能力胜任的从业者，因此，他们会充分关注现有成员的资格，以淘汰或避免那些会对团体声誉产生不利影响的人员。然而，不幸的是，实际上一些团体或协会间的标准不同，尽管这些协会隶属关系也不代表他们有着相同的资格标准。

在专业组织中当选或被任命的职位也在一定程度上表明其能力水平，这种被同行认可的程度，是衡量个人在具有最具有判断能力的人中所享有尊重的标准。

13.2.4 出版物的数量和质量

许多科学领域将已发表的文献作为衡量个人资格的标准，原因有二：首先，它是供公众审查和评估的材料。其次，在出版之前，按常规要接受同行评审。但是，同行评审的标准千差万别，人们需要了解评审委员会和期刊政策的某些内容，才能正确判断出版物的质量。

13.2.5 总结

综上，文件检验人员获得执业资质的评断依据可概括如下：
1. 在公认的学术机构中取得的成就水平。
2. 接受培训的类型和持续时间。
3. 导师的资格。
4. 拥有专业组织成员资格并享有与该组织的从属关系。
5. 在专业协会中担任职务。
6. 发表有关该专业文献的数量及其发表的期刊质量。
7. 在该专业的继续教育计划。
8. 提供服务的范围。
9. 获得经验的广度。
10. 能够提供信息并提供能力相关的答案。

此外，也可以通过检验人员的简历（CV），及其处理任务的能力进行评估，如所使用的设备和可利用的资源。除非这项检验或研究即将完成，否则提供文件检验人员的服务或声称进行的检验似乎没有什么正当的理由。

文件检验（其中笔迹鉴定是主要组成部分）是一项检验文件发生过的事件历史的研究。尽管此文主要介绍笔迹鉴定，但是文件检验不能脱离书写的载体和媒介，签名笔迹是真实的情况并不少见，但其他证据揭示签名并未以当前形式书写在文件上。因此只对笔迹进行检验而不考虑其他证据是不完整的，是对当事人的一种伤害。故而，检验人员必须具备以下设施：
1. 在不同的光线条件下，用显微镜和立体镜检查笔画。
2. 用透射重叠进行笔迹研究。

3. 对文件及其笔迹、刻字或印刷文字物理尺寸进行精确测量。
4. 研究和记录油墨、纸张和其他材料对电磁光谱可见范围以外辐射的反应，即紫外和红外光源。
5. 检查和研究叠加在可疑文件上的其他笔迹上产生的压痕。
6. 以图片或其他方式记录其他设备揭示的信息。

如果检验人员在没有能力对可疑字迹所在文件的所有方面进行彻底检验，那么他可能永远不知道没有研究过哪些重要证据，也无法就超出其服务范围所需的检测类型提供相关指导。

13.3 文书检验能力的保持

文书鉴定人保持技能、获取和实践新知识、提高绩效的最有效手段是通过加入专业机构和参加专业组织及其会议，其中一些组织会在从事的特定领域举办研讨会。

在北美，美国法庭文件检验委员会（ABFDE）、法庭文件检验委员会（BFDE）和国家文件检验协会（NADE）的认证要求持证或认证会员每5年通过所修课程、参加会议、提交和/或发表的论文证明自己对该学科有最新的知识。这可能是这些认证计划中的一大优点，因为会有大量的文书检验人员出于这样或那样的原因已经离开该领域多年，但在退休或终止其目前工作后，又重新进入该领域并对公共提供服务，就好像一段时间内不活动对他们的知识或技能状况没有任何影响一样。还有一些文件检验人员，他们可能曾经获得过专业机构的认证，但没有保持现有的资格，而且由于没有参加继续教育，他们的执业资格已过期。

在缺乏专业许可制度，或是法院或专业自身没有以适当的形式约束的情况下，客户、法院或检验人员本身缺乏继续教育的风险是不可避免的。尽管有的学校和组织自称可以为文书检验人员提供认证，但是可以定期进行继续教育的证书计划的学校和组织需要具有更高的专业地位和信誉。

13.4 专家证人资格

按照定义，人们似乎普遍同意，专家证人是指通过培训或者经验获得的具有特殊技能或知识的人，这些通常是外行不具备的，因此可以得出结论或发表意见，否则在证词中是不可采纳的证词。

有一种学派认为，尽管可能很难规定一种水平来满足所有学科，但该定义暗示了一种能力水平。此外，这样暗示的能力水平比仅仅简单地接触文书检验实验室所能达到的水平要高。如果不是这样，那每位文书检验人员（甚至其他司法鉴定专家）的每位秘书都有资格作为专家证人作证。事实上，有一部分秘书在一段时间后会声称自己是合格的检验人员，但是他们的能力水平尚未在该学科中得到广泛认可。在审议和确定专家证人的资格时，法定机构没有考虑到这一广泛的范围，这几乎不值得说。

至少从历史上看，专家证人资格的底线在法律上被定义为"可以为法院提供客观帮助的人"，仅此而已。没有其他方法可以确定证人是否确实是专家或应被视为是某一特定领域的专家。实践经验很重要，但很少能成为其唯一标准。学术成就也是如此。法律倾向于将能力水平作为对证词权重的主要指导。这种情况促使因温克里德（Imwinkelried，1982）评论说："至少在联邦惯例中，几乎无法想象一位专家会因为缺乏资格而被排除在证人席之外"（第37页）。

根据美国道伯特规则（Daubert standard），联邦法院和美国各地的许多州法院在听取专家证人证词方面扮演看门人的角色。美国最高法院的三个案例（道伯特三部曲）促成了对美国联邦证据规则（道伯特规则）第702条的修订。在道伯特诉梅里尔道制药有限公司案（Daubert v. Merrell Dow Pharmaceuticals，1993）中，通过专家证词提供的证据是通过其科学可靠性进行评估的，而不是通过弗莱通用验证测试标准进行评估的。在通用电气公司诉乔伊纳案（General Electric Co. v. Joiner，1997）中，法官有权排除专家的证词。在锦湖轮胎公司诉卡麦可案（Kumho Tire Co. v. Carmichael，1999）中，法官可以在包括非科学证词在内的所有专家证词中充当看门人的角色。2000年美国通过了第702条规则，其中规定了接受专家证词的准则。这条准则明确规定了经知识、技能、经验、培训或教育符合专家资格的证人，在下列情况下，可以发表意见或以其他方式作证：

1. 专家的科学、技术或其他专业知识将有助于事实审查人员理解证据或确定有争议的事实。
2. 证词要以足够的事实或数据为基础。
3. 证词是可靠的原则和方法的产物。
4. 专家已将原则和方法可靠地应用于案件的事实。

梅利诺等（Merlino et al.，2007）评估了排除文书鉴定专家证词的美国联邦法院案例，发现这种排除是基于专家资格和文书检验作为一门科学实践的。关于专家资格，法官们特别提到，缺乏非学术培训、缺乏处理这方面问题的技能、缺乏经验、缺乏发表文章的记录、缺乏在该领域的声誉，这些都是排除专家作证的因素。

专家资格对陪审员的影响不应被低估。在一项关于法庭科学专家证词对陪审员判断影响的研究中，发现专家的资格和经验比法庭科学技术和科学测试对陪审员判断的影响更大（Koehler et al.，2016）。

13.5 其他法庭科学学科培训的相关性

尽管分析、比较和评估的鉴定过程是法庭科学其他几个学科的基础，但每个学科分析和评估的步骤是不同的，必须独立地学习。在不同学科中要检查的材料，或在支配其创造、组成或行为的自然规律方面差异越大，那么法庭科学其他领域与笔迹鉴定问题的相关性就越小。

第五章讨论了笔迹检验与法庭科学其他领域鉴定的区别。正如前面提到的那样，笔迹是有生命个体身体有意识和有意的问题，而其他学科研究的物质是有生命个体身体或无生命体无意识的问题。因此，对问题是否自愿控制的这种差异使得取证方式发生了重大变化。法庭科学其他领域检验和研究的是构成或组成物质的性质、反应和属性。在这些方面，同一材料的不同样品之间具有一致性。

笔迹鉴定检验和研究的是对由个人行为习惯所描绘的人类行为或表现的特定方面。样本笔迹之间的一致性较少，可能很少。在笔迹检验中涉及的一致性的物质可能仅仅是记录的基础。因此，其他学科检验人员的教育、培训和观点与在笔迹鉴定领域中检验人员有显著的不同。

一些法院以为所有法庭科学学科都具有共同的基础知识，就像在各种法律领域中普遍存在着许多证据规则和程序一样。或者，以为在法庭科学领域有基础教育，之后会进行如法律或医学那样的专业化或领域选择。然而，除了对科学方法的理解和对证据的基本认识外，法庭科学的许多领域几乎没有共同之处。在基于模式的法庭科学，包括潜在印迹检验和笔迹检验之间有一些联系。然而，这些基于模式的法庭科学学科与 DNA 或毒理学几乎没有共同之处。

13.6 专业精神与职业道德

职业和道德行为准则是法庭科学专业的基石，各组织需要在其专业成员中颁布和执行行为准则。如果该专业已初具雏形并达到执业、专业和道德行为的标准，那么这就是司法系统和客户可以用来确保检验人员能力的一种措施。

戈敦（Godown，1970）认为专业组织是建立在以下方面的共识上的：（1）认证程序，（2）教育和培训标准，（3）促进专业研究，（4）实践标准（道德和实践）。弗洛雷斯（Flores，1988）解释说，专业精神通常具有一系列复杂的角色特征，涉及以下几个方面：

1. 专业知识和培训
2. 对社会重大问题的自主决策权
3. 致力于公共服务
4. 这方面的专业精神，通常隐含标志着负责任行为的标准

拉维茨（Ravetz，1971）提供了四个标准，将真正的学术专业与提供特定服务的手艺、贸易或职业区分开来。

1. 客户需要服务，却无法满足对自己的需求，因此，客户依赖并易受其的影响。

2. 客户没有能力评估服务的充分性或质量。
3. 在一系列任务中公认的能力在法律上仅限于那些经过认证完成了科学性培训的人。
4. 作为实现垄断的交换，该群体承担实现客户目标的责任。

在这些标准中，有一个必不可少的信任元素，责任的归属，至少有一个合理程度的信任，并且期望专业人员尊重这种信任。滥用专业权威、不称职或渎职都是对客户信任的背叛。该行业享有的任何合法垄断（例如许可证或认证）都可能面临风险。因此，该行业必须保持工作标准以保护客户的利益，并且为了防止放宽标准和忽视客户利益的行为准则是必要的。

每个主要的行业都为其成员建立了职业道德准则，明确规定了成员应遵循的义务和道德责任。这是基于主要的业务目的：即服务于客户的利益。作为一项指导原则，如果要建立和维护受托关系，要确实加强这种关系，并且要缓解客户对于害怕被利用或是服务不周到的恐惧，则必须遵守职业道德。

此外，鉴于大多数职业都主张拥有自主权，并采取自我监管的姿态，这些职业从过去就建立了这些行为准则，以确保服务质量，并促进对随之而来的道德后果负责任的意识。此外，自律及恪守专业守则可提升业界的公众形象，从而有助于在公众心目中维持专业的诚信。

近年来，公众对专业人员日常活动的批评越来越多，这促使人们对专业人员的规范性方面产生了新的兴趣。因此，大型协会承担了修改其道德规范的任务，以表达其对道德行为的承诺。

此外，对专业人员的教育也越来越注重道德问题。学术课程也包括道德和专业的课程。关于职业道德的讨论越来越多，有关职业道德的文献也越来越多，这说明了人们对职业道德方面的严肃思考。

弗洛雷斯（Flores，1988）声称，这种兴趣几乎完全集中于审查职业道德准则中所颁布的规则所定义的专业人员的问题和责任上。这些准则所包含的规则和原则为评估职业活动和在违反这些活动时主张予以谴责提供了一个框架。然而，这种对规则的片面强调会造成一种错误的印象，即职业上的得体只不过是规范个人日常活动行为的各种规则。这样构想的专业精神被简化为仅涉及准则形式主义应用的规则行为。虽然这种方法在给专业人员提供他们应该如何行动的一般指导方面有其价值，但它可能扭曲对专业精神的一些基本方面的理解。

准则并没有提供足够全面的视角来说明专业精神所必需的德行和理想，或者一个人应该成为什么样的人，以及他应该如何做才能被认为是一个真正的专业人士。将专业精神作为规则支配的行为画面中缺乏的正是德行和理想，这些德行和理想使纳入准则的义务和责任成为可理解的道德规则。没有这个基础，准则可能会被视为一种涉及行为规则的思想，而这些行为规则只是为了促进行业的自身利益。另一方面，提及诚实和正直等德行和真理与正义等理想，使人们深入理解了成为专业人士的意义，以及职业精神如何不仅仅是单纯意味着遵守规则的行为。专业精神的标准概念着重于一个人应该如何行事，特别是每一种行为是否符合准则。然而，弗洛雷斯（Flores，1988）坚持认为，作为一种德行的专业精神将行为视为次要的问题，专业精神是什么样的人——个人性格中的道德品质。因此，专业精神是一种生活方式，它与某些性格和思想习惯相联系，如诚实、公正、正直和公共服务。由于这些特征，人们倾向于以符合规则的方式行事，而不是作为规则所定义的义务，而是作为一种人是哪种人的结果。

这种重点上的差异取决于树立职业理想，包括追求卓越的承诺和为公共利益服务的奉献精神，这定义了一个人应该成为或将会成为什么样的人。在追求这些理想的过程中，一个人会养成某些的习惯、态度和性情，这些习惯、态度和性情会塑造一个人的思想和品格。因此，一个人的行为方式将不取决于他是否愿意遵守规则的意愿，而是取决于他性格中隐含的道德良善。希尔顿（Hilton，1974）也谈到了这一点，他说道德远远比一套规则深刻得多。它必须是一种天生的或已发展的基本诚实，这会阻止从业人员做任何不完全光彩和完全不光彩的事情。这不是可以通过立法来解决的问题。

因此，专业精神的概念是对追求专业技能时，对卓越理想的承诺。事实上，由于专业实践对社会和专业都有价值，因此那些致力于追求卓越理想的专业人士通常会坚持超越普通人接受的行为准则。此外，献身于正直、正义、智慧和真理的理想，将给专业带来荣誉，并赢得他人的尊重。因此，从道德上讲，专业人员的定义应包括对支撑专业精神核心美德的各种理想的认可。

对牛顿（Newton，1981）来说，专业是一个集合，包括：

1. 拥有一种专门的技术、技能或能力，需要长期而艰苦的教育，并拥有长期的实践经验。
2. 以个人或集体方式在实践中为个人客户和社会提供服务。
3. 是否全职受雇从事技术或技能的实践。

这个定义与弗洛雷斯（Flores，1988）的定义不同之处在于，它是基于报酬与奉献精神来区分职业的。的确，牛顿（Newton，1981）所包含的报酬方面提供了区分专业人员和业余人员的特殊标准。弗洛雷斯对公共服务的献身精神使目前的讨论保持在适用于科学的范围内。此外，在某种程度上，作为一种副产品，专业人员由于拥有专业技能，无论就业状况如何，都能保持其专业身份。要想获得正确的专业地位，必须有广泛的教育基础、充分的实践以及以服务为中心的从业者与客户之间的特殊关系。在不同的职业会强调不同的元素，但无一例外都会存在的。

和弗洛雷斯（Flores，1988）一样，牛顿（Newton，1981）也将实践领域中任何一组规则或指导方针的内在和外在方面区分开。内在方面是职业生涯开始时更大、更严肃的方面——一个人的理想和德行。外在方面更明显，逻辑上一致的可执行方面——专业人员所遵循的道德准则。内在方面，一个人的理想和德行，植根于每个人内心。外在方面总是作为道德守则与专业组织联系在一起，是其政治过程的产物。

这两个方面单独作为一种道德是不能令人满意的。内在的道德往往是不健全的，更多的是一种个人情感或良心的表达，而不是一套可检验的规则。至于外在方面，作为一套或多或少要被运用的规则，它很难去解决作为伦理困境而呈现的无限多样的情形。同样，道德本应引导的实践可能会发生变化来适应各种条件，从而使从业人员和组织都难以适应压力，而维持一个理性的道德可能是一个几乎不可能完成的任务。

法庭科学家已经成为众矢之的，也许是因为每一项发现都是公开的，容易受到质疑，而现有法庭科学家的数量已经大幅增长。只有寻求挑战的资源有限才能限制争议的数量。

然而，有些法庭科学家被指控他们的发现与资格是虚假的，这些极少数人损害了学科的声誉。

科学研究的特殊性质要求，如果要适当地完成工作，那就必须采用道德准则。如果要执行和维护这一准则，就必须利用社会机制、个人行动和承诺。无论是研究对象还是研究工作的社会方面，都无法保证科学探究的健康和活力。除非有一种有效，甚至比职业道德更完善的科学道德规范，否则微妙而敏感的科学工作将无法继续得到良好的管理或执行。因此，对于任何有抱负的科学追求及其实践者，包括笔迹检验，职业道德的重要性都是显而易见的（Hilton，1988）。

如果给予适当的思考，以下八项规定应在笔迹检验人员认可的个人或集体道德守则中占有一席之地：

1. 按照科学方法，应用科学和逻辑学的恰当原则，对任何载体上的手写或刻印笔迹的检验和研究。
2. 确保检验和研究的范围是客观的，并且适合于文件所提出的任务。
3. 确保得出的结论和/或发现的调查结果与现有的物证相符，并且对物证进行正确的解释；清晰、简明、公正地报告结果。
4. 在解决问题时，承认个人的局限性和学科的局限性。
5. 只要被审查的事项还在调查中，只要委托人及其律师坚持保密，就应遵守保密所调查事项。
6. 通过继续教育保持技术能力和专业技能
7. 在专业技能实践中，表现并保持对专业技能的卓越承诺，以及对正直、智慧和真理理想的承诺。
8. 认可及采纳个人使用的实践标准，这些实践标准可能是或已经成为进行笔迹鉴定的首选实践。

在谈论质量控制的话题时，奈特（Knight，1989）说："我们拥有——或可能遭受着——最为严格的质量控制形式,即在法庭上的交叉询问,在这种情况下,任何不当行为、遗漏或伪造证据都是非常严重的,这些情形可能会由对方律师和'另一方'的专家通过律师揭示出来"(第59页)。显然,奈特毫不怀疑法庭科学家会就其他法庭科学家的工作和证词向律师提供咨询。这种参与提供了一种质量控制,而质量控制对行业来说是健康的。对于对方专家是否应该批评其他检验人员的工作或报告他们的行为存在争议,其他检验人员也发表了评论(Sellers,1968;Alford,1975;McNally,1988;Lindblom,1991)。这个争议源于对方鉴定人的动机。在审查另一个人的工作时,对方专家是否协助律师来混淆问题,并代表了客户的利益来妨碍司法公正,或者,动机是基于对检验人员工作的真实批判,以此来确保正确遵守和应用实践标准?

在某些情况下,文件检验人员会遇到一些涉及其他专家证人证词的情况,其鉴定结果是正确的,但是依据却是错误的。在其他情况下,有关签名笔迹身份确认的证言只是所要求鉴定的一部分。进一步的检验工作显示该文件是在空白时被签署的,或者该材料被添加到签名上方的文件中,从而改变了应用签名时的意图。因此,当(1)可能损害公平正义,(2)该学科声誉受到威胁时,专家应要求律师对另一位专家证人进行询问。

其他的困境是由于对证据评估存在差异而引起的———一个检验人员认为足以做到认定书写人,而另一位检验人员则认为仅足以支持一个较恰当的结论,例如,很有可能认定的意见。如果第二个检验人员作证,他或她是否违反了正义?假设第二名检验人员的评估是正确的,或诚实地认为是正确的,如果该笔迹证据被高估或低估了,那么第一名检验人员的证词可能会影响法院过分或过少依赖做出决定的笔迹。事实上,这可能是违背正义的行为。对物证进行恰当的评估不会破坏正义,而只会促进正义。这个问题绝不能因为考虑到证词是倾向于归罪于某个人还是使某个人无罪,是支持还是削弱某一案件某一方面而混淆。物证应该被允许说话,但仅限于以它应有的说话音量。

称职的检验人员有责任做必要的事情,以反映出一定的技能、专业水平和科学智慧,在该学科可能面临风险时维护或提高学科的声誉,并确保正确地解释证据。道德准则的规定将允许签署准则要求和有能力的检验人员根据该准则参与案件。然而,这个问题并不总是能如此简单地解决。什么是正确的技术、正确的断言和正确的实践?难道不是许多从业人员会发现他们有不同观点的问题吗?如果是这样,法庭是否是解决这些分歧的合适场所?并非只有笔迹专家们才有这类争议。在许多案例中,医学专家就适当的执业标准相互对立地质证(Harris and Mills,1963)。

第十四章

科学与笔迹鉴定

14.1 定义科学

当然，就像目前所进行的那样，任何关于文件检验的论文都需要解决这样一个问题，即笔迹鉴定是否有资格成为一门科学。本章提供了科学和科学方法的定义，可以以此来判断这个问题。

很少有什么比科学、科学家和科学方法更常见，却不常被理解得了。为了提供精确的定义，人们已作了许多尝试，虽然每一种定义都有其优点，但迄今为止，没有一种定义被普遍接受，或易于适应不断发展的知识和技术。在某种程度上，其原因在于科学研究新领域的激增和各领域研究方法的复杂性，使得人们不断对既定的定义进行修改。科学本身就是一个不断发展的过程。

科学开始是纯学术的一个分支，目的是追求智力上的满足。然而，科学不是纯学术的唯一分支，必须与经济学、历史、数学或哲学等其他学术研究分支有所区分。曾几何时，人们认为科学只有少数几个分支，如化学、物理或天文学。如今，科学已经扩展到成百上千的专业。

然而，坎贝尔（Campbell，1952）认为科学是一个单一的整体。他断言，其各分支之间的划分主要是思想的产物，没有隐秘不明的意义。他对科学的定义最深刻："研究那些可以获得普遍一致意见的判断"（第27页）。坎贝尔的定义是描述科学的核心。如果人们认为判断是可以从研究或实验中获得的观察结果或经验，那么对判断的理解是有帮助的。

在将这一定义明确应用于笔迹鉴定时，胡贝尔和黑德里克观察到有21种笔迹的鉴别要素，可以用来区分任何一个人的笔迹和另一个人的笔迹。他们的意图是，被提出的笔迹鉴别要素应达成普遍共识，因为这将是笔迹检验作为一门科学继续发展的一个过程。检验人员所得到的其他观察结果，例如笔迹的特异，也需要不断进行调查和测试。正因如此，为了达成普遍共识，作为一项科学事业，该领域需要继续取得重要进展。随着达成一致意见的数量增加，有争议的意见或判断就会被抛弃。规则就这样形成了，随之又可以达成普遍共识。

同样，沙利文（Sullivan，1949）写道："科学和艺术之间的本质区别在于，科学寻求普遍认同，而艺术则不然。一个科学的陈述可以被任何人验证，而一件艺术作品只会吸引有某些敏感性的人……音乐对一个五音不全来说毫无意义。

科学研究公共世界，而艺术则关注私人世界"（第169页）。

在坎贝尔和沙利文的定义中，重要的是要求科学必须达成普遍共识，从而将科学能够区别于其他纯学术分支。由此可见，科学方法只是一个框架，在这个框架内，可以寻求和实现某个科学领域的理论、规律和原则的普遍一致。

然而，普遍共识只是科学的两个显著特征之一。科学的另一个特点是试图通过测量来尽可能精确地定义数据（Margenau and Bergamini，1964）。所采用的测量方法千变万化，但通过这种方法，可以为某个事实赋予一个数值，而这个事实以前只具有主观感觉或审美价值。测量过程对科学至关重要，原因有很多：

1. 测量是建立有意义的信息等级/顺序最方便的方法。需要通过排序来归档/检索信息，并建立各部分之间的联系。
2. 测量可以区分细微不同但相似的属性。
3. 测量能够确认一个属性的稳定性，否则就不是属性。
4. 为了沟通和验证，测量是必要的。只有在能够达成普遍共识的情况下，科学才是科学，而验证对于达成这种共识至关重要。
5. 测量对于发现与本质属性有关的规律是必不可少的。当人们无法测量一种属性时，就无法阐明控制这种属性的规律。

事实上，测量是将定性、主观和个人的观察结果、属性和评价转化为定量、客观和公开形式的唯一可用的过程，因此具有了可传播性（Huber and Headrick，1990）。这一说法对笔迹鉴定具有重要意义，对科学也同样具有重要意义，因为这是科学区别于艺术和其他纯学术分支的第二个特征。科学与艺术的区别在于普遍共识和测量。

科学研究表明，要把信息传递给所有人，而不管他们是否理解相关的语言，数字是最不含糊、最具体的可用手段。因此，测量成为科学的必然要求，通过测量可以达成普遍共识。胡贝尔和黑德里克深信：如果有任何实现实验结果的准确性和精确性的希望，以及有任何为该学科披上科学外衣的愿望，检验人员必须开始着手研究笔迹鉴定的测量方法。因此，范德等人（Found et al. 1994）指出："如果要使法庭笔迹检验领域被认为是一项科学技术，那么就必须将客观测量作为整体比较方法的一部分"（第195页）。

大部分人认为，科学和科学家身上有一种光环，显得他们在实验室里所做的事情是复杂的，超出了外行的理解范围。有时，它被一些笔迹专家用作一种防御机制，以避免直接回答有关其专业知识的问题。但是，正如奎因（Quine，1957）所阐述的那样，科学应该能为外行人所理解，因为科学不是常识的替代品，而是常识的延伸。值得注意的是，科学与常识的根本区别在于一个词：系统。奎因（Quine，1957）进一步指出："科学家将系统引入到他对证据的探索和审查中。此外，系统本身也决定了科学家的假设"（第5页）。

据斯威特（Swett，1959）报道说，奥斯本多年前曾写过一篇文章，内容是试图将文件检验与科学结合起来。据说他曾说过，科学精神不能培养一种胆怯的态度，而需要培养一种谨慎的态度。扩展的知识和经验可以培养从看似微不足道的证据中得出正确推论的能力，但该推论仍将从实际证据中得出。

塞勒斯（Sellers，1942）以同样的思路提出，处理可疑文件问题的科学方法是无偏见地、系统地应用人们通过经验、调查和研究以及对事实的探索而获得的所有知识。只有进行充分的观察是正确推理的依据。塞勒斯还提出，事实上，科学的方法可以降低任何可疑文件所需解决问题的复杂性。

科尔（Cole，1946）是最先解决笔迹鉴定是否是科学这一问题的人之一，并提供了许多人在需要时所采取的回应："它是通过观察、研究和实验收集的可分类、公式化和可验证的知识，从这个意义上来说，它属于科学知识。"（第4页）。

凯西（Casey，1968）没有对这个术语进行严格的定义，但认为笔迹鉴定是一门科学，因为它在一般研究中采用了科学方法的概念，在解决实际问题时采用了科学方法。一般来说，有效的科学遵循经过验证的过程来寻求答案。

14.2 笔迹检验和科学方法

科学方法是哲学认识论的一个分支产物（源自希腊的知识、认知以及理性、理论）。马格瑙和贝尔加米尼（Margenau and Bergamini，1964）报告说，科学方法始于17世纪，当时弗朗西斯·培根为科学家的工作提供了四条经验法则：（1）观察；（2）测量；（3）解释；（4）验证。

韦伯斯特（Webster，1995）将科学方法定义为："系统地追求知识的原则和程序，包括认识和阐述一个问题，通过观察和实验收集数据，以及提出和检验假设"（第912页）。

这门课的学生们用更具体的语言修改了培根的规则，如下：（1）提出问题，（2）收集证据，（3）提出假设，（4）推导其含义，（5）实验测试，（6）接受、拒绝或修改假设。实验测试（第5步）是大多数笔迹检验的法庭科学特性所不允许的过程。如果这样做，鉴定的任务就会更简单，因为所获得的样本笔迹会是可疑笔迹几种情况的合理重复，而且通常影响书写行为的变量将会得到巧妙的控制。与更理想的实验情况不同，人们不得不在大多数情况下只能利用现有条件，并从观测中得出结论，就像几个世纪以来天文学家所做的那样。

科学方法的特点可以说有四个方面：

1. 对问题的认识和阐述。
2. 系统的知识探究。
3. 通过观察和/或实验收集数据。
4. 假设的形成和检验。

从一种略微不同的角度出发，对科学方法进行描述。有人说，科学方法的哲学就是要不断地追求客观性。它对知识进行整理，以便可以按照适当的、合乎逻辑的顺序予以考虑。它将知识归类为其组织和检索的唯一系统方法。它把验证作为最可靠的证明形式。它利用了专门为控制变量而设计的观察和/或实验。它不断自我批评。它没有教条，没有绝对性或一贯正确，既谨慎又持有怀疑。这两种科学方法并不冲突，而往往是相辅相成的。第一种方法只是这项任务的程序大纲，而第二种方法是执行这项程序的行为方针。

科学知识与其他知识的区别在于：(1) 创造或收集科学知识的方法；(2) 常识的系统延伸；(3) 合理的怀疑。当这三个因素结合在一起，就被称为科学方法。麦肯纳法官在"美国诉斯塔泽皮策尔"（US v. Starzecpyzel，1995）一案的判决书中，引用了格林（Green，1991）的原话："当今的科学方法论是建立在提出假设并对其进行检验，以确定其是否可以被证伪的基础上的；事实上，正是这种方法论将科学与人类探索的其他领域区别开来。"

科学方法的结果是接受、拒绝或修正假设。它有一个条件，即它使用逻辑和理性的原则，从研究产生的信息中得出结论。如果科学是一个系统化的知识体系，那么科学方法就是获取和使用知识的框架或方法，而与所研究事物的性质无关。

14.3 笔迹与测量

用数字来代表事实，即使不是全部，也可以说是大多数科学学科的必要组成部分。如果希望达成普遍共识，就必须在笔迹鉴定中也这样做。以鉴定为目的的笔迹研究一直考虑可测量的因素，如大小、相对高度、间距和其他静态轨迹的要素。

计算机化的方法已经被用来帮助测量许多笔迹要素（例如，线长、点与点之间的距离、圈形笔画内的面积、交叉笔画的角度）。利用计算方法，范德等人（Found et al.，1994）报告了一种计算机程序的开发，用以比较可测量的笔迹特征。斯里哈里和利德姆（Srihari and Leedham，2003）对笔迹检验中的计算机方法进行了调研，并报告了法庭科学笔迹信息系统（FISH）、WANDA 和 CedarFox 等系统的发展情况。

同样，也有计算机化的方法来测量笔迹动态特征要素（如持续时间、速度、加速度）。令人惊讶的是，提取动态笔迹特征的方法并不新鲜。弗里曼（Freeman，1918）和索德克（Saudek，1929）用 1/25 秒的速度（也被称为弗里曼时间单位）拍摄动态照片并进行电影摄影曝光，对儿童和成人的笔迹进行了实验，以获取关于书写速度的信息。特里普等人（Tripp et al.，1957）致力于测量笔迹变量，如压力和速度。为此，使用了一种专门设计的书写工具来记录压力，主要是垂直向量（即垂直于笔轴所施加的力）、平行向量（即平行于笔轴所施加的力），以及表向量，现在称为点负荷。点负荷实际上是另外两个矢量的垂直分量的乘积。哈代（Hardy，1992）提出可以通过定位肌肉关节系统运动所产生书写轨迹上的交互点进行定位，从静态轨迹中提取动态信息。从静态痕迹中可以观察到动作速度、运行速度和其他特征因素的动态信息，并可以和文件检验文献中报道的伪造特征关联起来（Hilton，1993；Leung et al.，1993）。用于实验研究的通过数字平板电脑记录笔迹的复杂软件程序包括OASIS和NeuroScript MovAlyzeR。

国际笔迹学会（IGS）和其他相关团体已经发表了数百项研究，以更好地理解书写过程，确定什么可能是可测量的，并提供判断结果的公式。在这些研究中，计算机和数字平板发挥了主要作用。一些作者报道过对笔迹特征的计算机化、自动化分析，也出版了一些关于笔迹测量的科学书籍。早期使用计算测量的研究包括范德普拉茨和范盖伦（Van der Plaats and Van Galen，1990）以及布劳特和普拉蒙东（Brault and Plamondon，1993）。

在很大程度上，这一领域的研究重点一直是开发自动签名验证，其优点目前已得到广泛认可。手写签名被认为是个体身份识别的最佳手段之一。它是一种必然在任何时间、任何地点都可以出示或创建的身份证明，而不像密码或身份证件那样必须随身携带。密码的安全性有其弱点，而身份证件存在丢失或被盗的固有风险。计算机必须被设计成能够识别的一种试金石，能够区分真品、仿品，或者是"碰巧相似"的另一个人的笔迹。

许多研究是针对动态技术，其中计算机输入是在书写过程中获得的，例如用于访问控制目的的签名验证。但是在静态技术方面也取得了进步，在静态技术中，输入是从出现在文件或纸张上的完整的笔迹中获得的。

普拉蒙东和洛雷特（Plamondon and Lorette，1989）提供了一篇文献综述和技术现状调查，并列出了大约180篇已发表的参考文献。这次调查主要集中在两方面的应用：识别和验证。识别是根据长篇笔迹的某些特定属性，从参考数据库中选择书写人（如果存在的话）的系统。另一方面，验证系统致力于通过将某一特定的笔迹与电子存储中的一个或多个参考样本笔迹进行一对一地比较，来接受或拒绝这个特定的笔迹，通常是签名。识别系统是利文斯顿（Livingston，1963）引入的人工分类系统的电子开发项目。而验证系统是对文件检验人员标准平台工作计算机化的一种尝试，且只需要花费很少的时间。

历史上，20世纪90年代前由瑞迪福森计算机（Rediffusion Computers）开发并销售的一种工具是用于验证支票上静态签名的SIGNCHECK签名验证系统。托蒂和哈德卡斯尔（Totty and Hardcastle，1986）的一项研究发现，该系统在当时不适用于法庭科学领域，对银行和类似机构的价值也存在疑问。布罗克赫斯特（Brocklehurst，1985）的另一项研究使用计算机对签名进行数字化，并使用数据简化技术，以获得签名的编码描述。在对"简单伪造"签名的测试中，在90%真实签名被接受的阈值时，伪造签名的拒绝率为97%[1]。

笔迹的计算机化和自动化识别及验证是基于许多起源于笔迹识别技术的计算机化方法产生的。斯里哈里等人（Srihari et al.，2002）等解释了笔迹识别和笔迹鉴定技术的根本区别：笔迹识别为了捕捉笔迹的共同元素过滤掉了个体特性，以便将其转换成文本，或者搜索样本或书写人之间可能共有的特定单词。笔迹识别的重点恰恰相反，因为它的目的是捕获笔迹的个性和独特性，以及这种个性如何将它与使用了相同的字母或文本的其他样本区分开来。笔迹验证系统还使用了数学和统计公式来对数据库中的笔迹进行比较和匹配，以此来进行识别。

法庭科学笔迹信息系统（FISH）旨在通过扫描、数字化、测量、存储以及比较可疑笔迹和已知样本笔迹的计算机化能力，来帮助实现文件检验过程的自动化，并提高效率。FISH的测量包括字母特征，如字母的高度和距离。设计用于与FISH接口的WANDA具有更先进的功能，包括额外的笔迹测量和代表系统笔迹检验程序的模块（Franke et al.，2004）。第一个步骤包括数据采集，即通过离线方法（如扫描）或在线方法（数字平板输入）捕获笔迹。测量模块是基于模式识别技术开发的，这种技术有助于开发增加变体匹配的测量方法。测量包括字符的高度、倾斜度、宽度以及基线测量。自动特征提取的前提是通过独特特征的组合来进行笔迹鉴定的；单独一个特征并不足以确定身份。

有一项重要研究确立了法庭科学笔迹鉴定个体特性，该研究采用了一种最初用于邮政地址笔迹识别的自动化系统（Srihari et al.，2002）。这项研究报告了自动笔迹系统通常使用的基本过程。在此项研究中，笔迹自动分析包括笔迹数据采集、笔迹特征提取和笔迹识别统计模型验证三个阶段。在数据采集方面，以具有代表性的笔迹类型为样本，建立了一个1 500个样本的笔迹数据库。在特征提取阶段，对笔迹样本进行扫描，并将其转换为二值化（黑白）样本图像。

在特征提取阶段，特征被识别为笔迹提取阶段不同层次的定量测量值。从样本中测量特征，并得到特征向量。提取一些特征进行研究，包括文件检验人员可观察到的传统特征和使用计算机算法提取并归一化的计算特征。传统特征是从胡贝尔和黑德里克编制的21个鉴别要素中提取的。

此项研究采用人工神经网络（ANN）进行统计分析。人工神经网络是一种用于关系建模和数据挖掘模式的数学或计算模型。人工神经网络基于机器学习和人工智能，可用于数据挖掘和基于模式的分析。人工神经网络还可以很好地与贝叶斯方法相结合，贝叶斯方法是一种统计方法，用于确定法庭科学分析中的概率。在这项研究中，人工神经网络被用来检验在文件、段落、单词和字符水平上的书

---

[1] 计算机笔迹识别系统需给定一个阈值，以便系统给出"接受"或"拒绝"个体识别的请求。通常情况下，需要寻找一个最佳阈值，使误拒率和误识率均处于该识别系统所能达到的最低水平。

写人自身和不同书写人之间的差异。对数据进行分析，以识别一个书写人和其他书写人（鉴定），并将文件的笔迹与其他笔迹进行比较，以验证它是由同一人书写的（验证）。结果表明，该系统的识别正确率达到98%，验证准确率达到96%。该系统方法的高性能仅基于少数宏观和微观特征，但作者指出，这种鉴定或验证不能由单一特征决定，说明笔迹鉴定和验证依赖于一组特征的组合。此外，这种结果是基于文件检验人员使用的特征，以及基于计算的特征，这表明计算机可以提供统计分析和推断，而这对于更传统的笔迹检验方法而言，是不可能做到的。

在生物识别系统发展的推动下，自动化的法庭科学笔迹分析的进步包括在线特征分析和复杂的算法。有一些智能系统可以提取离线和在线特征，以及所谓的全局和局部特征。全局特征与签名的"整体属性"相关联，而局部特征是指"特定于采样点的属性"（Tariq et al., 2011, 第11页）。

动态时间规整（DTW）等算法用于在线笔迹及签名系统，利用实时捕获的时间和空间特征来匹配笔迹样本。尼尔斯和武尔皮尔（Niels and Vuurpijl, 2005）在笔迹检验中将DTW描述为一种"比较坐标在线轨迹（即同时具有空间和时间信息的轨迹）的技术"（第218页）。DTW可以描述为以下两种相似的书写模式，并以可变的速率向前移动"时间"，使书写模式同时处于相应的转折和回溯点。DTW在比较两个笔迹或样本之间的序列相似性时很有用，即使它们是在不同的时间长度内形成的。这种技术在在线笔迹系统中尤其有用。

隐马尔可夫模型（HMM）是另一种算法，用于在线和离线系统中笔迹序列建模。该算法有助于处理笔迹数据，笔迹不是作为单一的异体字或单元，而是作为字母序列进行处理。该算法预测笔画顺序：接下来的笔画取决于前一笔画。例如，在书写一个上行笔画后，接下来书写下行笔画的概率是非常高的。隐马尔可夫模型尤其适用于时间模式识别，其中笔迹模式输出是可识别的，但书写过程是未知的。隐马尔可夫模型在笔迹建模时提供有关序列的信息，并用于自动签名验证（Kashi et al., 1997）。

高斯混合模型（GMM）"是一个参数概率密度函数，表示为高斯分量密度的加权和。高斯混合模型通常被用作生物识别系统中连续测量或特征的概率分布的参数模型"（Reynolds, 2008）。高斯混合模型有时也与隐马尔可夫模型结合用于笔迹验证系统。

甘农科技集团（Gannon Technologies Group）开发了一种名为"基于图形的识别技术"并注册了商标，这是一种类似于同构图形匹配的技术。虽然甘农部分依赖于传统的笔迹识别技术，但它进一步发展了一种本质上是生物特征的笔迹鉴定方法。笔迹衍生的生物特征识别是通过识别和关联笔迹中的每个图形元素到每一个字母表中的字母而实现的（Gantz et al., 2005; Miller et al., 2017）。由于每个图形可能涉及数百个测量值的计算，甘农开发了一种被称为生物特征核

(biometric kernel）的技术，该技术将测量值减少到在生物统计上是唯一的或对书写人来说是可识别的。然后将该书写人的生物特征核与数据库中的其他书写样本进行比较，以定位数据库中的其他可能匹配项。该技术扩展到草书笔迹或象形笔迹，以及以图形方式识别文本连接部分的能力，而不是将部分孤立为单个字母单位（Walch and Gant，2004）。

显然，在笔迹鉴定中开发出来的方法证明，笔迹是可测量的，并能够对其进行统计分析。在这些利用计算机效能的努力中所采用的方法清楚地证明了这个基础已经被接受——笔迹鉴定符合科学的测量标准。

14.4 实践标准

为了使笔迹检验被认为是一门科学，文件检验人员必须使用科学规律作为工作的基础。检验人员必须系统地探求知识，认识和阐述问题，通过观察或实验收集数据，并提出和检验一个或多个假设。简而言之，检验人员必须遵循公认的科学方法。最后，所得出的结论必须是理性和逻辑能够支持的。如果没有实践的标准，笔迹鉴定就不能作为一门科学进行实践。

笔迹检验人员的工作分为两个阶段：检验和研究。"鉴定"这个术语，正如在表述"文件检验"中使用的那样，几乎自该学科成立以来，就一直被用作一个包罗万象的术语，涵盖了工作的各个方面，从书写人鉴定，书写工具辨别，到清醒程度测定。

文件检验应建立在任何都会进行的科学追求的三个基本要素特征基础上：（1）在公认的科学原理的基础上，（2）遵循作为科学方法的既定过程，（3）采用理性的科学，即逻辑的原则，以此从任何研究提供的信息中得出结论。

美国国家科学院报告（2009）讨论了质量控制标准和指南的重要性，以及它们与偏差、一致性、有效性和可靠性相关的重要性。"标准减少了因个体检验人员的特殊倾向而产生的可变性——例如，设定了在法庭科学领域中可以认定'匹配'的条件"（第7页）。

法庭科学内部存在实务人员的专业性和对科学的应用之间的冲突。这些冲突出现在笔迹鉴定领域中，因为该领域对资格和能力存疑人员的录取并未予以充分控制。有些检验人员受到的指导有限，或者基本上是自学成才，他们却为法律专业人士和个人提供服务，而这些人都无法评判他们的能力。由于缺乏法律上建立的许可制度、强制性的能力标准或被广泛认可的适当的学术资格，一些检验人员使用不恰当的技术、做法，得出不恰当的断言，使该学科的声誉受到威胁，使对正义的追求受到威胁。美国国家科学院报告（2009）评论说，尽管法庭科学的标准数量众多，但"它们的自愿性质和不一致的应用使他们的作用难以评估"（第7-10页）。

戈敦（Godown，1970）在呼吁更专业化的同时，声称专业机构的部分基础是建立在实践标准、道德标准及其实践的基础之上。科尔（Cole，1980）呼吁在文件检验人员的道德准则范围内制定一套实践标准，更具体地处理文件的描述和报告的编写问题。珀迪（Purdy，1985）提倡建立一种质量控制体系，其基础是制定一套规范文件处理、文件检验和报告撰写的标准手册。

奥斯本（Osborn，1929）在不同的标题下规定了操作标准，包括对可疑文件的处理、检验程序，一份76点的核对表，涵盖了文件中可能发现重要事实的所有方面，以及报告的发布。科尔和戈敦所寻求的实践标准是当时各标准的最佳整合。斯莱特（Slyter，1995）制定了一套详细的、系统的签名检验标准，该标准遵循科学方法，包括一份完整的、分级的笔迹要素清单，以及用于评估样本质量和数量的质量控制方法。胡贝尔和黑德里克提供了以下标准作为推荐的实践标准。

14.4.1 笔迹检验的实践标准

14.4.1.1 材料的记录

1. 作为审查对象并在报告中加以说明的文件[1]，其上有或可能有文字或字母，应确定为一个项目，并用字母或数字进行标识。只有当它被提交到司法机构并被指定时，它才应被指定为证据而提出。
2. 在报告中提及的作为检验对象的项目，应予以充分详细的说明，以区别于可能涉及同一事项的任何其他类似性质的项目。

14.4.1.2 材料的保护

3. 检验对象应尽可能用透明塑料或玻璃纸遮盖，尽量减少或完全避免用手、书写工具和其他设备直接接触。
4. 在检验人员保管文件期间，未经被检验人或其律师同意，不得对文件进行任何会改变其物理状态或状况的处理。

14.4.1.3 检验和研究的方法

5. 只要有可能，对笔迹的检验应该从已知到未知的研究开始进行。在此过程中，应记录以下内容：
   a. 已知笔迹的鉴别要素及其变化范围
   b. 在未知笔迹的鉴别要素中发现的对应程度
6. 在没有用于识别每个变体的文本打印件，或有相关人员的协助时，则不得对使用了检验人员不熟练的语言所形成的文件进行检验。

---

[1] 就本标准而言，"文件"被认为包括纸张的任何部分，或类似材料或任何其他书写载体，在其上存在或可能存在的文字或字母。

14.4.1.4 结果的依据及其报告

7. 对可疑笔迹或签名的鉴定应以可证明的标准为依据：(1) 在书写习惯上存在许多相似之处，这些相似之处结合在一起，其显著性足以排除它们是偶然出现的，以及 (2) 不存在无法解释的差异。
8. 在撰写报告时，不得反映对发现结果的陈述，例如，签名是真实的、虚假的或伪造的，都不应表述。
9. 关于照片或影印本上出现的笔迹/签名的报告，措辞必须明确，以确保鉴定结果被理解为与另一份未见的原始文件上的笔迹或签名有关，而该文件的照片或影印本所检验的只是一份可靠的复制件。
10. 笔迹检验的结果是根据观察和评估物证得出的合理结论。尽管在民事或刑事诉讼中口头陈述时，它们有时可能构成法律意义上的意见证词，但它们应在词汇意义上表示为结论。

14.4.1.5 结论的确定性

11. 对签名和/或笔迹鉴定的决定性声明是一种基于概率问题的道德确信，该概率水平意味着任何其他事件发生的概率虽然不是不可能的，但其太渺小而被认为是不实际的。因此，从笔迹研究中得出的结论并不是绝对肯定，也不可能以绝对肯定的方式表达出来。
12. 当一个可疑签名或笔迹与特定书写人的已知样本分开进行检验时，如果有适当的证据，它可能被描述为"表现出真实或虚假的典型现象"，但这些现象不足以支持一个明确的陈述。

1997年，可疑文件技术工作组（TWGDOC）开始为文件检验人员制定实践标准。该小组于1999年改名为文件检验科学工作组（SWGDOC）。从2000年到2012年，实践标准是由美国材料与试验协会（ASTM）和文件检验执业人员使用正式的协议而制定的，其中包括在制定标准时严格遵守ASTM实践惯例。ASTM发布了超过20个与文件检验测试和实践相关的标准，这些标准通常被美国的大多数执业文件检验人员所使用。这些标准包括笔迹、变造文件、纸张、墨水、打印机打印文件、潜在压痕、打印机技术和其他与文件检验有关的技术检验方法。这些标准还包括表达结论的术语、工作范围和培训要求。

2012年，文件检验科学工作组（SWGDOC）恢复发布这些标准，所有这些标准都可以在其网站上找到（www.swgdoc.org）。在不同的组织中，这些标准随着科学和技术的进步而发展。从根本上讲，它们遵循了胡贝尔和黑德里克的建议，但是SWGDOC标准的范围更广，为文件检验中的各种检测提供了详细的实践标准和方法。

欧洲法庭科学研究机构联盟（ENFSI）制定了《法庭科学笔迹检验最佳实践手册》(2015)。欧洲法庭科学研究机构联盟的标准是一份全面的40页的综合手册，包括培训要求的附录，检验和比较的详细程序，包括笔迹特征的插图以及流程图。

由范德和伯德（Found and Bird，2016）编写的《法庭科学笔迹检验规程：模块化方法》提供了一个全面的方法流程图。该标准详细描述了该方法的每个阶段，包括笔迹要素的插图说明，并大量引用已发表的研究来充分支持每个阶段。

实践标准不是法律或法规。然而，虽然并未强制性要求必须遵守，但若不遵守，检验人员就有责任为不遵守规定的实践标准这一决定作出解释。然而，对文件检验人员来说，更重要的是标准向公众和法院传达的保证信息，即该学科真诚努力地统一程序，以确保结果的能力、一致性和可靠性。实践标准对科学是至关重要的。虽然很少被承认，但科学方法是科学研究最重要的实践标准。

14.5 结果的报告

美国国家科学院委员会（美国国家科学院报告）在其2009年的法庭科学综述报告中，就报告提出了一些改进的关键性评论和建议。美国国家科学院建议法庭科学报告及其格式应遵循科学的方法，并要囊括方法和材料、程序、结果、结论和已识别的不确定领域的章节。美国国家科学院指出，报告应是完整和详尽的，以允许对结论进行公正的审查。有人批评说，许多法庭科学报告过于简短，只有检验的项目和没有解释任何科学方法的结论。美国国家科学院的报告承认存在解释意见或术语的标准（如SWGDOC标准），然而，美国国家科学院委员会也发现，许多法庭科学专业人员或检验人员使用这些标准或术语并不一致，或者一些术语含糊不清或不精确。

范德和埃德蒙（Found and Edmond，2012）支持美国国家科学院委员会关于报告结果的建议。在一份关于对模式证据（包括笔迹检验）进行比较和解释的报告中，他们主张以透明的方式撰写法庭科学报告，允许从业人员和法律界人士都能对意见进行评估。

范德和伯德（Found and Bird，2016）在他们模块化的笔迹鉴定方法中提供了更多关于报告的细节。他们明确指出："所有的报告，无论是口头形式还是书面形式，都必须透明、清晰和完整。报告至少必须包括以下内容：[1]在评估证据时使用的命题陈述[2]提供给检验人员的相关背景信息[3]检验人员做出的任何假设的陈述，包括鉴定过程中检测部分的假设[4]影响证据评价或评估的限制性陈述[5]如果检验结果的观点、假设或局限性有任何改变，对潜在影响的解释"（第67页）。

范德和伯德（Found and Bird，2016）还讨论了概率量表的使用，并认为它们可能具有误导性。尽管他们评论说，笔迹鉴定仍处于接受实证方法的过程中，但他们建议在似然比的框架或语言中形成结论（例如，"证据为X命题提供了非常有力的支持，而不是Y命题"[第68页])。

大多数技术报告撰写的权威人士都将重点放在受众分析上，这一术语旨在将注意力引向以下问题：谁可能会阅读报告，以及他们希望从报告中获取什么信息？事实上，法庭科学家有两种受众：一种主要由律师、执法人员和非专业人员组成（其中很少有技术人员），另一种由科学家或有技术能力的人员组成，他们对鉴定所遵循的程序和发现的证据感兴趣。第一种受众主要关心最终的结果，也就是得出的结论；而第二种受众主要感兴趣的是结论以及结论的前提是否正确。

一些法庭科学实验室及其工作人员选择只针对非技术受众，这样就省略了只有技术上有能力的读者才能完全理解的材料。当然，这简化了编写报告的任务，因为它将其简化为表达结论或列出调查结果，而不必提供理由或说明。提供了结果而没有透露手段。然而，有一种危险，即在论述中出现这种捷径，可能会导致检验的缩写，因为它的细节不必叙述。此外，这种简述的做法往往会违反许多权威机构多年来一直倡导的适当技术报告的规则。当然，它排除了霍普和皮尔索尔（Houp and Pearsall，1984）认为最重要的解释和说明的要素。

在美国，《联邦民事诉讼规则》（*Federal Rules of Civil procedures*）第26条规定了法庭科学报告必须准备好成为可采纳的证据方式。这些要求包括：

1. 完整陈述所有鉴定意见及其依据。
2. 支持这个观点的所有数据。
3. 一份简历，包括过去10年所写和发表的所有论文。
4. 在审判中使用的所有文件的副本。
5. 过去四年所提供的所有证言及法庭证词一览表。
6. 预计鉴定人会收到的有关赔偿的声明。

尽管第26条规则规定了一些兜底条款，像是法院要求专家提供一个更完整的囊括所有观点以及支持这些观点的数据报告。然而，处理笔迹问题的方法有太多的变化，在报告的撰写方式上可能有更多的变化。有人呼吁制订一套绩效标准，这些标准至少在一定程度上说明在某一种道德准则的框架内进行鉴定的方式。

胡贝尔和黑德里克提出了一些关于报告撰写的一些不言自明的标准，这些标准应该被所有的检验人员普遍接受。在某些方面，但不是所有方面，他们提出的建议类似于珀迪（Purdy，1982）的大纲。一些检验人员争辩说，他们被要求以牺牲标准为代价遵守雇主的管理政策，但是这样的惯例接近于将科学报告置于非科学人员的批评和控制之下，这是有问题的。

科学报告应该具有休斯（Huth，1982）提出的批判性论证的结构，包括：(1)提出问题或假设，(2)提出与该问题有关的正反证据，(3)对证据的评估，(4)得出的结论。科学研究或调查报道通常遵循这一结构但包括一两个额外要素：(5)研究人员收集与问题或假设有关证据的方法必须详细描述，以使另一研究人员能够重复该研究，（6）研究者收集的证据必须与科学文献中可用的证据分开。

不管是否使用这五种标题，在许多科学领域广泛应用的格式将报告的内容按顺序划分为引言、方法、结果、讨论以及必要的参考文献等。这些标题很容易适用于关于传统研究项目的报告，但是它们是否适合于文件检验人员的日常工作就不那么明显了。的确，休斯（Huth，1982）的批判性论点（1到4）加上另外两个要素（5和6）似乎更适用于法庭科学家的日常工作，而不是研究科学家。

胡贝尔和黑德里克认为，一份合理的报告应该包含五个组成部分：
1. 描述所研究的材料，并满足关联性法律要求的章节
2. 记录研究客体或目的的章节
3. 报告发现研究已考虑到的数据的章节
4. 报告从发现的证据中得出的结果或结论的章节
5. 用于阐述其他内容的章节，这些事项不是已完成工作或已取得的成果的必要组成部分

第一部分的标题为"说明"，并需要考虑到所有被检验物品的持有情况。通常的做法是在第二部分标题为"研究目的"。所有的技术或科学工作都必须围绕目的展开，即使它只是对未知事物的研究，心中没有任何特定的目标。法庭科学检验是有目的的，应该在报告的开头说明。事实上，它们就是被求索的假设（例如，对象K.1写了项目Q，或者项目Q不是对象K.1写的）。

第三部分标题可以为"数据或观察结果"，用以描述材料的性质、其充分性或其他情况，以及所作的观察结果，这些观察结果将作为根据所发现的事实得出任何结论的基础。这是被研究的对象所提供的事实证据。如果技术报告中没有这一点，就没有任何理由作出推论。

第四部分可能会将标题定为"结论或发现"，并限于根据研究揭示的证据强度所能支持的陈述。结论是可以从报告中的事实证据中得出的推论，但必须记住，并非所有的调查结果都是结论。有些是在特殊技术设备的帮助下进行的观察。

第五部分标题为"评论"，并提供部分评论或建议，这些评论或建议不一定是所进行的研究的组成部分。

以这样的方式组织技术报告，可确保它有适当的开头、内容翔实的正文和合乎逻辑、便于理解的结尾。它以推导出结论的前提开始，是完整的三段论。笔迹鉴定或文件检验只有在其努力和原则达到普遍一致的程度时，才值得称之为科学。

由另一名有能力的调查人员进行第二次检验时，应产生相同的结果。为了展示学科的科学性，第一鉴定人应该欢迎同行的再次检验。这是负责任的科学实践的一部分，检验人员制作一份文件，清楚地描述了其检验过程，其他人也可以重

复。工作报告的方式必须允许它被第二个或第三个检验人员重复。研究者之间的共识是实现普适性的目标，普适性是科学的两个标准之一。

14.6 提高笔迹鉴定科学水平

麦肯纳（McKenna）法官在"美国诉斯塔泽皮策尔"（US v. Starzecpyzel，1995）一案的判决中指出，文件检验人员不是科学家，而更像是熟练的工匠；他们的观点可能不那么精确，也不像某些科学那样具有可证明的确定性。这一裁决促使许多文件检验人员重新思考他们职业的状态和性质。

麦肯纳（McKenna）法官裁决中提出的观点在许多方面都与赖辛格等人（Risinger et al., 1989）在《宾夕法尼亚大学法律评论》上发表的一篇被广泛引用的论文中表达的批评意见相一致。事实上，萨克斯（Saks）是斯塔泽皮策尔案的证人。这篇法律评论文章引起了许多作者的批评（Buglio and Wiersema, 1989; Crown, 1989; Scott, 1989; Wenderoth, 1989; Galbraith et al., 1995 及其他人）。对赖辛格等人的许多批评可能源于他们明显的指控笔迹鉴定学科的意图。同样，麦肯纳（McKenna）的判决也引发了多年的争论。除了两个例外，所有最初来自赖辛格等人的文章和麦肯纳判决的回应在本质上都是守旧的；试图合理化正当化和评论这些批评。最初，范德、罗杰斯（Found and Rogers, 1995）和胡贝尔（Huber, 1995）是主动的；准备承认问题的存在，并提出了一些纠正这种情况的方向。

胡贝尔和黑德里克为与笔迹鉴定研究有关的学科纳入科学界提供了标准。这些标准构成了一个适当的基础，依据这些基础笔迹鉴定科学可以付诸实践。简而言之，为了证明文件检验人员在笔迹鉴定方面采用了科学方法，检验人员必须在有关该学科的操作的行为和解释方面，证明是可接受的：

1. 作为研究对象的行为的可靠性，也就是笔迹。
2. 解释的可靠性：
    a. 总体可靠性：检验人员之间关于在给定样本中证据的构成及其重要性的一致意见（检验人员之间的可靠性）；
    b. 推理可靠性：同一书写人的不同样本判断的一致性（重测可靠性）。
3. 过程的鉴别可靠性：来自不同书写人的样本的一致性判断，包括摹仿。
4. 前提的有效性：人群的习惯化和异质性（即个人的笔迹的独特性）。
5. 过程的有效性：对不同书写人或同一书写人的样本评估或分析的准确度。
6. 分析技能：与直觉相对的，所需要的教育和特殊培训的水平。

14.6.1 行为可靠性

人们相信，笔迹是稳定的，很多人可以识别熟悉文字的能力证明一个人的笔迹至少在短期内是相对稳定的。如果笔迹不稳定，就无法对其进行鉴别。然而，尽管每个人都有过笔迹识别的经验，但大多数人都无法解释笔迹识别的依据。

笔迹特征的稳定性和一致性已在若干客观发表的研究中得到证实。哈维（Harvey，1934）间隔两个月从50名受试者中获取样本，并测量了16种笔迹变量。他发现，每个受试者的样本之间的相关性为0.77。伯奇（Birge，1954）让两位评分者在同一对象的50个样本中测量了5个笔迹变量，得到的平均相关性为0.97。洛克万特（Lockowandt，1976）引用了蒂姆、费舍尔、普里斯塔夫（Timm，Fischer，Prystav）和其他人的研究，这些研究得出了测量的笔迹特征的高相关系数（大多数超过0.90），表明来自同一书写人的样本之间高度一致。斯夸尔（Squire，1968）特别关注了笔迹的稳定性，并每隔两周从26个受试者那里获得了笔迹样本。研究和测量的9个特征（字母"t"的圈形笔画、字母"a"和"o"的闭口、倾斜度等）显示，除了倾斜度之外，所有研究的特征都是一致的。这可能表明，倾斜度受自然变化的影响范围更大。

从实践的角度来看，在民事和刑事诉讼过程中，绝大多数涉及不同种类、不同时代的可疑笔迹的案件，都被同等数量的人正确地、恰当地与书写样本联系在一起。如果鉴定所依赖的笔迹鉴别要素在不同长度的时间段内不稳定，那么有效的鉴定和有效的排除就不可能，也不会是可能的。综上所述，研究证据和实践经验肯定了书写行为的稳定性和作为研究对象的可靠性。

14.6.2 解释的可靠性

14.6.2.1 总体可靠性

笔迹鉴定的总体可靠性是一套标准中的证据及其重要性的普遍认同。显然，对于将被考虑的证据，学科内部必须有普遍的共识。这并不是说所有的检验人员都用同样的方法来评估证据——尽管这应该是最理想的——而仅仅是为了澄清并达成一致，即什么将构成证据以及使用何种语言来引用证据。

美国国家科学院的报告（2009）评论说，需要在法庭科学领域就术语和实践标准达成共识。这符合《美国联邦证据规则》第702条（2000）道伯特规则的准则，其中提到法院需要考虑专家所依赖的技术是否已被有关科学界普遍接受。

14.6.2.2 推理可靠性

推理可靠性，因为它涉及到笔迹鉴定，所以是在同一书写人的不同笔迹样本的基础上做出的一致性判断（技术上称为检测-重测可靠性），并引入了可靠性证明所依赖的许多条件。

来自该书写人的几套笔迹样本必须提供相同或非常类似的文本材料，以确保在质量和数量上提供相同的证据。接下来的问题是证明一般书写的稳定性，这一标准被称为行为的可靠性标准，已经被之前的研究和实践经验充分证明。

然而，如果有人提议检验人员根据不同文本材料的笔迹样本进行鉴定工作，那么必须认识到，每一套笔迹样本可能包含不同的证据集合，具有不同程度的鉴定价值。在不同的笔迹样本中，证据在种类和数量上都可能不同。只要笔迹样本在数量上是足够的，并且检验人员提供一致的判断，在概率量表的相同上象限或下象限内包含不同程度的确定性，那么检验人员就可以得出结论。通过这种方法，可以考虑证据价值中的一些差异。

如果不同笔迹样本的判断是由同一鉴定人员做出的，并且结果的一致性是研究的主要目标，那么就可能难以达成。接触一套样本可能会影响同一检验人员对第二套样本进行的第二次检验的结果。

另一方面，在一些具有争议的案件中，不同检验人员依据不同的样本进行鉴定的情形也很常见。有且仅有在可以假设两个检验人员对各种证据考虑的通用样本相同的情况下，使用不同样本工作的鉴定人之间结果的一致性，似乎为可能从笔迹中得出推论的可靠性提供了实质性的支持。换句话说，在总体（检验人员之间）的可靠性已经实现。

在许多情况下，检验人员为被对方雇佣，并被要求进行第二次检验，经常使用与第一次检验不同的样本，这种做法并不罕见。在绝大多数情况下，提交给两位检验人员的样本在种类和数量上都有很大的不同。理想情况下，如果提供相同的材料，两个检验人员的意见根本不同的情况应该很少出现。当出现分歧时，鉴定人的资格、能力和经验通常也不同。因此，为了本讨论的目的，可以忽略这种例外的情况。就涉及到的绝大多数案例而言，一般来说，缺乏关于那些为了将这些信息作为推断可靠性的证据而达成一致意见的案例的记录。

14.6.3 过程的鉴别可靠性

鉴别可靠性指的是对不同人的笔迹样本做出判断的准确性，包括那些尽管采用了摹仿的过程摹仿他人笔迹的样本。事实上，这是笔迹鉴定的两个前提之一，一个极其重要的推论：笔迹的异质性。如果所采用的过程不能区分任何两个人的笔迹，那么检验人员就没有办法证明笔迹毫无例外地是异质的。此外，在检验和研究笔迹的异质性时，检验人员也不知道自己何时以及是否被欺骗了。

胡贝尔和黑德里克建议将21种不同的笔迹鉴别要素汇编起来，用以区分特定群体的任何两个书写人，并区分针对任何一个书写人笔迹的真伪。甄别过程的能力很大程度上取决于对笔迹的异质性进行适当和彻底的研究，这是要建立的标准的下一个组成部分。如果该过程在所有情况下都没有区别，那么可能需要对胡贝尔和黑德里克的21个鉴别因素进行一些修改，或者对检验人员的能力要求和设施进行一些修改。对笔迹异质性的研究将可能作为与笔迹独特性有关的基本问题的推论，为这一过程的鉴别可靠性问题提供答案。如果使用的过程可以证明笔迹的异质性，那么这个过程就被证明是正确的，而且一定是可靠的。

如果要按照科学方法进行异质性研究，检验人员必须准备好承认结果有可能是零假设；也就是说，这个过程不能区分所有人的笔迹。然而，我们可以了解到这个过程的误差范围是多少，以及必须采取什么措施来减少这个误差。

哈里斯（Harris，1958）提出了他在相同名字的签名中发现的相似性，特别是六个字母或更少字母组成的短签名。他的研究还揭示了一些字母在格式和设计上的变化很少，而其他一些有些特殊的字母形式会比预期的更流行，出现的频率更高。因此，如果要获得有效的结果，笔迹鉴别过程的鉴别能力必须考虑到笔迹的种类和数量。

文件检验人员现在有了对以下假设的经验支持：(1) 个人的笔迹足够独特，可以以此区分书写人；(2) 合格的鉴定人有足够的能力在可接受的低错误水平上区分书写人。这些研究将在本章的最后进行讨论。

14.6.4 前提的有效性

笔迹鉴定是基于两个基本前提，如果这两个前提都被证明，它们可能构成了这项工作所依据的科学原理。

14.6.4.1 书写习惯

人主要是习惯的生物，笔迹是至少三个层次的习惯集合：(1) 字母习惯，(2) 单词习惯，(3) 短语习惯。这些习惯的使用取决于行动过程服从于思维过程的程度。书写习惯既不是本能的，也不是遗传的，而是具有一个逐渐发展形成的复杂过程。书写，或者说还有用脚写、用嘴写或打字，是一种神经肌肉行为，是一种后天习得的感知运动技能。随着学习的进行，它涉及到一系列更高层次的整合。

在比较笔迹时，字母、字母的组合、单词或短语必须根据它们构成整体习惯的程度来考虑。这是协同作用的一个经典例子，即整体的作用大于各部分的总和。因此，相邻字母对彼此的影响将根据这些字母在单词或短语中所扮演的角色而有所不同，这些单词或短语已成为书写习惯的单位，而不是单独的字母。形状和运笔的变化可以预期与这个因素有关。

14.6.4.2 笔迹的异质性

个人笔迹的独特性是第三章讨论的主题。在讨论本专题时，需要重复之前的一些陈述。笔迹鉴定的前提是人群中笔迹的异质性；也就是说，依据的原则是每个人的笔迹都是独一无二的。然而，支持这一论点的论据，很大程度上仅仅源于一个不言而喻的事实："大自然从不以传真的方式向我们提供她的杰作。"因此，人被比作树叶或石头，没有哪两个是完全相同的。

如果所使用的判断尺度适当且足够精确，任何两种自然事物都可以相互区别。笔迹检验所采用的方法是否合适，以及是否足够精确来区别任何两个人的笔迹，这是首先必须解决的挑战。

值得研究的问题是，一个人群的样本是否能提供与书写人之间的差异的充分信息，以表明：(1) 被欺骗的概率可能有多大；(2) 欺骗在多大程度上可能与笔迹样本的多少或数量成反比。

14.6.5 过程的有效性

这与前面讨论的"过程的鉴别可靠性"有关，但不能完全替代。问题在于该过程鉴别（即区分）不同人笔迹的能力。此外，还有关于该过程合理的确定性识别（即认定）两部分笔迹是同一人笔迹的能力调查。

诚然，这两个问题在其决定中使用了相同的鉴别要素。然而，鉴别的任务依赖于对差异的评价，而识别的任务则由对相似点的评价来支持。检验人员从个案工作中作出评估的准确性不太可能证明是所需数据的可靠来源。另一方面，在测试材料中模拟不应该是困难情况。

14.6.6 分析技能

许多人都曾提到过技能、培训、直觉和教育等因素在检验人员表现中的作用，但未能描述它们的相对优点。卡姆等人（Kam et al., 1994）和韦特斯坦等人（Wetstein et al., 1994）的一项研究表明，训练有素的文件检验人员在笔迹鉴定方面明显比非专业人员更成功。

有些机构坚持要求学历，至少是本科学历，作为录用或认证的条件，而对学习的课程没有任何特殊规定。其结果是文件检验人员的学术背景非常多样化。然而，就检验人员的专业素养而言，大学培训有其特殊的优势：

1. 大学教育，即使是没有直接相关的教育，也能保证拥有必要的最低智力水平。
2. 大学教育可以提供一些抽象思维和分析思维的方向，这是任何文件检验人员职业的重要方面。
3. 书写是一种人类行为，通过大学开设的心理学课程，我们可以切实地了解到这一点。
4. 油墨化学的基础知识和对电磁波谱的理解是需要的知识，可通过大学课程获得。
5. 如果要将统计分析作为一门科学，那么理解统计分析对于在笔迹检验中应用测量方法是至关重要的。这是切实可行的，也许只有通过大学课程才能获得。
6. 为证明被法庭科学的其他学科所接受，从业者必须提供合理的相应背景。
7. 法庭科学的专业能力，就像司法本身一样，不仅必须要做到，而且要看上去做到。确保当事人和法院的信任是至关重要的。大学教育与这方面的收获密切相关。

8. 笔迹鉴定或文件检验这门学科的成长和发展，只有当智力水平的增长和对各种科学分支更广泛、更深刻的理解相结合时才会发生。大学教育是实现这一目标的切实路径。
9. 仅靠自学是不能满足这些需求的。

人们认识到，有必要进行科学教育，以作为发展这一独特学科技能的基础。如果这一点不能被专业地表达和证明，那么通过科学的方法进行笔迹鉴定的能力可能超出一些检验人员的能力范围。目前文件检验培训标准建议，检验人员在接受文件检验培训之前至少应该具有本科学位。专业机构采用学术研究作为首选标准可能会改变下一代检验人员的能力和资格。这样，教育对开展工作的好处就可以被明确阐述和无可争议地证明了。此外，它还可以巩固称职的检验人员的思维，从而减少在从业人员的证词和报告中发现的差异。

总之，笔迹鉴定向科学的转变必须从建立笔迹的总体可靠性和笔迹的异质性开始。用于区分书写人的步骤的能力，以及为了可靠地进行区分所必需的笔迹的性质和数量，是必须解决的工作的另外两个方面。最后，在某个时间点上，如果只是为了更适当地培养未来的鉴定人，应该就高等教育课程达成一个总体协议，以便学生在为该学科的工作做准备时遵循。

这把讨论带回了斯塔泽皮策尔一案（Starzecpyzel，1995）的判决，该判决将笔迹鉴定是"纯粹的实用性质"，指出笔迹检验人员是"非科学的专家证人"，笔迹鉴定更接近"实用技能"，比如驾驶船只，而不是科学技能。法院甚至对文件鉴定人使用"科学"和"实验室"等术语提出了批评，声称这是一种试图给自己披上科学的外衣，以获得科学传统上享有的一些尊重。

这种批评即使不是无效的，也可能是不公平的。作为文件检验的一部分，有许多种类的检验是在科学的范围内进行的。油墨成分的色谱分析、纸张添加剂的化学分析、纸张纤维的植物性分析、书写媒介在紫外光谱和近红外光谱中的光学检测等方面都是如此但很少。

然而，在这些领域中，文件检验本身并不是一门科学。相反，它是运用各种科学分支的规则和原则来进行研究。它依靠化学原理来研究油墨。它在纸张研究中使用了植物学的原理。它利用物理定律来研究紫外线（UV）和红外（IR）辐射。甚至连赖辛格等人（Risinger et al.，1989）在对前面引用的文件检验的批评中，也允许多种文件检验采用基于应用科学原理的技术。因此，文件检验是多种应用科学的结合。

14.6.7 总结

综上所述，要达到一门科学的地位，必须以上述六个标准为追求。然而，有几个标准是相互依赖的。必须对要考虑的证据（总体可靠性）达成一致，才能测试鉴别过程的可靠性。此外，确定笔迹的异质性将取决于鉴别过程的可靠性。如果这个过程太容易出错，它可能需要修改。然而，总体可靠性似乎值得优先处理。

在很多方面，胡贝尔和黑德里克建立的标准也被美国联邦证据规则引用。第702条规则，法院将允许专家证人的证词，如果他们符合下列条件：(a) 专家的科学、技术、或其他专业知识将帮助法官理解证据或事实，以此来确定一个事实问题，(b) 证词是基于充分的事实或数据，(c) 证词是可靠的原则和方法的产物，(d) 专家可靠地将这些原则和方法应用于案件的事实。

14.7 结论

范德和罗杰斯（Found and Rogers, 1995）简明地指出："我们这一职业的未来是建立在从已经提出的各种批评中学习，并认识到该领域的一些传统信仰必须被抛弃的基础上的"（第26页）。范德和罗杰斯提到的传统信念涉及从业者和方法的正确性。在斯塔泽皮策尔一案（Starzecpyzel, 1995）之前，从业人员和他们使用的方法都没有经过经验检验。

历史上，许多报告和研究已经提出或发表了多年，但其中很大一分部都是轶事性质，即通常为案例历史或描述，缺乏经验数据。在过去的研究中，结论往往基于太少的样本而不可靠。缺乏坚实的研究和不遵守科学过程导致了前面讨论的赖辛格等人（Risinger et al., 1989）以及赖辛格和萨克斯（Risinger and Saks, 1996），萨克斯和范德哈尔（Saks and VanderHaar, 2005），赖辛格（Risinger, 2007）的批评，法院对笔迹鉴定的不利裁决，以及美国国家科学院在2009年报告的批评。

作为对这些批评的回应，笔迹鉴定作为一种科学实践已经取得了长足的进步。在美国国家科学院报告发表之前和之后，已经有数百项关于笔迹鉴定的研究，这些研究坚定地确立了该领域的科学可行性（Harralson et al., 2015）。在斯塔泽皮策尔一案之后出现的大量科学研究的基础上，诸如赖辛格、萨克斯（Risinger，Saks）和美国国家科学院报告（2009）等评论中提出的许多批评已经得到了解决，表明了该领域和研究人员对这些批评的回应。

在美国国家科学院报告（2009）对笔迹检验的回顾中，我们注意到了笔迹可变性（个体间的变化与个体内的变化相比）的具体问题。从本质上讲，美国国家科学院委员会认为，有必要对笔迹检验进行更多的科学研究：

笔迹比对的科学依据有待加强。最近的研究增加了我们对笔迹和计算机研究的个性和一致性的理解，并表明笔迹的比对可能是有科学依据的。虽然只有有限的研究来量化由训练有素的文件检验人员所做工作的可靠性和可复制性，委员会同意笔迹分析可能有一些价值（第5～30页）。

美国国家科学院的报告引用了三项承认笔迹的比对有科学依据的研究（Kam et al., 1997; Sita et al., 2002; Srihari et al., 2002）。然而，委员会评论说，需要加强笔迹比较的科学基础。委员会还指出，根据引用的两项关于熟练程度的研究，文件检验人员的错误率分别为6.5%（Kam et al.，1997）和3.4%（Sita et al.，2002）。美国国家科学院委员会认可了斯里哈里等人对笔迹个性的研究。

尽管NAS的报告引用了一些重要的研究（Kam et al.，1997；Sita et al.，2002；Srihari et al.，2002），但还有其他可能被引用的能力研究（Kam et al.，1994；Found et al.，1999；2001；Kam et al.，2001；Found and Rogers，2003；Kam and Lin，2003；Found and Rogers，2008；Dewhurst et al.，2008）。这些和其他最近的研究证明了检验人员在各种笔迹检验任务中的能力程度（见第四章）。

统计和计算方法的应用已被用于书写人之间和书写人内部的变化，并且已经在一些研究中使用各种数学算法来解决。肖梅克（Schomaker，2007）、布拉库（Bulacu，2007）、塔恩等人（Tan et al.，2009）、卡拉拉等人（Kalera et al.，2004）和帕尔齐亚莱等人（Parziale et al.，2016）代表了一小部分已发表的笔迹识别与验证计算分析研究的例子。其他研究已经解决了笔迹中似然比的使用问题（Davis et al.，2012；Marquis et al.，2011；Hepler et al.，2012；Taroni et al.，2012；2014；Tang and Srihari，2014）。

斯里哈里和辛格（Srihari and Singer，2014）评论说，从业者和计算机分析之间应该有一个结合的角色，指出"检验人员提供笔迹特征，而计算方法提供必要的统计分析"（第1083页）。马塞利等人（Marcelli et al.，2015）推荐了一种结合了模式识别方法的法庭笔迹检验的最佳实践方法。笔迹检验人员与计算机之间的合作似乎是一个可行的方法，以继续推进法庭笔迹检验的科学实践。

第十五章

术　语

15.1 理解术语

每一门学科，无论是科学的还是非科学的，都有自己的语言。各个学科的从业者发现或创造了一些术语，以更精确地描述他们的工作或他们所处理的材料。事实上，有人认为，一门没有自己语言的学科几乎没有进步，因为术语和方法的一致性是科学实践所必需的。

希尔顿（Hilton，1982）汇编了一个相当全面的术语集合，将其分为六个类别：通用术语、笔迹、打印字迹、变造文件、其他鉴定问题、照片和其他复制品。他提到"有必要对术语进行标准化和简化……和大多数科学家一样，文件检验人员主要关心的不是与训练有素的同事讨论他的发现，而是将他的结论清楚地呈现给非专业人员"（第14页）。哈拉尔森（Harralson，2013）编写了一个专注于与电子笔迹相关的技术术语词汇表。

发布的实践标准通常有一个定义的术语表或术语列表。文件检验科学工作组（SWGDOC，2013a）发布了一项关于文件检验相关的术语标准。文件检验科学工作组还在《笔迹鉴定标准》等其他标准中定义了特定的术语。欧洲法庭科学研究机构联盟（ENFSI）的《法庭科学笔迹检验最佳实践手册》（*Best Practice Manual for the Forensic Examination of Handwriting*，2015）列出了笔迹检验人员在提交结果时使用的一些常用术语的基本清单。范德和伯德（Found and Bird）的《法庭科学笔迹检验方法》（*Forensic Handwriting Method*，2016）有一个更广泛的词汇表，侧重于笔迹鉴定的技术方面。

笔迹学领域已经对术语产生了一定的影响，因为正在进行的研究要求使用的术语及其含义更精确。因此，一些在研究中使用的术语，包括电子在线笔迹测量已经被纳入。以下是正在使用和已经使用的与笔迹检验有关的术语，以及它们应该表达的含义。添加了一些与文件检验人员职权范围内的其他检验有关的术语，这可能有助于扩大读者对工作范围的理解。

15.2 术语表

缩写（abbreviation）：单词或标题的简略形式。

加速度（acceleration）：显示书写速度变化或增加的笔迹特征；改变书写速度的速率。

重音符（accent）：表示强调音节或单词或者是元音质量的标记，有时称为变音符号或变音重音符号。它可以放在字母的上方、下方，或穿过字母字符。

音调	名称	示例	音调	名称	示例
´	尖音符	à	ˉ	长音符	Ā
`	抑音符	á	˘	倒折音符	ă
^	折音符	ê	¨	分音符	ä
~	颚化符	Ã	¸	变音符	ç

首字母缩写（acronyms）：私人或政府机构或组织的缩写，其名称的首字母以单个单词的形式书写和发音，如NATO。

词缀（affix）：附于词根、前缀或后缀上的语素。

对齐（alignment）：书写模式的空间组织，单词和中间空间的线性排列，以及它们在页面上的位置。

代书（allograph）[1]：一个人为另一个人写的文字或签名。

变体（allograph）：英文字母表中26个字母之一的一种风格（大写体、印刷体或草书形式），或与之配套的连字符和其他符号（Ellis，1979）。

词尾变体（allolog）：一个单词加上词缀而形成单词的不同形式，例如，hope到hoped。

字母表（alphabet）：一种书写系统，用一组变体表示一种语言的字素。

双利手（ambidexterity）：双手的技能和能力相等。

&符号（ampersand或ampassy）：符号"&"，在几百种语言中都是用作"和"的符号。

宽体字母（ample letter）：在给定的字母中，包含的内容超过了标准的内部空间。以丰满和膨胀的椭圆形和圈形为特征。

尖端（apex）：两个笔画向上或向下自由端点的连接点，例如"A"、"M"、"V"或"W"。

失语症（aphasia）：丧失先前说话的能力，或使用和理解语言的能力受损。

撇号（apostrophe）：上标符号'，用来表示单词中字母、所有格和某些复数的省略。

附笔/花押（appendage或paraph）：写签名时，在名字下面或上面最后加上一笔自由划线，有时是一个简单的末端笔画或点。

---

[1] 原著将Allograph两种不同的含义列为一条，译者将两种含义作为两条分别列出。

圆弧（arc）：圆的一部分；弓形曲线。
拱廊（arcade）：圆形样式，用来书写草书字母"n"、"m"和"h"的拱形。
拱形（arch）：像"n"、"m"和"h"等字母的圆形隆起或顶部曲线。
短笔画（arm）：一种水平的或向上倾斜的短笔画，从字母的字干开始，自由收笔，例如"K"、"E"或"f"。
布局（arrangement）：写在纸上的笔迹顺序或组织。
上升（ascender）：小写字母的一部分，延伸到主体或X-高度以上，例如，"b"、"d"、"h"或"k"，通常是圈形笔画，但包括"t"的字干。
辅助书写（assisted writing）：一种指导书写的结果，由两个人的两个大脑和两只手合作产生。
星号（asterisk）：一种星形符号或图形，"*"，用来表示对脚注的引用或省略。
亲笔（autograph）：一个人的签名，是他或她的笔迹；书写人自己书写的笔迹。
轴向（axial direction）：沿着轴的方向。
气球体（balloon）：类似圆珠笔高速书写的印刷字体。
圆珠笔（ballpoint pen）：一种书写工具，其显著特征或特点是笔尖上有一个可旋转的球，接触书写表面以沉积墨水。
球状端点（ball terminal）：小圆球，在一些印刷笔画的末端，如r"和"g"。
横笔（bar）：一些草书字母的水平或斜向的短收尾笔画，不要与末尾笔画混淆。
横连笔（bar，connecting）：中间笔画，将一个字母的笔画与其他笔画连接起来，通常是双字母。
交叉笔画（bar，cross）：与字母的字干或主要部分相交叉的笔画；一个十字笔画。
巴洛克风格（baroque）：17和18世纪艺术的某种风格倾向，以繁复和奢华为特征（怪诞且奇异）用于旧的货币设计。
基线（base line）：字母所在的水平实线或假想线。
前钩（beard）：在字母正文前的一个轻微的钩，不要与经常构成开头笔画一部分的钩混淆。
位图（bitmap）：定义图像的点或像素的马赛克，包括点矩阵印记。图像轮廓的平滑性取决于分辨率的精细度和每英寸像素点的数量。
盲孔（blind eyelet）：被填满的小孔或窄孔。
盲圈（blind loop）：被墨水完全填满的圈。
斑点（blobbing）：墨水在圆珠笔的笔尖上积聚，间歇性地堆积在书写的表面上。
词块结构（block formation）：在一个单词中，字母紧密地排列在一起，使这个单词成为一个紧凑的单元或词块。
吸墨纸图像（blotter image）：吸墨纸或类似文字、图形等衬垫物上的自然的、无意识的记录。

钝尾（blunt ending）：在纸上开始水平移动之前，使用书写工具对字母（包括大写或小写字母）的开始和结束笔画所产生的效果；一种通常省略任何前钩、扣结、圆块或钩的动作。

船型线（boat）：一种碟形图形，由凹画和直线组成，有时构成字母的底部。

主体（body）：字母的中心部分，即省略字母的上下突出部分、首末笔画以及变音符号时保留下来的部分。

主体高度（body-height）：见 X-高度。

黑体字（bold face）：常规字体的增粗版；用于强调或视觉效果。

交替书写（boustrophedon）：以交替行以双向交替方式书写，甚至在书写的姿势和方向上都与反向的字母相同。

弓形（bow）：一种垂直弯曲的笔画，如大写字母"D"和"C"。

碗形（bowl）：完全可以围住空白区域的一条线；一个完整的碗形，只由一个弯曲的笔画形成；一种修饰过的碗，字母字干成碗的一边。

大括号（braces）：两个符号 { }，用于连接或分隔书写材料。

托架或圆角（bracket or fillet）：一种连接衬线与字干的楔形结构。

盲文（braille）：一种用凸起的点来表示字母、数字等的系统，视障人士可以通过触摸来阅读。

笔刷（brush）：将气球印刷体扩展到笔迹。

扣结（buckle knot）：圆圈后跟一个水平笔画，有时用来完成如"A"、"f"和"t"等字母。

扣（buckle）：指字母中的某一元素连到主体的方法，如字母"K"和"R"。

毛刺（burring）：把一条笔画分割成两个或两个以上的等份，通常平行于笔画书写的方向，但远离弯曲笔画的半径的空白区域，有时也称为"分割"。

拐杖（cane）：参见"笔画，拐杖"。

大写字母或大写（capital letter or capital）：字母的大写形式（参见"安色尔体"）。

插入符号（caret）：一种符号，"^"，用来表示在书面或印刷品中插入其他内容的位置。

字符（character）：任何打印或手写的标记、符号或标志、缩写、标点符号、字母或数字，不论是清晰、还是不清楚。

勾选标记（check mark）：一种标记，通常是用相当大的压力向下画一笔，然后向右（或向左划，大多数左利手都是这样写的）以一定角度向上轻轻画一笔。

∧形或∨形标志（chevrons）：水平的（参见"书名号"）。

西塞罗（cicero）：主要在欧洲使用的印刷单位。它由12个迪多点组成，每个迪多点的长度为0.014 83英寸。因此，西塞罗的长度是0.177 6英寸或4.511毫米。

零（cipher）：算术符号"0"，表示零或无。

顺时针（clockwise）：时钟指针移动的方向。

助手（coadjutant）：与他人一起工作的人；在需要时为文件的签署人提供帮助的人。

遗嘱附录（codicil）：遗嘱的补充，目的是改变或补充已立遗嘱的规定。

收集样本（collected standards）：在商业或社会活动的正常过程中所形成的笔迹样本，不一定与争议事项有关。

版权记录（colophon）：书末的短注，通常是手写的，讲述作者或写书过程的细节。同样的还有书脊、扉页或书背上的出版社标志或图标。

凹画（concave）：向左边或下面凸出的弯曲笔画。

缩字体（condensed face）：一种字体，字母宽度较窄。

连体字母（conjoined letters）：以相同方式书写的两个字母，第一个字母的末尾笔画是第二个字母的起始笔画。

连通性，连度（connectedness, degree of）：一个单词中的字母连在一起而不用把书写工具从纸上移开的程度。

连接笔画（connecting stroke）：通常指一个小写草书字母的结束笔画和另一个字母的开始笔画的融合，没有可识别或可描述的实体（参见"连体字母"）。

笔画连接的子类型（connection subtypes）：

无支撑型——字母的主体不跟随或回溯到字母的字干。

支撑型——字母的主体靠在字干上或回溯到字干。

圈型——首笔画与字母的竖笔形成一个圈。

缩略语（contraction）：省略一个或多个字母的单词缩写形式。

凸画（convex）：向右或向上突出的弯曲笔画。

抄本（copybook）：一种书写指导手册，把样板放在学习者前面，供抄写。

留白处（counter）：一种印刷术语，指字符内部全部或部分封闭的空白，如"a"、"b"、"c"、"d"、"e"、"g"、"j"、"o"、"p"、"q"、"s"和许多大写字母。

逆时针（counterclockwise）：与时钟指针运动方向相反的方向。

反笔画（counterstroke）：源自与预期方向相反的动作的笔画。

横杆（crossbar）：一个字母的两个竖笔之间连接的水平笔画，如"A"或"H"；或构成一个字母所必需的突出的水平笔画，如草书"t"或印刷的"f"。

十字记号（cross mark）：历史上不会写字的人使用的粗糙的X形符号。至今仍被文盲使用，如果有适当的见证人，可以被合法地接受为签名。

分叉处（crotch）：短笔画或弧线与字干成锐角或钝角的地方。

笔冠、笔帽（crown, cap）：在某些字母顶部形成的水平（有时是起伏的）笔画；只存在于大写字母："T"、"F"。

草书（cursive）：按某种商业制度设计的字母之间连在一起的连续书写形式；字素的最常见的变体。

略写（curtailment）：省略单词最后一个字母的缩写。

曲线的（curvilinear）：由一条或几条曲线组成或包含的；与直线相反。

尖头（cusp）：两条曲线相交的点。

破折号（dash）：短笔画，通常是水平的、匆忙书写的笔画。

δ（delta）：希腊字母表的第四个字母，"δ"是希腊字母d。

凹痕（dent）：形成轻微凹陷。

下降（descender）：字母中在基线以下延伸的部分，如"g"、"j"、"p"、"q"、"y"。

右利性（dextrality）：偏爱向右边的方向，与左利性相反。

变音符号（diacritical mark or point）：加在字母或符号上的标记，使其具有特定的音标值。一种音调，有时用来指"i"和"j"上面的点。

对角线笔画（diagonal stroke）：参见"斜线号"。

迪多系统（Didot system）：一种印刷术测量系统，在欧洲使用，以迪多点为基础，类似于美国英语的十二点活字（pica）系统（见西塞罗）。

数字墨水（digital ink）：一些数字平板设备有活动显示器，可以实时或接近实时地显示笔上电子显示器上的手写轨迹和时间位置。显示器上的轨迹称为数字墨水。

数字签名（digital signature）：一种数学算法，由私钥和公钥组成，用于认证电子文件。数字签名是数学数据，而不是手写签名。

数写板（digital tablet）：一种计算机输入装置，能让使用者像用纸和笔一样画画、书写或签署签名。平板作为"纸"表面。在数写板上书写，允许绘图、书写或签名的数字化（也包括计算机写字板、数字化仪、数字化写字板、绘图写字板、图形写字板）。

二合字母（digraph）：两个连续的字母组成的一组，代表一个音或一个复合音，而不是由通常其他情况下各自表示的音的组合，例如"digraph"中的"ph"、"chin"中的"ch"。

双元音（diphthong）：两个元音连续的组合，其中一个元音开始，另一个元音结束。例如，"oil"、"boy"或"out"。

方向跳变（directional skipping）：线书写方向突然（≥90°）改变后可能发生的跳变。

伪装（disguise）：故意改变自己书写元素。

伪装笔迹（disguised writing）：一个人为了隐藏自己的身份而故意改变自己的书写习惯的笔迹。

拆分字母（dismembered letter）：一个缺少结构部分的字母，被分割成几个部分，或者有一部分被剪掉的字母。

移位（displacement）：在一个区域内书写的笔画或字母，而它通常属于另一个区域。

文件（document）：任何包含信息的材料，明示或暗示。

主笔画（dominating stroke）：一个字上面延伸的水平笔画；它可能是一个延伸的t型杆。

圆点（dot）：一种微小的、圆形、实心标记。也叫点或句点。它表示中断、停止或沉默。

墨点（dotting）：在一定条件下，有规律地在纸上沉淀少量多余墨水的现象。

双长字母（double-length letters）：小的或小写的字母，其分量在字母x高度以上或以下延伸，例如"f"。

下笔画（downstroke）：当书写工具从字母的顶部移动到底部时，或直接指向纸底部时的笔画。

拖线（drag line）：书写工具在通常不记录其运动的区域内的极细或极轻的笔画。

描边（duct）：画或描的笔画。

连接线（ductus，link or junction-connected）：连接两个字母的连续线条。

断线（ductus-broken or junction-broken）：两个字母之间不连贯或不连续的笔画。

动态（dynamic）：在电子捕获的笔迹中，指的是时间特征，如速度、压力和持续时间。签名的动态是指笔迹的运动模式。

Dys-：破坏一个词的良好意义，例如"功能障碍"（dysfunction）。

文字障碍（dysgraphics）：不会书写或绘画。

阅读障碍（dyslexia）：一种阅读能力的障碍。

耳（ear）：印刷字母中小写字母"g"顶部突出的小笔画。有时用于印刷字母"r"中与之相似的元素上。

电子签名（electronic signature）：通过触控笔、手写板或手写笔在电子设备上捕获的手写签名。法律不区分数字算法签名和生物特征签名。它们都被认为是电子签名，尽管它们是不同的"签名"过程（也是电子签名）。

元音省略（elision）：由于韵律和语言学原因而产生的缩写，经常影响单词的发音。

省略号（ellipsis）：一个标记"…"，用来表示省略引用的部分材料或完成句子所需的单词。

全角间距（Em space）：印刷术中水平间距的印刷单位，等于任何字体的点大小。

半角间距（En space）：印刷术中水平间距的印刷单位，等于任何字体的点大小的一半。

结束笔画（ending stroke）：字母的结束笔画。

终止笔画（endstroke）：书写形式、单词或字母的终止笔画。

末端划（endstroke obliteration）：突然向左划去的一种终止笔画，把一个单词或签名交叉地一分为二。

书信（epistle）：信件或通信，尤指正式的信函。

ε（epsilon）：希腊字母表中的第五个字母"ε"，代表字母"e"。

纵距（escapement）：打字行间字母或字符的间距；打印密度。

特发性震颤（essential tremor）：一种常见的神经系统疾病，引起手臂和/或手的震颤。

感叹号（exclamation mark）：标点符号"！"，用在感叹词之后。

范例（exemplar）：一个人书写的范例，用于比较的标准，"收集的"或"要求的"样本（自然样本或实验样本）。

扩展字体（expanded typeface）：一种字母较宽的字体。

扩展（expansion）：文字在书写空间上的扩展，通常是水平的。

扩展笔迹（extended writing）：具有文本性质的笔迹，通常是草书，数量不限，但不包括签名。

延伸（extensions）：上升或下降的字干与双区和三区字母的圈形笔画。

孔眼（eyelet）：一种小的、圆形或椭圆形的结构，开始或闭合于一条曲线或螺旋，或完成一个圆形字母的内部形状，例如"e"、"D"或"w"。

孔眼，盲眼（eyelet, blind）：尺寸或宽度足以填满的孔眼结构。

传真（facsimile）：用电子方式传送的印刷品图像。

羽毛化（feathering）：书写/印刷液沿表面纤维的方向从书写或印刷线向外横向扩散的状态。凹版印刷的特点是印版对纸张施加极大的压力；因此，也叫涌出。

固定间距（fixed spacing）：字体字符的均匀水平间距，而不是随字的设计而变化的比例间距。

花笔（flourish）：装饰性的笔画，只用作装饰。

倒流（flow-back）：当笔从纸上拿起时，由于笔画结束时多余的墨水沿着笔画的末端流淌而引起的墨线密度增加。

波动（fluctuation）：书写方向、位置或条件的交替变化，即书写速度交替加速和减速，或书写模式交替扩展和收缩。

流畅性（fluency）：自由度和其他类似的术语，一般指的是较高等级的线条质量，平滑、一致，并且没有任何震颤的迹象，也没有方向或笔压的不稳定的迹象。

荧光（fluorescence）：某些物质吸收光，然后以较长波长的光把一部分光重新发射出去的现象。当入射光或激发光停止时，荧光也停止了。

飞收笔（flying finish）：当书写工具的运动在完成一个单词时还没有停止时，最后笔画逐渐减小的锥度，或者有时从笔画中长出细小的倒钩。

飞起笔（flying start）：最初的笔画逐渐变细，或微妙的初始钩，在书写工具的运动先于实际书写的地方出现。

对开（folio）：最初是在一张纸上有四页文字。

字体（font，fount）：用于特定的风格而设的具有相同设计和大小的字母、数字、符号、标点符号和特殊字符的集合。

脚（foot）：书写或印刷的字母的下划接触基线的部分。

强迫手（forced hand）：一个人在另一个人的身体强迫或控制下签名或书写。

前端椭圆（forward oval）：顺时针圆周运动形成的椭圆。

字体（fount）：见"字体（font）"。

伪造笔迹（fraudulent handwriting）：伪造签名、一个单词、一个图、多行文字或整个文件。

临摹（freehand simulation）：通过复制或摹仿真实签名的样式和大小而产生的伪造签名，不使用物理辅助或不涉及追踪过程。

花环体（garlanded）：以圆槽状的笔触和动作为主的一种书写风格。

全局特征（global feature）：针对整个签名单元提取的笔迹特征。

冒油（gooping）：由于圆珠笔笔尖的圆球转动而使其表面积聚过多的墨水，通常在转动方向发生实质性改变后，立即转移到纸张表面。

画图（graph）：纸上的墨迹图案，对书写人来说，代表一种特殊的变体。

字素（grapheme）：书写的最小可识别单位；不可分割；字母表中一个字母的抽象概念。

图形（graphics）：文字或图画的，或与之有关的。

笔迹分析（graphoanalysis）：一个已注册的商品名称，代表着国际笔迹分析学会教授的笔迹分析系统。

笔迹测量法（graphometry）：一种通过测量字母的角度的比例值和高度、宽度的比率来表征笔迹的方法。

笔迹学（graphonomics）：研究笔迹和其他图画技能的科学与技术（1982年

创造），或对书写和绘图动作的生成和分析所涉及的系统关系，以及书写和绘图工具在传统媒介（如纸和黑板）或电子设备上的痕迹所产生的系统关系的科学研究。

近似字组（graphonym）：两个不同的单词或字母组合，用草书写时，就看起来几乎相同。在英语中很少见，但包括"win/urn"、"bi/lr"、"d/cl"等。

希腊字母"e"（Greek "e"）：参见"ε（epsilon）"。

辅助手签名（guided-hand signature）：书写人的手或胳膊在另一个人稳定或帮助下签署的签名。

引号（guillemets）：在法语中用来标记引语的水平的符号，«…»。

连结环（guilloche）：自由摆动的不对称曲线；凹版防伪印刷的一个特点，是一系列互相交叉的平滑曲折的线条。

排距（gutter）：本文的印刷列之间的间距。

习惯（habit）：只要可能，就会持续重复的元素或细节。

极细线（hairline）：非常细的一笔。

手印体（hand lettering）：一种不连贯的书写方式，字母设计通常遵循大写印刷字符。手写的印刷体。

漏写（haplography）：书写或复制一个或多个相邻或相似的字母、音节、词或行时无意的遗漏。

鱼叉式笔尾（harpoon）：笔画的反射式结尾；形似鱼叉的。

赫兹（Hertz，Hz）：表示频率单位。例如，笔迹和谐波每秒的循环数或周期数，或记录笔迹时每秒的采样数。

间断（hiatus）：当书写工具离开纸张时，在笔画上形成的空隙；一个开口；笔画连续性中的中断。

后连（hind link）：一个字母与前一个字母相连的笔画。

结（hitch）：在许多大写字母和一些小写字母开头加上的介绍性向后笔画。

亲笔文件（holograph）：完全由签名人亲笔书写的文件。

同形异义词（homographs）："同音异义词"的字迹。

同音异义词（homonyms）：发音和拼写相同但含义不同的单词，例如"lead"（动词）和"lead"（名词）。

同音异形异义词（homographs）：发音相似但拼写和意思不同的词，例如"stair"和"stare"。在古代文字中，它们是不同的符号，具有相同的音标或发音。

勾画（hook）：一种弯曲的小笔画。

横破折号（horizontal dash）：标点符号"—"，表示中断或省略。

水平线（horizontal line）：书写或印刷的基线，或与之平行的线。

水平错位（horizontal malalignment）：打印机的一种对齐缺陷，字符打印在正确位置的左边或右边。

连字符（hyphen）：一种标点符号"-"，用于连接复合词的各部分或分词的音节。

插画（iconographs）：新石器时代人描绘物体和思想的第一次尝试。

象形文字（ideographs）：新石器时代的人用图画符号和简笔画在岩洞墙壁上以图形表示物体和思想。

出版许可（imprimatur）：印刷的许可。

惰性手（inert hand）：指在书写过程中，手持书写工具的人不进行任何有意识或无意识的运动。通过第一人称的手来引导书写工具。这个书写人可能是虚弱的，或者是完全的文盲。

下线性字母（infralinear letters）：小写字母，具有延伸到书写基线以下的部分，例如，"g"、"j"、"p"、"q"、"y"和"z"。

初始笔画（initial stroke）：字母或单词的首笔画。

初始尖刺（initial spur）：字母的长起始上升笔画。

插入（interline）：在书面文件的行间插入额外的词。

行距（interlinear spacing）：连续出现的两行书写线基线之间的距离。

空隙（interstice）：事物之间的间隙，例如纸纤维之间或行间的空隙。

反转姿势（inverted posture）：书写工具的尖头指向书写人身体的姿势。

斜体（italic）：向前倾斜的字体。

接合点或连接处（joint or juncture）：一个字母内两个或两个以上笔画相交的点或位置。

对齐（justified）：侧边垂直对齐；等量的线长。

字距调整（kerning）：当两个字母的设计在字符间留下太多空白时，两个字母之间的间距比通常更近。

运动学（kinematic）：书写运动的物理学。

圆块（knob）：圆形的块状物或凸起物，如抄本中的小写草书"k"。

间断（lacunae）：见"间断（hiatus）"。

横向扩展（lateral expansion）：由字母的宽度、字母与单词之间的空间和页边距的宽度所产生的笔迹的横向尺寸。

横向书写（lateral writing）：以宽的字母和间距为特征。

左手曲线（left-handed curve）：以逆时针方向书写的笔画。

字腿（leg）：一个附属物；通常是主体下部的延伸部分，如"R"和"K"。

易读性（legibility）：读者辨认单个字母和字符形状的容易程度。

字母（letter）：任何绘画、书写、印刷或打字的字符，小写或大写，可被识别为任何语言的字母变体。

词汇的（lexical）：与一种语言的词汇有关的（因此，失读症意味着阅读能力的障碍）。

连字符（ligature）：一组连在一起的字符，按排印方法当作一个字符来处理；有时是连接两个字母的笔画或横笔。

字肢（limb）：见"字腿（leg）"。

排字行距（line measure）：用十二点活字、点或西塞罗表示的一行印刷的长度。

线条质量（line quality）：描述笔画可见程度的术语。它是速度、节奏、阴影、笔压和笔位等因素综合作用的产物。笔画的整齐程度（即平滑度或层次），可从笔画在规定方向上的路径一致性来判断。它的变化从平滑、有控制的到颤抖、不稳定的。

线性字母（linear letters）：字母长度不超过或低于x高度的小写字母，例如"a"、"c"、"e"、"i"、"m"、"n"、"o"、"r"、"s"、"u"、"v"、"w"和"x"。

连接（link）：连接小写字母"g"的上下两部分的笔画。

平版印刷（lithographic printing）：见"平版印刷（lithography）"。

平版印刷（lithography）：在经过处理的光滑印版上印刷，使印刷区吸墨，非印刷区拒墨。

局部特征（local feature）：基于单个数据点的笔迹特征。

透视（look-through）：在透射光下看到纸张的外观，从而揭示纸张的质地或结构。

圆圈（loop）：一条线与自己交叉时形成的圆形图形，如草书字母"e"和"l"。

下圈（lower loop）：延伸到基线以下的圆圈；下降字母。

小写字母（lowercase letters）：字母表中与大写字母相对的小字母。

发冷光（luminescence）：某些物质（如某些油墨的成分）在受到电磁辐射、电场或热的刺激时所发出的可见光。发冷光包括荧光和磷光。

主笔画（main script）：字母中最重要的笔画。

大写字母（majuscule）：字母的大写或大写形式。安色尔字体。

手抄体（manuscript writing）：一种不连贯的书写形式，使用许多印刷体的字母形式，经常在小学教孩子们，作为学习书写的第一步。

页边距（margins）：构成文字、打印或印刷材料主体的页顶、页底和两边空间。

缩微摄影术（microphotography）：欧洲的术语，指通常用显微镜拍摄小物体的大照片。在英国和美国，这被称为显微摄影术，而显微摄影术是指通过光学还原的过程制作微小的照片的技术。

中臂（mid-arm）：字母"H"和"A"的横划。

中线（midline）：书写或印刷时，基线和标题之间真实的或虚构的中间线。

最小笔画（minim）：在基线上短的、垂直的笔画，例如，"m"的字腿。

小写字母（minuscule）：与大写字母相对的小写字母。

镜像书写/笔迹（mirror writing）：与正常书写模式方向相反的书写；从页的右边开始，从右到左，字母拼写顺序颠倒和图像的翻转。

签名模板（model signature）：一种用于准备摹仿或描摹伪造的真实签名。

龟纹（moiré）：一个模式，是两个周期函数界面的数学解。大多数moiré模式是由线组成的图形生成的，但是线并不是严格必需的。它们可能是具有任何几何形式的固体和开放区域的相互作用的图形。在最简单的形式中，moiré图案是由两组等距平行线的不完全叠加而成。

钱袋（money bag）：一种常用术语，有时用来描述膨胀的、过大的下方圆圈。

交织文字（monogram）：由两个或两个以上字母交织而成的字符，这些字母通常是正式名字的首字母。

语素（morpheme）：词的有意义的成分；词根。

自然变异（natural variation）：书写人的书写习惯在重复场合出现的不精确；或者说在个人笔迹的某一要素中，一种书写方式与另一种书写方式的差异，这种差异总是出现在字符图形中，但也可能出现在变体的选择中（胡贝尔），或者说在任何个人笔迹的重复样本或任何打印机的产品中发现的正常或普遍偏差（希尔顿）。

字颈（neck）：见"连接（link）"。

结节（nodule）：由于墨水过量沉积引起的小而圆的墨块；圆珠笔积墨黏在一起的结果。

临时词（nonce word）：为适应特殊情况而创造的词。

正常姿势（normal posture）：书写工具朝向远离书写人身体的姿势。

数字字符（numeral）：任何表示数量的绘制、书写、印刷或打字的字符，由其构成数字；一个数字。

斜线号（oblique）：见"斜线号（virgule）"。

抹掉（obliteration）：把书写文字、字母或印刷物涂掉或涂抹，使原来的东西看不见或无法辨认。

正面（obverse）：有主要图案的一面；任何事物的正面或主要表面。

"井"字符（octothorpe）：符号"#"，用于表示单词编号，当在一个或多个数字之前时，用来表示"数字"或者用来表示"磅"。

脚不稳（off-its-feet）：字符的一边或一角印得比字符的其余部分更重的情况。

离线笔迹（offline）：用笔在纸上书写的笔迹或签名。也指对静态签名的分析。一些电子捕获的签名可以在不借助时间数据（也称为"静态"）的情况下，通过图形的静态形式进行分析。

胶版印刷（offset printing）：见"平版印刷（lithography）"。

在线笔迹（online）：使用手写捕捉技术书写的笔迹或签名。在捕获"在线"签名时，记录时间、动态特征，如持续时间和速度（也是"动态的"）。

光学字符识别（optical character recognition，OCR）：在笔迹中，将手写字符或图像转换成计算机文本的过程。

正字法（orthography）：使字母表与语音相对应的原则；拼写的艺术。

椭圆字母（oval forms）：有一个椭圆形的碗型字母，例如，"a"、""d"、"g"、"o"、"q"。

范例（paradigm）：模式、例子或模型。

花笔（paraph）：在签名上方、中间或下方的夸张或扫过的线条、笔画或点；一个附件；一个标题；在签名结束时用笔的夸张动作所形成的图形。

圆括号（parenthesis）：用于标记解释性或限定性注释的一条或两条竖向的曲线，例如"()"。

补笔（patching）：修饰或修补有缺陷的笔画部分；回溯。

起笔特征（pen emphasis）：间歇性地加大压在纸上的用笔动作。

握笔方式（pen hold）：书写工具握在手中的方式；包括笔相对于纸面的位置、书写工具相对于书写线的方向，以及相对于书写人的方向。

提笔（pen lift）：由于将书写工具从纸上移开而导致笔画中断的现象。

笔位（pen position）：笔轴与纸轴的夹角关系。

真空图案（perfins）：通过邮票制成的真空图案、首字母或数字（1860年之后在英国出现，1908年之后在美国出现），由"穿孔徽章"创造。

句号（period）：标点符号"."，表示结束，尤指放在句尾的。

音素（phoneme）：从口语中提取出来的一种代表语音的符号（即一种独特的声音）。

磷光（phosphorescence）：一种在激发光源停止后持续一段时间的荧光。

显微摄影术（photomicrography）：通常通过显微镜（在欧洲大陆和英国）对小物体拍摄大照片的方法。参见"缩微摄影术（microphotography）"。

十二点活字（pica）：印刷字体的计量单位，约1/6英寸或12点，通常用于垂直测量。也是一个术语，用来表示传统单调的打印机字体，其字符固定字符宽度为10英寸。

段落符号（pilcrow）：一种校对标记，用来指示段落的开始，"¶"。

打印密度（pitch）：见"纵距（escapement）"。

点（point）：字体、行距和线条、边距的基本印刷单位；十二点活字有12个点，1英寸有72个点；通常用于垂直尺寸。

点负荷（point load）：在笔画产生过程中施加在书写工具尖端的力的垂直分量。

多音符号（polyphones）：具有多个语音值的符号。

压力（pressure）：施加在书写工具上的力的大小，技术上称为点负荷。压力可能表现在线条质量上，即笔画的粗细和阴影；也和纸张表面的压痕有关。

比例间距（proportional spacing）：随字体的设计而变化的字母间的间距。

比例（proportions）：字母与字母各部分之间的比较关系。

伪扩展（pseudo expansion）：窄字母之间的宽间距的结果。

泵柄（pump handle）：某些人对印出的"r"字的突出部分所使用的术语。

问号（question or query mark）：标点符号"？"，写在疑问句的末尾。

回弹（rebound）：打字机的一种缺陷，字符打印重影，较轻地向左或向右偏移。

右页（recto）：印刷技术中，打开的书页的右边页，即书页的正面，与背面相对。

参考集合（reference collections）：由文件鉴定人编制、整理的作为产品标准样本的打字稿、支票数字打孔机样品、墨水、钢笔、铅笔、纸张等的集合。

实验样本（request standards）：根据别人的要求写的样本。

修饰（retouching）：修饰以纠正或完善图形的描绘。

回描（retracing）：字母中下行笔画叠加在上行笔画上的部分，或上行笔画叠加在下行笔画上的部分。

背面（reverse）：书页或文件上不记载主要内容或文字的那一面。

反向曲线（reverse curve）：其半径向相反方向变化的一段曲线；一种起伏。

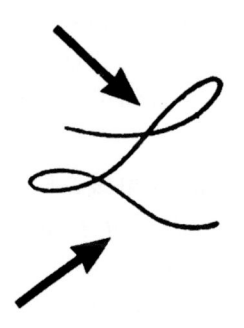

节奏（rhythm）：压力、推动力或运动的和谐重复；有时用于对书写质量进行分类，例如：流畅、断断续续或不流畅。

色带印样（ribbon impression）：通过织物或碳膜色带直接印出的打字机文字样本。

右旋曲线（right-handed curve）：顺时针方向的曲线。

河纹（river）：书写或印刷图案上的空隙，在书页上形成一条白色的流线。

标线（rubric）：在签名、下划线或下划线所写的名字后面或下面的花式符号。在古代，它是个红色装饰字母，用于手稿的一章或一部分的开头一。

无衬线字体（sans serif）：一种没有衬线的字体。

锯齿（sawtooth）：参见"锯齿（serrations）"。

手稿（script）：区别于印刷或雕刻的笔迹；草书。

分号（semicolon）：标点符号"；"，表示分隔程度，介于逗号和句号之间。

衬线（serif）：字符主要笔画末端的加宽；可能有许多设计和不同的尺寸。

锯齿（serrations）：在显微镜下看到的墨迹边缘的粗糙度。

字宽（set）：单个打字字母的宽度。

蹭脏（set-off）：多余的油墨从一张纸上转移到上一张纸背面。

阴影（shading）：细的上行笔画和粗的下行笔画之间的压力对比。由于在书写工具上增加压力而使墨水笔画变宽。

字杆（shaft）：参见"字干（stem）"。

字肩（shoulder）：草书小写字母"r"在上下笔画之间的关节、桥或隆起；"h"、"m"和"n"的弧形拱门。

签署人（signatory）：与另一人或其他人一起签字的人；名字被写在文件上，并且需要帮助的人。

签名（signature）：一个人的名字或代表它的标志，由他或她亲笔书写的。

左利手（sinistrality）：左手偏好，与右利手或右撇子相对，尤指在书写方面。

骨架杆（skeletal stem）：字母延伸而无需形成圆圈。

跳过（skip）：在其他连续的书写线条中，可自我恢复的，暂时的中断（不沉积墨水）。

倾斜度（slant）：字母轴线相对于书写基线的角度或倾斜度。

斜线号（slash）："/"，参见"斜线号（virgule）"。

焊接断线（soldered break）：一种纠正性的回溯，书写人试图将断线的两端连接在一起，以免留下任何空隙。

斜线（solidus）：用来分隔的对角线；以英国货币计算，例如，12/6代表12先令，6便士，或者用分数表示分子和分母，例如1/2，参见"斜线号（virgule）"。

字符间距（spacing）：字母或单词之间的距离，参见"行距（interlinear spacing）"。

速写"r"（speed "r"）：圆形手写体、帕尔默体或米尔斯体的"r"；v形的"r"。

脊柱（spine）：主要是小写字母或大写字母"s"的轻微弯曲笔画。

螺旋形（spiral）：字母中呈螺旋形的部分，这是旧时书写风格中，开头和结尾的常用设计。

拼接（splicing）：一个术语，用来表示在书写动作中断后，两个笔画之间的轻微重叠。

分墨（splitting）：把墨线分成两个或多个大致相等的部分，由一般平行于笔画方向的未着墨区域划分，有时称为毛刺。

出发点（springboard）：在远低于基线的地方开始的一种初始笔画，从字干的左侧开始。

支线（spur）：在一些印刷的大写字母"G"上的主笔画外的小凸出部分；或者是在小写的"b"、"v"和"w"中发现的以短横终结的笔画。

虚假签名（spurious signature）：没有明显企图去摹仿的伪造签名。

主干（staff）：字母中构成主干的部分。

缺料（starving）：书写液流向书写表面的量不足的状况。

静态签名（static）：使用笔和纸的方法书写的笔迹，不捕获在线数据。静态签名也可以是电子签名的数字化版本（也可以离线）。

字干（stem）：一个字母的主要或重要的笔画，它与其他部分相连。

压力（stress）：参见"压力（pressure）"。

透墨（strike-through）：书写液垂直穿过纸张，从而出现在纸张背面与书写线相反的情况。

笔画（stroke）：在字母或字母的任何部分的构成中，由上升的、下降的或横向的单行书写线条。

下标（subscript）：写在字母或数字旁边或稍下面的字符或符号。

上标（superscript）：写在字母或数字旁边或稍上面的字符或符号。

超线性字母（supralinear letters）：小写字母，存在延伸到x高度以上的部分，例如，"b"、"d"、"h"、"k"、"l"、"t"。

花式（swash）：用来替换终笔画或衬线的花式笔画。

符号（symbol）：在书写中，用来表示可以用一个或多个单词表达的东西的字符，例如，"$"、"@"、"#"、"%"、"£"、"¢"，被认为是打字或打印字体的一部分。

字尾（tail）：结束的笔画；有时用来指"R"或"K"的字腿，或"Q"的最后一笔。

帐幕状（tenting）：一个用来描述一个字母包含一个帐篷形状的术语。

终端笔画（terminal stroke）：单词的最后一笔；结束笔画。

书面笔迹（textual writing）：与书面有关的扩展笔迹，通常是草书，但不包括签名。

钩（tick）：在字母主体之前或之后多余的小笔画。

波浪线（tilde）：在某些语言中，用于书写或印刷的一种小笔画或符号，置于某些字母之上，表示声音的变化。可区别的标志。

痕迹（trace）：笔画的记号、轨迹、轨道或印记。

描摹伪造签名（traced forgery）：通过手工、机械或电子手段，按照真实签名的轮廓描摹的任何伪造签名。

震颤（tremor）：由于缺乏技巧、对书写行为的意识或在抄写或描摹时，对书写工具的故意控制，或不自觉的、大致有节奏的和正弦的运动，而造成的缺乏流畅性的动作表征。

抖动（tremulous）：由于书写的手不由自主地颤动而产生的不稳定、摇摆的笔画。

槽（trough）：曲线上向上开口的弯曲或内侧，或如"u"、"v"、"w"、"y"等字母的凹口。

打印机字体（typeface）：一种特殊设计的印刷字符和符号的名称。

打印机字体系列（typeface family）：由一种基本的字母表风格演变而来的一系列字体设计。

安色尔体（Uncial）：4至9世纪的一种文字书写风格，它将后来的小写体和小写字母引入字母表。

下弯（undercurve）：上行笔画中向前移动的椭圆形动作轨迹。

底切（undercut）：与后一个字母底部以下的连接。

大写字母（uppercase letters）：大写字母的印刷术语；大写体。

上圈（upper loop）：延伸至基线或线性字母高度以上的圆圈；上升字母。

上行笔画（upstroke）：指向纸的顶部的笔画。

速度（velocity）：描述笔画速度和方向的向量。它可以用水平坐标或x坐标，垂直坐标或y坐标来描述。

花饰首字母（versal letters）：标记文章中重要部分的字母，用于书或章节开头的标题和单词；通常以尺寸、颜色和倾向于曲线和华丽的装饰来区分。

背面（verso）：书的左页或书页的反面；与正面相反。

顶点（vertex）：顶尖、顶部或冠；字母的最高点。

纵向扩展（vertical expansion）：字母的高度与行间距离的乘积。

纵向偏差（vertical misalignment）：一种打字机对齐缺陷，使字符打印时高于或低于其正确位置。

垂直笔画（vertical stroke）：垂直于书写基线的直立笔画。

垂直书写（vertical writing）：垂直于基线，直立书写。

短斜线（virgule）：在两个词之间的一个短斜笔画"/"，表示可以选择任何一个合适的词来完成它们所表达的文本的含义；日期、分数等的分界线。也称为对角线，对斜线（在英国货币和分数中），倾斜和斜线标记。用于表示"或"（如和/或），或"每"（如英里/小时）。分隔日期的数字（如2/10/97）。

可见光（visible light）：人类肉眼可以看到的光线，但只是所谓电磁辐射全光谱中的一部分。光谱的其他部分的射线看不见，但可以探测到。

手杖（walking cane）：当曲率和设计表现相似时，有时给某些大写字母的最开始的圆圈和字干赋予的一个术语。

回旋（whirl）：弯曲向上的笔画，通常出现在有长圈的字母上，但也出现在大写字母"W"的某些样式上。

螺旋体（whorl）：由螺旋形笔画构成的一种形式，它是由一种松散的绕圈书写动作产生的。

书写（writing）：产生笔迹的行为。

书写角（writing angle）：在书写位置时，从书写面平面到笔的纵轴所测量的夹角。

书写运动（writing movement）：书写工具的三维运动模式；书写工具起主导作用的变化。

书写转印（writing offset）：当新墨水接触到另一份文件时，转印出部分笔迹的镜像。

书写速度（writing speed）：笔迹线条生成的速度，有时被错误地认为是文字生成的速度，它随书写的大小而变化。

书写系统（writing system）：由出版物或学校所规定的基本字母设计和书写动作的结合。

反手书写（wrong-handed writing）：用与正常书写相反的手书写的笔迹；用非惯用手书写的笔迹。

X轴（X axis）：纸平面上的横轴，笔尖的位置以手写的方式投射在横轴上，从而产生x坐标的值。

X-高度（X-height）：线性字母的高度（无上升字母或下降字母）。

Y轴（Y axis）：纸平面上的竖轴，笔尖的位置以手写的方式投射在竖轴上，从而产生y坐标的值。

Z轴（Z axis）：垂直于纸张的平面。笔在纸上的高度可以通过笔尖位置在z轴上的投影来表示。在实践中，并没有记录笔的运动的设备来测量笔的高度。相反，大多数笔的运动记录设备测量轴向笔压。这是沿笔方向施加在笔尖上的压力。笔压通常被视为z坐标。

Appendix A: Systems of Writing in North America

The systems of writing in North America are as follows:
4 Kids Publications
A Beka Book
American Book Company
J. J. Bailey (Sir Isaac Pitman & Sons (Canada) Ltd.)
Beckley-Cardy Company
The Bélanger System (Province of Quebec)
W. S. Benson & Company
Beta Books (publication used by Colorado private schools)
The Bobbs-Merrill Company
Bowman Noble (formerly Noble and Noble)
Cavanaugh and Myers
City of New York, Board of Education
Colonial, (American Southern Publishing Company)
Courtis-Shaw
Creamer
D'Nealian (1978) (Scott Foresman & Company)
C. E. Doner's Everyday Writing (Zaner-Bloser Co.)
Ecoles Chretiennes (Province of Quebec)
The Economy Company
For Little Folks/Catholic Heritage Curricula
The Forest-Ouimet System (Province of Quebec)
Frank Schaeffer Company
Freeman
Freres Maristes System (Province of Quebec)
Goodfellow

Graves

Graves-Prewitt

Haan-Wierson (Allyn & Bacon Publishing Co, Boston)

I. Z. Hackman Company

Hall & McCreary Company

Hall-Savage

Handwriting Without Tears

Harcourt Brace Jovanovich (HBJ) Publishers

Harlow Publishing Corporation

Harr Wagner Publishing Company

Hausam

Hayes Publishing Ltd. (Burlington, Ontario and Niagara Falls, N.Y.)

Jenn (Jenn Publishing Co., Louisville, KY)

Kelly-Morris

Kirk & Freeman

Kittle

Landmark Freedom Baptist Curriculum

Laurel Book Company

Lister

Locker

Lyons and Carnahan (Lyons & Carnahan, Meredith Corp. Chicago)

McGraw-Hill (Webster McGraw-Hill Book Co.)

H. B. MacLean Method

McDougal, Littell & Company

Memoria Press (New American Cursive)

E. C. Mills System (Rochester)

New Laurel

Noble & Noble Publishers, Inc. (Later Bowman Noble)

Nystrom

A. N. Palmer Company

Peed

Pedia Learning, Inc.

Peterson Directed Handwriting System (MacMillan Publishing Co.)

Pitman Publishing Company (also produced Bailey System)

Public School Publishing Company

Putnam-Mills

Reason to Write (A publication used by Colorado private schools)
Reid-Crane
Rice
Rinehart
R. E. Rowe
Chas. Scribner's Sons
E. G. Seale and Company
Self Development (Educational Self Development Inc., Greensburg, PA)
Les Soeurs de la Congregation system (Province of Quebec)
Silver Burdett (Silver Burdett Co., Morristown, NJ)
Spirit Masters
A. F. Sprott's Metronomic System (Sir Isaac Pitman & Sons (Can.) Ltd.)
SRA (Science Research Associates, Inc., Chicago)
Steckbaugh (A publication used by Colorado private schools)
Steck Company
Steck-Vaughn (formerly the Steck Company)
Stone, Smalley & Cooke (The Bobbs-Merrill Company)
C. E. Strothers & J. W. Trusler
Tamblyn
Teach Me Joy
Therapro, Inc.
Waldorf (their own system, in Colorado)
Zaner-Bloser, Inc.

参考文献

Abed, H. E., Kherallah, M., Margner, V., & Alimi, A.M. (2011). Online Arabic handwriting recognition competition, Arabic database and participating systems. International Journal on Document Analysis and Recognition, 14(1), 15–23.

Adams, J. A. (1976). Issues for a closed-loop theory of motor learning. In G. E. Stelmach (Ed.), Motor Control: Issues and trends. New York: Academic Press, 87–107.

AHAF-American Handwriting Analysis Foundation. (2016). The truth about cursive handwriting: Why it matters in a digital age? American Handwriting Analysis Foundation. Retrieved from: http://www.campaignforcursive.com/ (accessed November 11, 2016).

Ahmad, S. M. S., Ling, L. Y., Anwar, R. M., Faudzi, M. A., & Shakil, A. (2013). Analysis of the effects and relationship of perceived handwritten signature's size, graphical complexity, and legibility with dynamic parameters for forged and genuine samples. Journal of Forensic Sciences, 58(3), 724–731.

Ahmed, S., Malik, M. I., Denge, A., & Liwicki, M. (2015). Extraction of signatures from document images for real world applications. Journal of the American Society of Questioned Document Examiners, 18(2), 67–78.

Aitken, C. G. G. (1987). The use of statistics in forensic science. Journal of the Forensic Science Society, 27(2), 113–115.

Akamatsu, M., & MacKenzie, I. S. (2002). Changes in applied force to a touchpad during pointing tasks. International Journal of Industrial Ergonomics, 29(3), 171–182.

Akcin, N. (2012). The perspectives of primary school teachers on the evaluation and remediation of the compositions of students with learning disabilities. American International Journal of Contemporary Research, 2(3), 68–75.

Alewijnse, L. C., van den Heuvel, E. C., & Stoel, R. D. (2011). Analysis of signature complexity. Journal of Forensic Document Examination, 21, 37–49.

Alford, E. A. (1965). Identification through comparison of numbers. Identification News, July, pp. 13–14.

Alford, E. F., Jr., & Bertocchi, M. P. (1974). Punctuation as an aid in examining disguised writing. Paper presented at the meeting of the American Academy of Forensic Sciences, Dallas, TX.

Alford, E. F., Jr. (1970). Disguised handwriting. A statistical survey of how handwriting is most frequently disguised. Journal of Forensic Sciences, 15(4), 476–488. doi: 10.2307/1139667.

Alford, E. F., Jr. (1975). Responsibilities and the document examiner. Paper presented at the meeting of the American Society of Questioned Document Examiners, Colorado Springs, CO.

Al-Haddad, A., White, P. C., Cole, M. D. (2009). Examination of a collection of Arabic signatures. Journal of the American Society of Questioned Document Examiners, 12(1), 35–53.

Al-Haddad, A., White, P. C., & Cowell, A. M. (2011). The use of principal component analysis to provide objective methods for the examination of Arabic signatures. Journal of the American Society of Questioned Document Examiners, 14(1), 3–18.

Al-Hadhrami, A. N., Allen, M., Moffatt, C., & Jones, A. E. (2015). National characteristics and variation in Arabic handwriting. Forensic Science International, 247, 89–96.

Allan, A. R. & Pearson, E. F. (1978). A comparison of handwriting characteristics, part II. Unpublished manuscript.

Allan, A. R., Pearson, E. F., & Brown, C. (1978). A comparison of handwriting characteristics, part I. Paper presented at the 8th meeting of the International Association of Forensic Sciences, Wichita, KS.

Allen, M., & Wellman, M. M. (1980). Hand position during writing, cerebral laterality and reading: Age and sex differences. Neuropsychologia, 18(1), 33–40. doi: 10.1016/0028-3932(80)90081-0.

Allport, G. W., Vernon, P. E., & Powers, E. (1933). Studies in expressive movement. New York: The Macmillan.

Al Maadeed, S., & Hassaine, A. (2014). Automatic prediction of age, gender, and nationality in offline handwriting. EURASIP Journal on Image and Video Processing, 2014(1), 1–10.

Al-Musa Alkahtani, A. (2010). The ability of forensic handwriting examiners to judge the quality of signature simulations in an unfamiliar writing system. Journal of the American Society of Questioned Document Examiners, 13(2), 65–69.

Al-Musa Alkahtani, A., (2014). Arabic-illiterate forensic handwriting analysis: A pilot study to further investigate the ability of Arabic-illiterate examiners to judge the accuracy of simulations of Arabic signatures, compared with Arabic-literate examiners. Journal of the American Society of Questioned Document Examiners, 17(1), 3–9.

Al-Musa Alkahtani, A., & Platt, A. W. (2009). Relative difficulty of freehand simulation of four proportional elements in Arabic signatures. Journal of the American Society of Questioned Document Examiners, 12(2), 69–76.

Al-Musa Alkahtani, A., & Platt, A. W. (2011a). A statistical study of the relative difficulty of freehand simulation of form, proportion, and line quality in Arabic signatures. Journal of Forensic Sciences, 56(4), 950–953.

Al-Musa Alkahtani, A., & Platt, A. W. (2011b). The influence of gender on ability to simulate handwritten signatures: A study of Arabic writers. Journal of Forensic Sciences, 56(4), 950–953.

Alonso-Fernandez, F., Fierrez-Aguilar, J., & Ortega-Garcia, J. (2005). Sensor interoperability and fusion in signature verification: A case study using Tablet PC. Advances in Biometric Person Authentication, Lecture Notes in Computer Science, 3781, 180–187.

Alusi, S. H., Worthington, J., Glickman, S., Findley, L. J., & Bain, P. G. (2000). Evaluation of three different ways of assessing tremor in multiple sclerosis. Journal of Neurology, Neurosurgery & Psychiatry, 68(6), 756–760.

Alzheimer's Association. (2015). 2015 Alzheimer's disease facts and figures. Alzheimer's & Dementia: The Journal of the Alzheimer's Association, 11(3), 332–384.

American Standards for Testing and Materials International. (2005). Standard guide for minimum training requirements for forensic document examiners. ASTM E2388-05, West Conshohocken, PA: ASTM International.

American Standards for Testing and Materials International. (2007). Standard guide for examination of handwritten items. ASTM E2290 – 07a.

Ames, D. T. (1900). Ames on forgery: Its detection and illustration, with numerous cause célèbres. New York: Ames-Rollinson.

Andersen, D. W. (1964). Correlates of handwriting legibility. Paper presented at the meeting of the American Academy of Forensic Sciences, Chicago, IL.

Anderson, D. J. (1982). Foreign influence and identifying characteristics of writing systems. Paper resented at the meeting of the Canadian Society of Forensic Science, Halifax, NS, Canada.

Anderson, G. J. (1974). Varying effects of alcohol on handwriting. Paper presented at the meeting of the American Academy of Forensic Sciences, Dallas, TX.

Anderson, T., & Wolowitz, H. (1984). Psychosexual symbolism in the handwriting of men and women. Perceptual and Motor Skills, 59(1), 233–234. doi: 10.2466/pms.1984.59.1.233.

Angst, E., & Erismann, K. (1972). Auswertung von anonymen und pseudonymen Handschriften mit electronischer Datenverabeitung. Kriminalistic, 26, 60–66.

Annett, M. (1970). A classification of hand preference by association analysis. British Journal of

Psychology, 61(3), 303–321. doi: 10.1111/j.2044-8295.1970.tb01248.x.
Annett, M. (2006). The right shift theory of handedness and brain asymmetry in evolution, development and psychopathology. Cognition, Brain, Behavior, 10(2), 235–250.
Ansell, M. (1979). Handwriting classification in forensic science. Visible Language, 13(3), 239–251.
Ansell, M. & Strach, S. J. (1975). The classification of handwritten numerals. Paper presented at the 7th meeting of the International Association of Forensic Sciences, Zurich, Switzerland.
Anthony, A. T. (1984). D'Nealian: A new handwriting system. Paper presented at the meeting of the American Society of Questioned Document Examiners, Nashville, TN.
Anthony, A. T. (1996). Examination of unaccustomed-hand signatures. Paper presented at the meeting of the American Academy of Forensic Sciences, Philadelphia, PA.
Aşıcıoğlu, F., & Turan, N. (2003). Handwriting changes under the effect of alcohol. Forensic science international, 132(3), 201–210.
Askov, E., Otto, W., & Askov, W. (1970). A decade of research in handwriting: Progress and prospect. Journal of Educational Research, 64(3), 100–111.
Automated Signature Technology. (2011). Ghostwriter: Easy to use, tough enough for any task. Retrieved from http://www.signaturemachine.com/ (accessed June 23, 2012).
Baier, P. E., Hussong, J., Hoffman, E., & Klein, M. (1987). The Mannheim bibliography of document examination 1987. Mannheim, West Germany: University of Mannheim.
Baig, M. S. A., Shen, W. W., Caminal, E., & Huang, T.-D. (1984). Signature size in the psychiatric diagnosis: A significant clinical sign? Psychopathology, 17(3), 128–131. doi: 10.1159/000284029.
Baird, J. B. (1969, April). The pharmacological effects of alcohol. Presented in a Breathalyser training course, Crime Detection Laboratory of the Royal Canadian Mounted Police, Regina, SK, Canada.
Barsley, M. (1966). The left-handed book. Toronto: Ryerson Press.
Baxendale, D., & Renshaw, I. D. (1979). The large scale searching of handwriting samples. Journal of the Forensic Science Society, 19(4), 245–251. doi: 10.1016/S0015-7368(79)71294-1.
Baxter, P. G. (1970). The training of questioned document examiners. Medicine, Science and the Law, 10(2), 76–84.
Baxter, P. G. (1973). Classification and measurement in forensic handwriting comparisons. Medicine, Science, and the Law, 13(3), 166–84.
Beacom, M. (1960). A study of handwritings by twins and other persons of multiple births. Journal of Forensic Sciences, 5(1), 121–131.
Beacom, M. (1961). Was this document written with the left hand? Journal of Forensic Sciences, 6(3), 321–330.
Beacom, M. (1965). A survey of handwriting systems by states and territories in the U.S.A. Paper presented at the joint meeting of the American Society of Questioned Document Examiners and RCMP Crime Detection Laboratories, Ottawa, ON, Canada.
Beacom, M. (1967). Handwriting by the blind. Journal of Forensic Sciences, 12(1), 37–59.
Beacom, M. (1968). Handwriting of the cerebral-palsied. I. D. News, 18(11). 7–15.
Beacom, M. (1970). Handwriting by aphasics. Unpublished paper. Presented at the meeting of the American Society of Questioned Document Examiners, Houston, TX.
Beardsley, M. C. (1954). Thinking straight: A guide for readers & writers. New York: Prentice-Hall.
Beck, F. A. G. (1964). Greek education, 450-350 B.C. London: Methuen.
Beck, J. (1974). Evaluation of handwritten diary entries. Paper presented at the meeting of the American Society of Questioned Document Examiners, Milwaukee, WI.
Beck, J. (1982). Handwriting of the alcoholic. Paper presented at the meeting of the American Society of Questioned Document Examiners, Boston, MA.
Beck, J. (1995). Sources of error in forensic handwriting evaluation. Journal of Forensic Sciences, 40(1), 78–82. doi: 10.1520/jfs13764j.
Beech, J. R., & Mackintosh, I. C. (2005). Do differences in sex hormones affect handwriting style? Evidence from digit ratio and sex role identity as determinants of the sex of handwriting. Personality and Individual Differences, 39(2), 459–468.

Behnen, A. P. (1993). Disguise and alternate writing styles. Paper presented at the meeting of the American Society of Questioned Document Examiners, Ottawa, ON, Canada.

Behrendt, J. E. (1982). Problems associated with the writing of senile dementia patients. Paper presented at the meeting of the American Society of Questioned Document Examiners, Boston, MA.

Behrendt, J. E. (1984). Alzheimer's disease and its effect on handwriting. Journal of Forensic Sciences, 29(1), 87–91. doi: 10.1520/JFS11638J.

Behrendt, J. E. (1989). The status of training for questioned document examiners in the United States. Journal of Forensic Sciences, 34(2), 366–370. doi: 10.1520/JFS12645J.

Behrendt, J. E. (n.d.). An examination of exemplars taken from non-English speaking writers. Paper presented at the Meeting of the American Society of Questioned Document Examiners.

Bein, W. (1967). Statistische Häufigkeitsuntersuchungen. Kriminalistik und forensische Wissenschaften, Berlin, 8996.

Bellomy, D. A. (1975). Barrio script. Paper presented at the meeting of the American Society of Questioned Document Examiners, Colorado Springs, CO.

Bellomy, D. A. (1986). Barrio script Mexican-American gang writing. Paper presented at the meeting of the American Society of Questioned Document Examiners, Savannah, GA.

Bender, W. N., Rosenkrans, C. B., & Crane, M. K. (1999). Stress, depression, and suicide among students with learning disabilities: Assessing the risk. Learning Disability Quarterly, 22(2), 143–156.

Bergamini, D. (1963). Mathematics. New York: Time.

Berthold, N. (1995). Principle number one, uno, eins. Paper presented at the meeting of the American Society of Questioned Document Examiners, Chicago, IL.

Berthold, N. N., & Wooton, E. X. (1993). Class characteristics of Latin American hand printing. Paper presented at the meeting of the American Society of Questioned Document Examiners, Ottawa, ON, Canada.

Bertillon, A. (1898). La comparaison des écritures et l'identification graphique. Paris: Revue Scientifique. Retrieved from https://books.google.com/books?hl=en&lr=&id=f9v2lR2BM90C&oi=fnd&pg=PT6-&dq=Bertillon+%22La+comparaison+des+ecritures%22&ots=ztOgGK-kSj&sig=DQxpCnCj5Xp8chR fup3kYCt_PjY.

Beukelaar, L. J., & Kroonenberg, P. M. (1986). Changes over time in the relationship between hand preference and writing hand among left-handers. Neuropsychologia, 24(2), 301–303. https://doi.org/10.1016/0028-3932(86)90066-7

Bey, R. F., & Ryan, D. J. (1998). Limited writing area and its effect on a signature—A preliminary study. Paper presented at the meeting of the American Academy of Forensic Sciences, San Francisco, CA.

Binet, A. (1906). Les révélations de l'écriture d'après un controle scientifique. F. Alcan, Paris.

Bird, C., Found, B., Ballantyne, K., & Rogers, D. (2010b). Forensic handwriting examiners' opinions on the process of production of disguised and simulated signatures. Forensic Science International, 195(1), 103–107.

Bird, C., Found, B., & Rogers, D. (2010a). Forensic document examiners' skill in distinguishing between natural and disguised handwriting behaviors. Journal of Forensic Sciences, 55(5), 1291–1295.

Bird, C., Found, B., & Rogers, D. (2012). Forensic handwriting examiners' skill in detecting disguise behavior from handwritten text samples. Journal of Forensic Document Examination, 22, 15–23.

Bird, C., Stoel, R. D., Found, B., & Rogers, D. (2011). Skill characteristics of forensic handwriting examiners associated with simulated handwritten text. Journal of the American Society of Questioned Document Examiners, 14(2), 29–34.

Birge, W. R. (1954). An experimental inquiry into the measurable handwriting correlates of five personality traits. Journal of Personality, 23(2), 215–223. doi: 10.1111/j.1467-6494.1954.tb01150.x.

Blackburn, D., & Caddell, W. W. (1909). The detection of forgery. London: C. & E. Layton.

Blake, M. (1977). Handwriting individuality, can we prove it? Paper presented at the meeting of the American Society of Questioned Document Examiners, San Francisco, CA.

Blake, M. (1995). Are we seeing the same thing? Results of a survey presented to forensic document examiners. International Journal of Forensic Document Examiners, 1(1), 32–39.

Bleuschke, A. (1968). Handwriting of the blind. Unpublished manuscript, Royal Canadian Mounted Police Crime Detection Labs.
Blueschke, A. (1985). Regression and/or attempted simulation of handwriting by hypnosis. Paper presented at the meeting of the American Society of Questioned Document Examiners and the RCMP Crime Detection Laboratories, Montreal, QC, Canada.
Bogan, E. (1958). Handwriting, speech and behavior changes. Journal of the American Medical Association, 168(1), 48–49. doi: 10.1001/jama.1958.63000010014013.
Böhle, K. (1993). Cataloguing significant features of handwriting as an aid to objectivising evidence in the investigation of handwritten script. Journal of Forensic Document Examination, 5, 41–58.
Bohn, C. E. (1974). Fundamentals pertaining to signature exemplars. Paper presented at the meeting of the American Academy of Forensic Sciences, Dallas, TX.
Boisover, G. (1993). Signatures of teenage French girls. Paper presented at the meeting of the American Society of Questioned Document Examiners, Ottawa, ON, Canada.
Boisseau, M., Chamberland, G., & Gauthier, S. (1987). Handwriting analysis of several extrapyramidal disorders. Canadian Society of Forensic Science Journal, 20(4), 139–146. doi:10.1080/00085030.1987.10756952.
Boot, D. (1998). An investigation into the degree of similarity in the handwriting of identical and fraternal twins in New Zealand. Journal of American Society of Questioned Document Examiners, 1(2), 70–81.
Bowen, J. (1972). A history of western education. Vol. 1: The ancient world: Orient and Mediterranean 2000 B.C.-A.D. 1054. London: Methuen.
Bowers, K. S. (1976). Hypnosis of the seriously curious. Montgomery, CA: Brooks/Cole.
Boyd, J. (1967). Comparison of motor behavior in deaf and hearing boys. American Annals of the Deaf, 112(4), 598–605.
Bradley, J. H. (1988). Shorthand identification. Paper presented at the meeting of the American Society of Questioned Document Examiners, Aurora, CO.
Brandt, V. (1976). Changes in graphic characteristics in writing executed with the abnormal writing hand. Zeitschrift fur Menschenkunde, 40, 344–410.
Brault, J.-J., & Plamondon, R. (1993). A complexity measure of handwriting curves: Modelling of dynamic signature forgery. IEEE Transactions on Systems, Man, and Cybernetics, 23(2), 400–413. doi: 10.1109/21.229453.
Brewester, F. (1932). Contested documents and forgeries. Calcutta: The Book Company.
Brocklehurst, E. R. (1985). Computer methods of signature verification. Journal of the Forensic Science Society, 25(6), 445–457. doi: 10.1016/S0015-7368(85)72433-4.
Broom, M. E., Thompson, B., & Bouton, M. T. (1929). Sex differences in handwriting. Journal of Applied Psychology, 13(2), 159.
Broom, R. H. & Basinger, M. (1932). On the determination of the intelligence of adults from samples of their penmanship. Journal of Applied Psychology, 16(5), 515–519.
Bross, F., Eisermann, H. W., & Klement, V. (1987). Experiments on the writer recognition with interactively measured features. Unpublished manuscript.
Brown, C. D. W. P. (1985). The identification of handwriting on a convex surface. Paper presented at the meeting of the American Academy of Forensic Sciences, Las Vegas, NV.
Brown, D. N. (1967). Shorthand individuality. Paper presented at the meeting of the American Academy of Forensic Sciences, Honolulu, HI.
Brown, G. A., & Cropp, P. L. (1987). Standardised nomenclature in forensic science. Journal of the Forensic Science Society, 27(6), 393–399. https://doi.org/10.1016/s0015-7368(87)72787-x.
Brun, B. & Reisby, N. (1971). Handwriting changes following meprobamate and alcohol: A graphometricgraphological investigation. Quarterly Journal of Studies on Alcohol, 32(4), 1070–1082.
Brunelle, R. L., & Crawford, K. R. (2003). Advances in the forensic analysis and dating of writing ink. Springfield, IL: Charles C. Thomas.
Brunelle, R. L., & Reed, R. W. (1984). Forensic examination of ink and paper. Springfield, IL: Charles C. Thomas.

Bryson, S. E., & MacDonald, V. (1984). The development of writing posture in left-handed children and its relation to sex and reading skills. Neuropsychologia, 22(1), 91–94. doi: 10.1016/0028-3932(84)90012-5.

Buglio, J., & Gidion, H. M. (1977). Another adept penman. Paper presented at the meeting of the American Society of Questioned Document Examiners, San Francisco, CA.

Buglio, J., & Wiersema, S. J. (1989). An examination of assertions concerning the validity or reliability of handwriting identification expertise. Paper presented at the meeting of the American Society of Questioned Document Examiners, Arlington, VA.

Bulacu, M. L. (2007). Statistical pattern recognition for automatic writer identification and verification. Dissertation. University of Groningen.

Bunker, M. N. (1959). Handwriting analysis: The art and science of reading character by grapho analysis. Nelson-Hall, Chicago, IL.

Buquet, A. (1981). Handwriting examination background and current trends. International Criminal Police Review, 36(352), 242–246.

Burkey, L. C. R. (2012). Reflex of avoidance in spatial restrictions for signatures and handwritten entries. Electronic theses and dissertations, p. 1421. Retrieved from http://dc.etsu.edu/etd/1421 (accessed January 2, 2017)

Cabanne, R. A. (1965). Recruiting and training document examiners for United States Postal Inspection Service identification laboratories. Paper presented at the meeting of the American Society of Questioned Document Examiners and RCMP Crime Detection Laboratories, Ottawa, ON, Canada.

Cabanne, R. A. (1975). The Clifford Irving Hoax of the Howard Hughes Autobiography. Journal of Forensic Science, 20(1), 5–17. doi: 10.1520/jfs10236j.

Cadola, L., Margot, P.A., & Marquis, R. (2013). Are simple signatures so easy to simulate? Journal of the American Society of Questioned Document Examiners, 16(2), 3–11.

Caligiuri, M. P., & Mohammed, L. A. (2012). The neuroscience of handwriting: Applications for forensic document examination. Boca Raton, FL: CRC Press.

Caligiuri, M.P., Mohammed, L.A., Found, B., & Rogers, D. (2012). Nonadherence to the isochrony principle in forged signatures. Forensic Science International, 223, 228–232.

Caligiuri, M. P., Teulings, H.-L., Dean, C. E., Niculescu, A. B., & Lohr, J. B. (2010). Handwriting movement kinematics for quantifying extrapyramidal side effects in patients treated with atypical antipsychotics. Psychiatry Research, 177(1), 77–83.

Calvert, J. R. (1980). The identification of hand-printed musical scores. Journal of Forensic Science, 25(3), 619–623. doi: 10.1520/JFS11264J.

Cambridge, J. (1972). Factors relating to the identification of masculinity and femininity in questioned handwriting. Paper presented at the meeting of the International Association of Forensic Sciences, Edinburgh, Scotland, UK.

Campbell, N. R. (1952). What is science? New York: Dover.

Canada Evidence Act 1868 (Sc) (Can.).

Caponi, A. I., & Berardi, L. A. (1966). Training and education of questioned documents examiner in Argentina. Paper presented at the Second International Meeting in Questioned Documents, Copenhagen, Denmark.

Carney, B. B. (1980). Transfer of pencil writing by cellophane tape. Journal of Forensic Science, 25(2), 423–427. doi: 10.1520/jfs12149j.

Carney, B. B. (1983). Transfer of pencil writing by cellophane tape—An update. Paper presented at the meeting of the American Academy of Forensic Sciences, Cincinnati, OH.

Carney, B. B. (1993). A new tremor in handwriting. Paper presented at the meeting of the American Society of Questioned Document Examiners, Ottawa, ON, Canada.

Carroll v. State, 634 S.W.2d 99, 276 Ark. 160, 276 A.R. 160 (1982).

Casey, M. A. (1968). Is handwriting identification a science? Paper presented at the meeting of the American Society of Questioned Document Examiners, Lexington, KY.

Casey-Owens, M. (1984). The anonymous letter writer—A psychological profile? Journal of Forensic

Sciences, 29(3), 816–819. doi: 10.1520/JFS11740J.
Caywood, D. A. (1978). Handwriting styles based upon cultural education. Paper presented at the meeting of the International Association of Forensic Sciences, Wichita, KS.
Caywood, D. A. (1997). The impact of foreign education on the handwriting of individuals learning English as a second language. Ottawa: Shunderson Communications.
Cha, S. H., Yoon, S., & Tappert, C. C. (2006). Handwriting copybook style identification for questioned document examination. Journal of Forensic Document Examination, 17(4), 1–14.
Champion, J. (1750). The Parallel ; or, Comparative penmanship exemplified, etc. London: John Bowles.
Champod, C. (2014). Research focused mainly on bias will paralyse forensic science. Science and Justice, 54(2), 107–109.
Chandler, R. H. (1911). Abstracts from current periodicals. Scientific American.
Chang, S. H., Chen, C. L., & Yu, N. Y. (2015). Biomechanical analyses of prolonged handwriting in subjects with and without perceived discomfort. Human Movement Science, 43, 1–8.
Cheng, Y.-S. P. (2007). A study on the influence of wearing a glove on handwriting by Chinese in Hong Kong. Journal of the American Society of Questioned Document Examiners, 10(1), 29–41.
Clark, M. (1934). Psychology of the elementary school subjects. New York: Farrer & Rinehart.
Clark, M. (1957). Left-handedness: Laterality characteristics and their educational implications. London: University of London Press.
Cohen, B. M., Giller, E., & Lynn, W. (Eds.). (1991). Multiple personality from the inside out. Baltimore, MD: The Sidran Press.
Cole, A. (1946). Cross examination. Royal Canadian Mounted Police Gazette, 4.
Cole, A. (1962). Qualified vs. no conclusion reports. Identification News, 12(4), 6–7.
Cole, A. (1964). Qualifications in reports and in testimony. Paper presented at the meeting of the American Society of Questioned Document Examiners, Denver, CO.
Cole, A. (1973). Autoforgery. Paper presented at the meeting of the American Society of Questioned Document Examiners, Silver Spring, MD.
Cole, A. (1980). The search for certainty and the uses of probability. Journal of Forensic Sciences, 25(4), 826–833.
Cole, L. (1950). A history of education: Socrates to Montessori. New York: Rinehart.
Comeau, G. W. (1973). Left-hand writing vs. right-hand writing of the same person. Unpublished manuscript, RCMP Crime Detection Laboratories, Sackville, NB, Canada.
Common Law Procedure Act, 17 & 18 Vict. Cap. 125 (1854).
Connolly, K., & Elliott, J. (1972). The evolution and ontogeny of hand function. In N. Blurton Jones (Ed.), Ethological studies of child behaviour (pp. 329–383). Cambridge: Cambridge University Press.
Conway, J. V. P. (1959). Evidential documents. Springfield, IL: Charles C. Thomas.
Conway, J. V. P. (1982). Authenticity v. simulation. Paper presented at the meeting of the American Society of Questioned Document Examiners, Boston, MA.
Conway, J. V. P. (1985). Effects of aging and physical/mental disorders on handwriting, Part 1—Amyotropic lateral sclerosis. Paper presented at the meeting of the American Society of Questioned Document Examiners, Montreal, QC, Canada.
Conway, J. V. P. (1991). Effects of alcohol on the writing process. Paper presented at the meeting of the American Society of Questioned Document Examiners, Orlando, FL.
Cormeau-Velghe, M., Destrait, V., Toussaint, J., & Bidaine, E. (1970). Normes de vitesse d'écriture: étude statistique de 1844 écoliers belges de 6 à 13 ans. Psychologica Belgica, 10(2), 247–263.
Cortiella, C., & Horowitz, S. H. (2014). The state of learning disabilities: Facts, trends and emerging issues (3rd ed.). New York: National Center for Learning Disabilities.
Coulmas, F. (1989). The writing systems of the world. Cambridge, MA: Basil Blackwell.
Crane, A. (1973). An examination of the influences of sex and education on disguised writing. Reported by John H. Hodgins at the meeting of the American Society of Questioned Document Examiners, Washington, DC.
Crane, A. J., & Crane, S. L. (1997). A frequency study of cheque-writing styles. Canadian Society of

Forensic Science Journal, 30(3), 113–136.
Crépieux-Jamin, J. (1889). L'écriture et le caractère. F. Alcan, Paris.
Crépieux-Jamin, J. (1892). Handwriting and expression. K. Paul, Trench, Trübner & Company, London.
Crépieux-Jamin, J. (1933). ABC de la graphologie. Paris: F. Alcan.
Crown, D. A. (1989, Fall). Statistical articles. American Society of Questioned Document Examiners Newsletter.
Crumbaugh, J. C. (1986). Graphoanalytic cues. In Scientific aspects of graphology (pp. 47–58).Ed., Nevo, B., Charles C. Thomas, Springfield, IL.
Cusack, C. T., & Hargett, J. W. (1988). A comparison study of the handwriting of adolescents. Paper presented at the meeting of the American Academy of Forensic Sciences, Philadelphia, PA.
Dahlberg, G. (1951). An explanation of twins. Scientific American, 184(1), 48–51.
Dailey, J. C. (1987). Identification strength scale [Letter to the editor]. Journal of Forensic Sciences, 32(2), 317–318.
Daniels, J. (1990). Unusual formation of cursive lowercase letter "p." Paper presented at the meeting of the American Society of Questioned Document Examiners, San Jose, CA.
Daniels, P. T., & Bright, W. (Eds.). (1996). The world's writing systems. NY: Oxford University Press.
Daubert v. Merrell Dow Pharmaceuticals, Inc., 509 U.S. 579, 113 S. Ct. 2786, 125 L. Ed. 2d 469 (1993).
Davidson, R. A. (2010). Ataxia after 'Chasing the Dragon': A case of heroin induced toxic leukoencephalopathy. UBC Medical Journal, 1(2), 43–45.
Davis, K. A. (2008). Graffiti formats: Are they gangs or graffiti crews? Journal of Gang Research, 15(2), 1.
Davis, L. J., Saunders, C. P., Hepler, A., & Buscaglia, J. (2012). Using subsampling to estimate the strength of handwriting evidence via score-based likelihood ratios. Forensic Science International, 216 (1–3), 146–157.
Dawson, G. A. (1985). Brain function and writing with the unaccustomed left hand. Journal of Forensic Science, 30(1), 167–171. doi: 10.1520/jfs10977j.
Dawson, G. A. (1993). An identification of handprinting produced with the unaccustomed left hand. Canadian Society of Forensic Science Journal, 26(2), 61–67. doi: 10.1080/00085030.1993.10757459.
Dawson, G. A. & Lindblom, B. S. (1998). An evaluation of line quality in photocopied signatures. Science & Justice, 38(3), 189–194.
Dawson, G. E., & Kennedy-Skipton, L. (1966). Elizabethan handwriting 1500–1650: A guide to the reading of documents and manuscripts. New York: Norton.
DeAngelis, C. M. (1997). Effects of writing surface and author's position on handwriting. Journal of Questioned Document Examination, 6(2), 10–17.
De Bruyne, P. & Messmer, P. (1980). Authentication of handwritten signatures with sonar. In R. W. De Vore, J. S. Jackson, & K. Fellbaum (Eds.), Proceedings, third international conference: Security through science and engineering, September 22–26, 1980, Berlin, Germany (pp. 169–172). Lexington, KY: Office of Engineering, College of Engineering, University of Kentucky.
De la Pena, J. E. (1991). Can an apparently false signature turn out to be genuine? Paper presented at the meeting of the American Society of Questioned Document Examiners, Orlando, FL.
Dewhurst, T. N., Ballantyne, K. N., & Found, B. (2015). Exploring the significance of pen lifts as predictors of signature simulation behaviour. Journal of the American Society of Questioned Document Examiners, 18(2), 3–16.
Dewhurst, T. N., Found, B., Ballantyne, K. N., & Rogers, D. (2014). The effects of extrinsic motivation on signature authorship opinions in forensic signature blind trials. Forensic Science International, 236, 127–132.
Dewhurst, T., Found, B., & Rogers, D. (2008). Are expert penmen better than lay people at producing simulations of a model signature? Forensic Science International, 180(1), 50–53.
Dhawan, B. N., Bapat, S. K., & Saxena, V. C. (1969). Effect of four centrally acting drugs on handwriting. Japanese Journal of Pharmacology, 19(1), 63–67. doi: 10.1254/jjp.19.63.
Diaz de Donoso, G. R. (1993). Alterations in handwriting caused by Alzheimer's disease and abuse of drugs. Paper presented at the meeting of the American Society of Questioned Document Examiners,

Ottawa, ON, Canada.

Dibowski, J. R. (1975). Proving negative conclusions. Identification News, 25, 11–13.

Dick, R. M. (1964). Qualified opinions in handwriting examinations. Paper presented at the meeting of the American Society of Questioned Document Examiners, Denver, CO.

Dick, R. M. (1966). Handwriting identification vs. elimination. Paper presented at the meeting of the American Society of Questioned Document Examiners, New York, NY.

Diringer, D. (1968). The alphabet: A key to the history of mankind (3rd ed., Vol. 1). London: Hutchinson.

Diringer, D., & Freeman, H. (1953). The alphabet throughout the ages and in all lands. London: Staples Press.

Dixon, W. J. & Massey, F. J. (1951). Introduction to statistical analysis. New York: McGraw-Hill.

Doud, D. (1975). Some pitfalls in testimony relating to alcohol consumption and handwriting. Paper presented at the meeting of the American Society of Questioned Document Examiners, Colorado Springs, CO.

Doud, D. (1985). X marks the spot. Paper presented at the meeting of the American Academy of Forensic Sciences, Las Vegas, NV.

Doud, D. B. (1967). Letter form variations as related to suspect calendar and diary entries. Paper presented at the meeting of the American Society of Questioned Document Examiners, San Francisco, CA.

Dougherty, M. L. (1917). History of the teaching of handwriting in America. The Elementary School Journal, 18(4), 280–286.

Doulder, H. C. (1965). Examination of a document case. Journal of Forensic Sciences, 10, 433–440.

Downey, J. E. (1910). Judgments on the sex of handwriting. Psychological Review, 17(3), 205. doi: 10.1037/h0072159.

Dror, I. E., & Charlton, D. (2006). Why experts make errors. Journal of Forensic Identification, 56(4), 600.

Dror, I. E., & Cole, S. A. (2010). The vision in "blind" justice: Expert perception, judgment, and visual cognition in forensic pattern recognition. Psychonomic Bulletin & Review, 17(2), 161–167.

Duane, W. D. (1989). Macular Degeneration (a low vision impairment) and its effect on handwriting. Paper presented at the meeting of the American Society of Questioned Document Examiners, Arlington, VA.

Duke, D. M. (1980). Handwriting and probable evidence. Paper presented at the meeting of the International Association for Identification, Ottawa, ON, Canada.

Duke, D. M., & Coldwell, B. B. (1965, August). Blood alcohol levels and handwriting. Paper presented at the joint meeting of the American Society of Questioned Document Examiners and the RCMP Crime Detection Laboratories, Ottawa, ON, Canada.

Durina, M. E. & Caligiuri, M. P. (2009). The determination of authorship from a homogenous group of writers. Journal of the American Society of Questioned Document Examiners, 12(2), 29–38.

Dyer, J. (2015). The impact of hand osteoarthritis on the handwriting of elderly people: A clinical trial of assistive technology. Doctoral dissertation, Unitec Institute of Technology.

Dziedzic, T. (2016). The influence of lying body position on handwriting. Journal of Forensic Sciences, 61, S177–S183.

Eglinton, E., & Annett, M. (1994). Handedness and dyslexia: A meta-analysis. Perceptual and motor skills, 79(3), 1611–1616. doi: 10.2466/pms.1994.79.3f.1611.

Elbe, R. J., & Koller, W. C. (1990). Tremor. Baltimore: John Hopkins University Press.

Eldridge, M. A., Nimmo-Smith, I., Wing, A. M., & Totty, R. N. (1984). The variability of selected features in cursive handwriting: Categorical measures. Journal of the Forensic Science Society, 24(3), 179–219. doi: 10.1016/S0015-7368(84)72315-2.

Eldridge, M. A., Nimmo-Smith, I., Wing, A. M., & Totty, R. N. (1985). The dependence between selected categorical measures of cursive handwriting. Journal of the Forensic Science Society, 25(3), 217–231. doi: 10.1016/S0015-7368(85)72394-8.

Ellen, D. (1989). The scientific examination of documents: Methods and techniques. Chichester, UK: Ellis Horwood.

Ellen, D. M. (1979). The expression of conclusions in handwriting examination. Canadian Society of Forensic Science Journal, 12(3), 117–120. doi: 10.1080/00085030.1979.10757324.

Ellen, D. M. (1999). Handwriting examination of unfamiliar scripts. International Journal of Forensic Document Examiners, 5, 424–429.

Ellis, A. W. (1979). Slips of the pen. Visible Language, 13(3), 265–282.

Ellison, P. H. (1978). Propranolol for severe post-head injury action tremor. Neurology, 28(2), 197–197.

ENFSI (European Network of Forensic Science Institutes). (2015). Best practice manual for the forensic examination of handwriting. Wiesbaden, Germany: ENFSI.

Epstein, G. (1987). Examination of the Josef Mengele handwriting. Journal of Forensic Science, 32(1), 100–109. doi: 10.1520/JFS12331J.

Epstein, G., Larner, J. F., & Hines, M. (1992). The status of training for questioned document examiners in the United States. Paper presented at the meeting of the American Academy of Forensic Sciences, New Orleans, LA.

Equey, C., Marquis, R., & Mazzella, W.D. (2007). Influence of writing position on the dimensions of signatures. Journal of ASQDE, 10, 53–59.

Evett, I. W. (1983). What is the probability that this blood came from that person? A meaningful question? Journal of the Forensic Science Society, 23(1), 35–39.

Evett, I. W. & Totty, R. N. (1985). A study of the variation in the dimensions of genuine signatures. Journal of the Forensic Science Society, 25(3), 207–215.

Fairbank, A. (1970). The story of handwriting: Origins and development. London: Faber and Faber.

Fairbank, A. J. (1955). A book of scripts (3rd ed.). Harmondsworth, UK: Penguin Books.

FBI (Federal Bureau of Investigation). (2007). The FBI laboratory report 2007. Retrieved from http://www.fbi.gov/about-us/lab/lab-annual-report-2007 (accessed September 23, 2012).

Federal Rules of Civil Procedure. Rule 26.

Federal Rules of Evidence. Rule 702.

Federal Trade Commission. (2001). Electronic signatures in global and national commerce act. (E-SIGN), 15 U.S.C. §§ 7001-7003.

Fisher v. The Queen, 130 C.C.C. 1 (1961).

Fisher, M. P. (1992). Proposed curriculum for an apprenticeship as a forensic document examiner in private practice. Journal of Questioned Document Examination, 1, 2.

Fisher, R., England, S. M., Archer, R. C., & Dean, R. K. (1966). Psylocibin reactivity and time contraction as measured by psychomotor performance. Arzneimittel-Forschung, 16(2), 180–185.

Flores, A. (1988). What kind of person should a professional be? In Professional ideals (pp. 1–11). Ed., A. Flores, Belmont, CA: Wadsworth.

Fluckiger, F. A., Tripp, C. A., & Weinberg, G. H. (1961). A review of experimental research in graphology: 1933–1960. Perceptual and Motor Skills, 12(1), 67–90. doi: 10.2466/pms.12.1.67-90.

Foley, B. G. (1979). Handwritten entry research. Journal of Forensic Sciences, 24(2), 503–510.

Foley, B. G., & Kelly, J. H. (1977). Guided hand signature research. Journal of Police Science and Administration, 5(2), 227–231.

Foley, B. G., & Miller, A. L. (1978). The effects of marijuana and alcohol usage on handwriting. Paper presented at the meeting of the International Association of Forensic Sciences, Wichita, KS.

Foley, R. G. (1985). Nearly identical signatures: A supplemental exposition. Paper presented at the meeting of the American Society of Questioned Document Examiners, Montreal, QC, Canada.

Foley, R. G. (1987). Characteristics of synchronous sequential signatures. Journal of Forensic Sciences, 32(1), 121–129.

Folkes v. Chadd, 3 Doug. 157 (K. B. 1782).

FSAB (Forensic Specialties Accreditation Board). (2016). Retrieved from http://www.thefsab.org/ (accessed September 20, 2012).

Found, B. & Bird, C. (2016). Documentation of forensic handwriting method: A modular approach. Victoria Police Forensic Services Department & Forensic Science South Australia, Macleod, Victoria, Australia.

Found, B., & Edmond, G. (2012). Reporting on the comparison and interpretation of pattern evidence: Recommendations for forensic specialists. Australian Journal of Forensic Sciences, 44(2), 193–196.

Found, B., & Ganas, J. (2013). The management of domain irrelevant context information in forensic handwriting examination casework. Science & Justice, 53(2), 154–158.

Found, B., & Rogers, D. (1995). Contemporary issues in forensic handwriting examination: A discussion of key issues in the wake of the Starzecpyzel decision. Journal of Forensic Document Examination, 8, 1–31.

Found, B., & Rogers, D. (1996). The forensic investigation of signature complexity. In M. L. Simner, C. G. Leedham, & A. J. W. M. Thomassen (Eds.), Handwriting and drawing research: Basic and applied issues (pp. 483–492). Amsterdam: IOS Press.

Found, B., & Rogers, D. (1998). A consideration of the theoretical basis of forensic handwriting examination. International Journal of Forensic Document Examination, 4, 109–118.

Found, B., & Rogers, D. (2003). The initial profiling trial of a program to characterize forensic handwriting examiners' skill. Journal of the American Society of Questioned Document Examiners, 6, 72–81.

Found, B., & Rogers, D. (2008). The probative character of forensic handwriting examiners' identification and elimination opinions on questioned signatures. Forensic Science International, 178(1), 54–60.

Found, B., & Rogers, D. (Eds.). (1999). Documentation of forensic handwriting comparison and identification method: A modular approach. Journal of Forensic Document Examination, 12, 1–68.

Found, B., & Rogers, D. K. (2005). Investigating forensic document examiners' skill relating to opinions on photocopied signatures. Science & Justice, 45(4), 199–206.

Found, B., Rogers, D., & Herkt, A. (2001a). Comparison of document examiners' opinions on original and photocopied signatures. Journal of Forensic Document Examination, 14, 1–13.

Found, B., Rogers, D., & Herkt, A. (2001b). The skill of a group of document examiners in expressing handwriting and signature authorship and production process opinions. Journal of Forensic Document Examination, 14, 15–30.

Found, B., Rogers, D., & Schmittat, R. (1994). A computer program designed to compare the spatial elements of handwriting. Forensic Science International, 68(3), 195–203. doi: 10.1016/0379-0738(94)90358-1.

Found, B., Sita, J., & Rogers, D. (1999). The development of a program for characterizing forensic handwriting examiners' expertise: Signature examination pilot study. Journal of Forensic Document Examination, 12, 69–80.

Franck, F. E. (1996). Objective standards: Fingerprint identifications vs. handwriting identifications. Paper presented at the meeting of the American Society of Questioned Document Examiners, Washington, DC.

Franke, K. (2005). The influence of physical and biomechanical processes on the ink trace: Methodological foundations for the forensic analysis of signatures. Doctoral dissertation, Artificial Intelligence Institute, University of Groningen, The Netherlands.

Franke, K., Schomaker, L. R. B., Veenhuis, C., Vuurpijl, L. G., van Erp, M, & Guyon, I. (2004). WANDA: A common ground for forensic handwriting examination and writer identification. ENFHEX News, 2004(1), 23–47.

Franks, J. E. (1982). The direction of ballpoint penstrokes in left-and right-handed writers as indicated by the orientation of burr striations. Journal of the Forensic Science Society, 22(3), 271–274. doi: 10.1016/s0015-7368(82)71489-6

Franks, J. E., Davis, T. R., & Totty, R. N. (1983). The Discrimination of left and right-handed writing. Paper presented at the meeting of the American Society of Questioned Document Examiners, Lake Tahoe, NV.

Franks, J. E., Davis, T. R., Totty, R. N., Hardcastle, R. A., & Grove, D. M. (1985). Variability of stroke direction between left-and right-handed writers. Journal of the Forensic Science Society, 25(5), 353–370.

Frazer, P. (1901). Bibliotics or the study of documents (3rd ed.). Philadelphia, PA: J. B. Lippincott.

Frederick, C. J. (1968). An investigation of handwriting of suicide persons through suicide notes. Journal of Abnormal Psychology, 73(3, Pt.1), 263–267. doi: 10.1037/h0025871.

Freeman, F. N. (1918). The handwriting movement: A study of the motor factors of excellence in penmanship. Chicago: University of Chicago Press.

Freud, S. (1900). Interpretation of dreams. London: Hogarth.

Frye v. United States, 315 F.2d 491 (9th Cir. 1963).

Fryd, C. F. M. (1975). The direction of pen motion and its effects on the written line. Medicine, Science and the Law, 15(3), 167–171.

Gahwiler, H. (1984, January). Unauthorized assistance by a third person at the signing of a will. Journal of the Forensic Science Society, 24(6), 607.

Galbraith, N. G. (1979). Another look at disguised writing. Paper presented at the meeting of the American Society of Questioned Document Examiners, Rochester, NY.

Galbraith, N. G. (1981). Initials: A question of identity. Forensic Science International, 18(1), 13–16. doi: 10.1016/0379-0738(81)90134-1.

Galbraith, N. G. (1983). Initials: A special category of handwriting. Paper presented at the 35th meeting of the American Academy of Forensic Sciences, Cincinnati, OH.

Galbraith, N. G. (1984). Alcohol: Its effect on handwriting. Paper presented at the meeting of the American Society of Questioned Document Examiners, Nashville, TN.

Galbraith, O., Galbraith, C., & Galbraith, N. G. (1995). The principle of the 'drunkard's search' as a proxy for scientific analysis: The misuse of handwriting test data in a law journal article. International Journal of Forensic Document Examination, 1(1), 7–17.

Gamble, D. J. (1970). Dry transfer printing. Unpublished manuscript.

Gamble, D. J. (1980). The handwriting of identical twins. Journal of the Canadian Society of Forensic Science, 13(1), 11–30. doi: 10.1080/00085030.1980.10757337.

Gard, C. (1937). Writing past and present: The story of writing and writing tools. NY: The A.N. Palmer Company.

Gaudette, B. D. (1986). Evaluation of associative physical evidence. Journal of the Forensic Science Society, 26(3), 163–167.

Gencavage, J. S. (1984, May). Facsimile signatures produced by gelatin transfer duplicators: Recognition and identification. Paper presented at the meeting of the American Society of Questioned Document Examiners, Nashville, TN.

Gencavage, J. S. (1987). Recognition and identification of multiple authorship. Journal of Forensic Sciences, 32(1), 130–136. doi: 10.1520/jfs12335j.

General Electric Co. v. Joiner, 522 U.S. 136, 118 S. Ct. 512, 139 L. Ed. 2d 508 (1997).

Gervin, M., & Barnes, T. R. E. (2000). Assessment of drug-related movement disorders in schizophrenia. Advances in Psychiatric Treatment, 6, 332–343.

Ghods, V. & Kabir, E. (2013). A study on Farsi handwriting styles for online recognition. Malaysian Journal of Computer Science, 26(1), 44–57.

Giles, A. (1990). Increasing the level of objectivity in handwriting examinations. Paper presented at the meeting of the American Society of Questioned Document Examiners, San Jose, CA.

Giles, A. (1996). Figuring it out. Paper presented at the meeting of the American Society of Questioned Document Examiners, Washington, DC.

Gillett, M. (1966). A history of education, thought and practice. Toronto: McGraw-Hill.

Gilmour, C., & Bradford, J. (1987). The effect of medication on handwriting. Canadian Society of Forensic Science Journal, 20(4), 119–138. doi: 10.1080/00085030.1987.10756951.

Girouard, P. (1986). The influence of stress on writing. Paper presented at the meeting of the International Association of Questioned Document Examiners, Toronto, ON, Canada.

Glogowski, G. (1963). Aktuelle Probleme der Spastischen Extremitätenlähmung. Münchner Medizinische Wochenschrift, pp. 2448.

Godown, L. (1970). Marks of the professional. Paper presented at the meeting of the American Society of Questioned Document Examiners, Houston, TX.

Goetschel, C. (1989). Problems of identifying disputed signatures on works of art. Paper presented at the meeting of the American Society of Questioned Document Examiners, Arlington, VA.

Good, I. J. (1985). Weight of evidence: A brief survey. In J. M. Bernardo, M. H. DeGroot, D. V. Lindley, &

A. F. M. Smith (Eds.), Bayesian statistics 2: Proceedings of the second Valencia international meeting, September 6–10, 1983 (pp. 249–270). Amsterdam: Elsevier.

Goodenough, F. L. (1945). Sex differences in judging the sex of handwriting. The Journal of Social Psychology, 22(1), 61–68. doi: 10.1080/00224545.1945.9714182.

Goodnow, J. (1977). Children drawing. Cambridge, MA: Harvard University Press.

Goodnow, J. J., & Levine, R. A. (1973). "The grammar of action": Sequence and syntax in children's copying. Cognitive Psychology, 4(1), 82–98. doi: 10.1016/0010-0285(73)90005-4.

Goodtitle d. Revett v. Braham, 4 Term. Rep. 497 (1792).

Gould, G. M. (1908). Right handedness and left handedness with chapters treating of the writing posture. The rules of the road, etc. Philadelphia, PA: J. P. Lippincott.

Goyne, T. E. W., & Kittel, H. R. (1985). Do "hangovers" impair writing ability? Paper presented at the meeting of the American Society of Questioned Document Examiners, Montreal, QC, Canada.

Grant, J. (1969). Mussolini diaries forgeries. Journal of the Forensic Science Society, 9, 43–44. doi: 10.1016/s0015-7368(69)70486-8.

Grant, J. (1974). The effect of posture on a signature. Paper presented at the meeting of the International Association of Forensic Sciences, London, UK.

Grant, J. (1985). The diaries of Adolf Hitler. Journal of the Forensic Science Society, 25(3), 189. doi: 10.1016/s0015-7368(85)72391-2.

Gantz, D. T., Miller, J. J., & Walch, M. A. (2005). Multi-language handwriting derived biometric identification. In D. Doermann (Ed.). In Proceedings of the 2005 Symposium on Document Image Understanding Technology, College Park, Maryland. (pp. 197–209). University of Maryland

Green, M. D. (1991). Expert witnesses and sufficiency of evidence in toxic substances litigation: The legacy of Agent Orange and Bendectin litigation. Nw. UL Rev., 86, 643.

Greenwood, B. R. (1983). Proficiency standards for document personnel (abilities, duties, knowledge and skills). Paper presented at the meeting of the American Society of Questioned Document Examiners, Lake Tahoe, NV.

Gross, L. J. (1975). Drug-induced handwriting changes: An empirical review. Texas Reports on Biology and Medicine, 33(3), 370–390.

Guiard, Y., & Millerat, F. (1984). Writing postures in left-handers: Inverters are hand-crossers. Neuropsychologia, 22(4), 535–538. doi: 10.1016/0028-3932(84)90051-4.

Haase, H. J. (1961). Extrapyramidal modifications of fine movements: A "conditio sine qua non" of the fundamental therapeutic action of neuroleptic drugs. Revue Canadienne de Biologie, 20(2), 425–449.

Hagan, W. E. (1894). A treatise on disputed handwriting and the determination of genuine from forged signatures: The character and composition of inks, and their determination by chemical tests: The effect of age as manifested in the appearance of written instruments and documents. Albany, NY: Banks & Brothers.

Halder-Sinn, P., & Wegener, K. (1992). Controllability of the slant in simple and multiple strategies for disguising handwriting. Perceptual and Motor Skills, 74(3), 905–906. doi: 10.2466/pms.74.3.905–906.

Hall, M. G. & Hardcastle, R. A. (1987, August). Is a universal handwriting specimen feasible? Paper presented at the 11th meeting of the International Association of Forensic Sciences, Vancouver, BC, Canada.

Handwriting Without Tears. (2016). Retrieved from: https://www.hwtears.com/hwt (accessed December 15, 2016).

Hanna, G. A. (1989). A preliminary classification of the writing elements of Chinese characters. Journal of Forensic Science, 34(2), 439–448. doi: 10.1520/JFS12654J.

Hanna, G. A. (1992). Art forgery: The role of the document examiner. Journal of Forensic Science, 37(4), 1096–1114.

Hardcastle, R. A., & Kemmenoe, D. A. (1990). A computer-based system for the classification of handwriting on cheques. Part 2: Cursive handwriting. Journal of the Forensic Science Society, 30(2), 97–103.

Hardcastle, R. A., Thornton, D., & Totty, R. N. (1986). A computer-based system for the classification of handwriting on cheques. Journal of the Forensic Science Society, 26(6), 383–392.

Hardy, H., & Fagel, W. (1995). Methodological aspects of handwriting identification. Journal of Forensic Document Examination, 8, 33–69.

Hardy, H. J. J. (1992). Dynamics of the writing movement: Physical modelling and practical application. Journal of Forensic Document Examination, 5, 1–34.

Harralson, H. H. (2005). Handwriting characterization and differential analysis of Parkinson's disease and essential tremor. Journal of the National Association of Document Examiners, 28, 19–37.

Harralson, H. H. (2007–2008). Differentiating the handwriting of twins. Journal of the National Association of Document Examiners, 29(1), 24–32.

Harralson, H. H. (2008). Forensic handwriting examination of motor disorders & forgery: Research and applications. Saarbrücken, Germany: VDM Verlag Dr. Müller.

Harralson, H. H. (2013). Developments in handwriting and signature identification in the digital age. Waltham, MA: Anderson.

Harralson, H.H., Jarvis, M.W.B., Barabe, J., & Miller, L.S. (2012). Forensic analysis of painted signatures on artwork. Proceedings of the Australia & New Zealand Forensic Science Society, Tasmania, Australia.

Harralson, H. H., Teulings, H.-L., & Farley, B. (2008). Comparison of handwriting kinematics in movement disorders and forgery. Journal of Forensic Document Examination, 19, 41–52.

Harralson, H. H., Teulings, H. -L., & Farley, B. G. (2009). Handwriting variability in movement disorder patients and effects of fatigue. In A. Vinter & J.-L. Velay (Eds.). Proceedings of the 14th Biennial Conference of the International Graphonomics Society, 13–16 September 2009, Dijon, France. (pp. 103–107). Université de Bourgogne, Dijon, France.

Harralson, H. H., Teulings, H.-L., & Miller, L. S. (2011). Temporal and spatial differences between online and offline signatures. In E. Grassi & J. L. Contreras-Vidal (Eds.), Proceedings of the 15th International Graphonomics Society Conference, June 12–15, 2011, International Graphonomics Society, Cancun, Mexico (pp. 34–37).

Harralson, H. H., Teulings, H.-L., & Miller, L. S. (2013). Proficiency of forensic document examination students examining static and dynamic electronic signature data. In M. Nakagawa, M. Liwicki & B. Zhu (Eds.), Proceedings of the 16th Biennial Conference of the International Graphonomics Society, June 13–16, 2013, International Graphonomics Society Nara, Japan (pp. 22–25).

Harralson, H. H., Waites, E., & Will, E. J. (2015). A survey of forensic handwriting examination research in response to the NAS Report. In C. Rémi, L. Prévost, & E. Anquetil (Eds.), Drawing, Handwriting Processing Analysis: New Advances and Challenges. Proceedings of the 17th Biennial Conference of the International Graphonomics Society.

Harris, J. (1969). A questioned document examiner looks at aphasia, its accompanying handwriting disorders, and resulting case problems. Paper presented at the meeting of the American Society of Questioned Document Examiners, Toronto, ON, Canada.

Harris, J. J. & Mills, D. H. (1963). Medical records and the questioned document examiner. Journal of Forensic Sciences, 8(3), 453–461.

Harris, J. J. (1953). Disguised handwriting. Journal of Criminal Law, Criminology and Police Science, 43(5), 685–689. doi: 10.2307/1139667.

Harris, J. J. (1958). How much do people write alike? A study of signatures. Journal of Criminal Law, Criminology, and Police Science, 48(6), 647–651. doi: 10.2307/1140273.

Harris, J. J. (1986). The document evidence and some other observations about the Howard R. Hughes "Mormon Will" contest. Journal of Forensic Science, 31(1), 365–375. doi: 10.1520/JFS11896J.

Harris, P.R. (1980). Disguise, forgeries and look-alike writing. Paper presented at the meeting of the American Society of Questioned Document Examiners, Vancouver, BC, Canada.

Harris, R. (1911). Hints on advocacy: Conduct of cases civil and criminal: Classes of witnesses, and suggestions for cross-examining them, etc., etc. (14th ed.). London: Stevens and Sons.

Harrison, W. R. (1958). Suspect documents: Their scientific examination. New York: Praeger.

Harrison, W. R. (1964). Forgery detection: A practical guide. New York: Praeger.

Harrison, W. R. (1966). Suspect documents: Their scientific examination. Second impression with supplement, 1966. London: Sweet and Maxwell.

Hart, B. O., & Rosenstein, J. (1964). Examining the language behavior of deaf children. The Volta Review, 66(9), 679–682.

Hart, L. J. (1985, September). Illusions of disguise. Paper presented at the meeting of the American Society of Questioned Document Examiners, Montreal, QC, Canada.

Harvey, O. L. (1934). The measurement of handwriting considered as a form of expressive movement. Journal of Personality, 2(4), 310–321. doi: 10.1111/j.1467-6494.1934.tb02107.x.

Harvey, R., & Mitchell, R. M. (1973). The Nicola Brazier murder: The role of handwriting in a large-scale investigation. Journal of the Forensic Science Society, 13(3), 157–168. doi: 10.1016/S0015-7368(73)70789-1.

Hayes, J. L. (1987). Connecting strokes. Paper presented at the meeting of the American Society of Questioned Document Examiners, Vancouver, BC, Canada.

Haywood, C. L. (1991). Continuing the search for the black "J" and "W." Paper presented at the meeting of the American Society of Questioned Document Examiners, Orlando, FL.

Head, H. (1963). Aphasia and kindred disorders of speech (Vols. 1–2). New York: Hafner.

Hécaen, H., Penfield, W., Bertrand, C., & Malmo, R. (1956). The syndrome of apractognosia due to lesions of the minor cerebral hemisphere. AMA Archives of Neurology and Psychiatry, 75(4), 400–434. doi: 10.1001/archneurpsyc.1956.02330220064007.

Hecker, M. & Eisermann, H. W. (1986). Forensic identification system of handwriting (FISH). Paper presented at the meeting of the American Society of Questioned Document Examiners, Savannah, GA.

Hecker, M. R. (1981, June). The change of handwriting as a process of identification. Paper presented at the 9th meeting of the International Association of Forensic Sciences, Bergen, Norway.

Hecker, M. R. (1983). Effects of unusual paper supports on handwriting. Paper presented at the meeting of the American Society of Questioned Document Examiners, North Lake Tahoe, NV.

Hecker, M. R. (1996). The scientific examination of sex differences in handwriting. Paper presented at the meeting of the American Society of Questioned Document Examiners, Washington, DC.

Hensel, E. B., Khan, I. A., & Dizon, J. F. (1973). Forensic examination of peculiar writing systems. Journal of the Forensic Science Society, 13(2), 143–152. doi: 10.1016/S0015-7368(73)70782-9.

Hepler, A.B., Saunders, C.P., Davis, L.J., & Buscaglia, J. (2012). Score-based likelihood ratios for handwriting evidence. Forensic Science International, 219(1–3), 129–140.

Herkt, A. (1986). Signature disguise or signature forgery? Journal of the Forensic Science Society, 26(4), 257–266. doi: 10.1016/s0015-7368(86)72493-6.

Herkt, A., Boot, D., & Walsh, D. (1999). Module 7: Structural and line quality inconsistencies. In B. Found & D. Rogers (Eds.), Documentation of forensic handwriting comparison and identification method: A modular approach. Journal of Forensic Document Examination, 12, 37–44.

Herrick, V. E. (1960a). Comparison of practices in handwriting. Madison, WI: University of Wisconsin.

Herrick, V. E. (1960b). Handwriting and related factors: 1890–1960. Washington, DC: Handwriting Foundation.

Herrick, V. E. (Ed.). (1963). New horizons for research in handwriting: Report. Presented at the Invitational Conference on Research in Handwriting (1961: University of Wisconsin), Madison, WI: University of Wisconsin Press.

Herrick, V. E., & Okada, N. (1963). The present scene: Practices in the teaching of handwriting in the United States-1960. In V. E. Harrick (Ed.), New horizons for research in handwriting (pp. 17–32). Madison, WI: University of Wisconsin Press.

Herrick, V. E., Reuther, C. A., Bryan, G., Anderson, L., & Okada, N. (1960). Comparison of practices in handwriting advocated by nineteen commercial systems of handwriting instruction. Madison, WI: Committee on Research in Basic Skills, University of Wisconsin.

Hicks, A. F. (1996). Dyslexia: Its effect upon handwriting. Paper presented at the meeting of the American Society of Questioned Document Examiners, Washington, DC.

Hilton, O. (1941). The collection of writing standards in criminal investigation. Journal of Criminal Law and Criminology, 32(2), 241–256. doi: 10.2307/1137033.

Hilton, O. (1956). Education and qualifications of examiners of questioned documents. Journal of Forensic Sciences, 1(3), 35–42.

Hilton, O. (1957). Characteristics of the ball point pen and its influence on handwriting identification. The Journal of Criminal Law, Criminology, and Police Science, 47(5), 606–613. doi: 10.2307/1139043.

Hilton, O. (1958). The relationship of mathematical probability to the handwriting identification problem. In R. A. Huber (Ed.), Questioned Documents in Crime Detection: Proceedings of the R.C.M.P. Crime Detection Laboratories Seminar no. 5 held at Ottawa, Oct. 27–Nov. 1, 1958 (pp. 121–130). Ottawa: Queen's Printer.

Hilton, O. (1963). Some basic rules for the identification of hand-writing. Medicine, Science and the Law, 3(2), 107–117.

Hilton, O. (1965). A further look at writing standards. The Journal of Criminal Law, Criminology, and Police Science, 56(3), 382–389. doi: 10.2307/1141257.

Hilton, O. (1967). A second look at signature standards. Paper presented at the meeting of the American Society of Questioned Document Examiners, San Francisco, CA.

Hilton, O. (1969a). Consideration of the writer's health in identifying signatures and detecting forgery. Journal of Forensic Sciences, 14(2), 157–166.

Hilton, O. (1969b). A study of the influence of alcohol on handwriting. Journal of Forensic Sciences, 14(3), 309–316.

Hilton, O. (1970). Identification of numerals. International Criminal Police Review, 241(25), 245–250.

Hilton, O. (1974). Ethics and the document examiner. Paper presented at the meeting of the American Society of Questioned Document Examiners, Milwaukee, WI.

Hilton, O. (1975). Influence of age and illness on handwriting identification problems. Paper presented at the meeting of the American Society of Questioned Document Examiners, Colorado Springs, CO.

Hilton, O. (1976). Ethics and the document examiner under the adversary system. Journal of Forensic Science, 21(4), 779–783. doi: 10.1520/JFS10561J.

Hilton, O. (1979). Is there any place in criminal prosecutions for qualified opinions by document examiners? Journal of Forensic Sciences, 24(3), 579–581.

Hilton, O. (1980). Distinctive qualities of today's pens. Paper presented at the meeting of the American Society of Questioned Document Examiners, Vancouver, BC, Canada.

Hilton, O. (1982). Scientific examination of questioned documents (Rev. ed). New York: Elsevier/North-Holland.

Hilton, O. (1983). How individual are personal writing habits? Journal of Forensic Science, 28(3), 683–685.

Hilton, O. (1984). Effects of writing instruments on handwriting details. Journal of Forensic Sciences, 29(1), 80–86. doi: 10.1520/jfs11637j.

Hilton, O. (1986). Individual or class characteristics in foreign numbers. Paper presented at the meeting of the American Society of Questioned Document Examiners, Savannah, GA.

Hilton, O. (1987). Line quality—Historic and contemporary views. Journal of Forensic Sciences, 32(1), 118–120.

Hilton, O. (1988). Document examination and the ASQDE Code of ethics. Paper presented at the meeting of the American Society of Questioned Document Examiners, Aurora, CO.

Hilton, O. (1993). Scientific examination of questioned documents. (Rev. Ed.). Boca Raton, FL: CRC Press.

Hilton, O. (1995). Relationship of mathematical probability to the handwriting identification problem. International Journal of Forensic Document Examiners, 1(3), 224–229.

Hirsch, M. W., Jarvik, M. E., & Abramson, H. A. (1956). Lysergic acid diethylamide (LSD-25): XVIII effects of LSD-25 and six related drugs upon handwriting. Journal of Psychology, 41(1), 11–22. doi: 10.1080/00223980.1956.9916201.

Hladij, H. (1999). Similarities in handwriting of closely related people. International Journal of Forensic Document Examination, 5, 221–232.

Hodgins, J. H. (1967, March). Request specimen writing for comparison purposes. Royal Canadian

Mounted Police Gazette, 15–16.

Hodgins, J. H. (1971). Determination of sex from handwriting. Canadian Society of Forensic Science Journal, 4(4), 124–132. doi: 10.1080/00085030.1971.10757284.

Hodgins, J. H. (1973). A resume of some recent research. Paper presented at the meeting of the American Society of Questioned Document Examiners, Washington, DC.

Hooten, A. B. (1992). A case study of dating multiple sclerosis onset by handwriting. Journal of Forensic Document Examination, 5, 55–63.

Horan, J. J. (1985). The size of forged signatures. Paper presented at the meeting of the American Society of Questioned Document Examiners, Chicago, IL.

Horan, J. J., & Horan, G. J. (1984, September). A study of numbers. Paper presented at the meeting of the International Association of Forensic Sciences, Oxford, UK.

Horton, R. A. (1992). A study of the occurrence of certain handwriting characteristics in a random population. Paper presented at the meeting of the American Society of Questioned Document Examiners, Milwaukee, WI.

Hotimsky, S. (1972, September). Anonymous letters written by left-hand. Paper presented at the meeting of the International Association of Forensic Sciences, Edinburgh, UK.

Houp, K. W., & Pearsall, T. E. (1984). Reporting technical information. New York: Macmillan.

Howard, L. B. (1986). The dichotomy of the expert witness. Journal of Forensic Science, 31(1), 337–341. doi: 10.1520/jfs11893j.

Huber, R. A. (1955). The identification of Eskimo writing. Ivugivik, Quebec: unpublished report in the case of Eskimo SEEGOALOOK, Writing Threatening Letters.

Huber, R. A. (1959). Expert witnesses: In defence of expert witnesses in general and of document examiners in particular. Criminal Law Quarterly, 2(3), 276–295.

Huber, R. A. (1960). On looking over Shakespeare's 'secretarie'. Stratford Papers on Shakespeare, 51–70.

Huber, R. A. (1963). Interpolating first principles of handwriting identification. Paper presented at the 1st International Meeting in Questioned Documents, i.e., the 3rd meeting of the International Association of Forensic Sciences, London, England.

Huber, R. A. (1972). The philosophy of identification. Royal Canadian Mounted Police Gazette, 34(7/8), 8–14.

Huber, R. A. (1980). The quandary of "Qualified" Opinions. Canadian Society of Forensic Science Journal, 13(3), 7. doi: 10.1080/00085030.1980.10757344.

Huber, R. A. (1982). Handwriting identification: Facts and fundamentals. A potpourri of comments intended to educate, consolidate, stimulate, and/or substantiate. Paper presented at the meeting of the American Society of Questioned Document Examiners, Boston, MA.

Huber, R. A. (1983). Quarter century search and survey. Paper presented at the meeting of the American Society of Questioned Document Examiners, Lake Tahoe, NV.

Huber, R. A. (1990). The uniqueness of writing. Paper presented at the meeting of the American Society of Questioned Document Examiners, San Jose, CA.

Huber, R. A. (1995). Handwriting examination as a scientific discipline. Paper presented at the meeting of the American Society of Questioned Document Examiners, Chicago, IL.

Huber, R. A., & Headrick, A. M. (1987, August). The identification process. Paper presented at the meeting of the International Association of Forensic Sciences, Vancouver, BC, Canada.

Huber, R. A., & Headrick, A. M. (1990). Let's do it by numbers. Forensic Science International, 46(3), 209–218. doi: 10.1016/0379-0738(90)90307-k.

Hull, J. M. (1993, April). The relationship between disguised handwriting and years of formal education: final results. Paper presented at the meeting of the Southwestern Association of Forensic Document Examiners.

Humphreys, H. N. (1855). The origin and progress of the art of writing ... London: Day & Son.

Huth, E. J. (1982). How to write and publish papers in the medical sciences. Philadelphia, PA: ISI Press.

International Organization for Standardization (ISO). (2012). ISO/IEC 17024:2012 Conformity assessment–General requirements for bodies operating certifications of persons. Retrieved from https://www. iso.

org/standard/52993.html (accessed November 15, 2017).

Impedovo, S. & Abbattista, N. (1982). Handwritten numeral recognition; the organization degree measurement. In H. Marko & International Conference on Pattern Recognition (1982). Proceedings of the 6th internal conference on pattern recognition, Munich, Germany, Oct. 19–22, 1982 (pp. 40–43). Silver Spring, MD: IEEE Computer Society Press.

Imwinkelried, E. J. (1982). The methods of attacking scientific evidence. Charlottesville, VA: Michie.

Irwin, K. G. (1967). The romance of writing, from Egyptian hieroglyphics to modern letters, numbers, and signs. New York: Viking Press.

Isokoski, P., & Käki. (2002, April). Comparison of two touchpad-based methods for numeric entry. In Proceedings of the SIGCHI Conference on Human Factors in Computing System (pp. 25–32). ACM.

Iwasaki, S., Kaiho, T., & Iseki, K. (1995). Handedness trends across age groups in a Japanese sample of 2316. Perceptual and Motor Skills, 80(3), 979–994. doi: 10.2466/pms.1995.80.3.979.

Jacquin-Keller, A. M. (1985). Is it possible to verify a manuscript document written in foreign characters? Paper presented at the meeting of the American Society of Questioned Document Examiners, Montreal, QC, Canada.

Jamieson, J. A. (1983). Effects of slope change on handwriting. Canadian Society of Forensic Science Journal, 16(3), 117–123. doi: 10.1080/00085030.1983.10756927.

Jarvis, M. W. B. (2010). The music-calligraphy of Johann Sebastian and Anna Magdalena Bach. Journal of Forensic Document Examination, 20, 49–61.

Jenkins, J. (1813). The art of writing reduced in seven books. Andover, MA: Flagg & Gould.

Jones, D. G. (1986). Guided hand or forgery? Journal of the Forensic Science Society, 26(3), 169–173. doi: 10.1016/S0015-7368(86)72473-0.

Kalera, M. K., Srihari, S., & Xu, A. (2004). Offline signature verification and identification using distance statistics. International Journal of Pattern Recognition and Artificial Intelligence, 18(07), 1339–1360.

Kam, M., Fielding, G., & Conn, R. (1997). Writing identification by professional document examiners. Journal of Forensic Sciences, 42(5), 778–786.

Kam, M., Gummadidala, K., Fielding, G., & Conn, R. (2001). Signature authentication by forensic document examiners. Journal of Forensic Sciences, 46, 884–888.

Kam, M., & Lin, E. (2003). Writer identification using hand-printed and non-hand-printed questioned documents. Journal of Forensic Sciences, 48(6), 1391–1395.

Kam, M., Wetstein, J., & Conn, R. (1994). Proficiency of professional document examiners in writer Identification. Journal of Forensic Science, 39(1), 5–14. doi: 10.1520/JFS13565J.

Kapoor, T. S., Kapoor, M., & Sharma, G. P. (1985). Study of the form and extent of natural variation in genuine writings with age. Journal of the Forensic Science Society, 25(5), 371–375. doi: 10.1016/s0015-7368(85)72416-4.

Karlsson, J. E. (1987). What is the probability that Jones' signature is genuine? Canadian Society of Forensic Science Journal, 20, 114.

Kashi, R. S., Hu, J., Nelson, W. L., & Turin, W. (1997). On-line handwritten signature verification using hidden Markov model features. In Proceedings of the Fourth International Conference on Document Analysis and Recognition, 18-20 August 1997. (pp. 253–257).

Kaye, D. H. (1994). Commentary on "Proficiency of professional document examiners in writer identification." Journal of Forensic Sciences, 39(1), 5–14.

Keckler, J. A. (1988, September). Felonious disguise. Paper presented at the meeting of the American Society of Questioned Document Examiners, Aurora, CO.

Keele, S. W. (1968). Movement control in skilled motor performance. Psychological Bulletin, 70(6p1), 387–403.

Keeler, K. (1934). A study of documentary evidence in election frauds (Tattle-tale tallies). Journal of Criminal Law and Criminology, 25(2), 324–337.

Kelly, J. H. (1975). Effects of artificial aids and prostheses on signatures. Paper presented at the meeting of the American Society of Questioned Document Examiners, Colorado Springs, CO.

Kelly, J. S. (1998). The examination and identification of numbers. Paper presented at the meeting of the

American Academy of Forensic Sciences, San Francisco, CA.

Kerr, L. K. & Taylor, L. R. (1992). Linguistic evidence indicative of authorship by a member of the deaf community. Journal of Forensic Sciences, 37(6), 1621–1632. doi: 10.1520/jfs13352j.

Keys v. Keys, 129 S.W.2d 1103, 23 Tenn. App. 188 (1939).

Kind, S. S., Wigmore, R., Whitehead, P. H., & Loxley, D. S. (1979). Terminology in forensic science. Journal of the Forensic Science Society, 19(3), 189–191.

Kingston, C. (1989). A perspective on probability and physical evidence. Journal of Forensic Sciences, 34(6), 1336–1342.

Kinner, W. S. A. (1925). The Croonian lectures on some disorders of mobility and of muscle tone with special reference to the corpus striatum. Lancet, 206(5314), 1–10. doi: 10.1016/s0140-6736(01)20638-2.

Kirk, P. L. (1953). Crime investigation: Physical evidence and the police laboratory. New York: Interscience.

Kiser, R. F., & Torres, B. (1975). "Like" letter substitution—How dependable? Paper presented at the meeting of the American Society of Questioned Document Examiners, Colorado Springs, CO.

Klages, L. (1910). Prinzipien der charakterologie. JA Barth, Leipzig.

Klement, V. (1983). An application system for the computer-assisted identification of handwritings. In R. W. De Vore, J. S. Jackson, & P. de Bruyne (Eds.), Proceedings: International Carnahan Conference on Security Technology, October 4–6, 1983, Zürich, Switzerland (pp. 75–79). Lexington, KY: Office of Engineering Services, University of Kentucky.

Klement, V. R., Naske, R.-D., & Steinke, R. (1980, September). The application of image processing and pattern recognition techniques to the forensic analysis of handwriting. In R. W. De Vore, J. S. Jackson, & K. Fellbaum (Eds.), Proceedings, Third International Conference: Security Through Science and Engineering, September 22–26, 1980, Berlin, Germany (pp. 5–11). Lexington, KY: Office of Engineering, College of Engineering, University of Kentucky.

Klimoski, R. J., & Rafaeli, A. (1983). Inferring personal qualities through handwriting analysis. Journal of Occupational Psychology, 56(3), 191–202.

Klivans, G. S. (2013). Gang secret codes: Deciphered. Santa Ana, CA: Police and Fire.

Klonoff, H., Low, M., & Marcus, A. (1973). Neuropsychological effects of marijuana. Canadian Medical Association Journal, 108(2), 150–156.

Knight, B. (1989). Ethics and discipline in forensic science. Journal of the Forensic Science Society, 29(1), 53–59.

Koehler, J. J., Schweitzer, N. J., Saks, M. J., & McQuiston, D. E. (2016). Science, technology, or the expert witness: What influences jurors' judgments about forensic science testimony? Psychology, Public Policy, and Law, 22(4), 401.

Komal, S., Jasuja, O. P., Singla, A. K., & Singh, S. (1999). A study of the handwriting of visually impaired persons. International Journal of Forensic Document Examiners, 5, 39–53.

Konstantinidis, S. I. V. (1987). Disguised handwriting. Journal of the Forensic Science Society, 27(6), 383–392. doi: 10.1016/s0015-7368(87)72786-8.

Kraemer, J. I. (1979). A new development in graphic transfer material and an illustration of its illegal use. Journal of Forensic Science, 24(4), 875–879. doi: 10.1520/jfs10917j.

Kramer, E., & Lauterbach, C. E. (1928). Resemblance in the handwriting of twins and siblings. The Journal of Educational Research, 18(2), 149–152.

Kroon-van der Kooij, L. N. (1985). A master unmasked or the Pergolesi-Ricciotti puzzle solved. Unpublished manuscript, The Hague, Criminal Investigation Department, The Netherlands.

Kroon-van der Kooij, L. N. (1987). Differences between handwriting characters in relation to various nationalities. Paper presented at the meeting of the International Association of Forensic Sciences, Vancouver, BC, Canada.

Kropinak, R. (1965). Disguised writing—Effective or noneffective. Unpublished manuscript, RCMP Crime Detection Laboratory, Regina, SK, Canada.

Kuckuck, W., Rieger, B., & Steinke, K. (1979). Automatic writer recognition. In Proceedings of the 1979

Carnahan Conference on Crime Countermeasures, University of Kentucky, Lexington (pp. 57–64).

Kukucka, J., & Kassin, S. M. (2014). Do confessions taint perceptions of handwriting evidence? An empirical test of the forensic confirmation bias. Law and Human Behavior, 38(3), 256.

Kulvicius, T., Ning, K., Tamosiunaite, M., & Worgötter, F. (2012). Joining movement sequences: Modified dynamic movement primitives for robotics applications exemplified in handwriting. IEEE Transactions on Robotics, 28(4), 145–157.

Kumho Tire Co. v. Carmichael, 526 U.S. 137, 119 S. Ct. 1167, 143 L. Ed. 2d 238 (1999).

Langmaid, R. A., Papadopoulos, N., Johnson, B. P., Phillips, J. G., & Rinehart, N. J. (2014). Handwriting in children with ADHD. Journal of Attention Disorders, 18(6), 504–510.

Launius, R. D., Sillitoe, L., & Roberts, A. D. (1988). Salamander: The story of the Mormon forgery murders. Signature Books, Salt Lake City, UT.

LeBrun, M., McLaughlin, T. F., Derby, K. M., & McKenzie, M. (2012). The effects of using Handwriting Without Tears® to teach thirty-one integrated preschoolers of varying academic ability to write their names. Academic Research International, 2(2), 373.

Lee, C. D., & Abbey, R. A. (1922). Classification and identification of handwriting. New York: Appleton.

Leedham, G., & Chachra, S. (2003, August). Writer identification using innovative binarised features of handwritten numerals. In Document Analysis and Recognition, 2003. Proceedings of the Seventh International Conference (pp. 413–416). IEEE.

Legge, D. (1965). Analysis of visual and proprioceptive components of motor skill by means of a drug. British Journal of Psychology, 56(2 & 3), 243–254. doi: 10.1111/j.2044-8295.1965.tb00962.x.

Legge, D., Steinberg, H. & Summerfield, A. (1964). Simple measures of handwriting as indices of drug effects. Perceptual and Motor Skills, 18(2), 549–558. doi: 10.2466/pms.1964.18.2.549.

Legień, M. (1984). The handwriting test as a method of diagnosing narcotic dependence. Psychiatria Polska, 18(3), 233–240.

Lei, H., & Govindaraju, V. (2005). A comparative study on the consistency of features in on-line signature verification. Pattern Recognition Letters, 26(15), 2483–2489.

Lemke, E., & Kirchner, J. (1971). A multivariate study of handwriting, intelligence and personality correlates. Journal of Personality Assessment, 35(6), 584–592.

Leson, J. L. (1974). The education and qualifications of questioned document examiners. Unpublished master's thesis, George Washington University, Washington, DC.

Lester, D., Werling, N., & Heinle, N. H. (1982). Graphoanalytic differences by sex and handedness. Journal of Perceptual and Motor Skills, 55(3), 1190. doi: 10.2466/pms.1982.55.3f.1190.

Lester, D., Werling, N., & Heinle, N. H. (1983). Differences in handwriting as a function of age. Perceptual and Motor Skills, 57(3), 738. doi: 10.2466/pms.1983.57.3.738.

Leung, S. C. (1986). A case of lipstick writing on a body. Paper presented at the meeting of the American Society of Questioned Document Examiners, Savannah, GA.

Leung, S. C. & Cheung, Y. L. (1988). On opinion. Paper presented at the meeting of the American Society of Questioned Document Examiners, Aurora, CO.

Leung, S. C., Cheng, Y. S., Fung, H. T., & Poon, N. L. (1993). Forgery I—Simulation. Journal of Forensic Science, 38(2), 402–412. doi: 10.1520/JFS13420J.

Levander, M., & Schalling, D. (1988). Self-assessed and examiner-assessed writing hand posture in Swedish left-handers. Neuropsychologia, 26(5), 777–781. doi: 10.1016/0028-3932(88)90016-4.

Levy, J. (1974). Psychobiological implications of lateral bisymmetry. In S. J. Dimond & J. G. Beaumont (Eds.), Hemisphere function in the human brain. London: Elek Science.

Lewinson, T. S. (1986). Classic schools of graphology. In B. Nevo (Ed.), Scientific aspects of graphology (pp. 5–46). Springfield, IL: Charles C. Thomas.

Lindblom, B. (1983). Identifying characteristics in the handwriting of the visually impaired. Canadian Society of Forensic Science Journal, 16(4), 174–191. doi: 10.1080/00085030.1983.10756933.

Lindblom, B. (1991). The examiner as forensic consultant and expert witness—Professional and ethical considerations. Paper presented at the meeting of the American Society of Questioned Document Examiners, Orlando, FL.

Linden, J., Marquis, R., & Mazzella, W. (2016). Forensic analysis of digital dynamic signatures: New methods for data treatment and feature evaluation. Journal of Forensic Sciences, 62, 382–391.

Lines, S. R. & Franck, F. E. (2003). Triplet and sibling handwriting study to determine degree of individuality and natural variation. Journal of the American Society of Questioned Document Examiners, 6(1), 48–55.

Livingston, O. B. (1949). Bogus check file classified by trademarks. Journal of Criminal Law and Criminology, 39(6), 782–789.

Livingston, O. B. (1963). Frequency of certain characteristics in handwriting, pen-printing of two hundred people. Journal of Forensic Sciences, 8(2), 250–259.

Liwicki, M. (2012). Automatic signature verification: In-depth investigation of novel features and different models. Journal of Forensic Document Examination, 22, 25–39.

Liwicki, M., Schlapbach, A., & Bunke, H. (2011). Automatic gender detection using on-line and off-line information. Pattern Analysis and Applications, 14(1), 87–92.

Liwicki, M., Schlapbach, A., Loretan, P., & Bunke, H. (2007). Automatic detection of gender and handedness from on-line handwriting. In Proceedings of the 13th Conference of the Graphonomics Society (pp. 179–183).

Liwicki, M., van den Heuvel, C. E., Found, B., & Malik, M. I. (2010). Forensic signature verification competition 4NSIGComp2010: Detection of simulated and disguised signatures. In 2010 International Conference on Frontiers in Handwriting Recognition (ICFHR), 16–18 November 2010 (pp. 715–720).

Locard, E. (1951). The inert hand. International Criminal Police Review, 45, 45–47.

Lockowandt, O. (1976). Present status of the investigation of handwriting psychology as a diagnostic method. Washington, DC: Journal Supplement Abstract Service, American Psychology Association.

Longstaff, M. G., & Heath, R. A. (2003). The influence of motor system degradation on the control of handwriting movements: A dynamical systems analysis. Human Movement Science, 22(1), 91–110.

Lorr, M., Lepine, L. T., & Golder, J. V. (1954). A factor analysis of some handwriting characteristics. Journal of Personality, 22(3), 348–353.

Lyter, A. H. I., Harris, J. J., & Greenwood, B. R. (1983). The ball-point pen—Nomenclature, definitions and writing characteristics. Paper presented at the meeting of the American Society of Questioned Document Examiners, Lake Tahoe, NV.

MacInnis, S. E. (1994). Adolescent handwriting—Native versus nonnative. Canadian Society of Forensic Science Journal, 27(1), 5–14. doi: 10.1080/00085030.1994.10757020.

Maguire, K. B. & Moran, T. L. (1996). Identification of written text writings by the forensic information system for handwriting. Paper presented at the meeting of the American Society of Questioned Document Examiners, Washington, DC.

Malik, I.M., Liwicki, M., Dengel, A., & Found, B. (2014). Man vs. machine: A comparative analysis for signature verification. Journal of Forensic Document Examination, 24, 21–35.

Mally, R. (1956). The ball-point pen. Kriminalistik, 10, 56–60.

Mansfield, W. W. (1943). Disguise in handwriting. Medico-Legal Society Transactions, 11(1), 23–29.

Marcelli, A., Parziale, A., & De Stefano, C. (2015, August). Quantitative evaluation of features for Forensic Handwriting Examination. In 13th International Conference on Document Analysis and Recognition (ICDAR), 2015 (pp. 1266–1271). IEEE.

Marcie, P., & Hécaen, H. (1979). Agraphia writing disorders associated with unilateral cortical lesions. In K. M. Heilman & E. Valenstein (Eds.), Clinical neuropsychology (pp. 92–127). Oxford: Oxford University Press.

Margenau, H., & Bergamini, D. (1964). The scientist. New York: Time.

Margolin, D. I. (1984). The neuropsychology of writing and spelling: Semantic, phonological, motor, and perceptual processes. The Quarterly Journal of Experimental Psychology, 36A(3), 459–489. doi: 10.1080/14640748408402172.

Margolin, D. I., & Wing, A. M. (1983). Agraphia and micrographia: Clinical manifestations of motor programming and performance disorders. Acta Psychologica, 54(1–3), 263–283. doi: 10.1016/0001-6918(83)90039-2.

Marquis, R., Bozza, S., Schmittbuhl, M., & Taroni, F. (2011). Handwriting evidence evaluation based on the shape of characters: Application of multivariate likelihood ratios. Journal of Forensic Sciences, 56(1), S238–S242.

Mason, S. (Ed.). (2010). Electronic evidence (2nd ed.). London: LexisNexis Butterworths.

Masson, J. (1988). Deciphering the handwriting of the recently blinded. Forensic Science International, 38, 161–171.

Masson, J. F. (1985). Felt tip pen writing: Problems of identification. Journal of Forensic Sciences, 30(1), 172–177. doi: 10.1520/jfs10978j.

Masson, J. F. (1988). A study of the handwriting of adolescents. Journal of Forensic Sciences, 33(1), 167–175. doi: 10.1520/JFS12447J.

Masson, J. F. (1990). A look at the hand lettering of draftsmen. Paper presented at the meeting of the American Society of Questioned Document Examiners, San Jose, CA.

Masson, J. F. (1992). The effect of fibre tip pen use on signatures. Forensic Science International, 53(2), 157–162. doi: 10.1016/0379-0738(92)90192-Y.

Masson, J. F. (1996). An evaluation of simulated and traced signatures and consideration of the potential for determination of the writer's identity. Paper presented at the meeting of the American Academy of Forensic Sciences, Nashville, TN.

Mathyer, J. (1950). Ball pens and the expert appraisal of written documents. International Criminal Police Review, 43, 357–360.

Mathyer, J. (1963). Writing and signatures made by the "guided hand." Paper presented at the First International Meeting in Questioned Documents, London, UK.

Mathyer, J. (1965). A few remarks concerning the training of a document expert. Paper presented at the meeting of the American Society of Questioned Document Examiners and RCMP Crime Detection Laboratories, Ottawa, ON, Canada.

Mathyer, J. (1969). The influence of writing instruments on handwriting and signatures. Journal of Criminal Law, Criminology and Police Science, 60(1), 102–112. doi: 10.2307/1141743.

Mathyer, J. (1974). A new dimension in document examination: The scientific study of oil artist paintings and of pencil artist drawings: A recent case. Paper presented at the meeting of the American Society of Questioned Document Examiners, Milwaukee, WI.

McAlexander, T. V. (1997). Assigning weight to handwriting differences for elimination purposes: What constitutes a true significant difference? International Journal of Forensic Document Examiners, 3(1), 4–7.

McAlexander, T. V., Beck, J., & Dick, R. M. (1991). The standardization of handwriting opinion terminology. Journal of Forensic Sciences, 36(2), 311–318.

McAlexander, T. V., & Maguire, K. B. (1991). Eliminating ill-founded eliminations in handwriting comparison cases. Journal of the Forensic Science Society, 31(3), 331–336.

McBride, H. E. A., & Siegel, L. S. (1997). Learning disabilities and adolescent suicide. Journal of Learning Disabilities, 30(6), 652–664.

McBride, M., Pelto, M., McLaughlin, T. F., Barretto, A., Robison, M., & Mortenson, S. (2009). The effects of using Handwriting Without Tears® procedures and worksheets to teach two preschool students with severe disabilities to write their first names. The Open Education Journal, 2, 21–24.

McCarney, D., Peters, L., Jackson, S., Thomas, M., & Kirby, A. (2013). Does poor handwriting conceal literacy potential in primary school children? International Journal of Disability, Development and Education, 60(2), 105–118.

McCarthy, J. (1970). Excellence in forgeries: A case study. Paper presented at the meeting of the American Society of Questioned Document Examiners, Houston, TX.

McCarthy, J. F. (1978). The axioms of handwriting comparisons. Paper presented at the meeting of the International Association of Forensic Sciences, Wichita, KS.

McCarthy, J. F. (1981). Were these entries made in the normal course of business? Paper presented at the meeting of the American Academy of Forensic Sciences, Los Angeles, CA.

McCarthy, J. F. (1984, September). Two penmen's abilities in simulating signatures. Paper presented at the

meeting of the International Association of Forensic Sciences, Oxford, UK.
McCarthy, J. F. (1988). Problems involved in eliminating authors. Paper presented at the meeting of the American Society of Questioned Document Examiners, Aurora, CO.
McCarthy, J. F., & Williams, T. (1987, August). A second survey of the handwritings of black students in the United States in a study of the black "J" and "W." Paper presented at the meeting of the International Association of Forensic Sciences, Vancouver, BC, Canada.
McCarthy, J. F., & Winchester, J. (1973). The autopen. Journal of Forensic Science, 18(4), 441–447. doi: 10.1520/jfs10051j.
McCarthy, W. F., Jr. (1982). A collection of modern European handwriting systems. Paper presented at the meeting of the American Academy of Forensic Sciences, Orlando, FL.
McCarthy, W.F., Jr. (1984). Dyslexia and its effect on handwriting. Paper presented at the meeting of the American Society of Questioned Document Examiners, Nashville, TN.
McClary, C. R. (1997). A study of baseline alignment in signatures and handwritten sentences. International Journal of Forensic Document Examiners, 3(1), 35–44.
McElrath, G. W., & Bearman, J. E. (1956). Scientific method, statistical inference, and the law. Science, 124(3222), 589–590.
McKeever, W. F. (1979). Handwriting posture in left-handers: Sex, familial sinistrality and language laterality correlates. Neuropsychologia, 17(5), 429–444. doi: 10.1016/0028-3932(79)90050-2.
McKeever, W. F., & VanDeventer, A. D. (1980). Inverted handwriting position, language laterality, and the Levy-Nagylaki genetic model of handedness and cerebral organization. Neuropsychologia, 18(1), 99–102. doi: 10.1016/0028-3932(80)90090-1.
McKeever, W. F., & VanEys, P. P. (1989). Inverted handwriting posture in left handers is related to familial sinistrality incidence. Cortex, 25(4), 581–589. doi: 10.1016/s0010-9452(89)80019-x.
McLennan, J. E., Nakano, K., Tyler, H. R., & Schwab, R. S. (1972) Micrographia in Parkinson's disease. Journal of the Neurological Sciences, 15(2), 141–152.
McNally, G. A. (1988). Professional ethics in the court room. Paper presented at the meeting of the American Academy of Forensic Sciences, Philadelphia, PA.
McNally, J. P. (1974). Signatures under stress. Paper presented at the meeting of the American Academy of Forensic Sciences, Dallas, TX.
McNally, J. P. (1976, February). The guider is the writer. Paper presented at the meeting of the American Academy of Forensic Sciences, Washington, DC.
McNally, J. P. (1978). Certainty or uncertainty. Paper presented at the meeting of the International Association of Forensic Sciences, Wichita, KS.
Mcneil, E. B., & Blum, G. S. (1952). Handwriting and psychosexual dimensions of personality. Journal of Projective Techniques, 16(4), 476–484.
Mercer, S. A. B. (1959). The origin of writing and our alphabet (a brief account). London: Luzac.
Merlino, M. L., Springer, V., Kelly, J. S., Hammond, D., Sahota, E., & Haines, L. (2007). Meeting the challenges of the Daubert trilogy: Refining and redefining the reliability of forensic evidence. Tulsa Law Review, 43(2), 417–445.
Michel, L., & Baier, P. E. (1985). The diaries of Adolf Hitler: Implication for document examination. Journal of the Forensic Science Society, 25(3), 167–178. doi: 10.1016/s0015-7368(85)72388-2.
Michon, J. H. (1872). Sisteme de la graphologie [A system for graphology]. Paris: Garnier Frees.
Middleton, W. C. (1938). The ability to judge sex from handwriting. The Scientific Monthly, 46(2), 170–172.
Miller, J. J., Patterson, R. B., Gantz, D. T., Saunders, C. P., Walch, M. A., & Buscaglia, J. (2017). A set of handwriting features for use in automated writer identification. Journal of Forensic Sciences, 62(3), 722–734.
Miller, J. T. (1972a). Departure from handwriting system. Journal of Forensic Sciences, 17(1), 107–123. doi: 10.1520/JFS10120J.
Miller, J. T. (1972b). Training and certification. Paper presented at the meeting of the American Society of Questioned Document Examiners, Chicago, IL.

Miller, J. T. (1973). Professionalization of document examiners: Problems of certification and training. Journal of Forensic Sciences, 18(4), 460–468.

Miller, L. (1985). The elimination of suspects in criminal cases. Paper presented at the meeting of the American Academy of Forensic Sciences, Las Vegas, NV.

Miller, L. S. (1984). Bias among forensic document examiners: A need for procedural changes. Journal of Police Science and Administration, 12(4), 407–411. doi: 10.1080/00450618.2013.797026.

Miller, L. S. (1987). Forensic examination of arthritic impaired writings. Journal of Police Science and Administration, 15(1), 51–55.

Miller, L. S. (1991). Genetic and social influences on handwriting style: A forensic examination of family signatures. World Association of Document Examiners Journal, 143, 3–8.

Miller, L. S. (1995). Identification of human figure drawings through questioned document examination techniques. Forensic Science International, 72(2), 91–105. doi: 10.1016/0379-0738(94)01680-4.

Miller, L. S., & Harralson, H. (2005). An examination of tremor and distortion caused by extrinsic handwriting conditions. Journal of Forensic Document Examination, 17, 65–82.

Mohammed, L. A., Found, B., Caligiuri, M., & Rogers, D. (2011). The dynamic character of disguise behavior for text -based, mixed, and stylized signatures. Journal of Forensic Sciences, 56(Suppl 1), S136–S141.

Moody v. Rowell, 17 Pick. 490 (1835).

Moon, H. W. (1977). A survey of handwriting systems by geographic location. Journal of Forensic Sciences, 22(4), 827–834. doi: 10.1520/JFS10427J.

Moore, D. S. (1983). The importance of shading habits in handwriting identification. Journal of Forensic Sciences, 28(1), 278–287.

Morgan, M., & Zilly, P. (1991). Document examinations of handwriting with a straightedge or a writing guide. Journal of Forensic Sciences, 36(2), 470–479. doi: 10.1520/JFS13049J.

Morris, R. N. & Richards, G. B. (2010). What is the basis for a handwriting elimination? Journal of the American Society of Questioned Document Examiners, 13(2), 43–64.

Morton, S. E. (1980). How does crowding affect signatures? Journal of Forensic Sciences, 25(1), 141–145. doi: 10.1520/JFS10948J.

Muehlberger, R. (1988). Class characteristics of Hispanic writers in the southeastern United States. Paper presented at the meeting of the American Academy of Forensic Sciences, Philadelphia, PA.

Muehlberger, R. J. & Vastrick, T. W. (1992). A traced forgery: Is there a need for handwriting comparisons? Paper presented at the meeting of the American Society of Questioned Document Examiners, Milwaukee, WI.

Muehlberger, R. J. (1982). Variation, a measure of genuineness. Paper presented at the meeting of the American Society of Questioned Document Examiners, Boston, MA.

Muehlberger, R. J. (1984). The Bulgarian connection: An examination of Cyrillic handwriting. Paper presented at the meeting of the American Society of Questioned Document Examiners, Nashville, TN.

Muehlberger, R. J. (1990). Identifying simulations: Practical considerations. Journal of Forensic Science, 35(2), 368–374. doi: 10.1520/jfs12838j.

Muehlberger, R. J., Newman, K. W., Regent, J., & Wichmann, J. G. (1977). A statistical examination of selected handwriting characteristics. Journal of Forensic Sciences, 22(1), 206–215.

Mueller, B. (1939). Zur Frage des Beweiswertes der Schriftgutachten nebst statistischen Untersuchungen über die Häufigkeit einiger Schriftmerkmale. Archiv fur Kriminologie, 104(3/4), 105–116.

Münch, A. (1987, August). The comparison of very similar handwriting—Reflections on the real value of handwriting analysis. Paper presented at the meeting of the International Association of Forensic Sciences, Vancouver, BC, Canada.

Mutual Benefit Life Ins. Co. v. Brown, 30 N.J. Eq. 193 (1878).

NAS (National Research Council-National Academy of Sciences). (2009). Strengthening forensic science in the United States: A path forward. Washington, DC: National Academies Press.

Nash, R. (1959). American writing masters and copybooks: History and bibliography through colonial times. Boston, MA: Colonial Society of Massachusetts.

Nash, R. (1969). American penmanship 1800–1850: A history of writing and a bibliography of copybooks from Jenkins to Spencer. Worcester, MA: American Antiquarian Society.

Naske, R.-D. (1982). Writer recognition by prototype related deformation of handprinted characters. In H. Marko & International Conference on Pattern Recognition (1982). Proceedings of the 6th internal conference on pattern recognition, Munich, Germany, Oct. 19–22, 1982 (pp. 819–822). Silver Spring, MD: IEEE Computer Society Press.

National Child Development Study. (1966). First report: 1958 cohort: 11,000 seven-year-olds. London: Longman.

Nemecek, J. (1974). Ball point pen oddities. Paper resented at the meeting of the American Society of Questioned Document Examiners, Milwaukee, WI.

Nemecek, J., & Currie, C. (1972). Handwriting under hypnosis. Paper presented at the meeting of the International Association of Forensic Sciences, Edinburgh, UK.

Neudert, G. (1963, April). The importance of agraphia in expert opinions on handwriting. Paper presented at the First International Meeting in Questioned Documents, London, England.

Newhall, S. M. (1926). Sex differences in handwriting. Journal of Applied Psychology, 10(2), 151. doi: 10.1037/h0067056.

Newman, K. W. (1975). A study of unaccustomed-hand writing. Unpublished manuscript, Washington, DC: Georgetown University Forensic Science Laboratory.

Newton, L. H. (1981). Lawgiving for professional life: Reflections on the place of the professional code. Business & Professional Ethics Journal, 1(1), 41–53.

Nicholson, P. J. (1984). A system for the classification of block capital handwriting. Journal of the Forensic Science Society, 24(4), 415.

Nicholson, P. J. (1987, August). The relative variability of pen lift and pen path habits in block capital writing. Paper presented at the meeting of the International Association of Forensic Sciences, Vancouver, BC, Canada.

Nicolaides, K. N. (2012). Using acceleration/deceleration plots in forensic analysis of electronically captured signatures. Journal of the American Society of Questioned Document Examiners, 15(2), 29–43.

Niels, R. M. J., & Vuurpijl, L. G. (2005). Using dynamic time warping for intuitive handwriting recognition. In A. Marcelli, & C. de Stefano (Eds.). Advances in Graphonomics: Proceedings of the 12th Conference of the International Graphonomics Society, 26–29 June 2005, Salerno, Italy. (pp. 217–221).

Nihei, Y. (1980). Developmental change in motor organization: Covert principles for the organization of strokes in children's drawing. Tohoku Psychologica Folia, 39, 17–23.

Nisbett, R. E., & Wilson, T. D. (1977). Telling more than we can know: Verbal reports on mental processes. Psychological Review, 84(3), 231. doi: 10.1037//0033-295x.84.3.231.

NIST (National Institute of Standards and Technology). (2009). FIPS PUB 186-3: Digital signature standards (DSS). Gaithersburg, MD: Information Technology Laboratory.

NIST (National Institute of Standards and Technology). (2013). Measurement Science and Standards in Forensic Handwriting Analysis Conference. Retrieved from https://www.nist.gov/news-events/events/2013/06/measurement-science-and-standards-forensic-handwriting-analysis

NIST (National Institute of Standards and Technology). (2015). International Symposium on Forensic Science Error Management. Retrieved from http://www.nist.gov/forensics/forensic_error_mgmt_2015.cfm (accessed January 3, 2016).

NIST Law Enforcement Standards Office (2013). Retrieved from: http://www.nist.gov/oles/forensics/forensic-database-questioned-documents-table.cfm (accessed January 3, 2016).

Noblett, M. G. (1991). Storage and retrieval of individual writings in large databases of handwriting. Paper presented at the meeting of the American Society of Questioned Document Examiners, Orlando, FL.

Norinder, Y. (1946). Twin differences in writing performance: A study of heredity and school training. Lund: Hakan Ohlssons Bodtryckeri.

Nousianen, H. (1951). Some observations on the factors causing changes in writing style. Nordisk

Kriminalteknisk Tidsskrift, (Northern Criminal Technical Journal) Sweden, 25(8), 92.

Ogg, O. (1959). The 26 letters. New York: Thomas Y. Crowell.

Olkin, I. (1958). The evaluation of physical evidence and the identity problem by means of statistical probabilities. Paper presented at the meeting of the American Academy of Forensic Sciences, Cleveland, OH.

Onofri, E., Mercuri, M., Archer, T., Ricciardi, M. R., Massoni, F., & Ricci, S. (2015). Effect of cognitive fluctuation on handwriting in Alzheimer's patient: A case study. Acta Medica, 31, 751.

Osborn, A. S. (1910). Questioned Documents: A study of questioned documents with an outline of methods by which the facts may be discovered and shown. Eagan, MN: Lawyers' Cooperative Publishing Company.

Osborn, A. S. (1922). The problem of proof. New York: Matthew Bender.

Osborn, A. S. (1929). Questioned documents (2nd ed.). Albany, NY: Boyd Printing.

Osborn, A. S. (1946). Questioned document problems (2nd ed., rev.). Albany, NY: Boyd Printing.

Osborn, J. P. (1984). Writing instruments' effects on traced signatures. Paper presented at the meeting of the American Society of Questioned Document Examiners, Nashville, TN.

Oskoui, M., Coutinho, F., Dykeman, J., Jetté, N., & Pringsheim, T. (2013). An update on the prevalence of cerebral palsy: A systematic review and meta-analysis. Developmental Medicine & Child Neurology, 55(6), 509–519.

Packard, R. J. (1960). Alcohol and handwriting. The Criminal Law Quarterly, 3, 57–59.

Parker, J. L. (1989). Repeated disguise beats the clone defence. Paper presented at the meeting of the American Society of Questioned Document Examiners, Crystal City, VA.

Parkinson, J. (2002). An essay on the shaking palsy. The Journal of Neuropsychiatry and Clinical Neurosciences, 14(2), 223–236.

Parush, S., Pindak, V., Hahn-Markowitz, J., & Mazor-Karsenty, T. (1998). Does fatigue influence children's handwriting performance? Work, 11(3), 307–313.

Parziale, A., Santoro, A., & Marcelli, A. (2016, October). Writer verification in forensic handwriting examination: A pilot study. In 15th International Conference on Frontiers in Handwriting Recognition (ICFHR), 2016 (pp. 447–452). IEEE.

Peck, M., Askov, E., & Fairchild, S. H. (1980). Another decade of research in handwriting: Progress and prospect in the 1970s. Journal of Educational Research, 73(5), 283–298.

Peeples, E. E., & Retzlaff, P. D. (1991). A component analysis of handwriting. The Journal of General Psychology, 118(4), 369–374.

Pepe, A.L., Rogers, D., & Sita, J. (2012). A consideration of signature complexity using simulators' gaze behaviour. Journal of Forensic Document Examination, 22, 5–13.

Peters, B. A., Lewis, E. G., Dustman, R. E., Straight, R. C., & Beck, E. C. (1976). Sensory, perceptual, motor and cognitive functioning and subjective reports following oral administration of δ9-tetrahydrocannabinol. Psychopharmacology, 47(2), 141–147. doi: 10.1007/BF00735812.

Peters, M. (1986). Incidence of left-handed writers and the inverted writing position in a sample of 2194 German elementary school children. Neuropsychologia, 24(3), 429–433. doi: 10.1016/0028-3932(86)90030-8.

Peters, M., & McGrory, J. (1987). The writing performance of inverted and noninverted right-and left-handers. Canadian Journal of Psychology/Revue Canadienne de Psychologie, 41(1), 20. doi: 10.1037/h0084146.

Peters, M., & Pedersen, K. (1978). Incidence of left-handers with inverted writing position in a population of 5910 elementary school children. Neuropsychologia, 16(6), 743–746. doi: 10.1016/0028-3932(78)90009-x.

Pettus v. United States. (2012). DCCA 8-CF-1361. Retrieved from http://legaltimes.typepad.com/files/08-cf-1361_mtd.pdf (accessed January 10, 2013).

Phillips, J. G., Rogers, D. K., & Ogeil, R. (2008). Alcohol consumption, dependence and the spatial characteristics of handwriting. Journal of Forensic Document Examination, 19, 15–27.

Phillips, J. G., Stelmach, G. E., & Teasdale, N. (1991). What can indices of handwriting quality tell us about Parkinson's handwriting? Human Movement Science, 10(2–3), 301–314. doi: 10.1016/0167-9457(91)90009-M.

Pick, A. (1903). Ueber eine eigentumliche Schreibstorung. Mikrographie, in Folge cerebraler Erkrankung. Prag. med. Wschr., 23, 1–4.

Plamondon, R., & Lorette, G. (1989). Automatic signature verification and writer identification: The state of the art. Pattern Recognition, 22(2), 107–131. doi: 10.1016/0031-3203(89)90059-9.

Plamondon, R., & Maarse, F. J. (1989). An evaluation of motor models of handwriting. IEEE Transactions on Systems, Man, and Cybernetics, 19(5), 1060–1072.

Pophal, R., & Dunker, E. (1960). Zeit lupenstudien des Schreibvorganges (Slow motion studies in handwriting movements). Zeitschrift Fur Experimentelle Und Angewandte Psychologie, 1, 76–99.

Popkiss, A., & Moore, J. (1945). Handwriting classification. Police Journal, 18, 3955.

Porac, C., Coren, S., & Searleman, A. (1983). Inverted versus straight handwriting posture: A family study. Behavior Genetics, 13(3), 311–320. doi: 10.1007/bf01071876.

Poulin, G. (1999). The influence of writing fatigue on handwriting characteristics in a selected population part one: General considerations. International Journal of Forensic Document Examiners, 5, 193–220.

Provins, K. A., & Magliaro, J. (1989). Skill, strength, handedness, and fatigue. Journal of Motor Behavior, 21(2), 113–121.

Purdy, D. C. (1982). The requirements of effective report writing for document examiners. Canadian Society of Forensic Science Journal, 15(3–4), 146–151. doi: 10.1080/00085030.1982.10756909.

Purdy, D. C. (1985). Basic elements of a quality assurance system for forensic document examiners. Forensic Science International, 29(1), 11–20. doi: 10.1016/0379-0738(85)90029-5

Purtell, D. J. (1963). Handwriting standard forms. Journal of Criminal Law, Criminology and Police Science, 54(4), 523–528. doi: 10.2307/1140788.

Purtell, D. J. (1965). Effects of drugs on handwriting. Journal of Forensic Sciences, 1(3), 335–345.

Purtell, D. J. (1969). Curriculum for a document examiner. Paper presented at the meeting of the American Society of Questioned Document Examiners, Toronto, Canada.

Purtell, D. J. (1980). Modern handwriting instructions, systems, and techniques. Journal of Police Science and Administration, 8(1), 66–68.

Quine, W. V. (1957). The scope and language of science. The British Journal for the Philosophy of Science, 8(29), 1–17.

Quirke, A. J. (1930). Forged, anonymous, and suspect documents. London: Routledge.

Rabin, A. & Blair, H. (1953). The effects of alcohol on handwriting. Journal of Clinical Psychology, 9(3), 284–287. doi: 10.1002/1097-4679(195307)9:3<284::AID-JCLP2270090306>3.0.CO;2-6.

Radley, R. W. (1983). Stencil forgery? Considerations of a case history. Paper presented at the meeting of the American Society of Questioned Document Examiners, Lake Tahoe, NV.

Raibert, M. H. (1977). Motor control and learning by the state space model. Unpublished doctoral dissertation, Massachusetts Institute of Technology, Cambridge, MA.

Ravetz, J. R. (1971). Scientific knowledge and its social problems. Oxford: Clarendon Press.

Reed, G. F., & Smith, A. C. (1962). A further experimental investigation of the relative speeds of left and right-handed writers. The Journal of Genetic Psychology, 100(2), 275–287.

Regent, J. (1977). Changing slant: Is it the only change? Journal of Forensic Sciences, 22(1), 216–221. doi: 10.1520/jfs10389j.

Regent, J. (1989). The significance of characteristic uniformity in the identification process. Paper presented at the meeting of the American Society of Questioned Document Examiners, Arlington, VA.

Reid v. Warner, 17 Low. Can. 489 (1867).

Reitberger, L. (1941). Zur Frage des Beweiswertes der Schriftgutachten nebst statistischen Untersuchungen über die Häufigkeit einiger Schriftmerkmale. Archiv fur Kriminologie, 108, 130–136.

Remillard, J. L. G. (1970, May). Abnormal cardiac rhythm and handwriting. Unpublished manuscript, RCMP Crime Detection Laboratories Ottawa, ON, Canada.

Resden, R. (1959). The graph test. International Criminal Police Review, 131, 226–236.

Reynolds, D. (2008). Gaussian mixture models. Encyclopedia of Biometric Recognition. Retrieved from http://extwebprod.ll.mit.edu/mission/communications/publications/publication-files/full_papers/0802_Reynolds_Biometrics-GMM.pdf (accessed October 23, 2012).

Rhodes, E. F. (1978). The implications of kinesthetic factors in forensic handwriting comparisons. (D.Crim.). University of California, Berkeley, CA. Retrieved from http://search.proquest.com/pqdtglobal/docview/302917932/citation/7E64140CD9774D79PQ/1 (accessed January 3, 2017).

Rhodes, H. T. F. (1963, April). The principles of identification application to handwriting. Paper presented at the 1st International Meeting in Questioned Documents, London, UK.

Richardson, J. T. (1978). A factor analysis of self-reported handedness. Neuropsychologia, 16(6), 747–748. doi: 10.1016/0028-3932(78)90010-6.

Richiardi, J., Ketabdar, H., & Drygajlo, A. (2005). Local and global feature selection for on-line signature verification. In International Conference on Document Analysis and Recognition, 2, 29 August–1 September, 2005 (pp. 625–629).

Risinger, D. M. (2000). Defining the 'Task at Hand': Non-science forensic science after Kumho Tire v. Carmichael. Washington & Lee Law Review, 57, 767–800.

Risinger, D. M. (2007). Cases involving the reliability of handwriting identification expertise since the decision in Daubert. Tulsa Law Review, 43(2), 477–595.

Risinger, D. M., Denbeaux, M. P., & Saks, M. J. (1989). Exorcism of ignorance as a proxy for rational knowledge: The lessons of handwriting identification "expertise." University of Pennsylvania Law Review, 137(3), 731–792. doi: 10.2307/3312276.

Risinger, D. M., & Saks, M. J. (1996). Science and nonscience in the courts: Daubert meets handwriting identification expertise. Iowa Law Review, 82, 21.

Robertson, J., & Guest, R. (2015). A feature based comparison of pen and swipe based signature characteristics. Human Movement Science, 43, 169–182.

Robinson, A. (1995). The story of writing. London: Thames & Hudson.

Rogerson, P. A. (1994). On the relationship between handedness and season of birth for men. Perceptual and Motor Skills, 79(1), 499–506. doi: 10.2466/pms.1994.79.1.499.

Ronan, C. A., & Needham, J. (1978). The Shorter 'Science and Civilisation in China' (Vol. 1). Cambridge: Cambridge University Press.

Rosenblum, S., & Werner, P. (2006). Assessing the handwriting process in healthy elderly persons using a computerized system. Aging and Clinical Experimental Research, 18(5), 433–439.

Roulston, M. G. (1959). The fatigue factor: An essay dealing with the effects of physical fatigue on handwriting habits. Unpublished manuscript, RCMP Crime Detection Laboratories.

Ruenes, R. F. (1975). Guided hand signature and forgery. Paper presented at the meeting of the American Society of Questioned Document Examiners, Colorado Springs, CO.

Saks, M. J., & VanderHaar, H. (2005). On the "general acceptance" of handwriting identification principles. Journal of Forensic Sciences, 50(1), 119–126.

Saperstein Associates. (2012). Handwriting in the 21st century? Research shows why handwriting belongs in today's classroom. Saperstein Associates. Retrieved from https://www.hw21summit.com/media/zb/hw21/H2948_HW_Summit_White_Paper_eVersion.pdf (accessed June 15, 2012).

Sassoon, R., Nimmo-Smith, I., & Wing, A. M. (1986). An analysis of children's penholds. Advances in Psychology, 37, 93–106.

Saudek, R. (1929). Experiments with handwriting. New York: William Morrow.

Saudek, R. (1978). Experiments with handwriting. Reprint. Sacramento, CA: Books for Professionals.

Savage, G. A. (1978). Handwriting of the deaf and hard of hearing. Canadian Society of Forensic Science Journal, 11(1), 1–14. doi: 10.1080/00085030.1978.10756844.

Schenk, T., Walther, E. U., & Mai, N. (2000). Closed-and open-loop handwriting performance in patients with multiple sclerosis. European Journal of Neurology, 7(3), 269–279.

Schmidt, R. A. (1975). A schema theory of discrete motor skill learning. Psychological Review, 82(4), 225–260.

Schmidt, R. A. (1976). The schema as a solution to some persistent problems in motor learning theory. In G. E. Stelmach (Ed.), Motor control: Issues and trends. New York: Academic Press, 41–65.

Schmitz, P. L. (1967). Should experienced document examiners write inconclusive reports? Paper presented at the meeting of the American Society of Questioned Document Examiners, San Francisco, CA.

Schomaker, L. (2007, September). Advances in writer identification and verification. In Ninth International Conference on Document Analysis and Recognition, 2007. ICDAR 2007. (Vol. 2, pp. 1268–1273). IEEE.

Schroeder, E. H. W. (1971). Checlass: A classification system for fraudulent checks. Journal of Forensic Sciences, 16(2), 162–175.

Schroeder, E. H. W. (1974). A revised method of classifying fraudulent checks in a document examination laboratory. Journal of Forensic Sciences, 19(3), 618–635.

Schröter, A., Mergl, R., Bürger, K., Hampel, H., Möller, H.-J., & Hegerl, U. (2003). Kinematric analysis of handwriting movements in patients with Alzheimer's disease, mild cognitive impairment, depression and healthy subjects. Dementia and Geriatric Cognitive Disorders, 15(3), 132–142.

Schwid, B. L. (1995, August). Forensic case study: Multiple personality. Paper presented at the 7th International Graphonomics Society Conference, London, ON, Canada.

Schwid, B. L., & Marks, L. W. (1994). Forensic analysis of handwriting in multiple personality disorder. In C. Faure, P. Keuss, G. Lorette, & A. Vinter (Eds.), Advances in Handwriting and drawing: A multidisciplinary approach (pp. 501–513). Paris: Europia Press.

Schwid, B. L. & Teulings, H.-L. (2013). Writings of a person with dissociative identity disorder: A longitudinal and a kinematic study. Journal of Forensic Document Examination, 23, 41–61.

Sciacca, E., Langlois-Peters, M., Margot, P., & Velay, J. (2011). Effects of different postural conditions on handwriting variability. Journal of Forensic Document Examination, 21, 51–60.

Scott, C. C. (1988). Inconclusive opinions as viewed by the courts. Paper presented at the meeting of the American Society of Questioned Document Examiners, Aurora, CO.

Scott, R. C. (1989, Fall). Errata. American Society of Questioned Document Examiners Newsletter.

Sellers, C. (1942). The scientific approach. Paper presented at the meeting of the American Society of Questioned Document Examiners, Montclair, NJ.

Sellers, C. (1962). Assisted and guided signatures. The Journal of Criminal Law, Criminology, and Police Science, 53(2), 245–248. doi: 10.2307/1141089.

Sellers, C. (1966). The qualifications of an examiner of questioned documents. Paper presented at the meeting of the American Society of Questioned Document Examiners, New York.

Sellers, C. (1968). Rights and responsibilities of a questioned document examiner. Paper presented at the meeting of the American Society of Questioned Document Examiners, Lexington, KY.

Shaneyfelt, L. L. (1974). The versatile writer. Paper presented at the meeting of the American Academy of Forensic Sciences, Dallas, TX.

Shanon, B. (1978). Writing positions in Americans and Israelis. Neuropsychologia, 16(5), 587–591. doi: 10.1016/0028-3932(78)90086-6.

Shanon, B. (1979). Graphological patterns as a function of handedness and culture. Neuropsychologia, 17(5), 457–465. doi: 10.1016/0028-3932(79)90052-6.

Shiver, F. C. (1996). Case Report: The individuality of handwriting demonstrated through the field screening of 1000 writers. Paper presented at the meeting of the American Society of Questioned Document Examiners, Washington, DC.

Simpson, G. M. (1970). Controlled studies of Antiparkinsonism agents in the treatment of drug induced extrapyramidal symptoms. Acta Psychiatrica Scandinavica, 45(S212), 44–51. doi: 10.1111/j.1600-0447.1970.tb02070.x.

Simsons, D., Spencer, R., & Auer, S. (2011). The effects of constraining signatures. Journal of the American Society of Questioned Document Examiners, 14(1), 39–50.

Sita, J., Found, B., & Rogers, D. K. (2002). Forensic handwriting examiners' expertise for signature comparison. Journal of Forensic Sciences, 47(5), 1117–1124.

Skelly, J. D. (1987). Guided deathbed signatures. Canadian Society of Forensic Science Journal, 20(4), 147–149. doi: 10.1080/00085030.1987.10756953.

Slavin, M. J., Phillips, J. G., Bradshaw, J. L., Hall, K. A., & Presnell, I. (1999). Consistency of handwriting movements in dementia of the Alzheimer's type: A comparison of Huntington's and Parkinson's diseases. Journal of the International Neuropsychological Society, 5(1), 20–25.

Slyter, S. A. (1995). Forensic signature examination. Springfield, IL: Charles C. Thomas.

Smith, T. L. (1954). Six basic factors in handwriting classification. The Journal of Criminal Law, Criminology, and Police Science, 44(6), 810–816.

Smith, T. L. (1964). Determining tendencies: The second half of a classification for handwriting. Journal of Criminal Law, Criminology and Police Science, 55(4), 526–528.

Smith, W. A. (1955). Ancient education. New York: Philosophical Library.

Snape, K. W. (1980). Determination of the direction of ball-point pen motion from the orientations of burr striations in curved pen strokes. Journal of Forensic Sciences, 25(2), 386–389. doi: 10.1520/jfs12142j.

Souder, W. (1934). The merits of scientific evidence. Journal of the American Institute of Criminal Law and Criminology, 25, 683–684.

Sperry, G. R. (1990). Off-handed identification, in aggravation. Paper presented at the meeting of the American Society of Questioned Document Examiners, San Jose, CA.

Spiegler, B. J., & Yeni-Komshian, G. H. (1983). Incidence of left-handed writing in a college population with reference to family patterns of hand preference. Neuropsychologia, 21(6), 651–659. doi: 10.1016/0028-3932(83)90063-5.

Spoerhase, C. (2014). Images and insertions of script: On Johann Caspar Lavater's representations of handwriting in print. Word & Image, 30(4), 431–443.

Squire, H. W. (1968). Graphology as a method of selecting employees. Unpublished Master's thesis, Ohio State University, Columbus, OH.

Srihari, S. & Leedham, G. (2003). A survey of computer methods in forensic handwritten document examination. In Proceedings of the Eleventh International Graphonomics Society Conference, Scottsdale, Arizona (pp. 278–281).

Srihari, S., Huang, C., & Srinivasan, H. (2008). On the discriminability of the handwriting of twins. Journal of Forensic Sciences, 53(2), 430–446.

Srihari, S. N. (2013). Determining writership of historical manuscripts using computational methods. Online Proceedings Automatic Pattern Recognition and Historical Handwriting Analysis, Erlangen, Germany.

Srihari, S. N., Cha, S.-H., Arora, H., & Lee, S. (2002). Individuality of handwriting. Journal of Forensic Sciences, 47(4), 1–17.

Srihari, S. N., Meng, L., & Hanson, L. (2016). Development of individuality in children's handwriting. Journal of Forensic Sciences, 61(5), 1292–1300.

Srihari, S. N., & Singer, K. (2014). Role of automation in the examination of handwritten items. Pattern Recognition, 47(3), 1083–1095.

Srihari, S. N., Tomai, C. I., Zhang, B., & Lee, S. (2003). Individuality of numerals. ICDAR, 3, 1096–1100.

Stangohr, G. R. (1968). Opposite-hand writing. Journal of Forensic Sciences, 13(3), 376–389.

Stangohr, G. R. (1971). Comments on the determination of nationality from handwriting. Journal of Forensic Sciences, 16(3), 343–358.

Stangohr, G. R. (1984). Elusive and indeterminate results. Paper presented at the meeting of the American Society of Questioned Document Examiners, Nashville, TN.

Starch, D. (1913). The measurement of handwriting. Journal of Educational Psychology, 4, 445–464.

Steinke, K. (1981). Recognition of writers by handwriting images. Pattern Recognition, 14(1–6), 357–364.

Stellar, S., Mandell, S., Waltz, J. M., & Cooper, I. S. (1970). L-Dopa in the treatment of Parkinsonism: A preliminary appraisal. Journal of Neurosurgery, 32(3), 275–280. doi: 10.3171/jns.1970.32.3.0275.

Stevens, V. (1964). Similarities in the handwriting of members of one family as compared to unrelated groups. Madison, WI: Wisconsin State Crime Laboratory.

Stevens, V. (1970). Characteristics of 200 awkward-hand signatures. International Criminal Police Review, 237, 130–137.

Stinson, M. D. (1997). A validation study of the influence of alcohol on handwriting. Journal of Forensic Sciences, 42(3), 411–416.

Stoel, R. D., Berger, C., Kerkhoff, W., Mattijssen, E. J. A. T., Dror, I. E., Hickman, M., & Strom, K. (2014a). Minimizing contextual bias in forensic casework. Forensic Science and the Administration of Justice: Critical Issues and Directions, 67, 67–86.

Stoel, R. D., Dror, I. E., & Miller, L. S. (2014b). Bias among forensic document examiners: Still a need for procedural changes. Australian Journal of Forensic Sciences, 46(1), 91–97.

Stone, A. M. (1962). Teacher's guide for basic handwriting. Indianapolis, IN: Bobbs-Merrill.

Strub, R. L. (1980). Alzheimer's disease—Current perspectives. Journal of Clinical Psychiatry, 41(4), 110–112.

Suddath, C. (2009). Mourning the death of handwriting. Time Magazine, 174(4) http://dental.buffalo.edu/content/dam/www/news/imported/pdf/July09/TimeThorntonHandwriting.pdf (accessed June 15, 2012).

Sullivan, J. W. N. (1949). The limitations of science. New York: New American Library.

Sulner, A. (2014). Handwriting: Cognitive bias. In Wiley Encyclopedia of Forensic Science. Eds., A. Jamieson and A. A. Moenssens,Hoboken, NJ: John Wiley and Sons, 1–15.

Swett, G. C. (1959). Science and document examination. Paper presented at the meeting of the American Society of Questioned Document Examiners, Chicago, IL.

SWGDOC (Scientific Working Group for Forensic Document Examination). (2013a). Published Standards. Retrieved from http://www.swgdoc.org/index.php/standards/published-standards (accessed March 15, 2017).

SWGDOC (Scientific Working Group for Forensic Document Examination). (2013b). Standard for scope of work of forensic document examiners. Retrieved from http://www.swgdoc.org/index.php/standards/published-standards (accessed March 15, 2017).

SWGDOC (Scientific Working Group for Forensic Document Examination). (2013c). Standard guide for examination of handwritten items. Retrieved from http://www.swgdoc.org/index.php/standards/published-standards (accessed March 15, 2017).

Talmadge, M. (1958). Expressive graphic movements and their relationship to temperament factors. Psychological Monographs: General and Applied, 72(16), 1–30.

Tan, G. X., Viard-Gaudin, C., & Kot, A. C. (2009). Automatic writer identification framework for online handwritten documents using character prototypes. Pattern Recognition, 42(12), 3313–3323.

Tang, Y., & Srihari, S. N. (2014). Likelihood ratio estimation in forensic identification using similarity and rarity. Pattern Recognition, 47(3), 945–958.

Tannenbaum, S. A. (1930). The handwriting of the Renaissance, being the development and characteristics of the script of Shakspere's time. New York: Columbia University Press.

Tappolet, J. A., & Ottinger, E. (1982). Transfer of signatures with transparent pressure tape: Some experiments. Forensic Science International, 20(1), 61–69. doi: 10.1016/0379-0738(82)90107-4.

Tariq, S., Sarwar, S., & Hussain, W. (2011). Classification of features into strong and weak features for an intelligent online signature verification system. In Proceedings of the First International Workshop on Automated Forensic Handwriting Analysis (AFHA), (pp. 17–18). September 2011, Beijing, China.

Taroni, F., Champod, C., & Margot, P. (1998). Forerunners of Bayesianism in early forensic science. Jurimetrics, 38(2), 183–200.

Taroni, F., Marquis, R., Schmittbuhl, M., Biedermann, A., Thiéry, A., & Bozza, S. (2012). The use of the likelihood ratio for evaluative and investigative purposes in comparative forensic handwriting examination. Forensic Science International, 214(1–3), 189–94.

Taroni, F., Marquis, R., Schmittbuhl, M., Biedermann, A., Thiéry, A., & Bozza, S. (2014). Bayes factor for investigative assessment of selected handwriting features. Forensic Science International, 242(1–3), 266–73.

Tarver, J. A. (1988). Micrographia in the handwriting of Parkinson's disease patients. Paper Presented at the meeting of the American Society of Questioned Document Examiners, Aurora, CO.

Tarver, J. A. (1989). Micrographia in the handwriting of Parkinson's disease patients. Paper Presented at the meeting of the American Academy of Forensic Sciences, Las Vegas, NV.

Taylor, L. L., & Hnilica, V. (1991). Investigation of death through body writing: A case study. Journal of

Forensic Sciences, 36(5), 1607–1613. doi: 10.1520/JFS13184J.

Taylor, L. R., & Chandler, H. (1987). A system for handwriting classification. Journal of Forensic Sciences, 32(6), 1775–1781.

Temple, C. M. (1990). Academic discipline, handedness and immune disorders. Neuropsychologia, 28(3), 303–308. doi: 10.1016/0028-3932(90)90023-h.

Tenwolde, H. (1934). More on sex differences in handwriting. Journal of Applied Psychology, 18(S), 705–710. doi: 10.1037/h0074973.

Teulings, H. M., & Thomassen, A. J. (1979). Computer-aided analysis of handwriting movements. Visible Language, 13(3), 218–231.

Teulings, H.L. (1996). Handwriting movement control. In S.W. Keele and H. Heuer (Eds.), Handbook of perception and action. Vol. 2, Motor Skills (pp. 561–613). London: Academic Press.

Teulings, H.-L., & Stelmach, G. E. (1991). Control of stroke size, peak acceleration and stroke duration in Parkinsonian handwriting. Human Movement Science, 10(2–3), 315–334. doi: 10.1016/0167-9457(91)90010-U.

Thiéry, A., Marquis, R., & Montani, I. (2013). Statistical evaluation of the influence of writing postures on on-line signatures. Study of the impact of time. Forensic science international, 230(1), 107–116.

Thomassen, A. J. W. M., & Teulings, H.-L. H. M. (1979). The development of directional preferences in writing movements. Visible Language, 13(3), 299–313.

Thomassen, A. J. W. M., & Teulings, H.-L. H. M. (1983). The development of handwriting. In M. Martlew (Ed.), The Psychology of written language: Developmental and educational perspectives (pp. 179–213). New York: Wiley.

Thomassen, A. J. W. M., van Galen, G. P., Keuss, P. J. G., & Grootveld, C. C. (1983). Motor aspects of handwriting—Preface. Acta Psychologica, 54(1–3), 1.

Thompson, E. M. (1893). Handbook of Greek and Latin palaeography. London: Kegan Paul, Trench, Trubner & Co.

Thorndike, E. L. (1915). The resemblance of young twins in handwriting. The American Naturalist, 49(582), 377–379.

Thornton, J. I. (1997, July). The DNA statistical paradigm vs. everything else. [Letter to the Editor]. Journal of Forensic Sciences, 42(4), 758.

Thornton, J. I., & Rhodes, E. F. (1986, January). Brief history of questioned document examination. Identification News, 36(1), 12.

Thorton, M. (1985). Royal feud. New York: Simon & Schuster.

Thuring, J. P. (1960). The influence of LSD on the handwriting pressure curve. Advances in Psychosomatic Medicine (or Fortschritte der Psychosomatischen Medizin), 1, 212–216.

Todd, I. (1965, January). Handwriting of the blind. Identification News, 15, 4–9.

Tong, W., Lee, J. E., Jin, R., & Jain, A. K. (2011). Gang and moniker identification by graffiti matching. In Proceedings of the 3rd international ACM workshop on multimedia in forensics and intelligence (pp. 1–6). ACM.

Torres, B. (1987, February). A study of Vietnamese class characteristics. Paper presented at the meeting of the American Academy of Forensic Sciences, San Diego, CA.

Totty, R. N. (1981). A case of handwriting on an unusual surface. Journal of the Forensic Sciences Society, 21(4), 349–350. doi: 10.1016/S0015-7368(81)71420-8.

Totty, R. N. (1995). Skilled copies of signatures. Paper presented at the meeting of the American Society of Questioned Document Examiners, Chicago, IL.

Totty, R. N., Hall, M. G., Hardcastle, R. A., & Brown, C. (1982). A computer based system for the identification of unknown typestyles. Journal of the Forensic Science Society, 22(1), 65–73.

Totty, R. N., & Hardcastle, R. A. (1986). A preliminary assessment of the SIGNCHECK system for signature authentication. Journal of the Forensic Science Society, 26(3), 181–195. doi: 0.1016/S0015-7368(86)72476-6.

Totty, R. N., Hardcastle, R. A., & Dempsey, J. (1983). The dependence of slope of handwriting upon the sex and handedness of the writer. Journal of the Forensic Science Society, 23(3), 237–240. doi: 10.1016/

s0015-7368(83)72249-8.

Towson, C. S. (1971). Low blood sugar levels and handwriting. Canadian Society of Forensic Science Journal, 4(4), 133–144. doi: 10.1080/00085030.1971.10757285.

Towson, C. S. (1975). Handwriting instruction in Canada. Private communication.

Trankell, A. (1956). The influence of the choice of writing hand on the handwriting. British Journal of Educational Psychology, 26(2), 94–103. doi: 10.1111/j.2044-8279.1956.tb01364.x.

Tripp, C. A., Fluckiger, F. A., & Weinberg, G. H. (1957). Measurement of handwriting variables. Perceptual and Motor Skills, 7(3), 279–294. doi: 10.2466/pms.1957.7.3.279.

Tripp, C. A., Fluckiger, F. A., & Weinberg, G. H. (1959). Effects of alcohol on the graphomotor performances of normals and chronic alcoholics. Perceptual and Motor Skills, 9, 227–236. doi: 10.2466/pms.1959.9.h.227.

Trizna, L. A., & Wooton, E. X. (1995). Asian hand printing. Paper presented at the meeting of the American Academy of Forensic Sciences, Seattle, WA.

Trizna, L. A., & Wooton, E. X. (1996). Hand printing of the Middle East and the subcontinent. Paper presented at the meeting of the American Society of Questioned Document Examiners, Washington, DC.

Trueblood, E. (1963). General philosophy. New York: Harper & Row.

Trueman, P. (1991, May). When memory disobeys. Ottawa Magazine, 13–14.

Tucha, O., & Lange, K. W. (2004). Effects of nicotine chewing gum on a real-life motor task: A kinematic analysis of handwriting movements in smokers and non-smokers. Psychopharmacology, 173(1–2), 49–56.

Tucha, O., Tucha, L., & Lange, K. W. (2008). Graphonomics, automaticity and handwriting assessment. Literacy, 42(3), 145–155.

Tucha, O., Walitza, S., Mecklinger, L., Stasik, D., Sontag, T. A., & Lange, K. W. (2006). The effect of caffeine on handwriting movements in skilled writers. Human Movement Science, 25(4), 523–535.

Turnbull, S.J., Jones, A.E., & Allen, M. (2010). Identification of the class characteristics in the handwriting of Polish people writing in English. Journal of Forensic Sciences, 55(5), 1296–1303.

Tweedy, J. S. (1995). A study of Hmong handwriting. Paper presented at the meeting of the American Society of Questioned Document Examiners, Chicago, IL.

Twibell, J. M., & Zientek, E. L. (1995). On coincidentally matching signatures. Science & Justice, 35(3), 191–195.

Tytell, P. V. (1991). Defining the terms "class characteristic" and "individual characteristic:" A progress report. Paper presented at the meeting of the American Society of Questioned Document Examiners, Orlando, FL.

Tytell, P. V. (1995). Pen pressure as an identifying characteristic of signatures — Verification from the computer. Paper presented at the meeting of the American Society of Questioned Document Examiners, Chicago, IL.

United States v. King, 532 F. 2d 505 (Court of Appeals, 5th Circuit 1976).

United States v. Starzecpyzel, 880 F. Supp. 1027 (S.D.N.Y. 1995).

United States Bureau of the Chief Postal Inspector. (1954). A manual for examiners of questioned documents. Washington, DC: The Department.

Van der Plaats, R. E., & Van Galen, G. P. (1990). Effects of spatial and motor demands in handwriting. Journal of Motor Behavior, 22(3), 361–385.

Van der Plaats, R. E., & Van Galen, G. P. (1991). Allographic cariability in adult handwriting. Human Movement Science, 10(2–3), 291–300.

Vastrick, T. A. (1993). 1993 ASQDE handwriting systems survey. Paper presented at the meeting of the American Society of Questioned Document Examiners, Ottawa, ON, Canada.

Vastrick, T. W. (1982). Illusions of tracing. Journal of Forensic Science, 27(1), 186–191. doi: 10.1520/jfs11463j.

Vernon, M. (2005). Fifty years of research on the intelligence of deaf and hard-of-hearing children: A review of literature and discussion of implications. Journal of Deaf Studies and Deaf Education,

10(3), 225–231. doi: 10.1093/deafed/eni024.

Vida, M.D., Nestor, A., Plaut, D.C., & Behrmann, M. (2016). Spatiotemporal dynamics of similarly-based neural representations of facial identity. Proceedings of the National Academy of Sciences. doi: 10.1073/PNAS 1614763114.

Walch, M. A., & Gantz, D. T. (2004). Pictographic-matching: A graph-based approach towards a language independent document exploitation platform. In Proceedings of the First ACM Workshop on Hardcopy Document Processing, 8–13 November 2004, Washington, DC. (pp. 53–64).

Wallner, T. (1975). Die relative konstanz der handschrift. Zeitschrift für Menschenkunde, 39, 139–147.

Walsh, E., Mehta, M. A., Oakley, D. A., Guilmette, D. N., Gabay, A., Halligan, P. W., & Deeley, Q. (2014). Using suggestion to model different types of automatic writing. Consciousness and Cognition, 26, 24–36.

Walters, A., & Flynn, W. J. (1974). The illusion of traced forgery on zinc oxide-coated photocopy paper. Journal of Police Science and Administration, 2(4), 376–380.

Walters, A. S., & Hening, W. A. (1992). Noise-induced psychogenic tremor associated with post-traumatic stress disorder. Movement Disorders, 7(4), 333–338.

Wann, J. P., & Athenes, S. (1987). Structural influences in writing script: An analysis of highly skilled footwriting. Proceedings of the 3rd International Symposium on Handwriting and Computer Applications, Montreal, QC, Canada.

Wann, J., & Nimmo-Smith, I. (1991). The control of pen pressure in handwriting: A subtle point. Human Movement Science, 10(2–3), 223–246.

Watkins, R., & Gorajczyk, J. (1996). The effect of alcohol concentrations on handwriting. Paper presented at the meeting of the American Academy of Forensic Sciences, Nashville, TN.

Watson, R. S., & Pobgee, P. J. (1979). A computer to check signatures. Visual Language, 13(3), 232–238.

Webster's New Encyclopedic Dictionary. (1995). Merriam-Webster Inc.New York: Black Dog & Leventhal Publishers.

Weiderman, K. (2012). Illicit literacy and legitimate learning: Examining the situated learning experiences of graffiti writers in a small, northern California town. Doctoral dissertation, Humboldt State University.

Weiss, E. H. (1982). The writing system for engineers and scientists. Englewood Cliffs, NJ: Prentice-Hall.

Welch, J. R. (1986). The linking of a counterfeit document to individual sheets of dry-transfer lettering through the transfer of fluorescent glue. Journal of the Forensic Science Society, 26(4), 253–256. doi: 10.1016/s0015-7368(86)72492-4.

Welch, J. R. (1996). A review of handwriting search cases as an indicator of the individuality of handwriting. Paper presented at the meeting of the American Society of Questioned Document Examiners, Washington, DC.

Wellingham-Jones, P. (1991a). Characteristics of handwriting of subjects with Multiple Sclerosis. Perceptual and Motor Skills, 73, 867–879. doi: 10.2466/pms.73.7.867-879.

Wellingham-Jones, P. (1991b). Drugs and handwriting. Tehama, CA: PWJ Publishing.

Wellingham-Jones, P. (1991c). Mouth-writing by a quadriplegic. Perceptual and Motor Skills, 72, 1324–1326. doi: 10.2466/pms.1991.72.3c.1324.

Wellman, F. L. (1913). The art of cross-examination. New York: Macmillan.

Wenderoth, M. (1989, Fall). Frye test and competency. American Society of Questioned Document Examiners Newsletter.

Werner, P., Rosenblum, S., Bar-On, G., Heinik, J., & Korczyn, A. (2006). Handwriting process variables discriminating mild Alzheimer's disease and mild cognitive impairment. The Journals of Gerontology, 61(4), 228–236.

Wetstein, J., Kam, M., & Conn, R. (1994). Proficiency of professional document examiners in writer identification. Journal of Forensic Sciences, 39(1), 5–14.

Whiting, F. (1997). Alternate handwriting styles-One writer or two? International Journal of Forensic Document Examiners, 3(2), 167–175.

Whiting, F. I. (1996). The application of reasoning to the evaluation of fundamental differences in

handwriting comparisons. Journal of Forensic Science, 41(4), 634–640.
Whittaker, E. (1973). The adversary system: Role of the criminalist. Journal of Forensic Sciences, 18(3), 184–187. doi: 10.1520/jfs10439j.
Widla, T. (1990). The influence of spontaneous writing on stability of graphic features. Forensic Science International, 46(1–2), 63–67.
Wigmore, J. H. (1896). Proof by comparison of handwriting; its history. American Law Review, 30, 481.
Wigmore, J. H., Chadbourn, J. H., & McNaughton, J. T. (1940). A treatise on the Anglo-American system of evidence in trials at common law: Including the statutes and judicial decisions of all jurisdictions of the United States and Canada. Boston, MA: Little, Brown.
Will, E. J. (2012). Pilot study: Inferring relative speed of handwriting from the static trace. Journal of Forensic Document Examination, 22, 55–63.
Williams, R. M. (1985). The bank robbery note file, an automated approach to document screening. Paper presented at the meeting of the American Society of Questioned Document Examiners, Montreal, QC, Canada.
Williams, S. G. (1903). The history of medieval education. Syracuse, NY: C. W. Bardeen.
Wilson, S. K. (1912). Progressive lenticular degeneration: A familial nervous disease associated with cirrhosis of the liver. The Lancet, 179(4626), 1115–1119.
Winchester, J. M., & McCarthy, J. F. (1971). Data obtained from a survey of the handwriting of black students in grades one through twelve in a study of the letter forms "J" and "W." Paper presented at the meeting of the American Society of Questioned Document Examiners, Seattle, WA.
Wing, A. M. (1979). Variability in handwritten characters. Visible Language, 13(3), 283–296.
Wing, A. M. (1980). The height of handwriting. Acta Psychologica, 46(2), 141–151. doi: 10.1016/0001-6918(80)90006-2.
Wing, A. M., & Nimmo-Smith, I. (1987). The variability of cursive handwriting measure defined along a continuum: Letter specificity. Journal of the Forensic Science Society, 27(5), 297–306.
Wing, A. M., Nimmo-Smith, I., & Eldridge, M. A. (1983). The consistency of cursive letter formation as a function of position in the word. Acta Psychologica, 54(1), 197–204.
Wooton, E. X. (1994). A preliminary discussion of research and reference materials using the U.S. INS collection of handwriting from other countries. Paper presented at the meeting of the American Society of Questioned Document Examiners, Long Beach, CA.
Wrenshall, A. F., & Rankin, W. J. T. (1965). Automation and the cheque file or document searching and the push button age. Unpublished manuscript, Royal Canadian Mounted Police Fradulent Cheque Section.
Wrottesley, F. J. (1910). The examination of witnesses in court, incl. examination in chief, cross-examination and re-examination. Toronto: Carswell.
Yalon, D. (Ed.). (2003). Graphology across cultures. UK: British Institute of Graphologists.
Yan, J. H., Rountree, S., Massman, P., Smith Doody, R., & Li, H. (2008). Alzheimer's disease and mild cognitive impairment deteriorate fine movement control. Journal of Psychiatric Research, 42(14), 1203–1212.
Yancosek, K. E., & Mullineaux, D. R. (2011). Stability of handwriting performance following injury-induced hand-dominance transfer in adults: A pilot study. Journal of Rehabilitation Research & Development, 48(1), 59–68.
Young, P. T. (1931). Sex differences in handwriting. Journal of Applied Psychology, 15(5), 486–498. doi: 10.1037/h0072627.
Zhang, B., Srihari, S. N., & Lee, S. (2003). Individuality of handwritten characters. In Proceedings of the Seventh International Conference on Document Analysis and Recognition-Volume 2 (pp. 1086). IEEE Computer Society.
Ziegler, L. F. (1988, September). Nigerian handwriting. Paper presented at the meeting of the American Society of Questioned Document Examiners and the Southwestern Association of Forensic Document Examiners, Aurora, CO.
Ziegler, L. F., & Trizna, L. A. (1994). African hand printing. Paper presented at the meeting of the American Society of Questioned Document Examiners, Long Beach, CA.

Zimmerman, J. (1991). Handwriting identification based on an unaccustomed-hand standard. Paper presented at the meeting of the American Society of Questioned Document Examiners, Orlando, FL.

Zirkle, G. A., King, P., McAtee, O. B., & Van Dyke, R. (1959). Effects of chlorpromazine and alcohol on coordination and judgment. Journal of the American Medical Association, 171(11), 1496–1499. doi: 10.1001/jama.1959.03010290054013.

Zirkle, G. A., McAtee, O, B., King, P. D., & Van Dyke, R, (1960). Meprobamate and small amounts of alcohol: Effects on human ability, coordination, and judgment. Journal of the American Medical Association, 173(16), 121–123. doi: 10.1001/jama.1960.03020340041011.

Zitzelsberger, A., The left-handed writer. (1958). In R. A. Huber (Ed.), Questioned Documents in Crime Detection: Proceedings of the R.C.M.P. Crime Detection Laboratories Seminar No. 5 held at Ottawa, October 27-November 1, 1958. (pp. 31–40). Ottawa: Queen's Printer.